改訂增補版

擔保法

改訂增補版

擔保法

諸 哲 雄 著

栗谷出版社

개정증보판 들어가는 글

이 책을 교재로 수업을 해 오면서 오자, 탈자, 과도하게 어려운 부분 등 수정해야 할 곳이 드물지 않음을 발견하였다. 그러던 중 최근 저자가 채권자취소권의 효력에 관하여 연구를 수행하면서 주류적 대법원 판례가 상대적 무효설보다는 채권적 효력설에 입각하여 민법 제406조를 해석하고 있음을 발견하였다. 즉 채권자취소권 행사의 효력으로 취소채권자에게 채권적인 원상회복청구권이 인정될 뿐이며, 그 채권자가 이를 행사하여 책임재산이 회복되면 그 때 비로소 민법 제407조에 따라 사해행위 당시의 모든 채권자도 회복된 책임재산으로부터 만족을 얻을 수 있다고 해석한다는 것이다. 대법원의 주류적 판결들을 이렇게 이해하면, 원상회복청구권을 행사하지 않아도 되는 경우 다른 채권자도 곧바로 민법 제407조를 원용하여 채권자취소권 행사의 혜택을 향유할 수 있는 것, 취소채권자에게 가액배상청구권이 인정될 때 다른 채권자의 개입이 허용되지 않는 것, 저당권설정계약이 사해행위로 취소된 후 취소채권자에게 가액배상청구권이 인정될 때 배당절차에 참여하였던 다른 채권자가 그 혜택을 누리는 것 등 그동안 이해하기 쉽지 않았던 대법원 판결례들을 비교적 일관되게 설명할 수 있다. 이런 연구결과를 여러 판결을 통해 검증한 저자는 연구결과 중 핵심내용의 일부를 교재에도 반영할 필요가 있다고 생각하였다. 한편 그 사이 중요한 법적 쟁점에 관하여 내려진 대법원 판결 중 이해하기 어렵거나 학생들이 스스로 생각해 볼 가치가 있는 것들이 있었기 때문에 이 부분도 교재에 일부 반영할 필요가 있었다. 이런 이유로 개정판의 담보법 일부 내용을 보완하여 이 책을 내게 되었다. 개정증보된 이 책이 학생들의 담보법 이해에 도움이 되었으면 한다. 출판을 기꺼이 맡아 주고 많은 도움을 주신 율곡출판사 박기남 사장님을 비롯한 여러 직원분들에게 감사드린다.

2017년 2월

저자

개정판 들어가는 글

초판을 출판한 지 거의 2년 만에 강의현장에 복귀하여, 이를 강의교재로 사용해 보니 보완해야 할 부분이 적지 않음을 알게 되었다. 또한 그 사이 국내의 법 환경에도 적지 않은 변화가 있었기 때문에 이를 이 책에 반영할 필요도 있었다. 개정판에서는 이론적인 설명 부분을 대폭 줄이고, 대신 담보법의 이해에 필수적인 민사집행법과 관련된 설명을 보강하고자 하였다. 동시에 초판에 있던 잘못된 부분을 바로잡으면서, 지면을 크게 늘리지 않는 범위에서 좀 더 친절하고 상세하게 현행법을 설명하고자 하였다. 이 책이 담보법을 공부하는 학생들에게 도움이 되기를 기대한다. 아울러 개정판 출판을 기꺼이 맡아주고 많은 도움을 주신 율곡출판사 박기남 사장님을 비롯한 여러 직원분들에게 감사드린다.

2011년 8월

제철웅

초 판 들어가는 글

필자가 대학에서 강의와 연구를 시작한 지 14년을 지나 이제 15년째에 접어들고 있다. 그동안의 경험을 되짚어 보면, 우리 민법전의 편제에 좇아서 민법을 강의하는 것이 교수에게도 결코 쉽지 않고, 학생들이 이를 학습하는 데에도 어려움이 많은 것 같다. 우리 민법전은 판덱텐 법학의 학문적 성과에 기초하여 편제된 것이지, 실제 생활상의 필요성에 따라 편성된 것이 아니기 때문이다. 가령 민법총칙은 민법의 개별 법 분야를 어느 정도 이해해야 비로소 그 내용을 제대로 이해할 수 있는데도, 전통적으로 대학에서는 이 부분부터 강의를 시작하곤 하기 때문에 민법을 처음 학습하는 학생들을 곤혹스럽게 만들기도 한다. 민법전의 편제에 맞추어 민법을 학습하려는 학생들은 학자적 인내심과 끈기를 갖지 않고는 좀처럼 그 내용을 쉽게 이해할 수 없을 것이 분명하다. 학생들 사이에 민법이 가장 어려운 법이라는 불평이 있는 것도 나름대로의 이유가 있는 것이다. 그러나 민법이야말로 우리의 일상생활을 규율하는 법임에도 불구하고, 그것이 어렵다면 거기에는 분명 어떤 심각한 문제가 있음이 분명하다. 필자는 그 원인 중의 하나가 민법을 생활상의 실제 기능과 분리시켜 학습하고 강의하는 것에 있다고 믿고 있다.

이 책의 내용인 담보와 관련된 예를 들어 보자. 가령 어떤 사람이 누군가에게 돈을 빌려 주려고 하면, 원리금을 갚을 자력이 채무자에게 있는지, 자력 유무가 불투명할 때 무엇으로 채무이행을 담보할 수 있는지, 끝내 채무자가 원리금을 갚지 않으면 어떻게 채무이행을 강제할 수 있는지 등을 생각한 뒤 금전대차계약을 체결할 것이다. 채권을 실현하고자 하는 대부분의 채권자도 위와 같은 것을 실제로 검토하기 마련이다. 그런데 이와 관련된 민법 주요 규정은 제2편 물권 제6장 내지 제9장, 제3편 채권 제1장 총칙 제2절, 제3절, 제4절, 제5절, 가등기담보 등에 관한 법률 등의 민사특별법에 각각 흩어져 있다. 또한 대학에서의 강의와 학습도 이를 물권법, 채권총칙으로 각기 분리하고 있다. 사정이 이러하다 보니, 각 규정들의 실생활에서의 상호관련성을 찾기가 매우 어렵고, 그 의미내용을 이해하는 것도 쉽지 않다. 더구나 각 부분이 물권법과 채권법의 후반부에 자리 잡고 있기 때문에 학습의 효율성도 떨어지곤 한다.

대학에서의 강의 경험을 통해, 필자는 민법을 생활에서 실제로 쓰이는 기능에 따라 강의하고 학습할 필요가 있다고 느껴왔다. 그래야만 민법을 쉽게 이해할 수 있을 뿐 아니라, 우리 민법의 한계점도 잘 알 수 있을 것이라고 생각한다. 가령 민법의 어떤 규정이 실제 사회생활에 순기능으로 작용하지 않고 부정적인 영향을 미친다거나, 과거 입법자의 결단이기는 하지만 현재의 필요성에는 더 이상 부응하지 못하거나, 개별적인 정의를 더 이상 실현하지 못할 때에는 그 내용을 시급히 개정해야 한다는 인식을 폭넓게 공유할 수 있다는 것이다. 우리 민법의 편제는 학자적 자세로 이를 학습하기에는 적합할지 몰라도, 실용적인 요구에 효율적으로 부응할 수 있는 인재를 양성하기 위한 강의 또는 학습에는 적합하지 않다. 필자가 담보법이라는 제목 하에 채권자의 채권실현이라는 기능과 관련된 민법 및 민사특별법의 내용을 하나로 묶어 교과서로 집필하게 된 것도 바로 이런 이유 때문이다.

어떤 면에서 보면, 이 책은 민법 학습과 강의에 대한 새로운 제안에 해당될 것이지만, 이는 결코 필자의 독창적인 발상이 아니라, 시대적 요구에서 비롯된 산물일 것이다. 필자의 생각으로는, 법학전문대학원의 출범은, 그 타당성과 성공 여부 등에 대한 판단과 예측은 별론으로 하더라도, 법학교육에 어떤 변화가 필요하다는 것에 폭넓은 공감대가 형성되지 않고서는 가능하지 않았을 것이다. 따라서 향후 상당한 기간 동안 법학교육의 방법론을 둘러싸고 다양한 제안이 있을 것이며, 어느 정도의 실험과 검증과정을 거치게 될 것이다. 이 책 역시 이런 시대적 상황 하에서 나온 필자 나름의 제안인 셈이다.

이 책을 집필하면서, 필자는 다음과 같은 점에 특히 유의하였다.

첫째, 법학자들 사이의 이론적인 대립의 기술은 가능한 한 최대한 줄이고, 그 의미 역시 이를 부각시키지 않으려고 하였다. 대신 "현재 있는 법"을 충실하게 전달하려고 노력하였다. "현재 있는 법"이란 결국 우리 대법원이 판결을 통해 법으로 확인한 바의 법을 말한다. 이 책은 대법원에서 확인한 현재의 법의 내용을 충실하게 전달하고자 하였다.

둘째, 그러나 필자는 요즈음 일부 학생들 사이에 만연한 학습방법인, 대법원 판결의 요지를 단순히 암기하는 방식에 비판적이기 때문에, 이 책에서도 대법원의 판결요지를 단순히 전달하는 방식을 지양하려고 노력하였다. 물론 대법원 판결에 설시된 법이론 중에는 매우 단순하고 자명한 것들도 적지 않다. 이런 것들은 이 책에서도 그 요지만을 기술하곤 하였다. 그러나 대법원 판결의 요지 중에는 거기서 다룬 사실관계와 관련지워 이해하지 않으면 그 의미를 알기 어렵거나 잘못 이해할 수 있는 것들도 적지 않다. 예컨대 대판 2006.9.22, 2006다24049의 판결요지를 보자. 거기에는 "근저당권 실행을 위한 경매가 무효로 되어 채권자(=근저당권자)가 채무자를 대위하여 낙찰자에 대한 소유권이전등기 말소청구권을 행사하는 경우, 낙찰자가 부담하는 소유권이전등기 말소의무는 채무자에 대한 것인 반면, 낙찰자의 배당금 반환청구권은 실제 배당금을 수령한 채권자(=근저당권자)에 대한 채권인바, 채권자(=근저당권자)가 낙찰자에 대하여 부담하는 배당금 반환채무와 낙찰자가 채무자에 대하여 부담하는 소유권이전등기 말소의무는 서로 이행의 상대방을 달리하는 것으로서, 채권자(=근저당권자)의 배당금 반환채무가 동시이행의 항변권이 부착된 채 채무자로부터 승계된 채무도 아니므로, 위 두 채무는 동시에 이행되어야 할 관계에 있지 아니하다"고 되어 있다. 어떤 학생이 필자에게 위 판결요지 중 "두 채무(배당금반환채무와 소유권이전등기말소채무)는 서로 이행의 상대방을 달리하는 것으로서, 채권자(=근저당권자)의 배당금반환채무가 동시이행의 항변권이 부착된 채 채무자로부터 승계된 채무도 아니므로"라는 부분을 적시하면서, 다음 두 가지 질문을 하였다. 첫째, 대위권을 행사하는 채권자의 채무가 피대위채무자로부터 동시이행의 항변권이 부착된 채 승계되면 이행의 상대방을 달리하더라도 동시에 이행될 관계에 있는지? 둘째, 두 채무가 이행의 상대방을 달리할 경우 채권자의 채무가 동시이행의 항변권이 부착된 채로 승계되는 경우에만 동시에 이행될 수 있는지? 필자는 대법원 판결요지를 바로 이런 방식으로 학습하고자 하는 것 자체가 잘못되었고, 그것이 민법의 이해를 더욱 더 어렵게 만드는 것이라고 생각한다. 위 대법원 판결의 법률론처럼 선뜻 그 의미를 이해하기 어려운 경우, 대법원이 법적 판단을 하려고 한 사실관계가 무엇인지를 확인하는 것이 언제나 선행되어야 할 것이다. 위 판결의 핵심 사실관계에서는 무효인 근저당권에 기해 경매가 이루어지고, 그 경매절차에서 그 무효등기 명의인이 근저당권자로서 배당을 받았다. 이때 경매에서의 매수인은 집행채무자가 아닌, 배당받은 자를 상대로 부당이득반환청구를 해야 한다. 소유자가 매수인을 상대로 소유권이전등기의 말소를 청구할 때 매수인은 배당채권자에 대한 부당이득반환채권으로써 동시이행의 항변권을 행사할 수 없음은 자명하다. 그 배당채권자가 우연히 소유자를 대위하여 소유권이전등기

말소를 청구한다고 해서 위 결론이 달라지지 않음도 분명하다. 그러면 위 판결요지에서 "동시이행의 항변권이 부착된 채 채무자로부터 승계된 채무도 아니므로"라는 부분은 위 사안의 법적 판단과는 아무 관련성도 없음을 알게 된다. 위 두 질문은 아무런 실용성도 없는 언어 유희에 불과하다는 것이다. 첫째 질문이 적용될 현실의 사안이 있는지 필자는 생각해 낼 수도 없고, 낼 필요도 없다고 본다. 아니라고 답해야 할 위 두 번째 질문은 대법원 판결요지를 일반명제로 삼으려는 학습자세를 가지기 때문에 나온 것이다. 이 책에서는 대법원 판결요지의 어떤 법률론에 특이한 점이 있거나 이를 이해하기가 쉽지 않을 때에는 그것을 특정 사실관계와 관련시켜 설명하고자 하였다.

셋째, 이 책의 서술과 편제는 필자의 연구성과가 반영된 것이기는 하지만, 연구서가 아니라 학습용 교재로서 집필된 것이다. 가령 대법원 판결례의 분류와 거기에 부여된 법적 의미는 결국 필자의 이론적 분석틀에 입각한 것이고, 그것이 다른 학설들의 이해와 다른 점도 적지 않을 것이나, 이 책의 목적이 학생들의 학습교재이기 때문에, 가능한 한, 이 책에서는 이론적 논쟁을 회피하고자 하였다. 그러나 이론적 분석틀의 차이가 매우 두드러지고, 그것이 우리 민법의 내용을 이해하는 데에 필수적이라고 판단되는 영역도 적지 않다. 특히 연대채무나 부진정연대채무에 관련된 영역이 그러하다. 이 부분에서는 될 수 있는 대로 구체적인 예를 들어 이론적 차이점을 설명하고자 하였고, 또한 우리 민법전의 다른 규정과의 관련성을 구체적으로 예시하면서 그 차이점을 설명하고자 하였다. 이런 기술방식은 필자가 법학을 실용적 학문으로 보고 있다는 점, 실천적인 결론에서의 차이를 수반하지 않는 이론적 차이는 학생들뿐 아니라 학자에게도 지엽적인 문제일 뿐이라고 인식하는 점 등에 기인한 것이다.

넷째, 담보법은 여타의 법 분야와 밀접한 관련성이 있다. 채권자가 채권의 실현에 관심을 가지고 있다면, 채무자는 채무불이행이라는 예기치 않은 사태가 발생하였을 때 그 위험을 채권자와 분담하는 것에 관심을 가질 것이다. 前者가 이 책에서 다룬 담보법의 영역이라면, 後者는 민법의 영역을 넘어서 있는 채무자의 금융조달과 관련된 법일 것이다. 또한 前者 역시 민법의 여타 제도와 밀접한 관련성이 있다. 이들 부분을 이 책에서는 상세히 설명할 수 없었지만, 그 관련성을 인식하면서 이 책을 서술하고자 하였다.

이 책의 집필과정에서 필자는 알렉산드 폰 훔볼트 재단의 지원으로 독일 함부

르크의 막스플랑크 연구소에서 잠시 연구를 할 수 있었다. 거기서의 연구가 필자의 시야를 넓히는 데 큰 도움이 되었음을 밝히면서 위 기관에 깊이 감사드린다. 또한 영국 캠브리지 대학교의 Clare Hall에 적을 두고 연구를 수행하면서 이 책의 집필구상이 보다 구체화되었는데, 필자에게 연구에 집중할 수 있는 귀한 기회와 여건을 제공해 준 한양대학교와 Clare Hall에도 깊은 감사를 드린다. 한편 이 책은 "2009학년도 한양대학교 학술연구비의 지원을 받아 연구되었음"을 밝혀 둔다. 법학대학원의 출범과 더불어 법학전문대학원의 수업 교재로도 활용될 수 있는 저서의 개발을 위해 한양대학교에서는 소속 대학의 교수들에게 연구비를 지원하였는데, 그 연구비로 이 책의 집필에 필요한 경비를 조달할 수 있었다. 그 점에 대해서도 깊이 감사드린다. 나아가 필자의 집필이 원활하게 이루어질 수 있도록 이해를 아끼지 않은 가족들에게도 고마움을 전하고 싶다. 끝으로 어려운 여건 하에서도 기꺼이 출판을 맡아주신 율곡출판사 박기남 사장님과 이 책의 교정과 편집에 노고를 아끼지 않은 방조일 주간님을 비롯한 율곡출판사 직원 분들에게도 감사드린다. 이 책이 한편에서는 법학전문대학원 학생들을 위한 교재로 집필되었기 때문에 서둘러 출판된 점이 없지 않다. 그 결과 이 책에는 필자가 이해하는 바의 담보법에 관한 문제의식은 잘 드러나 있겠지만, 충분히 가다듬어지지 않은 면도 있을 것이다. 독자들의 아낌없는 비판을 기대하지만, 이 책에 부족한 부분은 모두 필자의 역량에 기인한 것임을 밝히면서, 독자들의 너그러운 이해를 부탁드린다.

2009년 8월 26일

제철웅

차 례

개정증보판 들어가는 글 / iv
개 정 판 들어가는 글 / v
초 판 들어가는 글 / vi

제1장 담보법의 개관

제1관 담보의 필요성 2

1. 담보의 의의 / 2
2. 채무자의 책임재산 : 채무이행을 담보하는 기초 / 2
3. 채무자의 책임재산이 부족한 경우 : 적절한 다른 담보를 갖지 않은 경우 / 3
4. 담보의 기능 / 4

제2관 담보기능을 수행하는 여러 가지 법적 수단 4

1. 담보제도의 개관 / 4
1.1. 채무자의 채무이행을 압박하는 방법 / 4
(1) 동시이행의 항변권과 유치권 / 4
(2) 손해배상액의 예정 및 위약벌의 합의 / 6
1.2. 채무자의 책임재산을 보전하는 조치 / 11
1.3. 책임재산의 범위를 확대하는 방법 / 13
1.4. 채무자의 특정 재산으로부터 우선적으로 변제받는 방법 / 14
2. 민사법이 담보수단으로 예정하는 법제도 / 14

제3관 이 책의 구성과 위험분담형 금융과의 관계 15

1. 민법전의 편제와 이 책의 구성 / 15
2. 위험분담형 금융과의 관련성 / 16

제2장 채무불이행과 강제이행

제1절 채무의 강제적 이행

1. 직접강제 / 22
1.1. 강제집행을 위한 권원의 확보 : 확정된 종국판결 또는 가집행 선고 있는 종국판결 / 23
1.2. 여타의 집행권원 / 25
1.3. 선박 또는 부동산 인도청구권인 경우 / 26
1.4. 집행권원이 조건부 판결등인 경우 / 26
2. 의사표시를 할 의무의 강제집행 / 27
2.1. 집행권원 / 27
2.2. 부동산소유권이전등기의무 및 채권양도의 대항요건 구비의무의 강제집행의 예 / 28
3. 대체집행 / 29
3.1. 집행권원 / 29
3.2. 대체집행의 신청 방법 / 30
4. 간접강제 / 31
4.1. 집행권원 / 31
4.2. 간접강제의 신청예 / 31
5. 부작위채무 / 33
5.1. 집행권원 / 33
5.2. 법률상의 부작위의무 / 34

제2절 금전채무의 강제집행

1. 금전채무의 강제집행의 특징 / 34
1.1. 금전채무의 성립원인 / 34
1.2. 금전채무를 강제집행할 수 있는 방법의 개관 / 35
2. 책임재산이 부동산인 경우 / 36
2.1. 부동산강제집행의 신청 / 36
2.2. 경매절차에서의 매각 준비단계 / 39
2.3. 경매절차에서의 매각 / 41
2.4. 매각대금의 배당 / 42
2.5. 이해관계인의 강제집행절차에의 참여 / 43
3. 책임재산이 동산인 경우 / 45
3.1. 동산강제집행의 신청 / 45
3.2. 부부공유재산이 압류된 경우 / 45

3.3. 금전 · 유가증권 등의 강제집행 / 46

4. 책임재산이 금전채권인 경우 / 46

4.1. 금전채권의 강제집행의 신청 / 46 4.2. 압류의 경합 / 48

4.3. 피압류 금전채권의 현금화방법 : 추심명령 / 49

4.4. 피압류 금전채권의 현금화방법 : 전부명령 / 51

4.5. 개요도 / 52

5. 책임재산이 금전채권 이외의 채권인 경우 / 53

5.1. 강제집행의 방법으로서의 압류 / 53

5.2. 현금화방법 / 53

6. 배당에서의 원칙 / 54

6.1. 배당받을 수 있는 채권자 / 54

6.2. 배당받을 채권자 상호간의 관계 / 55

제3장 책임재산의 보전

제1절 민사집행법상의 책임재산의 보전

제1관 가압류 58

1. 개관 / 58

2. 가압류의 요건과 가압류 신청의 방법 / 59

2.1. 가압류의 요건 / 59 2.2. 가압류의 신청 / 60

3. 가압류의 집행과 그 효과 / 60

3.1. 가압류의 집행 / 60 3.2. 가압류의 효력 / 61

제2관 가처분 63

1. 개관 / 63

2. 가처분의 요건과 효과 / 64

2.1. 요건 / 64 2.2. 효과 / 64

제2절 채권자대위권

제1관 개관 67

1. 채권자대위권의 기능 / 67

1.1. 채권압류와의 비교 / 67
1.2. 채권자대위권의 의의 / 68

제2관 채권자대위권의 요건 69

1. 본래형의 채권자대위권의 요건 / 69

1.1. 채권자가 자기의 채권을 보전할 필요가 있을 것 / 69

(1) 피보전채권 / 69
(2) 보전의 필요성 / 69
(3) 채무자가 스스로 그 권리를 행사하지 않을 것 / 70
(4) 채권의 이행기가 도달할 것 / 72
(5) 대위권의 목적인 권리가 채권자대위권의 행사에 적합할 것 / 72

2. 전용형의 채권자대위권의 요건 / 76

2.1. 특정채권의 보전을 위한 채권자대위권 / 76
2.2. 전용형 채권자대위권의 요건으로서의 보전의 필요성 / 77
2.3. 전용형의 채권자대위권이 인정되는 구체적인 예 / 79

제3관 채권자대위권 행사 80

1. 행사방법 / 80
2. 채권자대위권 행사 효과의 귀속과 변제수령권 / 80
3. 채권자대위권 행사의 범위 / 81
4. 채권자대위권 행사의 효과 / 81

4.1. 채무자의 처분권의 제한(민법 제405조 제2항) / 81

(1) 채무자의 제3채무자에 대한 채권을 소멸시키는 행위 / 81
(2) 채권자대위권의 객체인 채권을 양도하는 행위 / 82
(3) 제3채무자의 무효, 취소, 법정해제권의 행사도 금지되는가? / 82
(4) 제3채무자의 채무자에 대한 변제행위 / 83
(5) 제3채무자와의 관계 / 84

4.2. 처분행위가 금지되기 위한 요건 / 84
4.3. 처분행위에 해당되지 않는 경우 / 85
4.4. 채권자대위권 행사와 그 효과의 귀속 / 85

5. 수인의 대위채권자 또는 채무자의 권리행사가 경합되는 사안 / 85

제3절 채권자취소권

제1관 개관 89

1. **채권자취소권 제도의 취지** / 89
2. **법적 성격** / 89
   2.1. 절대적 무효설 / 89
   2.2. 상대적 무효설 / 90
   2.3. 책임설 / 90
   2.4. 상대적 효과설 / 90
   2.5. 판례 / 90
   2.6. 사견 / 94
3. **채권자취소권의 전용을 허용할 것인가?** / 95

제2관 채권자취소권의 성립요건 95

1. **피보전채권의 존재** / 96
   1.1. 원칙 / 96
   1.2. 예외 / 96
      (1) 예외가 인정되는 요건 / 96
      (2) 예외의 인정 여부가 문제되는 사례 / 97
2. **사해행위의 존재** / 98
   2.1. 원칙 / 98
   2.2. 여러 유형의 사례 / 100
3. **주관적 요건** / 101
   3.1. 채무자의 사해의사 / 101
   3.2. 수익자 또는 전득자의 악의 / 102

제3관 채권자취소권의 행사 103

1. **채권자취소권의 존속기간** / 103
   1.1. 제척기간 내에 채권자취소소송을 제기할 것 / 103
   1.2. 제척기간 준수 여부의 판단 / 105
   1.3 유의할 점 / 105
2. **채권자취소권의 행사 범위** / 106
   2.1. 법률행위 중 일부만이 사해행위인 경우 / 106
   2.2. 취소채권자의 피보전채권의 한도에서 사해행위를 취소하는 경우 / 107
   2.3. 취소채권자의 피보전채권액을 초과하더라도 그 사해행위 전부를 취소하는 경우 / 108
      (1) 사해행위의 목적물이 불가분인 경우 / 108
      (2) 사해행위의 대상이 분할가능하지만, 다른 채권자가 배당요구를 할 것이 명백한 경우 / 110

2.4. 취소채권자의 피보전채권액과 무관하게 사해행위 전부를 취소해야 할 필요성 / 111
3. 원상회복청구권 / 112
3.1. 원상회복청구권의 성격 / 112
3.2. 원상회복청구권과 원물반환 원칙 / 114
3.3. 원상회복청구권과 가액반환의 예외 / 115
3.4. 원물반환과 가액반환의 사실상의 효과 차이에 대한 평가 / 119
3.5. 수익자에 대해 채권자취소권 행사를 인정하지 않으면서 전득자에 대해서는 채권자취소권 행사를 인정할 수 있는가? / 121
4. 민법 제407조의 효력 / 122
4.1. 민법 제407조의 채권자의 범위 / 123
4.2. 수익자 또는 전득자도 민법 제407조의 채권자인지? / 123
4.3. 수익자 등이 채무자에 대해 가지는 기왕의 채권으로써 채무자의 소유로 환원된 부동산에 대해 배당을 요구할 수 있다. / 123
4.4. 민법 제407조의 효력으로 인해 취소채권자가 배제되는 특수한 예 / 124
5. 수익자 또는 전득자와 채무자 간의 관계 / 127
5.1. 채권자취소권 행사 후 손해를 입은 수익자 또는 전득자의 손해전보수단 / 128
(1) 채무자에 대한 부당이득반환청구권에 의한다는 견해 / 128
(2) 매매의 경우 수익자 또는 전득자가 채무자 또는 수익자에게 담보책임을 추궁할 수 있다는 견해 / 129
6. 무효인 법률행위와 사해행위 취소 / 129

제4장 인적담보

제1절 보증채무

제1관 개관 133
1. 보증의 기능 / 133
2. 피보증채권 / 133
3. 채권자와 보증인간의 법률관계 / 134
3.1. 보증계약 / 134
3.2. 보증계약의 형식 / 135
3.3. 보증채무의 내용 / 136

4. 보증채무의 부종성과 수반성 / 136
4.1. 부종성의 의미 / 136
4.2. 보증채무의 부종성과 민법 제108조의 제3자 보호 / 139
4.3. 보증채무의 수반성 / 141
5. 보증의 보충성 / 142
6. 보증의 종류 / 142
6.1. 연대보증 / 142
6.2. 공동보증 / 142
6.3. 일부보증 / 143
6.4. 副保證 / 143
6.5. 구상보증 / 144
6.6. 신원보증 / 144
6.7. 기타의 구분 / 146

제2관 보증의 성립 147

1. 보증계약의 성립요건 / 147
1.1. 보증계약의 요식성 / 147
1.2. 보증계약의 당사자 / 148
(1) 보증인과 채권자 간의 보증계약 / 149
(2) 보증인과 주채무자 간의 보증계약 / 152
1.3. 주채무에 관한 요건 / 154
1.4. 보증인에 관한 요건 / 156
2. 보증채무의 내용 / 156
2.1. 보증계약 및 보증채무의 부종성 / 157
2.2. 보증채무의 범위 / 158
(1) 원칙 / 158
(2) 신의칙에 의한 보증채무의 제한 / 160

제3관 채권자와 보증인의 관계(보증채무의 대외적 관계) 162

1. 보증인과 주채무자의 항변권 / 162
1.1. 주채무소멸의 항변 / 162
1.2. 주채무의 연기적 항변 / 163
2. 상계에 의한 주채무의 소멸 / 163
3. 주채무자의 취소권과 보증인 / 164
4. 시효의 항변 / 164
5. 최고검색의 항변권 / 166
5.1. 단순보증과 최고 · 검색의 항변권 / 166
5.2. 연대보증의 경우 / 166
6. 분별의 이익 / 166

7. 채무자의 일부변제와 보증채무 / 167

제4관 보증인과 주채무자의 관계(구상관계) 168

1. 사전구상권 / 168

1.1. 사전구상권의 인정요건 / 168 1.2. 사전구상권의 내용 / 169

2. 사후구상권 / 171

2.1. 수탁보증인의 사후구상권 : 민법 제441조 / 171

2.2. 부탁없는 보증인의 사후구상권 / 172

(1) 민법 제444조 제1항에 의한 비용상환청구권 / 172

(2) 민법 제444조 제2항, 제3항에 의한 비용상환청구권 / 172

2.3. 연대채무자 또는 불가분채무자를 위한 보증과 구상권(민법 제447조) / 172

3. 구상권의 상실 / 174

3.1. 구상권 상실 규정(민법 제445조, 제446조)의 정당화 근거 / 174

3.2. 보증인이 事前通知를 하지 않은 경우 / 175

3.3. 보증인이 事後通知를 하지 않은 경우 / 175

3.4. 주채무가 전부 소멸되었음에도 불구하고 주채무자가 事後通知하지 않고, 수탁보증인도 事前通知없이 2중 변제한 경우 / 176

(1) 다수설 및 판례 / 176 (2) 반대견해 1 / 177

(3) 반대견해 2 / 177

3.5. 보증인이 주채무자에게 사전통지를 하였으나, 아무런 회신을 받지 못하고 이미 소멸된 주채무를 2중변제한 경우 / 178

3.6. 민법 제445조, 제446조의 구상권상실과 변제자대위 / 180

제5관 공동보증과 보증인 상호간의 관계 181

1. 공동보증 / 181

2. 연대보증 등 / 181

2.1. 부담부분의 의미 / 181

(1) 다수설 / 182 (2) 판례 / 182

2.2. 공동연대보증인의 채무액이 동일한 경우 / 184

3. 물상보증과 연대보증이 각각 있는 경우, 그 중 1인의 출재로 주채무가 소멸된 경우 / 185

3.1. 주채무자에 대한 구상권 / 185

3.2. 물상보증인의 출재로 주채무가 소멸된 경우 연대보증인에 대한 구상수단 / 186

(1) 법정대위에 기한 구상 / 186
(2) 내부관계에 기한 구상권 : 민법 제448조 제2항 또는 제444조의 유추적용 여부 / 186
(3) 담보제공자 중 1인의 무자력위험의 배분 / 188

제2절 연대채무

제1관 개관 ······ 189

1. 연대채무의 개념 / 189
1.1. 연대채무의 복수성 및 독립성 / 189
1.2. 동일한 하나의 가분급부에 대한 전부책임 / 189
1.3. 급부수령의 1培額性 / 190
1.4. 연대채무자 간의 주관적 결합관계 / 190
(1) 연대채무자 상호간의 내부관계에 관한 설명이론으로서의 주관적 결합관계 / 191
(2) 내부관계에 관한 이론으로써 대외관계를 설명할 수 있는가? / 191

2. 연대채무의 대외관계에서의 절대효와 그 정당화 근거 / 192
2.1. 연대채무의 목적 실현과 절대효 / 192
2.2. 의사표시의 효력과 절대효 / 193
2.3. 형평 또는 실무상의 편의와 절대효 / 194
(1) 혼동 / 194 (2) 상계 / 194
2.4. 채권자와 채무자 간의 이익조정과 절대효 / 195
2.5. 우리 민법의 연대채무 규정은 채권의 담보력을 약화시키는가? / 196

제2관 연대채무의 성립 ······ 196

1. 법률행위에 의한 연대채무의 성립 / 196
1.1. 법률행위에 의한 성립 / 196
1.2. 단독행위에 의한 연대채무의 성립도 가능한가? / 197
1.3. 법률행위의 형식 / 198
1.4. 1개의 법률행위 또는 수개의 법률행위로 성립되는 연대채무 / 199
1.5. 각 채무의 범위가 다른 경우의 연대채무 / 200

2. 법률규정에 의해 성립되는 연대채무 / 200

제3관 채권자와 연대채무자의 관계 202

1. 이행청구 / 202

1.1. 채권자의 선택권 / 202

1.2. 연대채무자의 부담액이 각기 다른 경우 / 203

1.3. 소송과 강제집행에서의 연대채무 / 206

1.4. 연대채무자 1인의 사해행위와 채권자취소권 / 207

1.5. 채권양도 / 207

2. 채무자에게 생긴 무효, 취소사유의 상대효 / 208

3. 이행청구의 절대효 / 208

3.1. 요건 / 209

3.2. 효과 / 209

(1) 시효중단 / 209 (2) 이행지체책임 / 210

3.3. 이행지체 후의 이행불능/210

4. 경개의 절대효 / 211

4.1. 요건 / 211 4.2. 효과 / 212

5. 상계의 절대효 / 213

5.1. 상계의 절대적 효력(민법 제418조 제1항) / 213

(1) 동항의 강행규정성 / 213 (2) 효과 / 213

5.2. 공동채무자의 상계권 행사(제2항) / 214

6. 면제의 절대효(제419조) / 214

6.1. 내용 / 214

6.2. 민법 제419조의 면제와 여타의 유형 / 214

(1) 민법 제419조의 면제 / 214 (2) 모든 연대채무의 면제 / 215

(3) '상대적 면제' / 216 (4) 연대의 면제 / 217

(5) 부제소의 합의 / 220

6.3. 민법 제419조의 효과 / 220

7. 혼동의 절대효(제420조) / 221

7.1. 혼동의 대외적 효과 / 221 7.2. 혼동과 구상관계 / 222

8. 시효의 절대효(제421조) / 222

8.1. 본조의 의의 / 222 8.2. 요건 / 223

8.3. 효과 / 224

9. 채권자지체의 절대효(제422조) / 224

9.1. 동조의 의의 / 224 9.2. 요건 / 225
9.3. 채권자지체의 종료 / 225 9.4. 효과 / 225
10. 기타 사유의 상대효(제423조) / 226
제4관 구상관계 227
1. 부담부분의 균등(민법 제424조) / 227
1.1. 부담부분의 의미 / 227
(1) 다수설 / 227 (2) 판례 / 227
(3) 평가 / 228
1.2. 채무액이 각기 다른 경우 부담부분의 판단기준 / 230
2. 연대채무자 상호간의 구상권(제425조) / 231
2.1. 구상권의 발생요건 / 231
(1) 공동면책 / 231
(2) 자신의 출재로 인한 공동면책이어야 한다. / 232
(3) 자기 부담부분을 넘어서는 공동면책이 있어야 하는가? / 232
2.2. 구상권의 범위 / 233
(1) 부분구상 또는 전부구상 / 233 (2) 출재액 / 235
(3) 면책된 날 이후의 법정이자 / 235
(4) 피할 수 없는 비용 기타 손해배상 / 236
2.3. 구상권의 행사 / 236
(1) 구상권의 성립과 소멸시효 / 236
(2) 변제자대위권과의 관계 / 236
2.4. 연대채무자의 구상권 상실(민법 제426조) / 237
(1) 내부관계에 기한 구상권의 상실규정 / 237
(2) 민법 제426조의 문언해석 / 237
(3) 민법 제426조에 관한 통설의 이해 / 238
(4) 私見 / 239
2.5. 상환무자력자의 부담부분(제427조 제1항) / 241
(1) 요건 / 241 (2) 적용례 / 242
(3) 부분적 절대효 있는 사안과 민법 제427조 제1항 / 242
2.6. 연대면제와 상환무자력자의 부담부분(제427조 제2항) / 243
(1) 적용요건 / 243 (2) 적용례 / 243

제3절 부진정연대채무

제1관 개관 244

1. 부진정연대채무 개념의 연혁 / 244
2. 부진정연대채무에 관한 통설의 개념정의 / 246
3. 부진정연대채무 개념의 필요성에 대한 논의 / 246
    3.1. 채권담보력을 약화시키는 공동연대형의 연대채무 규정의 적용을 배제시키려는 견해 / 246
    3.2. 私見 / 247

제2관 부진정연대채무의 성립 247

1. 부진정연대채무의 발생원인 / 248
2. 부진정연대채무의 개념 정의 / 249

제3관 채권자와 부진정연대채무자 간의 관계 249

1. 부진정연대채무의 대외적 효력 개관 / 249
    1.1. 기존의 학설 / 249
    1.2. 대외관계에서 상대효를 인정할 때 관련당사자의 법률관계 / 250
    1.3. 私見 / 251
    1.4. 자동차손해배상법이 적용되는 사안의 예외적 처리 / 252
2. 채무액이 각기 다른 부진정연대채무와 일부변제 / 254
    2.1. 연대채무의 사안과의 차별성 / 254
    2.2. 유형에 따른 차별적 취급 / 254
        (1) 제1유형 / 254 (2) 제2유형 / 256
        (3) 제3유형 / 258 (4) 평가 / 259
3. 부진정연대채무에서의 면제 / 260
    3.1. 부진정연대채무 성립 후의 면제 / 260
        (1) 면제의 의사표시의 해석 / 260
        (2) 면제의 상대방을 면책시키겠다는 의사표시인 경우 / 261
        (3) 부담부분이 불명확한 경우의 면제 / 262
    3.2. 부진정연대채무와 사전적 면제 / 263
        (1) 법률규정에 의한 면제 / 263 (2) 법률행위에 의한 사전적 면제 / 266

제4관 부진정연대채무자 상호간의 관계 267

1. **부진정연대채무자 상호간의 구상관계** / 267
2. **구상의 범위** / 269

제4절 채무인수

1. **이행인수** / 270
   1.1. 이행인수의 합의 / 270
   1.2. 이행인수와 보증채무의 차이 / 272
   1.3. 이행인수의 효력 / 272
      (1) 채무자와 채권자 사이의 채권 · 채무관계 / 272
      (2) 채무자와 인수인의 관계 / 273
      (3) 인수인의 채무불이행과 채무자와 인수인 간의 보상관계의 효력 / 273
2. **병존적 채무인수** / 274
   2.1. 병존적 채무인수의 합의 / 274
   2.2. 병존적 채무인수와 여타의 유사제도와의 異同 / 274
   2.3. 병존적 채무인수의 법률효과 / 277
3. **면책적 채무인수** / 279
   3.1. 면책적 채무인수의 합의 / 279
   3.2. 법률규정에 의한 면책적 채무인수 / 280

제5장 담보물권

제1절 물적 담보제도의 개관

제1관 물적 담보의 유형 282

1. **법정 담보물권** / 282
   1.1. 특정 물건에 대해 성립하는 법정 담보물권 / 282
   1.2. 채무자의 모든 재산에 대해 성립하는 법정담보물권 / 287
2. **약정담보물권** / 289
3. **소유권 및 권리이전의 법리에 의한 담보** / 289

제2관 담보물권의 요소 ······ 291

1. **담보물권으로 담보되는 채권(피담보채권)** / 291
2. **담보목적물** / 292
3. **담보물권의 내용** / 292
   3.1. 경매청구권 / 292
   3.2. 우선변제청구권 / 297

제3관 담보물권의 특징 ······ 297

1. **부수성** / 297
   1.1. 학설과 판례 / 298
      (1) 다수설 / 298
      (2) 소수설 / 299
      (3) 판례 / 300
2. **순위상승의 원칙** / 301
3. **불가분성** / 302
4. **물상대위** / 305
   4.1. 물상대위가 인정되는 사안 / 305
   4.2. 물상대위권의 행사방법 / 307
      (1) 통상의 사안 / 307
      (2) 담보설정자 아닌 제3자가 담보설정자의 제3채무자에 대한 채권을 압류한 경우 / 308
      (3) 물상대위권자가 아닌 자가 압류한 경우의 물상대위권자의 권리행사방법 / 309
      (4) 제3자가 압류한 경우 물상대위권 행사의 종기 / 312
      (5) 제3자가 수용보상금채권을 압류 · 전부받은 경우와 물상대위권의 행사 / 313
   4.3. 물상대위권이 실현되지 못한 경우 / 315
   4.4. 담보권 침해와 손해배상청구권, 물상대위의 관계 / 316
5. **우선변제권의 순위결정** / 317
   5.1. 우선특권 / 317
      (1) 우선특권의 예 / 317
      (2) 임금우선특권 또는 조세우선특권을 주장할 수 없는 경우 / 317
      (3) 우선특권 또는 특별법상의 우선변제권의 행사요건으로서의 배당요구 / 318
   5.2. 우선변제권의 인정 순위 / 319
      (1) 조세채권과 담보물권의 상호관계 / 319
      (2) 주택 또는 상가건물 임대차보호법상의 우선변제권과 담보물권 / 320
      (3) 담보물권 성립 前의 가압류채권자 / 321

제2절 유치권

제1관 개관 : 동시이행의 항변권과 유치권의 대비 322

제2관 유치권의 성립요건 324

1. **유치권의 목적물** / 324
2. **물건 등의 타인성** / 324
3. **피담보채권과 유치물 간의 견련성** / 325
   3.1. 견련성에 관한 대법원 판결 / 325
4. **피담보채권의 변제기** / 328
5. **목적물의 점유** / 329
6. **상사유치권과 민사유치권의 성립요건의 차이** / 331

제3관 유치권의 효력 332

1. **유치할 수 있는 권리** / 332
2. **유치권의 불가분성** / 333
3. **경매청구권** / 333
4. **간이변제충당권** / 334
5. **과실에 대한 권리** / 334
6. **목적물의 사용권 등** / 336
7. **비용상환청구권** / 336
8. **유치권의 소멸** / 337
9. **유치권의 침해** / 339

제3절 질권

제1관 질권의 성립 339

1. **유효한 질권설정계약** / 339
2. **질물의 인도** / 340
   2.1. 질권설정계약의 요물성 / 340
   2.2. 질권설정자로 하여금 질물의 점유를 하게 하지 못한다(민법 제332조)의 의미 / 341

3. 질권의 선의취득 / 341

제2관 질권의 내용 342

1. 질권의 목적물의 범위 / 342
2. 피담보채권의 범위 / 342
3. 동산질권의 순위 / 342
4. 유치적 효력 / 343
5. 경매청구권과 우선변제효 / 343
6. 간이변제충당 / 344
7. 유질계약의 금지 / 344
8. 질권의 침해와 구제방법 / 344
8.1. 물상대위(제342조) / 344
(1) 질물 매각과 물상대위 / 345
(2) 질권자의 물상대위와 보험청구권에 대한 질권자의 우열 / 346
8.2. 의사에 반한 점유상실과 질권자의 구제수단 / 346
8.3. 질권침해와 채권법상의 구제수단 / 347
(1) 기한이익의 상실 / 347
(2) 불법행위에 기한 손해배상청구권 / 347
(3) 담보권침해가 있을 때의 손해배상의 범위 / 347
(4) 물상대위와 손해배상청구권의 관계 / 348
9. 유치권의 규정의 준용 / 348

제3관 동산질권의 처분 348

1. 동산질권의 양도 / 348
2. 동산질권자의 전질권 / 349
2.1. 책임전질 / 349
2.2. 승낙전질 / 350

제4관 권리질권 350

1. 의의 / 350
2. 채권질권 / 351
2.1. 성립요건 일반 / 351
2.2. 지명채권과 채권증서의 교부 / 352
2.3. 지명채권에 대한 권리질권의 대항요건 / 352
2.4. 저당채권에 대한 질권 / 353
3. 권리질권의 내용 / 353

3.1. 동산질권과의 대비 / 353 3.2. 권리질권의 실행방법 / 353

제4절 담보물권으로서의 전세권

제1관 담보물권으로서의 전세권의 성립 ········ 354
1. 전세금과 전세권 / 354
2. 전세금반환관계의 당사자 / 356
3. 전세금반환청구권을 담보하는 물권으로서의 전세권 / 357

제2관 담보물권인 전세권의 내용 ········ 357
1. 경매청구권 / 357
2. 우선변제권 / 358
3. 전세권의 처분 / 358
4. 담보물권인 전세권의 부담있는 소유권의 양도 / 358

제5절 저당권

제1관 저당권의 성립 ········ 360
1. 유효한 저당권설정계약 / 360
2. 저당권등기 / 361
2.1. 저당권등기신청 / 361
2.2. 저당권설정계약 당시의 채권자 아닌 자를 저당권자로 한 저당권설정등기의 효력 / 361
(1) 원칙 / 361
(2) 저당권설정등기 이전에 피담보채권이 양도된 경우 / 361
(3) 채무자 아닌 자를 채무자로 하여 저당권설정등기를 하는 경우 / 363
(4) 소유자가 채무자에 대한 채권을 담보하기 위해 그 채무자와의 합의 하에 제3자를 채권자로, 자신을 채무자로 하여 자기 소유 부동산에 저당권등기를 한 경우 / 364

제2관 저당권의 효력 ········ 365
1. 경매청구권 / 365

1.1. 경매청구권의 성립 / 365
1.2. 경매청구권의 효력이 미치는 저당물의 범위 / 367
(1) 증축건물이 기존건물에 부합된 경우 / 367
(2) 구분소유건물의 전유부분에 설정된 저당권의 실행과 대지권 / 368
(3) 건물에 대한 저당권의 실행과 건물소유를 목적으로 한 지상권/368
(4) 임차권이 대지이용권일 경우 / 369
(5) 종물 / 370 (6) 예외 / 370
(7) 과실 / 371
2. 우선변제권 / 372
2.1. 우선변제를 받을 수 있는 피담보채권의 범위 / 373
2.2. 피담보채권의 변제충당방법 / 373
3. 저당권의 처분 / 374
3.1. 저당권의 부종성과 양도담보의 부종성의 구분 / 374
(1) 양도담보권의 경우 / 374 (2) 저당권의 경우 / 376
(3) 근저당권의 예외 / 377
4. 저당권의 침해와 그 보호 / 377
4.1. 저당물의 가액이 감소된 경우 / 377
(1) 저당물보충청구권(제362조)—제388조와의 관련성 / 377
(2) 기한의 이익의 상실 / 377
4.2. 물상대위권 / 378
4.3. 저당권침해를 이유로 한 손해배상청구권 / 379
4.4. 방해배제청구권 / 379

제3관 저당부동산의 제3취득자의 보호 382
1. 저당권의 부담있는 부동산의 매수인의 채권법적인 보호 / 382
1.1. 피담보채무액만큼 매매대금에서 공제한 것이 아닌 때 / 382
(1) 동시이행의 항변권 / 382 (2) 담보책임법에 의한 보호 / 382
(3) 채무불이행책임에 기한 보호 / 383
1.2. 매수인이 피담보채무의 이행을 인수하면서 매매대금에서 이를 공제한 경우 / 384
(1) 이행인수가 있는 경우 / 384 (2) 이행인수에서의 법률관계 / 384
2. 저당부동산의 제3취득자의 물권법적 보호 / 385
2.1. 민법 제364조의 변제권 / 385
(1) 변제권자 / 385

(2) 제3자의 변제(제469조)와 제364조의 변제권과의 차이점 / 386
(3) 민법 제364조의 변제를 한 제3취득자의 권리 / 388
2.2. 제367조의 비용상환청구권 / 389
(1) 비용상환청구권자 / 389 (2) 우선변제권 / 391

제4관 저당권의 실행과 법정지상권 ········· 392

1. 관습상의 법정지상권의 성립요건 / 392
1.1. 성립요건 / 392
1.2. 관습상의 법정지상권의 인정이 문제되는 사안 유형 / 394

2. 민법 제366조의 법정지상권의 요건 / 396
2.1. 저당권이 설정될 당시 대지와 지상건물이 동일인 소유에 속하여야 한다. / 397
(1) 토지에 저당권을 설정할 당시 토지 소유자가 법적 의미의 건물을 소유하고 있어야 하는가? / 398
(2) 지상건물이 미등기여도 무관하다. / 399
2.2. 대지 또는(그리고) 지상건물에 (근)저당권이 설정되어야 한다. / 400
2.3. 그 저당권의 실행으로 대지와 건물의 소유자가 달라진 경우여야 한다. / 400
(1) 저당권설정 당시 대지와 건물이 동일인 소유에 속하다가 건물만이 양도된 후, 대지가 경매절차에서 매도된 경우 / 400
(2) 토지에 저당권을 설정한 후 기존건물을 철거하고 신축건물을 지은 경우 / 401
(3) 토지와 건물에 공동저당권이 설정된 후 기존건물을 철거한 후 신축건물을 지은 경우 / 402

3. 법정지상권의 효과 / 404
3.1. 법정지상권의 범위 및 존속기간 / 404
3.2. 지료 / 405
3.3. 법정지상권이 설정된 후 건물을 양도하였으나, 법정지상권을 양도하지 않은 경우 / 406

4. 민법 제365조의 건물경매청구권 / 407
4.1. 토지에 대한 저당권설정 후 비로소 건물을 건축하는 경우 저당권자의 보호(저당권설정 당시 건축공사가 진행되고, 그 건물의 규모, 종류가 외형상 예상될 수 있었던 경우는 예외임. 이는 위 2를 참조) / 407
4.2. 토지에 저당권이 설정된 후 건물을 건축한 경우, 경매절차에서의 대지를 매수한 자의 보호 / 407

4.3. 토지에 저당권이 설정된 후 건물을 신축한 경우, 건물소유자의 보호 / 408
(1) 토지와 건물이 동일인 소유에 속하여야 하는가? / 408
(2) 건물이 미등기인 상태여도 무방하다. / 409
(3) 토지에 대해 경매청구한 후, 추가로 건물의 경매청구도 가능하다. / 409

제5관 근저당권 409

1. 근저당권의 성립 / 409
1.1. 근저당권의 피담보채권 / 409
1.2. 포괄근저당의 유효성 / 410
1.3. 채권최고액 / 411

2. 근저당권의 피담보채권의 확정 / 413
2.1. 근저당권의 존속기간을 정하거나 근저당권에 의해 담보되는 기본거래계약에서 결산기를 정한 경우 / 413
2.2. 계속적 거래관계에서 결산기의 정함이 없는 경우 / 413
2.3. 어떤 경우이든 당사자간의 합의에 기한 계약해지 또는 채무불이행을 이유로 한 담보권실행의 경매신청 / 414
2.4. 근저당권자가 아니라 다른 담보권자 또는 일반채권자가 경매를 신청하는 경우 / 415

3. 피담보채권 일부의 대위변제 / 415
3.1. 피담보채권의 확정 후 일부의 대위변제 / 415
3.2. 피담보채권의 확정 전 일부의 대위변제 / 416
3.3. 피담보채권의 확정 전 일부대위변제자의 보호 / 416

제6관 공동저당 417

1. 공동저당권의 성립 / 417

2. 동일인 소유 부동산에 대한 공동저당 / 418
2.1. 공동저당권자의 권리 / 418
(1) 이시배당의 경우 / 418
(2) 동시배당의 경우 / 419
2.2. 차순위저당권자의 권리 / 420

3. 수인이 소유한 부동산에 대한 공동저당 / 422
3.1. 물상보증인과 채무자의 부동산에 설정된 공동저당 / 422
(1) 차순위저당권자의 대위를 우선하는 견해 / 422
(2) 변제자대위를 우선하는 견해 / 423
(3) 학설의 평가 / 424

3.2. 수인의 물상보증인 소유의 부동산에 공동저당권이 설정된 경우 / 425
3.3. 제3취득자가 있는 사안 / 426
(1) 동일인 소유의 부동산에 공동저당권이 설정된 경우 / 426
(2) 소유자가 각기 다른 부동산에 공동저당권이 설정된 경우 / 427
4. 공동저당규정의 유추적용 / 427
4.1. 유추적용을 긍정한 사안 / 427
4.2. 유추적용을 부정한 사안 / 427

제6절 가등기담보 등에 관한 법률상의 담보물권

1. 가담법상의 담보물권의 성립 / 428
1.1. 가담법의 적용을 받는 담보계약 / 428
(1) 소비대차 및 준소비대차계약상의 원리금반환채무를 담보하는 계약 / 428
(2) 차용물을 갈음하여 다른 재산권을 이전할 것을 예약한 때 그 재산의 예약당시 가액이 차용액과 이에 붙인 이자를 합산한 액수를 초과한 경우의 담보계약 / 430
(3) 양도담보계약 등 / 431
1.2. 담보계약에 기하여 담보목적으로 가등기 또는 소유권이전등기가 경료되어야 한다. / 432
1.3. 담보물권에 공통되는 부종성에 따른 요건 / 433
2. 가담법상의 담보물권의 사적 실행 / 433
2.1. 청산기간 / 434
2.2. 청산금 / 434
2.3. 청산기간 내 또는 청산금이 지급되지 않은 동안의 채무자의 권리 / 436
2.4. 사적 실행 / 436
2.5. 사적 실행 절차 위반의 효과 / 437
2.6. 사적 실행과 법정지상권 / 438
3. 후순위권리자 등의 보호 / 438
3.1. 후순위권리자의 청산금에 대한 권리 / 439
3.2. 담보가등기 후 대항력있는 임차권을 취득한 자의 동시이행의 항변권 / 440
3.3. 후순위권리자, 대항력있는 임차인의 보호를 위한 통지 / 441
3.4. 채무자등의 청산금에 대한 처분의 제한 / 441
3.5. 청산금의 공탁 / 442
4. 공적실행 / 443
4.1. 경매청구권 / 443
4.2. 우선변제청구권 / 443

4.3. 청산금 지급 전의 경매신청이 있을 때의 특칙 / 443
4.4. 강제경매와 담보가등기권리의 소멸 / 445
5. 파산절차 등에서의 담보가등기 / 446

제6장 권리이전형의 담보

제1절 권리이전형 담보의 필요성과 문제점

제2절 소유권유보부 매매

제1관 개관 449
1. 소유권유보부 매매의 기능 / 449
2. 소유권유보부 매매의 법적 성질 / 450
2.1. 물권행위 / 451
(1) 물권행위 개념의 필요성 / 451
(2) 물권행위의 시점에 관한 논의의 실천성 / 451
2.2. 정지조건부 물권행위와 소유권유보부 매매 / 452
(1) 조건부 매매계약이라고 해석할 경우의 문제점 / 452
(2) 매도인이 보유한 소유권을 담보물권으로 해석할 수 없는 이유 / 453
(3) 정지조건부 물권행위 / 453
3. 판매목적으로 물품을 취득한 매수인의 처분권한을 보장하는 법적 개념 / 454
3.1. 처분수권 / 454
(1) 처분수권의 내용 / 454
(2) 처분권자로부터 양수한 자의 지위 / 455
(3) 처분수권의 철회와 매수인의 지위 / 456
4. 처분권한을 매수인에게 부여한 후의 처분으로 매수인이 취득한 매매대금채권 등과 매도인의 담보수단 / 457

제2관 소유권유보 매도인과 매수인의 물권법상의 법률관계 458
1. 통상의 소유권유보부 매매의 경우 / 458
1.1. 매수인의 물품이용권한 / 458
1.2. 매도인의 해제권과 반환청구권 / 458
1.3. 소유권유보부 매매의 목적물의 경매와 매도인 또는 매수인의 권리 / 458

2. **할부거래에 관한 법률의 적용을 받는 경우** / 460
2.1. 동법의 적용대상 / 460
2.2. 매도인 및 매수인의 물권법상의 권리 / 460
(1) 매도인의 해제권과 반환청구권 / 460
(2) 매수인의 수중에 있는 목적물의 압류 / 461

제3관 소유권유보부 매매와 양도담보의 충돌 461
1. **매수인이 양도담보한 경우의 소유권의 귀속** / 461
2. **양도담보권자의 소유권취득 가능성** / 462
3. **경매에서의 선의취득과 소유권유보부 매도인의 보호** / 463
3.1. 선의취득의 가능성 / 463
3.2. 경매에서의 매수인이 선의취득한 경우 소유권유보부 매도인의 보호 / 463
4. **양도담보에 대한 소유권유보부 매매의 우위** / 464

제3절 부동산 양도담보

제1관 양도담보 일반 464
1. **매도담보** / 464
2. **대물변제예약** / 465
2.1. 대물변제계약 / 465
2.2. 대물변제예약 / 466
(1) 일반적인 대물변제예약 / 466
(2) 소비대차계약상의 채무를 담보하기 위한 대물변제예약 / 467
(3) 민법 제607조에 위반하여 제608조에 의해 무효가 된 대물변제예약의 처리 / 467
(4) 부동산이 대물변제예약상의 목적물인 경우 장래의 소유권이전등기청구권을 보전하기 위한 가등기 / 468
3. **양도담보** / 469
3.1. 양도담보계약 일반 / 469
3.2. 양도담보계약과 민법 제607조, 제608조 / 470
3.3. 학설상의 양도담보 이론구성 / 472
(1) 담보물권설 / 472
(2) 신탁적 양도설 / 473

3.4. 대법원의 양도담보 이론구성의 특징 / 474
(1) 소유권의 관계적 분열 / 474 (2) 내부적 소유권 / 474
3.5. 가등기담보등에 관한 법률과 부동산 양도담보의 관계 / 477
(1) 가담법의 적용을 받는 부동산 양도담보 / 477
(2) 가담법의 적용을 받지 않는 부동산의 양도담보 / 478

제2관 부동산양도담보권의 내용 478
1. 양도담보계약의 내용 / 478
2. 담보권실행 전의 양 당사자 사이의 법적 지위 / 479
2.1. 양도담보설정자 및 양도담보권자의 지위 / 479
2.2. 양도담보권자 및 양도담보설정자의 물권적 청구권 또는 부당이득반환청구권 / 480
3. 담보권의 실행방법 / 480
3.1. 목적물의 인도청구(소유권이전등기가 경료된 경우) / 480
3.2. 본등기 및 인도 청구(담보가등기가 경료된 경우) / 481
3.3. 처분정산 또는 귀속정산과 양도담보권자의 권리, 의무 / 482

제4절 동산 양도담보

제1관 동산양도담보의 개관 483
1. 등기나 등록이 물권변동의 요건인 동산 / 483
2. 등기나 등록이 물권변동의 요건이 아닌 동산의 양도담보 / 484
3. 동산 양도담보에 고유한 특징 / 485

제2관 유동집합동산의 양도담보 485
1. 집합물이라는 개념을 부정하는 견해 / 486
2. 집합물이라는 개념을 긍정하는 판례 / 486

제3관 점유개정의 방법으로 동산을 이중 양도담보한 경우의 법률관계 .. 488
1. 대법원 판례 / 488
2. 이중 양도담보계약과 선행 양도담보권자의 권리가 소멸한 경우 / 489
3. 이중양도담보계약이 있는 사안에서 담보목적물이 적법하게 환가된 경우 / 491

제4관 경매절차에서의 동산양도담보 ········ 491
1. **양도담보권자가 양도담보목적물을 경매신청할 수 있는지의 문제** / 491
2. **다른 채권자가 양도담보목적물을 경매신청한 경우 양도담보권자의 권리** / 492
3. **양도담보목적물을 제3자가 선의취득한 경우 양도담보권자의 보호** / 493

제5절 채권 양도담보

제1관 개관 ········ 494

제2관 채권양도 ········ 496
1. **채권양도의 요건** / 496
1.1. 채권 양도인과 양수인 간의 양도의 합의 / 496
1.2. 양도대상인 채권 / 496
1.3. 민법 제450조 제1항, 제2항의 "대항요건"의 구비 / 498
(1) 대항요건에 관한 학설 / 498 (2) 학설 차이의 실천적 의미 / 498
(3) 대법원 판례 / 499
2. **채권양도 통지의 방식** / 500
3. **채권양도 사실의 승낙** / 501
4. **채권양도의 사실을 담은 문서에 기재된 확정일자가 각각 다른 경우 채권양수인 간의 우열관계** / 501
4.1. 민법 제450조 제2항의 해석론과 판례 / 501
4.2. 확정일자 있는 채권양도의 통지와 압류 및 전부명령의 정본이 같은 날 도달한 경우 / 502
4.3. 동일 순위의 대항력을 갖추었다고 판단될 경우 관련당사자 간의 법률관계 / 503
(1) 채무자의 법적 지위 / 503
(2) 수인의 채권양수인들(또는 압류채권자와 양수인등) 사이의 법률관계 / 503
5. **채권양도와 채무자의 보호** / 504
5.1. 양도인에게 대항할 수 있는 사유 / 504
5.2. 이의를 유보하지 않은 승낙과 대항사유 / 505
5.3. 채권양도의 무효와 채무자의 보호 / 506
(1) 부존재 또는 무효인 양도와 양도통지 / 506
(2) 양도통지 후의 양도계약의 취소, 해제 등 / 506

제3관 담보목적의 채권양도의 특질 ········ 509
1. **개관** / 509
2. **예약형 집합채권의 양도담보의 사례** / 509

제7장 동산 및 채권 담보권

제1절 입법의 배경

제1관 입법의 필요성과 입법정책상의 쟁점 ········ 514
1. **입법의 필요성** / 514
2. **입법정책상의 주요 쟁점** / 515

제2관 외국의 입법동향 ········ 515
1. **UCC** / 515
1.1. 기본특징 / 515
1.2 담보권의 성립 : 특정가능성 원칙의 선택 / 516
1.3. 담보권의 완성요건 / 518
1.4. 완성된 담보권자 사이의 우선권 : 원칙과 예외 / 519
1.5. 시사점 / 521
2. **UNCITRAL의 입법지침** / 521
2.1. 기본적 특징 / 521
2.2. 담보권의 성립 : 특정가능성 원칙의 권고 / 522
2.3. 담보권의 제3자에 대한 효력 / 523
2.4. 경합하는 담보권자 간의 우선순위 원칙과 예외 / 524
2.5. 시사점 / 526
3. **채권담보와 UN 채권양도협약(CARIT)** / 527
3.1. 채권담보에서의 특정성원칙 또는 특정가능성 원칙 / 527
(1) 독일 / 527
(2) 프랑스 / 530
(3) 영국 / 531
3.2. UN 국제거래상의 채권양도협약(CARIT)상의 채권담보 / 532
(1) 특정가능성 원칙의 선택 / 532
(2) 수인의 담보권자 사이의 우선권의 결정 / 533

(3) 시사점 / 534

제3관 동산 및 채권담보권에 관한 새로운 입법의 시도 ······ 534

1. **일본의 "동산 및 채권의 양도의 대항요건에 관한 민법의 특례 등에 관한 법률"** / 534
2. **대법원의 "동산 및 채권의 양도등기에 관한 법률안"(이하 '법원안'이라고 약칭한다)** / 535
3. **새로운 동산 및 채권 담보제도와 특정성 원칙 간의 관계** / 538
   3.1. 특정성의 원칙 또는 특정가능성의 원칙 간의 선택 또는 절충 / 538
   3.2. 특정성 원칙과 무담보채권자와의 관계 / 539
   3.3. 권원유보형 담보에 어떤 법적 지위를 부여할 것인가? / 540
4. **동산 · 채권 등의 담보에 관한 법률의 제정** / 541

제2절 동산담보권

제1관 성립요건 ······ 541

1. **동산담보권의 목적물** / 541
2. **동산담보계약의 당사자** / 542
3. **동산담보계약** / 543
4. **피담보채권** / 544
5. **등기** / 544
6. **타인 소유물에 관한 담보등기와 그 효력** / 545

제2관 동산담보권의 내용 ······ 546

1. **동산담보권의 우선순위** / 546
2. **동산담보권의 내용** / 548
   2.1. 민법상의 담보물권에 인정되는 것과 동일한 효력 / 548
   2.2. 저당권과 다른 내용 / 548
   (1) 물상대위 / 548 (2) 반환청구권 / 550
3. **동산담보권의 실행** / 550

제3절 채권담보권

제1관 성립요건 551

1. 채권담보권의 목적물 / 551
2. 여타의 요건 / 551
3. 담보설정자에게 귀속되지 않은 채권을 담보목적물로 한 경우 / 552

제2관 채권담보권의 효력 552

1. 채권담보권의 우선순위 / 552
2. 채권담보권의 내용 / 553
   2.1. 제3채무자에 대한 대항 / 553
   2.2. 기타의 채권담보권의 내용 / 553
3. 채권담보권의 실행 / 553

| 판례색인 | / 554

| 사항색인 | / 563

제1장 담보법의 개관

제1관 담보의 필요성

제2관 담보기능을 수행하는 여러 가지 법적 수단

제3관 이 책의 구성과 위험분담형 금융과의 관계

제1관 담보의 필요성

1. 담보의 의의

일상 용어상의 담보란 권리의 향유 및 행사를 안전하고 확실하게 해주는 어떤 것을 의미한다. 이 책에서는 채권자의 채권을 실현시켜 주거나 이를 용이하게 하는 어떤 수단을 지칭할 때 담보라는 용어를 사용할 것이다. 채무자의 자발적인 채무이행을 유도하는 것, 채무자의 재산으로써 채권을 만족시키는 것, 채무자 이외의 제3자에게 채무자를 대신하여 채무를 이행하도록(대위변제) 청구할 수 있는 권리, 채무자의 특정 재산에서 다른 채권자보다 우선해서 자기 채권을 만족시킬 수 있는 권리 등은 모두 이 책에서의 담보라고 할 것이다.

2. 채무자의 책임재산 : 채무이행을 담보하는 기초

어떤 이유에서든지 채무자가 원래의 채무를 이행하지 못하면(채무불이행), 채권자는 그 채무이행을 강제할 수 있다(민법 제388조). 이에 덧붙여 자신이 입은 손해를 배상받을 수도 있다. 금전채무 아닌 채무도 이를 이행할 수 없게 되면 결국 손해배상채무로 전환되는데, 우리 법에서의 손해배상은 특별한 사정이 없는 한 금전배상이 원칙이다(민법 제394조). 따라서 특별한 사정이 없는 한, 모든 채무의 이행은 종국적으로는 금전지급을 통해 이루어진다.

채무자가 채무를 자발적으로 이행하지 않을 때, 우리 법은 채권자에게 채무자의 재산으로부터 자기 채권을 만족시킬 수 있도록 권한(채권자의 공취권한)을 부여한다. 민법, 가등기담보 등에 관한 법률, 민사소송법, 민사집행법, 채무자의 회생 및 파산에 관한 법률 등등에서 채권자의 공취가 가능하도록 하는 절차를 마련해 두었다. 이들 법률들은 채무자의 재산이 그 채무 이행에 공여된 재산임을 전제하고 있다. 이 점에서 채무자가 보유하는 재산은 채권자의 채권 실현에 공여된 책임재산이라고 할 수 있다. 물론 채무자의 재산 중에는 책임재산에서 제외되는 것도 있다(가령 압류가 금지되는 물건에 관한 민사집행법 제195조 등). 이 책에서 책임재산이라고 할 때에는 이런 재산을 제외한 나머지를 지칭한다.

3. 채무자의 책임재산이 부족한 경우 : 적절한 다른 담보를 갖지 않은 경우

금전채권자는 법적으로는 채권의 액면가액에 해당되는 권리를 가지지만, 그것의 경제적 가치는 채무자의 책임재산으로부터 만족을 얻을 수 있는 범위를 넘을 수 없다. 가령 A(채권자)가 B(채무자)에게 액면가 100의 채권을 가지지만, B의 책임재산이 50이라면, 그 채권의 경제적 가치는 50을 넘지 않을 것이다. 한편 B에게 다른 채권자(C)가 있고, 그의 채권 역시 100이라면(그리고 A, C가 B의 책임재산에서 평등하게 만족을 얻는다면), A의 채권의 경제적 가치는 25를 넘지 않을 것이다. 결국 A는 B의 채무불이행이 있으면 종국적으로 75의 경제적 손실을 입을 것이다.

한편 A가 D에게 100의 채무를 지고 있고, 위에서 언급한 것처럼 75의 경제적 손실을 입는 바람에 그의 책임재산(A의 B에 대한 채권)의 경제적 가치도 25로 하락했다고 가정하자. A에게 다른 재산이 없다면 D 역시 75의 경제적 손실을 입을 것이다. 거칠게 일반화하면, 채무자의 책임재산이 부족하게 되면, 채권자 역시 그에 상응하여 손실을 입게 되며, 그 손실은 개별 채권자에게 국한되지 않고, 채권자의 채권자에도 영향을 미치게 될 것이다. 경제활동은 상호 연결되어 있기 마련이므로, 어느 한 채무자에게서 발생한 책임재산의 부족과 채무의 종국적인 미실현 또는 그 위험성은 그의 채권자를 넘어서서 사회의 다른 구성원에게도 연쇄적으로 영향을 미칠 수 있다. 몇 해 전에 발생한 금융위기를 통해 전세계의 경제가 심각한 영향을 받았고, 그 여진이 아직도 마무리되지 않은 것을 보면, 채무자의 책임재산이 그의 채무액을 밑돈다는 사실은 비단 어느 한 개인, 한 집단, 한 국가에 한정되지 않는 문제임을 보여준다.

미시적으로 보더라도, 채무자의 책임재산이 채무액을 밑돌게 되면, 그 여파는 곧바로 채권자 이외의 개인에게로 확장된다. 가령 A(은행)가 B(채무자)에게 100을 빌려 주었는데, B의 책임재산이 50밖에 되지 않았다고 하자(위에서 언급한 것처럼, 이 때 A가 경제적 손실을 입을 것이다). B에게 100을 빌려준 행위를 한 자는 A의 직원 C일 것이다. C는 대표권(A의 대표인 경우) 또는 대리권(대표 아닌 A의 직원인 경우)을 가지고 B에게 100을 빌려주었을 것이다(주지하듯이, 소비대차계약의 유효한 성립이라는 법률효과는 A와 B에게 귀속된다). 여기서 C가 B의 책임재산에 대해 잘못된 평가를 하였다면, C는 A가 입은 50의 경제적 손실에 대해 손해배상책임을 질 수도 있을 것이다(통상 채무불이행책임이 문제될 것이다). C의 행위가 고의적이라고 평가되면, 배임죄의 처벌을 받을 수도 있다.

대판 1987.7.21, 87도546

A 신용금고 대표이사인 피고인이 별다른 담보를 취득함이 없이 변제자력이 불충분한 공소 외 B, C에게 수차례 대출을 해 준 사안에서, 대법원은 '피고인의 공소외 B에 대한 수건의 대출과 공소 외 C 주식회사에 대한 수건의 대출은 각각 배임죄의 포괄일죄이고, B에 대한 배임죄와 C에 대한 배임죄는 실체적 경합범관계에 있다'고 한다.

4. 담보의 기능

채권자가 자신의 채권실현을 위한 적절한 담보를 가지고 있다면, 채무자의 채무불이행이 있더라도 채권자는 손해를 입지 않거나 그 손해를 최소화할 수 있다. 따라서 채권자의 관점에서 볼 때(채권자를 위해 행위하는 대표 또는 대리인도 마찬가지이다), 채무자의 채무 이행을 보장할 수 있는 다양한 법적 수단, 즉 담보를 확보하는 것이 가장 중요한 관심사일 것이다.

제2관 담보기능을 수행하는 여러 가지 법적 수단

1. 담보제도의 개관

1.1. 채무자의 채무이행을 압박하는 방법

(1) 동시이행의 항변권과 유치권

채무자의 채무이행을 담보하기 위해 채권자는 자신의 채무자에 대한 채무(반대채무)의 이행을 채무자의 채무 이행과 연계시킬 수 있다. 대표적인 예가 동시이행의 항변권이다(민법 제536조 및 제549조, 기타 대법원이 유추적용하는 다양한 사안에서 그러하다). 그러나 동시이행의 항변권은 채무와 반대채무가 상호 대립할 때 이를 원용할 수 있다. 가령 A가 B에게 물건 X를 인도할 의무를 부담하는데, 이 채무는 B가 A에게 100만원을 지급하는 것과 동시에 이행하기로 되어 있을 때, A는 B가 100만원을 지급하지 않으면, 자신의 반대채무(X의 인도)의 이행을 거절할 수 있다. 이에 반해 A가 B에게 X를 인도할 의무가 있고, 한편 B가 A로부터 X를 인도받으면 B는 C에게 100만원을 지급하여야 할 경우, A는 B가 C에게 100만원을 지급하는 것과 상환해서 자신의 의무(X의 인도)를 이행하겠다고 항변할 수는 없다. 이처럼 동시이행의 항변권은 채무자가 채권자에게 반대채권을 가질 때를 상정한 것이다. 물론 여기에는 몇 가지 중요한 예외가 있다. 동시이행의 항변권이 부착된 채권이 양도된 경우, 다른 특별한 사정이 없으면 채무자는 채권양도인에 대한 동시이행의 항변권으로 채권양수인에게 대항할 수 있다. 위의 예에서 A가 B에 대한 채권 100만원을 D에게 양도한 경우, D의 이행최고에 대해 B는 A의 의무이행(X의 인도)과 상환해서 D에게 100만원을 지급하겠다고 항변할 수 있다(민법 제451조 제2항). 또한 제3자를 위한 계약에서 채무와 반대채무의 이행이 동시이행관계에 있다면(위의 예에서 A와 B의 계약으로 B가 A로부터의 반대급부를 받고 C에게 채무를 이행하기로 합의한 경우), 수익자의 이행최고에 대해 낙약자는 요약자의 반대채무의 이행과 상환해서 자기 채무를 이행하겠다고 항변할 수 있다. 계약에서 그렇게 정하였기 때문이다.

그런데 동시이행의 항변권은 채권적인 효력밖에 없기 때문에, 위에서 언급한 예외가 적용되지 않는 한, 채무자 이외의 제3자에 대해서는 이를 대항할 수 없다는 단점이 있다. 가령 C 소유의 동산 X를 B가 A로부터 보증금을 지급하고 월세로 임차한 경우, 임대기간이 만료되면 B는 X를 A에게 반환할 의무가 있고, A로부터 보증금의 반환을 청구할 반대채권을 가질 것이다. 이 양 채무는 동시이행관계에 있다. 이 때 소유자 C가 B에게 X의 반환을 청구한다면, B는 A가 보증금을 반환할 때까지 X를 C에게 반환하지 않겠다고 항변할 수 없다. 동시이행의 항변권은 대세적 효력이 없다는 것이다.

이에 반해 민법상의 유치권, 상법상의 유치권(민법 제320조, 상법 제58조, 제91조 등)은 채무자만이 아니라 제3자에 대해서도 효력이 있다. 유치권도 동시이행의 항변권과 마찬가지로 채권자가 부담하는 반대채무(유치물의 반환의무)의 이행을 거절함으로써 채무자의 채무이행을 간접적으로 압박하는 효과가 있다. 그러나 채권자는 유치물이 채무자 소유에 속하지 않더라도(민사유치권의 경우. 채무자의 소유에 속하지 않는 물건에 대해서는 상사유치권은 성립하지 않는다)유치권을 취득할 수 있고, 또 물권으로 인정되기 때문에, 채무자 아닌 제3자(가령 진정한 소유자)에 대해서도 그 반환을 거절할 수 있다. 이 경우 진정한 권리자로서는 채무자의 채무를 대위변제하지 않으면 자신의 물건 등을 반환받을 수 없다.

(2) 손해배상액의 예정 및 위약벌의 합의

채권자의 반대채무의 이행을 채무자의 채무이행과 견련시키는 것 이외에도, 채무자를 심리적으로 압박하여 채무를 이행하도록 유도하는 여타의 제도들이 있다. 그 대표적인 예가 손해배상액의 예정 및 위약벌이다. 前者의 경우, 채무자의 유책한 채무불이행이 있으면 채권자에게 손해가 얼마만큼 발생하였는지와 무관하게 손해배상에 갈음하여 일정한 금액을 지급할 것을 약정하는 것이다. 이 제도는 채권자가 소송을 통해 손해배상채권을 실현하고자 할 때 부딪히는 입증의 어려움을 덜어준다. 가령 물건 X의 인도채무 또는 어떤 작위를 할 채무의 이행을 구하는 이행의 소를 제기하여 승소판결을 얻는 것만으로는 채무자를 충분히 압박할 수 없을 것이다. 이행지체로 인한 손해배상청구도 아울러 訴求한다면 채무자가 받는 심리적 압박은 증가될 것이다. 그러나 지연손해배상을 받기 위해 채권자는 자신이 입은 손해를 입증해야 한다. 이행지체에도 불구하고 아무런 손해가 발생하지 않을 수도 있다. 동시이행관계에 있는 매매계약상의 채무가 이행지체된 경우 대법원은 반대채무의 계속적 변제제공이 없는 한 이자(또는 사용이익)에 상당하는 지연손해배상을 구할 수 없다고 한다.[1] 이런 경우 채권자의 손해배상청구는 인용될 수 없다. 당사자 간에 손해배상액을 예정하면, 이런 곤란을 덜 수 있다(민법 제398조).

---

1. 채권자(매도인)가 잔금지급기일에 반대채무를 변제제공함으로써 채무자(매수인)를 이행지체에 빠뜨렸다 하더라도, 반대채무의 이행제공을 계속하거나, 신의칙상 상당한 기간을 정한 변제제공을 계속하지 않으면 지연배상을 청구할 수 없다는 것으로는, 대판 98다13754, 13761 및 대판 2001다6053, 6060, 6077 참조. 그러나 계약의 해제 또는 취소 후 원상회복의무가 동시이행관계에 있을 때에는 채권자가 반대채무를 변제제공함으로써 상대방을 이행지체에 빠뜨리면 반대채무의 계속된(또는 신의칙상 상당한 기간을 정한) 변제제공이 없더라도 지연배상을 청구할 수 있다. 대판 2010.10.14, 2010다47438; 대판 2001.7.10, 2001다3764 참조. 여기서 상론하지 않지만, 위 두 부류의 판결은 상호모순적이지 않고, 병존이 가능하다.

대판 1975.3.25, 74다296; 대판 1991.1.11, 90다8053; 대판 2007.8.23, 2006다15755

채무불이행으로 인한 손해배상액의 예정이 있는 경우에는 채권자는 채무불이행 사실만 증명하면 손해의 발생 및 그 액을 증명하지 아니하고 예정배상액을 청구할 수 있다.

대판 2010.2.25, 2009다83797; 대판 2007.12.27, 2006다9408

손해배상액이 예정되어 있는 경우 … 채무불이행에 있어 채무자의 귀책사유를 묻지 아니한다는 약정을 하지 아니한 이상 채무자는 자신의 귀책사유가 없음을 주장 · 증명함으로써 위 예정배상액의 지급책임을 면할 수 있다.

유의할 것은, 손해배상액의 예정의 합의에서는, 그 합의가 어떤 채무불이행에 대해 효력을 미치지는 지를 분명하게 해야 한다. 가령 이행지체로 인한 손해배상액을 예정할 수도 있고, 이행불능으로 인한 손해배상액을 예정할 수도 있으며, 기타 불완전한 급부를 이유로 한 손해배상액을 예정할 수도 있다. 그 합의의 범위 밖에서 발생한 손해에 대해서는 민법 제390조, 제393조에 따라 손해배상을 청구할 수밖에 없다.

당사자 간의 합의로 손해배상액을 예정하면, 그 예정액의 지급으로써 손해배상을 가름하기 때문에, 채권자는 예정액의 청구권만을 가진다. 가령 이행지체에 대해 손해배상액이 합의된 경우, 채권자는 원채무 및 손해배상액의 지급을 청구할 수 있고, 이행불능에 대해 손해배상액이 합의된 경우, 채권자는 그 손해배상액의 청구권만을 가질 것이다.

그러나 위약벌은 이와 큰 차이가 있다. 즉 채무불이행에 대해 위약벌이 합의된 경우, 그 합의에 포섭되는 채무불이행이 발생하였다면, 채권자는 위약벌의 지급만이 아니라 그 밖의 채무(원채무 및 손해배상채무)도 청구할 수 있다. 가령 그 채무불이행으로 인해 채권자에게 계약해제권이 생겼다면, 채권자는 위약벌 계약상의 채무이행을 청구하는 것과 별도로 계약을 해제하고, 그에 따른 원상회복 및 손해배상을 청구할 수도 있다. 가령 계약이행지체에 대해 위약벌이 합의된 경우, 원채무의 이행과 지연손해배상 및 위약벌의 지급을 청구할 수 있다. 따라서 채무자의 채무이행을 심리적으로 압박하는 효과가 손해배상액의 예정보다 더 클 수밖에 없다. 위약벌의 약정을 금하는 법률규정이 없으므로, 그 유 · 무효는 법률행위의 효력에 관한 민법의 일반규정에 따라 판단될 것이다.

그러나 위약금에 관한 합의는 손해배상액의 예정으로 추정되기 때문에(민법 제

398조 제4항), 당사자 간에 채무불이행에 대한 위약금의 합의가 있으면, 위 추정을 깨뜨릴 수 있을 만한 특별한 사정이 있지 않는 한, 이를 위약벌의 합의로 볼 수는 없다.

대판 2000.12.8, 2000다35771; 대판 2009.12.24, 2009다60169,60176 등 다수의 판결

위약금은 민법 제398조 제4항에 의하여 손해배상액의 예정으로 추정되므로 위약금이 위약벌로 해석되기 위하여는 특별한 사정이 주장 · 입증되어야 한다.

손해배상액의 예정을 합의한 것이 아니라, 위약벌을 합의한 것임을 채권자가 주장 · 입증하였는지가 문제된 사안을 본다.

대판 1979.9.11, 79다1270

A 수협(피고)의 "입찰유의서" 제4조에 '입찰보증금은 입찰단가와 입찰수량을 곱한 금액의 100분의 10 이상 현금 또는 제주도내 소재 은행이 발행한 자기앞수표 및 이행보증보험증권을 입찰서와 공히 납부 하여야 한다'라고 규정하고 있고, 제14조에는 '제주도내 각 수협별로 낙찰된 자는 낙찰확정시부터 3일 이내에 매매계약을 체결하여야 하며 정당한 이유없이 계약을 체결치 않을시는 입찰보증금은 해당 수협에 임의귀속하여도 이의를 제기할 수 없다'고 규정한 사안에서, 낙찰자(원고)가 계약을 체결하지 않자 피고가 입찰보증금을 몰취하였다. 원고가 피고를 상대로 보증금반환을 구한 사건인데, 대법원은 '본건 입찰보증금은 계약체결을 담보하는 동시에 원고의 계약체결 불이행에 대한 위약벌 또는 제재금의 성질을 가진 것이라고 해석하여야 할 것이므로, 원고의 채무불이행에 인한 보증금의 귀속에 관하여 반드시 피고들에게 손해의 발생이 있어야 한다는 논지는 이유 없고, 또 그와 같은 규정이 공서양속에 반하여 무효라고 할 수도 없다'고 판단하였다.

위 사안의 원고는 본 계약을 체결할 의무를 불이행한 것인데, 이 자체만 놓고 보면 손해배상액 예정의 합의가 있는 사안과 크게 구분되지 않는 것처럼 보인다. 앞서 언급한 것처럼 손해배상액 예정의 합의에서도 손해의 발생과 무관하게 예정액을 청구할 수 있기 때문이다. 다만 차이가 있다면, 첫째, 손해배상액의 예정으로 보면 예정액이 과다한 경우(위 사안에서 매매대금의 100분의 10을 더 초과한다면), 감액을 청구할 수는 있을 것이다(민법 제398조). 둘째, 손해배상액의 예정과 달리 위 사안의 피고는 보증금을 몰취한 후에도 본 계약 체결의무의 이행을 강제할 수 있다.

다음의 대법원 판결 사안도 당사자가 계약이행과 보증금의 몰취를 양립시킨 점 때문에 위약벌의 합의로 본 것이다.

대판 1989.10.10, 88다카2560

매매계약의 목적물의 성질상 매도인(피고)이 생산, 공급하는 전량을 매수인(원고)이 즉시 인수하지 않으면 안되는 물품이고, 매수인은 계약기간 동안 매도인 측에서 생산하는 물품을 전량 인수하기로 하고 계약체결과 동시에 계약금액의 100분의 10 이상의 계약보증금을 납부하고 매수인이 정당한 이유없이 인수를 거부하거나 지체할 때 또는 기일 내에 대금을 불입하지 않거나 계약의 각 조항을 위배할 때, 매도인은 사전 권고나 통보 없이 일방적으로 해약을 할 수 있고 이 경우 보증금은 매도인에게 귀속하고, 또 매수인이 계약을 이행하지 아니하였을 때에는 그 연대보증인이 채무이행은 물론 배상책임을 진다고 약정하였으며 매수인은 별도로 채무이행을 위하여 계약금액의 100분의 20 이상의 현금이나 지급이행보증보험증서를 제공하기로 약정하였는데, 위 약정의 사유가 발생한 후 피고가 계약을 해지하면서 보증금을 몰취하자 원고가 그 반환을 구하였다. 대법원은 이 때의 계약보증금은 위약금이라기보다는 매수인의 계약이행을 간접적으로 강제하는 작용을 하고 매수인이 위약하였을 때에는 이를 매도인의 소유로 귀속하게 하여 제재를 가하는 위약벌 또는 제재금이라고 보았다.

다음의 사안을 보면 손해배상액의 예정인지, 위약벌인지에 따라 그 법률효과의 차이가 있음을 알 수 있다.

대판 1999.3.26, 98다33260

토지분양계약이 해제되었을 때 수분양자가 지급한 계약보증금이 분양자에게 귀속될 뿐만 아니라, 수분양자는 계약 해제로 인해 분양자가 입은 손해에 대하여도 배상의무를 면하지 못하는 것으로 약정된 사안에서, 대법원은 "… 계약보증금 몰취 규정을 단순히 통상 매매계약에 있어서의 손해배상액의 예정으로 보기는 어려우며, 수분양자가 계약 위반시 분양자에게 손해배상책임을 지는 것과는 별도로 이를 분양자에게 귀속시킴으로써 수분양자에게 제재를 가함과 동시에 수분양자의 계약이행을 간접적으로 강제하는 작용을 하는 이른바 위약벌의 성질을 …" 가진다고 보았다.

위 사안처럼 계약금을 몰취하는 것과 별도로 계약을 해제할 수 있고, 또 손해배상도 청구할 수 있다고 약정하였다면, 당사자 간에 위약벌을 합의하였다고 볼 수 있다. 그러나 계약에서의 계약이행보증금과 지체상금(손해배상액의 예정)에 관한 합의가 각기 있는 사안에서 동일한 유형의 채무불이행에 손해배상액의 예정과 위약벌 약정을 동시에 하였다고 보기는 어려울 것이다.

대법원 2009.12.10. 선고 2007다13992

원고의 도급계약 일반조건 제8조 제1항은 계약상대자(수급인)가 계약상 의무를 이행하지 아니한 때에 계약보증금이 국고(도급인)에 귀속한다고 규정하고 있고, 이행지체와 관련하여서는 일반조건 제25조 제1항에서 수급인이 준공시한 내에 공사를 완성하지 아니한 때에는 매 지체일수마다 계약에서 정한 지체상금률을 계약금액에 곱하여 산출한 금액을 도급인에게 현금으로 납부하여야 한다고 규정하고 있을 뿐, 이와 별도로 도급인이 이행지체를 이유로 계약보증금 전액 또는 그 가운데 약정 지체상금에 해당하는 금액을 자신에게 귀속시킬 수 있다는 규정은 없고, 그러한 취지의 약정도 이루어진 바 없었다. 이 사안의 피고는 당초의 약정기일을 어겼지만 결국 공사를 완공하였는데, 원고는 피고를 상대로 계약보증금의 지급을 청구하였다. 그 근거로 계약보증금이 위약벌이라고 주장하였다. 대법원은 이 사건 도급계약 약관에 계약보증금 외에 지체상금도 규정되어 있다는 점만을 이유로 하여 이 사건 계약보증금을 위약벌로 보기는 어렵다(대법원 2000.12.8. 선고 2000다35771 판결, 대법원 2005.11.10. 선고 2004다40579 판결 등 참조)고 하면서, 도급인에 대하여 지체상금률에 따라 산정된 지체상금을 지급할 의무를 부담하는 것은 별론으로 하고, 도급인이 공사지체를 이유로 곧바로 계약보증금을 자신에게 귀속시킬 수는 없다고 보았다.

손해배상액 예정의 합의가 있다고 해서 모든 채무불이행이 그 합의에 포섭되지 않음은 자명하다. 그러므로 당사자는 이행지체, 이행불능 또는 여타의 사유로 인한 계약의 해제 등에 대비하여 손해배상액을 예정한다고 보는 것이 당사자의 의사를 합리적으로 해석하는 길일 것이다. 그렇다면 위 대판 2007다13992 유사의 사안에서는 당사자 간에 두 유형의 채무불이행에 대해 손해배상액의 예정과 위약벌을 따로 합의한 것으로 해석해야지, 특별한 사정이 없는 한, 동일한 유형의 채무불이행에 손해배상액의 예정과 위약벌을 동시에 약정한 것으로 해석할 이유는 없다. 위 판결의 사안처럼 이행지체가 있다면 지체상금을 청구하여야지 계약보증금의 지급을 청구할 것은 아니라는 것이다.

결국 위약금의 합의가 손해배상액의 예정으로 추정되는 것을 깨뜨리기 위한 다른 별도의 특별한 사정, 즉 당사자의 특별한 합의 또는 그 합의를 증명해 줄 수 있는 여타의 간접사실을 주장 · 입증할 책임은 채권자에게 있다. 한편 당사자가 위약벌의 합의를 하였다고 하더라도 그 합의는 "약관의 규제에 관한 법률"에 위반되어 무효가 될 수도 있고(가령 대판 2009.8.20, 2009다20475,20482), 반사회적 법률행위여서 무효가 될 수도 있다. 그러나 다음의 대법원 판결은 반사회적 법률행위의 법리를 적용시키는 것이 쉽지 않음을 보여준다.

대판 1993.3.23, 92다46905

원고는 피고 회사 간의 계약에 따르면, 임차인(원고)이 매출금액을 누락시켜 입금하지 아니할 경우에는 누락금액의 10배에 해당하는 금액을 벌칙금으로 임대인(피고)에게 지급하고 이는 임대인이 매월 말 마감하여 임차인에게 지급하는 상품대금에서 공제하기로 하는 내용의 위약벌을 약정한 수수료위탁판매매장 운영사항에 관한 합의각서가 작성되었다. 원고는 위 계약에 따라 피고 회사의 만모수백화점 2118호 코오롱매드 매장에서 원고의 파견 판매원이 코오롱업종의 의류제품을 직접 판매하고 피고 회사의 현금취급직원이 판매대금을 직접 수납하는 수수료위탁판매매장을 운영하였다. 그러던 중 금 2,545,500원의 매출액을 피고 회사의 현금취급직원이 관리하는 금전등록기에 등록시키지 아니하고 누락시키자 이를 알게 된 피고회사는 위 위약벌의 약정에 따라 원고에게 지급할 판매대금에서 누락금액의 10배인 금 25,455,000원을 공제하고 나머지 금액만을 지급하였다. 원고는 피고를 상대로 위 위약벌 약정이 반사회적 법률행위로서 무효이거나 과다한 손해배상액의 예정이므로 적정한 범위를 넘은 금액에 대해서는 감액되어야 한다고 하면서,[2] 피고가 공제한 금액에 대해 부당이득반환청구를 하였다. 원심법원은 위 합의가 위약벌 약정의 합의라고 본 후, "위약벌의 약정은 채무의 이행을 확보하기 위하여 정해지는 것으로서 손해배상의 예정과는 그 내용이 다르므로 손해배상의 예정에 관한 민법 제398조 제2항을 유추 적용하여 그 액을 감액할 수는 없는 법리이고 다만 그 의무의 강제에 의하여 얻어지는 채권자의 이익에 비하여 약정된 벌이 과도하게 무거울 때에는 그 일부 또는 전부가 공서양속에 반하여 무효로 된다"고 하면서도, 이 사안의 경우 "위 위약벌의 약정은 수수료위탁판매매장계약에 있어서 임대인의 정당한 이익을 확보하기 위하여 임차인의 성실한 매출신고를 담보하는 유일한 수단이기 때문에 그 배상금의 배율은 수수료매장의 질서유지를 보장할 정도의 것이어야 하는 점, 임대인으로서는 임차인의 매출신고누락분을 전부 파악하기가 사실상 어려운 점 등 변론에 나타난 제반사정을 종합하면 위 위약벌의 배상배율이 판매수수료의 100배에 해당한다는 사정만으로는 위 위약벌의 약정이 공서양속에 반하여 일부 또는 전부가 무효라고는 할 수 없다"고 판시하였고, 대법원은 별다른 이유를 추가하지 않은 채 원심법원의 판단이 옳다고 보았다.

1.2. 채무자의 책임재산을 보전하는 조치

앞서 언급한 것처럼 채무자의 책임재산은 궁극적으로 채무이행을 담보하는 재산이다. 책임재산을 제대로 보전할 수 있는 수단 역시 담보적 기능이 있다고 할 것이다. 민법은 실체법상의 책임재산 보전수단으로 채권자대위권, 채권자취소권을 인정하고 있다(민법 제404조 내지 제407조). 그러나 책임재산의 보전을 위해 더 빈번하게 활용되는 것이 민사집행법상의 보전절차인 가압류, 가처분제도이다.

한편 책임재산의 보전은 당사자 간의 계약을 통해서도 실현될 수 있다. 대표적

---

2. 위와 같은 유형의 사건에서는 원고는 피고가 몰취한 금액에 대해 부당이득반환청구권을 행사할 것이다. 주위적 청구로서는 그 합의가 반사회적 법률행위이며, 민법 제746조 제2항이 적용된다고 주장할 것이다. 이 청구가 배척될 경우를 대비해서, 위 합의가 과다한 위약금의 약정임을 전제로 법원이 직권으로 그 액을 감액해야 하고, 그렇게 하여 감액된 금액을 초과한 부분만큼에 대해 부당이득반환청구권을 행사하게 될 것이다(예비적 청구). 통상 과다한 위약금의 약정은 채권자의 위약금 지급청구에서 채무자가 항변으로써 법관이 직권으로 감액할 것을 주장할 것이다. 그러나 계약금계약과 위약금계약이 동시에 이루어진 경우, 과다한 위약금이 계약금으로 이미 지급될 것인데, 채권자가 이를 위약금으로 몰취하였다면, 채무자로서는 법관이 직권으로 감액한 금액을 초과한 부분에 대해서는 위약금지급채무가 부존재함을 전제로 해서, 그 초과분을 부당이득으로 반환청구하게 될 것이다. 이 사안의 예비적 청구도 이런 논리구조를 가지고 있다. 과다한 위약금약정이 있을 때 채무자가 과다한 부분에 대해서 채무부존재확인의 소를 구할 수 있는지, 아니면 채권자의 권리행사를 기다려 소송에서 이를 항변으로 제출해야 할지에 관하여는 우리나라에서는 아직 정립된 이론이 없는 것으로 보인다. 독일법에서는 兩者가 다 가능하다는 것이 통설, 판례이다.

인 예가 채무자가 자신의 재산에 대해 일방적인 권리행사를 하는 것을 막는 것이 그것이다. 채무자의 자금을 채권자와 공동명의로 은행에 입금하여 그 인출을 공동으로 하도록 하는 것이 그 한 예이다. 예금의 인출방법은 일반적으로 공동예금명의자와 금융기관 사이의 공동명의예금계약의 내용에 따라 결정될 것인데, 통상 공동명의자 전원의 인감증명이 날인된 예금청구서에 따라 해야 할 것이다.[3] 그런데 통상의 공동명의예금이 단독 예금인출을 방지 · 감시하고자 하는 목적일 경우에는, 그 예금채권은 공동명의자에게 분량적으로 분할되어 각 공동명의 예금채권자들에게 공동으로 귀속되기 때문에(경우에 따라서는 특정 명의자의 내부적 지분은 0일 수도 있다), 공동명의 예금채권자 중 1인에 대한 채권자의 입장에서는 그 1인의 지분에 상응하는 예금채권에 대한 압류 및 추심명령 등을 얻어 이를 집행할 수 있다. 압류 · 추심명령을 받은 채권자(원고)가 은행(피고)을 상대로 예금반환청구를 하면, 은행은 "공동명의 예금채권자가 공동으로 그 반환을 청구하는 절차를 밟아야만 예금청구에 응할 수 있다."는 공동명의 예금채권자들과 사이의 공동반환특약을 들어 그 지급을 거절할 수 없다(대판 2005.9.9, 2003다7319).

한편 공동명의의 예금채권을 준합유하는 경우에도 유사한 효력이 있다. 그렇지만 위 대판 2003다7319와 같은 결론이 적용되지는 않는다. 조합원의 지분에 대한 압류는 그 조합원의 장래의 이익배당 및 지분의 반환을 받을 권리에 미치기는 하지만(민법 제714조), 그 예금이 조합원에게 분량적으로 분할되어 귀속되지 않기 때문에, 조합체의 해산 등의 특별한 사유가 없이는 조합원 1인 명의로 예금인출을 할 수 없다.[4]

---

3. 공동명의자 간에는 그 중 1인이 단독으로 예금청구를 할 실체법상의 권리가 있다고 하더라도 은행과 합의한 방식을 준수해야 할 것이다. 따라서 공동명의자 중 1인은 다른 공동명의자의 동의를 받아 단독으로 예금을 청구할 수 있고, 다른 공동명의자와 금융기관을 공동 피고로 하여 다른 공동명의자에 대하여는 단독 예금청구에 관한 동의를, 금융기관에 대하여는 다른 공동명의자에 대한 승소를 전제로 한 예금청구를 소구할 수도 있을 것이다. 공동명의자 중 1인이 다른 공동명의자 전원의 동의를 받았다면, 그는 공동명의예금 전액의 지급을 청구할 수 있고, 금융기관은 공동명의자들 사이의 내부적 지분을 들어 정당한 예금청구를 거절할 수는 없다. 대판 2001.6.12, 2000다70989 참조.

4. 조합원의 채권자는 채권자대위권으로써 그 조합원의 조합계약해지권(탈퇴권)을 대위행사한 후, 그 조합원의 청산금청구권을 압류하는 방법을 택할 수밖에 없다. 만약 유일한 조합재산인 예금채권을 압류하였다면, 거기서 지출될 수익배분금 또는 청산금에 대해서도 압류의 효력이 미친다고 할 것이다.

다른 한편 채권이 조합체에 귀속된 경우 그 추심이나 처분에는 제706조가 우선 적용된다.[5] 가령 채권의 추심 또는 처분이 통상사무인 경우 누구라도 이를 추심 또는 처분할 수 있지만, 특별사무인 경우에는 조합원의 과반수의 결정 또는 업무집행자(또는 업무집행자의 과반수)의 결정에 의해 추심 또는 처분할 수 있다.[6] 조합체의 청산과 관련된 채권추심일 때에는 全 조합원이 하거나 그들이 선임한 자가 대리권한(민법 제721조)을 가지고 이를 할 수 있다. 조합관계가 형성되어 있으면, 이처럼 조합재산에 대한 처분이 제한될 수 있기 때문에, 조합관계가 청산될 때의 조합원의 장래채권을 실현할 수 있는 개연성이 높아질 것이다.

1.3. 책임재산의 범위를 확대하는 방법

채무불이행이 있으면 채권자는 채무자의 책임재산을 공취할 것이다. 공취할 수 있는 책임재산의 대상이 확대되면 채권 실현의 가능성은 더 높아질 것이다. 책임재산의 대상의 확대 역시 중요한 담보 수단이 된다. 당사자 간의 계약으로 이를 실현시키는 것이 바로 보증계약이다. 이를 통해 채권자는 채무자만이 아니라 보증채무자의 책임재산도 공취할 수 있다. 나아가 동일한 채권을 수인의 채무자로부터 실현할 수 있다면 그것 역시 책임재산의 대상을 확대하는 효과가 있다. 이런 기능을 수행하는 법제도에는 연대채무, 부진정연대채무, 불가분채무 등이 있다. 나아가 채무자 아닌 자가 채무자의 채무를 인수하는 경우(이행인수, 중첩적 채무인수, 또는 면책적 채무인수)에도 책임재산이 확대되거나 더 안전한 책임재산으로 대체되는 효과가 있기 때문에, 적절한 담보적 기능을 수행한다.

---

5. 민법 제272조에 따르면 합유물을 처분 또는 변경함에는 합유자 전원의 동의가 있어야 한다고 되어 있으나, 제706조는 그 처분 · 변경이 조합의 특별사무에 해당될 경우 업무집행조합원이 수인인 때 그 업무집행조합원 과반수로 결정할 수 있도록 규정하고 있다. 양자의 관계를 어떻게 이해할 것인지가 문제되는데, 업무집행조합원의 과반수의 결의로써 조합재산인 채권을 타에 양도할 수 있다는 판결로는 대판 2000.10.10, 2000다28506, 28513 참조. 대판 2010.4.29, 2007다18911에서는 합유물 가운데서도 조합재산의 경우 그 처분 · 변경에 관한 행위에 대해서는, 특별한 사정이 없는 한, 민법 제706조 제2항이 민법 제272조에 우선하여 적용된다고 하였다. 물론 조합계약에서 전원의 동의를 요하기로 합하였다면, 거기에 따라야 할 것이다. 대판 1998.3.13, 95다30345 참조.

6. 물론 조합원의 1인, 조합원 과반수, 업무집행자 과반수, 또는 1인의 업무집행자가 조합채권을 추심 또는 처분할 수 있다고 하더라도, 채권은 조합체에 귀속되기 때문에 이들 각자는 조합체를 대리하여 이를 하여야 한다(제709조). 즉 제709조의 대리권한을 제706조에서 정한 자가 가진다고 해석해야 할 것이다. 이와 관련된 상세한 것은 민법주해 XVI, 87-91면(김재형 집필부분) 참조.

1.4. 채무자의 특정 재산으로부터 우선적으로 변제받는 방법

채무자에 대해 수인이 각기 다른 채권을 가지고 있을 경우 채무자의 책임재산을 공취하여 그 환가대금에서 평등하게 배분받는 것이 가장 공평할 수 있다. 그러나 어떤 채권자는 채무자와의 계약을 통해 채무자의 특정재산으로부터 우선적으로 변제받을 수 있도록 하려 할 것이다. 이것 역시 사적 자치의 관점에서 볼 때 막을 이유가 없다. 오히려 계획적인 재산관리라는 측면에서 보면 이런 합의에 대세적 효력을 부여하는 것이 채권자나 채무자에게 더 유리할 수도 있다. 이런 기능을 수행하는 것이 바로 담보물권이다. 물론 담보물권만이 이런 기능을 수행하는 것은 아니다. 채무자의 특정재산에 대한 권리 자체를 담보목적으로 취득함으로써 그로부터 사실상 우선변제받을 수 있는 경우도 있다. 양도담보 등이 그 대표적인 예이다. 그 밖에도 사회정책적인 관점에서 채무자의 특정재산으로부터 우선변제받을 수 있는 권리를 인정할 수도 있다. 임차인의 우선변제권 등이 그 예이다. 더 나아가 채무자의 일반재산에서 우선변제받을 수 있는 특권을 인정하기도 한다. 일정 요건을 갖춘 조세채권, 근로자의 임금채권 등이 그 예이다.

2. 민사법이 담보수단으로 예정하는 법제도

민법이 예정하고 있는 담보수단에는 인적담보와 물적담보가 있다. 인적담보는 책임재산의 범위를 확장함으로써 채권의 실현을 보장하는 제도이고, 물적담보는 특정재산으로부터의 우선변제를 인정함으로써 채권의 실현을 보장하는 제도이다. 前者에는 보증채무, 연대채무, 부진정연대채무, 불가분채무, 채무인수 등이 있으며, 後者에는 법정담보물권, 약정담보물권 등이 있다. 그 밖에도 권리이전의 형식을 이용하여 담보수단으로 활용하는 것도 있다(권리이전형 담보). 담보목적의 채권양도, 담보목적의 소유권양도 등이 그 예이다.

제3관 이 책의 구성과 위험분담형 금융과의 관계

1. 민법전의 편제와 이 책의 구성

우리 민법전은 민법총칙, 물권, 채권총론, 채권각론, 친족상속법의 순서로 편제되어 있고, 대학에서의 강의도 통상 이에 맞추어 진행되어 왔다. 그러나 우리 민법전의 편제는 17세기 이래 독일에서 발전한 판덱텐 이론체계에 입각한 것이다. 판덱텐 체계는 민사법을 학문적으로 이해하는 우수한 이론에 기반한 것이지만, 이에 기초한 민법전을 일반인 또는 학문적 훈련을 받지 않은 초심자들이 읽고 이해하는 데에는 적지 않은 어려움이 있다. 이런 법전 편제에 입각한 민사법 강의가 어렵기는 법학을 전공하는 학생들에게도 마찬가지이다. 그 결과 민법은 매우 어려운 법으로 취급되어 그 학습을 기피하는 경향마저 있다.

한편 우리나라에서는 18세기, 19세기의 서양법의 이론을 차용하여 우리 민법을 설명하거나 로마시대로 거슬러 가서 현재의 민사법제도의 기원을 밝힘으로써 현행법을 해석하려는 시도 역시 드물지 않다. 우리 민법이 서양법을 계수하였다는 점을 감안하면, 이런 시도는 불가피한 면이 있다. 그럼에도 불구하고 이런 시도는 법 운영에 있어서 소극적이어야 한다고 필자는 믿고 싶다. 즉 우리 민사법의 어떤 제도를 잘못 이해함으로써 그 해석론이 시대의 흐름에 뒤쳐져 있다거나 우리의 사회·경제적 질서가 순조롭게 작동하는 것을 막고 있다거나, 정의롭지 않은 결론임에도 불구하고 마치 神物인양 숭상하는 어떤 왜곡된 도그마로부터 벗어나지 못하든가 하는 일이 있을 때, 이런 부작용을 제거하기 위해 특정제도의 역사를 되짚어 봄으로써 그 제도의 시대적 한계, 역사성을 인식하도록 할 필요성에 기인할 때가 그 주요한 예일 것이다. 만약 수백년, 수천년 전의 과거를 불러내어 현재의 생활을 규율하고자 하는 것이라면, 이는 시대착오일 것이다.

법은 사회의 여러 제도와 질서가 효율적이고 정의롭게 작동되도록 보조하는 역할 그 이상을 수행할 수 없으며, 그 이상을 수행하려고 해서도 안될 것이다. 어떤 사회이든 다수 국민의 민주적 의사결정이라는 스스로의 결단으로써 나름대로의 정의로운 질서를 형성해 나가야 할 것이다. 그 점에서 보면, 민법 역시 필요에 따라 끊임없이 변화를 거듭해야 하는 어떤 분야이지, 과거의 결단(법률)에 얽매여 거기에 지배될 필요는 없을 것이다. 한편 어떤 법제도가 제대로 운영되지 않을 경우, 그 원인이 법제도에 있는 경우도 있겠지만, 이를 운영하는 사람들의 의식과 문화수준, 다른 사회 · 경제제도에 문제가 있을 때도 많을 것이다. 이런 경우, 법제도를 바꾼다고 바람직한 변화가 생기는 것은 아닐 것이다. 오히려 그 사회 구성원들의 의식과 문화수준, 특히 이것에 영향을 미치는 사회 · 경제적 제도에 어떤 변경을 가져 오는 것이 필요할 것이다. 그 변화로도 이미 법은 변화할 토대를 갖추게 될 것이다. 법은 사회제도에서 부수적, 보조적 역할수행에 만족해야 한다는 것이다.

필자는 위와 같은 관점을 가지고 있기 때문에, 민법 역시 이를 기능적으로 이해하고 강의해야 한다고 본다. 이 책은 담보적 기능을 수행하는 부분을 최대한 넓게 파악하여 이를 하나의 책으로 묶은 것이다. 우리 민법전의 체계에서 보면, 채무의 강제이행(민법 제389조) 및 이와 관련된 민사집행법의 각종 규정, 채권총론(제3편 제1장)의 책임재산보전에 관한 부분(민법 제404조 내지 제407조), 다수당사자의 채권관계(제3절), 채권양도(제4절), 채무인수(제5절)이 포함되며, 물권법(제2편)의 담보물권(제7장 내지 제9장)이 여기에 포함될 것이다. 기존의 다수의 교과서와 비교해 보면, 채권총론 및 물권법의 후반부의 설명을 합쳐 놓은 것과 유사할 것이다.

2. 위험분담형 금융과의 관련성

소비대차, 주식회사에 대한 출자, 사채의 매입, 공동사업에 대한 투자 등 법적 형식은 다양하겠지만, 타인에게 자금을 제공하는 자(편의상 채권자라고 한다)의 입장에서는 일정한 이익(통상 제공된 자금에 대한 수익, 즉 이자 유사의 형태로 나타날 것임)이 실현됨과 동시에 제공된 원본 전부를 회수하는 것에 관심을 가질 것이다. 그 기대(편의상 채권이라 한다)가 실현되지 않을 경우 채권자는 자금을 제공받은 자(편의상 채무자라고 한다)로 하여금 그의 전 재산으로 책임을 질 것을 요구할 것이며, 심지어 채무자가 파산하는 경우에도 자신의 채권이 충분히 실현될 것을 요구할 것이다. 담보법은 이런 채권자의 기대에 부응하여, 채권의 안전한 실현에 초점을 맞춘 법이다.

그러나 자금을 조달받는 채무자는, 금융조달의 목적이 실현되지 못할 수 있다는 것, 즉 채권자에게 이자 및 원본을 반환할 수 없는 사태가 발생할 수 있다는 것을 알기 때문에, 자신의 책임에 제한이 있는 자금조달방식에 더 많은 관심을 가질 것이다. 자신의 창의성에 기초한 사업의 성과가 이미 이자의 형태(법형식으로는 이자,

배당금, 수익금 등 그 양태가 다양할 것이다)로 채권자에게 배분되었기 때문에, 그 사업의 실패에서 비롯된 위험도 채권자가 적절하게 분담하는 것이 정의롭다고 여길 수도 있다. 채무자는 이런 기대를 실현할 수 있는 자금조달방식을 더 선호할 것이다. 담보법은 채무자의 이런 희망을 반영하는 법과는 거리가 있다

채무자의 이런 기대를 충족시킬 수 있는 가장 중요한 법제도는 개인의 책임에 제한을 두는 회사의 설립이다. 이익을 실현할 수 있는 좋은 계획을 가지고 있지만, 자금이 부족한 기업가가 그 사업에 출자한 주주를 찾게 되면 회사를 설립할 수 있게 된다. 예상한 대로의 이익이 실현되면 기업가는 주주에게 배당을 하겠지만, 기대한 수익을 거두지 못할 때에는 배당을 하지 않아도 된다. 회사가 파산하더라도 기업가는 주주에게 책임을 지지 않아도 된다. 주주는 회사의 경영에 관심을 가지는 것이 아니라, 자신이 출자한 자금을 기업가가 잘 운영해서 이자 이상의 수익을 가져다 줄 것을 기대한 것이므로, 그의 기대 속에는 기업가와 사업의 성공 여부의 불확실성에 대한 위험도 부담하겠다는 결단이 있는 것으로 볼 수 있다. 따라서 자금을 조달받은 기업가가 자금을 조달한 주주에게 자신이 인수한 책임(적합한 기술과 지식을 가지고 선량한 관리자로서의 주의를 기울여 사업 자체의 성공을 위해 노력하기로 한 책임) 이상을 지지 않는 것은 그 자체로 정의로운 것이다. 이미 설립된 회사 역시 다양한 유형의 신주를 발행하여 자금을 조달하게 되면, 그 사업의 불확실성의 위험을 신주인수자들과 분담할 수 있게 된다.

자금수요자와 자금제공자 간에 위험을 분담하는 방법은 그 밖에도 다양하게 있을 수 있다. 기업가의 사업상의 미실현 재산, 특히 매출채권을 매각하는 방법이 그 한 예이다. 물론 매출채권을 담보로 하여 자금을 조달할 수 있겠지만, 이 경우 사업의 불확실성에 대한 위험은 기업가만이 부담하고, 자금제공자는 채무자의 무자력위험을 부담할 뿐, 사업 자체의 불확실성의 위험은 분담하지 않는다. 그러나 위 예에서 매출채권의 진정양도가 있을 경우, 자금제공자와 수요자 간에 사업상의 위험을 분담할 수 있다.

"자산유동화에 관한 법률"은 이런 유형의 금융방법을 제도화한 것이다. 이 법은 자산보유자가 유동화자산(채권, 부동산 등)을 자산유동화전문회사에 양도(또는 신탁)하고 유동화전문회사는 유동화자산을 토대로 유동화증권을 발행하여 다수의 자금제공자에게 판매하고, 그 판매대금으로 자산보유자에게 매매대금을 지급한다. 유동화전문회사는 유동화자산을 관리, 운용, 처분하여 나온 수익금으로 유동화증권

보유자에게 수익금을 지급하는 역할을 수행하며, 이 목적으로만 존속하는 특별목적기구이다(Special Purpose Vehicle: SPV). 유동화전문회사는 유동화자산을 실제로 관리·운용하지 않고 이를 자산관리자에게 위탁하여야 한다. 자산관리자가 파산하더라도 자산관리자가 관리·운용하던 유동화자산은 유동화전문회사의 재산에 속하게 된다. 이를 단순화시켜 도표로 표시하면 다음과 같다.

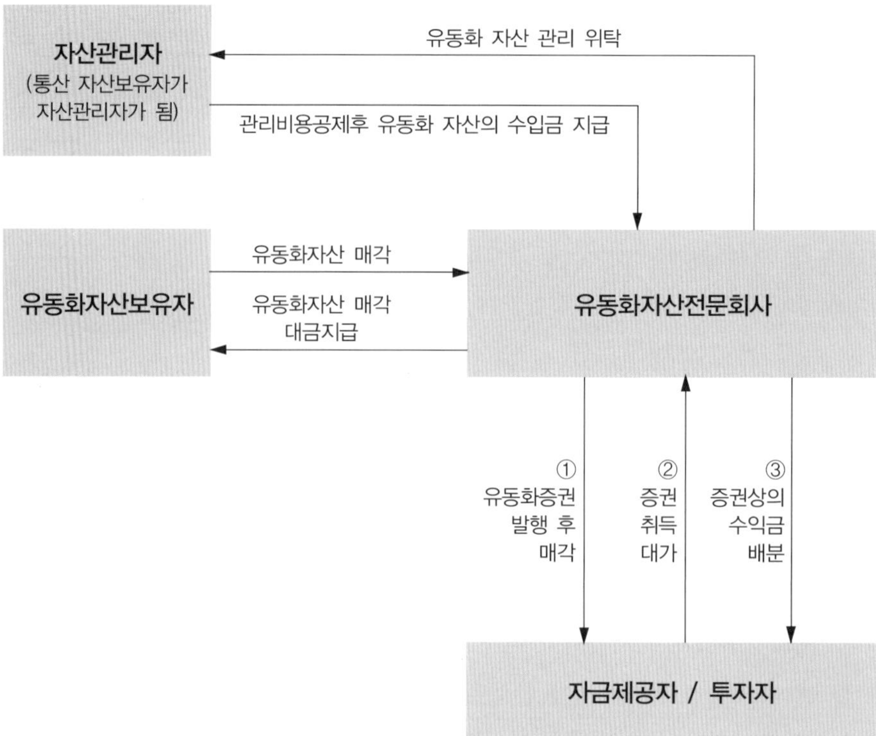

유동화자산보유자의 입장에서는 유동성이 낮은 자산을 미리 처분하여 현금을 보유할 수 있게 되고, 사업상의 위험(채권 등의 미실현)은 유동화증권보유자(투자자)가 부담한다. 만약 유동화자산의 가치가 실현되지 못하면, 유동화증권을 발행한 유동화전문회사는 추가적인 책임을 질 재산을 보유하지 않기 때문에, 결국 유동화증권보유자가 종국적인 위험을 부담한다. 결과적으로 보면, 자산보유자는 액면보다 낮은 가격으로 보유자산을 매각함으로써 위험을 유동화증권구매자들과 분담하고자 한 셈이다.

자산유동화에 관한 법률은 그 적용범위가 비교적 협소한데, 이런 금융조달방법을 보다 일반화할 수 있다. 매출채권 등 기업가가 보유하는 특정범위의 재산을 매각하여(장래의 매출채권 일체를 매각하는 것도 가능하다) 자금을 간이한 방법으로 조달받을 수 있는 것이 그 한 예이다. 그 운용원리는 비교적 간단하다. 먼저 자산보유자가 현재 또는 장래의 다량의 매출채권(집합채권)을 특별목적기구(SPV)에 매각하고, SPV는 그 집합채권을 기본자산으로 하여 증권을 발행해서, 이를 다수의 자금제공자에게 판매하여 그 판매대금을 집합채권의 매도인인 자산보유자에게 지급할 것이다. 개개의 매출채권을 매각하는 것이 아니라, 집합채권 전체를 운영한 수익금을 균등하게 배분해야 하기 때문에 이를 실현할 수 있도록 증권을 발행하는 것이다. 집합채권의 매각대금을 결정할 때에는, 장차 증권보유자에게 수익금을 지급하여야 할 기간(가령 1년)을 기준으로 해서 예상되는 매출채권의 수익금(추심금)을 산출해야 할 것이다. 예상수익금은 "{매출채권－관리비용(채권의 추심 등을 포함한 관리비용)}×매출채권의 예상회수율"로 산출될 것이다. 매각대금은 이 예상수익금의 현재가치(중간이자를 공제)에 해당되는 대금으로 산출될 것이다. 이 때 공제하는 중간이자는 자산보유자가 은행으로부터 대출받을 수 있는 이자보다는 낮아야 할 것이고, 자금보유자가 정기예금으로 지급받을 수 있는 이자보다는 높아야 할 것이다. 이에 기초하여 증권의 가격을 결정하여 판매할 것이다. 높은 수익이 실현되면(예상회수율보다 높게 회수된 경우 등), 증권보유자는 더 높은 이익을 받을 것이고, 낮은 수익이 실현되면 증권보유자는 손실을 볼 수도 있을 것이다. 이렇게 해서 사업상의 위험을 자금제공자와 자금수요자가 분담하게 되는 것이다.

이런 금융조달방식에서 중요한 것은 관리비용을 최소화하고, 사업상의 위험이 자산보유자에게로 확산되는 것을 차단해야 한다는 것이다. 그래야만 자산보유자인 기업가나 증권보유자에게 유리하기 때문이다. 이를 위해서는 집합채권인 매출채권을 매수하고, 이에 기초하여 증권을 발행, 판매하는 자의 업무를 필수불가결안 부분으로 최소화시켜야 할 것이다. 매출채권의 관리는 매출채권을 매도한 기업가의 조직 내에서 처리하되, 그 명의는 매출채권의 양수인(특별목적기구, 즉 SPV인 서류상의 회사, 또는 수탁자)으로 하고, 그로부터 대리권을 부여받는 것으로 처리하는 것도 관리비용을 최소화하는 한 방법일 것이다. 즉 매출채권에 기초하여 증권을 발행하여 판매하고, 그 매출채권을 회수하는 업무 전체를 기업가의 기존 채권관리조직 내에서 스스로 처리하되, 그 명의를 매출채권의 매수인이자 증권발행자로 하는 것이 그것이다. 가령 매출채권을 보유하는 기업(A)이 B(SPV)에게 매출채권을 양도하고, B는 매출채권에 기초하여 수익증권을 발행한 후 이를 판매하는 업무 및 매출채권의 회수업무를 A에게 위임하고 그에게 대리권을 부여할 수 있다. 자금제공자(C)가 수익증권을 A로부터 매수하더라도 A는 B의 대리인의 자격으로 매도할 것이다. 이 과정에서 명의신탁에 최대한 가깝게 신탁제도를 활용하게 되면, SPV를 설립하지 않더라도 SPV의 설립과 동일한 목적을 달성할 수 있고 또한 비용을 최소화할 수도 있다. 즉 B(이 경우 가령 법무법인)는 수익증권 매수인을 위하여 수탁자로서 모든 자산을 보유할 것을 선언하고,[7] 그의 수중에 있는 모든 재산(매출채권 그 회수금 등)은 자금제공자(C), 즉 증권매수인을 위해 수탁자로서 보유하게 된다. 그 결과 A가 보유하는 수익증권 판매대금, 매출채권의 추심금 등은 법률적으로 모두 B가 보유하는 것이고, B는 동시에 C의 수탁자로서 그 재산을 보유하게 된다. B의 업무 중 A가 수행하기에 부적절한 업무는 B로부터 위임을 받은 D라는 자가 수행할 수도 있을 것이다. 관리비용의 최소화 원칙에 입각한다면, B는 명의수탁자에 근접한 역할만을 수행하면 될 것이다.

다수의 대중으로부터 자금을 조달하는 이런 과정은 금융당국의 감독을 받아야 할 것이고, 그 중 일부의 업무는 금융기관이 처리하는 게 더 적절할 수 있을 것임은 말할 것도 없다. 여기에 다시 금융기관의 투자기법이 덧붙여지면 각종의 파생금융상품이 개발될 수 있을 것이다.

위에서 개괄적으로 언급한 것처럼, 자금수요자와 자금제공자 간의 소비대차관계에 주된 초점을 맞추는 담보법은 자금수요자와 제공자 간의 위험분담을 예정하는 회사법, 금융 또는 투자법과 밀접한 관련성이 있다. 이 책을 학습한 학생들은 민법과 회사법, 금융법이 별개의 독립된 법이 아니라, 기능적으로 매우 밀접한 관련성이 있음을 염두에 두고, 자신의 관심을 확장해 나가는 것이 필요할 것이다.

---

7. 신탁을 계약으로만 이해하고, 이를 운용하려고 한다면, 위와 같은 방식이 가능하지 않을 것이다. 그러나 신탁을 계약과는 다른 제도로 이해한다면, 그것이 가진 장점, 즉 수탁재산의 고유재산으로부터의 분리라는 장점을 극대화할 수 있다. 위의 예처럼, 매출채권의 매매계약은 A(매도인)와 B(매수인) 사이에, 증권의 매매는 B(매도인)와 자금제공자(C) 사이에 체결된다. 한편 B의 신탁선언에 의해 이미 B는 장래의 신탁자=수익자를 위한 수탁자가 되었다고 인정한다면, C가 증권을 매수하여 매매대금을 지급함으로써 신탁자=수익자가 된다는 것이다. 우리 신탁법에서 자기신탁제도를 도입한다면, 위와 같은 것이 가능해질 것이다.

제2장 채무불이행과 강제이행

제1절 채무의 강제적 이행
제2절 금전채무의 강제집행

담보법을 학습하기 이전에 채무자의 자발적 채무이행이 없을 경우 채권자는 어떤 법적 수단을 통해 자신의 채권을 실현할 수 있는지를 개관하는 것이 유용할 수 있다. 제1절에서는 채무를 강제적으로 이행하는 방법을 개관하고, 제2절에서는 금전채권의 실현을 위한 강제집행(수인의 채권자들에 대한 배당절차를 포함)에 대해 간단히 개관한다. 여기서 말하는 채무는 급부의무라는 면에서 본 1차적 채무의 이행만이 아니라, 그 채무불이행으로 인한 손해의 배상채무(2차적 채무)의 이행을 포함한다.

제1절 채무의 강제적 이행

채무자가 채무를 이행하지 않을 경우 채권자는 강제적으로 그 채무를 이행하게 할 수 있다. 여기서 말하는 "강제"라는 말은 '채무자의 의사와 무관하게 법적인 절차에 좇아서'라는 의미로 사용되고 있음은 말할 것도 없다. 민법 제389조에서 이에 관해 상세히 규정하고 있다.

1. 직접강제

사례 1 : B는 A에게 9월 8일 사과 10박스를 인도해야 한다(물품인도채무). 그러나 9월 8일이 지나도 B는 A에게 사과를 인도하지 않고 있다.

1.1 강제집행을 위한 권원의 확보 : 확정된 종국판결 또는 가집행 선고 있는 종국판결

민법 제389조 제1항 제1문은 "채무자가 임의로 채무를 이행하지 아니한 때에는 채권자는 그 강제이행을 법원에 청구할 수 있다."고 한다. 위 사례 1의 A는 이 규정에 의거하여 사과 10박스를 인도받을 수 있다. A가 B에 대한 사과 10박스의 "인도청구권"을 강제집행한다는 것은 집행관으로 하여금 이를 B(채무자)로부터 빼앗아 A(채권자)에게 인도하게 한다는 것을 의미한다(민사집행법 제2편 제3장 제257조). 그런데 민사집행법에 따라 인도청구권을 강제집행하기 위해서는, 먼저 민사집행법 제2편 제1장 제24조의 요건을 충족해야 한다. 즉 "강제집행은 확정된 종국판결이나 가집행의 선고가 있는 종국판결"이 있어야 한다.

그러므로 A는 먼저 B를 피고로 해서 사과 10박스의 인도의무의 이행을 구하는 이행의 소를 제기해서 승소판결을 얻어야 한다(민사소송법 제198조). 그 승소판결에 대해 더 이상 B의 상소가 없거나(민사소송법 제396조의 항소기간 또는 同法 제425조에 의해 준용되는 제396조의 상고기간이 도과한 경우), B가 대법원에 상고하였다면 그 상고가 기각되었을 때 그 판결은 확정된 종국판결이 된다. 한편 민사집행법 제24조는 '가집행의 선고가 있는 종국판결'도 집행권원이 될 수 있다고 규정하는데, 제1심 법원은 종국판결을 하면서, 직권으로 A의 사과 10박스의 인도청구권을 가집행할 수 있다고 선고할 수 있다(재산권의 청구에 관한 판결은 가집행선고를 붙이지 아니할 상당한 이유가 없는 한 당사자의 신청 유무와 무관하게 직권으로 가집행선고를 해야 한다. 민사소송법 제213조). 이처럼 종국판결이 확정되거나 가집행 선고 있는 종국판결을 얻은 경우 A는 인도청구권을 강제집행할 수 있는 권원을 얻게 된다. 그 후 A는 제1심법원에 집행문을 부여해 줄 것을 신청할 수 있다(민사집행법 제28조). 제1심법원의 법원사무관등은 판결정본의 끝에 "이 정본은 피고 아무개 또는 원고 아무개에 대한 강제집행을 실시하기 위하여 원고 아무개 또는 피고 아무개에게 준다."라고 적고 기명날인한다(민사집행법 제29조).

A가 집행문을 부여받게 되면, 그 효력은 전국 법원의 각 관할구역에 미치게 된다(민사집행법 제37조). 위의 사례에서 B가 서울에 소재하고 있어서 그의 소재지 법원에 인도청구의 소를 제기하였고, 현재 B의 사과 10박스는 강원도에 있다고 하자. A는 B의 보통재판적이 있는 서울 소재의 제1심법원에 집행문 부여를 신청한다. 그

런데 인도청구권의 강제집행은 사과 10박스의 소재지를 관할하는 강원도의 지방법원이 집행법원으로 이를 관할한다(민사집행법 제3조).[1] A는 그 법원에 집행문 있는 판결정본을 첨부하여 서면으로 인도청구권의 강제집행을 신청해야 한다.[2] 집행관은 집행문 있는 판결정본을 지참해서 B로부터 사과 10박스를 "빼앗아 채권자에게 인도"할 것이다(민사집행법 제42조, 제43조, 제257조).

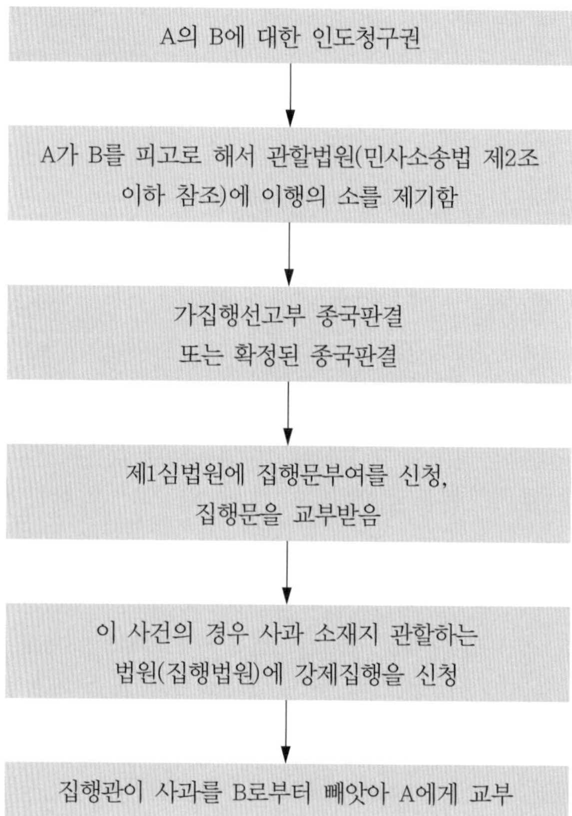

1. 금전채권 외의 채권에 기초한 강제집행은 민사집행법 제257조 이하에서 규정하고 있는데, 거기에서는 강제집행의 관할에 관한 규정을 두지 않고 있다. 따라서 민사집행법 제3조의 적용을 통해 집행관할법원이 결정될 것이다. 同條는 "이 법에서 규정한 집행행위에 관한 법원의 처분이나 그 행위에 관한 법원의 협력사항을 관할하는 집행법원은 법률에 특별히 지정되어 있지 아니하면 집행절차를 실시할 곳이나 실시한 곳을 관할하는 지방법원이 된다."고 하기 때문이다.
2. 이에 관한 법정의 양식서도 없고, 법원에서 제공하는 별도의 양식서 샘플도 없지만, 다른 양식과 마찬가지로, 채권자, 채무자를 각각 표시하고, 사과 10박스의 소재지 등을 기재하여 그 인도를 청구하면 될 것이다.

채권자가 제기한 이행의 소에서 채무자가 제1심판결에서 패소하면, 많은 경우 항소를 포기하고 자발적으로 그 채무를 이행할 것이다. 위의 절차는 그렇지 않은 경우 활용된다. 위에서 간단히 언급한 흐름도에서 알 수 있듯이, 민법 제389조 제1항 제1문에서 말하는, "강제이행을 법원에 청구"한다는 것은, 사과 10박스의 인도청구의 소를 제기할 수 있다는 것과 그 소에서 승소하였음에도 불구하고 B가 자발적으로 이행하지 않을 경우 A가 강제집행을 할 수 있다는 것을 포괄한다.

1.2. 여타의 집행권원

채권을 강제집행할 수 있는 권원의 예로 통상 확정된 종국판결을 들지만, 집행권원은 거기에 한정되지 않는다. 위 사례에서 언급하였듯이 가집행선고부 종국판결(민사집행법 제56조 제2호)도 집행권원이 될 수 있다. 그것만이 아니라, 항고로만 불복할 수 있는 재판(민사집행법 제56조 제1호), 확정된 지급명령(제3호), 공증인이 일정한 금액의 지급이나 대체물 또는 유가증권의 일정한 수량의 급여를 목적으로 하는 청구에 관하여 작성한 공정증서로서 채무자가 강제집행을 승낙한 취지가 적혀 있는 것(제4호), 소송상 화해, 청구의 인낙 등 그 밖에 확정판결과 같은 효력을 가지는 것(제5호)에 의해서도 강제집행을 할 수 있다.[3]

위의 예에서 A는 독촉절차를 통한 지급명령을 얻어(민사소송법 제462조 이하) 강제집행을 할 수 있을 것이다. A가 보다 신중하였다면, 인도청구권을 확보할 시점(가령 매매)에 그 계약을 공정증서로 작성하되, 그 공정증서에 B가 채무를 이행하지 않을 경우 강제집행을 할 수 있다는 취지를 포함하게 되면, 법원의 재판절차를 거치지 않고 그 증서를 보존하는 공증인에게 집행문을 신청하여 강제집행을 할 수도 있다(민사집행법 제59조). 나아가 자신의 채권을 실현하는 것에 매우 민감한 채권자라면 민사소송법 제385조 이하의 제소전 화해절차를 통해 화해조서를 작성해 둘 수도 있다. A가 제소전화해조서를 얻었다면 그 조서를 법원에 제출하여 집행문을 부여받을 수 있다(민사집행법 제56조, 제57조).

---

3. 여타의 집행권원도 확정된 종국판결의 경우와 마찬가지로 제1심법원에 집행문부여를 신청하여 이를 교부받아야 강제집행으로 나아갈 수 있다(민사집행법 제57조). 그런데 확정된 지급명령의 경우에는 민사집행법 제57조 제1호 각호에서 정한 사유가 없다면 집행문을 교부받지 않고 지급명령 정본의 제시만으로 바로 강제집행으로 나아갈 수 있다는 점, 강제집행을 승낙한 취지가 있는 공정증서의 경우 그 공정증서를 작성한 공증인이 집행문을 교부한다는 점(민사집행법 제59조) 등을 유의해야 한다.

1.3. 선박 또는 부동산 인도청구권인 경우

채권자(A)의 채권이 대체물의 인도청구권이 아니라, 선박이나 부동산의 인도청구권일 수도 있다. 이 때에는 민사집행법 제258조에 따라 강제집행을 할 수 있다. 가령 채무자(B)가 건물을 인도해 줄 의무를 부담하고 있다면, 이를 인도하기 위해서는 자신이 그 건물 퇴거한 후 점유를 A에게 이전해 주어야 할 것이다. 그런데 B가 그 건물에서 퇴거하지 않는다면, A의 인도청구권을 강제집행하기 위해서는 집행관이 B를 그 건물에서 강제적으로 나가게 한 후 A에게 그 건물을 인도해 주어야 한다(민사집행법 제258조). 이런 강제조치에 B가 반발할 경우에는 집행관은 강제력을 사용할 수 있고, 필요한 경우 경찰이나 국군의 원조를 요청할 수도 있다(민사집행법 제5조).

1.4. 집행권원이 조건부 판결등인 경우

위 사례의 A는 아마 매매계약을 통해 인도청구권을 가졌을 것이다. A, B는 모두 민법 제536조의 동시이행의 항변권이 있을 것이기 때문에, A는 특별한 사정이 없는 한 매매대금을 완불하지 않았을 것이다. 이런 경우라 하더라도 A가 B의 채무를 "강제이행"하도록 하기 위해서는, B를 상대로 사과 10박스의 인도청구의 소를 제기하여야 한다. B가 그 소송에서 A의 매매대금이 아직 지급되지 않았음을 항변하지 않은 경우라면 법원은 A에게 사과 10박스를 인도하라고 판결할 것이다(동시이행의 항변권의 소송상의 원용). B가 매매대금이 지급되지 않았음을 항변하였다면, 법원은 채무불이행의 유책사유가 B에게 있고 A는 적법하게 동시이행의 항변권을 행사하였다 하더라도, 매매대금의 지급과 상환하여 사과 10박스를 인도하도록 판결해야 한다(상환판결). 이런 상환판결에 기초하여 A의 채권을 강제집행하기 위해서는 민사집행법 제41조에 좇아 A의 매매대금 지급채무를 "이행 또는 이행의 제공을 하였"음을 증명하여야만 한다. 강제집행의 단계에서는 B가 결과적으로 채무를 이행하기 때문에, 이 시점에서는 B의 동시이행의 항변권의 실현을 보장해 줄 필요가 있기 때문에 이렇게 처리한다.

2. 의사표시를 할 의무의 강제집행

사례 2 : B는 자신이 소유하는 X 부동산을 확정가능한 가격으로 C에게 매도하겠다는 내용의 계약을 A와 체결하였으나, 아직까지 C에게 매매의 청약의 의사표시를 하지 않고 있다.

2.1. 집행권원

위의 사례에서 B와 C 사이에는 아직 매매계약이 성립하지 않았다. 따라서 C가 B에게 직접 어떤 채권을 가지지는 않는다. 그러나 B는 A와의 계약을 통해, C와 X 매매계약을 체결할 의무를 A에게 부담하고 있다. 제3자와 일정한 법률행위를 할 것을 내용으로 하는 계약이라 하더라도, 그 법률행위 또는 그 법률행위를 하기로 한 것이 반사회적이라거나 강행법규에 위반하지 않는 한, 계약의 효력을 부정할 이유는 없다. 따라서 A는 B에게 C에게 청약할 것(또는 계약의 내용에 따라 C의 청약이 있었다고 본다면 C에게 승낙할 것)을 청구할 채권이 있는 셈이다. A는 민법 제389조 제2항 전단, "채무가 법률행위를 목적으로 한 때에는 채무자의 의사표시에 갈음할 재판을 청구"할 수 있다는 규정에 의해 자신의 채권을 강제집행할 수 있다. 이를 위해서는 먼저 A는 B를 피고로 해서 C에게 청약의 의사표시를 할 것을 구하는 이행의 소를 제기해야 한다. 그 소송에서 승소판결이 확정되면 그것으로 B의 청약의 의사표시가 있는 것으로 간주된다(민사집행법 제263조 제1항 후단). 이 경우에는 확정된 승소판결로써 채권이 강제집행된 것이다. 여기에는 별도로 집행문을 부여받는 절차는 불필요하다.

한편 채무자가 권리관계의 성립을 인낙한 때에는 그 인낙조서로써 의사표시를 한 것으로 간주한다(민사집행법 제263조 제1항 전단).

다른 한편 위의 B의 승낙의 의사표시가 A의 반대채무의 이행과 동시이행하여야 할 성질의 것이고, A에 제기한 소송에서 B가 동시이행의 항변권을 원용하여 상환판결이 내려지고 이것이 확정되었을 수 있다. 이 때에는 A가 반대채무를 이행하였음을 증명하는 서면을 첨부하여 제1심법원에 제출하여야 법원사무관등이 집행문을 부여한다. 이 때 의사표시를 할 의무는 이행된 것으로 간주된다(민사집행법 제263조 제2항).

2.2. 부동산소유권이전등기의무 및 채권양도의 대항요건 구비의무의 강제집행의 예

위의 예에서 A의 채권의 강제집행이 있고, C가 승낙하였다면 그것으로 B와 C 간의 매매계약이 체결된다. 그렇다고 해서 B의 C에 대한 X 부동산의 소유권이전의무가 이행되지는 않는다. B가 C에게 X의 소유권을 이전하지 않는다면, C가 B를 상대로 소유권이전등기의무를 이행할 것(소유권이전등기신청의 의사표시를 할 것)을 구하는 이행의 소를 제기할 것이다. C가 소로써 청구하는 등기신청의 의사표시는 법률행위는 아니지만, 그 의사표시로써 법적인 효력이 발생하기 때문에(부동산등기법 제28조에 따라 소유권이전등기는 등기권리자와 등기의무자가 공동으로 등기신청을 하여야 등기관이 이를 등기할 수 있다. B의 의사표시는 등기관이 등기하기 위한 요건의 일부를 구성한다. 부동산등기법 제23조 제1항), 이는 준법률행위이다. 여기에도 민법 제389조 제2항 전단이 적용된다. 즉 이 경우에도 승소판결의 확정으로 B의 등기신청의 의사표시가 있는 것으로 간주된다(민사집행법 제263조 제1항 후단). C는 확정된 종국판결을 첨부하여 단독으로 소유권이전등기신청을 할 수 있다(부동산등기법 제23조 제4항). 만약 C가 반대채무를 아직 이행하지 않았고, 이 때문에 상환판결이 내려졌다면 반대채무의 이행을 증명하는 서면을 첨부하여 제1심법원에 집행문의 부여를 신청하여야 한다(민사집행법 제263조 제2항). 그 후 집행문이 부여된 판결정본을 첨부하여 단독으로 소유권이전등기를 신청할 수 있다.

채권자(B)가 채무자(C)에 대해 가지고 있는 지명채권을 채권양수인(A)에게 양도하기로 하였으나, 아직 채권양도인 B가 C에게 양도통지를 하지 않을 수 있다. 이 때 A는 B와의 사이에서는 C의 채권자이지만, C 또는 제3자(위 채권양도와 양립할 수 없는 이해관계를 가진 자에 한정된다)에게는 채권자로 인정되지 않는다(채권양도로써 대항할 수 없음). 이 때 A는 민법 제389조 제2항 전단에 따라 B의 의무를 강제이행하게 할 수 있다. A가 B를 피고로 해서 'B는 C에게 채권양도의 사실을 통지하라'는 판결을 구하는 이행의 소를 제기하고, 그 종국판결이 확정된다면 'B의 C에 대한 채권양도 사실의 통지의 의사표시'가 있는 것으로 간주된다(민사집행법 제263조 제1항). 그러나 그것만으로는 아직 그 통지가 C에게 도달한 것은 아니므로(C가 그 소송의 한 당사자로 참여하지 않은 경우), 민법 제450조의 대항요건을 아직 갖추지 못하였다. A는 그 판결문을 C에게 발송하여 도달하게 함으로써 同條의 요건을 충족시킬 수 있다.

3. 대체집행

사례 3 : "A로부터 토지를 임차한 B는 그 지상에 건물을 지어 이를 소유하고 있다. 그러나 B는 차임을 연체하여 그 연체액이 2기의 차임액에 달하였다. A는 B와의 임대차계약을 해지하고, 건물의 철거를 청구하고 있으나, B가 이를 철거하지 않고 있다."

3.1. 집행권원

위 사례의 A는 민법 제640조에 따라 임대차계약을 해지하였다. B는 민법 제643조의 계약갱신청구권은 말할 것도 없고, 건물매수청구권도 갖지 못한다. 대법원 2003.4.22. 선고 2003다7685 판결에 따르면, "공작물의 소유 등을 목적으로 하는 토지임대차에 있어서 임차인의 채무불이행을 이유로 계약이 해지된 경우에는 임차인은 임대인에 대하여 민법 제283조, 제643조에 의한 매수청구권을 가지지 아니한다."고 하기 때문이다. B는 민법 제654조에 의해 준용되는 제615조에 따라, 토지를 원상으로 회복하여 반환하여야 한다. 즉 A에 대해 건물철거 및 토지반환의무를 부담한다. B가 이 채무를 이행하지 않을 경우, A는 민법 제389조 제2항 후단의 규정에 좇아 B의 채무를 강제로 이행하게 할 수 있다. 건물철거는 "채무자의 일신에 전속하지 아니한 작위를 목적"으로 하는 채무이므로, "채무자의 비용으로 제3자에게 이를 하게 할 것을 법원에 청구"할 수 있다. 물론 A는 B를 피고로 하여 '건물을 철거하고 토지를 인도하라.'는 이행의 소를 제기해야 한다. 그 소송에서 승소판결이 확정된 후, A는 토지인도에 관하여는 위 1.에서 언급한 직접강제의 방법으로 이를 강제집행할 수 있고, 건물철거에 관하여는 대체집행의 방법으로 강제집행할 수 있다. 後者의 경우, A는 제1심법원에 '건물철거'의 대집행을 신청하면서, 건물철거에 드는 비용을 미리 지급할 것을 채무자에게 명하는 결정을 신청할 수 있다(민사집행법 제260조). 물론 채권자가 제3자로 하여금 그 건물을 철거하게 한 후, 채무자에게 그 비용을 지급할 것을 내용으로 하는 결정을 내려줄 것을 집행법원(제1심법원)에 청구할 수도 있다.

3.2. 대체집행의 신청 방법

민법 제389조 제2항 후단에서 말하는 "제3자"는 채무자 아닌 자를 말하는 것이다. 채권자가 직접 대체적인 작위급부를 한 경우에도 그 비용을 채무자에게 청구할 수 있다는 것이다. 다음은 대법원 사이트(www. scourt.go.kr)에서 확인할 수 있는 대체집행신청서 양식이다(제2장의 다른 양식서도 동일).

대체집행신청서

채권자 (이 름) 수입인지
(주 소)
(연락처)
채무자 (이 름)
(주 소)

신청취지

채권자는 그가 위임하는 ○○○○법원 ○○지원 소속 집행관으로 하여금 채무자의 비용으로 별지 기재 건물을 철거하게 할 수 있다라는 재판을 구함.

신청이유

1.
2.
3.

[첨부서류] 1. 집행력있는 집행권원
2. 송달증명

20 . . .

위 채권자 (날인 또는 서명)

○○○○법원 ○○지원 기타집행계 귀중

4. 간접강제

사례 4 : A와 위임계약을 체결하여 A의 사무를 처리하는 B는 A에게 위임사무의 처리상황을 보고하지 않았다. 그 결과 A는 어떤 경위로 자신의 사무가 처리되었는지를 알지 못하였다. A는 B에게 위임사무 처리현황의 보고를 요구하였으나, B는 이에 응하지 않았다.

4.1. 집행권원

위의 A는 B에게 사무처리 현황보고를 청구할 권리가 있다(민법 제683조). B의 채무불이행이 있을 때 그 현황보고는 B가 아닌 다른 사람이 할 수 없다. 이런 부대체적 작위채무의 강제이행에 관하여 민법은 아무 규정도 두지 않는다. 그러나 민사집행법 제261조 제1항은 "채무의 성질이 간접강제를 할 수 있는 경우에 제1심 법원은 채권자의 신청에 따라 간접강제를 명하는 결정을 한다. 그 결정에는 채무의 이행의무 및 상당한 이행기간을 밝히고, 채무자가 그 기간 이내에 이행을 하지 아니하는 때에는 늦어진 기간에 따라 일정한 배상을 하도록 명하거나 즉시 손해배상을 하도록 명할 수 있다."고 하고, 제2항은 "제1항의 신청에 관한 재판에 대하여는 즉시항고를 할 수 있다."고 정한다. 위의 사례에서 A는 B를 피고로 해서 "B는 A에게 사무처리 경위에 관하여 보고하라."는 판결을 구하는 이행의 소를 제기할 것이다. 그 소송에서의 승소판결이 확정되면 민사집행법 제261조에 따라 간접강제를 명하는 결정을 신청할 수 있다.

4.2. 간접강제의 신청예

부대체적 작위채무는 정정보도를 해야 할 채무에도 적용된다. 가령 채무자의 정정보도를 구하는 소에서 내려진 승소판결이 확정된 경우, 채권자는 정정보도청구권을 강제집행하기 위해 제1심 법원에 정정보도를 할 것과 그것이 늦어질 경우 그 늦어진 기간에 따라 일정액의 배상을 하도록 명하는 결정을 구할 수 있다.

그러나 부대체적 작위채무를 위반하는 경우 그 이행을 강제하는 것이 오히려 채무자의 인격에 대한 중대한 침해가 되는 경우도 있다. 부부간의 동거의무의 위반이 있다고 해서 이를 간접강제하게 되면 그럴 것이다. 또한 예술가가 작품을 제작할 채무를 부담할 경우, 이를 간접강제하는 것 역시 예술의 자유라는 기본권을 침해할 수 있을 것이다. 즉 간접강제도 적절하지 않다는 것이다. 이 때에는 채권자는 다른 권리구제수단, 즉 이혼이나 손해배상청구권 등에 의지하는 수밖에 없다. 다음은 대법원 사이트에 게시되어 있는 간접강제신청서양식이다.

간 접 강 제 신 청

신청인 (이름/주소/연락처)
피신청인(이름/주소)

신 청 취 지

피신청인은 이 결정정본을 받은 날로부터 ○○일 이내에 신청인에 대하여 이 법원 00(사건번호) 000 청구사건의 확정판결의 취지에 따른 처분을 하지 않을 때에는 신청인에 대하여 위 기간이 마치는 다음날부터 그 이행 처분시까지 1일 금 ○○원의 비율에 의한 금원을 지급하라.
라는 결정을 구합니다.

신 청 이 유

(신청취지와 같은 신청을 하는 이유를 구체적으로 기재)

소 명 방 법

1. 소갑 제 1호증 확정판결의 정본

첨 부 서 류

1. 위 각 소명방법 각 1부.
1. 신청서부본 1부.
1. 송달료 납부서 1부.

20 . . .
위 신청인 임 길 동 서명 또는 날인

○○법원 귀중

부대체적 작위채무의 강제이행을 위한 간접강제는 통상 판결절차에서 먼저 작위채무의 이행을 명하는 집행권원이 성립한 후에 민사집행법 제261조에 따라 신청하는 것이 일반적이다. 그러나 부대체적 작위채무에 관하여 언제나 먼저 집행권원이 성립하여야만 비로소 간접강제결정을 할 수 있다고 한다면, 집행권원의 성립과 강제집행 사이의 시간적 간격이 있는 동안에 채무자가 부대체적 작위채무를 이행하지 아니할 경우 손해배상 등 사후적 구제수단만으로는 채권자에게 충분한 손해전보가 되지 않아서 실질적으로는 집행제도의 공백을 초래할 수 있다. 대법원은 부대체적 작위채무를 명하는 판결의 실효성 있는 집행을 보장하기 위하여 판결절차의 변론종결 당시에 보아 집행권원이 성립하더라도 채무자가 그 채무를 임의로 이행할 가능성이 없음이 명백하고, 그 판결절차에서 채무자에게 간접강제결정의 당부에 관하여 충분히 변론할 기회가 부여되었으며, 민사집행법 제261조에 의하여 명할 적정한 배상액을 산정할 수 있는 경우에는 그 판결절차에서도 민사집행법 제261조에 따라 채무자가 장차 그 채무를 불이행할 경우에 일정한 배상을 하도록 명하는 간접강제결정을 할 수 있다고 한다(대법원 2013.11.28. 선고 2013다50367 판결 참조). 이 경우 채권자는 부대체적 작위채무의 이행을 구하는 청구와 간접강제로서 배상액 지급을 구하는 청구를 병합하여 소를 제기할 수 있다.

5. 부작위채무

사례 5 : "B는 인접 토지의 소유자 A와 담장을 상호 1m 이상 높이로 쌓지 않기로 계약하였다. 그러나 B는 높이 5m의 담장을 쌓았다. A는 B에게 1m를 넘는 나머지 4m의 담장을 철거할 것을 요구하였지만, B가 이에 응하지 않고 있다."

5.1. 집행권원

위 사례의 B는 부작위채무를 위반하였다. A는 민법 제389조 제3항에 좇아서 "채무자의 비용으로써 그 위반한 것을 제거하고 장래에 대한 적당한 처분을 법원에 청구"할 수 있다. 제3자에 의한 대체집행으로 부작위 채무의 위반을 제거할 수 있다면, 민사집행법 제260조의 대체집행을 통해서, 대체집행이 가능하지 않다면 제261조의 간접강제를 통해서 채권을 실현할 수 있다. 위의 예에서 부작위의무를 위반한 담장의 철거를 위해서도 이행의 소로써 담장철거를 구해야 한다. 아직 의무위반이 없더라도 의무위반의 위험성이 있다면, 예방 또는 손해배상의 담보를 청구하는 이행의 소를 제기할 수 있다. 또는 보전처분의 방법으로 담장축조 금지가처분을 신청할 수도 있을 것이다.

5.2. 법률상의 부작위의무

위의 B는 계약상의 부작위채무를 부담한다. 다른 특별한 사정이 없다면, B가 쌓아 올린 5m의 담장이 실제로 경관을 해치는지 여부와 무관하게 A는 B에게 계약상의 부작위채무의 이행을 강제할 수 있다. 위 사례에서 B가 자기 토지를 C에게 매도하여 소유권을 이전시켰고, C가 담장을 5m 높이로 쌓아 올렸다면 사정이 달라진다. 그 담장이 A의 입장에서 민법 제214조의 방해배제청구권을 행사할 수 있는 요건을 충족할 때 비로소 C는 소유자에게 그 담장을 제거할 의무를 부담할 것이다. C가 B와의 관계에서 담장을 1m 이상 쌓지 않기로 약속했다고 하더라도 A는 자기와 B 또는 B와 C의 계약을 원용하여 C에게 그 담장의 철거를 구할 수는 없다.

제2절 금전채무의 강제집행

1. 금전채무의 강제집행의 특징

1.1. 금전채무의 성립원인

금전채무는 다양한 원인에 의해 성립한다. 계약상의 급부의무가 금전지급인 경우도 있고(매수인의 대금지급채무, 고용주의 급여지급의무 등), 채무불이행에 기한 손해배상채무일 경우 다른 특별한 사정이 없는 한 금전채무이며(민법 제394조), 가액으로 부당이득을 반환해야 할 채무도 금전채무이다(민법 제747조 제1항). 불법행위로 인한 손해배상채무 역시 특별한 사정이 없는 한 금전채무이다(민법 제763조, 제394조).

채무자가 금전채무를 이행하지 않는 경우, 채권자의 강제집행에는 집행권원이 있어야 한다(집행권원에 대해서는 제1절 1을 참조). 그 집행권원에 기한 강제집행은 제1절에서 언급한 것과 차이가 있다.

1.2. 금전채무를 강제집행할 수 있는 방법의 개관

금전채권의 강제집행은 채무자의 책임재산을 공취하여 이를 환가한 후 그 가액을 채권자에게 지급함으로써 이루어진다. 채무자의 책임재산을 구성하는 것에는, 부동산, 동산, 금전채권, 지시채권, 유체물인도청구권, 부동산인도청구권, 부동산 소유권이전등기청구권, 지적재산권 등 다양한 것들이 있다.

그러나 채무자의 모든 재산이 다 책임재산을 구성하지는 않는다. 특히 유체동산이나 채권 중에는 압류가 금지되는 것들이 있다. 이런 재산을 압류하여 환가할 수 없기 때문에, 채무자의 책임재산이라고 할 수 없다.

민사집행법 제195조는 유체동산 중, 채무자 및 그와 같이 사는 친족(사실상 관계에 따른 친족을 포함한다. 이하 이 조에서 "채무자등"이라 한다)의 생활에 필요한 의복 · 침구 · 가구 · 부엌기구, 그 밖의 생활필수품(제1호), 채무자등의 생활에 필요한 2월간의 식료품 · 연료 및 조명재료(제2호), 채무자등의 생활에 필요한 1월간의 생계비로서 대통령령이 정하는 액수의 금전(제3호), 주로 자기 노동력으로 농업을 하는 사람에게 없어서는 아니 될 농기구 · 비료 · 가축 · 사료 · 종자, 그 밖에 이에 준하는 물건(제4호), 주로 자기의 노동력으로 어업을 하는 사람에게 없어서는 아니 될 고기잡이 도구 · 어망 · 미끼 · 새끼고기, 그 밖에 이에 준하는 물건(제5호), 전문직 종사자 · 기술자 · 노무자, 그 밖에 주로 자기의 정신적 또는 육체적 노동으로 직업 또는 영업에 종사하는 사람에게 없어서는 아니 될 제복 · 도구, 그 밖에 이에 준하는 물건(제6호), 채무자 또는 그 친족이 받은 훈장 · 포장 · 기장, 그 밖에 이에 준하는 명예증표(제7호), 위패 · 영정 · 묘비, 그 밖에 상례 · 제사 또는 예배에 필요한 물건(제8호), 족보 · 집안의 역사적인 기록 · 사진첩, 그 밖에 선조숭배에 필요한 물건(제9호), 채무자의 생활 또는 직무에 없어서는 아니 될 도장 · 문패 · 간판, 그 밖에 이에 준하는 물건(제10호), 채무자의 생활 또는 직업에 없어서는 아니 될 일기장 · 상업장부, 그 밖에 이에 준하는 물건(제11호), 공표되지 아니한 저작 또는 발명에 관한 물건(제12호), 채무자등이 학교 · 교회 · 사찰, 그 밖의 교육기관 또는 종교단체에서 사용하는 교과서 · 교리서 · 학습용구, 그 밖에 이에 준하는 물건(제13호), 채무자등의 일상생활에 필요한 안경 · 보청기 · 의치 · 의수족 · 지팡이 · 장애보조용 바퀴의자, 그 밖에 이에 준하는 신체보조기구(제14호), 채무자등의 일상생활에 필요한 자동차로서 자동차관리법이 정하는 바에 따른 장애인용 경형자동차(제15호), 재해의 방지 또는 보안을 위하여 법령의 규정에 따라 설비하여야 하는 소방설비 · 경보기구 · 피난시설, 그 밖에 이에 준하는 물건(제16호) 등을 압류할 수 없도록 규정한다.

민사집행법 제246조는 채권 중, 법령에 규정된 부양료 및 유족부조료(제1항 1호), 채무자가 구호사업이나 제3자의 도움으로 계속 받는 수입(제2호), 병사의 급료(제3호), 급료 · 연금 · 봉급 · 상여금 · 퇴직연금, 그 밖에 이와 비슷한 성질을 가진 급여채권의 2분의 1에 해당하는 금액(다만, 그 금액이 국민기초생활보장법에 의한 최저생계비를 감안하여 대통령령이 정하는 금액에 미치지 못하는 경우 또는 표준적인 가구의 생계비를 감안하여 대통령령이 정하는 금액을 초과하는 경우에는 각각 당해 대통령령이 정하는 금액)(제4호), 퇴직금 그 밖에 이와 비슷한 성질을 가진 급여채권의 2분의 1에 해당하는 금액(제5호), 주택임대차보호법 제8조, 같은 법 시행령 규정에 따라 우선변제 받을 수 있는 금액(제6호), 생명 · 상해 · 질병 · 사고 등을 이유로 채무자가 지급받는 보장성보험의 보험금(제7호), 채무자의 1개월간 생계유지에 필요한 예금(국민기초생활보장법의 최저생계비, 제195조 제3호의 금액을 고려하여 대통령령으로 정함. 제8호) 등을 압류할 수 없도록 한다. 물론 법원은 당사자가 신청하면 채권자와 채무자의 생활형편, 그 밖의 사정을 고려하여 압류명령의 전부 또는 일부를 취소하거나 제1항의 압류금지채권에 대하여 압류명령을 내릴 수 있다(제2항, 제3항).

책임재산에서 제외되지 않는 한, 채무자의 모든 재산은 책임재산으로서 금전채권자의 공취에 복속된다. 아래에서는 책임재산이 각기 부동산, 동산, 채권인 경우를 구분해서 금전채권의 강제집행에 관하여 본다.

2. 책임재산이 부동산인 경우

2.1. 부동산강제집행의 신청

집행권원을 가지고 있는 채권자가 채무자의 책임재산인 부동산의 환가대금에서 금전채권을 실현하려 한다면, 먼저 그 부동산 소재지 관할 지방법원에 강제집행을 신청하여야 한다(민사집행법 제78조, 제79조). 부동산의 강제집행 방법에는 강제경매와 강제관리가 있다(민사집행법 제78조). 後者의 경우 부동산을 강제관리함으로써 그 수익금으로 채권을 실현할 수 있도록 한 것이다(민사집행법 제163조). 이런 강제관리에 의한 금전채권의 실현은 담보권자는 이를 이용할 수 없다. 아래에서는 강제경매에 관해서만 언급한다.

집행권원 있는 채권자는 먼저 집행문을 부여받은 후, 관할법원에 강제집행신청서를 제출하여야 한다(강제집행신청서 양식을 참조).

채권자의 강제집행신청서가 접수된 후 관할법원은 강제경매개시결정을 하게 되는데, 그 결정에는 그 부동산의 압류명령이 포함된다(민사집행법 제83조). 부동산 경매개시결정이 내려지면 이제 법원사무관등은 즉시 그 사유(경매개시결정)를 부동산 등기부에 기재하도록 등기관에 촉탁하여야 한다(민사집행법 제94조). 다음과 같이 부동산에 등기된다.

【갑 구】 (소유권에 관한 사항)				
순위번호	등 기 목 적	접 수	등 기 원 인	권리자 및 기타사항
7	강제경매신청	2006년 4월 1일 제978호	2006년 3월 27일 지방법원의 경매개시결정 (2006타경555)	채권자 000 000000-000000 서울시 00구 00동 96

부동산강제경매신청서

수입인지
5000원

채권자 (이 름) (주민등록번호 -)
(주 소)
(연락처)

채무자 (이 름) (주민등록번호 또는 사업자등록번호 -)
(주 소)

청구금액 금 원 및 이에 대한 20 . . .부터 20 . . .
까지 연 % 의 비율에 의한 지연손해금

집행권원의 표시 채권자의 채무자에 대한 지방법원 20 . . . 선고 20
가단(합) 대여금 청구사건의 집행력 있는 판결정본

신 청 취 지

별지 목록 기재 부동산에 대하여 경매절차를 개시하고 채권자를 위하여 이를 압류한다라는 재판을 구합니다.

신 청 이 유

채무자는 채권자에게 위 집행권원에 따라 위 청구금액을 변제하여야 하는데, 이를 이행하지 아니하므로 채무자 소유의 위 부동산에 대하여 강제경매를 신청합니다.

첨 부 서 류

1. 집행력 있는 정본 1통
2. 집행권원의 송달증명원 1통
3. 부동산등기부등본 1통
4. 부동산 목록 10통

20 . . .

채권자 (날인 또는 서명)

○○지방법원 귀중

부동산 압류명령은 경매개시결정이 채무자에게 통지되거나 부동산 등기부에 강제경매신청의 등기가 되면 그 효력이 생긴다(민사집행법 제83조 제4항). 부동산에 대한 압류명령이 내려진다고 해서 그것만으로는 채무자의 부동산 관리 · 이용에 영향을 미치지 않는다(동조 제2항). 다만 집행법원은 직권 또는 이해관계인의 신청으로 그 부동산에 대한 침해행위를 방지하기 위한 적절한 조치를 명할 수 있다(동조 제3항). 그러나 부동산의 압류 후 제3자가 그 부동산에 대해 어떤 권리를 취득하였다 하더라도 그 압류가 있음을 안 경우에는 대항할 수 없다(동조 제1항). 가령 압류 사실을 알지 못하고 제3자가 채무자로부터 그 부동산의 소유권을 취득하였다 하더라도 강제경매절차를 계속 진행할 수 있고(동조 제2항), 그 환가대금으로 채권자의 금전채권을 만족시킬 수 있다. 달리 말하면, 부동산의 압류가 있으면 제3자와의 관계에서는 부동산에 관한 처분이 금지되는 효력이 생기게 된다(민사집행법 제92조). 이를 부동산 압류의 처분금지효라고 한다.

경매개시결정에 따른 압류의 효력이 생긴 후 1주일 이내에 집행법원은 배당요구의 종기를 첫 매각기일 이전으로 결정하여 이를 공고하고 민사집행법 제91조 제4항 단서의 전세권자 및 법원에 알려진 채권자에게 고지한다. 배당요구의 종기는 필요에 따라 집행법원이 연기할 수 있다(동법 제84조).

배당요구의 종기는 여러 가지로 중요한 의미가 있다. 첫째, 경매개시결정이 된 부동산에 대해 다시 이중경매신청을 할 수 있는데, 배당요구의 종기 이전에 이중경매신청을 하여 압류의 효력이 발생하면, 그 압류채권자는 선행 압류에 의한 경매절차에서 배당에 참가할 수 있다. 배당요구의 종기 이후에 이중경매신청을 하면 선행 압류에 의한 경매절차에서의 배당에는 참가할 수 없다(동법 제87조). 둘째, 집행력 있는 정본을 가진 채권자, 경매개시결정이 등기된 뒤에 가압류를 한 채권자, 민법 · 상법, 그 밖의 법률에 의하여 우선변제청구권이 있는 채권자는 배당요구를 할 수 있는데, 배당요구의 종기까지 압류 또는 배당요구를 하지 않으면 배당받을 수 없게 될 수도 있다(동법 제88조).

2.2. 경매절차에서의 매각 준비단계

경매개시결정을 한 뒤 집행법원은 바로 집행관에게 부동산의 현상, 점유관계, 차임(차임) 또는 보증금의 액수, 그 밖의 현황에 관하여 조사하도록 하고(민사집행법

제85조 제1항), 감정인으로 하여금 부동산을 평가하게 해서, 그 평가액을 참작하여 최저매각가격을 정한다(민사집행법 제97조 제1항). 최저매각가격의 결정은 강제경매절차를 계속 진행할 것인지 여부를 판단하는 데 매우 중요한 역할을 한다. 그 이유는 다음과 같다.

민사집행법 제91조에서는 강제집행으로 부동산을 매각할 때 그 부동산의 부담 중 매수인이 인수할 것과 그렇지 않을 것을 각기 규정하고 있다. 먼저 그 부동산에 설정된 저당권은 모두 소멸하고(동조 제2항), 소멸하는 저당권보다 후순위의 부동산의 부담도 모두 소멸한다. 부동산의 압류(또는 가압류) 이후에 그 부동산에 설정된 지상권, 전세권, 대항력 있는 임차권 등은 그 압류(또는 가압류)에 대항할 수 없으므로(민사집행법 제92조), 압류부동산의 매각으로 모두 소멸한다(민사집행법 제91조 제3항). 반면 부동산의 압류 이전에 설정된 용익물권 또는 대항력 있는 임차권은 매각으로 소멸하지 않고(저당권보다 선순위인 경우) 매수인이 이를 인수한다. 다만 전세권은 전세권자가 배당요구를 하면 소멸한다(동조 제4항. 이 때의 전세권은 최선순위의 전세권을 말한다. 이러한 전세권은 오로지 전세권자의 배당요구에 의하여만 소멸되고, 전세권자가 배당요구를 하지 않는 한 매수인에게 인수되며, 반대로 배당요구를 하면 존속기간에 상관없이 소멸한다. 대법원 2010.6.24. 선고 2009다40790 판결 참조). 부동산의 압류에 선행하는 대항력 있는 임차권도 배당요구로 소멸할 수 있다. 한편 부동산의 압류 이전에 성립된 유치권자[4]는 매수인에게도 그 부동산의 반환을 거절할 수 있다(동조 제5항). 최저매각대금이 정해지면 그 매각대금으로 압류채권자의 채권에 우선하는 부동산의 모든 부담과 절차비용을 변제하면 남을 것이 있는지 여부를 알 수 있다. 따라서 부동산의 부담을 인수하게 하거나 매각대금으로 그 부담을 변제하고 남은 잉여가 없다고 판단되면 그 부동산을 매각할 수 없다(동조 제1항). 이 때 집행법원은 압류채권자에게 이를 통지하고, 경매절차를 취소해야 한다(민사집행법 제102조 제1항).

부동산의 부담이 매수인에게 인수되거나 매각대금으로 그 부담을 변제하고도 남는 잉여가 있겠다고 판단되면 경매절차는 진행된다. 부동산의 매각방법은 경매

---

4. 민사집행법 제83조 제1항에서는 '안 경우 대항할 수 없다'고 하지만, 대판 2006.8.26, 2006다22050에서는 경매개시결정의 기입등기가 된 이후에 경매될 부동산에 유치권을 취득한 자는 그 결정의 기입등기를 몰랐는지, 모른데 과실이 있는지와 무관하게 유치권으로 매수인에게 대항할 수 없다고 한다. 대법원은 등기되어 있다는 점을 중시하여, 안 것으로 의제하여 법을 운용하는 것 같다. 이에 반해 동산을 압류한 경우, 제3자가 그 압류의 사실을 과실없이 알지 못한 경우에는 압류의 부담이 없는 동산을 선의취득할 수 있다. 따라서 양수인의 수중에 있는 물건에 대해서는 강제경매할 수 없다.

법원이 정하도록 되어 있는데(동법 제103조), 여러 방법 중 실무는 매각기일에 입찰의 방식으로 매각한다. 매각기일이 정해지면 이를 공고하는데(동법 제106조), 동시에 매각물건명세서(여기에는 부동산의 표시, 부동산의 점유자와 점유의 권원, 점유할 수 있는 기간, 차임 또는 보증금에 관한 관계인의 진술, 등기된 부동산에 대한 권리 또는 가처분으로서 매각으로 효력을 잃지 아니하는 것, 매각에 따라 설정된 것으로 보게 되는 지상권의 개요 등이 포함되어야 한다)를 작성하여 누구라도 볼 수 있게 비치하여야 한다(동법 제105조). 따라서 그 부동산을 매수하고자 하는 자는 매각물건명세서를 보면 부동산의 권리관계를 확인할 수 있다. 그러나 매각물건명세서의 기재에는 어떠한 공신력도 인정되지 않고, 실제의 권리관계와 다른 기재를 매수인이 신뢰하였다는 것만으로 집행법원 또는 감정인의 불법행위책임을 추궁할 수 있는 것은 아니다.[5]

2.3. 경매절차에서의 매각

매각기일에 최고가격으로 입찰한 자와 차순위 입찰자를 확인한 후 매각기일을 종결한다. 그로부터 1주일 이내인 매각결정기일에 최고가 입찰자에게 매각하는 결정을 한다. 이렇게 1주일의 기간을 둔 이유는 이해관계인으로 하여금 매각허가에 대해 이의할 수 있게 한 것이다. 그 이의가 적법한 경우에 매각허가가 내려지지 않도록 하기 위한 것이다. 매각허가 이의사유는 민사집행법 제121조 각호에서 정하고 있다.

이해관계인에 의한 매각불허신청이 없거나 매각허가이의신청이 이유가 없다면 매각결정기일에 매각허가결정을 한다(민사집행법 제126조). 매각허가 결정이 이루어지면 매수인이 매매대금을 납부해야 할 기간을 정한다(민사집행법 제142조). 매수인은 그 기간까지 매매대금을 납부하여야 한다. 매수인이 매매대금을 납부하면 소유권이전등기를 경료하지 않더라도 부동산의 소유권은 매수인에게 이전된다(민법 제187조, 민사집행법 제135조). 이 때 법원사무관등은 매각허가결정의 등본을 붙여 매수인 앞으로 소유권이전등기를 하도록 등기관에게 등기를 촉탁하는데(민사집행법 제144조), 이는 사실을 확인하는 등기에 불과하며 이 등기로 권리이전의 효과가 생기는

---

5. 권리의 흠결이나 물건에 하자가 있을 때 그 부동산의 매도인으로 취급되는 강제집행채무자에게 담보책임을 추궁할 수 있으며(민법 제578조), 잘못된 감정평가가 감정인의 주의의무위반으로 인정될 때 그 의무위반과 손해 간에 상당인과관계가 있다면 감정인의 불법행위책임을 추궁할 수도 있다.

것은 아니다. 또한 법원사무관등은 매수인이 인수하지 아니한 부동산의 부담에 관한 등기부상의 기입을 말소하는 등기와 경매개시결정등기를 말소하는 등기도 촉탁하는데, 이것 역시 사실을 확인하는 등기에 불과하다. 이 말소등기가 없더라도 말소될 등기의 권리는 실체법상으로 당연히 소멸된다.

한편 매매대금의 완납으로 매수인이 소유권을 취득하지만 부동산의 점유도 당연히 취득하는 것은 아니다. 점유자가 점유할 권리가 없을 때에는 매수인은 소유자로서 점유자에게 소유물반환청구권을 행사할 수 있지만(민법 제213조), 이를 실현하기 위해서는 앞서 언급한 것처럼 다시 확정된 종국판결로써 강제집행하여야 한다. 이런 번거로움을 덜기 위해 민사집행법 제136조에서는 매각결정 후 6개월 이내에 인도명령을 신청할 수 있도록 한다. 인도명령이 내려지면 그 권원으로 집행관이 강제집행을 하기 때문에 매수인의 입장에서는 매우 간편한 권리구제수단이다. 그러나 점유자에게 실체법상의 점유할 권리가 있다면 점유자에게는 매우 불이익한 것이므로, 그 권리관계가 의심스러울 때에는 인도명령을 내려서는 안 될 것이다.

2.4. 매각대금의 배당

매각대금이 납부된 뒤에는 배당절차가 개시된다(민사집행법 제145조). 매각대금의 납부 후 배당법원[6]은 배당기일을 정해서 이를 이해관계인과 배당을 요구한 채권자 등에게 통지한다. 배당할 금액은 민사집행법 제147조 제1항에서 정하고 있는데, 매수인이 납부한 매각대금과 그 이자, 그 밖에 경매법원이 반환하지 않아도 되는 각종의 보증금(가령 매각허가를 받은 후 매수인이 대금납부기일까지 대금을 완납하지 못하여 재매각을 하게 된 경우 애초 매수인이 지급한 보증금) 등이 그것이다.

배당기일에는 배당요구의 종기까지 이중경매신청을 한 압류채권자,[7] 배당요구

6. 부동산의 강제경매를 통해 강제집행을 담당하는 관할법원을 집행법원이라고 하고, 그 집행법원의 업무가 강제경매일 때는 편의상 경매법원으로, 그 업무가 배당일 경우에는 배당법원으로 칭한다. 모두 동일한 집행법원이다.

7. 이미 경매개시결정이 있는 부동산에 대해 다시 경매개시신청서가 제출될 수 있다. 이 때 법원은 다시 경매개시결정을 하고(부동산을 다시 압류함), 먼저 경매개시결정을 한 집행절차에 따라 경매를 한다. 따라서 두 개의 경매가 하나의 절차로 진행된다. 민사집행법 제87조. 먼저 개시된 경매절차가 중간에 정지 또는 취소되더라도 나중의 경매개시결정에는 영향을 미치지 않는다.

의 종기까지 배당요구를 한 채권자, 첫 경매개시결정등기 전에 등기된 가압류채권자, 저당권 · 전세권, 그 밖의 우선변제청구권으로서 첫 경매개시결정등기 전에 등기되었고 매각으로 소멸하는 것을 가진 채권자 등에게 배당할 금액을 배당한다. 배당할 금액으로 위의 모든 채권자를 만족시키고 남은 금액이 있을 때에는 집행채무자에게 매각대금을 반환하고(반환하지 않아도 되는 보증금 중 일부는 보증금 납입자에게 반환한다. 민사집행법 제147조 제2항), 배당할 금액으로 모든 채권자를 만족시킬 수 없는 경우에는 실체법상의 배당순서에 따라 배당하게 된다. 배당에 대해 이의가 있는 자는 배당이의의 소를 제기할 수 있다.

2.5. 이해관계인의 강제집행절차에의 참여

강제경매에 이해관계가 있는 자는 위에서 언급한 모든 절차에 참여하여 이의를 제기할 수 있다. 강제경매에서의 이해관계인은, 압류채권자와 집행력 있는 정본에 의하여 배당을 요구한 채권자, 채무자 및 소유자, 등기부에 기입된 부동산 위의 권리자, 부동산 위의 권리자로서 그 권리를 증명한 사람 등이다(민사집행법 제90조). 집행법원은 모든 절차에서 이들이 알아야 할 사항에 관하여 통지해야 한다. 그 통지를 통해 필요한 정보를 얻고 이의신청 등의 방법으로 절차에 참여함으로써 자신의 권리와 이익을 보호할 수 있기 때문이다.

이상을 흐름도로 표시하면 다음과 같다.

집행권원있는 채권자가 집행문을 교부받아 경매개시신청을 함

↓

경매개시결정 → 부동산 압류(경매개시신청의 기입등기)

↓

집행법원은 집행관으로 하여금 현황조사하게 하고, 감정인에게 부동산을 평가하게 함 → 집행법원이 최저매각가격의 결정 → 매각기일의 결정

↓

매각기일의 공고, 매각물건명세서의 비치, 잠재적 매수인의 열람 : 배당요구의 종기는 통상 첫 매각기일 이전까지임

↓

매각기일에 최고가 입찰자와 차순위 입찰자를 확정해서 고지, 매가결정기일을 정함 : 매각결정기일까지 이해관계인으로 하여금 매각허가에 대한 이의를 하도록 보장하기 위한 것임.

↓

매각허가 결정일에 허가 여부를 결정. 대금납부기간을 정함.

↓

매수인의 대금완납으로 소유권이전-법원사무관등의 등기촉탁

↓

배당기일에 배당결정 : 이의가 있는 자는 배당이의의 소를 제기함.

3. 책임재산이 동산인 경우

3.1. 동산강제집행의 신청

책임재산이 동산인 경우, 이를 압류한 후 강제경매하여 그 환가대금을 배당함으로써 금전채권을 실현할 수 있다(민사집행법 제189조 이하)는 점에서는 부동산과 다르지 않다. 다음에서는 차이점만 지적한다.

첫째, 관할법원에 관한 특별한 규정이 없기 때문에 민사집행법 제3조의 일반규정에 따라 집행할 곳을 관할하는 지방법원이 관할법원이 된다. 둘째, 동산에 대한 강제경매는 압류에 의해 개시되는데, 집행력 있는 정본을 첨부하여 동산강제경매 신청서를 제출하면 경매개시결정이 내려지고, 집행관으로 하여금 경매할 동산을 압류하도록 명령한다. 동산이 압류되면 집행관이 이를 점유하게 되는데, 채권자의 동의가 있거나 운반이 곤란한 경우 봉인 등을 하여 압류물임을 명확히 한 후 채무자로 하여금 보관하게 할 수도 있다(동법 제189조). 셋째, 압류일과 매각기일 사이에는 원칙적으로 1주일 이상의 간격을 둔다. 매각기일에 입찰 또는 호가의 방식으로 이를 매각한다. 집행관이 최고가를 호가한 매수인을 확인하여 매각을 허가하고, 물건의 인도와 상환하여 대금을 지급받는다(동법 제205조). 넷째, 집행관이 매각대금을 영수할 때까지 채권자들은 배당요구를 할 수 있다(배당요구의 종기. 동법 제220조). 매각대금으로 배당요구를 한 채권자를 전부 만족시키기에 부족하다면 집행관은 그 사실을 집행법원에 알리고 매각대금을 공탁한다(동법 제222조).

3.2. 부부공유재산이 압류된 경우

채무자가 혼인관계에 있을 때에는 동산은 부부 공유재산으로 추정된다(민법 제830조). 공유동산의 매각을 용이하게 하되 동시에 채무자 아닌 배우자의 공유지분권을 보장하기 위해 민사집행법에서는 부부공유재산에 관한 특칙을 둔다. 즉 공유지분을 매각하는 것이 아니라, 공유물 전부를 매각하게 하되(민사집행법 제190조), 배우자에게 우선매수권을 인정한다(동법 제206조). 배우자가 우선매수권을 행사하지 않을 경우, 매각대금에서 공유지분의 비율만큼 배우자에게 우선지급청구권을 인정한다(동법 제221조). 이 권리는 배당요구의 종기까지 행사할 수 있다.

3.3. 금전 · 유가증권 등의 강제집행

금전만이 아니라 어음 · 수표 그 밖에 금전지급을 목적으로 하는 유가증권도 유체동산으로 인정된다(동법 제189조). 금전은 이를 압류함으로써 환가의 목적을 달성하는 것이어서 압류채권자에게 교부하여야 한다(동법 제201조). 유가증권은 추심 기타 매각 등의 방법으로 금전을 취득하여 이를 압류채권자에게 교부하여야 한다(동법 제210조 이하에 매각방법이 있다). 다른 채권자들은 집행관이 금전을 압류 또는 취득할 때까지 배당요구를 할 수 있다(동법 제220조).

4. 책임재산이 금전채권인 경우

4.1. 금전채권의 강제집행의 신청

금전채권의 강제집행을 관할하는 법원은 채무자의 보통재판적이 있는 곳의 지방법원이다(민사집행법 제224조). 채권자는 집행력있는 정본을 첨부하여 금전채권압류명령신청서를 제출하여야 한다. 이 때 금전채권의 종류와 액수를 밝혀야 한다(동법 제225조).

압류신청서를 접수한 집행법원은 금전채권의 압류명령을 한다. 압류명령은 채무자와 제3채무자에게 송달해야 한다(동법 제227조 제2항). 압류의 효력은 제3채무자에게 송달될 때 생긴다(동법 제227조 제3항). 압류할 채권이 저당권에 의해 담보된 경우에는 압류신청서를 제출할 때 저당권에 대하여도 압류사실을 기재해 줄 것을 신청할 수 있다. 저당권에도 압류의 효력이 미치도록 하기 위한 것이다. 이 때 압류명령의 결정문은 부동산의 소유자(통상은 저당권을 설정해 준 채무자)에게도 송달되는데, 법원사무관등은 신청에 따라 저당권에 대한 압류사실의 기입등기를 등기공무원에게 촉탁한다(동법 제228조).[8]

채권자는 자신의 채무자에 대한 채권을 한도로 채무자의 제3채무자에 대한 금

---

8. 저당권채권을 압류한 압류채권자가 피압류채권을 전부받는다면, 저당권부 채권을 취득한다. 추심명령을 받아 추심한다면 저당권을 실행하여 채권을 실현할 수 있다. 저당권이 피압류채권의 종된 권리이므로 압류의 효력이 저당권에도 미치기 때문에 위와 같은 효력이 발생한다. 등기부에 압류사실을 기재하는 것은 공시의 목적 때문이다.

전채권을 압류할 수도 있고, 피압류채권 전부에 대해 압류할 수 있다. 압류의 효력은 그 신청 형태에 따라 피압류채권의 일부(압류채권액의 한도로 압류한 경우), 또는 전부에 미친다. 집행법원은 압류명령을 할 때 제3채무자로 하여금 채무자에게 이를 지급하지 못하도록 하고, 채무자도 이를 수령하거나 처분할 수 없도록 한다(동법 제227조 제1항). 따라서 제3채무자가 채무자에게 피압류채무를 지급하더라도 압류채권자와의 관계에서는 변제의 효력이 발생하지 않는다. 달리 말하면, 압류채권자가 추심명령을 받은 후 제3채무자에게 그 지급을 청구하면, 압류명령 송달 후 채무자에게 이미 지급하였다 하더라도 제3채무자는 다시 추심채권자에게 지급해야 한다. 전부명령을 받았다면 전부채권자가 자기 채권으로써 채무이행을 구할 수 있다.

압류가 있다고 해서 채권의 귀속에 변동이 없고, 채무자는 채권자로서의 권능인 채무의 이행청구권을 여전히 가진다. 다만 제3채무자는 채무자에게 이행할 수 없고, 채무자는 이를 수령할 수 없을 뿐이다. 다른 한편 채권이 압류되어 제3채무자가 채무자에게 지급할 수 없게 되었다 하더라도 그것만으로는 이행지체가 저지되지는 않는다. 피압류채권의 변제기가 도래하였다면 제3채무자는 그 때부터 지연이자를 지급하여야 한다는 것이다. 여기서 오는 불편을 덜기 위해 민사집행법은 제3채무자로 하여금 압류에 관련된 금액을 전부 공탁할 수 있게 한다(동법 제248조. 이를 집행공탁이라 한다). 설령 집행채권의 가액에 상응하는 액수만 압류한 결과 채무자의 제3채무자에 대한 채권의 일부가 압류되었다 하더라도, 제3채무자는 채무 전부를 공탁할 수 있다. 이 경우 압류된 부분은 집행공탁의 성격을(민사집행법 제248조의 공탁), 나머지 부분은 변제공탁의 성격을 가진다(민법 제487조의 공탁).

위에서 언급한 것을 예를 들어 설명하면 다음과 같다. 가령 집행문 있는 판결정본상의 채권 100만원을 가진 A가 채무자 B의 C에 대한 채권 500만원 중 100만원을 압류한 경우, C는 100만원 전액을 공탁하여야 민사집행법 제248조의 집행공탁의 효력이 생긴다. 그런데 민사집행법 제248조 제1항에 따라 500만원 전부를 공탁하였다면, 그 중 100만원은 집행공탁이고, 나머지 400만원은 변제공탁의 성질을 갖는다(대법원 2008. 5. 15. 선고 2006다74693 판결). 따라서 A의 압류는 공탁한 100만원에 그 효력이 미친다. 가령 B의 다른 채권자 D가 B의 공탁금출급청구권(400만원) 중 200만원에 압류한 경우 A와 D는 각기 별개의 압류채권자가 된다.

대판 2008.5.15, 2006다74693

① 민사집행법 제248조 제1항은 "제3채무자는 압류에 관련된 금전채권의 전액을 공탁할 수 있다"고 규정하여 채권자의 공탁청구, 추심청구, 경합 여부 등을 따질 필요 없이 당해 압류에 관련된 채권 전액을 공탁할 수 있도록 규정하고 있는바, 이에 따라 금전채권의 일부만이 압류되었음에도 그 채권 전액을 공탁한 경우에는 그 공탁금 중 압류의 효력이 미치는 금전채권액은 그 성질상 당연히 집행공탁으로 보아야 하나, 압류금액을 초과하는 부분은 압류의 효력이 미치지 않으므로 집행공탁이 아니라 변제공탁으로 보아야 한다.

② 압류채권자 이외의 채권자가 배당요구의 방법으로 채권에 대한 강제집행절차에 참가하여 압류채권자와 평등하게 자신의 채권의 변제를 받는 것을 허용하면서도, 다른 한편으로 그 배당요구의 종기를 제3채무자의 공탁사유 신고시까지로 제한하고 있는 이유는 제3채무자가 채무액을 공탁하고 그 사유 신고를 마치면 배당할 금액이 판명되어 배당절차를 개시할 수 있는 만큼 늦어도 그 때까지는 배당요구가 마쳐져야 배당절차의 혼란과 지연을 막을 수 있다고 본 때문이다. 따라서 민사집행법 제247조 제1항에 의한 배당가입차단효는 배당을 전제로 한 집행공탁에 대하여만 발생하므로, 집행공탁과 변제공탁이 혼합된 소위 혼합공탁의 경우 변제공탁에 해당하는 부분에 대하여는 제3채무자의 공탁사유신고에 의한 배당가입차단효가 발생할 여지가 없다.

4.2. 압류의 경합

채권자가 피압류채권의 일부를 압류한 후 다른 채권자가 나머지 채권액을 압류하였다면 양 압류는 상호경합하지 않는다(채무자의 제3채무자에 대한 채권 전액이 압류된 후, 압류가 있으면 압류경합이 되고, 각 압류는 채권 전부에 미친다. 민사집행법 제235조 제2항). 가령 채권자 A가 B의 C에 대한 채권 500만원 중 100만원을 압류한 후, B의 채권자 D가 B의 C에 대한 채권 중 400만원을 압류하였다면, 양 압류는 경합하지 않는다. 그 후 A, D가 각각 추심명령을 받았다면, A, D는 각자 C에 대해 100만원과 400만원의 지급을 청구할 것이고 이를 수령한 뒤 집행법원에 신고함으로써 강제집행은 종료될 것이다(그러나 후술하듯이 그 사이에 압류 및 추심명령의 경합이 있거나 배당요구가 있는 경우는 그러하지 않다).

그러나 A 및 D의 압류 후, C에 의한 지급 전에 E가 B에 대한 채권 200만원으로써 B의 C에 대한 채권 200만원을 압류한 경우에는, 압류의 경합이 있게 된다. 이 때 A, D, E의 각 압류는 B의 C에 대한 채권 전액에 그 효력이 미치게 된다(동법 제235조 제1항). 압류명령이 경합된 경우 압류채권자는 그 후 추심명령을 신청할 수도 있고, 별도의 조치를 취하지 않더라도 그 압류로 배당요구를 한 것과 동일한 효력이 인정된다. 반면 C의 지급이 있으면 C의 채무가 소멸하므로(압류할 채권의 소멸), 지급 후 내려진 압류명령은 효력이 없다. 제3채무자 C가 추심채권자에게 채무자 B에 대한 반대채권으로 상계하더라도 그 한도에서 피압류채권은 소멸한다.[9] C가 민사집행법 제248조의 공탁을 한 이후에도 C의 채무는 소멸하므로 그 이후에 한 압류는 효력이 없다.

4.3. 피압류 금전채권의 현금화방법 : 추심명령

금전채권이 압류된 후 피압류채권의 환가는 추심명령 또는 전부명령을 통해 이루어진다. 압류채권자는 압류명령의 신청과 동시에 또는 별도로 추심명령 또는 전부명령을 신청할 수 있다. 먼저 추심명령이 내려진 경우를 본다.

추심명령은 제3채무자에게 송달됨으로써 그 효력이 생긴다. 추심채권자는 대위절차없이 자기 이름으로 압류채권을 추심할 수 있다(민사집행법 제229조 제2항). 그러나 추심명령이 내려진 경우 채무자는 이행청구권능을 상실하게 된다. 달리 말하면 채무이행청구 권한은 추심채권자만이 가지게 된다.[10] 채무자는 제3채무자를 상대로 채무이행의 소에서 당사자적격이 없고 그가 제기한 소는 각하될 것이다. 채무자가 제3채무자를 상대로 채무이행의 소를 제기한 이후, 채무자의 채권자가 소송물인 그 채권을 압류한 후 추심명령을 받았다면 그 효력이 발생한 시점부터 채무자는 당사자적격을 상실하게 되고, 그 소송은 당사자적격 없는 자에 의한 소송으로 소각하되어야 할 것이다.[11]

추심명령은, 추심명령을 신청한 채권자가 추심액을 제한하여 신청하지 않는 한, 압류된 채권 전부에 미친다. 다만 채무자의 신청으로 집행법원은 채권자가 요구한 액수로 제한하고 나머지에 대해서는 자신이 이를 처분하거나 수령할 수 있도록 할 수 있다(동법 제232조 제1항). 가령 위의 예에서 A가 B에 대한 채권(100만원)으로 B의 C에 대한 채권 500만원 중 100만원을 압류한 경우, 그 압류의 효력은 100만원에 미친다고 하였다. 그런데 A가 추심명령을 받았다면 그 추심명령의 효력은 500만원에 미친다는 것이다. 즉 A는 제3채무자 C에게서 피압류채권 500만원 전액의 지급을 청구할 수 있다. 물론 A가 500만원을 청구할 의무가 있는 것은 아니며, A는 100만원의 지급을 청구할 수도 있다. 한편 추심채권자는 자기 이름으로,

9. 가령 대판 2001.3.27, 2000다43819 참조.

10. 대판 1989.1.17, 87다카2931; 대판 1989.1.17, 87다카2931; 대판 2000.4.11, 99다23888

11. 대판 2008.9.25, 2007다60417

즉 원고의 자격으로 제3채무자를 피고로 해서 제3채무자가 채무자에게 부담하는 채무를 이행할 것을 소구할 수 있다(동법 제238조). 이 때 추심채권자는 채무자에게 이를 통지하여야 하는데, 채무자가 외국에 소재하거나 소재가 불분명하면 고지하지 않아도 된다. 추심채권자가 추심의 소를 통해, 또는 제3채무자의 자발적 이행을 통해 채권을 추심하면 그 사실을 법원에 신고하여야 한다(동법 제236조 제1항). 위의 예에서 A가 C로부터 100만원의 지급을 받은 경우, 이 사실을 법원에 신고해야 한다. 이 때까지 그 추심금에 대해 다른 채권자의 배당요구가 없다면 그것으로 A의 채권은 만족을 얻고 C로서는 100만원의 채무를 변제하는 셈이다.

추심명령 후 추심 전까지 압류경합이 생길 수 있다. 제3채무자의 지급이 있더라도(=이 때부터는 더 이상 압류경합이 생길 수 없음) 추심채권자의 추심신고가 있기 전까지, 또는 제3채무자가 공탁한 경우(=이 때부터도 더 이상 압류경합이 생길 수 없음) 공탁사유신고가 있기 전까지, 다른 채권자는 배당요구를 할 수 있다. 전자의 경우, 배당요구가 있으면 추심채권자는 추심금을 공탁하고 이를 집행법원에 신고할 의무가 있다. 추심채권자의 입장에서 보면, 추심명령 후 제3채무자의 지급이 있기 전까지 다른 채권자가 압류하거나, 집행법원에 추심신고를 할 때까지 다른 채권자의 배당요구가 없다면, 추심신고로써 채권은 만족을 얻게 되고 강제집행은 종료된다.

다른 채권자의 압류로 말미암아 압류의 경합이 생긴 경우, 추심채권자는 제3채무자로부터 그 전액의 지급을 청구할 수 있다.[12] 일부라도 제3채무자로부터 변제받았다면, 그 금액을 공탁하고 그 사유를 집행법원에 신고하여야 한다(동법 제236조 제2항). 추심채권자의 추심 후 집행법원에 추심신고를 하기 전 배당요구가 있는 경우도 마찬가지이다. 만약 추심채권자가 공탁을 해태하였다면 그 법정이자상당액의 지연손해배상금을 더하여 공탁할 의무가 있다. 한편 압류가 경합된 경우 압류채권자는 제3채무자로 하여금 채무액 전액을 집행공탁할 것을 청구할 수 있고(동법 제248조 제3항), 제3채무자는 공탁할 의무가 있다.

수인의 채권자의 압류가 경합하거나 적법한 배당요구가 있으면, 각 압류채권자 및 배당요구채권자들은 피압류채권의 추심금 또는 공탁금으로부터 배당받게 된다. 민법 · 상법, 그 밖의 법률에 의하여 우선변제청구권이 있는 채권자와 집행력 있는 정본을 가진 채권자는, 제3채무자가 집행공탁을 하고 그 신고를 한 때(동법 제248조

12. 압류 및 추심명령이 경합된 경우 추심채권자 상호간에 우열관계가 없다고 한다.

제4항)까지, 또는 추심채권자가 제236조에 따른 추심의 신고를 한 때까지, 또는 집행관이 현금화한 금전을 법원에 제출한 때까지 배당요구를 할 수 있다(동법 제247조 제1항). 전부명령이 제3채무자에게 송달되면 그 때로부터 전부명령의 효력이 발생하여 채권은 전부채권자에게 이전된다. 따라서 다른 채권자들은 더 이상 배당요구를 할 수 없다(동법 제247조 제2항). 배당방법은 부동산 매각대금의 배당과 유사하다(자세한 것은 동법 제252조 이하 참조).

4.4. 피압류 금전채권의 현금화방법 : 전부명령

금전채권을 환가하는 또 다른 방법은 전부명령이다. 압류채권자가 압류명령의 신청과 동시에 또는 별도로 전부명령을 신청하면, 집행법원에 의한 전부명령의 효력이 발생하는 것과 동시에 피압류채권은 지급에 갈음하여 압류채권자에게 이전된다. 그 한도에서 채무자의 채무가 이행된다(민사집행법 제229조 제3항, 제231조). 따라서 전부명령이 내려지면 별도로 그 금전채권을 환가할 필요가 없다.

그러나 전부명령이 내려졌음에도 불구하고 그 효력이 생기지 않는 경우가 있다. 첫째, 전부명령이 제3채무자에게 송달될 때까지 그 금전채권에 관하여 다른 채권자가 압류 · 가압류 또는 배당요구를 한 경우에는 전부명령은 효력이 없다(동법 제229조 제5항).[13] 위 예에서 A가 B의 C에 대한 500만원의 채권 중 100만원을 압류하고 전부명령을 신청하였는데, 그 명령이 C에게 송달되기 전 D가 잔여액 400만원에 대해 압류 또는 가압류 하였다면, 압류의 경합이 인정되지 않는다. 이 때에는 전부명령의 효력에 영향을 미치지 않는다. 위 예에서 D, E가 압류한 액이 400만원을 초과하는 때에는 압류가 경합한다. 따라서 전부명령은 그 효력을 상실한다. 다만 A의 압류명령의 효력은 상실되지는 않기 때문에, 다른 추심채권자가 추심한 금액에서 배당받을 수 있다. 둘째, 피압류채권이 부존재하는 경우에도 전부명령의 효력이 발생하지 않는다(민사집행법 제231조 단서). 즉 피압류채권이 전부채권자에게 이전되거나 집행채권이 변제되어 소멸하는 효과가 발생하지 않는다.[14]

---

13. 전부명령과 채권압류 또는 가압류가 경합하여 전부명령이 무효가 되면, 그 후 압류 또는 가압류의 효력이 사후적으로 소멸되었다고 하더라도 전부명령의 효력은 여전히 효력을 상실한다. 대판 2001. 10.12. 선고 2000다19373 판결

14. 대판 2007.4.12, 2005다1407 참조.

4.5. 개요도

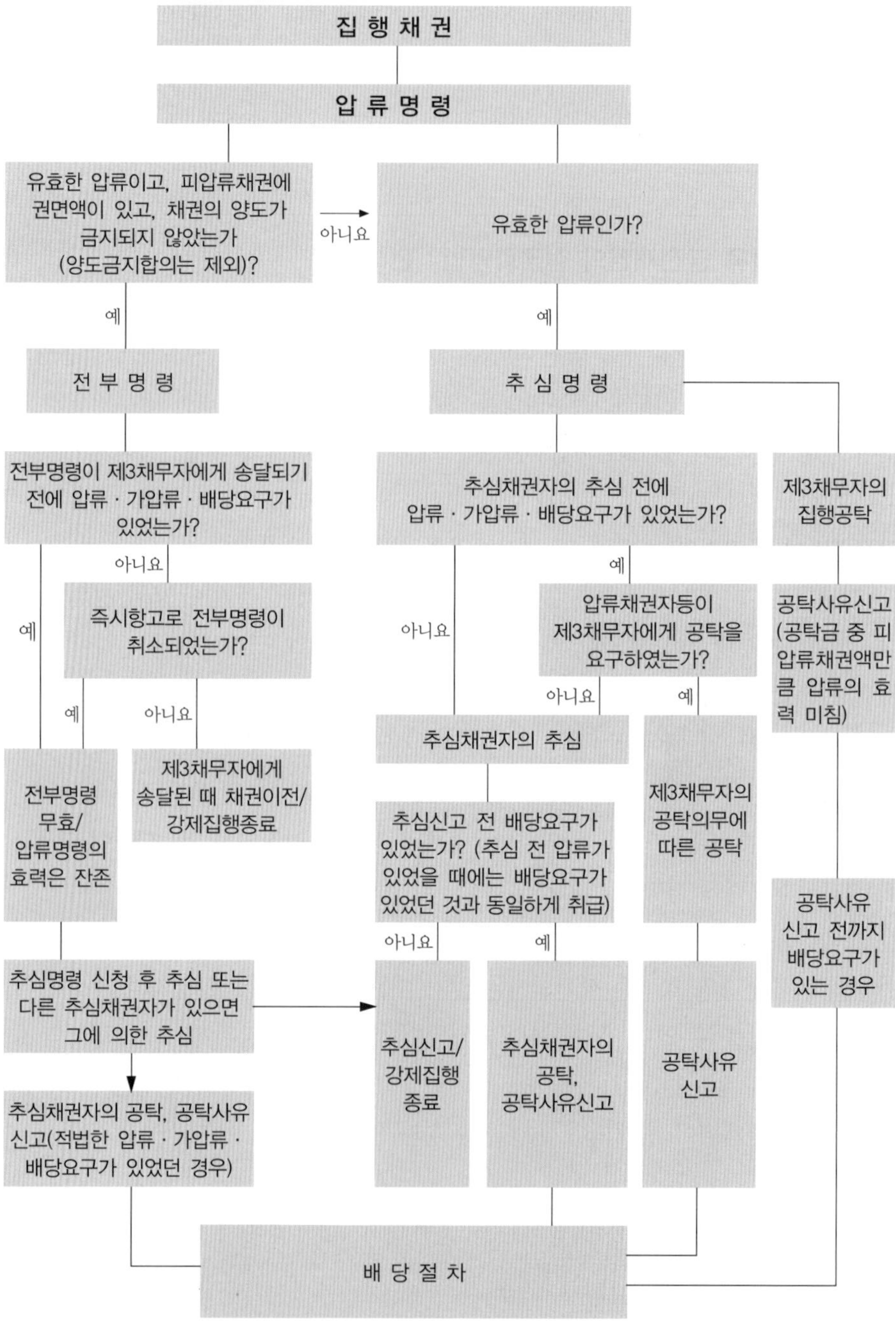
집 행 채 권
압 류 명 령
유효한 압류이고, 피압류채권에 권면액이 있고, 채권의 양도가 금지되지 않았는가 (양도금지합의는 제외)?
아니요
유효한 압류인가?
예
예
전 부 명 령
추 심 명 령
전부명령이 제3채무자에게 송달되기 전에 압류 · 가압류 · 배당요구가 있었는가?
추심채권자의 추심 전에 압류 · 가압류 · 배당요구가 있었는가?
제3채무자의 집행공탁
아니요
예
예
즉시항고로 전부명령이 취소되었는가?
아니요
압류채권자등이 제3채무자에게 공탁을 요구하였는가?
공탁사유신고 (공탁금 중 피압류채권액만큼 압류의 효력 미침)
예
아니요
아니요
예
추심채권자의 추심
전부명령 무효/ 압류명령의 효력은 잔존
제3채무자에게 송달된 때 채권이전/ 강제집행종료
제3채무자의 공탁의무에 따른 공탁
추심신고 전 배당요구가 있었는가? (추심 전 압류가 있었을 때에는 배당요구가 있었던 것과 동일하게 취급)
공탁사유 신고 전까지 배당요구가 있는 경우
아니요
예
추심명령 신청 후 추심 또는 다른 추심채권자가 있으면 그에 의한 추심
추심신고/ 강제집행 종료
추심채권자의 공탁, 공탁사유신고
공탁사유 신고
추심채권자의 공탁, 공탁사유 신고(적법한 압류 · 가압류 · 배당요구가 있었던 경우)
배 당 절 차

5. 책임재산이 금전채권 이외의 채권인 경우

5.1. 강제집행의 방법으로서의 압류

책임재산이 인도청구권 또는 재산권이전등기청구권인 경우도 있다. 채권자는 집행법원에 채권압류명령을 신청해야 하고, 압류명령을 내리는 집행법원은 이를 채무자와 제3채무자에게 송달하여야 한다. 압류명령은 제3채무자에게 송달된 때 그 효력이 발생한다. 유체물 인도청구권 또는 재산권 이전등기청구권의 경우 전부명령은 내릴 수 없다(민사집행법 제245조).

5.2. 현금화방법

먼저 피압류채권이 유체물인도청구권인 경우, 그 채권에 대한 압류명령이 내려지면, 동시에 집행법원은 제3채무자로 하여금 그 동산을 채권자의 위임을 받은 집행관에게 인도하도록 명령한다. 그 후 그 동산을 경매하여 환가대금을 배당함으로써 금전채권을 실현한다(동법 제243조). 위 압류명령의 이행을 구하기 위해서는 압류채권자가 추심명령을 신청하여야 한다. 추심채권자는 제3채무자를 상대로 한 추심의 소를 통해 또는 그의 자발적인 채무이행을 통해, 목적물을 취득하여 이를 집행관에게 인도한다. 집행관은 동산경매의 방법에 따라 이를 환가하여 그 환가대금으로 압류채권자를 만족시킨다. 이 때 수인의 채권자가 있을 때 배당요구에 대해서는 금전채권의 압류의 경우와 동일하게 처리된다.

책임재산이 부동산인도청구권 또는 부동산권리이전청구권인 경우, 집행력 있는 판결정본을 첨부하여 그 부동산 소재지를 관할하는 지방법원에 압류명령을 신청해야 한다(동법 제244조). 집행법원은 채권자 또는 제3채무자의 신청에 의하여 보관인을 정하고 제3채무자에 대하여 그 부동산을 보관인에게 인도하거나 그 부동산에 관한 채무자명의의 권리이전등기절차를 보관인에게 이행할 것을 명하여야 한다(동법 제244조 제1항, 제2항). 이 때 압류명령의 신청과 동시에 또는 그 후에 채권자는 추심명령을 신청하여, 제3채무자로부터 점유를 이전받거나 소유권이전등기에 필요한 서류를 교부받을 수 있다(동법 제244조 제4항). 제3채무자가 자발적으로 채무를 이행하지 않을 경우 추심의 소를 제기할 수 있는 것은 금전채권의 경우와 동일하다.

그 후 채권자는 목적물 또는 등기에 필요한 서류를 집행법원이 정한 보관인에게 인도한다(동법 제244조 제1항). 가령 피압류채권이 소유권이전청구권인 경우 보관인이 채무자 명의로 소유권이전등기를 경료한 후, 부동산 강제집행의 예에 따라 그 부동산을 환가하여 채권자에게 배당할 것이다.

6. 배당에서의 원칙

6.1. 배당받을 수 있는 채권자

채무자에 대한 금전채권자들은 통상 수인이 있기 마련이다. 그 수인의 채권자들이 위에서 언급한 각 책임재산을 압류하여 환가하고자 하거나, 다른 채권자가 개시한 환가절차에 참여하여 배당을 요구할 것이다. 이들의 권리를 충실히 보장하기 위해 민사집행법은 세심한 주의를 기울이고 있다.

특히 부동산은 채무자의 주된 재산이어서 다수 채권자의 이해가 걸려 있기 마련이다. 따라서 민사집행법은 상세한 규정을 두고 있다. 먼저 경매개시결정에 따른 압류의 효력이 생기면, 집행법원은 첫 매각기일 이전으로 배당요구의 종기를 결정하여 이를 공고하여야 한다. 동시에 민사집행법 제91조 제4항 단서의 전세권자(압류의 효력이 생기기 이전에 전세권을 취득한 전세권자로 최선순위 전세권자)와 제88조 제1항의 채권자(집행력 있는 정본을 가진 채권자, 경매개시결정이 등기된 뒤에 가압류를 한 채권자, 민법·상법, 그 밖의 법률에 의하여 우선변제청구권이 있는 채권자) 중 법원에 알려진 자에게 경매개시결정 및 배당요구의 종기를 고지하여야 한다(민사집행법 제84조 제2항). 또한 법원사무관등은 제148조 제3호(경매개시결정 전에 등기된 가압류채권자) 및 제4호의 채권자(저당권·전세권, 그 밖의 우선변제청구권으로서 첫 경매개시결정등기전에 등기되었고 매각으로 소멸하는 것을 가진 채권자) 및 조세, 그 밖의 공과금을 주관하는 공공기관에 대하여 채권의 유무, 그 원인 및 액수(원금·이자·비용, 그 밖의 부대채권(부대채권)을 포함한다)를 배당요구의 종기까지 법원에 신고하도록 최고한다(민사집행법 제84조 제3항). 이렇게 함으로써 채권자들이 배당절차에 참여할 수 있도록 보장하는 것이다. 그러나 배당요구의 종기까지 배당요구를 하지 않으면, 우선변제권 있는 채권자라도 배당요구가 필요한 경우에는(가령 임차인의 우선변제권, 조세채권, 근로자의 임금채권 등등), 이미 배당된 결과에 대해 배당절차에서만이 아니라 실체법적으로도 이를 다툴 수 없다.

그 밖의 책임재산이 환가되는 경우에도 마찬가지로 배당요구의 종기를 두고 있지만, 그 시점은 부동산의 강제경매절차와 차이가 있다. 즉 집행관이 금전을 수령하는 때(동산), 추심채권자가 추심금의 신고를 한 때 또는 추심채권자 또는 제3채무자가 공탁 후 공탁사유를 신고한 때(금전채권) 등이 그 예이다.

다른 한편 채권자는 배당요구를 하지 않더라도 경합되는 압류를 함으로써 또는 가압류를 함으로써 배당받을 권리를 지킬 수 있다. 부동산이 경매되는 경우 배당요구의 종기까지 경합하는 압류를 하면, 그 이전에 이루어진 압류절차에 따른 경매절차에서 압류채권자로 인정을 받게 된다. 그러나 매각기일 이후에 압류가 경합되면 이전에 한 압류가 중지 또는 취소되지 않는 한 이전에 한 경매절차에서 압류채권자로서 배당에 참여할 수는 없다. 동산의 경우에도 매각기일 이전에 압류가 경합되면 후발의 압류채권자도 배당절차에 참여할 수 있다(민사집행법 제215조). 금전채권의 경우 피압류채권이 채무자에게 존속할 동안 압류가 경합되면 압류채권자는 배당요구를 한 것과 같은 효력이 인정되므로 배당절차에 참여할 수 있다.

부동산을 가압류한 경우, 배당요구의 종기 전까지 가압류결정이 집행되고 배당요구를 하거나 또는 첫 경매개시결정의 기입등기(압류등기)가 있기 전에 가압류결정이 집행되어 기입등기(가압류등기)가 되어 있어야 한다(민사집행법 제148조 제3호). 그 경우 그에게 배당될 금액은 공탁하게 되고, 나중에 본압류로 전이될 때 지급될 것이다(민사집행법 제160조). 금전채권이 압류·전부된 경우 전부명령이 제3채무자에게 송달되기 전까지 이를 가압류할 수 있다. 이 때 그 전부명령은 무효가 된다. 추심명령이 내려진 경우 채권자가 추심하기 전까지 이를 가압류하면 배당에서 고려될 수 있다.

6.2. 배당받을 채권자 상호간의 관계

압류·가압류 채권자가 수인이 있고, 또 배당을 요구한 채권자가 수인이 있을 때 환가대금으로 그들 모두를 만족시킬 수 없다면 어떤 순서로 배당을 할지를 결정하는 것이 중요하다. 첫째, 채권자가 담보권 등에 근거하여 우선배당을 받을 수 있는 권리가 없다면, 배당받을 수 있는 권리가 있는 다른 일반 채권자와 마찬가지로 자신의 채권액에 비례하여 평등하게 배당을 받게 된다. 가령 채무자 B가 A에게 100의 채무를 부담하고 있는데, C, D 역시 각각 B에게 100의 채권을 가지고 있고, 이들도 배당을 신청할 수 있는 자격이 있다면, B의 책임재산을 환가한 결과가 150이라면, A, C, D는 각각 50씩을 배당받을 것이다. 나머지 50의 채권은 사실상 변제받을 수 없는 채권이 될 것이다. 채무자의 무자력위험은 채권자에게 귀속되는 것이다. 둘째, 우선변제권이 있는 자들은 일반채권자에 우선하여 배당받지만 그들 상호간에도 순서가 있다. 법률에 특별한 규정이 있는 경우(근로자의 임금채권, 조세채권, 주택 및 상가건물 임차인으로 대항력과 우선변제권이 있는 경우 등등)를 제외한다면 우선변제권의 성립순서에 따라 배당될 것이다. 셋째, 적법하게 가압류된 경우에도 배당절차에서 그 순서에 따라 배당을 받을 수 있다. 다만 이 때에는 공탁을 해 두고 추후 본압류로 전이될 때 공탁된 금액이 지급될 것이다(가압류에 대해서는 다시 후술함).

제3장 책임재산의 보전

제1절 민사집행법상의 책임재산의 보전

제2절 채권자대위권

제3절 채권자취소권

제1절 민사집행법상의 책임재산의 보전

제1관 가압류

1. 개관

A가 B에 대해 금전채권 또는 금전채권으로 전환될 수 있는 채권(매매에 기한 부동산소유권이전등기청구권을 가지지만 매도인의 채무가 이행불능될 가능성이 있는 경우)을 가지고 있고, B가 그 채무를 자발적으로 이행하지 않는다고 가정하자. A는 강제집행 권원을 얻기 위해 B를 상대로 금전채무 이행의 소를 제기할 것이다. 그런데 A가 집행권원으로써 B의 책임재산(부동산, 동산, 채권 등)을 압류하기 이전에 B가 그 재산을 제3자에게 처분할 수 있다. 이 때 민법 제406조의 요건이 충족된다면 A는 그 제3자를 피고로 해서 B와 피고 간의 사해행위의 취소를 구할 수도 있다(채권자취소권, 아래 제3절 참조). 그러나 소송비용, 시간, 승소가능성의 불확실성 등을 감안하면 채권자취소 소송은 A에게 부담스러울 수 있다.

미리 채무자의 책임재산을 보전시킬 수 있는 절차가 있다면 위 사례의 A와 마찬가지로 금전채권을 강제집행하고자 하는 채권자는 비용과 시간을 절약할 수 있을 것이다. 그 제도가 바로 가압류제도이다. 즉 금전채권 또는 금전으로 환가할 수 있는 채권으로써 채무자의 책임재산인 부동산, 동산, 채권 등에 대한 강제집행을 보전하기 위한 제도이다(민사집행법 제276조). 채무자의 책임재산에 대해 가압류를 해두면 책임재산을 보전시킬 수 있기 때문에 채권자취소권을 통해 다시 한번 소송을 반복해야 할 곤란을 덜 수 있다. 이하에서는 민사법상의 책임재산 보전방법인 채권자대위권 및 채권자취소권을 이해하는 데 필요한 범위 내에서 이에 대해 간단히 개관한다.

2. 가압류의 요건과 가압류 신청의 방법

2.1. 가압류의 요건

금전채권 또는 금전으로 환산할 수 있는 피보전채권이 있어야 한다. 가령 A가 B에 대한 대여금채권이 있을 때, A는 이를 피보전채권으로 해서 B 소유 X 부동산을 가압류할 수 있다. A가 B로부터 X 부동산을 매수하기로 하였다면, 그 소유권이전등기청구권을 피보전채권으로 해서 X 부동산을 가압류할 수 없다. 그러나 장래 B가 매매계약상의 채무를 불이행한다면 A가 취득할 손해배상청구권을 피보전채권으로 해서 B의 다른 재산을 가압류할 수는 있다. 위 예에서 공익사업을 위한 토지 등의 취득 및 보상에 관한 법률에 기해 C가 X 부동산을 B로부터 협의매수하여 소유권을 취득하였다면, A의 B에 대한 소유권이전등기청구권은 이행불능이 되지만 A는 B의 C에 대한 보상금청구권을 자기에게 이전할 것을 청구할 권리(대상청구권)를 가진다. 대상청구권은 B가 취득한 금전채권의 양도를 구하는 것이므로 금전채권이라기 보다는 B의 의사표시를 구하는 채권이다. A가 대상청구권을 실현하기 위해서는 B의 양도의 의사표시와 C에 대한 채권양도의 통지를 구하는 소를 제기해야 한다. 이 채권을 피보전채권으로 해서도 B의 C에 대한 보상금지급청구권을 가압류할 수는 없다. 그러나 위의 예에서 A가 B에 대해 이미 지급한 매매대금의 반환을 구할 수 있는 채권(부당이득반환청구권)이 있다면, 이 청구권은 금전채권이어서 이를 피보전채권으로 하여 B의 C에 대한 보상금지급청구권을 가압류할 수 있다. 이처럼 피보전채권이 금전채권(또는 금전으로 환산될 수 있는 채권)일 것을 요구하는 것은 본압류로 전이될 것을 전제한 것이고, 종국적으로는 수인의 채권자들 간에 그 환가금을 배당할 수도 있기 때문이다.

금전채권 또는 금전으로 환산할 수 있는 채권이면, 그 채권에 조건이나 기한이 붙어 있더라도 이를 피보전채권으로 할 수 있다(민사집행법 제276조 제2항).

가압류의 대상은 금전채권의 강제집행이 적용될 수 있는 것이어야 한다. 여기에는 부동산, 동산, 금전채권, 금전채권 아닌 동산 및 부동산 인도청구권, 부동산의 권리이전청구권 등이 그것이다(이에 관해서는 제2장 제2절을 참조).

한편 피보전채권의 보전필요성이 있어야 가압류를 할 수 있다. 즉 가압류를 하지 아니하면 판결을 집행할 수 없거나 판결을 집행하는 것이 매우 곤란할 염려가 있을 경우에 이를 할 수 있다(동법 제277조).

2.2. 가압류의 신청

가압류를 신청하는 자는 가압류할 물건의 소재지를 관할하는 지방법원이나 본안의 관할법원에 이를 신청해야 한다(민사집행법 제278조). 가압류를 신청할 때 신청자는 청구채권(피보전채권)—그 청구채권이 일정한 금액이 아닌 때에는 금전으로 환산한 금액—과 가압류를 해야 할 이유를 표시하여야 한다. 청구채권과 가압류의 이유는 이를 증명하는 것이 아니라 소명하는 것으로 충분하다(동법 제279조). 비록 그 이유를 소명하지 않더라도 가압류로 생길 수 있는 채무자의 손해에 대해 법원이 정한 담보를 제공한 때에는 가압류를 명할 수 있다(동법 제280조 제2항).

가압류의 신청이 있으면 가압류법원은 채무자를 심문하지 않고 가압류결정을 할 수 있다(동법 제280조 제1항). 가압류결정에 대해 채무자가 즉시 이의를 제기할 수 있다(동법 제283조 제1항). 그러나 이의신청이 있다고 해서 가압류의 집행이 정지되지는 않는다(동조 제3항). 채무자의 이의가 있으면 그 이의신청에 대한 재판은 결정의 방식으로 한다. 한편 채무자의 신청으로 가압류채권자에게 본안제소명령을 내릴 수도 있다(동법 제287조).

3. 가압류의 집행과 그 효과

3.1. 가압류의 집행

부동산에 대한 가압류의 집행은 가압류재판에 관한 사항을 등기부에 기입함으로써 이루어진다(민사집행법 제293조 제1항). 가압류결정의 등기는 법원사무관등이 등기관에게 촉탁하여 촉탁등기로 이루어진다. 가압류되는 권리가 소유권 및 소유권에 관한 것일 때에는 부동산 등기부 갑구란에, 여타의 권리인 경우 을구란에 가압류등기가 이루어진다.

유체동산에 대한 가압류의 집행은 압류와 같은 원칙에 따라야 한다(동법 제296조 제1항). 즉 집행관이 이를 점유함으로써 가압류하게 된다. 금전을 가압류한 경우에는 이를 공탁하여야 한다(동조 제4항). 금전을 압류한 경우 집행채권자에게 인도하여야 하는 것(동법 제201조 제1항)과는 차이가 있다. 가압류는 강제집행을 보전하기 위한 것이지 강제집행이 아니기 때문이다. 이런 이유 때문에 유체동산을 가압류한 경우, 이를 현금화하지 못하도록 한 것이다. 다만, 가압류물을 즉시 매각하지 아니하면 값이 크게 떨어질 염려가 있거나 그 보관에 지나치게 많은 비용이 드는 경우에는 집행관은 그 물건을 매각하여 매각대금을 공탁하여야 한다(동법 제296조 제5항).

채권가압류의 집행법원은 가압류명령을 한 법원이다(동법 제296조 제2항). 가압류법원은 채무자와 제3채무자에게 가압류결정의 사실을 송달하여야 하고, 가압류는 제3채무자에게 송달된 때 그 효력이 생긴다(동법 제291조, 제227조 제3항). 유의할 것은 채권의 가압류에는 제3채무자에 대하여 채무자에게 지급하여서는 아니 된다는 명령만을 하여야 한다는 점이다(동법 제296조 제3항. 채권 압류명령에 관한 동법 제227조 제1항과 비교). 즉 채권이 압류된 경우와 달리 채무자가 가압류된 채권을 처분할 수 있는 권한이 박탈되지 않는다. 가압류채권자가 가압류된 채권에 대한 추심권한을 갖는 것도 아니므로, 채무자는 가압류된 채권을 실현하기 위해 제3채무자를 상대로 이행의 소를 제기할 수 있고, 법원은 단순이행판결을 하여야 하는 것이다.[1]

3.2. 가압류의 효력

가압류가 집행되면 다양한 실체법상의 효력이 발생한다. 첫째, 가압류가 집행된 경우, 대법원 판결에 따르면 본압류로 전이되기까지 그 집행절차가 종료된 것이 아니어서 피보전채권의 시효가 중단되는 상태가 지속된다.

대판 2011.1.13, 2010다88019

가압류를 시효중단사유로 규정하고 있는 것은 가압류에 의하여 권리자가 권리를 행사하였기 때문인데 가압류에 의한 집행보전의 효력이 존속하는 동안은 가압류채권자에 의한 권리행사가 계속되고 있다고 보아야 할 것이므로, 가압류에 의한 시효중단의 효력은 가압류의 집행보전의 효력이 존속하는 동안 계속된다.

둘째, 부동산에 대한 가압류는 처분금지효력이 있기 때문에(민사집행법 제291조, 제92조), 가압류집행 후 가압류채무자가 그 부동산을 제3자에게 양도하더라도 그 양

---

1. 대판(전) 1992.11.10. 선고 92다4680 참조. 다만 소유권이전등기청구권이 가압류된 경우에는 가압류해제를 조건으로 한 이행판결을 해야 한다.

도는 가압류채무자와의 관계에서는 상대적으로 효력이 없다. 따라서 제3자에게로 소유권이전등기가 되더라도 가압류채권자는 본압류로 전이한 후, 그 부동산을 환가할 수 있다. 가령 A가 금전채권을 피보전채권으로 해서 B의 부동산을 가압류한 경우, B가 그 부동산을 C에게 양도하고 소유권이전등기를 경료하면 C가 부동산 소유권을 취득한다. 그러나 A가 본안소송에서 승소판결을 얻어 확정되면, C 소유의 부동산을 압류하여(본압류로의 이전) 그 부동산을 경매하여 자기 채권을 실현할 수 있다. 한편 가압류집행 후 가압류채무자가 그 부동산에 지상권을 설정한 경우, 그 부담은 본압류의 전이 후 가압류채권자의 권리를 해하기 때문에 경매절차에서의 매수인에게 인수되지 않는다. 가압류집행 후 가압류채무자가 제3자에게 설정해 준 저당권의 경우도 마찬가지이다. 다만 저당권자는 제3자와의 관계에서는 유효하게 저당권을 취득한다. 이런 이중적인 성격을 해소하기 위해 대법원은 가압류채권자와 저당권자는 각자의 채권액에 비례하여 평등하게 배당받을 수 있는 권리를 가진다고 한다(제5장 참조).

셋째, 동산이 가압류된 경우에는 가압류채무자와의 관계에서는 처분금지효력이 있지만, 가압류의 사실을 과실없이 알지 못하는 제3자가 그 동산을 선의취득하는 데에는 영향을 받지 않는다.[2]

넷째, 민사집행법 제296조 제3항에서 가압류의 효력을 채권압류와 달리 정하기 때문에 채권이 가압류된 경우에는 압류된 경우와 달리 가압류채무자의 처분권한에는 아무런 영향을 미치지 않는다. 즉 가압류채무자가 그 채권을 제3자에게 양도할 수도 있다. 물론 가압류가 집행되었기 때문에 그 채권양수인은 제3채무자로부터 지급받을 수 없다는 제한이 있다. 또한 가압류채권자에게 추심권한이 부여되지도 않기 때문에 가압류채무자는 제3채무자를 피고로 하여 채무이행의 소를 제기할 수도 있다. 가압류채권자는 본압류로 이전한 후 추심명령 또는 전부명령을 신청하여 피압류채권을 현금화할 수 있다.

다섯째, 가압류된 부동산, 동산, 채권이 본압류로 전이되기 전에 환가되는 경우 가압류채권자에 대해서도 그 순위에 따라 배당하여야 한다. 다만 그 배당할 금액은 공탁함으로써 추후 본압류로 전이될 때 지급된다.

---

2. 대판 2004.10.28, 2003다30463의 사안에서도 가압류 후 선의취득하였는지가 문제되었다.

제2관 가처분

1. 개관

채권자가 채무자에 대한 특정채권을 실현하고자 할 경우 채무자가 그 채권의 대상을 처분하면, 그 특정채권은 실현될 수 없다. 가령 채권자(A)가 채무자(B)로부터 X 부동산을 매수한 경우, B가 X를 C에게 양도하거나 거기에 제한물권을 설정하면 A의 소유권이전청구권은 실현될 수 없거나 완전하게 실현될 수는 없다. 이를 방지하려면 B로 하여금 그 부동산에 대한 법적인 처분을 하지 못하도록 해야 한다. 이를 가능하게 하는 것이 가처분제도이다(가처분제도는 계쟁물에 관한 가처분과 임시의 지위를 정하는 가처분 두가지 종류가 있는데, 책임재산보전과 관련된 것은 주로 계쟁물에 관한 가처분이다). "다툼의 대상에 관한 가처분은 현상이 바뀌면 당사자가 권리를 실행하지 못하거나 이를 실행하는 것이 매우 곤란할 염려가 있을 경우"에 할 수 있다(민사집행법 제300조 제1항). 이 가처분이 계쟁물에 관한 가처분이다. 위의 예에서 A는 B가 X 부동산을 처분하지 못하도록 가처분신청을 할 수 있는데, 이것이 동조가 적용되는 예이다. 이 가처분신청권은 민법 제404조의 채권자대위권의 객체가 될 수도 있다. 가령 A가 B에게 100만원의 금전채권을 가지고 있는데, B는 C에 대해 X 부동산의 소유권이전등기청구권을 가지고 있다고 하자. A는 B의 C에 대한 소유권이전등기청구권을 압류할 수도 있지만, 그 청구권이 압류되더라도 C가 X 부동산을 제3자에게 처분하는 것을 막을 수는 없다. 이 때 채권자대위권의 요건을 충족한다면, A는 B를 대위해서 C로 하여금 X 부동산을 처분하지 못하도록 처분금지가처분신청을 할 수 있다.

그 밖에도 계쟁물에 관한 가처분이 활용될 수 있다. 위 제1관에서 든 예, 즉 A가 B로부터 X 부동산을 매수하였는데, 공익사업을 위한 토지 등의 취득 및 보상에 관한 법률에 기해 C가 X 부동산을 B로부터 협의매수하여 소유권을 취득한 경우를 상기해 보자. 이 때 A는 B에 대해 대상청구권을 가진다. 이 때 A가 B에 대한 대상청구권을 피보전채권으로 해서 B의 C에 대한 보상금청구권을 압류할 수 없다고 하였다. 그런데 C가 B에게 보상금을 지급하면 그 후 A가 B를 상대로 대상청구권을 행사하는 것은 사실상 힘들 수 있다. A가 B에 대한 대상청구권을 보전하기 위해, C로 하여금 B에게 보상금을 지급하지 말 것, B로 하여금 C로부터의 보상금을 수령하지 말 것을 명하는 가처분명령을 얻을 수 있다면(지급 및 수령금지가처분), 매우 효과적일 것이다.[3] 이런 가처분결정이 내려지면, C는 B에게 지급할 수 없기 때문이다.[4] 그 후 A는 대상청구권을 행사하여 B를 피고로 해서 보상금양도 및 양도사실의 통지를 소구할 수 있을 것이다.

위에서 든 몇 가지 사례에서도 짐작할 수 있듯이 가처분제도도 채권 실현에 매우 유용하게 활용될 수 있다. 아래에서는 계쟁물에 관한 가처분만 살펴본다.

2. 가처분의 요건과 효과

2.1. 요건

계쟁물에 관한 가처분명령은 부동산, 동산, 채권, 유가증권, 지적재산권 등 다툼이 있는 물건 또는 권리에 대하여 내려질 수 있다. 가처분명령이 내려지기 위해서는 피보전권리와 보전의 필요성이 있어야 한다. 금전채권은 피보전권리가 될 수 없다. 금전채권 이외의 특정채권에는 소유권이전등기청구권, 대상청구권, 금전채권양도청구권, 점유이전청구권, 양도사실통지청구권 등등 다양하게 있을 수 있다.

보전의 필요성은 현상이 바뀌면 채권자가 그 권리를 실현하지 못하거나 그 실행에 곤란이 초래될 염려가 있을 때 인정된다.

2.2. 효과

가처분명령의 대상이 다양하기 때문에 각 대상에 따라 그 집행의 방법과 효력이 다를 수 있다. 부동산에 대한 처분금지가처분은 등기부에 등기함으로써 가처분

---

3. 대판 2008.5.15, 2006다74693의 사안에서 이처럼 지급금지가처분결정이 활용되었다.

4. 다만 C의 입장에서는 B에게 지급할 수 없지만 그렇다고 집행공탁을 할 수 없다는 단점을 해소해야 할 것이다. 대판 2006다74693에서는 채무자불확지를 이유로 한 변제공탁을 할 수 있다고 한다. 대판 2010.2.25, 2009다22778은 위와는 다른 사안이지만, 지급금지가처분이 제3채무자의 채무자에 대한 지급거절의 항변권을 부여하는 것이 아니어서 이행지체의 요건이 충족되는 한 지체책임에서 벗어날 수 없고, 제3채무자로서는 채무자의 변제수령불능을 이유로 변제공탁할 수 있다고 하였다. 後者의 관점이 더 타당할 것이다.

명령을 집행한다. 처분금지가처분명령이 집행된 후 가처분채무자가 그 명령에 위반한 처분을 할 경우 그 자체는 유효하지만, 가처분채권자의 권리가 본안소송에 확정되면 그 가처분채권자와의 관계에서는 그 유효를 주장할 수 없다. 가령 부동산 매수인 A가 매도인 B를 상대로 매매 목적물인 부동산에 대한 처분금지가처분명령을 신청한 후 그 명령이 집행되어 등기부에 처분금지가처분이 등기되더라도, B가 그 부동산을 C에게 양도하고 소유권이전등기를 하면 C는 그 부동산의 소유권을 취득한다. 그러나 A가 B를 상대로 한 소유권이전등기청구소송에서 승소판결을 얻고 확정되었다면, 그 집행권원으로써 단독으로 A 명의로 소유권이전등기를 경료할 수 있다. 이 때 C 명의의 등기는 직권으로 말소된다(A가 소유권이전등기신청과 함께 단독으로 가처분에 저촉되는 등기의 말소를 신청하면 그 신청에 따라 등기를 말소한다). 직권말소의 근거는 가처분명령 집행의 효력에 기인한 것이다(부동산등기법 제94조). 한편 가처분명령 후 B가 A에게 자발적으로 소유권이전등기를 하면 이는 가처분명령에 위반한 처분이 아니고, 처분금지가처분의 목적을 달성하는 것이므로 A가 소유권을 취득할 수 있다.

그러나 부동산처분금지 가처분명령의 집행처럼 부동산등기부에 공시되는 것과 달리 공시를 수반하지 않는 가처분명령의 집행에는 대세적 효력이 인정되지 않는다. 가령 채권자가 채무자의 제3채무자에 대한 채권을 대상으로 해서, 채무자, 제3채무자에 대해 채권의 처분, 수령 및 지급을 금지하는 가처분을 신청한 경우, 그 집행은 가처분채무자와 제3채무자에게 가처분명령 정본을 송달하는 것으로 집행한다. 그 가처분의 효력으로 가처분채무자는 추심, 양도 등의 처분행위를 할 수 없고, 제3채무자의 변제도 금지된다. 이에 위반되는 행위를 할 경우 그 자체는 무효가 되지는 않지만, 가처분채권자가 본안소송에서 승소판결을 얻어 확정되면 가처분채권자에게 대항할 수 없다. 가령 가처분채무자가 제3채무자에 대한 채권을 제3자에게 양도한 경우 그 양도행위의 효력은 당사자 사이에 유효하며, 제3채무자가 양수인인 제3자에게 변제하였다면 당사자 간에는 그 변제는 유효하다. 예컨대 A가 B로부터 X 부동산을 매수하였는데 B는 그 부동산을 C로부터 매수한 경우를 보자. A가 B를 채무자, C를 제3채무자로 해서 "채무자는 제3채무자에 대한 소유권이전등기청구권을 양도하는 등 일체의 처분행위와 권리의 행사를 하여서는 안된다. 제3채무자는 채무자에게 소유권이전등기를 하여서는 안된다."는 부작위를 명하는 가처분명령을 신청한 경우, 그 명령은 채무자 및 제3채무자에게 송달됨으로써 집행된다. 이에 위반하여 C가 B에게 소유권이전등기를 경료해 주더라도 B는 유효하게 소유권을 취득한다. 다시 B가 그 부동산을 제3자에게 처분하더라도 그것도 유효하다(대판 1989.5.9, 88다카6488). 지급금지처분에 위반하여 소유권이전등기를 한 경우 채권자에게 채무를 이행한 것이어서 그 변제를 무효로 볼 이유가 없기 때문에 B의 소유권취득에 영향을 미치지 않는다는 것이다. 또 이러한 가처분명령은 부동산등기부에 공시할 방법이 없기 때문에 부동산 자체의 처분행위를 금하는 효력이 없으므로 B가 다시 그 부동산을 처분하더라도 유효하다.

그러나 가처분채권자는 제3채무자에게 불법행위법상의 손해배상청구권을 행사할 수 있다. 이로써 제3채무자의 지급을 제어하는 효과가 있다. 가압류에 관한 사안이지만 다음 대법원 판결이 가처분의 경우에도 적용될 수 있다.

대판 2002.10.25, 2002다39371

피고가 원고의 가압류결정을 무시하고 매수인에게 이 사건 토지에 관한 이전등기를 이행하고 그 매수인이 다시 제3자에게 이전등기를 경료하여 준 결과 가압류채권자인 원고에게 손해를 입혔다. 원심법원은 피고가 원고에 대하여 불법행위로 인한 배상책임을 진다고 판단한 뒤, 원고의 손해액으로서 이 사건 토지를 매수인 명의로 소유권이전등기를 경료하여 강제경매를 실시할 경우에 그 경매절차에서 원고가 배당받을 금액 상당액이라고 판단하였다. 대법원은 원심법원의 이런 판단이 옳다고 하였다.

제2절 채권자대위권

금전채권, 또는 금전채권 이외의 특정채권이 손해배상채권으로 전환된 경우(지연배상청구권 또는 전보배상청구권) 채무자가 이를 임의로 이행하지 않으면 채권자는 채무자의 재산을 압류하여 환가함으로써 자기 채권의 만족을 얻을 수 있다. 이 점에서 채무자의 전체 재산은 책임재산으로서 모든 채권자의 채권을 담보한다. 이에 관해 제2장에서 살펴 본 바 있다.

그런데 채무자가 그 책임재산의 보존을 소홀히 하거나 이를 부당하게 감소시키는 경우도 있을 것이다. 가령 채권의 행사를 게을리 하여 시효로 채권이 소멸될 수 있고, 취득시효로 재산권을 상실할 수도 있다. 또한 책임재산을 제3자에게 저렴하게 양도하거나 무상으로 양도함으로써 책임재산을 감소시킬 수도 있다. 이런 류의 재산관리, 처분행위는 채무자가 자기 재산에 대한 권능을 행사하는 것이므로 타인이 개입할 성질이 아니지만, 소유권존중의 원칙을 엄격히 관철하면 채권담보기능을 하는 채무자의 책임재산이 부당하게 감축될 수 있다. 우리 법은 채무자의 책임재산을 보전할 수 있는 권한을 채권자에게 부여하고 있다. 즉 법정의 재산관리권을 부여하는 것이다. 그것이 채권자대위권, 채권자취소권이다.

제1관 개관

1. 채권자대위권의 기능

1.1. 채권압류와의 비교

가령 채권자(A)가 채무자(B)에게 1,000만원의 금전채권을 가지고 있는데, B는 C에 대한 500만원의 채권이 있지만 이를 행사하지 않고 있다고 하자. A가 자기의 금전채권을 실현할 수 있는 방법이 있는가?

앞서(제2장) 본 바와 같이 A는 B의 C에 대한 금전채권을 압류한 후 이를 추심함으로써(다른 채권자가 압류 또는 배당요구를 하였다면 배당절차에서 배당받음으로써) 자신의 채권 1,000만원 중 500만원을 실현할 수 있다. 그러나 이를 위해서는 A는 B에 대한 집행권원을 먼저 확보해야 한다. 집행권원을 확보하기 이전에 B가 C에 대한 채권을 다른 자에게 양도할 수도 있고, C가 재산을 은닉함으로써 B의 C에 대한 채권의 경제적 가치가 액면금액을 하회할 수도 있다. 민사집행법은 前者를 막을 수 있는 방법을 제공하고 있다. A는 자신의 채권을 피보전채권으로 하여 B의 C에 대한 채권을 가압류할 수 있다. 이 경우 B가 그 채권을 다른 사람(D)에게 양도하더라도 그 양도로써 A에게 대항할 수 없게 된다. 즉 A와의 관계에서는 B가 여전히 C의 채권자인 것으로 법적으로 처리된다. A의 가압류가 본압류로 전이한 후 A는 B의 채권을 전부받아 C에게서 500만원을 지급받거나 추심명령을 통해 직접 C에게서 500만원을 추심할 수 있다. 그러나 가압류는 後者, 즉 C가 재산을 은닉하거나 낭비할 경우의 대비책으로는 적절하지 않다. A는 자신의 채무자 아닌 C의 재산을 가압류할 수 없기 때문이다. 반면 B는 C의 책임재산을 가압류함으로써 자신이 장차 할 본압류에 대비해 둘 수 있다.

이런 상황을 대비하여 A의 권리를 보호하기 위한 법적 수단을 마련할 필요가 있다. 즉 A로 하여금 B가 할 행위를 대신하도록 허용할 필요가 있다. 이렇게 하는 것이 B의 책임재산을 제대로 보전할 수 있는 방법일 것이다. 이를 채권자대위권이라고 한다. 그러나 채권자대위권은 채권자라는 이유로 타인의 행위영역에 대한 간섭을 허용하는 것이므로, 그 허용은 필요한 범위 내에서 채무자의 재산관리 행위의 권한을 최소한으로 침해하는 것이 되도록 해야만 할 것이다.

1.2. 채권자대위권의 의의

채권자가 자기 채권을 보전하기 위해 채무자의 권리를 대신하여 행사하는 것을 채권자대위권이라고 한다(민법 제404조). 채권자의 채권의 변제기가 도래하기 전에는 법원의 허가없이는 채권자대위권을 행사할 수 없다(채무자 주소지를 관할하는 지방법원에 비송사건절차법 제45조 이하에 따라 신청). 그러나 책임재산을 보존하기 위한 목적으로 하는 행위의 경우 채권자대위권의 행사는 변제기 전이라도 법원의 허가 없이 이를 할 수 있다(민법 제404조 제2항. 동항에서 보전행위라 되어 있지만, 보존행위로 해석된다. 채권자대위권이 채무자의 책임재산 보전목적이므로 보전행위라 하면 채권자대위권 행사의 대상이 되는 모든 행위가 포섭될 수 있기 때문이다). 채권자대위권의 법적 성질은, 채권자가 법률규정에 의해 사실상, 법률상의 행위를 통해 채무자의 재산을 관리할 수 있는 권리라고 한다(재산관리권설, 법정재산관리권설). 즉 채권자가 채권자라는 지위에서 자신의 이름으로 채무자의 재산을 관리하되, 그 관리의 효과는 채무자에게 귀속되는 그러한 권한이다. 채권자(A)가 채무자(B)의 제3채무자(C)에 대한 채권을 추심하기 위해 소를 제기할 때, A가 원고로서 C를 피고로 하여 채무이행의 소를 제기하되, 그 청구는 C로 하여금 B에게 채무를 이행하라는 형태로 된다(금전지급 또는 물건 인도 채무의 이행은 A에게 하라고 청구할 수도 있다). 위의 소송에서 A가 승소(또는 패소)판결을 얻게 되면, 그 효과는 B에게 귀속될 것이다(이에 관해서는 소송법학자 사이에 다툼이 있다). 그 승소판결에 기하여 C는 B에게 채무를 이행할 수도 있고, A의 적법한 채권자대위권 행사라면 B에 대한 채무이행을 A에게 할 수도 있게 된다. 법률규정에 의해 인정되는 채권자의 채무자 재산에 대한 관리권한이다.

제2관 채권자대위권의 요건

민법 제404조는 "채권자는 자기의 채권을 보전하기 위하여 채무자의 권리를 행사할 수 있다. 그러나 일신에 전속한 권리는 그러하지 아니하다."고 규정하고 있다.

1. 본래형의 채권자대위권의 요건

1.1. 채권자가 자기의 채권을 보전할 필요가 있을 것

(1) 피보전채권

민법 404조 1항 1문은 "채권자는 자기의 채권을 보전하기 위하여 채무자의 권리를 행사할 수 있다"고 한다. 따라서 채권자대위권의 요건의 하나로 '보전될 채권 =피보전채권'이 있어야 한다. 채권자대위권은 채권자 일반의 이익을 도모하기 위해 인정된다는 것에 초점을 맞출 경우, "채권보전의 필요성"이란 채무자의 책임재산이 총채권자의 채권을 만족시키지 못하는 채무초과의 상태(무자력상태)에 있는 것을 의미하게 되고, 이 때의 피보전채권은 금전채권(채무불이행 등에 의하여 손해배상채권으로 전환될 금전채권 등을 포함)에 한정될 것이다. 금전채권이 피보전채권인 때의 채권자대위권을 본래형의 채권자대위권이라고 한다.

한편 판례에 따르면 채권자는 시효완성된 채권을 피보전채권으로 한 채권자대위권의 행사도 가능하다고 한다. 채무자가 시효이익을 포기할 수도 있고, 소송에서 시효완성을 원용하지 않을 수도 있기 때문이다. 이 때 제3채무자는 채무자의 채권자에 대한 시효완성을 원용할 법률상 이익이 있는 자도 아니다. 따라서 시효완성된 채권을 피보전채권으로 한 채권자대위소송에서 피보전채권의 시효소멸을 원용하여 소각하를 구할 수 없다(대판 1993.3.26, 92다25472 참조).

(2) 보전의 필요성

채권자대위권의 행사로써 보전하고자 하는 채권(피보전채권)이 금전채권인 경우, 보전의 필요성은 채무자가 무자력 상태에 있을 때 인정된다. 채무자의 무자력이라

함은, 채무자의 책임재산이 총채권자의 채권을 만족시키지 못하는 채무초과의 경우에 인정된다. 무자력 판단에서 고려할 재산은 모두 강제집행이 가능한 재산을 기준으로 판단하여야 할 것이다.

대법원 2009.2.26. 선고 2008다76556 판결

채권자대위의 요건으로서의 무자력이란 채무자의 변제자력이 없음을 뜻하는 것이고 특히 임의 변제를 기대할 수 없는 경우에는 강제집행을 통한 변제가 고려되어야 하므로, 소극재산이든 적극재산이든 위와 같은 목적에 부합할 수 있는 재산인지 여부가 변제자력 유무 판단의 중요한 고려요소가 되어야 한다(대법원 2006. 2. 10. 선고 2004다2564 판결). 따라서 채무자의 적극재산인 부동산에 이미 제3자 명의로 소유권이전청구권보전의 가등기가 경료되어 있는 경우에는 강제집행을 통한 변제가 사실상 불가능하므로, 위 가등기가 가등기담보 등에 관한 법률에 정한 담보가등기로서 강제집행을 통한 매각이 가능하다는 등의 특별한 사정이 없는 한 위 부동산은 실질적으로 재산적 가치가 없어 적극재산을 산정함에 있어서 이를 제외하여야 할 것이다.

(3) 채무자가 스스로 그 권리를 행사하지 않을 것

1) 채무자가 권리를 행사하는 경우

채권자대위권은 채무자가 스스로 그 권리를 행사하지 않을 때 비로소 인정된다. 채무자가 그 권리를 행사하는 이상 그 방법이 부적절하거나 결과적으로 채무자에게 불리하더라도 채권자대위권을 행사할 수 없다.[5] 가령 채무자 B 소유의 부동산을 C가 무단 점유하면서 사용하고 있는데도, B는 C에게 부당이득반환청구권을 행사하여 사용이익의 반환(민법 제201조 제2항, 제748조 제2항)을 받지도 않고, 목적물의 반환(민법 제213조)도 구하지 않는다고 하자. B가 무자력인 경우 금전채권자 A는 B의 C에 대한 소유물반환청구권 및 부당이득반환청구권을 대위행사할 수 있다. 그러나 채무자가 위의 권리를 행사하는 이상 그 방법이 부적절하거나 결과적으로 채무자에게 불리하다고 하더라도 채권자대위권을 행사할 수 없다. 그런데 채무자가 소로써 그 권리를 행사하지 않는 한, 채권자의 채권자대위권 행사에는 영향을 미칠 수 없다. 채권자의 채권자대위권 행사와 채무자의 권리행사의 동시성이 있는 경우를 상정하기 어렵기 때문이다.

---

5. 물론 채무자가 자신에게 불리하게 자신의 권리를 행사하면 경우에 따라 채권자취소권을 행사할 수는 있을 것이다. 가령 B가 C에게 소유물반환청구권 및 부당이득반환청구권을 행사한 후 C와의 협상 끝에 시가 1억의 부동산을 C에게 8,000만원에 매도하고, 부당이득반환청구권도 행사하지 않기로 합의하였다고 가정해 보자. B의 이런 행위가 민법 제406조의 사해행위에 해당된다면, 채권자 A는 채권자취소권을 행사하여 B의 법률행위를 취소할 수 있다.

2) 다른 채권자가 이미 채권자대위권을 행사하고 있는 경우

數人의 채권자 중 1인이 이미 채권자대위권을 행사하고 있는 경우 다른 채권자도 채권자대위권을 행사할 수 있는지가 문제된다. 첫째, 어떤 채권자가 채권자대위권을 행사하더라도, 피대위권리가 다르다면(채무자의 제3채무자에 대한 1개의 채권에 기하여도 수 개의 파생 권리(해제권, 취소권, 채권자대위권, 채권자취소권, 최고권 등등)가 도출되기 때문에 대위채권자 행사하는 파생 권리가 각기 다른 경우도 포함) 채권자대위권 행사의 요건을 충족한 다른 채권자가 그 피대위권리를 행사하는 것에는 아무런 문제가 없다. 둘째, 동일한 피대위권리를 행사하더라도, 대위채권자가 소로써 그 권리를 행사하지 않는 한, 권리행사의 동시성이 없는 한 각 채권자가 채권자대위권을 행사하는 것에 지장이 없다. 그러나 채권자대위소송이 법원에 계속 중임에도 다른 채권자가 같은 채무자를 대위하여 같은 제3채무자를 피고로 하여 동일한 피대위권리를 소로써 행사하는 경우(두 소의 소송물이 동일), 시간적으로 나중에 계속하게 된 소송은 중복제소금지의 원칙(민사소송법 제259조)에 위배하여 제기된 부적법한 소송으로 각하될 것이다(대판 1990.4.27, 88다카25274; 대판 1988.9.27, 87다카1618 등 참조).

대법원 1990.4.27. 선고 88다카25274 판결

채권자 A가 채무자 B에게 X 부동산에 대해 근저당권설정등기청구권을 가지고 있었고, B는 제3채무자 C에 대해 X 부동산의 소유권이전등기청구권을 가지고 있었다. 한편 채권자 D는 B와의 대물변제예약에 기해 X 부동산의 소유권이전등기청구권을 보유하고 있다. A가 채권자대위권의 행사로써 B의 C에 대한 소유권이전등기청구권을 피보전채권으로 하여 X 부동산의 처분금지가처분신청을 하여 가처분등기가 C 소유의 X 부동산에 기입되었다. 그런데 A가 채권자대위권 행사로써 본안소송을 제기하기 전, D가 B에 대한 소유권이전등기청구권을 피보전채권으로 하여 B의 C에 대한 소유권이전등기청구를 소구하였다. 즉 D에 의한 대위소송이 먼저 제기되어 피고(C)에게 송달되었다. 이미 채권자대위권을 행사한 바 있던 A는 위 소송에 피고에 보조참가하여 자신이 채권자대위권을 이미 행사하였기 때문에 D가 채권자대위권을 행사할 수 없다고 주장하였다. 대법원은 '채권자가 대위권에 기하여 일단 채무자의 권리를 행사하기 시작하였을때 채무자에게 대위의 목적인 권리의 양도나 포기 등 처분행위를 허용하는 것은 채권자에 의한 대위권행사를 방해하는 것이 되므로 이를 금지하는 것이 민법 제405조 제2항의 취지라 할 것이니, 대위권의 행사를 방해하는 것으로 되지 아니하는 권리의 관리, 보존행위는 금지되는 것이 아니라 할 것이다.'라고 전제한 후, D가 대위행사하는 B의 C에 대한 소유권이전등기청구는 권리의 관리, 보존행위이지 처분행위라 할 수 없으므로 A가 대위권의 행사로 얻은 위 처분금지가처분명령에 의하여 위 소유권이전등기청구권의 행사가 금지된다고 할 수 없다고 판단하였다.

위 대법원 판결의 결론은 타당하지만 그 논거를 납득하기는 쉽지 않다. 여기서의 법적 쟁점을 '어떤 채권자가 채권자대위권을 행사한 경우 그것이 동일한 채무자의 다른 채권자의 채권자대위권 행사에 영향을 미치는가'로 볼 경우, 이 쟁점의 판단은 앞의 두 가지 기준에 의해 판단하였어야 할 것이다. 반면 민법 제405조 제2항은 채권자대위권의 행사가 있을 때 채무자가 피대위권리를 처분할 수 있는가에 관한 것이지, 이 쟁점과는 무관하다. 그러나 만약 법적 쟁점을 '민법 제405조 제2항을 채무자 아닌 대위채권자에게도 유추적용할 수 있는가?'로 본다면, 유추적용의 문제를 먼저 검토한 후, 이 사안의 대위채권자의 채권자대위권 행사가 민법 제405조 제2항의 '처분'에 해당되는지를 검토했어야 할 것이다. 위 판결은 전자는 검토하지 않은 채, 후자에 대한 판단을 한 셈이다.

(4) 채권의 이행기가 도달할 것

피보전채권의 이행기가 도래하지 않은 이상 채무자의 권리를 채권자가 행사할 수 없는 것이 원칙이다. 그러나 법원의 허가를 얻을 경우 피보전채권의 이행기가 도래하지 않더라도 채권자대위권을 행사할 수 있다. 비송사건절차법 제45조에 따르면 법원의 허가를 신청할 수 있는 요건으로, "자기의 채권의 기한 전에 채무자의 권리를 행사하지 아니하면 그 채권을 보전할 수 없거나 이를 보전함에 곤란이 생길 우려가 있는 때"를 들고 있다.

물론 피보전채권의 이행기가 도래하지 않더라도, 보존행위의 경우 법원의 허가 없이도 위의 요건이 충족된다면, 채권자대위권을 행사할 수 있다. 여기서 말하는 보존행위란, 채무자의 책임재산의 감소를 방지하기 위한 행위를 말한다. 시효중단 조치를 취한다든지, 제3채무자가 파산한 경우 채무자의 권리를 신고하는 경우, 미등기부동산에 대한 소유권보존등기를 경료하는 것, 채무자 소유의 부동산을 불법점유하는 자에게 그 반환을 청구하는 것 등이 여기에 해당될 것이다. 또한 여기서 말하는 보존행위는 법률행위만이 아니라 사실행위도 포함하는 것이라고 이해되고 있다. 그 점에서 대리권의 범위에서 말하는 보존행위(민법 제117조 제1호)보다는 그 범위가 넓다.

(5) 대위권의 목적인 권리가 채권자대위권의 행사에 적합할 것

① 민법 제404조 제1항 단서는 "일신에 전속한 권리"는 채권자대위권으로써 대위행사할 수 없다고 한다. 그 밖의 다른 제한은 없지만, 성질상 몇 가지 제한을 도출할 수 있다. 가령 본래형의 채권자대위권의 경우에는 압류가 금지되는 권리는

채권의 공동담보로 하지 못하므로 채권자대위권의 객체가 될 수 없고,[6] 전용형의 채권자대위권에 있어서는 채무자의 채권을 대위행사함으로써 채권자의 채권이 보전되는 관계가 있을 경우에 한하여 행사할 수 있다. 따라서 특정물 채권자는 그 채권을 보전하기 위하여 채무자의 제3채무자에 대한 그 특정물에 관한 권리만을 대위행사할 수 있다.[7]

② 위와 같은 제약에 해당되지 않는 한, 채권자는 채무자의 재산적 권리를 그 종류와 무관하게 행사할 수 있다. 채무자에게 속한 채권적 청구권, 물권적 청구권, 부동산등기말소 및 이전 등의 등기절차상의 등기청구권, 형성권, 채권자대위권, 채권자취소권 등도 그 객체가 될 수 있고(대판 2001.12.27, 2000다73049), 실체법상의 권리를 주장하는 형식으로 소송행위를 대위행사하는 것도 가능하다. 소멸시효이익의 원용권등도 그 대위의 객체가 된다. 그러나 제3채무자가 채권자에게 대항할 수 없는 어떤 권리를 가지고 있더라도, 채무자가 제3채무자에 대해 행사할 수 없는 권리는 채권자대위권으로써는 행사할 수 없다. 대판 2009.5.28, 2009다4787의 사안이 이를 잘 보여준다.

[사안] 원고는 1991년 4월경 A의 B에 대한 채무를 보증하는 보험계약을 체결하였고(보증보험계약), 피고 1은 A의 원고에 대한 장래의 구상채무를 보증하였다(구상보증계약). 원고는 1991. 12월경 피고 1 소유의 X 부동산을 가압류해 두었다. 그런데 1981년 C는 피고1 소유 위 X 부동산에 대한 소유권이전등기청구권을 보전하기 위해 그 부동산에 가등기를 경료받았다. 그 후 보험사고가 발생하여 원고는 B에게 보험금을 지급하였고, 원고의 A에 대한 구상채권은 2006년 2. 경 15억원에 달하였다. 이 시점에서는 C의 예약완결권은 제척기간(10년)의 도과로 소멸하여, 위 가등기는 무효등기가 되었다. 피고 1은 2006.7.경 피고 2와 위 무효등기를 유용하기로 합의하고, 피고 2

6. 국가배상법 3조에 의한 국가에 대한 요양비청구권은 동법 4조에 의해 압류할 수 없는 채권에 해당되는데, 대판 1981.6.23, 80다1351은 의료기관이 환자에 대한 치료비청구권을 피보전채권으로 하여 환자의 국가에 대한 요양비청구권(동법 3조)을 대위행사할 수 있다고 한다. 동법이 이를 압류할 수 없게 한 것은 환자의 치료에 충실을 기하도록 할 목적인데, 의료기관이 이를 대위행사할 수 없다고 하면 실질적으로 환자의 치료가 사실상 봉쇄되는 결과가 될 수도 있기 때문에 동법 4조의 축소해석은 불가피할 것이다.

7. 대판 1993.4.23, 93다289에서는 A가 B에게 여관의 소유권을 이전하고 B는 A에게 상가의 소유권을 이전하기로 하였으며, 그 후 B는 C에게 B가 취득할 여관을 매도하였는데, A가 B와의 교환계약을 해제한 후 C가 채권자대위권으로써 B의 A에 대한 상가 소유권이전등기의 말소를 구하는 것이 적법한지가 문제되었다. C의 피보전채권은 여관의 소유권이전등기청구권인데, B의 A에 대한 상가 소유권이전등기의 말소등기청구권을 대위행사하더라도 그의 피보전채권인 여관 소유권이전등기청구권이 보전될 수 없기 때문에 이런 채권자대위권의 행사는 부적법하다고 하였다.

명의로 부기등기의 형식으로 위 가등기 이전등기를 경료하게 해 주었다. 피고 1은 무자력 상태이다. 원고는 피고 1을 대위하여 피고 2 명의의 가등기의 이전등기의 말소를 구하는 소를 제기하였다. 원심법원은 '무효등기의 유용은 그 등기를 유용하기로 하는 합의가 이루어지기 전에 등기상 이해관계 있는 제3자가 생기지 않은 경우에 한하여 허용되는 것이므로 피고2는 피고 1과의 이 사건 가등기의 유용 합의에 따른 이 사건 부기등기가 경료되기 전에 이 사건 부동산에 관하여 가압류등기를 경료한 원고에 대하여는 그 가등기 유용의 합의로써 대항할 수 없다'는 이유로 피고1을 대위하여 이 사건 가등기의 말소를 구하는 원고의 청구를 인용하였다. 대법원은 다음과 같은 이유로 원심판결을 파기, 환송하였다.

[대법원 판결] 채권자대위권은 채무자의 제3채무자에 대한 권리를 행사하는 것이므로, 제3채무자는 채무자에 대해 가지는 모든 항변사유로써 채권자에게 대항할 수 있으나, 채권자는 채무자 자신이 주장할 수 있는 사유의 범위 내에서 주장할 수 있을 뿐, 자기(채권자)와 제3채무자 사이의 독자적인 사정에 기한 사유를 주장할 수 없다. 피고 2는 위 가등기 유용의 합의로써 피고 1에게 대항할 수 있음은 물론이고, 피고 1을 대위하여 이 사건 가등기의 말소를 구하는 원고에게도 대항할 수 있다. 원고가 위 가등기 유용의 합의에 따른 가등기이전의 부기등기가 경료되기 전에 이 사건 부동산을 가압류하였으므로 피고 2는 그 범위 내에서 원고에게 위 가등기 유용의 합의로써 대항할 수 없다고 할 것이지만, 피고 1을 대위하여 이 사건 가등기의 말소를 구하는 원고로서는 피고 1이 아닌 원고 자신이 피고 2에 대하여 가지는 위 사유를 주장할 수 없다.

위 사안은 채권자대위권을 행사하는 채권자는 채무자의 권리 이상을 행사할 수 없다는 것을 잘 보여준다. 원고는 본압류로 전이한 후 피고 1 명의의 부동산을 강제경매하는 것으로 충분하다. 그 경매절차에서의 매수인은 피고 2 명의의 부기등기로 이전된 가등기의 부담없는 소유권을 취득할 것이다. 매수인은 피고 2를 상대로 주등기인 가등기의 말소를 구하는 소를 제기할 수 있다(민법 제214조). 물론 원고의 입장에서 보면, 위 부기등기로 인해 경매절차에서 정당한 가격으로 매각되지 못하는 불이익이 있을 수 있다. 이는 법적 문제가 아닌 사실의 문제이다.

③ 한편 채권자대위권의 객체로 인정되지 않는 것도 있다. 민법 제404조 제1항 제2문은 일신전속적인 권리는 채권자대위권을 행사할 수 없다고 한다. 친생부인, 혼인취소권, 이혼청구권, 상속의 승인, 포기 등은 여기서 말하는 일신전속적 권리에 해당될 것이다. 이혼으로 인한 재산분할청구권은 원칙적으로 채권자대위권이 인정되지 않지만, 그 재산분할청구권이 협의 또는 재판에 의해 금전채권 등으로 전환된 경우에는 채권자대위권의 객체가 될 수 있다(대판 1999.4.9, 98다58016). 친족회의의 동의 없는 후견인의 행위에 대한 취소권은 일신전속적인 권리로서 채권자대위권의 객체가 될 수 없다(대판 1996.5.31, 94다35985. 이는 한정치산, 금치산 선고를 받은

경우의 후견인에게 적용되는 법리이다. 친족회가 사라지게 될 2018년 6월 30일 이전까지만 유효한 법리이다.). 그러나 상속재산분할청구권은 재산권의 성질이 강하므로 그 대상이 될 것이다. 대판 1993.9.14, 93다12268의 사안은 채권자대위권이 어떻게 행사되는지를 잘 보여주는 예이다.

[사안] 이 사건 부동산 X, Y는 A 소유였다. 1978년 A의 사망 후 피고 1이 A의 사망 전에 그와 매매를 한 적이 없었음에도 불구하고, 부동산소유권이전등기등에관한특별조치법(법률 제3094호)상의 보증인을 내세워 허위의 보증서를 발급받아, 1981.8.11. 위 특별법상의 소유권이전등기를 경료하였다. 피고 1은 피고 2에게 X, Y 부동산 전부를 매도하고, 피고 2의 소유권이전등기청구권 보전을 위한 가등기를 경료해 주었다. 피고 1은 위 A의 공동상속인으로서 X, Y에 관한 21분의 4 지분을 상속받았다. 나머지 피고 3들의 상속분은 21분의 17이다. B는 이 사건 X, Y 부동산을 점유하는 자로서, 위 각 부동산을 1977년(X) 및 1984년(Y)에 시효취득하였다. B는 시효취득 후 원고에게 X, Y 부동산을 매도하고 점유를 이전해 주었다. 원고는 자기 명의로 위 X, Y 부동산에 관하여 소유권이전등기를 경료하기 위해 소를 제기하였다. 원심법원은 피고 1 명의의 위 소유권이전등기는 위 지분의 범위 내에서는 결국 실체관계에 부합하는 유효한 등기이고 피고 2 명의의 위 가등기 역시 위 지분의 범위 내에서는 유효하다고 판단하였다. 나머지에 관하여는 원고의 청구를 인용하였다.

[원고의 권리행사 방법] 위 사안에서 매수인인 원고는 매도인 B에 대해 X, Y 부동산의 소유권이전등기청구권을 갖고 있다. B는 시효취득에 기해 A에 대해 소유권이전등기청구권이 있다(X 부동산). A의 B에 대한 소유권이전등기의무가 피고 1 및 피고3들에게 상속되었다(민법 제1008조). 한편 B는 Y 부동산에 대해서는 피고 1과 피고 3들이 소유자일 때 시효취득을 한 것이므로 이들에게 직접 소유권이전등기청구권을 가진다. 그런데 X, Y 부동산 모두 피고 1 명의로 되어 있다. 따라서 B는 피고 1에 대해 X, Y 부동산 모두 4/21 지분에 관하여 소유권이전등기를 청구할 수 있다. 또한 피고 3들은 피고 1에 대해 X, Y 부동산의 17/21 지분에 대해 소유권이전등기말소청구권을 가지고 있다. B는 피고 3들의 채권자이므로, 채권자대위권으로써 이들의 피고 1에 대한 권리를 대위행사할 수 있다. 한편 피고 2 명의의 가등기 중 4/21는 시효취득 후의 처분이므로, 그 범위에서는 그 명의의 가등기를 말소할 수 없다. 그러나 17/21 지분에 관한 가등기는 무효등기이므로, 그 가등기의 말소를 구할 수 있다. 이 가등기의 말소는 피고 3들이 소유권에 기한 방해배제청구권으로써 피고 2에게 청구할 수 있다. B는 피고 3을 대위하여 피고 2에게 17/21 지분의 가등기에 관하여 그 등기의 말소를 구할 수 있다. 원고는 B에 대한 채권자이므로, 채권자대위권으로써 B의 피고 1, 피고 3들에 대한 소유권이전등기청구권을 대위행사할 수 있다. 또한 원고는 B가 채권자대위권으로써 피고 3의 피고 1에 대한 지분이전등기말소청구권을 행사하는 것을 다시 채권자대위권으로써 행사할 수 있다. 나아가 원고는 B가 피고 3을 대위하여 피고 2에 대해 행사하는 17/21 지분에 대한 가등기 말소청구권을 다시 대위행사할 수 있다.

원고	피보전채권	청구권/피대위권리	피고
원고		매매계약상의 소유권이전등기청구권	B
원고	B에 대한 매매계약상의 소유권이전등기청구권	• B의 시효취득상의 지분이전등기청구권 • B의 채권자대위권(피고3들에 대한 지분이전등기청구권을 피보전채권으로 한, 피고3들의 피고1에 대한 지분이전등기청구권)	피고 1
원고	B에 대한 매매계약상의 소유권이전등기청구권	• B의 지분이전등기청구권	피고3
원고	B에 대한 매매계약상의 소유권이전등기청구권	• B의 채권자대위권(피고3에 대한 지분이전등기청구권을 피보전채권으로 한, 피고3의 피고2에 대한 17/21 지분에 대한 가등기말소등기청구권)	피고2

[대법원 판결] 채권자대위소송을 제기하는 원고에 대해 피고 1은 피고 3에 대한 항변사유로 피고 3의 지분이전등기말소청구소송은 상속회복청구의 소에 해당한다고 항변하였으나, 대법원은 A 생전에 그로부터 이를 매수한 사실이 없음에도 불구하고 매매를 이유로 위 특별조치법에 의한 이전등기를 경료하였으므로, 이 사건 소는 상속회복청구의 소에 해당한다고 볼 수 없다고 판단하였다. 피고 2는 피고 3의 권리를 대위행사하는 원고에 대해, 취득시효가 완성된 후 점유자가 그 등기를 하기 전에 제3자가 소유권이전등기를 경료한 경우에는 점유자는 그 제3자에 대하여는 시효취득을 주장할 수 없다고 항변하였으나, 대법원은 이는 어디까지나 그 제3자 명의의 등기가 적법 유효함을 전제로 하는 것으로서 위 제3자 명의의 등기가 원인무효인 경우에는 점유자는 취득시효 완성 당시의 소유자를 대위하여 위 제3자 앞으로 경료된 원인무효인 등기의 말소를 구함과 아울러 위 소유자에게 취득시효 완성을 원인으로 한 소유권이전등기를 구할 수 있다고 판단하였다.

채권자대위권을 행사할 경우, 채무자의 제3채무자에 대한 채권자대위권도 대위권의 객체가 될 수 있기 때문에, 채권자의 권리실현을 용이하게 되는 반면, 제3채무자의 입장에서도 채무자에 대한 항변사유로써 대항할 수 있으므로, 채권관계의 상대성이 깨뜨려지지 않은 장점이 있다.

2. 전용형의 채권자대위권의 요건

2.1. 특정채권의 보전을 위한 채권자대위권

피보전채권이 금전채권인 경우 채무자가 무자력이어야만 보전의 필요성이 인정된다. 그런데 채무자가 무자력하지 않더라도 민법 제404조 제1항의 보전의 필요성을 인정하는 경우도 있다. 이를 전용형의 채권자대위권이라고 한다. 판례와 학설은 채무자의 무자력과 무관하게 특정채권의 보전을 위해서도 채권자대위권을 인정해 왔다. 가령 부동산 등이 순차매도된 경우 최종매수인이 자신의 소유권이전청구권을 보전하기 위해 중간자의 최초매도인에 대한 소유권이전청구권을 대위행사하거나, 임차인이 임대인에 대한 인도청구권을 보전하기 위해 임대인의 제3자에 대한 소유물반환청구권을 대위행사하는 것 등이 그 대표적인 예이다. 여기서 말하는 특정채권은 그것이 금전채권이든 소유권이전등기청구권이든 목적물반환청구권이든 바로 그 채권의 보전을 위해 필요한 경우라면 보전의 필요성이 인정될 수 있다.

2.2. 전용형 채권자대위권의 요건으로서의 보전의 필요성

전용형의 채권자대위권의 요건에서는 피보전채권의 "보전의 필요성"이라는 부분을 제외하고는 본래형의 채권자대위권과 다르지 아니하다. 이 때의 보전의 필요성을 가장 명료한 형태로 표현하고 있는 대법원판결은 다음과 같다.

대판 2001.5.8, 99다38699

[사안의 법률적 쟁점]

고속도로 ○○휴게소에 ○○주유소를 신설할 계획을 세운 도로공사는 그 주유소에 원고의 석유제품을 공급할 권리를 주기로 하고(공급협약), 원고가 생산한 석유제품을 판매하는 것을 조건으로 주유소를 운영할 자를 추천해 달라고 하였다. 원고는 피고를 추천하였고, 피고는 도로공사와 주유소운영계약을 체결한 후 주유소를 운영하였다. 주유소운영계약에 따르면 피고가 운영하는 주유소에 석유제품을 공급할 업체와 공급정유업체의 상표표시 역시 도로공사가 지정한다는 것이었다. 원고는 도로공사에 대하여 ○○주유소에 대한 석유제품 공급권이 있음을 이유로 소를 제기하였고, 그 소송에서 원고의 승소판결이 확정되었다. 도로공사와 피고 간의 합의에 따르면 도로공사가 피고에 대해 원고가 공급하는 석유제품을 판매하고 그 상표를 표시할 것을 요구할 권리가 있었다. 원고는 피고를 상대로 도로공사와 원고 사이의 공급협약에 따라 원고는 도로공사에 대하여 ○○주유소에 원고의 상표를 표시하고 원고의 석유제품을 공급할 권리가 있고, 도로공사는 피고와의 운영계약에 의하여 피고에 대해 원고의 상표를 표시하고 원고의 제품 외에 다른 제품을 공급받지 않을 것을 청구할 권리가 있다고 하면서, 원고의 도로공사에 대한 위 석유제품공급권 및 상표표시권을 보전하기 위하여 도로공사의 피고에 대한 제3차 운영계약상의 위 권리를 대위행사한다고 주장하였다.

[원심법원이 이해한 채권자대위권의 요건으로서의 보전의 필요성]

원래 채권자대위권은 채무자의 책임재산을 보전함으로써 채권자 일반의 이익을 도모하기 위하여 인정된 것이고 특정채권의 보전을 위한 경우에는 순차매도 또는 임대차에 있어 소유권이전등기청구권이나 명도청구권 등의 보전을 위한 경우에 한하여 예외적으로 그 행사가 허용된다. 따라서 원고는 채권자대위권의 요건을 충족하지 못하였다.

[대법원이 이해한 채권자대위권의 요건으로서의 보전의 필요성]

채권자는 채무자에 대한 채권을 보전하기 위하여 채무자를 대위해서 채무자의 권리를 행사할 수 있는바, **채권자가 보전하려는 권리와 대위하여 행사하려는 채무자의 권리가 밀접하게 관련되어 있고 채권자가 채무자의 권리를 대위하여 행사하지 않으면 자기 채권의 완전한 만족을 얻을 수 없게 될 위험이 있어 채무자의 권리를 대위하여 행사하는 것이 자기 채권의 현실적 이행을 유효·적절하게 확보하기 위하여 필요한 경우**에는 채권자대위권의 행사가 채무자의 자유로운 재산관리행위에 대한 부당한 간섭이 된다는 등의 특별한 사정이 없는 한 채권자는 채무자의 권리를 대위하여 행사할 수 있어야 하고, 피보전채권이 특정채권이라 하여 반드시 순차매도 또는 임대차에 있어 소유권이전등기청구권이나 명도청구권 등의 보전을 위한 경우에만 한하여 채권자대위권이 인정되는 것은 아니다.

위 대법원 판결의 이해에 따르면, 특정채권 보전을 위한 채권자대위권의 행사요건은 다음과 같다. ① 피보전채권과 피대위권리 간에 밀접한 관련성이 있을 것. 가령 채권자대위권은 채무자의 채권을 대위행사함으로써 채권자의 채권이 보전되는 관계가 존재하는 경우에 한하여 이를 행사할 수 있으므로 특정물에 관한 채권을 보전하고자 하는 채권자는 채무자의 제3채무자에 대한 그 특정물에 관한 권리만을 대위행사할 수 있다. ② 채권자가 채무자의 권리를 대위하여 행사하지 않으면 자기 채권의 완전한 만족을 얻을 수 없게 될 위험이 있는 등, 채무자의 권리를 대위하여 행사하는 것이 자기 채권의 현실적 이행을 유효, 적절하게 확보하기 위해 필요한 경우. ③ 다만 채권자대위권의 행사가 채무자의 자유로운 재산관리행위에 대한 부당한 간섭이 되는 특별한 사정이 없어야 한다는 것 등이다. 다음 판결은 피보전채권과 피대위권리간에 밀접한 관련성이 없는 예 중의 하나이다.

대판 1993.4.23, 93다289

[사안] 피고 A, B는 원고와 원고 소유의 여관과 피고들이 C로부터 매수한 상가를 교환하고 각각 소유권이전등기를 경료하였다. 그 후 피고 A, B는 원고로부터 취득한 여관을 피고 D에게 매도하였으나, 아직 소유권이전등기를 경료하여 주지 않았다. 그런데 원고가 취득한 상가에는 유치권이 성립되어 있어서 원고가 이를 사용할 수 없게 되었다. 원고는 민법 제576조의 담보책임을 물어 위 교환계약을 적법하게 해제하였다. 원고가 피고 A, B에게 여관의 소유권이전등기말소청구의 소를 제기하였다. 피고 A, B는 상가에 대한 소유권이전등기의 말소와 동시이행으로 여관의 소유권등기를 말소하겠다는 취지의 동시이행의 항변권을 행사하지 않았다. 이에 피고 D는 자신의 피고 A, B에 대한 소유권이전등기청구권을 보전하기 위해, 피고 A, B의 원고에 대한 상가소유권이전등기의 말소청구를 대위행사하였다. 원심법원은 피고 D의 채권자대위권을 적법하다고 판단하였다.

[대법원 판결] 이 사건에 있어서 보전하려고 하는 피고 D의 채권은 피고 A, B와 D 사이의 매

매계약으로 인한 이 사건 여관건물에 관한 소유권이전등기청구권이다. 그런데 피고 D가 대위행사하는 피고 A, B의 권리는 이 사건 교환계약의 해제로 인해 피고들이 원고에 대해 가지는 이 사건 상가부분에 관한 원고 명의의 소유권이전등기의 말소등기청구권이다. 피고 D가 이 사건 상가부분에 관한 위 청구권을 동시이행의 항변으로 대위행사하여 이 사건 상가부분에 관한 원고들의 소유권이전등기가 말소되어 나머지 피고 A, B 명의로 회복된다 하더라도 피고 D의 피고 A, B에 대한 이 사건 여관에 관한 소유권이전등기청구권이 보전될 수 없다. 따라서 피고 D의 위 채권자대위권은 보전의 필요성이 없는 것이어서 허용될 수 없다.

2.3. 전용형의 채권자대위권이 인정되는 구체적인 예

위 2.2.의 요건이 충족된다면, 그 피보전채권이 작위채권인지, 금전채권인지, 특정물인도채권인지, 의사표시를 내용으로 하는 채권인지 등은 가리지 않는다. 대법원의 여러 판결례들을 보면 실제로 대법원은 다양한 경우에 전용형의 채권자대위권을 인정하고 있음을 알 수 있다. 물론 가장 전형적인 것은 소유권이전등기청구권 또는 목적물인도청구권을 피보전채권으로 해서 채무자의 제3자에 대한 등기청구권 또는 목적물반환청구권을 대위행사하는 것이다. 이런 전형적인 것을 제외한 전용형의 채권자대위권에서의 피보전채권의 예를 살펴본다.

① 일정한 의사표시를 할 것을 청구하는 권리인 경우

토지거래허가구역의 부동산을 매수한 경우 매수인은 매도인에 대한 토지거래허가신청절차의 협력의무의 이행청구권을 가지는데, 이 때의 협력의무 이행청구권을 보전하기 위하여 매도인을 대위하여 제3자 명의의 소유권이전등기의 말소등기절차이행을 구할 수 있다고 한다(대판 1994.12.27, 94다4806).

② 금전채권

판례는 금전채권도 특정채권으로서 보전하기 위해 채무자의 무자력요건과 무관하게 채권자대위권의 행사를 인정하여 왔다. 가령 임차보증금반환채권의 양수인이 채무자인 임대인의 임차인에 대한 임대목적물반환채권을 대위행사하는 것(대판 1989.4.25, 88다카4253, 4260), 유실물의 실제습득자가 습득자의 보상금청구권을 대위행사하는 것 등이 그 예이다.

제3관 채권자대위권 행사

1. 행사방법

채권자대위권을 법정재산관리권이라고 보는 견해에 따르면, 채권자대위권은 채권자가 자신의 이름으로 채무자의 권리를 행사하는 것이라 한다. 채무자의 권리를 재판상 또는 재판외로 행사하는 것을 포함한다.

2. 채권자대위권 행사 효과의 귀속과 변제수령권

채권자대위권을 행사하게 되면 그 효과는 채무자에게 귀속된다. 채권자대위권을 행사하는 채권자는 가령 제3채무자에게 직접 채무자에게 급부하라고 청구할 수 있다. 물론 민법 제404조의 법정재산관리권으로서의 채권자대위권에는 변제수령권도 포함된다고 볼 수 있다. 다음의 판결이 이를 잘 보여준다.

대판 1996.2.9, 95다27998

채권자대위권을 행사함에 있어서 채권자가 제3채무자에 대하여 자기에게 직접 급부를 요구하여도 상관없는 것이고 자기에게 급부를 요구하여도 어차피 그 효과는 채무자에게 귀속되는 것이므로, 채권자대위권을 행사하여 채권자가 제3채무자에게 그 명의의 소유권보존등기나 소유권이전등기의 말소절차를 직접 자기에게 이행할 것을 청구하여 승소하였다고 하여도 그 효과는 원래의 소유자인 채무자에게 귀속되는 것이니, 법원이 채권자대위권을 행사하는 채권자에게 직접 말소등기절차를 이행할 것을 명하였다고 하여 무슨 위법이 있다고 할 수 없다.

가령 채무자 B의 부동산을 C가 불법점유하면서 그 명의로 소유권등기를 경료하고 있을 때 C에 대해 B의 채권자 A가 채권자대위권을 행사하는 경우, A는 C를 피고로 해서 자신의 이름으로(원고로서) ① B에게 그 부동산을 반환하고, B에 대해 소유권이전등기말소등기절차에 협력하라고 청구할 수 있고, ② A에게 목적물을 반환하고, A에 대해 소유권이전등기말소등기절차에 협력하라고 청구할 수도 있다는 취지이다. 前者의 경우 채무자 B가 목적물을 수령하고, 또 소유권이전등기말소등기신청 절차를 진행할 것을 예상하는 것이고(물론 B가 그렇게 하지 않을 경우, A는 다시 채권자대위권을 행사하여 대신할 수 있을 것이다), 後者의 경우 A가 채권자대위권을 행사로써 목적물을 수령하고 등기말소절차 역시 채권자대위권의 행사로써 A가 진행할 것을 곧바로 예상하는 것이다. 따라서 양자 간에는 실질적인 차이가 없다. 위 A의 B에 대한 채권이 소유권이전등기청구권이라면, A가 C에게 자기에게 소유권이전등기를 하라고 청구하는 것은 허용되지 않음에 유의해야 한다.

3. 채권자대위권 행사의 범위

책임재산의 보전이라는 관점에서 볼 때 그 목적에 적합할 때는 처분행위에 속하는 것도 채권자대위권을 행사하여 이를 할 수 있다. 취소권, 해제권, 환매권, 상계, 경개 등이 그것이다. 그러나 피보전채권의 범위 내로 행사하는 것을 원칙으로 해야 할 것이다(단 특정물급부청구권의 경우에는 분할불가하므로 결과적으로 그 범위를 벗어나는 경우가 있을 수 있다).

4. 채권자대위권 행사의 효과

4.1. 채무자의 처분권의 제한(민법 제405조 제2항)

채권자가 채권자대위권의 행사로써 채무자의 권리를 행사하는 경우에는 그 대위권행사에 지장을 주지 않기 위해 민법 제405조 제2항에서는 채무자가 피대위권리를 처분하더라도 이로써 채권자에게 대항할 수 없도록 하고 있다. 즉 채권자로부터 채권자대위권 행사의 사실을 통지받았거나 이를 알고 있는 채무자는 그 권리를 처분할 수 없다(민법 제405조 제2항) 다음 각각의 경우 처분행위에 해당되는지가 문제된다.

(1) 채무자의 제3채무자에 대한 채권을 소멸시키는 행위

채권자가 채무자에게 유효하게 명의신탁한 부동산에 대해 제3자가 무권리자로부터 이를 양수받아 그 명의로 소유권이전등기를 경료한 경우, 명의신탁계약을 해지한 채권자는 채무자에 대한 소유권이전등기청구권을 피보전채권으로 하여, 채무자를 대위하여 제3자 명의의 원인무효 등기의 말소등기를 청구할 수 있다. 이 때 채무자가 제3자에 대해 무권리자의 처분을 추인하는 경우 이는 대위권 행사 후의 처분행위여서 허용되지 않는다(대판 1989.3.14, 88다카112). 또한 채권자대위권을 행사하고 있음에도 불구하고 채무자와 제3채무자가 합의해제를 통해 그 채권을 소멸시키는 것은 민법 제405조 제2항에 의해 금지되는 처분행위에 해당될 것이다. 이 경우 그 합의해제로써 채권자대위권을 행사하는 채권자에게 대항할 수 없으므로, 제3채무자는 채무자에게 채무를 이행하여야 한다.

대판 1993.4.27, 92다44350

매도인인 제3채무자가 매매계약을 해제하려고 원상회복의 방법으로 지급받은 매매대금을 공탁한 데 대하여, 매수인인 채무자가 아무런 이의 없이 공탁의 취지에 따라 공탁금을 수령함으로써 계약당사자 사이의 합의에 의하여 매매계약이 해제되는 효과를 발생하게 하는 것은 채권자가 채무자를 대위하여 행사하고 있는 채무자의 제3채무자에 대한 매매계약에 따른 소유권이전등기청구권을 처분하는 것에 해당하므로 채권자대위소송의 소장 부본이 채무자에게 송달된 이후 채무자가 제3채무자가 공탁한 매매대금을 이의 없이 수령함으로써 매매계약이 해제되는 효과를 발생하도록 승인하였다고 하더라도 이로써 채권자에게는 대항할 수 없다.

한편 무효인 매매계약에 기해 경료된 소유권이전등기의 말소등기청구를 대위행사하는 사안에서, 채무자(소유자=매도인)와 제3채무자(매수인) 사이의 무효인 매매계약에 기하여 경료된 소유권이전등기의 말소등기청구소송을 채권자가 대위행사하고 있음에도 불구하고 채무자가 그 매매를 추인하는 것도 금지된 처분행위에 해당될 것이다(대판 1977.3.22, 77다118 참조).

(2) 채권자대위권의 객체인 채권을 양도하는 행위

채권자가 채권자대위권의 행사로써 채무자의 제3채무자에 대한 채권을 행사하고 있는데, 채무자가 이를 타인에게 양도하는 것도 마찬가지로 민법 제405조 제2항에 의해 금지되는 처분행위이다. 가령 양도인인 채무자가 확정일자 있는 통지로써 그 양도사실을 제3채무자에게 통지하였다 하더라도 제3채무자는 채권양수인이 아니라 채권자대위권을 행사하는 채권자에게 그 채무를 이행하여야 할 것이다. 제3채무자가 채권양수인에게 변제하였다면, 다른 특별한 사정이 없는 한, 채권자대위권을 행사하는 채권자의 추심에 응하여야 할 것이다.

(3) 제3채무자의 무효, 취소, 법정해제권의 행사도 금지되는가?

합의해제가 아니라 제3채무자가 법정해제사유의 발생으로 인하여 해제한다든지 취소권을 행사한다든지 하는 것에는 영향을 미치지 않는다. 채권자대위권을 행사한다고 해서 제3채무자의 지위가 열악해져서는 안 될 것이고, 또한 이것은 제3채무자가 자신의 권리를 행사하는 것이므로 민법 제405조 제2항에서 말하는 "채무자의 처분"에 해당되지 않기 때문이다. 한때 대법원 판결 중에는 채권자대위권의 행사 후에 제3채무자가 채무자에게 반대채무의 이행을 최고하였으나 아무런 조치를 취하지 아니하여 제3채무자가 채무불이행을 이유로 매매계약을 해제한 것, 즉 채무이행의 해태(그 결과 계약해제가 가능하도록 된 것)를 민법 제405조 제2항의 "채무자의 처분"에 해당된다고 판단한 것도 있었다(대판 2003.1.10, 2000다27343 참조). 이 판결은 다음 전원합의체 판결로 폐기되었다.

대법원 2012.5.17. 선고 2011다87235 전원합의체 판결

(민법 제405조 제2항의) 취지는 채권자가 채무자에게 대위권 행사사실을 통지하거나 채무자가 채권자의 대위권 행사사실을 안 후에 채무자에게 대위의 목적인 권리의 양도나 포기 등 처분행위를 허용할 경우 채권자에 의한 대위권행사를 방해하는 것이 되므로 이를 금지하는 데에 있다. 그런데 채무자의 채무불이행 사실 자체만으로는 권리변동의 효력이 발생하지 않아 이를 채무자가 제3채무자에 대하여 가지는 채권을 소멸시키는 적극적인 행위로 파악할 수 없는 점, 더구나 법정해제는 채무자의 객관적 채무불이행에 대한 제3채무자의 정당한 법적 대응인 점, 채권이 압류 · 가압류된 경우에도 압류 또는 가압류된 채권의 발생원인이 된 기본계약의 해제가 인정되는 것과 균형을 이룰 필요가 있는 점 등을 고려할 때 채무자가 자신의 채무불이행을 이유로 매매계약이 해제되도록 한 것을 두고 민법 제405조 제2항에서 말하는 '처분'에 해당한다고 할 수 없다. 따라서 채무자가 채권자대위권행사의 통지를 받은 후에 채무를 불이행함으로써 통지 전에 체결된 약정에 따라 매매계약이 자동적으로 해제되거나, 채권자대위권행사의 통지를 받은 후에 채무자의 채무불이행을 이유로 제3채무자가 매매계약을 해제한 경우 제3채무자는 계약해제로써 대위권을 행사하는 채권자에게 대항할 수 있다. 다만 형식적으로는 채무자의 채무불이행을 이유로 한 계약해제인 것처럼 보이지만 실질적으로는 채무자와 제3채무자 사이의 합의에 따라 계약을 해제한 것으로 볼 수 있거나, 채무자와 제3채무자가 단지 대위채권자에게 대항할 수 있도록 채무자의 채무불이행을 이유로 하는 계약해제인 것처럼 외관을 갖춘 것이라는 등의 특별한 사정이 있는 경우에는 채무자가 피대위채권을 처분한 것으로 보아 제3채무자는 계약해제로써 대위권을 행사하는 채권자에게 대항할 수 없다.

(4) 제3채무자의 채무자에 대한 변제행위

채권자가 채무자의 제3채무자에 대한 채권을 압류하여 강제집행하는 경우 제3채무자는 채무자에 대한 지급이 금지되고, 채무자는 이를 타에 처분하거나 변제를 수령해서는 안 된다(민사집행법 제227조 제1항). 그러나 채권자대위권을 행사하는 경우 제3채무자는 채무자에게 변제할 수 있다. 채권자대위권의 행사로써 채무자의 제3채무자에 대한 채권을 행사하면 그 효과는 채무자에게 귀속되고, 채권자대위권을 행사하는 자 역시 채무자에게 변제할 것을 제3채무자에게 청구하는 것이므로, 제3채무자가 채무자에게 변제하는 것을 금할 이유가 없다(가령 대판 1991.4.12, 90다9047 참조).

가령 C로부터 부동산을 매수한 B는 아직 자기 명의로 소유권이전등기를 경료받기 전 이를 A에게 매도한 사안 등이 이와 관련된다. A는 B를 대위하여 C를 피고로 하여 'B 명의로 소유권이전등기를 경료하라.'는 취지의 이행의 소를 제기할 수 있다. 이때 C가 A가 알지 못하는 사이 B명의로 소유권이전등기를 경료하였다면, A의 이행청구는 기각될 것이다. 대법원은 '채무자의 변제수령은 처분행위라 할 수 없고 같은 이치에서 채무자가 그 명의로 소유권이전등기를 경료하는 것 역시 처분행위라고 할 수 없'다고 한다(대판 1991.4.12, 90다9407 등 참조).

(5) 제3채무자와의 관계

처분권제한은 제3자에게도 미친다. 채권자가 채권자대위권의 행사로써 제3채무자에 대해 채무자의 권리를 행사하는 경우, 채무자가 제3채무자와 화해하거나 제3채무자의 채무를 면제함으로써 피대위권리를 소멸 또는 감축시키더라도 제3채무자는 채권자에게 대항할 수 없다.

4.2. 처분행위가 금지되기 위한 요건

채권자가 채권자대위권의 행사사실을 채무자에게 통지한 경우에는 채무자는 처분행위를 하더라도 이로써 채권자에게 대항할 수 없다. 그러나 채권자가 대위권 행사의 사실을 통지하지 않더라도 채무자가 이를 알고 있는 경우에도 동일하다고 할 것이다.

대판 1993.4.27, 92다44350

민법 제405조에 의하면 채권자가 채권자대위권에 기하여 채무자의 권리를 행사하고 그 사실을 채무자에게 통지한 경우에는 채무자가 그 권리를 처분하여도 이로써 채권자에게 대항하지 못한다고 규정되어 있는데, 이 경우 채권자가 채무자에게 그 사실을 통지하지 아니하였더라도 채무자가 자기의 채권이 채권자에 의하여 대위행사되고 있는 사실을 알고 있었다면 그 처분을 가지고 채권자에게 대항할 수 없다.

대판 1996.4.12, 95다54167

채권자대위권의 행사에 있어서 채무자가 채권자대위권을 행사한 점을 알 게 된 이후에는 채무자가 그 권리를 처분하여도 이로써 채권자에게 대항할 수 없으므로, 채권자가 채무자를 대위하여 제3채무자의 부동산에 대한 처분금지가 처분을 신청하여 처분금지가처분 결정을 받은 경우, 이는 그 부동산에 관한 소유권이전등기청구권을 보전하기 위한 것이므로 피보전권리인 소유권이전등기청구권을 행사한 것과 같이 볼 수 있어, 채무자가 그러한 채권자대위권의 행사 사실을 알게 된 이후에 그 부동산에 대한 매매계약을 합의해제함으로써 채권자 대위권의 객체인 그 부동산의 소유권이전등기청구권을 소멸시켰다 하더라도 이 로써 채권자에게 대항할 수 없다.

4.3. 처분행위에 해당되지 않는 경우

채권자가 채권자대위권을 행사하더라도 채무자에 의한 단순한 관리, 보존행위는 금지되지 않는다.

4.4. 채권자대위권 행사와 그 효과의 귀속

채권자대위권을 행사하면 그 효과는 채무자에게 귀속된다.

대판 1992.11.10, 92다35899

채권자대위권의 기한 청구에서 제3채무자는 채무자가 채권자에 대하여 가지는 항변으로 대항할 수 없을 뿐더러 채권의 소멸시효가 완성된 경우 이를 원용할 수 있는 자는 시효이익을 직접 받는 자만이고 제3채무자는 이를 행사할 수 없다.

채권자대위권은 채권자가 자신의 이름으로 행사하는 것이라 하더라도, 실질에 있어서는 채무자의 권리가 행사되는 것이므로, 제3채무자는 채권자에게 채무를 이행하더라도 그것은 채무자에게 효과가 귀속된다. 따라서 채권자대위권의 행사로써 보전하고자 하는 채권자의 채권이 시효로 소멸되었다 하더라도, 그것은 채권자와 채무자 사이의 문제이지, 채무자와 제3채무자 간에 문제되지는 않는다.

5. 수인의 대위채권자 또는 채무자의 권리행사가 경합되는 사안

수인의 대위채권자 또는 채무자의 권리행사가 경합하는 경우가 적지 않다. 이때 어떻게 처리되는지를 본다. 제1사안은 수인의 대위채권자의 권리행사가 경합하는 경우이다. A는 B에 대한 금전채권자이고, D는 B와의 매매계약에 기해 소유권이전등기청구권을 가지고 있다. B가 무자력상태에 빠지자, A는 B의 C에 대한 부동산 소유권이전청구권을 실현한 뒤 그 부동산을 환가하여 금전채권을 만족시키고자 한다. A는 채권자대위권의 행사로써 C 부동산의 처분금지가처분 신청을 하였다. A가 채권자대위권을 행사하고 있기 때문에, D는 채권자대위권을 행사할 수 없는가? B를 대위하여 C에게 소유권이전등기청구권을 행사하고자 할 때 D 역시 채권자대위권의 요건을 갖추었다면 금지될 이유가 없다. D가 B를 대위하여 C를 피고로 해서 소유권이전등기청구의 소를 제기할 수 있다는 것이다(단, A가 이미 동일한 청구의 소를 제기하였다면 중복제소이기 때문에 D의 소 제기는 부적법할 것이다). 위 소송에서 확정된 종국판결을 얻은 D는 자신의 B에 대한 소유권이전등기청구권에 대해서도 집행권원도 미리 확보한 후, B 명의로 소유권이전등기를 경료하는 것에 곧이어 자기 명의로 소유권이전등기를 신청할 수 있다.

제2사안은 대위채권자와 채무자의 권리행사가 경합하는 경우이다. 권리행사의 이런 경합은 다음 판결의 법리 때문이다.

대판 1991.4.12, 90다9407

채권자가 채무자를 대위하여 채무자의 제3채무자에 대한 권리를 행사하고 채무자에게 통지하거나 채무자가 채권자의 대위권 행사사실을 안 후에는 채무자는 그 권리에 대한 처분권을 상실하여 그 권리의 양도나 포기 등 처분행위를 할 수 없고 채무자의 처분행위에 기하여 취득한 권리로서는 채권자에게 대항할 수 없으나, 채무자의 변제수령은 처분행위라 할 수 없고 같은 이치에서 채무자가 그 명의로 소유권이전등기를 경료하는 것 역시 처분행위라고 할 수 없으므로 소유권이전등기청구권의 대위행사 후에도 채무자는 그 명의로 소유권이전등기를 경료하는 데 아무런 지장이 없다.

위 판결의 사안에서는, 부동산의 전득자(채권자) A가 양수인 겸 전매인(채무자) B에 대한 소유권이전등기청구권을 보전하기 위하여 B를 대위하여 양도인(제3채무자) C를 상대로 처분금지가처분을 하였다. A가 알지 못하는 사이 C가 B 명의로 소유권이전등기를 경료해 주었다. A가 가처분결정으로 제3자에 대한 처분을 금지하였다 하여도 그 제3자 중에는 양수인 B는 포함되지 않는다. 가처분결정이 A의 채권(B에 대한 소유권이전등기청구권)이 아니라 B의 채권(C에 대한 소유권이전등기청구권)을 보전하기 위한 것이기 때문이다. 처분금지가처분 후 B가 C로부터 넘겨받은 소유권이전등기는 위 가처분의 효력에 위배되지 아니하여 유효하다는 것이다. B가 이제 그 부동산을 D에게 처분한 경우, 그 처분행위는 민법 제405조 제2항이 적용되지 않는다. 왜냐하면 B 명의로 소유권이전등기가 경료됨으로써 피대위권리가 이미 소멸하였고, A로서는 그 피대위권리와 관련해서는 행사할 채권자대위권도 없어지기 때문이다.

이처럼 수인의 대위채권자 또는 대위채권자와 채무자가 각기 적법하게 권리행사를 경합할 수 있기 때문에, 법적 불안정상태가 유발될 수 있다. 이를 막을 방법은 없는가? 위 제1사안에서 금전채권자가 채무자의 제3채무자에 대한 소유권이전등기청구권을 압류한 경우라면 사정이 다르다. 이 때 제3채무자에 의한 자발적 채무이행이 있다면 금전채권자는 본안소송에서 승소판결을 얻은 후 제3채무자를 상대로 불법행위에 기한 손해배상을 청구할 수 있다.

대판 2002.10.25, 2002다39371(또는 대판 2007.9.21, 2005다44886)

[사안] 원고가 A에 대한 금전채권을 피보전채권으로 하여 A의 피고에 대한 매매에 기한 소유권이전등기청구권을 가압류하였는데, 피고가 원고의 가압류결정을 무시하고 A에게 토지에 관한 소유권이전등기를 이행하였고, A는 다시 이를 제3자에게 이전등기를 경료하여 줌으로써 원고는 소유권이전등기청구권을 환가하여 자기 채권의 만족을 얻을 수 없게 되었다.

[대법원 판결] 소유권이전등기청구권에 대한 압류가 있으면 그 변제금지의 효력에 의하여 제3채무자는 채무자에게 임의로 이전등기를 이행하여서는 아니 되는 것이나, 그와 같은 압류는 채권에 대한 것이지 등기청구권의 목적물인 부동산에 대한 것이 아니고, 채무자와 제3채무자에게 결정을 송달하는 외에 현행법상 등기부에 이를 공시하는 방법이 없는 것으로서 당해 채권자(원고)와 채무자(A) 및 제3채무자(피고) 사이에만 효력을 가지며, 제3자에 대하여는 압류의 변제금지의 효력을 주장할 수 없으므로 소유권이전등기청구권의 압류는 청구권의 목적물인 부동산 자체의 처분을 금지하는 대물적 효력은 없어서 제3채무자나 채무자로부터 이전등기를 경료한 제3자에 대하여는 취득한 등기가 원인무효라고 주장하여 말소를 청구할 수 없고, 제3채무자가 압류결정을 무시하고 이전등기를 이행하고 채무자가 다시 제3자에게 이전등기를 경료하여 준 결과 채권자에게 손해를 입힌 때에는 불법행위를 구성하고 그에 따른 배상책임을 지게 된다. 제3채무자의 고의 또는 과실로 소유권이전등기청구권이 압류된 부동산에 관하여 채무자, 제3자 명의의 소유권이전등기가 순차 경료됨으로써 채권자에 대한 불법행위책임이 성립하는 경우, 그로 인한 압류채권자의 손해액은 압류채권액 범위 내에서 압류채권자가 배당받을 금액이라고 보아야 한다.

한편 제3채무자가 자발적으로 채무자에게 소유권이전등기를 경료해 주지는 않았지만, 채무자의 다른 채권자가 채권자대위소송으로 채무자의 제3채무자에 대한 소유권이전등기청구권을 대위행사할 경우도 있다. 이 때 다른 채권자가 채무자의 제3채무자에 대한 소유권이전등기청구권을 가압류해 둘 수도 있다. 다음 두 대법원 판결이 이를 잘 보여준다.

대판(전) 1992.11.10, 92다4680

일반적으로 채권에 대한 가압류가 있더라도 이는 채무자가 제3채무자로부터 현실로 급부를 추심하는 것만을 금지하는 것이므로 채무자는 제3채무자를 상대로 그 이행을 구하는 소송을 제기할 수 있고, 법원은 가압류가 되어 있음을 이유로 이를 배척할 수 없는 것이 원칙이나, **소유권이전등기를 명하는 판결은 의사의 진술을 명하는 판결로서 이것이 확정되면 채무자는 일방적으로 이전등기를 신청할 수 있고 제3채무자는 이를 저지할 방법이 없으므로 이와 같은 경우에는 가압류의 해제를 조건으로 하지 아니하는 한 법원은 이를 인용하여서는 안되고,** 제3채무자가 임의로 이전등기의무를 이행하고자 한다면 민사소송법 제577조에 의하여 정하여진 보관인에게 권리이전을 하여야 할 것이고, 이 경우 보관인은 채무자의 법정대리인의 지위에서 이를 수령하여 채무자 명의로 소유권이전등기를 마치면 된다.

대판 2000.2.11, 98다35327

소유권이전등기를 명하는 판결은 의사의 진술을 명하는 판결로서 이것이 확정되면 채무자는 일방적으로 이전등기를 신청할 수 있고 제3채무자는 이를 저지할 방법이 없으므로, 소유권이전등기청구권이 압류된 경우에는 변제금지의 효력이 미치고 있는 제3채무자로서는 일반채권이 압류된 경우와는 달리 채무자 또는 그 채무자를 대위한 자로부터 소유권이전등기청구소송이 제기되었다면 이에 응소하여 그 소유권이전등기청구권이 압류된 사실을 주장하고 자신이 송달받은 압류결정을 제출하는 방법으로 입증하여야 할 의무가 있다고 할 것이고, 만일 제3채무자가 고의 또는 과실로 위 소유권이전등기청구소송에 응소하지 아니한 결과 의제자백에 의한 판결이 선고·확정됨에 따라 채무자에게 소유권이전등기가 경료되고 다시 제3자에게 이전등기가 경료됨으로써 채권자가 손해를 입었다면, 이러한 경우는 제3채무자가 채무자에게 임의로 소유권이전등기를 경료하여 준 것과 마찬가지로 불법행위를 구성한다고 보아야 할 것이다.

물론 소유권이전등기청구권을 압류한 압류채권자가 추심명령을 얻었다면(민사집행법 제244조 참조), 제2장에서 본 것처럼 추심명령이 있은 후에는 채무자는 추심권한을 상실하여 당사자적격이 없어지므로, 채권자대위권으로써 채무자를 대위하여 추심하는 채권자 역시 당사자적격을 상실하여 그 청구는 소각하 되어야 할 것이다. 그러나 가압류채권자가 아직 추심명령을 얻지 못한 상태에서, 채권자대위권의 행사로써 소유권이전등기청구소송을 수행하는 자가 있다면 가압류채무자로서는 가압류사실을 항변해야 한다는 것이다. 이 때 법원은 가압류해제를 조건으로 원고(채권자대위소송을 제기한 채권자) 승소판결을 내리겠지만, 그것이 확정되더라도 가압류해제를 증명하여 집행문을 얻지 않는 한(민사집행법 제263조 제2항), 채무자 명의로 소유권이전등기를 경료할 수 없다. 따라서 가압류채권자가 본압류로 전이한 후 강제집행할 수 있다. 대위채권자의 피보전채권이 특정채권이라면 가압류는 가능하지 않기 때문에, 채무자와 제3채무자를 상대로 채권의 처분, 수령, 이행의 금지를 구해두더라도 동일한 효과를 달성할 수 있다(위 제1절 가처분 참조).

제3절 채권자취소권

제1관 개관

1. 채권자취소권 제도의 취지

채권자를 해함을 알고서도 공동담보로 제공된 채무자의 책임재산을 처분하는 행위를 사해행위라 하고, 그 사해행위(법률행위 또는 준법률행위)를 취소시키는 것을 채권자취소권이라고 한다. 채권자취소권은 채권의 공동담보인 채무자의 책임재산을 보전하기 위하여 채무자와 수익자 사이의 사해행위를 취소하고 채무자의 일반재산으로부터 일탈된 재산을 환원시키는 제도이며(민법 제406조), 회복된 재산은 모든 채권자의 이익를 위하여 효력이 있게 하는 제도이다.

2. 법적 성격

2.1. 절대적 무효설

일반적인 취소권과 유사하게 사해행위를 절대적으로 취소함으로써 일탈재산의 반환을 구하는 것을 채권자취소권이라고 하고, 사해행위의 당사자 모두를 피고로 해야 한다는 견해이다. 이 견해가 일응 그럴 듯하지만, 그 실효성에 문제가 있다. 일반적인 취소권과 마찬가지로 그 효과가 절대적이라고 할 경우, 가령 쌍무계약이 취소된 경우 수익자는 채무자에게 원상회복의무를 부담할 것인데, 이 의무는 채무자의 수익자에 대한 반환의무와 동시이행관계가 될 것이다. 만약 채무자가 사해행위로 취득한 재산을 은닉하였다면, 채권자가 채권자취소권을 행사하더라도 실질적으로 책임재산을 원래 상태로 회복시킬 수 없을 것이다.

2.2. 상대적 무효설

재산반환의 상대방인 수익자 또는 전득자를 피고로 해서 채권자가 원고로서 채권자취소소송을 제기하되, 그 효과는 채권자와 수익자, 채권자와 전득자 간에만 원래의 채무자와 수익자 간의 법률행위가 취소된 것과 같은 효력이 있고, 그 이외의 자 사이에서는 채무자와 수익자 간의 법률행위는 여전히 유효하다는 견해이다. 따라서 사해행위가 취소되더라도, 채무자와 수익자, 수익자와 전득자 사이의 법률행위는 직접적인 영향을 받지 않는다.

2.3. 책임설

독일의 통설, 판례가 지지하는 견해인데, 채무자와 수익자 또는 전득자 사이의 법률행위에는 영향을 미치지 아니하고 단지 채권자의 권리실행에 필요한 한도 내에서 채권자가 수익자 또는 전득자에게 그 재산의 반환을 구할 수 있는 채권관계를 발생시키는 것이라는 견해이다. 채권자가 그 재산에 대해 강제집행하는 것을 수익자 또는 전득자가 수인하는 것을 의미한다. 달리 말하면 수익자 또는 전득자는 강제집행을 수인하여야 할 책임이 있을 뿐이라는 견해이다.

2.4. 상대적 효과설

프랑스법의 채권자취소권을 근거로 해서 일본에서 주장되는 학설로 채권자취소권의 행사로 수익자 또는 전득자는 취소채권자에 대해 원상회복을 할 채권적 의무만이 성립한다는 견해이다.

2.5. 판례

채무자와 수익자 간의 사해행위를 취소할 수 있는 권리인 채권자취소권은 각 채권자에게 고유한 권리이기 때문에 동일한 사해행위에 대해 수인의 채권자가 각기 독자적으로 소로써 그 취소를 구할 수 있다. 수인의 채권자가 동일한 사해행위의 취소를 구하는 소를 제기하더라도 이는 중복제소에 해당하지 않는다.

대법원 2008.6.12. 선고 2008다8690 판결

채권자취소권의 요건을 갖춘 각 채권자는 고유의 권리로서 채무자의 재산처분 행위를 취소하고 그 원상회복을 구할 수 있으므로 여러 명의 채권자가 사해행위취소 및 원상회복청구의 소를 제기하여 여러 개의 소송이 계속 중인 경우에는 각 소송에서 채권자의 청구에 따라 사해행위의 취소 및 원상회복을 명하는 판결을 선고하여야 하고, 수익자 또는 전득자가 가액배상을 하여야 할 경우에도 수익자 등이 반환하여야 할 가액을 채권자의 채권액에 비례하여 채권자별로 안분한 범위 내에서 반환을 명할 것이 아니라, 수익자 등이 반환하여야 할 가액 범위 내에서 각 채권자의 피보전채권액 전액의 반환을 명하여야 한다. 이와 같은 법리는 여러 명의 채권자들이 제기한 각 사해행위취소 및 원상회복청구의 소가 민사소송법 제141조에 의하여 병합되어 하나의 소송절차에서 심판을 받는 경우에도 마찬가지이다.

채권자취소 소송에서는 취소채권자가 원고가 되고, 채무자가 아니라 이익반환을 하여야 할 자, 즉 수익자 또는 전득자만이 피고적격을 가진다(대판 1991.8.13., 91다13717). 수익자를 상대로 한 취소판결의 효력은 전득자에게 미치지 아니한다(대판 1984.11.24, 84마610; 대판 89다카35421).

대판 1990.10.30, 89다카35421

[사안] 이 사건 부동산은 B 소유였는데, B가 A에게 이를 매도한 후 소유권이전등기를 경료해 주었다. 그 후 A의 채권자인 피고의 가압류등기가 경료되었다. B의 채권자 C는 A와 피고를 상대로 한 사해행위취소소송을 제기하였는데, A에 대해서는 승소판결을 얻었으나 피고에 대한 사해행위취소소송은 패소하였다. 그 결과 A 명의의 등기는 말소되었으나 피고 명의의 가압류등기는 말소되지 않은 채 남아 있었다. 원고들은 그 후 B로부터 그 부동산을 전전매수한 자인데, 피고가 본압류로 전이한 후 이 사건 부동산에 대한 강제경매를 신청하자 원고가 제3자 이의의 소를 제기하였다. 원심법원은 원고의 주장을 받아들여 강제집행을 불허하는 판결을 하였다. 대법원은 다음과 같은 이유로 원심법원의 판결을 파기 · 환송하였다.

[대법원 판결] 사해행위의 취소는 상대적 효력밖에 없는 것이므로 … 이건 사해행위의 목적부동산에 A의 채권자인 피고의 가압류등기가 경료되었고 그 후 채무자 B와 A 사이의 위 부동산에 관한 매매계약이 사해행위라는 이유로 취소되어 A의 소유권이전등기가 말소되었다 하더라도 특단의 사정이 없는 한 피고의 가압류의 효력이 당연히 소멸되는 것은 아니므로 채무자 B로부터 위 부동산을 전전하여 양도받은 원고들은 가압류의 부담이 있는 소유권을 취득하였다.

대판 2007.4.12, 2005다1407

[사안] 원고는 피고의 제3채무자에 대한 전세금반환채권을 압류 · 전부받았다. 그런데 이 사건 전부명령은 제3채무자에 대한 송달일인 1998.4.1. 당시 피전부채권인 전세금반환채권이 이미 타에

양도되어 존재하지 아니하므로 무효였다. 그 후 전세금반환채권 양도계약에 대한 사해행위취소판결이 확정되고 전세금반환채권이 그 양수인으로부터 양도인인 피고에게 원상회복되었다(대법원 판결문에는 나타나 있지 않지만, 취소채권자는 피고의 제3채무자에 대한 전세금반환채권을 압류 · 전부받는 등의 조치를 통해 피보전채권을 실현하였을 것이다). 원고는 피고를 상대로 대여금채무의 이행을 구하는 소를 제기하였다(아마도 원고의 이 사건 대여금채권은 기판력이 있었겠지만, 시효중단조치를 위해 이 사건 소송을 제기하였을 것이다). 원심법원은 원고가 피고들에 대하여 구하는 이 사건 대여금채권은 1998.4.1. 이 사건 전부명령의 효력에 의하여 전액 변제되었다는 피고들의 항변을 받아들여 원고의 주위적 대여금청구를 모두 기각하였다.

[대법원 판결] 채권자가 사해행위의 취소와 함께 수익자 또는 전득자로부터 책임재산의 회복을 명하는 사해행위취소의 판결을 받은 경우 그 취소의 효과는 **채권자와 수익자 또는 전득자 사이에만 미치므로**, 수익자 또는 전득자가 채권자에 대하여 사해행위의 취소로 인한 원상회복 의무를 부담하게 될 뿐, 채무자와 사이에서 그 취소로 인한 법률관계가 형성되거나 취소의 효력이 소급하여 채무자의 책임재산으로 회복되는 것은 아니다.

또한 대법원 판결에 따르면, 채권자취소권의 행사의 결과 수익자 또는 전득자는 원상회복을 할 채무가 성립하며, 원상회복청구권은 취소채권자만이 가진다고 한다. 이는 채권자취소권의 효력이 상대적, 즉 채권적임을 의미하는 것이다. 다음 대법원 판결이 이에 관한 것이다.

대법원 2014.6.12. 선고 2012다47548 판결

채권자가 사해행위의 취소와 함께 수익자 또는 전득자로부터 책임재산의 회복을 명하는 사해행위취소의 판결을 받은 경우 그 취소의 효과는 채권자와 수익자 또는 전득자 사이에만 미치므로, 수익자 또는 전득자가 채권자에 대하여 사해행위의 취소로 인한 원상회복 의무를 부담하게 될 뿐, 채권자와 채무자 사이에서 그 취소로 인한 법률관계가 형성되거나 취소의 효력이 소급하여 채무자의 책임재산으로 복구되는 것은 아니다.

위 판결에서 설시하고 있듯이, 채권자취소권의 행사로 사해행위가 취소되었다 하더라도, 취소채권자와 수익자, 취소채권자와 전득자 사이에서 사해행위가 당연무효로 되지는 않는다. 채권자취소권의 행사 효력으로 취소채권자에게 원상회복을 청구할 수 있는 채권적 청구권이 성립된다는 것이다. 이것이 채권자취소제도의 중요한 특징이다. 다음 판결들에서 그 의미가 잘 드러난다.

대법원 2015.11.17. 선고 2012다2743 판결

채무자의 수익자에 대한 채권양도가 사해행위로 취소되는 경우, 수익자가 제3채무자에게서 아직 채권을 추심하지 아니한 때에는, 채권자는 사해행위취소에 따른 원상회복으로서 수익자가 제3채무자에게 채권양도가 취소되었다는 취지의 통지를 하도록 청구할 수 있다. 그런데 사해행위의 취소는 채권자와 수익자의 관계에서 상대적으로 채무자와 수익자 사이의 법률행위를 무효로 하는 데에 그치고, 채무자와 수익자 사이의 법률관계에는 영향을 미치지 아니한다. 따라서 채무자의 수익자에 대한 채권양도가 사해행위로 취소되고, 그에 따른 원상회복으로서 제3채무자에게 채권양도가 취소되었다는 취지의 통지가 이루어지더라도, 채권자와 수익자의 관계에서 채권이 채무자의 책임재산으로 취급될 뿐, 채무자가 직접 채권을 취득하여 권리자로 되는 것은 아니므로, 채권자는 채무자를 대위하여 제3채무자에게 채권에 관한 지급을 청구할 수 없다.

위 판결은 채권자취소제도의 특징을 잘 드러내 준다. 사해행위인 채권양도계약을 취소하면, 취소채권자는 채권적 원상회복청구권으로 수익자 또는 전득자를 상대로 제3채무자에게 양도통지할 것을 청구할 수 있다. 수익자 또는 전득자가 양도통지를 아직 하지 않은 상태에서는 양도되었던 채권이 채무자에게 복귀하지 않는다. 따라서 취소채권자가 채권자대위권의 요건을 갖추었다 하더라도 제3채무자에게 채권자대위권의 행사로써 자기에게 지급할 것을 구할 수 없다. 다음 판결도 채권자취소권의 상대적(채권적) 효력을 잘 드러내 준다.

대법원 2015.11.17. 선고 2013다84995 판결

사해행위 취소의 효력은 채무자와 수익자의 법률관계에 영향을 미치지 아니하고, 사해행위 취소로 인한 원상회복 판결의 효력도 소송의 당사자인 채권자와 수익자 또는 전득자에게만 미칠 뿐 채무자나 다른 채권자에게 미치지 아니하므로, 어느 채권자가 수익자를 상대로 사해행위 취소 및 원상회복으로 소유권이전등기의 말소를 명하는 판결을 받았으나 말소등기를 마치지 아니한 상태라면 소송의 당사자가 아닌 다른 채권자는 위 판결에 기하여 채무자를 대위하여 말소등기를 신청할 수 없다. …(중략)… 다른 채권자의 등기신청으로 말소등기가 마쳐졌다면 등기에는 절차상의 흠이 존재한다. 그러나 채권자가 사해행위 취소의 소를 제기하여 승소한 경우 취소의 효력은 민법 제407조에 따라 모든 채권자의 이익을 위하여 미치므로 수익자는 채무자의 다른 채권자에 대하여도 사해행위의 취소로 인한 소유권이전등기의 말소등기의무를 부담하는 점, 등기절차상의 흠을 이유로 말소된 소유권이전등기가 회복되더라도 다른 채권자가 사해행위취소판결에 따라 사해행위가 취소되었다는 사정을 들어 수익자를 상대로 다시 소유권이전등기의 말소를 청구하면 수익자는 말소등기를 해 줄 수밖에 없어서 결국 말소된 소유권이전등기가 회복되기 전의 상태로 돌아가는데 이와 같은 불필요한 절차를 거치게 할 필요가 없는 점 등에 비추어 보면, 사해행위 취소 및 원상회복으로 소유권이전등기의 말소를 명한 판결의 소송당사자가 아닌 다른 채권자가 위 판결에 기하여 채무자를 대위하여 마친 말소등기는 등기절차상의 흠에도 불구하고 실체관계에 부합하는 등기로서 유효하다.

위 판결에서 중요하게 확인할 수 있는 것은, 첫째, 채무자와 수익자 간의 사해행위가 취소되고 또한 원상회복판결이 확정되었다 하더라도 채무자는 사해행위로 양도한 재산을 물권적으로 회복하지 못한다는 점, 둘째, 그 결과 원상회복판결을 집행할 수 있는 사람은 취소채권자뿐이라는 점이다. 채무자에게 소유권이 복귀하지 않기 때문에, 채무자의 다른 채권자가 채권자대위권의 행사로써 채무자의 책임재산을 보전할 길이 없다.[8]

이상의 판결을 보면 사해행위가 취소되었다는 것만으로는 취소채권자와 수익자, 취소채권자와 전득자 사이에서 사해행위가 소급무효가 되어 사해행위로 취득한 권리가 채무자에게 소급 복귀하지 않는다는 점을 알 수 있다.

2.6. 사견

채권자취소권의 행사로 사해행위는 취소채권자와 수익자 또는 취소채권자와 전득자 사이에서만 취소되지만(상대적 취소), 취소의 효과가 취소채권자로 하여금 채무자에게서 이탈된 재산을 원상으로 회복시킬 수 있는 채권적 원상회복청구권을 성립시키는 것(채권적 효과설)이라는 이론(소위 상대적 효과설[9])이 수다한 대법원 판례를 모순 없이 설명할 수 있다. 즉 취소채권자만이 채권적인 원상회복청구권이 있다는 것이다. 그러나 민법 제407조는 원상회복청구권이 실현된 후에는 모든 채권자가 채권자취소의 효과로 이익을 향유할 수 있도록 규정하고 있다. 이는 상대적 효과설과 조화되기 어렵다. 이런 이유 때문에 입법정책적으로 보면 민법 제407조를 삭제하든지, 동조의 적용범위를 축소시키는 것이 바람직할 것이다. 대법원 판례는 상대적 효과설에 비교적 충실하면서 동시에 민법 제407조의 적용범위를 축소시키고 있다고 본다.

---

8. 위 사안에서는 수익자가 소유권이전등기말소청구의 소를 제기한 것이어서 채권자대위권의 행사로써 이루어진 소유권이전등기의 말소가 실체관계에 부합하는 등기로 판단하였지만, 취소채권자가 알지 못한 상태에서 채무자의 다른 채권자가 위 등기를 말소한 후 강제집행절차에서 취소채권자가 배제된 채 배당할 수 있다는 의미로 해석해서는 안 된다.

9. 종래 우리 학설 중 상대적 무효설은 취소가 채권소의 효과가 채권적 효과라는 것(수익자 또는 전득자가 채권자에게 원상회복할 채권적 의무를 성립시킴)라는 내용으로 정의하고자 한다. 물론 채무부담을 취소할 경우 그 취소로 상대적으로 채무를자와 수익자 또는 채권자와 전득자 사이에서만 무효가 된다고 설명하고 있었다. 이에 대해서는 곽윤직 편, 민법주해 IX, 박영사, 1995, 803면 이하(김능환 집필) 참조. 여기서 상대적 효과설은, 채권자취소권은 그 취소로 채권자와 수익자 또는 채권자와 전득자 사이에서만 취소된다는 것(상대적 취소)과 취 소멸시키기에 추가적인 채권적 원상회복청구권이 성립하지 않을 수도 있다.

3. 채권자취소권의 전용을 허용할 것인가?

채권자대위권은 총채권자의 이익을 위해 책임재산을 보전하는 것만이 아니라, 특정채권의 보전을 위해 채권자대위권을 전용하는 것도 허용된다고 하였다. 그러나 채권자취소권의 경우에는 특정채권의 보전을 위한 전용은 허용되지 않을 뿐 아니라, 특정채권의 보전을 위해 전용될 가능성이 있는 경우에도 채권자취소권을 인정하지 않는다. 아래 판결이 그에 관한 것이다.

대판 1999.4.27, 98다56690

① 채권자취소권에 의하여 보호될 수 있는 채권은 원칙적으로 사해행위라고 볼 수 있는 행위가 행하여지기 전에 발생된 것임을 요하나, 그 사해행위 당시에 이미 채권성립의 기초가 되는 법률관계가 발생되어 있고, 가까운 장래에 그 법률관계에 기하여 채권이 성립되리라는 점에 대한 고도의 개연성이 있으며, 실제로 가까운 장래에 그 개연성이 현실화되어 채권이 성립된 경우에는, 그 채권도 채권자취소권의 피보전채권이 될 수 있다고 할 것이지만(대법원 1995.11.28. 선고 95다27905 판결 등 참조), 부동산을 양도받아 소유권이전등기청구권을 가지고 있는 자가 양도인이 제3자에게 이를 이중으로 양도하여 소유권이전등기를 경료하여 줌으로써 취득하는 부동산 가액 상당의 손해배상채권은 이중양도행위에 대한 사해행위취소권을 행사할 수 있는 위와 같은 피보전채권에 해당한다고 할 수 없다고 할 것이다.

② 채권자취소권을 특정물에 대한 소유권이전등기청구권을 보전하기 위하여 행사하는 것은 허용되지 않으므로, 부동산의 제1양수인은 자신의 소유권이전등기청구권 보전을 위하여 양도인과 제3자 사이에서 이루어진 이중양도행위에 대하여 채권자취소권을 행사할 수 없다.

대판 2001.12.27, 2001다32236

신탁법 제8조 소정의 사해신탁의 취소는 민법상의 채권자취소권과 마찬가지로 책임재산의 보전을 위한 것이므로 피보전채권은 금전채권이어야 하고, 특정물에 대한 소유권이전등기청구권을 보전하기 위하여 행사하는 것은 허용되지 않는다고 할 것이다(대법원 1996.9.20. 선고 95다1965 판결, 1999.4.27. 선고 98다56690 판결 등 참조). 이 사건 신탁계약이 소외 회사와 피고들이 공모하여 채권자인 원고를 해함을 알고서 한 법률행위로서 신탁법 제8조 제1항 소정의 사해신탁에 해당한다는 주장은, 금전채권이 아닌, 매매로 인한 이 사건 대지의 지분권에 관한 소유권이전등기를 구하는 이 사건에서는 주장하는 것이 무의미하거나 허용되지 아니하는 것이어서 원심이 이에 대한 판단을 하지 아니하였다고 하더라도 판결 결과에 영향을 미친 판단유탈의 위법이 있다고 할 수 없다.

제2관 채권자취소권의 성립요건

다음과 같은 사례를 생각해 보자. 'A는 B에게 1,000만원의 채권이 있다. B는 자기 소유인 유일한 부동산을 C에게 5천만원에 매도하고 소유권이전등기를 경료

해 주었다. A는 B에게 채무이행을 청구하였으나, B는 돈이 없다고 하면서 채무를 불이행하고 있다.'

위의 사례에서 B의 책임재산을 압류하여 그 환가대금에서 자기 채권을 실현해야 하는 금전채권자 A의 입장에서 보면, B에게는 다른 책임재산이 없을 뿐 아니라, 유일한 부동산을 매도하여 취득한 대금 5,000만원의 소재를 찾는 것도 불가능해 보인다. 이처럼 개별적 강제집행절차를 통해 자기 채권을 실현하려는 채권자의 입장에서 보면 채권자취소권은 유용한 수단이 된다. 채권자취소권을 행사하여 채무자의 사해행위를 취소하기 위해서는 다음의 요건이 충족되어야 한다.

1. 피보전채권의 존재

1.1. 원칙

채권자취소권을 행사하기 위해서는 원칙적으로 사해행위가 있기 전에 채권자의 피보전채권(금전채권 또는 금전으로 환원될 수 있는 채권)이 있어야 한다. 위 사례의 A의 1,000만원의 채권이 B의 부동산 매도 이후 성립한 것이라면 A는 B, C 간의 매매를 사해행위라고 해서 이를 취소할 수 없다.

1.2. 예외

(1) 예외가 인정되는 요건

다음과 같은 사례를 생각해 보자. 'B는 2000.3.10. A로부터 1억원을 빌리면서 보증회사인 C에게 보증을 서 줄 것을 부탁하였고, 그 결과 C는 A와 연대보증계약을 체결하였다. C는 장차 자신이 B의 채무를 대위변제할 경우 B에게 구상할 것을 대비하여 구상보증인을 세울 것을 B에게 요구하였다. B는 D에게 구상보증을 서줄 것을 부탁하여 C, D 간에 구상보증계약이 체결되었다. B가 사실상 파산상태에 빠진 후, 이 사실을 알게 된 D는 자신의 유일한 재산인 부동산을 E에게 1억원에 매도하고 소유권을 이전해 주었다. 그 후 보증회사 C는 A에게 B의 채무 1억원을 변제하였는데, 지금 B, D 모두 무자력상태이다.'

위 사례에서 C의 구상채권은 채권자 A에게 변제함으로써 비로소 성립한다. 그런데 C가 A에게 보증채무를 이행하기 전, 즉 구상채권이 성립하기 이전에 D가 그 소유 부동산을 E에게 양도하였으므로, C는 D, E 간의 매매계약을 채권자취소권으로써 취소하고 싶더라도, 피보전채권은 D, E 간의 매매계약 이후에 성립하였으므로, 채권자취소권의 요건이 충족되지 않았다고 볼 수 있지 않을까? 위 1.1.의 원칙이 적용되는 한 D, E 간의 매매계약을 취소할 수 있는 채권자취소권이 C에게 성립하지 않았다고 할 것이다.

대법원은 위 1.1.에 대한 예외를 인정한다. 즉 ① 사해행위 당시에 이미 채권성립의 기초가 되는 법률관계가 발생되어 있고, ② 가까운 장래에 그 법률관계에 기하여 채권이 성립되리라는 점에 대한 고도의 개연성이 있으며, ③ 실제로 가까운 장래—늦어도 채권자취소소송의 사실심 변론종결의 시점까지—에 그 개연성이 현실화되어 채권이 성립되었다면, 사해행위 당시 아직 성립하지 않은 채권도 채권자취소권의 피보전채권이 될 수 있다고 한다(가령 대판 2001.3.23, 2000다37821 등 참조). 이런 입장은 널리 지지를 받고 있는데, 위 사례에서 말하는 구상채권이 그 전형적인 예이다(대판 1995.11.28, 95다27905 참조).

(2) 예외의 인정 여부가 문제되는 사례

① 대판 2001.3.23, 2000다37821

A 회사는 가공원가를 과대하게 계산하여 법인세를 적게 부담하였다. 법인세를 조사한 과세관청은 이 부분을 그 회사 대표 B에 대한 상여금으로 인정하여 B의 소득금액이 변동되었다는 사실을 해당 과세관청에 통보하였다. 그 직후 B는 자기 소유 부동산을 C에게 매도하였다. 위 통보를 받은 과세관청은 B에게 추가납부할 소득세액을 통지하였다. 과세관청의 B에 대한 소득세채권은 B의 매매계약 이후에 성립하였기 때문에, 그 채권을 피보전채권으로 하여 B와 C 간의 매매계약을 취소할 수 있는지가 문제되었다. 대법원은 사해행위 당시 아직 조세채권이 성립하지는 않았으나, 그 이전에 조세채무자가 실질적 대표자로 있는 회사에서 가공원가를 계상하였고, 과세관청이 위 가공원가를 조세채무자에 대한 인정상여로 소득처분하여 종합소득세 부과처분을 하였다면, 위 조세채권은 가공원가를 계상한 시점에 이미 그 기초적 법률관계가 발생하였고, 가까운 장래에 채권이 성립할 고도의 개연성이 있었으며, 실제 그 개연성이 현실화되어 채권이 성립하였으므로 채권자취소권의 피보전채권이 될 수 있다고 하였다.

② 그러나 부동산 매매계약을 체결하여 소유권이전등기청구권을 가지고 있는 자가, 양도인이 제3자에게 이를 2중으로 양도하여 소유권이전등기를 경료하여 줌으로써 성립하는 부동산 가액 상당의 손해배상채권은 채권자취소권의 피보전채권에 해당한다고 할 수 없다고 한다(대판 1999.4.27, 98다56690).

2. 사해행위의 존재

2.1. 원칙

채권자취소권의 행사로써 취소할 수 있는 법률행위는 사해행위여야 한다. 어떤 재산적 법률행위가 사해행위라고 하기 위해서는, 채무자의 재산처분 행위에 의하여 그 재산이 감소되어 채권의 공동담보에 부족이 생기거나 이미 부족 상태에 있는 공동담보가 한층 더 부족하게 됨으로써 채권자의 채권을 완전하게 만족시킬 수 없게 되는 것이어야 한다. 증여를 통해 책임재산을 감축시키거나, 시가보다 저렴한 가격으로 재산을 매각하거나, 타인의 채무를 보증하거나 물상보증함으로써 적극재산보다 소극재산이 더 많아지거나 이미 부족한 상태의 공동담보를 더 부족하게 한 경우 등을 들 수 있다.

무자력 여부의 판단에서 고려할 적극재산 및 소극재산을 기준에 대해 대법원은 다음과 같이 설시한다.

대법원 2006.2.10. 선고 2004다2564 판결

사해행위취소의 요건으로서의 무자력이란 채무자의 변제자력이 없음을 뜻하는 것이고 특히 임의 변제를 기대할 수 없는 경우에는 강제집행을 통한 변제가 고려되어야 하므로, 소극재산이든 적극재산이든 위와 같은 목적에 부합할 수 있는 재산인지 여부가 변제자력 유무 판단의 중요한 고려요소가 되어야 한다. 채무자의 소극재산은 실질적으로 변제의무를 지는 채무를 기준으로 하여야 할 것이다. 처분행위 당시에 가집행선고 있는 판결상의 채무가 존재하고 있었다고 하더라도 그것이 나중에 상급심의 판결에 의하여 감액된 경우에는 그 감액된 판결상의 채무만이 소극재산이라 할 것이다. 한편 채무자의 적극재산을 산정함에 있어서는 다른 특별한 사정이 없는 한 실질적으로 재산적 가치가 없어 채권의 공동담보로서의 역할을 할 수 없는 재산은 제외하여야 할 것이다. 특히 그 재산이 채권인 경우에는 그것이 용이하게 변제를 받을 수 있는 것인지 여부를 합리적으로 판정하여 그것이 긍정되는 경우에 한하여 적극재산에 포함시켜야 한다.

한편 채무자의 재산적 법률행위가 채권자를 해하는 행위이더라도 채권자취소권 행사 시에 재산이 회복되어 취소채권자를 해하지 않는다면 채권자취소권도 소멸한다.

대법원 2009.3.26. 선고 2007다63102 판결

사해성의 요건은 행위 당시는 물론 채권자가 취소권을 행사할 당시(사해행위취소소송의 사실심 변론종결시)에도 갖추고 있어야 하므로, 처분행위 당시에는 채권자를 해하는 것이었더라도 그 후 채무자가 자력을 회복하거나 채무가 감소하여 취소권 행사시에 채권자를 해하지 않게 되었다면, 채권자취소권에 의하여 책임재산을 보전할 필요성이 없으므로 채권자취소권은 소멸한다.

한편 어떤 재산처분행위가 사해행위인지 여부는 채권자취소권을 행사하고자 하는 개별 채권자에 따라 달리 판단될 수도 있다. 가령 유일한 재산인 부동산을 처분하였다 하더라도, 그 부동산의 저당권자에게는 그 처분행위가 사해행위가 되지 않을 수 있다.

대판 2007.1.11, 2006다59182

주채무자 또는 제3자 소유의 부동산에 대하여 채권자 앞으로 근저당권이 설정되어 있고, 그 부동산의 가액 및 채권최고액이 당해 채무액을 초과하여 채무 전액에 대하여 채권자에게 우선변제권이 확보되어 있다면, 그 범위 내에서는 채무자의 재산처분행위는 채권자를 해하지 아니하므로 연대보증인이 비록 유일한 재산을 처분하는 법률행위를 하더라도 채권자에 대하여 사해행위가 성립되지 않는다.

대판 2008.5.15, 2005다60338

A와 임대차계약을 체결한 원고는 자신의 보증금반환채권을 담보하기 위해 임대목적부동산에 후순위저당권을 설정받았는데, A가 자신의 다른 부동산을 피고에게 처분하였다. 원고는 A의 재산처분행위가 사해행위라고 주장하면서, 이 사건 채권자취소소송을 제기하였다. 대법원은 "채무자가 다른 재산을 처분하는 법률행위를 하더라도, 채무자 소유의 부동산에 대하여 채권자 앞으로 근저당권이 설정되어 있고 그 부동산의 가액 및 채권최고액이 당해 채권액을 초과하여 채권자에게 채권 전액에 대한 우선변제권이 확보되어 있다면 그와 같은 재산처분행위는 채권자를 해하지 아니하므로 채권자에 대하여 사해행위가 성립한다고 볼 수 없으나, 당해 채권액이 그 부동산의 가액 및 채권최고액을 초과하는 경우에는 그 담보물에 대한 우선변제권 있는 채권액을 공제한 나머지 채권액에 대하여 채권자를 해하는 사해행위가 될 것이므로 그에 대한 채권자취소권이 인정된다. 그리고 피보전채권의 존재와 그 범위는 채권자취소권 행사의 요건이 되므로, 채권자취소권을 행사하는 채권자로서는 그 담보권의 존재에도 불구하고 자신의 피보전채권이 그 우선변제권 범위 밖에 있다는 점을 주장 · 입증하여야 한다. 이 때, 채무자의 재산처분행위가 사해행위가 되는지 여부는 처분행위 당시를 기준으로 판단하여야 하므로, 담보로 제공된 부동산에 대하여 임의경매 등의 환가절차가 개시되어 진행되는 도중에 재산처분행위가 이루어졌다고 하더라도 그 재산처분행위의 사해성 여부를 판단하기 위한 부동산 가액의 평가는 부동산 가액의 하락이 예상되는 등의 특별한 사정이

인정되지 아니하는 한 사후에 환가된 가액을 기준으로 할 것이 아니라 사해성 여부가 문제되는 재산처분행위 당시의 시가를 기준으로 하여야 할 것이다."라고 판단하였다.

2.2. 여러 유형의 사례

① 유일한 재산인 부동산을 매도하고 소유권을 이전하는 행위는 설사 적절한 가격을 받고 양도하였다 하더라도 은닉하기 쉬운 금전으로 그 재산을 변경시키는 것이므로 다른 특별한 사정이 없으면 사해행위에 해당될 수 있다(대판 2000.9.29, 2000다3262 참조). 채무자가 자기 소유의 부동산을 매매한 경우에도 부동산의 소유권이 이전된 만큼 책임재산이 감소하였지만 매매대금만큼 채무자의 재산이 증가하였으므로 결과적으로 책임재산의 변동이 없지 않는가라는 의문이 있을 수 있다. 그러나 부동산은 채권자가 이를 책임재산으로서 공취하기 쉽지만 현금은 은닉하기 쉽기 때문에 사실상 책임재산의 기능을 하지 못한다는 점을 중시하면 사해행위로 인정할 수 있을 것이다. 다만 부동산을 매도한 대금으로써 기존채무를 변제하는 등의 용도로 활용하였다면 채무자의 사해의사를 부정할 것이다.

② 유일한 부동산을 채권자 중 1인에 대한 채무이행으로써 대물변제하거나, 채권자 중 1인에 대해서만 저당권을 설정해 주는 경우에도 그 대물변제 또는 저당권 설정행위는 사해행위가 된다고 한다(대판 2003.6.27, 2003다15907).

③ 유일한 재산인 금전채권을 수인의 채권자 중의 1인에게 대물변제한 경우, 금전을 수인의 채권자 중 1인에 대한 변제로 사용한 경우도 사정에 따라서는 사해행위가 될 수 있다. 대법원은 특정 채권자에 대해 금전을 지급하여 변제하거나 금전채권으로써 금전채권자에게 대물변제한 것이 사해행위가 되기 위해서는 채권자와 통모하여 다른 채권자를 해할 의사로 한 것이어야 한다고 한다(대판 2004.5.28, 2003다60822; 대판 2003.6.24, 2003다1205; 대판 2001.4.10, 2000다66034 등 참조). 그리고 이 사실은 채권자취소권을 행사하는 자가 입증하여야 한다. 대법원은 "수익자의 채무자에 대한 채권이 실제로 존재하는지 여부, 수익자가 채무자로부터 변제 내지 채권양도를 받은 액수 및 양도받은 채권 중 실제로 추심한 액수, 채무자와 수익자와의 관계, 채무자의 변제능력 및 이에 대한 수익자의 인식, 변제 내지 채권양도 전

후의 수익자의 행위, 그 당시의 채무자 및 수익자의 사정 및 변제 내지 채권양도의 경위 등 제반 사정을 종합적으로 참작하여 판단"해야 한다고 본다(위 대판 2003다60822 참조).

3. 주관적 요건

3.1. 채무자의 사해의사

채권자취소권의 주관적 요건인 채무자가 채권자를 해함을 안다는 이른바 채무자의 사해의사는 채무자의 재산처분 행위에 의하여 그 재산이 감소되어 채권의 공동담보에 부족이 생기거나 이미 부족 상태에 있는 공동담보가 한층 더 부족하게 됨으로써 채권자의 채권을 완전하게 만족시킬 수 없게 된다는 사실을 인식하는 것을 의미한다. 이는 채권자취소권을 행사하고자 하는 채권자가 입증하여야 한다.

그러나 유일한 재산인 부동산을 채권자 중 1인에게 대물변제하거나 이를 매도하여 은닉하기 쉬운 금전으로 변경시키는 것은 사해행위이고, 이 경우 채무자의 사해의사도 추정된다고 한다(대판 1998.4.14, 97다54420; 대판 2000.9.29, 2000다3262 참조).

대판 2009.3.26, 2007다63102

사해의사란 채무자가 법률행위를 함에 있어 그 채권자를 해함을 안다는 것이다. 여기서 '안다'고 함은 의도나 의욕을 의미하는 것이 아니라 단순한 인식으로 충분하다. 결국 사해의사란 공동담보 부족에 의하여 채권자가 채권변제를 받기 어렵게 될 위험이 생긴다는 사실을 인식하는 것이며, 이러한 인식은 일반 채권자에 대한 관계에서 있으면 족하고, 특정의 채권자를 해한다는 인식이 있어야 하는 것은 아니다.

대판 1999.11.12, 99다29916

채권자취소권의 주관적 요건인 채무자가 채권자를 해함을 안다는 이른바 채무자의 악의, 즉 사해의사는 채무자의 재산처분 행위에 의하여 그 재산이 감소되어 채권의 공동담보에 부족이 생기거나 이미 부족 상태에 있는 공동담보가 한층 더 부족하게 됨으로써 채권자의 채권을 완전하게 만족시킬 수 없게 된다는 사실을 인식하는 것을 의미하고, 채무자의 재산이 채무의 전부를 변제하기에 부족한 경우에 채무자가 그의 유일한 재산인 부동산을 무상 양도하거나 일부 채권자에게 대물변제로 제공하였다면 특별한 사정이 없는 한 이러한 행위는 사해행위가 된다.

3.2. 수익자 또는 전득자의 악의

민법 제406조의 문장 구조상 수익자 또는 전득자는 자신이 악의가 아님을 입증하도록 되어 있다. 민법 제406조 1항 2문은 수익자 또는 전득자가 "그 행위 또는 전득 당시에 채권자를 해함을 알지 못하는 경우"라고 하고 있기 때문이다. 따라서 그들의 악의는 추정된다. 한편 위 규정을 문언해석하면 수익자 또는 전득자 모두가 채무자의 행위가 "채권자를 해하는 사해행위"라는 객관적 요건을 알았는지 여부만이 문제된다고 할 것이다. 채무자의 사해의사까지 알 것을 요구하지는 않는다. 달리 말하면 수익자 또는 전득자가 채무자의 사해의사를 알지 못하였음을 입증한다고 해서 채권자취소권 행사를 저지할 수 없다. 즉 수익자 또는 전득자는 그 법률행위가 사해행위가 된다는 것을 알지 못하였다는 것을 입증해야만 취소권 행사를 저지할 수 있다. 다만 기존채권자 중 1인에게 채무의 내용에 따라 변제하거나 기존의 금전채무의 변제에 갈음하여 다른 금전채권을 양도하는 경우는 채무자와 변제(또는 다른 금전채권의 양도로써 대물변제)받는 기존채권자가 통모하여 다른 채권자를 해할 의사를 가지고 있어야 비로소 사해행위로 인정되고, 이는 채권자취소권을 행사하는 채권자가 입증하여야 하는 예외적인 사안에서는,[10] 수익자의 악의는 사실상 채권자가 입증하는 것으로 귀결될 것이고, 전득자의 악의는 추정될 것이다. 전득자는 이와 같은 사정도 알았어야 비로소 악의라고 할 수 있다.[11]

---

10. 가령 대판 2004.5.28, 2003다60822; 대판 2003.6.24, 2003다1205; 대판 2001.4.10, 2000다66034 참조. 그러나 채무자가 자신의 유일한 부동산을 기존채권자에게 대물변제하는 경우에는 통모를 요구하지 않고, 유일한 부동산을 매각한 경우와 마찬가지로 특별한 사정이 없는 한 사해행위로 인정한다. 가령 대판 1999.11.12, 99다29916; 대판 2003.3.25, 2002다62036 참조.

11. 이런 명제는 논리적 귀결이라고 할 수 있다. 가령 我妻榮, 채권총론, 191면 참조.

제3관 채권자취소권의 행사

1. 채권자취소권의 존속기간

1.1. 제척기간 내에 채권자취소소송을 제기할 것

민법 제406조 제1항은 채권자취소권은 소송외적으로 행사하는 것이 아니라, 법원에 이를 청구하도록 규정하고 있다. 또한 동조 제2항은 사해행위를 안날로부터 1년, 사해행위가 있은 날로부터 5년 이내에 소송을 제기하도록 규정하고 있다. 이 기간은 제척기간이자 출소기간이다. 채권자가 사해행위를 알았을 때에는 안 날로부터 1년 이내에 법원에 사해행위의 취소를 청구하여야 한다. 이 때 "안 날"이라 함은 채권자취소권의 요건을 안 날, 즉 당해 법률행위가 채권자를 해하는 행위이며, 채무자의 사해의사도 알았다는 것을 의미한다. 그러나 수익자 또는 전득자의 악의까지 알았다는 것을 의미하지는 않는다.

대판 2000.9.29, 2000다3262

채권자취소권 행사에 있어서 채권자가 취소원인을 알았다고 하기 위하여서는 단순히 채무자가 재산의 처분행위를 하였다는 사실을 아는 것만으로는 부족하고 구체적인 사해행위의 존재를 알고 나아가 채무자에게 사해의 의사가 있었다는 사실까지 알 것을 요하나, 나아가 채권자가 수익자나 전득자의 악의까지 알아야 하는 것은 아니다.

대판 2008.11.13, 2006다1442

[사안] 채무초과 상태에 있던 A(비법인사단)는 A의 회원인 피고들과 매매예약 내지 매매계약을 체결하여 자신이 소유하던 이 사건 건물 중 일부인 이 사건 부동산의 소유권을 이전하거나 가등기를 경료해 주었다. 원고가 피고를 상대로 사해행위취소소송을 제기하자, 피고는 이 매매예약 내지 매매가 원고에 대한 사해행위가 된다고 하더라도, 원고는 그러한 사실을 알게 된 1997.9.25. 경으로부터 1년의 제척기간이 경과한 1999.12.2. 이 사건 소를 제기하였으므로, 원고회사의 위 사해행위 취소 및 원상회복을 구하는 것은 부적법하다"고 주장하였다. 그런데 원고는 1997.9.12.경 이 사건 건물의 등기부등본을 발급받아 그 소유권이전이전등기가 각각 경료된 사실을 알게 되었고, 그 후 A에 대한 채권을 보전하기 위하여 1997.9.25. 이 사건 건물 중 아직 A의 명의로 남아 있던 28개의 부동산에 대하여 가압류신청을 하여 1997.10.2. 수원지방법원 성남지원 97카합2006호로 위 각 부동산에 대한 가압류결정을 받았으며, 다시 1997.10.16. 위 법원 97카합2091호로 「A의 피고 1, 3, 9, 11 등에 대한 분양대금청구권을 가압류한다」는 내용의 채권가압류결정을 받았다.

[대법원 판결] 원심법원은, 원고는 A의 실체를 '민법상의 조합'으로 인식한 나머지 'A에 대한 채권에 기하여 조합원들의 개인에 대하여 책임을 지울 수 있다'고 판단하고, 1997.경 A의 회원 중

41명을 상대로 수원지방법원 성남지원 97가합3169호로 공사대금청구의 소를 제기하였으나, 위 법원은 「하남리빙텔이 '권리능력 없는 사단'이므로 그 채무는 사단 그 자체에 귀속하고 사단의 구성원에게 부담시킬 수 없다」는 이유로 1999.6.11. 원고의 청구를 기각하는 판결을 선고하였고, 항소심인 서울고등법원(99나38424호)에서도 1999.9.21. 같은 이유로 원고의 항소를 기각한 사실을 인정할 수 있으므로, 원고는 그 무렵에 이르러서야 A의 재산처분행위가 사해행위에 해당한다는 점을 알았다고 판단하였다. 대법원도 원심법원의 판단이, 채권자가 사해행위의 객관적 사실을 알았다고 하여 취소의 원인을 알았다고 추정할 수는 없다는 법리에 따른 것으로 정당하다고 보았다.

그런데 이미 채무초과의 상태에 빠져 있는 채무자가 그의 유일한 재산인 부동산을 채권자들 가운데 어느 한 사람에게 대물변제로 제공하는 행위는 다른 특별한 사정이 없는 한 다른 채권자들에 대한 관계에서 사해행위가 되고, 특히 채무자가 자기의 유일한 재산인 부동산을 매각하여 소비하기 쉬운 금전으로 바꾸는 행위는 특별한 사정이 없는 한 채권자에 대하여 사해행위가 되어 채무자의 사해의사가 추정된다. 이러한 사안에서는 채무자가 유일한 재산인 부동산을 처분하였다는 사실을 채권자가 알았다면 특별한 사정이 없는 한 채무자의 사해의사도 채권자가 알았다고 볼 수 있다(대판 2005.6.24. 선고 2005다19859). 이런 경우에는 제척기간의 도과를 주장하는 수익자 또는 전득자로서는 취소채권자가 사해행위의 객관적 요건을 안 때로부터 1년이 지났음을 입증함으로써 그 취소소송을 각하시킬 수 있다.

대판 2005.6.24, 2005다19859

A의 연대보증인인 B가 원고에게 부담하는 채무는 원금만 2,741,540,421원에 달하고 있다. 그런데 B는 피고에게 이 사건 아파트를 매매할 당시, 이와 더불어 별건 토지의 지분만을 소유하고 있었다{별건 토지의 지분은 2003년도 개별공시지가가 1,192,900원(15.8㎡×151,000원/㎡×1/2)에 불과하다.}. 원고의 의정부지점 직원인 C는 2002.5.3. 대출은행들로부터 A의 신용보증사고 발생을 통지받고, B 등의 재산상태를 조사하였으며, 이 사건 아파트의 소유권이 피고 앞으로 이전된 사실을 알게 되었고, 그 경위를 알아보기 위하여 2002.5.8. 피고에게 관련 계약서와 예금통장, 대출금통장 등 지급한 금전의 출처에 관한 명세서를 제출하여 줄 것을 요구하는 채권조회서를 발송하였고, 2002.5.17. 피고로부터 이 사건 매매계약서만을 팩스로 송부받았다. 이 사건 매매계약 당시에 B에게 다른 재산이 있었다고 보이지 아니하고 A가 부도나기 직전에 A의 대표이사인 B가 이 사건 매매계약을 체결한 이 사건에서, 원고로서는 늦어도 2002.5.8.경에는 채무자인 B가 **사실상 유일한 부동산**인 이 사건 아파트를 처분하였다는 사실을 알게 되었고, 따라서 특별한 사정이 없는 한 B의 사해의 의사도 그 때 알았다고 보아야 할 것이고, 그렇게 본다면 이 사건 소는 위 2002.5.8. 늦어도 위 2002.5.17.부터 1년의 제척기간이 경과한 2003.5.19.에야 제기되어 부적법하다.

1.2. 제척기간 준수 여부의 판단

제척기간 내에 채권자취소소송을 제기하였는지 여부는 법관이 직권으로 조사하여 판단한다. 제척기간 내에 취소소송을 제기하지 않았다면, 그 소는 각하될 것이다. 한편 그 제척기간의 도과에 관한 입증책임은 채권자취소소송의 상대방에게 있다(대판 2011.1.13, 2010다71684).

1.3 유의할 점

채권자취소권이 성립한 경우, 이를 행사하여 취소하는 법률행위는 채무자와 수익자 사이의 법률행위이고, 이 법률행위의 취소를 법원에 청구할 때의 피고는 수익자 또는 전득자가 된다. 가령 채무자가 사해행위로 수익자에게 부동산을 매도한 후, 수익자가 다시 이를 전득자에게 전매하여 전득자 명의로 소유권이전등기가 경료된 경우, 채권자는 채권자취소권의 행사로써 사해행위를 취소할 때 수익자에 대해서 취소할 수 있을 뿐 아니라, 전득자를 피고로 해서도 각각 채무자의 사해행위의 취소를 소구할 수 있다. 이 각각의 경우에 위 제척기간이 준수되어야 한다. 특히 민법 제406조의 2항의 단기제척기간의 적용이 있는 경우[12]에 채권자는 전득자를 피고로 한 채권자취소소송을 제기하더라도 사해행위가 있음을 안 날부터 1년 안에 제기하여야 한다. 수익자를 상대로 한 소송을 1년 내에 제기하였다는 사실은 전득자를 피고로 한 소송에서의 제척기간에 영향을 미치지 않는다.

대판 2005.6.9, 2004다17535

채권자가 전득자를 상대로 민법 제406조 제1항에 의한 채권자취소권을 행사하기 위해서는, 같은 조 제2항에서 정한 기간 안에 채무자와 수익자 사이의 사해행위의 취소를 소송상 공격방법의 주장이 아닌 법원에 소를 제기하는 방법으로 청구하여야 하는 것이고, 비록 채권자가 수익자를 상대로 사해행위의 취소를 구하는 소를 이미 제기하여 채무자와 수익자 사이의 법률행위를 취소하는 내용의 판결을 선고받아 확정되었더라도 그 판결의 효력은 그 소송의 피고가 아닌 전득자에게는 미칠 수 없는 것이므로, 채권자가 그 소송과는 별도로 전득자에 대하여 채권자취소권을 행사하여 원상회복을 구하기 위해서는 위에서 본 법리에 따라 민법 제406조 제2항에서 정한 기간 안에 전득자에 대한 관계에 있어서 채무자와 수익자 사이의 사해행위를 취소하는 청구를 하지 않으면 아니

12. 즉 채권자가 채무자의 사해행위가 있었고 채무자의 사해의사가 있었다는 것을 안 때부터 1년을 말한다.

된다.

유의할 것은 채권자가 전득자를 피고로 해서 사해행위취소소송을 제기할 때, 채무자와 수익자 사이의 사해행위의 취소를 구하는 것이지, 수익자와 전득자 간의 전득행위의 취소를 구하는 것이 아니라는 점이다(대판 2004.8.30, 2004다21923 참조).[13]

2. 채권자취소권의 행사 범위

2.1. 법률행위 중 일부만이 사해행위인 경우

법률행위 중 일부만이 사해행위인 경우가 있다. 이 경우 채권자취소권으로써 취소할 수 있는 것은 사해행위인 그 일부의 법률행위에 한정된다. 다음 판결들이 그 예이다.

대판 2006.6.29, 2005다73105

[사안] A는 피고와 이혼하면서 재산분할약정을 체결하였고, 자기 소유 부동산 전부를 피고에게 이전해 주었다. 이런 과도한 재산분할로 인해 A는 채무초과 상태에 빠지게 되었다. 원고는 A와 피고 간의 재산분할약정이 사해행위라고 하면서, 그 취소를 구하는 소송을 제기하였다. 여기서도 피보전채권의 범위 내에서 위 사해행위를 취소할 수 있겠지만, 무자력상태에 빠진 채무자라도 이혼을 할 경우 재산분할을 해 줄 의무가 있으므로, 그 약정 자체는 사해행위가 될 수 없다. 따라서 재산분할약정 중 어떤 부분이 사해행위로 인정되는지가 중요할 것이다. 즉 위 약정의 일부가 사해행위가 되는 것이 일반적일 것이다. 이런 경우 결국 채권자취소소송에 의해 재산분할약정의 일부를 취소하는 것으로 귀결될 것이다. 다음 판결이유는 이것이 어떤 근거로, 어떤 형태로 나타나는지를 잘 보여준다.

[대법원 판결] 대법원은 "이혼에 따른 재산분할을 함에 있어 혼인중 형성한 재산의 청산적 요소와 이혼 후의 부양적 요소 외에 정신적 손해(위자료)를 배상하기 위한 급부로서의 성질까지 포함하여 분할할 수 있는 것"(대법원 2000.10.10. 선고 2000다27084 판결, 2001.5.8. 선고 2000다58804 판결, 2005.1.28. 선고 2004다58963 판결 등 참조)임을 전제한 후, "이혼시의 재산분할이

---

13. 대판 2006.7.4, 2004다61280에서는 "채권자가 사해행위의 취소로서 수익자를 상대로 채무자와의 법률행위의 취소를 구함과 아울러 전득자를 상대로도 **전득행위의 취소를 구함에 있어서**, 전득자의 악의는 전득행위 당시 그 행위가 채권자를 해한다는 사실, 즉 사해행위의 객관적 요건을 구비하였다는 것에 대한 인식을 의미하므로, 전득자의 악의를 판단함에 있어서는 단지 전득자가 전득행위 당시 채무자와 수익자 사이의 법률행위의 사해성을 인식하였는지 여부만이 문제가 될 뿐이지, 수익자와 전득자 사이의 전득행위가 다시 채권자를 해하는 행위로서 사해행위의 요건을 갖추어야 하는 것은 아니다"라고 한다. 이런 법률론은 지지하기 어렵다.

민법 제839조의2 제2항의 규정 취지에 반하여 상당하다고 할 수 없을 정도로 과대하고, 재산분할을 구실로 이루어진 재산처분이라고 인정할 만한 특별한 사정이 없는 한 사해행위로서 채권자취소권의 대상이 되지 아니하고, 위와 같은 특별한 사정이 있어 사해행위로서 채권자취소권의 대상이 되는 경우에도 취소되는 범위는 그 상당한 부분을 초과하는 부분에 한정된다"고 한다. 또한 상당한 정도를 벗어나는 과대한 재산분할이라고 볼 만한 특별한 사정이 있다는 점에 관한 입증책임은 채권자에게 있다고 한다(대법원 2000.7.28. 선고 2000다14101 판결, 2000.9.29. 선고 2000다25569 판결 등 참조). 원심법원은 A의 적극재산(퇴직금의 경우 압류가 가능한 1/2의 한도, 이 사건 부동산의 가액)과 소극재산을 비교한 후, A가 채무초과상태에 있음을 확인한 후, 이 사건 부동산 전부를 피고에게 재산분할약정에 기해 소유권을 이전해 주었는데, 피고는 위 부동산 중 4/5 지분에 대해서만 재산분할로 정당하게 이전받았고, 이를 초과한 나머지 지분에 대한 소유권이전은 그 상당성을 벗어났다고 판단하였다. 이에 따라 원심법원은 부동산 소유권 지분 중 1/5의 지분에 해당되는 부분만큼의 재산분할약정의 취소를 인정하였다. 대법원도 원심법원의 판단이 정당하다고 하였다.

대판 2006.12.7, 2006다43620

[사안] A는 B로부터 돈을 빌리고 그 명의로 채권최고액 5억원의 근저당권을 설정해 주었다. 그 후 A는 채무초과상태에서 피고로부터 15억원을 차용하면서 피고 명의로 채권최고액 20억원의 근저당권을 설정해 주었다. 차용금 중 4억여원은 B에게 변제함으로써 근저당권을 소멸시켰다. 원고가 위 근저당권설정행위를 사해행위로 취소하고 근저당권말소등기청구소송을 제기하였는데, 원심법원은 피고에게 가액배상을 명하였다. 대법원은 다음과 같은 이유로 원심판결을 파기환송하였다.

[대법원 판결] 사해행위의 취소에 따른 원상회복은 원칙적으로 그 목적물 자체의 반환에 의하여야 하고, 그것이 불가능하거나 현저히 곤란한 경우에 한하여 예외적으로 가액배상에 의하여야 하는바, 근저당권설정계약 중 일부만이 사해행위에 해당하는 경우에는 그 원상회복은 근저당권설정등기의 채권최고액을 감축하는 근저당권변경등기절차의 이행을 명하는 방법에 의하여야 한다.

2.2. 취소채권자의 피보전채권의 한도에서 사해행위를 취소하는 경우

사해행위가 채무자의 제3채무자에 대한 금전채권을 수인의 채권자 중의 1인에게 대물변제한 것이거나(가령 대판 2003.6.27, 2003다15907의 사안), 채무자가 제3채무자가 보유하는 주식을 시가를 상회하는 가액으로 매수하고, 채무자의 제3채무자에 대한 채권으로써 매매대금을 상계처리한 경우(대판 2003.8.22, 2001다64073의 사안)와 같이 취소 후 원상회복할 것이 가액인 경우가 있을 수 있다. 이 경우 채권자는 자신의 채권액을 초과하여 취소권을 행사할 수 없다는 대법원 판결이 있다. 즉 사해행위 중 일부만을 취소하고 원상회복을 명하여야 한다는 것이다. 이 때 채권자의 채권액에는 사해행위 이후 사실심 변론종결시까지 발생한 이자나 지연손해금이 포함된다. 그 밖에도 특수한 사정으로 가액반환을 하여야 할 경우도 마찬가지라고 한다.

대판 2009.1.15, 2007다61618

채무자가 채무초과인 상태에서도 어음을 발행하였는데, 어음발행 당시의 채권자가 그 어음행위를 사해행위로서 취소를 구하는 사안이다. 대법원은, 사해행위 취소의 범위는 다른 채권자가 배당요구를 할 것이 명백하거나 목적물이 불가분인 경우와 같이 특별한 사정이 있는 경우에는 취소채권자의 채권액을 넘어서까지도 취소를 구할 수 있다 할 것이나(대법원 1997.9.9. 선고 97다10864 판결 참조), 이 사건의 경우 다른 하도급채권이 존재한다는 점 이외에는 달리 위 특별한 사정에 대한 주장 · 입증이 없으므로, 원고들의 피보전채권액에 한하여 취소를 명한 원심의 조치는 정당하고, 거기에 사해행위 취소의 범위에 관한 법리오해 등의 위법이 없다.

대판 2001.12.11, 2001다64547(가액반환)

① 근저당권이 설정되어 있는 부동산을 증여한 행위가 사해행위에 해당하는 경우, 그 부동산이 증여된 뒤 근저당권설정등기가 말소되었다면, 증여계약을 취소하고 부동산의 소유권 자체를 채무자에게 환원시키는 것은 당초 일반 채권자들의 공동담보로 제공되지 아니한 부분까지 회복시키는 결과가 되어 불공평하므로, 채권자는 그 부동산의 가액에서 근저당권의 피담보채무액을 공제한 잔액의 한도 내에서 증여계약의 일부 취소와 그 가액의 배상을 청구할 수밖에 없다.

② 채권자가 채권자취소권을 행사할 때에는 원칙적으로 자신의 채권액을 초과하여 취소권을 행사할 수는 없지만, 이 때 채권자의 채권액에는 사해행위 이후 사실심 변론종결시까지 발생한 이자나 지연손해금이 포함된다.

2.3. 취소채권자의 피보전채권액을 초과하더라도 그 사해행위 전부를 취소하는 경우

(1) 사해행위의 목적물이 불가분인 경우

채무초과 상태의 채무자가 자신의 유일한 부동산을 채권자 중 1인에게 대물변제하였다든지, 이를 매각한 경우 그 대물변제 또는 매매가 사해행위가 될 수 있다. 그 사해행위를 취소하고자 하는 채권자의 피보전채권(가령 1억원)이 부당산의 시가상당액(2억원)을 밑돌 것이라고 예상된다 하더라도 사해행위의 일부를 취소하여 부동산의 1/2 지분이전등기만을 말소할 것을 명해서는 안 된다. 민법 제407조로 인해 다른 채권자가 강제경매절차에 참가할 이익을 박탈해서는 안 되기 때문에(이 점은 아래 3.에서 후술), 원상회복은 원물반환이 우선해야 한다는 점, 부동산 전부가 아닌 지분을 경매절차에서 매각하는 것은 취소채권자만이 아니라 원상회복의무를 부담하는 수익자 또는 전득자에게도 불이익할 것이기 때문이다. 그러나 재판실무에서는 원상회복으로 가액배상을 명하는 경우에는 일부의 취소를 명하는 경우도 적지 않은 것으로 보인아. 다음 대법원 판결로 이런 실무관행과 무관하지 않을 것이다.

대법원 2015.12.23. 선고 2012다202932 판결

[사안] 소외 2는 2009. 3. 21. A 주택재개발정비사업조합(이하 '분양자 조합'이라고 한다.)으로부터 이 사건 아파트를 공급대금 10억 5,500만 원에 분양받으면서(이하 '이 사건 분양계약'이라 한다.) 계약금 1억 550만 원은 계약 당시 지급하고 중도금 6억 3,300만 원은 1억 550만 원씩 6회 분할하여 지급하며 잔금 3억 1,650만 원은 입주지정일에 지급하기로 약정하였다. 자신의 명의로는 더 이상 중도금대출을 받기 어렵게 되자, 소외 2는 소외 1과 이 사건 분양계약의 수분양자 명의를 소외 1에게 신탁하기로 약정하고 2009. 12. 30. 위 공급대금에 웃돈 250만 원을 가산한 금액을 매매대금으로 하여 소외 1에게 이 사건 아파트의 분양권을 매도하는 계약을 체결하였다. 이어 위 분양자 조합의 승인을 받아 수분양자 명의를 소외 1로 변경하였다. 분양자조합이 위 명의신탁약정을 알지 못하였음은 물론이다. 소외 1은 '소외 회사'의 대표이사였는데, 소외 회사가 613,704,633원에 해당하는 법인세 신고를 누락하였고, 이에 원고가 2010. 10. 26. 수입금액 누락에 따른 법인세에 대하여 납부기한을 2011. 1. 31.로 하여 납부고지하였으나 소외 회사는 이를 납부하지 아니하였다. 원고는 2011. 3. 16. 소외 회사의 대표자인 소외 1을 법인세의 제2차 납세의무자로 지정하고 미납 법인세를 납부고지하였다. 소외 1이 원고로부터 위와 같이 법인세 납부를 고지받자 2011. 4. 1. 곧바로 소외 1의 남동생이며 소외 2의 남편인 피고에게 이 사건 아파트의 수분양권을 매도하고 분양자 조합의 승낙을 받아 수분양자 명의를 피고로 변경하였다. 원고는 위 분양권 매매에 대해 채권자취소 및 원상회복을 구하였다. 원심법원은 위 분양권매매가액이 원고의 조세채권액 144,237,760원을 초과하고 있음이 명백하므로 피고와 소외 1 사이에 2011. 4. 1. 체결된 이 사건 아파트에 관한 분양권 매매계약은 144,237,760원의 한도 내에서 취소되어야 하고, 피고는 원고에게 그 원상회복으로 144,237,760원 및 이에 대한 지연손해금을 지급할 의무가 있다고 판단하였다.

[대법원 판결] 먼저 대법원은 "아파트의 수분양자가 타인과의 사이에 대내적으로는 자신이 수분양권을 계속 보유하기로 하되 수분양자 명의만을 그 타인의 명의로 하는 내용의 명의신탁약정을 맺으면서 분양계약의 수분양자로서의 지위를 포괄적으로 이전하는 내용의 계약인수약정을 체결하고 이에 대하여 위 명의신탁약정의 존재를 모르는 분양자가 동의 내지 승낙을 한 경우, 이는 이른바 계약명의신탁 관계에서 명의수탁자가 당초 명의신탁약정의 존재를 모르는 분양자와 사이에 분양계약을 체결한 경우와 다를 바 없으므로, 위 분양계약인수약정은 유효하다."라고 전제하였다. 이어 "… 사해행위 취소소송에서 수익자의 악의는 추정되므로 수익자가 그 책임을 면하려면 자신의 선의를 증명할 책임"이 있고, "사해행위 당시 수익자가 선의였음을 인정하기 위해서는 객관적이고도 납득할 만한 증거자료 등이 뒷받침되어야 하며, 채무자의 일방적인 진술이나 추측에 불과한 사정 등에만 터 잡아 사해행위 당시 수익자가 선의였다고 선뜻 단정하여서는 아니 된다."는 이유로 피고의 상고를 기각하였다.

위 대법원 판결에서처럼 아파트 분양계약자의 명의신탁이 과연 '부동산 실권리자 명의 등기에 관한 법률(이하 부동산실명법이라 한다)' 제4조 제1항에 따라 무효가 되는지 의문이고,[14] 이를 계약명의신탁으로 보아야 하는지도 의문이다.[15] 이 문제는

---

14. 이 사안에서는 부동산 등기명의를 소외 1 및 피고의 명의로 하기로 한 약정이 아니라, 분양계약자의

차치하더라도, 위 사안에서 과연 분양계약의 일부를 취소하고, 가액배상을 명하는 것이 가능한지가 의문이다. 첫째, 분양계약의 일부가 취소된다면 장차 취득할 부동산소유권의 일부가 취소되는 것이어서, 이를 환가하기가 매우 어려워 취소채권자나 수익자 또는 전득자에게 불이익하게 된다. 둘째, 수분양권 일부가 취소되는 것은 분양계약의 일부를 취소하는 것이어서, 민법 제407조를 감안할 때 원물반환이 가능한 것이므로, 일부 지분 소유권이전등기청구권을 환가하여야 한다. 따라서 민사집행법 제244조에 따라 환가하였어야 하지, 가액배상을 명할 사안이 아니다.

사해행위인 부동산 매매를 취소하면서 그 일부만을 취소하고 가액배상을 구하는 것은 민법 제407조로 인해 현행법 해석론으로는 타당하지 않다. 원물반환을 해야 할 사안에서는 사해행위인 부동산 매매계약 전부를 취소하고, 원상회복으로 소유권이전등기의 말소를 구해야만 수익자 또는 전득자에게 불리하지 않을 뿐 아니라, 민법 제407조의 취지에도 부합한다. 원물반환이 가능하지 않은 경우라 하더라도, 부동산매매계약 전부를 취소하되, 가액배상으로 그 부동산의 가액과 피보전채권 중 적은 금액의 지급을 명하면 될 것이다. 원상회복의 방법이 원물반환이든, 가액반환이든 취소의 범위가 달라져서는 안 될 것이다.

(2) 사해행위의 대상이 분할가능하지만, 다른 채권자가 배당요구를 할 것이 명백한 경우

대법원은 이러한 경우 취소채권자의 피보전채권의 범위에 한정하여 사해행위

명의를 소외 1 및 피고로 하기로 한 약정이기 때문에 엄격하게 해석되어야 할 강행법규인 부동산실명법의 적용범위를 너무 넓게 확대하였다고 비판할 여지가 있다. 가령 대판(전) 2001.3.15, 99다48948의 사안에서 다수의견은 피담보채권을 명의신탁한 후 수탁자 명의로 저당권등기가 경료된 사안에서 부동산실명법을 적용하려는 소수의견을 배척한 바 있었다.

15. 아파트 분양계약은 아파트 매매계약과 도급계약이 복합된 성격을 가진다. 아파트의 하자에 관하여 도급계약의 법리로 다루는 것은 대판 2015.4.23, 2011다63383 등 참조. 분양대금에 관하여 매매계약으로 다루는 판결은 대판 2011.4.14, 2010다96072 등 참조. 수분양권은 계약 당사자로서 보유하는 채권적 지위를 포괄적으로 지칭하는 것이다. 이를 양도할 때 양도의 당사자는 양도인과 양수인이며, 분양자의 동의는 계약상의 지위 인수에 대한 동의로서 채권양도에서 하는 채무자의 동의와 다를 바 없다(대판 2011.7.14, 2009다49469도 아파트 분양계약을 이런 관점에서 다루고 있다). 이때의 동의를 분양권 양수인과 분양자 간의 별도의 계약으로 보는 것은 무리이다. 여기에 계약명의신탁의 법리를 적용하는 것 역시 부동산실명법 제4조 제3항을 지나치게 확대한 것이다. 분양권 양도에 설사 부동산실명법을 적용한다 하더라도, 위 사안의 명의신탁은 2자간 명의신탁으로 구성하였어야 할 것이다.

의 취소를 명하는 것이 아니라, 사해행위 전부의 취소를 명해야 한다고 한다. 다음 판결의 예를 보자.

대판 1997.9.9, 97다10864

채무자 A가 회사를 운영하면서 원고들을 비롯한 40여 명의 개인들로부터 회사운용자금 및 금융기관대출금, 사채이자 등의 지급에 사용하겠다는 명목으로 무담보로 차용한 돈이 합계 금 43억 원 달하였는데도 부도일로부터 5일 뒤에 피고 B와 사이에 A가 부도 당시까지 피고 B에게 부담하고 있던 채무 금 4억 5천만원 상당과 위 피고가 앞으로 위 A를 대신하여 변제하게 될 위 회사의 외상대금 채무 금 2억 상당 등에 대한 담보조로 A 소유 부동산에 근저당설정등기를 마쳤다. 이 사안에서는 '채무자의 재산이 채무의 전부를 변제하기에 부족한 경우 채무자가 자신의 재산의 일부인 부동산을 어느 특정 채권자에게 채무담보로 제공한 행위는 다른 채권자들에 대한 관계에서 그들의 공동담보를 감소시키거나 또는 이에 준하는 행위로서 채권자들이 종전보다 더 불리한 지위에 놓이게 되므로 특별한 사정이 없는 한 이는 곧 다른 채권자들의 이익을 해하는 것이 되어 사해행위'가 되고, A의 근저당설정행위는 원고들을 해함을 알고 한 사해행위에 해당한다고 판단하였다. 여기서는 원고가 자신의 피보전채권액을 넘어 저당권설정행위 전부를 취소할 수 있는지가 쟁점이다.

대법원은 '사해행위 취소의 범위는 다른 채권자가 배당요구를 할 것이 명백하거나 목적물이 불가분인 경우와 같이 특별한 사정이 있는 경우에는 취소채권자의 채권액을 넘어서까지도 취소를 구할 수 있다'고 하였다.

위와 같은 특별한 사정이 없다면, 위 사안에서는 저당권설정행위의 일부(취소채권자의 피보전채권액의 한도까지)를 취소할 수 있다고 했을 것이다. 대판 2006.6.29, 2004다5822에서도 채권자 중 1인에게 저당권을 설정해 준 것이 사해행위라고 판단한 후, 취소채권자의 피보전채권액을 초과하여 저당권설정행위 전부의 취소를 인정하였는데, 이 역시 다른 채권자가 배당요구를 할 것이 명백하다고 보았기 때문이다.

2.4. 취소채권자의 피보전채권액과 무관하게 사해행위 전부를 취소해야 할 필요성

첫째, 가액배상을 명하는 경우에도 사해행위 전부의 취소는 수익자 또는 전득자에게 추가적인 불이익이 발생하지 않는다. 취소채권자의 피보전채권의 한도에서 가액배상을 하기 때문이다. 또한 가액배상은 취소채권자 자신의 권리이기 때문에 다른 채권자들은 민법 제407조를 원용하는 것이 허용되지 않을 뿐 아니라, 취소채권자와 수익자 사이의 사해행위 취소의 효력은 다른 채권자에게는 아무런 영향도 미치지 않는다.[16] 둘째, 원상회복으로 원물반환을 해야 할 경우 민법 제407조를 고려하여야 한다. 취소채권자가 원물로 반환된 채무자의 책임재산을 공취할 경우 다른 채권자가 그 환가절차에 참여할 수 있다. 다른 채권자의 참여 여부는 취소채권자가 제기한 소에서는 알 길이 없는 것이 일반적이다. 그런데 피보전채권의 한도에서만 사해행위가 취소되면 취소채권자의 채권실현이 어려워지는 문제가 발생할 수 있다.[17] 취소채권자가 자신의 미실현 채권의 보전을 위해 채권자취소권을 또 행사하는 것은 기판력에 반할 것이기 때문이다.

3. 원상회복청구권

3.1. 원상회복청구권의 성격

채권자가 채무자에게서 이탈된 책임재산을 수익자 또는 전득자로부터 회복하기 위해 제기하는 사해행위취소의 소에서, 그 취소의 효과는 채권자와 수익자 또는 채권자와 전득자 사이의 관계에서만, 수익자 또는 전득자가 취소채권자에 대하여 채무자에게서 이탈된 책임재산을 원상으로 회복할 채권적 의무를 부담하는 것으로 타나난다(채권자취소권의 상대적 효과 = 채권적 효과). 이 원상회복의무는 취소채권자와의 관계에서 생기는 법률효과이기 때문에, 채무자의 다른 채권자가 채무자를 대위하여 원상회복청구권을 행사하는 것은 가능하지 않다(채권자대위권의 요건을 갖춘 취소채권자의 채권자가 대위행사할 수 있는가는 별론으로 한다). 달리 표현하면, 사해행위가 취소됨으로써 취소채권자(민법 제407조의 채권자 포함)와 수익자 또는 취소채권자(민법 제407조의 채권자 포함)와 전득자 사이에서만 원상회복의무인 채권적 관계가 성립하는 것이며, 그 밖의 제3자와의 관계에서는 이런 채권적 관계가 성립하지 않는다. 더구나 취소채권자의 원상회복청구권으로 외형상 채무자의 책임재산으로 되었다 하더

---

16. 대판 2009.1.15, 2007다61618에서는 가액배상을 명하는 판결임에도 불구하고, "사해행위 취소의 범위는 다른 채권자가 배당요구를 할 것이 명백하거나 목적물이 불가분인 경우와 같이 특별한 사정이 있는 경우에는 취소채권자의 채권액을 넘어서까지도 취소를 구할 수 있다 할 것"이라고 전제하고 있다. 가액배상의 경우 다른 채권자가 배당요구를 할 가능성 자체가 없기 때문에 이런 논리는 불필요하다.

17. 한편 부동산 매매와 같이 원물반환만이 가능한 경우에는 피보전채권의 한도로 사해행위를 취소할 수 없게 되므로, 취소채권자에게 불이익이 생기는 일도 발생하지 않는다.

라도, 그 재산은 채무자의 책임재산으로 실질적으로 복귀하는 것도 아니다(대판 2006.8.24, 2004다23110; 대판 2001.5.29, 99다9011; 대결 2002.5.10, 2002마1156; 대판 2003.7.11, 2003다19558 등 참조).

경우에 따라서는 채권자취소권의 행사가 있는 것만으로 이탈된 재산이 취소채권자와의 관계에서 채무자의 책임재산으로 복귀되는 것과 동일한 효과가 발생하는 경우도 있다. 이 때에는 취소채권자가 별도로 원상회복청구권을 행사할 필요는 없다. 다음 판결의 사안이 그 예이다.

대판 2003.8.22, 2001다64073

[사안] A는 C 은행에 대해 153억원의 대출금채권, B는 C 은행에 대한 250억 2,000만원의 대출금채권 및 피고는 C 은행에 대한 235억원의 대출금채권을 보유하고 있었다. A와 B는 각각 피고로부터 피고가 보유하던 주식을 매수하는 계약을 체결하였는데, 그 매매대금은 증권거래소 거래가격보다 12 내지 16배 높은 가격이었다. 이 때 주식매매대금의 지급에 갈음하여 A는 매수대금 중 160억 8,000만원은 A가 피고에 대하여 가지고 있던 동액 상당의 대출금채권으로 상계하였고, 나머지 매매대금은 A, B가 C로부터 신규로 자금을 차용하여 피고에게 이를 현금으로 지급하였다. 피고는 A와 B에게 위 주식을 증권거래소 거래가격보다 12 내지 16배 높은 가격으로 매도하여 얻은 이익으로써 C 은행에 대한 대출금 235억원과 A에 대한 대출금 160억 8,000만원을 변제하여 재정상태를 개선하게 되었다. A와 B는 피고가 보유하고 있던 주식을 높은 가격으로 매수함으로 인하여 피고가 얻은 이익 상당의 손실을 입게 되었다. 결과적으로 C 은행으로서는 235억원의 대출금채무자가 피고로부터 A, B로 교체되는 결과가 초래되었고, 그 여파로 C는 파산하였다. C 은행이 파산된 후 파산관재인은 피고를 상대로 채권자취소소송을 제기하여 위 주식매매계약을 취소와 원상회복을 구하였다. 원심법원과 대법원은 원고의 청구를 인용하였다. 원상회복청구에 있어서 원고는, 위 사해행위 취소로 인한 원상회복 또는 부도로 무자력이 된 A를 대위하여 A의 피고에 대한 대출금채권 160억 8,000만원 중 12,605,763,547원을 직접 원고에게 지급하여야 한다고 주장하였다. 대법원은 다음과 같은 이유로 원상회복청구권을 배척한 원심판결을 수긍하였다.

[대법원 판결] 사해행위에 해당하는 금원의 범위(126억여원) 내의 주식매매의 반대급부로 수익자가 취득한 수익은 현실의 금전 등 유체물이 아니라 채무자의 상계의 의사표시에 의하여 수익자의 채무자에 대한 기존의 채무가 대등액에서 소멸함으로써 그 채무를 면하게 된 이익인데, 그 사해행위인 매매가 취소되는 경우에는 그 취소의 효과로 인하여 당연히 취소채권자로서는 위 매매의 효력이 유효하게 존속함을 전제로 하여 이루어진 상계의 효력, 즉 기존채무 소멸의 효과를 부정할 수 있다. 그러므로 별도로 채무자의 상계의 의사표시를 취소할 것도 없이 채무자(A)의 수익자(피고)에 대한 기존의 채권이 부활하는 것으로 취급할 수 있는 것이고, 그로써 취소채권자는 사해행위 취소의 목적을 달성하게 되는 것으로서 달리 수익자에게 반환을 명할 수익이 남아 있는 것도 아니다. 또한 수익자에 대하여 금전채권의 이행을 별도로 직접 또는 대위의 방법에 의하여 구할 것까지는 없다.

위 사안처럼 취소채권자가 원상회복청구권을 별도로 행사하지 않아도 되는 경우도 있지만, 그렇지 않을 때는 취소채권자는 채권적 원상회복청구권을 행사하여야만 이탈된 재산을 채무자의 책임재산으로 복귀시킬 수 있다. 이 원상회복청구권은 채권자취소소송을 제기하면서 동시에 제기할 필요는 없다. 사해행위 취소 후 별도로 원상회복청구를 하면 된다. 여기에는 민법 제406조의 제척기간이 적용되지 않는다(대판 2001.9.4, 2001다14108 참조). 원상회복청구권은 사해행위 취소로 비로소 성립하였으므로 그 때로부터 10년의 소멸시효에 걸린다고 할 것이다. 그런데 전득자를 상대로 하여 원상회복을 청구하기 위해서는 전득자와의 관계에서 다시 채무자와 수익자 간의 사해행위를 취소해야 하기 때문에, 그 취소소송은 민법 제406조의 제척기간 내에 제기하여야 한다.

3.2. 원상회복청구권과 원물반환 원칙

민법 제406조의 원상회복청구권은 취소채권자의 채권적 권리이지, 채무자나 다른 채권자의 권리가 아니다. 그럼에도 불구하고, 그 채권이 실현되면 민법 제407조에 따라 모든 채권자의 이익을 위하여 효력이 있다. 결과적으로 취소채권자는 민법 제407조의 모든 채권자를 위해 무상으로 공익적 기능을 수행한 셈이 된다. 이런 현행법 규정으로 인해 사해행위의 취소에 따른 원상회복은 원칙적으로 그 목적물 자체의 반환에 의하여야 한다(대판 2009.3.26, 2007다63102). 그래야만 채무자에게서 이탈된 책임재산의 환가금액에서 다른 채권자들도 만족을 얻을 수 있기 때문이다.

물론 원물로 반환하는 것이 불가능하거나 현저히 곤란한 경우에는 예외적으로 가액반환에 의하여야 한다. 원물반환이 불가능하거나 현저히 곤란한 경우라 함은 원물반환이 단순히 절대적·물리적으로 불능인 경우가 아니라 사회생활상의 경험법칙 또는 거래상의 관념에 비추어 채권자가 수익자나 전득자로부터 이행의 실현을 기대할 수 없는 경우를 말한다. 가령 사해행위로 주식양도가 취소된 경우, 주식 자체를 원물로 반환해야 한다. 사정변경에 따른 주식 가치의 변동이 있더라도 이는 주식의 통상적인 속성에 포함되는 것이며, 그렇더라도 주식 자체의 성질이나 내용에는 변화가 없으므로, 주식 가치가 변경되었다는 이유로 이를 가액배상의 사유로 삼을 수는 없다고 한다(대판 2009.3.26, 2007다63102). 다음 판결은 사회생활상의 경험법칙 또는 거래관념상 원물반환이 불가능한 경우인지를 다룬 것이다.

대판 2007.7.12, 2007다18218

[사안] 채무초과상태에 있던 A는 피고에게 코스닥에 상장된 이 사건 주식 양도계약을 체결하고 주식을 양도하였다. 피고는 이 주식을 처분하였는데, 그 양도행위가 사해행위로서 취소되었다. 원심법원은 원상회복으로 이 사건 주식을 A에게 반환하여야 하는데, 피고가 이 사건 주식을 처분한 이상 양수한 주식 자체를 반환할 수 없으므로 원고에게 그 가액을 배상할 의무가 있다고 판단하였다. 대법원은 다음과 같은 이유로 원심판결을 취소하였다.

[대법원 판결] "원물반환이 불가능하거나 현저히 곤란한 경우라 함은 원물반환이 단순히 절대적·물리적으로 불능인 경우가 아니라 사회생활상의 경험법칙 또는 거래상의 관념에 비추어 그 이행의 실현을 기대할 수 없는 경우"를 말한다고 하면서, 피고가 반환하여야 할 대상은 코스닥 상장법인인 B의 보통주이고, 원심 변론종결 당시 B의 총 발행주식은 10,610,710주로서 코스닥 시장에서 활발하게 거래되고 있었는데, 피고로서는 대체물인 B의 보통주를 제3자로부터 취득하여 반환할 수 없다는 등의 특별한 사정이 없는 한 위 주식 중 원상회복을 할 수량을 다시 취득하여 이를 원고에게 양도함으로써 원물반환의무를 이행할 수 있다. 피고가 A로부터 양도받은 주권 그 자체를 보유하고 있지 않다는 사실만으로 피고의 주식반환의무가 불가능하게 되었다고 할 수는 없다.

한편 원물반환의 경우 가령 소유권이전등기의 말소를 명하는 것일 때에는 취소채권자는 자신의 이름으로 수익자 또는 전득자를 상대로 소유권이전등기말소등기절차를 협력할 것을 구하면 된다. 등기말소청구를 채권자대위권을 행사하여 할 것이 아니라, 취소채권자의 원상회복청구권에 기해서 하는 것이다. 물론 확정된 승소판결을 얻어 단독으로 등기말소신청을 할 때, 취소채권자는 채권자대위권에 기한 등기신청을 하게 될 것이다. 또한 원물반환으로 동산의 반환을 구하는 경우, 취소채권자는 수익자 또는 전득자에게 자기에게 반환할 것을 청구하면 된다. 취소채권자는 채무자를 위한 일종의 법정 재산관리권이 있기 때문에 채무자에게 회복되는 재산을 자신이 수령할 수 있기 때문이다.

3.3. 원상회복청구권과 가액반환의 예외

사해행위 취소 후 원물반환이 불가능하거나 현저히 곤란한 경우에는 원상회복의무의 이행으로서 사해행위 목적물의 가액 상당의 배상을 명하여야 한다(대판 2003.12.12, 2003다40286 등 참조). 가액배상에 있어서는 일반 채권자들의 공동담보로 복귀되어야 할 것, 즉 사해행위로서 취소된 범위에 속하는 가액을 취소채권자의 피보전채권의 한도에서 배상해야 한다(대판 2008.11.13, 2006다1442). 원상회복청구권은 취소채권자 개인의 채권적 권리이기 때문에 그 한도에서 가액배상하도록 하는 것 타당할 것이고, 그것을 초과하는 가액을 배상하도록 하려면 별도의 입법이 있어야만 할 것이기 때문이다. 가령 사해행위 후 그 목적물에 관하여 선의의 제3자가 저당권을 취득한 경우 원물반환이 가능하지 않기 때문에 가액배상을 해야 할 것인데, 그 가액배상에 있어서는 사해행위로 취소되어 채무자에게 복귀되어야 할 부동산의 가액 전부의 배상을 명하여야 한다. 그 가액에서 제3자가 취득한 저당권의 피담보채권액을 공제할 수는 없다.[18] 또한 증여의 형식으로 이루어진 사해행위를 취소하고 원물반환에 갈음하여 그 목적물 가액의 배상을 명함에 있어서도 수익자에게 부과된 증여세액과 취득세액을 공제하여 가액배상액을 산정할 것이 아니라, 증여된 부동산의 가액 전체의 배상을 명해야 한다(대판 2003.12.12, 2003다40286 등 참조). 나아가 채권자가 사해행위를 전부 취소하고 원상회복을 구하는 경우, 채권자의 주장 속에는 사해행위를 일부 취소하고 가액의 배상을 구하는 취지도 포함되어 있기 때문에, 법원은 채권자가 원상회복만을 구하는 경우에도 가액의 배상을 명할 수 있다. 아래에서는 가액배상을 명하는 대법원 판결례 몇 가지를 살펴본다.

대판 2001.2.27, 2000다44348

채무자와 수익자 사이의 저당권설정행위가 사해행위로 인정되어 저당권설정계약이 취소되는 경우에도 당해 부동산이 이미 입찰절차에 의하여 낙찰되어 대금이 완납되었을 때에는 낙찰인의 소유권취득에는 영향을 미칠 수 없으므로, 채권자취소권의 행사에 따르는 원상회복의 방법으로 입찰인의 소유권이전등기를 말소할 수는 없고, 수익자가 받은 배당금을 반환하여야 한다.

대판 2001.9.4, 2000다66416

근저당권이 설정되어 있는 부동산에 관하여 사해행위가 이루어진 후 근저당권이 말소된 경우, 그 부동산의 가액에서 근저당권 피담보채무액을 공제한 나머지 금액의 한도에서 사해행위를 취소하고 가액의 배상을 명하여야 한다. 이 때 가액의 산정은 사실심 변론종결시를 기준으로 하여야 한다. 만약 기존의 근저당권이 말소된 후 사해행위에 의하여 그 부동산에 관한 권리를 취득한 전득자

---

18. 수익자가 선의의 제3자에게 저당권을 설정해 준 경우 원상회복이 가능하지 않은 것이 원칙이다. 여기서 유의할 것은 매우 드문 경우이기는 하겠지만, 그럼에도 불구하고 취소채권자가 부득불 원상회복을 고집할 경우, 법원은 가액배상을 명할 수도 있지만, 수익자로 하여금 저당권의 부담 있는 상태대로 채무자 명의로 소유권이전등기를 경료하게 할 수도 있다(대판 2001.2.9, 2000다57139 참조). 이 때 취소채권자는 저당권부 소유권을 강제환가하여 자기 채권의 만족을 얻을 수 있을 것인데, 그 환가대금에서 저당권자가 우선변제받은 후 남은 금액에서 채무자의 다른 채권자가 있으면 그와 함께 평등하게 배당받아 갈 수 있다. 만약 어떤 사정으로 취소채권자가 환가대금에서 만족을 얻지 못한 경우, 다시 수익자를 상대로 원상회복청구권의 행사로 가액배상을 청구할 수는 없다. 이 때의 청구에는 전소의 청구와 동일한 소송물이어서 기판력이 미치며, 권리보호의 실익이 없으므로 소각하될 것이다. 대판 2006.12.7, 2004다54978 참조.

와의 관계에서도 사해행위가 취소되었다면, 사실심 변론종결시의 부동산 가액에서 말소된 근저당권 피담보채무액을 공제한 금액의 한도에서 그가 취득한 이익에 대한 가액 배상을 명할 수 있다.

대판 2009.1.15, 2007다61618

가액배상의무는 사해행위의 취소를 명하는 판결이 확정된 때에 비로소 발생하므로 그 판결이 확정된 다음날부터 이행지체 책임을 지게 되고, 따라서 소송촉진 등에 관한 특례법 소정의 이율은 적용되지 않고 민법 소정의 법정이율이 적용된다(대법원 2002.3.26. 선고 2001다72968 판결 참조). 따라서 가액배상금에 대한 지연손해금으로서 이 판결확정일 다음날부터 완제일까지 민법 소정의 법정이율인 연 5%의 비율에 의한 지연손해금을 인용한 원심법원의 조치는 정당하다.

대판 2001.6.12, 99다51197

[사안] 채무초과 상태에 있던 A는 이 사건 부동산을 피고에게 1억5900만원에 매도하고 소유권을 이전하였다. 그 매매 이전에, 그 부동산에는 B 명의의 선순위의 근저당권이 마쳐져 있었고, 그 후 C는 A와 임대차계약을 체결하여 주택임대차보호법 제3조의 대항요건을 갖춘 상태에서 입주하고 있었지만, C는 위 사해행위 당시 임대차계약서에 확정일자를 받지 아니한 상태였고, 그렇다고 해서 소액보증금임차인도 아니었다. 피고는 매매대금으로 현금 1000만원을 지급한 후, 나머지 중 일부는 자신의 A에 대한 임차보증금반환채무와 상계하고, 나머지는 A의 C에 대한 보증금반환채무를 인수하기로 하고, 또 B에 대한 채무를 이행인수하는 것으로 갈음하기로 하였다. 그 후 C는 임대차계약서에 확정일자를 받았고, 피고는 B에 대한 피담보채무를 변제함으로써 근저당권을 말소시켰다. A와 피고 간의 사해행위는 취소되었는데, 원물반환을 인정하면 근저당권의 부담없는 부동산의 소유권이 복귀되므로, 원래 공동담보에 공여되었던 재산 이상이 회복될 것이어서 가액배상을 명하였다. 그런데 피고는 C의 임대차보증금반환채권도 공제대상이 되어야 한다고 항변하였다.

[대법원 판결] 이 사건 부동산에 관하여는 이미 B 명의의 선순위 근저당권이 마쳐져 있어 C의 임차권은 이 사건 부동산이 경락되는 경우 선순위의 근저당권보다 뒤에 대항력을 갖춘 것으로서 소멸할 운명에 처하여 이 사건 부동산에 대한 A와 피고간의 매매계약 당시 이 사건 부동산의 가액 중 C의 임차보증금에 해당하는 부분도 특별한 사정이 없는 이 사건에서는 일반채권자들의 공동담보로 될 수 있었으므로 사해행위 당시 임대차계약서에 확정일자를 받지 아니하여 우선변제권을 가지고 있지 못하였을 뿐 아니라, 주택임대차보호법상의 소액임차인에 해당하지도 않는 C의 임차권에 기한 임차보증금채권은 피고에 대하여 사해행위의 취소로 인한 가액의 배상을 명함에 있어 피고가 배상할 가액에서 공제할 것이 아니다.

사해행위취소로 인한 원상회복으로서 원물반환이 아닌 가액배상을 명할 때, 가액배상청구권은 취소채권자 개인의 채권이므로 그 이행의 상대방도 취소채권자여야 한다(대판 2008.4.24, 2007다84352). 민사집행법에서는 취소채권자 개인의 채권인 가액배상청구권으로부터 채무자의 다른 채권자의 채권을 실현시켜 줄 수 있는 절차를 마련하지 않는다. 따라서 다른 채권자들이 위 가액배상금에 대하여 배당요구를 할 수 없다(대판 2008.11.13, 2006다1442).

대판 2008.6.12, 2007다37837

사해행위의 취소와 원상회복은 모든 채권자의 이익을 위하여 그 효력이 있으므로(민법 제407조), 채권자취소권의 행사로 채무자에게 회복된 재산에 대하여 취소채권자가 우선변제권을 가지는 것이 아니라 다른 채권자도 총채권액 중 자기의 채권에 해당하는 안분액을 변제받을 수 있는 것이지만, 이는 채권의 공동담보로 회복된 채무자의 책임재산으로부터 민사집행법 등의 법률상 절차를 거쳐 다른 채권자도 안분액을 지급받을 수 있다는 것을 의미하는 것일 뿐, 다른 채권자가 이러한 법률상 절차를 거치지 아니하고 취소채권자를 상대로 하여 안분액의 지급을 직접 구할 수 있는 권리를 취득한다거나, 취소채권자에게 인도받은 재산 또는 가액배상금에 대한 분배의무가 인정된다고 볼 수는 없다. 가액배상금을 수령한 취소채권자가 이러한 분배의무를 부담하지 아니함으로 인하여 사실상 우선변제를 받는 불공평한 결과를 초래하는 경우가 생기더라도, 이러한 불공평은 채무자에 대한 파산절차 등 도산절차를 통하여 시정하거나 가액배상금의 분배절차에 관한 별도의 법률 규정을 마련하여 개선하는 것은 별론으로 하고, 현행 채권자취소 관련 규정의 해석상으로는 불가피하다.

원상회복청구권의 행사로 부동산이 채무자에게 회복된 경우에는 민법 제407조의 채권자들도 그 부동산의 강제집행절차에서 배당에 참여할 수 있는 것과 대비된다. 민사집행법상 다른 채권자가 가액배상을 배분받을 방법이 없기 때문에, 취소채권자가 가액배상청구권을 가지는 경우 자신의 채권을 사실상 우선변제받는 결과가 될 수 있다.

한편 원상회복의 방법으로 가액배상을 구하여야 하는 사안에서는, 동일한 수익자 또는 전득자에 대해 또 다른 취소채권자가 사해행위 취소소송을 제기한 후 자신이 피보전채권의 한도에서 가액배상을 청구할 수 있다. 이 때 사해행위의 취소 및 원상회복을 청구하는 채권자들의 총채권액이 수익자 등이 배상할 가액을 초과하는 경우에도 각 채권자의 피보전채권의 한도만큼 가액배상청구가 인용된다.

대판 2008.4.24, 2007다84352

채권자취소권의 요건을 갖춘 각 채권자는 고유의 권리로서 채무자의 재산처분 행위를 취소하고 그 원상회복을 구할 수 있는 것이므로 여러 명의 채권자가 동시에 또는 시기를 달리하여 사해행위취소 및 원상회복청구의 소를 제기한 경우 이들 소가 중복제소에 해당하지 아니할 뿐만 아니라, 어느 한 채권자가 동일한 사해행위에 관하여 사해행위취소 및 원상회복청구를 하여 승소판결을 받아 그 판결이 확정되었다는 것만으로는 그 후에 제기된 다른 채권자의 동일한 청구가 권리보호의 이익이 없게 되는 것은 아니고, 그에 기하여 재산이나 가액의 회복을 마친 경우에 비로소 다른 채권자의 사해행위취소 및 원상회복청구는 그와 중첩되는 범위 내에서 권리보호의 이익이 없게 된다. 여러 명의 채권자가 사해행위취소 및 원상회복청구의 소를 제기하여 여러 개의 소송이 계속 중인 경우에는 각 소송에서 채권자의 청구에 따라 사해행위의 취소 및 원상회복을 명하는 판결을 선고하여야 하고, 수익자(전득자를 포함한다)가 가액배상을 하여야 할 경우에도 수익자가 반환하여야 할 가액을 채권자의 채권액에 비례하여 채권자별로 안분한 범위 내에서 반환을 명할 것이 아니라, 수익자가 반환하여야 할 가액 범위 내에서 각 채권자의 피보전채권액 전액의 반환을 명하여야 한다.

확정된 승소판결을 얻은 취소채권자 중 먼저 수익자 또는 전득자로부터 가액배상을 받는 자가 사실상 우선변제를 받는 셈이 된다. 수익자 또는 전득자가 배상할 가액을 선행의 취소채권자에게 이미 다 지불하였다면, 후행의 취소채권자의 강제집행에 대해 청구이의의 소로써 대항할 수 있다.

나아가 어떤 채권자가 수익자 또는 전득자에 대해 사해행위취소 및 원상회복청구를 하여 승소판결을 받아 그 판결이 확정되었고, 그에 기하여 재산이나 가액의 회복을 마치지 않았다면, 그 채권자는 자신의 피보전채권에 기하여 다른 수익자에 대하여 별도로 사해행위취소 및 원상회복청구를 할 수 있다. 채권자가 여러 수익자들을 상대로 사해행위취소 및 원상회복청구의 소를 제기하여 여러 개의 소송이 계속중인 경우 각 소송에서 채권자의 청구에 따라 사해행위의 취소 및 원상회복을 명하는 판결을 선고하여야 하며, 수익자가 가액배상을 하여야 할 경우에도 다른 소송의 결과를 참작할 필요 없이 수익자가 반환하여야 할 가액 범위 내에서 채권자의 피보전채권 전액의 반환을 명하여야 한다(대판 2008.11.13, 2006다1442). 물론 어떤 수익자 또는 전득자에 대해 가액을 배상받았다면, 그 한도에서 다른 수익자 또는 전득자에 대한 가액배상청구권의 액수가 감축된다.

마찬가지로 수인의 취소채권자가 사해행위 취소소송 및 원상회복(가액배상)청구소송을 제기한 경우, 선행의 취소채권자가 재산이나 가액의 회복을 마친 경우에 비로소 다른 채권자의 채권자취소 및 원상회복청구는 그와 중첩되는 범위 내에서 권리보호의 이익이 없게 된다(대판 2003.7.11, 2003다19558).

3.4. 원물반환과 가액반환의 사실상의 효과 차이에 대한 평가

채권자취소의 효과에 관한 대법원 판결례를 분석하면 민법 제406조는 다음과 같은 효과가 있음을 알 수 있다. 첫째, 채무자의 상대방(수익자)이 이탈재산의 취득을 위해 새롭게 지출한 반대급부의 반환과 연계시키지 않음으로써 채무자의 보호를 실효성 있게 하려고 한다(상대적 취소). 둘째, 채권자취소에 채권적 효력만을 부여함으로써 취소채권자의 주도 하에 이탈재산에서 그의 채권을 실현할 수 있도록 보장한다. 이런 상대적 취소와 채권적 원물반환청구권이 민법 제406조의 효과인 셈이다. 민법 제406조는 채무자의 책임재산을 강제집행절차를 통해 공취하고자 하는 채권자를 보호하기 위해 사해행위로 채무자에게서 이탈된 재산(또는 증가된 채무)을 원상태로 회복시키는 것을 목적으로 하고 있음을 알 수 있다. 채권자취소권은 개별적 강제집행절차에서의 채권자를 보호하는 제도이기 때문에, 각 채권자의 채권에 속한 법적 권능으로서 채권자취소권이 인정된다고 할 수 있다. 따라서 수인의 채권자가 동일한 사해행위 취소와 원상회복을 구하는 소를 제기하더라도 중복제소가 되지 않고, 각 채권자가 제기한 판결의 기판력은 다른 채권자와 수익자 또는 전득자에게 미치지 않으며, 각자 사해행위 전부를 취소해서 회복된 재산에서 자기 채권을 실현할 수 있는 것도 자연스럽게 도출될 수 있다.

그러나 민법 제407조는 위에서 언급한 여러 원리에 변형을 가하는 규정이다. 대법원은 민법 제407조를 원물반환이 있는 경우 다른 채권자들도 개별적 강제집행절차에 참여할 수 있게 하는 근거규정으로 이해한다. 대신 가액배상이 있는 경우에는 민법 제407조를 적용하지 않는다. 원물반환이 있는 경우 채권자취소권을 행사하지 않은 다른 채권자들도 동조에 의해 자기 채권을 실현할 수 있다. 원물의 전부가 공취되기 때문에 다른 채권자가 배당에 참여함으로써 입을 취소채권자의 불이익은 그다지 크지 않을 것이다. 그러나 수익자 또는 전득자가 입을 불이익은 그만큼 더 커질 것이다. 반면 취소채권자의 피보전채권액과 사해행위의 목적물의 가액 중 적은 금액을 가액배상해야 한다면, 다른 채권자들은 수익자 또는 전득자를 피고로 하여 별도로 제척기간 내에 채권자취소의 소를 제기해야만 할 것이다. 그만큼 수익자나 전득자가 불이익을 입을 가능성은 줄어들 것이다.

이를 감안하면, 원물 전부가 반환됨으로써 채권자취소권을 행사하지 않았고, 심지어 제척기간을 도과한 채권자들도 취소채권자의 노력에 무임승차할 수 있게 됨을 알 수 있다. 달리 말하면 민법 제407조가 민법의 이물질이라는 것이다. 대법원 판결 중 사해행위의 대상이 분할가능한 재산일 경우 취소채권자의 피보전채권의 범위에서만 취소권을 행사할 수 있게 하거나(위 2.3.의 (2) 부분 참조), 가액배상의 경우 취소채권자의 피보전채권의 한도에서 지급함으로써 그것으로 취소채권자의 채권을 실현하게 하는 것(위 3.3. 참조), 민법 제407조의 채권자를 사해행위 당시까지 피보전채권을 보유하였던 자로 한정하는 것(아래 4. 참조) 등은 민법 제407조의 적용범위를 최대한 좁히는 해석을 통해 취소채권자와 수익자 또는 전득자 간의 이익을 고려하면서 무임승차하게 될 다른 채권자의 참여를 좁히려는 사법정책적 고심의 일환으로 볼 수도 있을 것이다.

3.5 수익자에 대해 채권자취소권 행사를 인정하지 않으면서 전득자에 대해서는 채권자취소권 행사를 인정할 수 있는가?

채권자는 채무자와 수익자 간의 사해행위를 채권자취소권의 행사로써 취소할 수 있는데, 그 상대방은 수익자 또는 전득자이다. 여기서 전득자를 상대로 사해행위를 취소할 경우에는 먼저 수익자를 상대로 그와 채무자 간의 사해행위가 취소되어야 하는지가 문제될 수 있다.[19] 다음 대법원 판결은 채무자와 수익자 사이의 사해행위는 취소되지 않았음에도 불구하고 채권자와 전득자 사이에서는 채무자와 수익자 간의 사해행위가 취소될 수 있음을 인정하고 있다.

대법원 2012.8.17. 선고 2010다87672 판결

[사안] 원고는 대경휠터의 채무를 보증하였고, 대경휠터의 대표이사인 소외 1, 피고 1, 피고 2가 대경휠터의 원고에 대한 장래의 구상채무를 연대보증하였다. 원고는 그 후 보증채무를 이행하였다. 주채무자인 대경휠터 및 그 연대보증인인 소외 1은 제1심 공동피고 1, 2와 연대하여 원고에게 금 500,718,914원(대위변제금 496,357,564원 + 채권보전비용 4,325,760원 + 위약금 35,590원) 및 그 중 대위변제금 496,357,564원에 대하여 원고가 정한 약정지연손해금율인 연 15%의 비율에 의한 지연손해금을 지급할 채무를 부담하게 되었다. 대경휠터는 2007. 9. 28. 이 사건 제1부동산에 대해, 소외 1은 이 사건 제2부동산에 대해 피고 1, 피고 2에게 근저당권설정계약 및 매매예약을 체결하고 근저당권설정등기 및 가등기를 경료해 주었다. 피고 1, 피고 2는 피고 퓨처에셋매니지먼트와 2008. 6. 13. 위 제1부동산, 제2부동산에 대해 근저당권 및 가등기에 관한 채권양도계약을 체결하고, 2008. 6. 16. 부기등기의 방식으로 근저당권 및 가등기를 이전해 주었다. 원고는 위 제1부동산 및 제2부동산에 대한 대경휠터 및 소외 1의 피고 1, 피고 2 간의 근저당권설정계약 및 매매예약을 사해행위라고 하면서 그 취소와 원상회복을 구하는 소를 제기하였다. 동시에 전득자인 피고 퓨처에셋매니지먼트를 피고로 해서도 위 사해행위의 취소 및 원상회복을 구하는 소를 제기하였다. 원심법원은 피고 1 및 피고 2(수익자)가 "이 사건 제1, 2 부동산을 담보로 채무자인 대경휠터 및 소외 1에게 사채를 제공하는 행위가 채무자에 대한 다른 채권자들을 해하는 사해행위가 된다는 점을 알지 못한 채 위 부동산의 객관적인 담보가치를 신뢰하여 통상적이고 정상적인 사채거

19. 전득자를 상대로 한 채무자와 수익자 간의 사해행위 취소의 경우 수익자를 상대로 한 그 사해행위 취소가 전제되어야 한다는 점을, 가령 대판 2015.6.11, 2014다237192에서는 "채권자가 사해행위의 취소로서 수익자를 상대로 채무자와의 법률행위의 취소를 구함과 아울러 전득자를 상대로도 전득행위의 취소를 구함에 있어서…"라고 표현하고 있다.

래를 통해 그 담보가액 범위 내의 금원을 사채로 제공하였다고 보아야" 한다면서 수익자의 선의를 인정하여 원고의 청구를 기각하였고, 피고 퓨처에셋매니지먼트(전득자)는 자신이 선의라는 점에 관하여 주장, 입증이 없다는 이유로 사해행위의 취소와 원상회복을 구하는 청구를 모두 인용하였다.

[대법원 판결] 대법원은 다음과 같은 이유로 피고 퓨처에셋매니지먼트의 상고를 기각하였다. "채권자가 사해행위의 취소와 함께 수익자 또는 전득자로부터 책임재산의 회복을 구하는 사해행위 취소의 소를 제기한 경우 그 취소의 효과는 채권자와 수익자 또는 전득자 사이의 관계에서만 생긴다. 그리고 채권자가 사해행위 취소로써 전득자를 상대로 채무자와 수익자 사이의 법률행위의 취소를 구함에 있어서, 전득자의 악의는 전득행위 당시 취소를 구하는 법률행위가 채권자를 해한다는 사실, 즉 사해행위의 객관적 요건을 구비하였다는 것에 대한 인식을 의미하므로, 전득자의 악의를 판단함에 있어서는 전득자가 전득행위 당시 채무자와 수익자 사이의 법률행위의 사해성을 인식하였는지 여부만이 문제가 될 뿐이고(대법원 2006.7.4. 선고 2004다61280 판결 등 참조), 수익자가 채무자와 수익자 사이의 법률행위의 사해성을 인식하였는지 여부는 원칙적으로 문제가 되지 않는다."

위 판결에서의 법적 쟁점은 채권자와 수익자 간에는 '채무자와 수익자 간의 사해행위'가 취소되지 않았음에도 불구하고, 채권자와 전득자 간에는 채무자와 수익자 간의 사해행위가 취소될 수 있는가이다. 위 대법원 판결은 이를 긍정하였다. 전득자의 악의의 대상은 채무자의 행위가 사해행위라는 객관적 사실에 관한 것이다. 채무자의 객관적 사해행위를 알지 못하였기 때문에 수익자는 적법하게 그 권리를 취득하였음에도 불구하고, 전득자는 자신의 재산으로써 채무자의 채권자를 만족시켜야 하는 일이 생길 수 있다. 여러 단계의 전득자가 있을 수 있고, 각 단계의 전득자는 여러 우연적 사정을 통해 채무자와 수익자 간의 거래가 객관적 사해행위였음을 알 수 있을 수도 있다. 그 결과 채권자는 수익자가 아니라 전득자 중의 1인을 상대로 사해행위 취소와 원상회복을 구할 수 있게 된다. 거래질서의 안전에 위협이 됨은 말할 것도 없다.[20]

4. 민법 제407조의 효력

취소채권자가 채권적 원상회복청구권(=원물반환청구권) 행사하여 책임재산을 회복시키게 되면, 민법 제407조에 따라 다른 채권자도 원상회복된 책임재산의 환가절

20. 수익자가 악의를 입증할 책임이 취소채권자에 있는 프랑스법에서는, 수익자가 선의일 경우 전득자가 악의라 하더라도 전득자를 상대로 한 사해행위 취소가 가능하지 않다고 한다. 선의의 수익자로부터 무상으로 취득한 전득자 역시 사해행위 취소의 소에서 안전하다고 한다. 다만, 악의의 채무자와 공모함으로써 악의가 된 전득자는 수익자가 선의라 하더라도 사해행위 취소가 인정되어야 한다고 한다. 가령 Malaurie, Philippe et al., Les Obligations, 5e éd., L.G.D.J, 2011, no.1141 이하 참조.

차에 참여할 수 있게 된다. 그러나 취소채권자가 가액배상청구권을 행사한 경우에는 이런 효과를 누리지 못한다.

4.1. 민법 제407조의 채권자의 범위

민법 제407조는 채권자취소권에 의한 취소와 원상회복은 모든 채권자의 이익을 위하여 그 효력이 있다고 규정하고 있다. 그러나 통설은 여기의 "모든 채권자"는 사해행위 이전에 이미 채무자에 대해 채권이 있었거나 채권자취소권의 피보전채권이 될 수 있는 장래의 채권자에 한정되고, 사해행위 이후의 채권자는 채권자취소권의 이익을 향유할 수 없다고 한다.

4.2. 수익자 또는 전득자도 민법 제407조의 채권자인지?

사해행위인 매매로 수익자에게 소유권이전등기가 경료된 경우, 채권자취소권의 행사로 수익자와의 사이에서 위 사해행위가 취소되면, 채권자와 수익자 간에 상대적으로 채무자 및 수익자 간의 매매가 취소된다. 그러나 채무자와 수익자 간의 매매계약 자체에는 아무런 영향도 미치지 않기 때문에, 수익자는 채무자의 소유로 환원된 부동산에 대해 매수인으로서 채무불이행 또는 담보책임에 기한 손해배상청구권으로서 배당을 요구하는 것 등은 애초부터 가능하지 않다(채권자취소권의 상대효). 수익자가 이를 다시 전득자에게 양도하고, 채권자와전득자의 관계에서 위 채무자와 수익자간의 매매가 취소된 경우, 역시 전득자는 민법 제407조를 근거로 배당을 요구할 근거가 없다. 원칙적으로 수익자 또는 전득자는 채무자에 대해 채권을 가지지 않기 때문이다.

4.3. 수익자 등이 채무자에 대해 가지는 기왕의 채권으로써 채무자의 소유로 환원된 부동산에 대해 배당을 요구할 수 있다.[21]

수익자 또는 전득자가 채무자에 대해 사해행위가 있기 전에 가지고 있던 기왕

21. 가액반환의무를 부담하는 수익자가 채무자에 대한 채권으로써 상계를 하는 것이 허용되지 않음(대판 2001.6.1, 99다63183 참조)은 이와 별개의 문제임에 주의하여야 한다.

의 채권으로써 채권자취소권 행사의 이익을 향유하는 것은 당연히 가능하다. 수익자 또는 전득자라고 해서 민법 제407조의 적용을 배제할 이유가 없기 때문이다. 따라서 수익자 또는 전득자는 채무자의 소유로 복귀된 부동산이 환가될 경우 집행권원을 가지고 배당에 참여할 수 있는 한 그 배당절차에서 배당을 요구할 수 있다. 대법원 판례(대판 2003.6.27, 2003다15907 참조)는 한걸음 더 나아가 가령 수익자가 채무자에 대해 기왕의 채권을 가지고 있었고 그 채무의 변제에 갈음하여 유일한 부동산을 대물변제한 경우에도 위의 이론을 적용하고 있다. 즉 채무자의 소유로 복귀된 후의 부동산의 환가절차에서 수익자가 집행권원을 가지고 배당에 참여할 수 있다면, 그 배당절차에서 배당을 요구할 수 있다고 한다. 채권자취소권의 효력은 채권자와의 관계에서만 취소되고, 채무자와의 관계에서는 여전히 유효하다는 상대효의 이론을 관철할 경우, 대물변제가 유효하고 따라서 기존채권이 소멸되었다고 보아야 하는데 어떻게 이것이 가능하겠는가라는 의문이 있을 수 있다. 대법원은 채권자취소권으로써 채권자와의 관계에서는 취소되었기 때문에, 그 채권자와의 관계에서는 원래의 채권이 부활하고, 따라서 위의 요건 하에 배당을 요구할 수 있다고 하는 것으로 보인다. 그러나 수익자가 가액배상을 할 경우에는 현행법상 이런 법리가 적용될 절차가 마련되어 있지 않다.

대판 2003.6.27, 2003다15907

민법 제406조에 의한 채권자취소와 원상회복은 모든 채권자의 이익을 위하여 그 효력이 있는 것인바, 채무자가 다수의 채권자들 중 1인(수익자)에게 담보를 제공하거나 대물변제를 한 것이 다른 채권자들에 대한 사해행위가 되어 채권자들 중 1인의 사해행위 취소소송 제기에 의하여 그 취소와 원상회복이 확정된 경우에, 사해행위의 상대방인 수익자는 그의 채권이 사해행위 당시에 그대로 존재하고 있었거나 또는 사해행위가 취소되면서 그의 채권이 부활하게 되는 결과 본래의 채권자로서의 지위를 회복하게 되는 것이므로, 다른 채권자들과 함께 민법 제407조에 의하여 그 취소 및 원상회복의 효력을 받게 되는 채권자에 포함된다고 할 것이고, 따라서 취소소송을 제기한 채권자 등이 원상회복된 채무자의 재산에 대한 강제집행을 신청하여 그 절차가 개시되면 수익자인 채권자도 그 집행권원을 갖추어 강제집행절차에서 배당을 요구할 권리가 있다.

4.4. 민법 제407조의 효력으로 인해 취소채권자가 배제되는 특수한 예

저당권설정행위가 사해행위로 취소되는 경우 민법 제407조의 영향으로 말미암아 독특한 효력이 발생하기도 한다. 이를 이해하기 위해서 단계별로 살펴 볼 필요가 있다. 첫째, 아직 저당권이 실행되지 않았거나, 저당부동산이 경매되지 않은 경우, 취소채권자는 채무자와 수익자 간의 저당권설정계약을 취소하고, 원상회복으로 저당권등기의 말소를 청구할 수 있다. 둘째, 저당부동산이 경매되어 저당권이 말소되었으나 수익자에게 돌아갈 배당금이 배당금지급금지가처분 등으로 인하여 아직 지급되지 않은 경우, 사해행위인 저당권 취득의 원인행위를 취소한 후[22] 수익자가 취득한 배당금청구권을 채무자에게 양도하는 방법으로 원상회복이 이루어질 수 있다. 즉 배당금채권의 양도와 그 채권양도의 통지를 배당금채권의 채무자에게 할 것을 명하는 형태가 된다.[23] 채권자는 배당금채권을 압류하여, 추심명령 또는 전부명령을 통해 환가함으로써 자기 채권을 실현할 수 있다. 셋째, 저당권자가 이미 배당을 받았다면, 채권자는 채무자와 저당권자 사이의 저당권설정계약을 취소하고, 저당권자가 배당받은 금액과 피보전채권 중 적은 금액을 가액배상으로 지급할 것을 청구할 수 있다.[24]

그런데 채무자에 대한 수인의 채권자가 당해 부동산의 경매절차에서 배당받을 권리가 있는 상태에서 저당권설정계약이 사해행위로 취소된 경우의 법률관계는 민법 제407조로 인해 복잡하게 전개된다. 아래 세 개의 대법원 판결이 이를 잘 보여준다.

대법원 2015.10.15. 선고 2012다57699 판결

근저당권설정계약을 사해행위로 취소하는 판결이 먼저 확정되고 근저당권자를 상대로 한 배당이의소송이 뒤이어 진행되는 경우, 배당이의소송에서는 그 소를 제기하지 아니한 다른 채권자의 존재를 고려할 필요 없이 그 소를 제기한 채권자의 채권이 만족을 받지 못한 한도에서만 근저당권자에 대한 배당액을 삭제하여 이를 채권자에 대한 배당액으로 경정하고 나머지는 근저당권자에 대한 배당액으로 남겨두어야 한다. 그런데 근저당권설정계약이 사해행위로 취소된 이상 근저당권자는 근저당권에 따라 배당받을 권리를 상실하여 그에게 배당을 실시할 수 없는 명백한 사유가 생겼으므로, 경매법원으로서는 민사집행법 제161조를 유추적용하여 배당이의소송의 제기로 공탁된 배당액 중 소송 결과 근저당권자에게 남게 된 부분을 부동산경매절차에서 적법하게 배당요구하였던 다른 채권자들에게 추가배당하여야 한다.

---

22. 경락대금의 완납으로 이미 저당권이 말소된 경우에도 저당권설정계약을 사해행위로 취소할 수 있다. 가령 대판 2013.4.26, 2011다37001등 참조.

23. 대판 2013.9.13, 2013다34945; 대판 1997.10.10, 97다8687 등 참조.

24. 대판 2001.2.27, 2000다44348 참조.

대법원 2012.12.26. 선고 2011다60421 판결

[사안] 소외 1은 2005. 7. 7. 자신 소유의 이 사건 주택에 관하여 피고와 사이에 채무자를 소외 1, 채권최고액을 3,000만 원으로 하는 이 사건 근저당권설정계약을 체결하였다. 같은 달 27일 피고 명의의 근저당권설정등기를 마쳤다. 이 사건 주택에 관하여 담보권실행을 위한 경매절차가 개시되어 2009. 8. 11. 소외 2가 이를 경락받아 소유권을 취득하였다. 위 법원은 2009. 9. 23. 위 경매의 배당절차에서 실제 배당할 금액 중 최선순위자인 대구 서구청, 1순위 근저당권자인 내당새마을금고에게 배당요구채권액 전액을 배당하고, 그 나머지 13,975,214원을 2순위 근저당권자인 피고에게 배당하는 내용의 배당표를 작성하였고, 피고는 위 금액을 배당금으로 수령하였다. 위 경매절차의 배당요구권자로는 이들 이외에도 이 사건 주택에 관하여 3순위로 채권최고액 4,000만 원의 근저당권을 설정한 대성실업 주식회사와 이 사건 주택을 압류한 우체국(서대문세무소)이 있었는데 이들은 배당을 받지 못하였다. 위 경매절차에 참가하여 배당요구를 하지 않은 원고가 피고를 상대로 위 저당권설정계약이 사해행위라는 이유로 저당권설정계약의 취소 및 원상회복으로 가액배상을 구하였다. 원심법원은 원고의 사해행위 취소와 가액배상 청구를 인용하였다.

[대법원 판결] 대법원은 가액배상청구를 인용한 원심법원의 판결을 다음과 같은 이유로 파기환송하였다. "… 경매법원이 근저당권자를 배당을 받아야 할 채권자로 인정하여 배당금을 지급하였는데 그 근저당권자가 채무자와 체결한 근저당권설정계약이 사해행위에 해당되어 취소됨으로써 그 근저당권에 기하여 배당받을 권리가 상실된 경우에도 마찬가지이다. 이러한 경우 수익자인 근저당권자에게 지급된 배당금은 사해행위로 설정된 근저당권이 없었더라면 배당절차에서 더 많이 배당받을 수 있었던 다른 배당요구권자들에게 반환되어야 하고, 배당요구를 하지 아니한 채권자 및 채무자 등은 다른 배당요구권자들의 배당요구채권을 모두 충족시키고도 남는 잉여금이 있다는 등의 특별한 사정이 없는 한, 수익자에 대하여 아무런 권리를 갖지 못하며, 이는 배당요구를 하지 아니한 채권자가 그 근저당권을 설정한 계약에 대하여 사해행위 취소의 소를 제기하여 승소한 자라 할지라도 마찬가지이다."

대법원 2009.5.14. 선고 2007다64310 판결

근저당권자에게 배당하기로 한 배당금에 대하여 처분금지가처분결정이 있어 경매법원이 그 배당금을 공탁한 후에 그 근저당권설정계약이 사해행위로 취소된 경우, 공탁금의 지급 여부가 불확정 상태에 있는 경우에는 공탁된 배당금이 피공탁자에게 지급될 때까지 배당절차는 아직 종료되지 않은 것이라고 볼 수도 있으므로 반드시 배당절차가 확정적으로 종료되었다고 단정할 수는 없다는 점, 채권자취소의 효과는 채무자에게 미치지 아니하고 채무자와 수익자와의 법률관계에도 아무런 영향을 미치지 아니하므로 취소채권자의 사해행위취소 및 원상회복청구에 의하여 채무자에게로 회복된 재산은 취소채권자 및 다른 채권자에 대한 관계에서 채무자의 책임재산으로 취급될 뿐 채무자가 직접 그 재산에 대하여 어떤 권리를 취득하는 것은 아니라는 점 등에 비추어 보면, 그 공탁금은 그 경매절차에서 적법하게 배당요구하였던 다른 채권자들에게 추가배당함이 상당하고, 그 공탁금지급청구권에 관한 채권압류 및 추심명령은 추가배당절차에서 배당되고 남은 잉여금에 한하여 효력이 있을 뿐이다. 따라서 취소채권자나 적법하게 배당요구하였던 다른 채권자들로서는 추가배당 이외의 다른 절차를 통하여 채권의 만족을 얻을 수는 없으므로, 취소채권자라고 하더라도 배당금지급청구권에 대한 채권압류 및 추심명령에 기하여 배당금을 우선 수령하는 것은 허용되지 아니하고, 취소채권자가 그와 같은 절차를 거쳐 배당금을 우선 수령하였다면 적법하게 배당요구하였던 다른 채권자들과의 관계에서 부당이득이 성립한다.

취소채권자는 원상회복청구권으로써 가액배상을 청구하여 수익자 또는 전득자로부터 자기 채권을 만족시킬 수 있다. 위 세 판결의 사안 역시 경락대금의 완납으로 이미 저당권이 소멸하여 가액배상만이 허용되는 사안이다. 위 판결은 민법 제407조가 작동하기 때문에 취소채권자의 가액배상청구권이 배척되었다. 그 논리구조는 다음과 같다. 사해행위가 취소된 후 원물반환이 될 경우 개별적 강제집행절차에서 다른 채권자도 배당에 참여하도록 하는 것이 민법 제407조의 취지이다. 채무자와의 저당권설정계약이 사해행위로 취소되었다면, 경매절차에서 저당권의 부담 없는 채무자 소유의 부동산이 경매되고, 그 혜택은 사해행위 당시 금전채권자로서 경매절차에서 배당받을 수 있는 채권자들이 향유하였을 것이다. 따라서 배당법원은 이를 감안하여 배당표를 작성하였어야 하고, 그렇지 않았다면 배당절차에서 배당받지 못한 채권자들이 부당이득반환청구권을 행사할 수 있을 것이다(민사집행법 제155조). 저당권 설정행위가 배당 이후 취소되더라도 마찬가지이다. 이때 배당절차에서 배당받을 자격이 없었던 취소채권자가 가액배상을 받았다면 다른 배당채권자와의 관계에서 부당이득을 한 셈이어서 부당이득을 반환해야 한다. 결과적으로 민법 제407조로 인해 사해행위 당시 채권자들은 설사 취소권을 행사하지 않더라도 배당절차에 참여하여 취소채권자와 수익자의 관계에서 볼 때 채무자에게 복귀된 책임재산으로써 자기 채권을 실현하는 반사적 혜택을 누리게 된다. 민법 제407조의 정당성이 얼마나 취약한지를 잘 보여주는 사례이기도 할 것이다.

5. 수익자 또는 전득자와 채무자 간의 관계

사해행위가 취소된 후 채무자에게로 원상회복된 원물인 원래의 재산을 환가하여, 채권자가 자기 채권을 만족시킨 후 잔액이 있다면, 그 잔액은 채무자 아닌 수익자 또는 전득자에게 이전한다. 채권자취소권의 효과는 상대적 효과가 있기 때문이다.

한편 가액반환일 경우 수익자 또는 전득자는 자신이 채무자에 대해 가액을 지급하였음을 이유로 하여 이를 자동채권으로 해서 가액배상할 채무를 상계하는 것은 가능하지 않다. 왜냐하면 수익자와 채무자 사이(또는 수익자와 전득자 사이)의 계약은 유효하기 때문이다. 수익자는 그 부동산의 환가 또는 가액반환으로 채권자를 만족시킬 때에 비로소 채무자의 채무를 대신 변제하는 효과가 발생하여, 채무자에게 부당이득반환청구권이란 채권을 취득한다.

대판 2001.6.1, 99다63183

채권자취소권은 채권의 공동담보인 채무자의 책임재산을 보전하기 위하여 채무자와 수익자 사이의 사해행위를 취소하고 채무자의 일반재산으로부터 일탈된 재산을 모든 채권자를 위하여 수익자 또는 전득자로부터 환원시키는 제도로서, 수익자로 하여금 자기의 채무자에 대한 반대채권으로써 상계를 허용하는 것은 사해행위에 의하여 이익을 받은 수익자를 보호하고 다른 채권자의 이익을 무시하는 결과가 되어 위 제도의 취지에 반하므로, 수익자가 채권자취소에 따른 원상회복으로서 가액배상을 할 때에 채무자에 대한 채권자라는 이유로 채무자에 대하여 가지는 자기의 채권과의 상계를 주장할 수는 없다.

5.1. 채권자취소권 행사 후 손해를 입은 수익자 또는 전득자의 손해전보수단

채권자취소권의 행사로 수익자 또는 전득자가 취득한 재산은 채권자와의 관계에서는 채무자의 책임재산으로 환원되기 때문에 수익자 또는 전득자가 손해를 입게 된다. 이 때 이런 손해를 전보할 수 있는 수단이 무엇인지가 문제된다.

(1) 채무자에 대한 부당이득반환청구권에 의한다는 견해

이 이론은 채무자와 수익자, 수익자와 전득자 간의 법률행위에는 아무런 영향이 없기 때문에, 수익자는 채무자와의 관계에서, 전득자는 수익자와의 관계에서 유효하게 재산을 취득한 것이고, 따라서 자신이 채무자 또는 전득자에게 지급한 것도 유효한 채무이행으로써 이루어진 것임을 전제하고 있다. 그러나 채권자와의 관계에서는 자신의 재산이 채무자의 책임재산으로 전환되어 채권자를 만족시켰으므로 채무자가 부당한 이득을 한 것이라고 본다. 따라서 손해를 입은 수익자 또는 전득자는 채무자에 대해 부당이득반환청구권을 행사할 수 있다고 한다.

채권자취소권의 상대효라는 관점에서 보면 채무자와 수익자 또는 전득자와의 관계에서는 수익자 또는 전득자의 재산으로써 채무자의 채무를 변제해 준 셈이 된다. 이 경우 채무자에게 그 이익(채무변제의 이익)이 귀속되는 것이 정당한지가 문제된다. 즉 채권자취소권은 채무자의 사해행위가 있을 때 법률규정에 의해 채권자를 보호하기 위한 제도이지 채무자를 보호하기 위한 제도가 아니므로, 수익자 또는 전득자가 취득한 재산을 채무자의 책임재산으로 환원시켰다고 해서 그 이익을 채무자에게 귀속시켜 주고자 하는 것이 법률의 목적은 아니다. 그러므로 채무자가 얻은 이익은 그에게 종국적으로 귀속되어서는 안 될 것이고, 수익자 또는 전득자와의 관계에서는 부당한 이득이 되는 것이다(이른바 비급부부당이득).

(2) 매매의 경우 수익자 또는 전득자가 채무자 또는 수익자에게 담보책임을 추궁할 수 있다는 견해

가령 채권자취소권의 행사로 수익자 명의의 소유권이전등기가 말소되어 채무자의 소유로 그 부동산이 복귀된 경우, 수익자는 결과적으로 매매계약상의 채권인 소유권을 취득하지 못한 셈이므로 담보책임을 추궁할 수 있다고 한다. 채권자취소권의 행사로 채무자 소유로 소유권이전등기를 경료해 준 전득자(소위 진정명의회복을 위한 소유권이전등기의 일환으로써)는 수익자와의 관계에서 매매계약상의 채권인 소유권을 취득하지 못하였기 때문에 수익자에게 담보책임을 추궁할 수 있다고 한다. 그러나 채권자취소권 행사의 상대효를 인정하는 한, 담보책임을 추궁할 수 있다는 견해에는 다음 몇 가지 난점이 있다.

첫째, 수익자 또는 전득자가 취득한 재산이 채무자의 책임재산으로 환원된 후 그것이 환가되어 채권자를 만족시키더라도 환가대금 중 남은 것이 있으면 당연히 수익자 또는 전득자에게 복귀된다는 것은 채무자 또는 수익자와의 관계에서 그 재산은 여전히 수익자 또는 전득자의 소유라는 것이다. 따라서 담보책임을 추궁할 수 있는 근거가 없다. 둘째, 채무자는 자기 소유의 부동산을 매도한 것이고, 수익자 역시 자기 소유의 부동산을 매도한 것이므로 이런 매매가 타인의 권리매매라고 보기도 어렵다. 따라서 담보책임을 추궁할 요건이 충족되었다고 보기 어렵다.

6. 무효인 법률행위와 사해행위 취소

대법원은 일찍부터 통정허위표시의 경우에도 채권자취소권을 행사할 수 있다고 하였다. 이는 개별적 강제집행절차에서 채무자의 책임재산을 환원시켜 채권자의 채권 실현에 기여하고자 하는 채권자취소제도의 특징과 잘 맞지 않는 특징이 있다. 다음 판결을 본다.

대법원 1963.11.28. 선고 63다493 판결

[사안] 소외 1 및 소외 2가 원고에 대하여 소외 3의 신원보증인으로서 배상하여야 할 금액은

금 2,269,000원이다. 그런데 소외 1 및 소외 2가 1961. 3. 13에 각자 전 재산인 본건 부동산을 그 아내 또는 미성년 자인 피고들에게 아무런 대가없이 때를 같이하여 매매의 형식으로 소유권 이전 등기를 경유하였다. 이는 특별한 사정이 없는 이상 원고에 대한 본건 손해배상 채무를 면탈할 목적으로 한 가장된 매매행위라고 추정할 수 있다. 원고는 소외 1 및 소외 2와 피고 간의 매매계약을 취소하고 원상회복을 구하였다.

[대법원 판결] 소외 1 및 소외 2가 소외 3의 신원보증인으로서 동인의 공금횡령사실을 알고 이를 배상할 책임을 면탈할 목적으로 1961. 3. 13에 소외 1 및 소외 2는 그 전재산인 본건 부동산을 그 아내 또는 미성년 자인 피고들에게 아무런 대가없이 매매계약을 원인으로 하여 소유권 이전 등기를 경유한 것은 채권자를 사해하는 행위이다. 당사자 간 서로 통모하여 한 허위행위도 역시 민법 406조에 이른바 법률행위에 해당함으로 사해행위 취소권의 목적이 된다고 볼 것이다(1961. 11. 9 선고 4293민상263 판결 참조).

그런데 통정허위표시로 이루어진 매매계약이 사해행위로 취소되어 원상회복된 경우 사해행위 이후 채무자에 대한 채권을 취득한 자도 개별적 강제집행절차에서 배당받을 수 있는지가 문제된다. 대법원은 이를 긍정한다.

대법원 1998.2.27. 선고 97다50985 판결

채무자의 법률행위가 통정허위표시인 경우에도 채권자취소권의 대상으로 된다고 할 것이고(대법원 1984. 7. 24. 선고 84다카68 판결 참조), 한편 채권자취소권의 대상으로 된 채무자의 법률행위라도 통정허위표시의 요건을 갖춘 경우에는 무효라고 할 것이다.

결과적으로 무효인 법률행위를 채권자취소권으로써 취소할 경우, 그 법률행위 후 채무자와의 관계에서 채권을 취득한 사람도 재산취득행위의 무효를 주장하면서 공취에 참여할 수 있게 될 것이다. 이는 채권자취소권에 관한 민법 제407조의 효과와는 부합하지 않는다.

제4장 인적담보

제1절 보증채무 / **제2절** 연대채무

제3절 부진정연대채무

제4절 채무인수

[4장의 학습목표]

채무불이행이 있을 경우 채권자는 종국적으로 채무자의 책임재산을 공취하여 그 채권을 실현한다. 채무자가 책임재산을 불충실하게 보전하거나 이를 감소시킬 경우를 대비하여 민법은 채권자에게 책임재산을 보전시킬 수 있는 권한(채권자대위권 또는 채권자취소권)을 부여하고 있다. 그런데 채권자가 자신의 권리로써 채무자의 책임재산을 보전할 수 있고 또 책임재산을 강제집행할 수 있다 하더라도 그것으로는 채권의 실현을 담보하기에는 불충분할 수 있다. 우연한 사정으로 채무자의 책임재산이 부족해질 수 있기 때문이다. 따라서 채권자는 채권의 실현을 담보할 다른 법적 수단을 강구할 것이다.

이 장에서는 채권자가 공취할 수 있는 책임재산의 대상을 확대함으로써 채권실현을 담보하는 것에 관하여 살펴본다. 이를 인적담보라고 한다. 가장 전형적인 인적 담보는 보증채무이다. 보증인은 주채무자와 더불어 자신의 책임재산으로써 채무이행에 대해 책임을 진다. 즉 채권자는 보증인의 전 재산에 대해 공취할 수 있다.

수인의 채무자가 상호연대하여 각자 채무 전부를 이행할 의무를 부담하고, 그 중 1인의 채무이행으로 다른 채무자의 채무도 소멸하는 연대채무에도 보증채무와 유사한 기능이 있다. 채권자는 경제적 관점에서 볼 때는 단일한 채권을 가지지만, 법적으로는 연대채무자의 수만큼 개별 채권을 가지기 때문에 연대채무자 전원의 책임재산이 채권자의 채권실현을 담보하게 된다.

수인의 채무자가 각자 채무 전부를 이행할 의무를 부담하고 그 중 1인의 채무이행으로 다른 채무자의 채무도 소멸하는 점에서는 연대채무와 동일하지만, 채무자 상호간에 상호연대의 합의가 없는 경우 이를 부진정연대채무라고 한다. 채권자의 입장에서 보면 부진정연대채무도 경제적 관점에서 볼 때 단일한 채무이지만 법적으로는 부진정연대채무자의 수만큼 개별 채무가 있기 때문에, 부진정연대채무자 전원의 책임재산이 채권자의 채권을 담보한다. 부진정연대채무 역시 인적담보라고 할 수 있다.

나아가 수인의 채무자가 불가분 급부의무를 부담하고 그 중 1인의 변제로 다른 채무자의 채무도 소멸하는 경우 이를 불가분채무라고 하는데, 이 역시 채권자의 관점에서 보면 채권실현을 담보하는 기능을 수행한다. 수인의 채무자가 성질상 불가분적인 급부의무를 부담하거나 채권자와의 합의로 불가분채무를 부담하기로 합의한 경우 불가분채무가 성립된다.[1] 끝으로 채무인수를 통해 채무이행을 담보하는 것도 있다. 본 장에서는 이런 다양한 인적 담보에 관하여 학습하기로 한다(다만 불가분채무는 성질상 불가분인 경우를 제외하고는 사실상 별로 활용되지 않기 때문에 여기서는 별도로 논의하지 않기로 한다).

제1절 보증채무

제1관 개관

1. 보증의 기능

보증은 인적 담보로서 자신의 책임재산으로써 주채무자의 채무이행에 대해 책임을 진다. 채권자는 보증인의 전 재산에 대해 공취할 수 있다.

2. 피보증채권

통상 계약상의 채무이행을 보증하는 것(수급인의 채무이행을 담보하는 것도 포함), 소

---

1. 가령 수인의 채무자가 금전채무를 부담하지만 이를 불가분적으로 급부하기로 약정하는 경우가 그 예이다. 불가분채무자 중 1인이 사망하여 수인이 이를 법정상속하더라도, 상속인은 분할채무가 아니라 불가분채무를 부담하게 된다. 이런 장점 때문에 불가분채무를 합의한다. 대판 1998.12.8, 98다43137에서는 공유자가 공유물을 임대하고 보증금을 수령한 경우, 보증금반환채무는 성질상 불가분채무라고 하는데 법리적으로는 이런 논리에 찬성하기 어렵다. 금전채무는 성질상 불가분채무가 될 수 없기 때문이다. 물론 합의에 의한 불가분채무는 성립할 수 있다. 위 대법원 판결의 사안에서 공유자가 임대차보증금반환채무에 대해 연대채무를 부담하기로 합의한 것으로 추정된다고 볼 수 있을지는 모른다.

비대차상의 반환채무를 보증하는 것, 하자담보책임에 기한 손해배상채무를 보증하는 것(이행보증) 등 피보증채무의 종류는 다양할 수 있다.

피보증채무인 주채무자의 채무는 대부분 보증계약 체결 전에 이미 성립되어 있다. 그러나 장래의 채권 및 조건부채권에 대해서도 보증을 설 수 있다. 즉 주채무 발생의 원인이 되는 기본계약이 반드시 보증계약보다 먼저 체결되어야 하는 것은 아니다. 보증계약 체결 당시 보증의 대상이 될 주채무의 발생원인과 그 내용이 어느 정도 확정되어 있다면 장래의 채무에 대해서도 유효하게 보증계약을 체결할 수 있다(대판 2006.6.27, 2005다50041 참조).

보증인은 통상 특정된 채권에 대해 보증을 서겠지만, 계속적 거래관계에서 발생하는, 증감변동하는 채무를 보증하는 근보증을 서기도 한다. 종래 대법원 판결은 근보증을 보증 대상이 될 피담보채무를 포괄적으로 인정하는지, 아니면 제한하는지에 따라 포괄근보증(당해 채무만이 아니라 기존의 채무와 장래에 부담하게 될 다른 원인에 의한 모든 채무도 포괄적으로 보증한다는 취지로 계약할 때 포괄근보증이 인정된다. 당사자의 계약의 해석을 통해 포괄근보증을 합의하였다고 인정하는 예는 드물다. 부정하는 것으로 가령 대법원 2003.3.14. 선고 2003다2109 등 참조), 한정근보증(특정기본계약에 기하여 발생하는 채무만을 보증하는 것이 아니라, 거래의 종류만을 정하고 그 종류에 속하는 현재 또는 장래의 기본거래계약에 기하여 근보증 결산기 이전에 발생하는 채무를 보증한도액 범위 내에서 보증하기로 하는 것을 의미한다. 가령 대법원 2013.11.14. 선고 2011다29987 참조)을 구분하였다. 포괄근보증 또는 한정근보증의 경우에도 보증한도액을 정할 수도 있었다(대법원 2000.4.11. 선고 99다12123 판결 참조). 일부보증의 일종이었다(가령 대법원 2002.3.15. 선고 2001다59071 참조). 그런데 2015년 2월 3일 민법개정을 통해 2016년 2월 3일부터는 보증한도액을 정하지 않은 근보증계약을 체결할 수 없게 되었다(민법 제428조의3 참조).

3. 채권자와 보증인간의 법률관계

3.1. 보증계약

보증계약은 보증인과 채권자 사이에서 체결되는 경우가 일반적이다. 그러나 제3자를 위한 계약의 형식으로 체결되는 경우도 있다. 가령 채권자(제3자)를 위하여 보증인과 주채무자가 보증계약을 체결하는 경우가 그것이다. 보증보험회사와 보험계약자 간에 체결되는 보증보험 역시 제3자를 위한 보증계약이다.

3.2. 보증계약의 형식

민법상의 보증계약은 종래 무방식의 낙성계약으로 이루어졌다. 그런데 2008년 9월부터 시행된 "보증인 보호를 위한 특별법"의 적용대상인 보증계약은 보증인의 기명날인 또는 서명이 있는 서면으로 체결되어야만 유효하였다(동법 제3조 제1항). 다만 방식의 흠결로 무효인 보증계약이라고 하더라도 보증채무를 이행한 경우에는 방식의 흠결을 더 이상 주장할 수 없었다(동조 제3항). 주채무자의 경제 활동에 실질적인 책임을 지고 있거나 공동의 이해관계를 가지고 있는 자 등이 보증인이 되는 경우를 제외하면, 위 법의 적용범위에 다른 특별한 제한이 없다. 동법의 적용대상에서 제외되는 보증계약의 범위는 동법 제2조 제1호 각목에서 구체적으로 정하고 있다. 신용보증기금법 제2조 제1항에 따른 기업이 영위하는 사업과 관련된 타인의 채무에 대하여 보증채무를 부담하는 경우(가목), 기업의 대표자, 이사, 무한책임사원, 「국세기본법」 제39조 제2항에 따른 과점주주(과점주주) 또는 기업의 경영을 사실상 지배하는 자가 그 기업의 채무에 대하여 보증채무를 부담하는 경우(나목), 기업의 대표자, 이사, 무한책임사원, 「국세기본법」 제39조 제2항에 따른 과점주주 또는 기업의 경영을 사실상 지배하는 자의 배우자, 직계 존·비속 등 특수한 관계에 있는 자가 기업과 경제적 이익을 공유하거나 기업의 경영에 직·간접적으로 영향을 미치면서 그 기업의 채무에 대하여 보증채무를 부담하는 경우(다목), 채무자와 동업 관계에 있는 자가 동업과 관련한 동업자의 채무를 부담하는 경우(라목), 나목부터 라목까지의 어느 하나에 해당하는 경우로서 기업의 채무에 대하여 그 기업의 채무를 인수한 다른 기업을 위하여 보증채무를 부담하는 경우(마목), 기업 또는 개인의 신용을 보증하기 위하여 법률에 따라 설치된 기금 또는 그 관리기관이 보증채무를 부담하는 경우(바목) 등이 제외되는 자들이다.

한편 2015년 2월 3일 민법 개정으로 보증계약은 서면으로 체결해야 하며, 서면으로 체결하지 않은 보증계약이라도 이미 보증채무를 이행한 경우에는 방식의 흠결을 주장할 수 없도록 개정되어 2016년 2월 3일부터 시행되고 있다(민법 제428조의2). 이 규정의 신설에 따라 위 보증인 보호를 위한 특별법 제3조는 불필요하게 되어 삭제되었다.

3.3. 보증채무의 내용

보증채무는 대부분 금전채무이다. 즉 보증인은 금전지급 의무를 부담하는 것이 일반적이다. 주채무자가 금전채무 이외의 채무를 이행하여야 할 경우, 원채무대로 이행할 수 없는 때에는 의심스러우면 보증인은 손해배상채무(또는 그것에 준하는 채무)에 대해서도 보증책임이 있다.

대판 1997.10.10, 97다7264, 7271, 7288, 7295, 7301

원고(건설회사)는 A 건설회사와의 사이에 다음과 같은 내용의 제3자를 위한 보증계약을 체결하였다. 즉, A 회사가 아파트의 준공과 아파트 대지에 대한 근저당권 말소를 이행하지 않을 경우 원고가 대신 이를 이행하여 A 회사와 사이에 적법하게 분양계약을 체결한 입주자들에게 분양계약상의 주택이 공급될 수 있도록 한다는 것이다(제3자를 위한 이행보증계약). 그런데 A 회사가 당해 주택의 건축을 지연 또는 그 능력을 상실하자(계약상의 조건의 성취), 입주자들은 원고에 대하여 민법 제539조에 따라 수익의 의사표시를 하였다. 원고는 분양계약을 체결한 자 중의 일인인 피고(반소원고)에게 주택을 공급해 주지 않고, 분양계약 무효확인의 소를 제기하였다. 이에 피고는 A 회사에 대해 채무불이행을 이유로 분양계약을 해제하고 원상회복으로 분양금반환을 구하면서, 보증인인 원고에게는 반소로써 분양금 반환채무의 이행을 소구하였다. 대법원은 이와 같은 계약에서 피고가 원고에 대해 행사할 수 있는 보증채권의 범위에는 채무불이행을 원인으로 분양계약을 해제하고 그에 따른 원상회복을 구할 수 있는 권리도 당연히 포함된다고 하였다.

4. 보증채무의 부종성과 수반성

4.1. 부종성의 의미

보증인은 주채무자의 채무이행에 대해 책임을 진다. 이 때 보증의 존속, 내용, 범위, 집행가능성 등은 주채무에 따른다(부종성의 원칙). 그렇다고 주채무와 보증채무의 내용이 동일해야 하는 것은 아니다. 다음의 판결이 이를 잘 보여준다.

대판 2002.8.27, 2000다9734

보증채무는 채권자와 보증인 간의 보증계약에 의하여 성립하고, 주채무와는 별개 독립의 채무이지만 주채무와 동일한 내용의 급부를 목적으로 함이 원칙이라고 할 것이나 채권자와 보증인은 보증채무의 내용, 이행의 시기, 방법 등에 관하여 특약을 할 수 있고, 그 특약에 따른 보증인의 부담이 주채무의 목적이나 형태보다 중하지 않는 한 그러한 특약이 무효라고 할 수도 없다(민법 제430조 참조). 주채무가 외화채무인 경우에도 채권자와 보증인 사이에 미리 약정한 환율로 환산한 원화로 보증채무를 이행하기로 약정하는 것도 허용된다.

보증채무의 부종성이라 함은, 주채무가 무효, 취소, 해제되어 소급적으로 주채무가 소멸하면 보증채무는 불성립한 것으로 인정되고, 주채무가 시효완성 등으로 소멸하면 보증채무도 더 이상 존속하지 않는 것을 의미한다. 민법 제430조, 제433조, 제435조, 제436조 등이 보증채무의 부종성을 전제로 한 것이다(제436조는 부종성을 전제한 후 이에 대한 예외를 인정한다). 그러나 사적 자치가 허용되기 때문에 다른 제한이 없다면, 보증채무의 부종성을 완화하는 합의를 할 수 있다. 물론 보증채무의 부종성을 완전히 배제하게 되면, 그것은 성질상 더 이상 보증채무라고 할 수 없고, 손해담보계약 등 별도의 명칭을 붙여야 할 것이다. 손해담보계약은 주채무의 성립·존속과 무관하게 채권자에게 발생한 손해배상청구권을 보증하는 것이다. 가령 주채무를 성립시키는 계약이 사기 등에 의해 취소되었다 하더라도 보증인은 채권자가 입은 손해를 배상하여야 하는 것이 그것이다.

한편 보증채무는 채무의 이행만을 담보하는 것이 아니라, 채무불이행으로 인한 계약해제가 있을 때의 원상회복청구권과 손해배상청구권에 대해서도 그 이행을 담보한다. 왜냐하면 다른 합의가 없는 한, 보증채무는 채무자의 채무불이행으로 인한 손해배상까지도 보증하는 것인데(민법 제429조), 계약해제로 인한 원상회복청구권 및 전보배상청구권은 해제없는 전보배상청구권과 마찬가지로 채무불이행이 있을 경우 채권자에게 인정되는 권리구제수단의 하나이기 때문이다.

대판 1999.12.10, 98다4200

구 주택건설촉진법(1999.2.8. 법률 제5908호로 개정되기 전의 것) 제47조의6의 규정에 의하여 설립된 주택사업공제조합이 그 조합원인 주택건설사업자가 건설·분양하는 주택에 대하여 분양보증을 하였다. 그 후 주택건설사업자의 채무불이행 때문에 주택분양계약을 합의해제하면서 주택건설사업자는 수분양자에게 이미 지급된 계약금 및 중도금을 반환하기로 약정하였다. 수분양자가 주택사업공제조합에게 보증채무의 이행으로서 계약금 및 중도금을 반환할 것을 청구하였다. 대법원은 그 합의해제가 사실상 주택건설사업자의 채무불이행을 원인으로 하는 것이고, 반환의 범위 역시 당초에 공제조합이 보증한 범위 내의 것이라면 공제조합은 합의해제 약정상의 반환채무에 관하여도 보증책임이 있다고 판단하였다.

그러나 주채무자와 채권자 사이의 계약이 해제된 경우, 이미 보증채무를 이행한 보증인이 누구를 상대로 자신이 지급한 보증금의 반환을 구할 수 있는지의 문제는 부종성과는 관계가 없다. 다음의 대법원 판결을 보자.

대판 2004.12.24, 2004다20265

피고가 A에게 부동산을 매도한 후, A의 매매대금지급채무의 이행을 담보하기 위해 A는 원고와의 사이에 이행보증보험계약을 체결하고, 그 보험증서를 피고에게 교부하였다. A의 채무불이행으로 인해 원고는 피고에게 보증금을 지급하였다. 그 후 피고가 A의 채무불이행을 이유로 매매계약을 해제하였다. 원고가 피고를 상대로 자신이 지급한 보증금의 반환을 구하였는데, 원심법원은 원고는 A에게 구상채권을 가질지언정, 피고에 대해서는 보증금의 반환을 구할 수 없다고 판단하였다. 그러나 대법원은 보증보험이 실질상 보증계약과 다를 바 없다는 것을 전제한 후,[2] 다음과 같이 판단하면서, 원심판결을 파기·환송하였다. '보증채무는 주채무와 동일한 내용의 급부를 목적으로 함이 원칙이지만 주채무와는 별개 독립의 채무이고, 한편 보증채무자가 주채무를 소멸시키는 행위는 **주채무의 존재를 전제로 하므로**, 보증인의 출연행위 당시에는 주채무가 유효하게 존속하고 있었다 하더라도 그 후 주계약이 해제되어 소급적으로 소멸하는 경우에는 보증인은 변제를 수령한 채권자를 상대로 이미 이행한 급부를 부당이득으로 반환청구할 수 있다.'

일견 위 판결은 계약해제로 보증채무의 부종성도 없어지는 것처럼 읽힐 수도 있다. 그러나 위 판결의 결론은 민법 제483조 제2항의 법적 평가와 정확히 일치할 뿐이고, 보증채무의 부종성과는 무관하다. 동조는 보증채무자가 일부대위변제를 하였는데, 그 후 주채무자의 채무불이행으로 계약이 해제되면(일부대위변제로 그 권리의 일부가 보증채무자에게 이전되었음에도 불구하고 해제권은 채권자만이 이를 행사할 수 있다는 점에 유의할 것), 채권자는 대위변제자(보증채무자)로부터 수령한 변제금과 이자를 그 대위변제자에게 상환하도록 규정한다.[3] 동조는 수탁보증인이 주채무자와의 계약에 기하여 채권자에게 보증금을 지급한 경우에도 그대로 적용된다. 즉 이 경우 채권자와 주채무자 간의 계약이 해제되면, 채권자는 수탁보증인으로부터 수령한 보증금을 그에게 부당이득으로 반환하여야 한다. 물론 앞서 언급한 것처럼 보증채무는 손해배상채무도 보증한 것으로 추정되기 때문에, 다른 특별한 사정이 없다면 이런

---

2. 이를 보다 자세히 보면 다음과 같다. 보증보험이란 피보험자와 어떠한 법률관계를 가진 보험계약자(주계약상의 채무자)의 채무불이행으로 인하여 피보험자(주계약상의 채권자)가 입게 될 손해의 전보를 보험자가 인수하는 것을 내용으로 하는 손해보험이다. 형식적으로는 채무자의 채무불이행을 보험사고로 하는 보험계약이나 실질적으로는 보증의 성격을 가지고 보증계약과 같은 효과를 목적으로 한다. 보증보험계약은 주계약 등의 법률관계를 전제로 하고 보험계약자가 주계약에 따른 채무를 이행하지 아니함으로써 피보험자가 입게 되는 손해를 약관의 정하는 바에 따라 그리고 그 보험계약금액의 범위 내에서 보상하는 것이고, 그 성질에 반하지 않는 한 민법의 보증에 관한 규정이 보증보험계약에도 적용된다. 그러나 국제거래에서 많이 활용되는 stand-by나 letter of guarantee처럼 유가증권으로 취급되는 이행보증보험증서는 피보증채무에 흠결이 있다고 하더라도 이행보증보험증권상의 요건을 충족시키는 서류를 제출하면 곧바로 보험금을 지급해야 한다. 이것과 국내 은행 또는 보험거래에서 주로 취급되는 보증보험계약과는 차이가 있다.
3. 여기서 변제한 가액과 이자의 상환은 해제의 효과로 인한 것이다(민법 제548조).

사안의 채권자는 손해배상액을 공제 또는 상계한 후 그 차액을 보증인에게 반환할 것이다.

4.2. 보증채무의 부종성과 민법 제108조의 제3자 보호

아래 두 판결은 보증채무의 부종성과 민법 제108조 제2항의 선의의 제3자 보호 규정의 관계에 대한 이해와 관련되어 있다. 여기서의 쟁점은 주채무가 비진의 의사표시, 통정허위표시, 착오, 사기, 강박에 기해 무효, 취소된 경우 그 채무를 보증한 보증인이 그 무효 또는 취소사유를 모르고 변제하였다면 그 보증인을 민법 제107조 내지 제110조의 선의의 제3자로 인정하여 별도로 보호할 필요성이 있는지 이다.

대판 2000.7.6, 99다51258

[사안] A(가장수급인)와 B(가장도급인)는 가장도급계약을 체결한 후, B가 A에게 선급금을 지급한 것처럼 허위의 서류를 작성하였다. 그 후 A의 부탁으로 C는 위 선급금반환채무에 대해 보증을 섰고, 자신의 장래의 구상채권을 담보하기 위해 A에게 구상보증인을 세울 것을 요구하였다. A의 부탁으로 D는 A의 장래의 구상채무의 이행을 보증하였다. 보증채무를 이행한 C가 구상보증채무자인 D에게 보증채무의 이행을 청구하였다. 주채무가 성립하지 않았기 때문에, C는 B에게 그 반환을 청구하여야 하는지, 아니면 민법 제108조 제2항의 적용으로 C는 D에게 구상보증채무의 이행을 구할 수 있는지가 쟁점이었다.

[대법원 판결] 대법원은 허위표시라도, "허위표시의 당사자와 포괄승계인 이외의 자로서 허위표시에 의하여 외형상 형성된 법률관계를 토대로 실질적으로 새로운 법률상 이해관계를 맺은 선의의 제3자에 대하여는 허위표시의 당사자뿐만 아니라 그 누구도 허위표시의 무효를 대항하지" 못하며, '실질적으로 새로운 법률상 이해관계를 맺은 제3자'의 범위는 "권리관계에 기초하여 형식적으로만 파악할 것이 아니라 허위표시행위를 기초로 하여 새로운 법률상 이해관계를 맺었는지 여부에 따라 파악하여야 한다"고 한다. 이런 前提 하에 "피고(C)가 A의 기망행위에 의하여 A의 B에 대한 선급금반환채무가 있는 것으로 믿고 B와 보증계약을 체결한 다음 그에 따라 보증채무자로서 그 채무까지 이행하였으므로 피고(C)는 A에 대한 구상권취득에 관하여 법률상의 이해관계를 가지게 되었다고 할 것이고, 이와 같은 구상권취득에는 보증의 부종성으로 인하여 주채무에 해당하는 A의 B에 대한 선급금반환채무가 유효하게 존재할 것을 필요로 하므로, 결국 피고(C)는 A의 B에 대한 선급금반환채무 부담행위라는 허위표시에 기초하여 구상권취득에 관한 법률상 이해관계를 가지게 되었다"고 보았다. 불성립한 보증채무를 이행한 경우에도 이처럼 민법 제108조 제2항이 적용될 수 있다고 보면, 원심법원으로서는 피고가 제108조 제2항의 선의인지 여부를 심리하였어야 했다. 대법원은 이를 이유로 원심판결을 파기 · 환송하였다.

대판 2006.3.10, 2002다1321

위 대법원 판결로 환송된 후 원심법원은 C의 D에 대한 구상보증채권을 인정하였는데, 이에 대해 다시 불복하여 D측이 상고하였다. 대법원은 원심판결을 다음과 같은 이유로 파기 · 환송하였다. "권리의 행사는 신의에 좇아 성실히 하여야 하며(민법 제2조), 법률관계의 당사자는 상대방의 이익을 배려하여 형평에 어긋나는 내용 또는 방법으로 권리를 행사하여서는 아니 되고, 권리행사가 정의관념에 비추어 용인할 수 없는 상태에 이른 경우에는 신의성실의 원칙에 의하여 그 권리행사를 부정할 수 있다"고 전제한 후, "보증인(C)이 채권자(B)에 대하여 보증채무를 부담하지 아니함을 주장할 수 있었는데도 그 주장을 하지 아니한 채 보증채무의 전부를 이행하였다면 그 주장을 할 수 있는 범위 내에서는 신의칙상 그 보증채무의 이행으로 인한 구상금채권에 대한 연대보증인들에 대하여도 그 구상금을 청구할 수 없다."고 판단하였다.

위 대판 99다51258 판결은 민법 제108조 제2항이 보증채무의 부종성의 원칙에 우선하는 효력이 있는 것으로 이해하고, 보증인이 피보증채무의 부존재를 알지 못하고 채권자에게 보증채무를 이행하였다면 그 보증인과의 관계에서는 누구도 피보증채권이 가장채권임을 주장할 수 없다고 보았다. 반면 대판 2002다1321은 이와는 분명 다른 입장을 취하였다. 대판 99다51258을 부정하지 않으면서도, 위의 보증인은 구상보증인에게 구상보증채무의 이행을 구할 수 없다고 보았기 때문이다. 주목할 것은 이런 결론을 뒷받침하기 위해 그 법률론에서 신의칙을 관대하게 적용하고 있다는 점이다. 다음의 대법원 판결은 위 대판 99다51258의 선례로서의 가치를 한층 더 약화시키고 있다.

대판 2010.4.15, 2009다81623

[사안] A, B는 대출을 받기 위해 A를 임대인, B를 임차인으로 한 가장임대차계약을 체결하였다. 그 후, A는 B를 피보험자로 한 보증보험계약을 피고와 체결하였다. 그 내용은 A가 임대차보증금반환의무를 불이행하는 보험사고가 발생할 경우 피고가 보험금수령권자로 지정된 원고에게 직접 보험금을 지급하기로 하는 내용이었다. A는 위 보증보험증권을 B에게 교부하였고, B는 다시 이 보증보험증권을 담보로 해서 원고 은행으로부터 대출을 받았다. 원고가 대출금을 회수하지 못하자, 피고에게 보험금의 지급을 청구하였다.

[대법원 판결] 보증보험계약이 성립될 당시 주계약인 임대차계약이 통정허위표시로서 아무런 효력이 없어 보험사고가 발생할 수 없는 경우에 해당하므로 이 사건 보증보험계약은 상법 제644조의 규정에 따라 무효라고 보아야 한다. 그리고 이 사건 보증보험계약이 무효로 된 것은 위와 같이 보험계약으로서의 고유한 요건을 갖추지 못한 것이 그 원인이므로, 원고가 주계약인 이 사건 임대차계약이 통정허위표시인 사정을 알지 못하고 이 사건 대출에 이르렀다고 하더라도 이 사건 보증보험계약의 보험자인 피고가 원고에 대하여 이 사건 보증보험계약이 무효임을 주장할 수 없다고 볼 것은 아니다.

위 판결의 사안에서 보면, 보험금청구권은 피보험자 B가 가지고 이를 수령할 권한은 원고가 가진다는 법형식만을 중시한다면, 보증인 격인 보험회사는 주채무의 부존재를 피보험자 및 보험금수령권자에게 항변할 수 있으므로 위 판결은 새로울 것이 없다고 볼 수 있다. 즉 위 대판 99다51258을 사실상 무력화시키는 효과가 없다고 볼 여지가 있다. 그런데 위 사안의 원고는 피보험자에 대한 채권의 담보로 자신을 보험금수령권자로 지정받은 것이다. 만약 원고가 피보험자의 장래의 보험금지급청구권을 양도받았거나 거기에 질권을 설정하였다면 원고는 민법 제108조 제2항의 선의의 제3자에 해당된다고 할 것인가? 설사 그렇다고 하더라도, 원고는 보증인에게 보험금지급을 청구할 수 없다고 해야 할 것이다. 보험회사는 가장행위를 한 당사자가 아니므로, 그로 인해 형성된 허위의 외관을 제3자가 신뢰했다는 것만으로 곧바로 민법 제108조 제2항의 책임을 질 이유는 없다. 위 판결에서 보험사고가 발생하지 않았다는 점을 들어 보험금지급의무를 부정한 것은 달리 말하면 보험자가 민법 제108조 제2항의 책임을 질 자의 범위에 포함되지 않아야 할 이유 중의 하나일 것이다. 마찬가지로 대판 99다51258 사안의 구상보증채무자 역시 가장도급계약의 당사자가 아니기 때문에 그로 인해 형성된 허위의 외관을 보증인이 신뢰하여 보증채무를 이행했다는 것만으로 민법 제108조 제2항의 책임을 질 이유가 없을 것이다.

4.3. 보증채무의 수반성

보증채무는 주채무에 부종할 뿐 아니라, 주채권의 처분이 있으면 보증채권도 거기에 수반한다. 이를 보증채무의 수반성이라고 한다. 채권자의 주채권과 보증채권은 주종의 관계에 있기 때문에, 달리 정한 바가 없다면, 주채권을 처분하면 보증채권의 처분도 수반하는 성격이 있다(민법 제100조 제2항의 유추). 즉 주채권을 양도하기로 합의하면, 보증채권의 양도 합의도 있었던 것으로 추정될 것이다. 그런데, 양자를 다 양도하기로 한 경우, 주채권에 관하여 대항요건을 갖추면, 보증채권에 관하여 별도의 대항요건을 갖출 필요는 없다는 점에 유의할 것이다(대판 1976.4.13, 75다1100; 대판 2002.9.10, 2002다21509 참조). 즉 보증채무자에 대한 통지나 그의 승낙이 없더라도 채권양수인은 보증채무자에게 그 채무의 이행을 청구할 수 있다.

대판 2002.9.10, 2002다21509

보증채무는 주채무에 대한 부종성 또는 수반성이 있어서 주채무자에 대한 채권이 이전되면 당사자 사이에 별도의 특약이 없는 한 보증인에 대한 채권도 함께 이전하고, 이 경우 채권양도의 대항요건도 주채권의 이전에 관하여 구비하면 족하고, 별도로 보증채권에 관하여 대항요건을 갖출 필요는 없다.

만약 주채권을 양도하면서 보증채권을 양도하지 않기로 약정하였다면, 보증채무의 부종성에 의해 보증채무는 소멸하게 된다. 또한 주채권과 분리하여 보증채권만을 타에 양도하기로 하는 합의는 이를 분리하여 양도하는 것이 가능하지 않기 때문에 그 합의의 효력 자체가 부정된다(대판 2002.9.10, 2002다21509).

5. 보증의 보충성

주채무자가 이행할 수 없는 경우에만 채권자가 보증인에게 책임을 물을 수 있을 때가 있다. 즉 최고검색의 항변권을 행사하는 예가 그것이다. 이를 보충성이라고 한다. 그러나 최고검색의 항변권이 인정되지 않는 연대보증은 보충성이 없다고 할 것이다(민법 제437조).

6. 보증의 종류

6.1. 연대보증

통상의 보증인에게 인정되는 최고 · 검색의 항변권이 인정되지 않는 보증을 말한다. 그렇지만 연대보증 역시 보증이므로 부종성이 인정된다. 대부분의 보증은 연대보증이라고 할 수 있다.

6.2. 공동보증

동일 채무에 대해 2인 이상의 보증인이 있는 경우를 공동보증이라고 한다. 공동보증이 통상 보증인 경우에는 분별의 이익이 인정된다. 가령 A, B의 보증인이 주채무(100)에 대해 보증채무를 부담하였다면, 다른 특별한 사정이 없는 한, A, B

는 각각 50씩의 보증채무를 부담한다. 그러나 공동보증이라고 하더라도, 주채무가 불가분이거나 공동보증인이 연대보증인이거나 상호간에 보증연대의 특약이 있는 경우는 분별의 이익이 인정되지 않는다.

6.3. 일부보증

주채무 전액이 아닌 그 일부금액에 대해여 또는 일정금액한도에서 하는 보증을 말한다. 이러한 경우에는 주채무가 일부변제를 하거나 다른 공동보증인이 일부변제를 한 경우 그 변제의 효력이 문제될 수 있는데, 다른 특별한 사정이 없는 한, 잔존채무액이 자신의 보증채무의 범위 내에 있으면 일부보증인의 보증책임에는 변함이 없다고 할 것이다.

6.4. 副保證

보증채무를 주채무로 하여 보증하는 것을 말한다. 주보증채무와 부보증채무가 모두 연대보증이 아니라면 부보증인은 채권자의 청구에 대해 주채무자에 대한 최고와 검색을 할 것을 항변할 수 있을 뿐 아니라, 주보증인에게 최고와 검색을 할 것을 항변할 수도 있다. 즉 2중의 최고검색의 항변권을 가진다. 부보증은 공동보증이 아니기 때문에 분별의 이익은 없다. 다음의 대법원 판결이 부보증이 있는 사안과 유사하다.

대판 1990.11.13, 90다카26065

[사안] A는 B에 대해 3억원의 채권을 가지고 있고, 이 채무에 대해 피고가 연대보증을 하였다. 한편 B의 부탁을 받은 원고는 위 채무를 담보할 목적으로 자기 소유 부동산 X에 관하여 A와 근저당권설정계약을 체결하면서 채무자를 B 및 피고로 하고, 채권최고액을 8,500만원으로 하기로 합의하였으며, 이에 기해 근저당권이 설정되었다. B의 채무가 변제되지 않자 A은 X 부동산을 경매하였다. 원고가 피고를 상대로 구상소송을 제기하였다.

[대법원 판결] 원고는 피고의 甲에 대한 채무를 담보할 목적으로 위 부동산에 대해 근저당권을 설정하였다가 그 실행으로 인하여 위 부동산의 소유권을 상실하였으므로 피고에게 구상권이 있지만, 주채무자 중의 1인인 피고의 부탁 없이 물상보증인이 되어 자기의 출재로 주채무를 소멸하게 한 것일 뿐이므로 그 당시에 이익을 받은 한도 내에서 원고에게 이를 구상해 줄 의무가 있다.

위 사안에서 원고가 물상보증이 아니라 보증계약을 체결하였다면, 그는 피고의 부탁없는 副보증인, B의 보증인이 될 것이다.

6.5. 구상보증

보증인이 보증계약상의 채무를 이행하면, 그로 인해 주채무자에게 구상할 채권을 가지게 될 것인데, 그 구상채무의 이행을 보증하는 것이 구상보증이다. 전문보증기관이 주채무자와 사이에 보증위탁계약을 체결하면서, 장래의 구상채권에 대해 보증인을 요구할 경우 성립할 수 있다. 구상보증계약의 내용은, 당사자 사이에 다른 합의가 없는 한, 보증인의 주채무자에 대한 구상을 내용으로 하는 모든 채권을 담보하는 것이 아니라 보증인이 보증채무를 이행함으로써 발생하는 장래의 구상채권의 이행을 담보하는 것을 내용으로 한다. 또한 보증채무가 불성립하더라도 보증인은 주채무자에게 손해배상채권 또는 구상권을 가질 수 있는데, 구상보증인은 그러한 손해배상채권 또는 구상권의 이행을 담보하는 것으로 보기는 어려울 것이다. 이러한 채무의 이행도 담보하는 것을 구상보증의 내용으로 한다고 보기 위해서는 손해담보계약에 준하는 당사자간의 별도의 계약이 있어야 할 것이다. 그러한 합의가 없다면 주채무가 불성립한 경우 구상보증채무도 불성립한다고 할 것이다.

6.6. 신원보증

신원보증은 그 명칭여하를 불문하고 고용관계가 있는 피용자의 행위로 인하여 사용자가 받은 손해를 배상하기로 하는 계약이다. 대법원 판례에 따르면 이 때의 고용관계란 반드시 전형적인 고용계약이 아니더라도 적어도 지휘, 감독관계에 있는 넓은 의미의 사용자, 피용자관계는 있어야 한다. 이는 일종의 계속적 보증계약이다. 후술하겠지만, 이런 계속적 보증계약은 보증인의 부담으로 돌아갈 주채무의 액수가 보증인이 보증당시에 예상할 수 있었던 범위를 훨씬 상회하고 그 원인이 채권자가 주채무자의 자산상태가 현저히 악화된 사실을 익히 알면서도(중대한 과실로 알지못한 경우도 이와 같다) 이를 알지 못하는 보증인에게 아무런 통보나 의사타진도 없이 고의로 거래규모를 확대함에 연유하는 등 신의칙에 반하는 사정이 인정되는 경우에 한하여 보증인의 책임을 합리적인 범위로 제한할 수 있다(대판 1987.4.28, 86

다카2023 참조). 신원보증계약을 부종적 보증계약으로 구성한 2002년 전면개정된 신원보증법 이전의 대법원 판결 중에는 신원보증을 부종성이 있는 보통의 보증계약이 아니고 피용자에 의해 고용주가 입을 수 있는 일체의 손해를 담보하는 손해담보계약이라고 본 것도 있지만(대판 1972.1.31, 71다2415),[4] 주류적 대법원 판결은 신원보증은 부종성 있는 보증계약이라고 한다(대판 1980.1.15, 79다1946; 대판 1980.6.24, 80다638 등 참조).

피신원보증인이 고용주에게 손해배상책임 등을 부담할 때에만 신원보증인의 보증책임이 성립하는데, 통상의 보증계약과는 상당한 차이가 있다. 첫째, 신원보증채무는 피보증인의 손해배상채무 그 자체가 아니라 신원보증계약에 기해 발생한 채무로 기한의 정함이 없는 채무라고 한다. 피보증인이 채권자에게 손해배상채무와 그에 따른 지연이자채무를 부담하더라도, 신원보증인의 채무는 채권자가 이행을 최고하기 전에는 이행지체에 빠지지 않는다(대판 2009.11.26, 2009다59671). 둘째, 신원보증인의 위 책임은 신원보증법에 의해 다양하게 제한된다. 즉 신원보증기간은 2년을 초과하지 못하도록 하고(동법 제3조), 신원보증인은 일정한 사유가 있을 때 신원보증계약을 해지할 수 있도록 하며(동법 제5조), 신원보증인이 사망하면 그것으로 신원보증계약은 종료하도록 규정하고 있다(동법 제7조). 신원보증인은 피용자가 고의 또는 중과실로 끼친 손해에 대해 책임이 있으며(동법 제6조), 피용자에게 의심스러운 사정이 있어 신원보증책임이 발생할 가능성이 있을 때에는 고용주는 지체없이 이를 신원보증인에게 통지하여야 한다(제4조). 물론 고용주가 통지의무를 위반했다고 하더라도 곧바로 신원보증인의 책임이 면제되는 것은 아니지만, 신원보증인과 피보증인의 관계가 그러한 통지를 받았더라면 신원보증계약을 해지하였을 것이라는 특수한 사정이 있음에도 불구하고 이를 통지하지 아니하여 신원보증인으로부터 계약해지의 기회를 박탈하였다고 볼 수 있는 경우에는 신원보증인의 책임이 부정된다(대판 2007.5.31, 2007다248 참조). 셋째, 피보증인이 채권자에게 손해배상책임을 부담하고, 신원보증인이 보증책임을 지는 경우에도, 법원은 피용자의 감독에 관한 사용자의 과실 유무, 신원보증인이 신원보증을 하게 된 사유 및 이를 함에 있어서 주의를 한 정도, 피용자의 임무 또는 신원의 변화 기타 일체의 사정을

4. 이 판결에서는 피신원보증인이 공무원으로서 국가배상법 제2조 제2항의 규정에 의하여 고의 또는 중과실이 아니기 때문에 개인적으로 고용주에게 변상의 의무가 없다고 하여도 신원보증인은 보증책임이 있다고 한다.

참적하여 그 보증책임의 범위를 정한다(제6조 제3항). 법원은 반드시 위 사정을 감안하여 보증책임의 유무와 범위를 정해야 한다(대판 2009.11.26, 2009다59671).

6.7. 기타의 구분

위에서 언급한 것 이외에도, 보증계약을 피담보채무의 유형에 따라 계속적 보증, 장래채무의 보증으로 구분할 수도 있다. 전자는 계속적 거래관계에 의하여 주채무가 증감하는 경우의 보증을 의미한다. 장래채무의 보증은 아직 주채무가 발생하지 아니한 상태에서 보증계약을 체결하는 경우의 보증을 말한다.

한편 상법 제57조 제2항에 의하면 보증이 상행위이거나 주채무가 상행위로 인한 때에는 당사자 사이에 특약이 없더라도 연대보증이 되는데, 이를 상사보증이라고 한다.

보증인의 특성에 비중을 둘 때 기관보증이라는 구분도 있다. 전문적 보증기관이 주채무자의 위탁을 받고, 보증료를 대가로 특정 또는 불특정의 다수인을 위하여 업무로서 하는 보증을 말한다. 신용보증기금의 보증, 기술신용보증기금의 보증, 주택금융신용보증의 보증 등이 그 예이다. 보험회사에 의해 운용되는 각종의 보증보험도 실질은 보증이라고 할 수 있다. 기관보증의 경우, 관련 법규의 요건을 충족할 때 비로소 그 기관이 보증을 서는 경우가 많기 때문에, 동기의 착오로 인한 취소에 있어서, 관련 법규의 요건을 충족하였는지, 그 불충족을 알지 못한 것이 어떤 사유에 기인한 것인지의 여부가 중요하다.

대판 1992.2.25, 91다38419

신용보증기금법 제1조, 제6조, 제27조, 제28조, 제31조의2의 각 규정 취지에 비추어 볼 때 신용보증기금은 일반 금융기관과는 달리 신용보증 대상기업의 신용상태가 그 신용보증을 함에 있어 중요한 요인이 된다고 할 수 있는 것으로서 같은 법 제24조에 따라 위 기금이 작성하여 재무부장관의 승인을 얻어 시행하는 위 기금의 업무방법서 제10조 제1항 제2호 및 그 위임에 따라 제정 시행된 연체의 범위에 대한 규정(신용보증심사운용요령 제17조 제1항)에 정한 신용보증 제한 대상인 연체가 발생한 기업에 대하여 금융기관이 위 기금에게 보증 대상기업의 거래관계를 확인하는 거래상황확인서를 발급함에 있어서 아무런 연체가 없는 것처럼 기재하여 위 기금이 그 거래상황확인서를 믿고 신용보증을 하게 되었다면 신용보증에 있어 보증 대상기업의 신용 유무는 위 기금의 보증에 관한 의사표시의 중요한 결정 동기를 이루는 것인 만큼 위 기금이 보증 제한기업에 해당되는 기업을 금융기관의 잘못된 통보 내용에 따라 보증 제한기업이 아닌 것으로 오신하고 신용보증을 한 것이고 위 기금의 그와 같은 동기에 관한 착오는 위 신용보증행위의 중요부분에 관한 것이라고 봄이 타당하다.

그 밖에 어음, 수표 금액의 전부 또는 일부의 지급을 담보하기 위한 보증을 어음보증 또는 수표보증이라고 한다(어음법 30조, 77조, 수표법 25조). 이런 보증은 통상 원인관계상의 채무와 무관하게 어음, 수표상의 채무만을 보증하는 것이다.

대판 2005.10.13, 2005다33176

다른 사람이 발행하는 약속어음에 명시적으로 어음보증을 하는 사람은 그 어음보증으로 인한 어음상의 채무만을 부담하는 것이 원칙이고, 특별히 채권자에 대하여 자기가 그 약속어음 발행의 원인이 된 채무까지 보증하겠다는 뜻으로 어음보증을 한 경우에 한하여 그 원인채무에 대한 보증책임을 부담하게 되므로, 타인이 물품공급계약을 맺은 공급자에게 물품대금 채무의 담보를 위하여 발행 · 교부하는 약속어음에 어음보증을 한 경우에도 달리 민사상의 원인채무까지 보증하는 의미로 어음보증을 하였다고 볼 특별한 사정이 없는 한, 어음보증인으로서 어음상의 채무를 부담하는 것에 의하여 신용을 부여하려는 것이다.

제2관 보증의 성립

1. 보증계약의 성립요건

1.1. 보증계약의 요식성

(1) 보증계약은 "주채무자가 이행하지 아니하는 채무를 이행할 것"을 내용으로 한다. 2015년 민법개정으로 민법상의 보증계약은 서면으로만 체결할 수 있다. 따라서 서면으로 체결하지 않은 보증계약은 무효이다(민법 제428조의2 제1항). 그러나 서면으로 체결하지 않은 보증계약이라 하더라도 이미 보증채무를 이행하였다면 방식의 흠결을 주장할 수 없다(민법 제428조 제2항). 보증계약은 보증을 영업으로 하는 회사만이 아니라 아무 대가없이 개인적 연고로 타인을 위해 보증을 서는 개인들이 하는 경우도 적지 않다. 後者의 경우 보증계약이 가져올 무거운 부담을 자각하지 못하는 경우가 대부분이다. 주채무자의 채무불이행은 장래의 일인데다 그 가능성을 냉정히 분석하지 않은 상태에서 보증계약을 체결하기 때문이다. 정의(情誼)로 맺어진 기존의 인간관계상의 요청을 뿌리치지 못하고 주채무자에 대한 막연한 신뢰감에 기초하여 보증계약을 체결하는 경우가 대부분이라는 것이다. 그러나 막상

주채무자의 채무불이행이 있으면 그 결과는 매우 가혹하다. 양속과 신뢰를 존중하는 이런 잠재적 보증인을 보호하기 위한 특별한 입법이 필요함은 말할 것도 없다. 즉 보증계약 책임의 엄중함을 보증인이 되고자 하는 자에게 다시 한번 경고하고, 이들을 보호하기 위한 다양한 대책을 마련할 필요가 있다. 서면에 의해 체결된 보증계약만을 유효하도록 할 필요도 여기에 있다. 대부분의 선진국에서 보증계약을 요식행위로 하고 있는 것도 이런 이유 때문이다.

(2) 이런 요구에 부응해서, 2008년 9월부터 시행된 "보증인 보호를 위한 특별법"의 적용대상인 보증계약은 보증인의 기명날인 또는 서명이 있는 서면으로 체결하여야 하였다(동법 제3조 제1항). 보증인에게 불리하게 보증계약을 변경할 때에도 기명날인 또는 서명이 있는 서면으로 하여야 하였다(동법 제3조 제2항). 그렇지 않은 경우 보증계약 또는 보증계약의 변경은 무효이다. 다만 방식의 흠결로 무효인 보증계약이라고 하더라도 보증채무를 이행한 경우에는 방식의 흠결을 주장할 수 없도록 규정하고 있었다(동조 제3항). 위 법의 적용을 받지 않는 보증인의 범위는 동법 제2조 제1호에서 열거하고 있다.

위 보증인 보호를 위한 특별법 제3조는 그대로 민법 제428조의2로 옮겨져 이제는 모든 보증계약은 서면으로 체결하지 않으면 그 효력이 없도록 되었다. 기명날인 또는 서명이 있는 서면으로 하여야 한다는 것을 명확히 하기 위해 전자적 형태로 보증의사가 표시된 경우에도 효력이 없도록 규정하였다(민법 제428조 제1항 단서).

1.2. 보증계약의 당사자

일부 학자들은 보증계약은 보증인과 채권자 사이에 체결되는 계약이며, 제3자가 채무자와의 계약으로 채무자의 채무를 이행할 것을 약정하는 경우는 이행인수계약이든가 제3자를 위한 변제계약이지 보증계약은 아니라고 한다(김증한/김학동, 채권총론, 247면; 곽윤직, 채권총론, 245면). 그러나 보증을 규율하는 민법 제428조는 "주채무자가 이행하지 아니하는 채무를 이행할 의무"가 보증인에게 있다는 것만을 규정하고 있을 뿐이고, 보증계약의 당사자가 누구인지에 관하여는 아무런 언급이 없다. 그렇다면 계약으로 위 규정의 채무를 부담할 것을 약정할 경우 계약의 성립에 관한 일반규정에 좇아 이를 체결할 수 있다. 제3자를 위한 계약을 보증계약의 경우에는 허용하지 않을 어떤 이유도 없다는 것이다. 다만 제3자를 위한 보증계약과 이행인수계약 또는 병존적 채무인수계약이 어떻게 구분될 수 있는지의 문제는 별도로 검토되어야 할 것이다(아래 제4절 참조).

(1) 보증인과 채권자 간의 보증계약

통상의 보증계약은 보증인과 채권자 간에 체결된다. 특히 주채무자의 부탁을 받아 채권자와 보증계약을 체결하는 자를 수탁보증인이라고 하고, 주채무자의 부탁없이 채권자와 보증계약을 체결하는 자를 부탁없는 보증인이라 한다. 수탁보증인의 경우 주채무자의 기망(특히 그의 자력 등에 관하여)에 의해 보증인이 되는 경우도 적지 않다. 이는 대부분 동기의 착오에 불과하여 채권자와의 보증계약을 취소할 수 없는 경우가 일반적이다(아래 ① 판결). 그러나 사정에 따라서는 내용의 착오로 인정되어 민법 제109조의 요건 하에 취소할 수도 있다(아래 ②판결). 물론 주채무자의 기망에 의한 의사표시로 파악하여 민법 제110조 제2항의 요건, 즉 채권자가 알았거나 알 수 있었을 경우 그 보증계약을 취소할 수도 있다(아래 ③판결).

① 동기의 착오로서 취소할 수 없다는 판결

대판 2001.2.23, 2000다48135

[사안] 리스회사인 원고는 1994.5.20. A병원의 실질적인 운영자인 제1심 공동피고 B와 의료기기에 관한 리스계약을 체결하였다. 피고는 1994.5.20. 제1심 공동피고 B와 원고 간의 리스계약에 기한 채무를 연대보증하였다. B가 리스료 일부만 지급하고 나머지 리스료를 지급하지 못하자, 원고는 1996.4.30.자로 이 사건 리스계약을 해지하였다. 그런데 B는 이 사건 리스계약서에 명시된 품목을 실제 인도받아 A 병원에서 사용한 것이 아니라 A병원의 운영자금이 부족하게 되자 리스물건 공급자와 짜고 실제로는 위와 같은 물품들을 공급받는 것이 아님에도 그러한 물품들을 공급받는 듯이 허위 내용의 서류를 작성하여 원고에게 제출하고 원고로부터 위 취득원가에 상당한 금원을 지급받아 병원의 운영자금으로 사용하였다. 피고는 정형외과 레지던트 과정을 마치고 20년 정도 미국, 캐나다 등지에서 의료업에 종사하다가 1994년 4월경 귀국하여 같은 해 5월경 A 병원 인공관절센터 소장으로 부임하였다. 피고가 근무하기 시작한 지 며칠 되지 않은 같은 해 5월 10일 A 병원의 행정부원장으로서 병원의 행정업무와 대외관계 업무를 담당하던 소외 C가 피고를 찾아가 이 사건 리스계약에 있어서 B를 위한 연대보증인이 되어 줄 것을 요청하였다. 그러나 C는 피고에게 이 사건 리스계약이 원고로부터 금융을 얻기 위한 방편으로서 체결되는 것일 뿐 계약서에 명시된 품목들을 실제로 공급받는 것이 아니라는 사실을 알려주지 아니하였다. 나아가 C는 A 병원의 과장인 소외 D에게 피고가 이 사건 리스계약이나 A 병원의 재정상태에 관하여 의심하지 않도록 주의할 것을 지시하였고, B 역시 A 병원의 재정상태를 호도하기 위하여 피고 앞에서는 막강한 재력이 있는 듯한 언동을 하였다. 이러한 상황에서 피고는 이 사건 리스계약서가 자금조달의 목적으로 허위로 작성된 사실을 전혀 모른 채 위 B가 이 사건 리스계약상의 채무를 아무 문제 없이 이행할

수 있으리라고 믿고 위와 같이 연대보증을 하였다. 원고가 피고에게 보증채무의 이행을 구하였다. 원심법원은 이 사건 리스가 공(空)리스인 사실을 알았더라면 리스이용자인 B를 위하여 연대보증을 하지 않았을 것임이 명백하고, 또한 리스계약에 있어서 리스물건에 관한 사항은 계약내용의 중요부분을 이루는 것으로서 리스물건이 실제 공급되는지의 여부는 그 리스계약에 기한 리스이용자의 채무를 연대보증하려는 자가 보증의 의사를 결정함에 있어서 중요한 요소가 된다는 이유로, 피고의 착오에 의한 보증의 취소 주장을 받아들였다. 대법원은 다음과 같은 이유로 원심판결을 파기 · 환송하였다.

[대법원 판결] 이 사건 리스계약과 같은 금융리스(finance lease)는 실질에 있어 리스이용자에게 리스물건을 취득하는 데 소요되는 자금에 관한 금융의 편의를 제공하는 것을 내용으로 하는 물적 금융이고, 공(空)리스도 리스물건 대금 상당액의 융자를 받아 이에 이자 상당액을 추가한 금액을 리스료라는 이름으로 반환하는 점에 있어 정상적인 리스와 차이가 없으며 다만 담보역할을 할 것으로 기대되는 리스물건의 존재 여부에 차이가 있을 뿐이므로, 리스물건의 인도가 없는 점에 보증인의 착오가 있는 경우에도, 리스이용자가 리스회사로부터 금융의 이익을 얻어 이를 리스료로 할부변제하는 것을 보증하는 의사가 보증인에게 있었던 이상, 보증인의 위와 같은 착오는 원칙적으로 법률행위의 중요부분의 착오가 아니고 동기의 착오에 불과하다. 따라서 피고가 위와 같은 동기에 따라 이 사건 보증에 이르게 되었다는 사정이 상대방인 원고에게 표시되고 의사표시의 해석상 법률행위의 내용으로 되어 있는 경우에 한하여 피고의 착오에 의한 보증 취소 주장을 받아들일 수 있는데도, 원심이 이 점을 심리 · 판단하지 아니한 채 피고의 위 착오에 의한 주장을 받아들인 것에는 착오에 의한 의사표시의 법리를 오해하고 심리를 다하지 아니한 위법이 있다.

② 중요부분의 착오로서 취소할 수 있다는 판결

대판 2007.8.23, 2006다52815

[사안] 신용불량자 소외 1은 원고 은행으로부터 대출을 받기 위해 피고(기술신용보증기금)의 보증서를 취득하여 제출하였다. 그런데 소외 1은 자신이 사업을 하면서도 소외 2 명의로 사업자등록을 하고 영업을 하였으며, 자신이 아닌 소외 2 명의로 보증서를 취득하였다. 그 후 소외 1이 은행대출을 갚지 못하자, 원고는 피고에게 보증채무의 이행을 청구하였다. 피고가 법률행위의 중요부분(피보증인에 대한 착오)에 관한 착오를 이유로 위 보증계약을 취소할 수 있는지가 쟁점이 된 사안이다.

[대법원 판결] 대법원은 다음과 같은 이유로 피고의 착오가 법률행위의 중요부분의 착오가 된다고 하였다. "피고는 기술신용보증제도를 정착 · 발전시키기 위하여 신용보증기금과 별도로 설립된 법인으로서(기술신용보증기금법 제1조), 담보능력이 미약한 기업의 채무를 보증하여 기업에 대한 자금융통을 원활하게 하고 나아가 국민경제의 발전에 이바지함을 목적으로 한다는 점에서 신용보증기금과 동일한 목적을 가지고 있다(기술신용보증기금법 제12조, 신용보증기금법 제1조). 이러한 목적을 위하여 기술신용보증기금법 제13조는 피고의 기본재산 조성을 금융회사 등과 정부의 출연금으로 할 것을 규정하고, 같은 법 제2조 제6호, 제7호는 피고의 신용보증대상 채무를 일정한 요건을 갖춘 기업이 금융기관 등으로부터 자금의 대출 등을 받음으로써 부담하는 금전채무 등으로 국한하고 있으며, 같은 법 제30조 제1항은 피고는 사업전망 · 경영능력 등을 공정 · 성실하게 조사하여 보증을 하여야 한다고 규정하고 있다. 위와 같은 관련 규정들의 취지에 비추어, 신용은 있으나 담보능력이 미약하여 자금을 융통할 수 없는 기업의 채무를 보증하여 줌으로써 그 자금융통을 원활하게 하여 주기 위하여 설립된 피고의 신용보증에 있어서 그 대상이 되는 기업의 신용 유무는

그 절대적인 전제사유로서 신용보증의사표시의 중요 부분을 구성하는 것으로 보아야 한다."[5]

대판 2005.5.27, 2004다43824

[사안] 주채무자가 피고에게 신원보증을 서 달라고 하면서 보증계약서에 서명해 줄 것을 요청하였는데, 실제로 그 계약서는 이행보증계약서였고 이를 주채무자가 고의로 피고를 기망한 것이었다. 그러나 피고는 이를 알지 못하고 이행보증계약서에 서명하였는데, 그 후 채권자인 원고가 피고에게 보증채무의 이행을 청구하였다. 원심법원은 이 사안을 민법 제110조 제2항에 의한 취소가 가능한 사안이라고 성격규정한 뒤, 원고가 주채무자의 기망사실을 알았거나 알 수 있었다고 볼 수 없다는 이유로 피고의 취소항변을 배척하였다. 대법원은 원심판결을 다음과 같은 이유로 파기하였다.

[대법원 판결] '사기에 의한 의사표시란 타인의 기망행위로 말미암아 착오에 빠지게 된 결과 어떠한 의사표시를 하게 되는 경우이므로 거기에는 의사와 표시의 불일치가 있을 수 없고, 단지 의사의 형성과정 즉 의사표시의 동기에 착오가 있는 것에 불과하며, 이 점에서 고유한 의미의 착오에 의한 의사표시와 구분되는데, 신원보증서류에 서명날인한다는 착각에 빠진 상태로 연대보증의 서면에 서명날인한 경우, 결국 위와 같은 행위는 강학상 기명날인의 착오(또는 서명의 착오), 즉 어떤 사람이 자신의 의사와 다른 법률효과를 발생시키는 내용의 서면에, 그것을 읽지 않거나 올바르게 이해하지 못한 채 기명날인을 하는 이른바 표시상의 착오에 해당하므로, 비록 위와 같은 착오가 제3자의 기망행위에 의하여 일어난 것이라 하더라도 그에 관하여는 사기에 의한 의사표시에 관한 법리, 특히 상대방이 그러한 제3자의 기망행위 사실을 알았거나 알 수 있었을 경우가 아닌 한 의사표시자가 취소권을 행사할 수 없다는 민법 제110조 제2항의 규정을 적용할 것이 아니라, 착오에 의한 의사표시에 관한 법리만을 적용하여 취소권 행사의 가부를 가려야 한다.' 또한 '취소의 의사표시란 반드시 명시적이어야 하는 것은 아니고, 취소자가 그 착오를 이유로 자신의 법률행위의 효력을 처음부터 배제하려고 한다는 의사가 드러나면 족한 것이며, 취소원인의 진술 없이도 취소의 의사표시는 유효한 것이므로, 신원보증서류에 서명날인하는 것으로 잘못 알고 이행보증보험약정서를 읽어보지 않은 채 서명날인한 것일 뿐 연대보증약정을 한 사실이 없다는 주장은 위 연대보증약정을 착오를 이유로 취소한다는 취지로 볼 수 있다.'고 한다.

③ 민법 제110조 제2항에 의한 취소를 인정한 판결

대판 1997.9.9, 96다15183

[사안] 주채무자가 원고에게 연대보증 및 물상보증을 부탁하면서 대출금액을 고의로 속이고 실제보다 적은 액수를 대출받는 것처럼 말하여 원고가 피고 은행에 대해 연대보증 및 물상보증을 서게 되었다. 원고가 주채무자의 사기를 이유로 취소할 수 있는지가 문제된 사안이다.

[대법원 판결] 대법원은 원고가 민법 제110조 제2항에 의해 연대보증 및 물상보증계약을 취소

---

5. 위 대법원 판결의 사안은 원고와 피고 간에 보증계약이 체결된 사안이었기 때문에 피보증인의 동일성에 대한 착오는 법률행위의 중요부분의 착오로 인정한 것이었는데, 만약 위 판결의 사안에서 소외 1이 소외 2 명의로 피고와 보증보험계약을 체결하면서 피보험자를 원고로 한 사안이었다면 이와 달리 판단되었을 것이다. 즉 소외 1이 소외 2로부터 명의를 대여받았거나, 대리권을 부여받지 않았고 또 소외 2가 표현대리책임을 지는 사안도 아니라면, 이는 행위자와 명의자가 다른 사안으로서 그 계약은 소외 2와 피고 간에 체결된 것이라고 해석할 것인데, 소외 2는 계약상의 의사표시를 한 적이 없으므로 그 계약은 불성립되어 무효라고 하였을 것이다.

할 수 있다고 보았다. "금융기관의 대출담당자가 대출금 채무자의 물상보증인이 되고자 하는 자로 하여금 차용금액이 백지로 된 차입신청서의 연대보증인란, 액면금액이 백지로 된 약속어음의 연대보증인란, 채권최고액이 백지로 된 담보제공승낙서와 근저당권설정계약서에 각 서명날인하게 함에 있어서, 백지로 된 금액란이 얼마로 보충될 것인지를 확인하거나 알려주지 아니하였다면, 나중에 그 금액란이 원래 물상보증인이 대출금 채무자와 합의한 금액 이상으로 기재되었을 경우에는, 그 금융기관의 대출담당자에게는 원래의 합의 금액이 실제 기재된 금액보다 적은 금액이었다는 점을 모른 데 대하여 과실이 있다."는 것이다.

(2) 보증인과 주채무자 간의 보증계약

보증인과 주채무자 간의 계약으로 주채무의 불이행이 있으면 그 채무를 보증인이 제3자(채권자)에게 직접 이행할 것을 약정하고, 그 계약상의 채권을 제3자에게 귀속시키고자 할 때 제3자를 위한 보증계약이 체결된다. 이런 보증계약에서는 주채무자에 의한 기망에 의해 보증계약을 체결하게 되었다면, 보증인은 민법 제110조 제1항에 의해 그 보증계약을 취소할 수 있다. 그러나 통상의 제3자를 위한 계약과 제3자를 위한 보증계약은 그 계약에서의 장애사유가 발생하였을 때의 효력의 면에서는 차이가 있을 수 있음을 유의하여야 할 것이다.

① 통상의 제3자를 위한 계약

제3자(수익자)에게 채무를 이행하기 전이라면, 낙약자는 그 계약을 취소한 후, 민법 제542조에 의한 항변으로써 제3자(수익자)에게 대항할 수 있다. 따라서 취소 후 낙약자는 수익자에게 더 이상 급부의무를 부담하지 않는다고 할 것이다. 제3자(수익자)에게 채무를 이행한 후 그 계약을 취소하였다면, 민법 제542조의 항변으로써 수익자에게 부당이득반환청구권을 행사할 수 있다. 그러나 제3자를 위한 계약이 실질적으로는 단축된 급부의 한 유형에 불과하다면(혹은 단축된 급부에서의 제3자의 지위를 강화하기 위해 제3자를 위한 계약의 형식을 선택한 것이라면), 낙약자는 수익자가 아닌 요약자에 대해 부당이득반환청구권을 가질 것이다. 아래 판결의 법리는 제3자를 위한 계약 중 단축된 급부와 기능상 동일 내지 유사한 사안에 한정되어야 할 것이다.

대판 2005.7.22, 2005다7566,7573

[사안] 원고(반소피고, 이하 '원고'라고 한다)는 A로부터 이 사건 물건을 매수하고, 매매대금은 A가 피고에게 부담하고 있는 채무금 상당의 금원을 피고에게 지급함으로써 A에 대한 매매대금

의 지급에 갈음하기로 하였다. 그런데 B가 이미 이 사건 물건의 소유권을 취득함으로써 A의 원고에 대한 이 사건 물건의 소유권이전의무가 이행불능 상태에 빠졌고, 원고는 A와의 매매계약을 해제하였다. 원고는 피고에게 해제에 따른 원상회복으로서 원고로부터 지급받은 이 사건 매매계약의 매매대금 2,600만원을 반환할 청구하였다.

[대법원 판결] 원심법원은 원고와 A 간의 매매대금지급방법에 관한 약정을 제3자를 위한 계약이자 병존적 채무인수에 해당된다고 판단한 후, 피고에 대한 원고의 모든 급부는 기본관계를 이루는 이 사건 매매계약의 당사자인 원고와 A 사이의 채권관계에 기한 급부일 뿐이므로(제3자인 피고는 이와 직접적인 관련이 없다.) 이로 인한 부당이득반환의무는 당연히 원고와 A 사이에서만 발생한다고 봄이 타당하고, 기본관계는 해제로 인하여 무효라 하더라도 대가관계에 아무런 하자가 없는 경우 제3자의 급부수령은 요약자와의 관계에 기한 정당한 수령으로서 부당이득반환의 대상이 되지 아니한다 할 것이고, 또한 제3자에 대한 낙약자의 급부에 의하여 요약자가 채무를 면하게 되며, 요약자와 제3자 사이의 유효한 결제를 부인할 필요가 없으므로, 낙약자로서는 제3자가 아닌 요약자에 대하여 부당이득의 반환을 청구하여야 한다고 봄이 상당한 점, 또한, 원고가 피고에 대하여 직접 부당이득반환청구를 할 수 있다고 보면, 자기 책임하에 체결된 계약에 따른 위험부담을 제3자에게 전가시키는 것이 되어 계약법의 기본원리에 반하는 결과를 초래하게 되는 점 등에 비추어 볼 때, 그 계약관계의 청산은 이 사건 매매계약의 당사자인 원고와 A 사이에 이루어져야 할 것이고, 제3자인 피고를 상대로 하여 해제에 따른 원상회복 또는 위 매매대금을 지급받은 것이 부당이득이라는 이유로 그 반환을 구할 수는 없다고 하여 원고의 본소청구를 배척하였다. 대법원은 원심법원의 이런 판단을 다음과 같은 이유로 정당하다고 보았다. “제3자를 위한 계약관계에서 낙약자와 요약자 사이의 법률관계(이른바 기본관계)를 이루는 계약이 해제된 경우 그 계약관계의 청산은 계약의 당사자인 낙약자와 요약자 사이에 이루어져야 하므로, 특별한 사정이 없는 한 낙약자가 이미 제3자에게 급부한 것이 있더라도 낙약자는 계약해제에 기한 원상회복 또는 부당이득을 원인으로 제3자를 상대로 그 반환을 구할 수 없다.”

② 제3자를 위한 보증계약

제3자를 위한 보증계약은 통상의 보증과 유사한 면이 더 강하기 때문에, 다른 특별한 사정이 없는 한, 통상의 보증계약과 유사하게 처리하는 것이 당사자의 이해관계를 정확하게 반영할 수 있다. 가령 이미 보증채무가 이행된 경우, 제3자를 위한 보증계약이 취소되었다면, 부당이득반환청구권은 요약자가 아닌 제3자(채권자)에 대해서만 성립된다고 보아야 할 것이다. 즉 이 점은 통상의 보증계약과 다를 바 없다. 그러나 요약자의 기망행위 등으로 계약이 취소되고, 그 취소가 제3자에 대한 보증채무의 이행 전에 이루어진 경우라 하더라도 일정한 사안에서는 민법 제542조와 달리 제3자(수익자)를 보호해야 할 필요가 있을 수 있다. 아래 판결이 그러한 예이다.

대판 2001.2.13, 99다13737

[사안] A는 원고와 물품공급계약을 체결하여 원고로부터 물품을 공급받기로 하였는데, 원고는 A에게 A의 채무불이행을 대비하여 보증보험계약을 체결한 후 그 보험증서를 제출하여야 물품을 공급할 수 있다고 하였다. A는 피고와 보증보험계약을 체결하여 그 보험증서를 원고에게 제출한 후 물품을 공급받을 수 있었는데, 위 보험계약을 체결하면서 자신의 신용상태에 관하여 허위의 진술을 하여 피고를 기망하였다. A의 채무불이행이 있자 원고가 피고에게 보증보험금의 지급을 청구하였고, 피고는 A의 기망을 이유로 위 보험계약을 취소하였으므로 원고에게 보험금을 지급할 의무가 없다고 항변하였다.

[대법원 판결] 대법원은 다음과 같은 이유로 피고는 원고에게 보험금을 지급할 의무가 있다고 보았다. "보증보험은 보험계약자인 채무자의 채무불이행으로 인하여 채권자가 입게 되는 손해의 전보를 보험자가 인수하는 것을 내용으로 하는 손해보험으로서, 형식적으로는 채무자의 채무불이행을 보험사고로 하는 보험계약이지만 실질적으로는 보증의 성격을 가지고 보증계약과 같은 효과를 목적으로 하고, 이행보증보험과 같은 경우 피보험자는 보증보험에 터잡아 물품공급계약을 체결하거나 이미 체결한 물품공급계약에 따른 물품인도의무를 이행하는 것이 보통이므로, 일반적으로 타인을 위한 보험계약에서 보험계약자의 사기를 이유로 보험자가 보험계약을 취소하는 경우 보험사고가 발생하더라도 피보험자는 보험금청구권을 취득할 수 없는 것과는 달리, **보증보험계약의 경우 보험자가 이미 보증보험증권을 교부하여 피보험자가 그 보증보험증권을 수령한 후 이에 터잡아 새로운 계약을 체결하거나 이미 체결한 계약에 따른 의무를 이행하는 등으로 보증보험계약의 채권담보적 기능을 신뢰하여 새로운 이해관계를 가지게 되었다면 그와 같은 피보험자의 신뢰를 보호할 필요가 있으므로, 주채무자에 해당하는 보험계약자가 보증보험계약을 체결함에 있어서 보험자를 기망하였다는 이유로 보험자가 보증보험계약 체결의 의사표시를 취소하였다 하더라도, 이미 그 보증보험계약의 피보험자인 채권자가 보증보험계약의 채권담보적 기능을 신뢰하여 새로운 이해관계를 가지게 되었다면, 피보험자가 그와 같은 기망행위가 있었음을 알았거나 알 수 있었던 경우이거나, 혹은 피보험자와 보험자 사이에 피보험자가 보험자를 위하여 보험계약자가 제출하는 보증보험계약 체결 소요 서류들이 진정한 것인지 등을 심사할 책임을 지고 보험자는 그와 같은 심사를 거친 서류만을 확인하고 보증보험계약을 체결하도록 미리 약정이 되어 있는데, 피보험자가 그와 같은 서류심사에 있어서 필요한 주의의무를 다하지 아니한 과실이 있었던 탓으로 보험자가 보증책임을 이행한 후 구상권을 확보할 수 없게 되었다는 등의 특별한 사정이 없는 한** 그 취소를 가지고 피보험자에게 대항할 수 없다."

1.3. 주채무에 관한 요건

(1) 보증계약이 성립하기 위해서는 주채무가 존재하여야 한다. 주채무는 장래의 채무여도 무방하다(민법 제428조 제2항). 주채무가 존재하지 않으면(불성립, 무효, 취소 등의 사유로) 보증채무도 존재하지 않는다. 주채무가 소멸하면 보증채무도 소멸한다. 주채무의 내용이 변경되면 보증채무의 내용도 변경된다. 보증채무의 내용이 주채무의 목적이나 형태보다 중한 때에는 주채무의 한도로 축소된다(민법 제430조). 이와 같은 것을 보증채무의 부종성이라고 한다.

(2) 채무불이행, 채무의 불성립 등 그 원인이 어떠하든 채권자가 입은 손해를 담보하는 계약(손해담보계약)을 체결할 수도 있는데, 이 때에는 주채무의 존재 여부는 손해담보계약상의 채무의 성립에 영향을 미치지 아니한다. 민법 제436조는 '취소의 원인이 있는 채무를 보증한 경우에는 보증계약 당시에 그 원인있음을 안 경우에 주채무의 불이행 또는 취소가 있는 때에는 주채무와 동일한 목적의 독립채무를 부담'한 것으로 간주되는데, 이런 보증계약 역시 손해담보계약의 의사가 있는 것으로 인정되기 때문에 이런 규정을 둔 것이다. 그러나 손해담보계약인지, 부종성있는 보증계약인지의 구분은, 강행규정이 없는 한, 당사자의 의사에 의해야 하므로 신중하게 이를 판단해야 할 것이다. 신원보증인의 책임에 관한 규정을 두지 않던 2002년 개정 전의 신원보증법(신원보증법은 2009년 전면개정되었다) 하에서는 신원보증계약이 부종적 보증인지, 손해담보계약인지를 판단하는 것은 당사자의 의사에 의해 판단될 것이었다.

대판 1977.1.11, 76다1166

피보증인이 "재직중 고의 또는 과실로 인하여 귀하에게 손해를 끼쳤을 때에는 보증인등은 이에 대한 일체의 민사상 책임을 지겠습니다"라는 내용의 신원보증계약은 독립적 보증계약인 손해담보계약이 아니라 피보증인이 사용자에 대하여 배상책임을 부담하게 될 경우에 한하여 신원보증인으로서 그 채무를 이행하겠다는 이른바 부종적 보증계약이라고 봄이 상당하다.

대판 1972.1.31, 71다2415

신원보증을 부종성이 있는 보통의 보증계약이 아니고 피용자에 의해 고용주가 입을 수 있는 일체의 손해를 담보하는 손해담보계약이므로, 피신원보증인이 공무원으로서 국가배상법 제2조 제2항의 규정에 의하여 고의 또는 중과실이 아니기 때문에 개인적으로 고용주에게 변상의 의무가 없다고 하여도 신원보증인은 보증책임이 있다.

(3) 보증채무는 주채무가 이행되지 않은 경우 보증인이 이를 대신하여 이행하는 것이므로, 주채무는 타인에 의해 대체할 수 있는 급부여야 한다. 주채무가 비대체적 급부인 경우에는 주채무의 불이행으로 인한 손해배상채무의 이행을 보증한 것으로 해석할 수 있다. 또한 주채무는 장래에 발생하는 것이어도 무방하다(민법 제428조 제2항). 뿐만 아니라 계속적 거래관계에서 발생하는 증감변동하는 채무의 이행을 담보하는 것도 가능하다(근보증). 이 경우 일시적으로 피담보채무가 존재하지 않더라도 보증채무의 존속에는 영향을 미치지 않는다.

1.4. 보증인에 관한 요건

보증인의 자격에 대해서는 별도의 제한이 없다. 그러나 채무자가 보증인을 세울 의무가 있는 경우에는 그 보증인은 행위능력 및 변제자력이 있는 자로 하여야 한다(민법 제431조 제1항). 채무자가 위의 자격을 갖추지 않은 자를 보증인으로 세웠다고 해서, 그것만으로는 보증채무의 효력에 영향을 미치지 않는다. 그러나 이 경우 채무자는 담보제공의 의무를 이행하지 않은 것이므로 기한의 이익을 상실할 것이다(민법 제388조 제2호). 보증인의 변제자력이 사후적으로 없어진 때에는 채권자는 보증인의 변경을 청구할 수 있다(민법 제431조 제2항). 채권자의 변경청구에도 불구하고 상당한 기간 내에 자력있는 보증인으로 변경하지 않는 경우 마찬가지로 채무자는 기한의 이익을 상실할 수 있다. 그러나 채권자가 보증인을 지명한 경우에는 제431조 제1항, 제2항은 적용되지 않는다(민법 제431조 제3항). 한편 채무자가 보증인을 세울 의무가 있는 경우, 다른 상당한 담보를 제공함으로써 그 의무를 면할 수 있다(민법 제432조). 보증인과 채권자 간의 합의로 다른 담보로 대체하기로 한 경우, 다른 합의가 없는 한, 그 다른 담보의 가치만큼 보증책임을 면한다고 볼 수 있다.

대판 2006.7.4, 2004다30675

은행과 연대보증인 사이에 연대보증의 근저당권으로의 담보대체의 합의가 성립한 경우, 대체담보물의 가치가 피담보채무에 미달하더라도 일체의 보증책임의 면제를 허용하지 아니한다면 결과적으로 은행은 이중의 담보를 취득하게 되어 불합리하므로 은행의 대체담보물 취득으로 인하여 그 담보가치만큼 연대보증인의 보증책임도 소멸한다.

2. 보증채무의 내용

보증계약이 유효하게 성립하면 보증채무가 성립하는데, 그 보증채무의 내용은 다음과 같이 정해진다.

2.1. 보증계약 및 보증채무의 부종성

보증계약으로 보증채무의 내용을 정할 수 있다. 주채무 전부를 보증하는 것도 가능하지만, 그 일부만을 보증하는 것도 또한 가능하다(일부보증). 보증채무의 변제기, 이행지 등에 관하여도 보증계약으로 별도로 합의할 수 있다. 보증채무의 불이행이 있을 경우의 위약금 등 손해배상에 관하여도 당사자 간의 계약으로 별도의 합의를 할 수 있다(민법 제429조 제2항). 또한 보증채무는 주채무와는 별개의 채무이기 때문에, 보증액에 한도를 둔 일부보증인이라 하더라도 보증채무 자체의 이행지체로 인한 지연손해금은 보증한도액과는 별도로 부담한다(대판 2006.7.4. 선고 2004다30675). 그러나 보증채무는 원칙적으로 주채무에 부종한다. 보증인의 부담이 주채무의 목적이나 형태보다 중한 때에는 주채무의 한도로 보증채무도 감축된다는 것이다(민법 제430조).

대판 2002.5.14, 2000다62476

보증채무에 대한 소멸시효가 중단되었다고 하더라도 이로써 주채무에 대한 소멸시효가 중단되는 것은 아니고, 주채무가 소멸시효 완성으로 소멸된 경우에는 보증채무도 그 채무 자체의 시효중단에 불구하고 부종성에 따라 당연히 소멸된다.

만약 보증채무에 부종성이 없을 때에는 이미 보증채무라고 할 수 없으며, 손해담보계약이나 그와 유사한 계약에 기한 채무라고 이해해야 할 것이다. 문제는 주채무자와 채권자 간의 합의로 주채무의 내용이 변경된 경우 그 변경된 채무에 대해서도 보증책임을 질 것인지가 문제된다. 다음 각 사안은 구별되어야 할 것이다.

대판 2002.6.14, 2002다14853(확정된 특정채무의 변제기의 연장)

신용보증기금이 신용보증계약상의 구상금 채무를 보증한 자에게 그 구상금 주채무자의 부도사실이나 신용보증기금이 대위 변제한 사실을 통지하여야 할 법률상의 의무가 있다고 할 수 없으므로, 그 통지가 없음으로 인하여 그 즉시 구상금을 변제하였더라면 부담하지 아니하였을 지연이자 상당의 부담이 늘어났다 하더라도, 보증인은 그 지연이자 상당의 채무를 면할 수 없다. 즉 채무가 특정되어 있는 확정채무에 대하여 보증한 연대보증인으로서는 자신의 동의 없이 피보증채무의 이행기를 연장해 주었느냐의 여부에 상관없이 연대보증채무를 부담한다는 것이다.[6]

6. 그러나 이런 법리는 보증인에게 매우 불리한 것으로 입법적 개선이 있어야 할 것이다.

대판 1999.8.24, 99다26481(계속적 보증과 기한연장)

계속적 채권관계에서 발생하는 주계약상의 불확정 채무에 대하여 보증한 경우의 보증채무는 통상적으로는 주계약상의 채무가 확정된 때에 이와 함께 확정되는 것이지만, 채권자와 주채무자와 사이에서는 주계약상의 거래기간이 연장되었으나 보증인과 사이에서 보증기간이 연장되지 아니함으로써 보증계약관계가 종료된 때에는, 보증계약 종료시에 보증채무가 확정되므로 보증인은 그 당시의 주계약상의 채무에 대하여는 보증책임을 지나, 그 후의 채무에 대하여는 보증계약 종료 후의 채무이므로 보증책임을 지지 않는다고 보아야 한다.

2.2. 보증채무의 범위

(1) 원칙

당사자 간에 별도의 합의가 없으면, 보증채무의 범위는 원본, 이자, 위약금, 손해배상 기타 주채무에 종속된 채무를 포함한다(민법 제429조 제1항). 물론 보증인은 보증채무 자체의 이행지체 등으로 인한 위약금 기타 손해배상액을 예정할 수 있다(동조 제2항).

대판 1997.8.29, 96다37879

A가 B와 체결한 은행거래약정에서 채무불이행의 경우에 지급하기로 한 연 25%의 이율에 의한 약정지연손해금은 그 성질이 손해배상의 예정액에 해당하는 것으로서 민법 제429조 제1항에서 말하는 주채무에 종속한 채무에 속한다고 할 것이나, 보증채무가 주채무에 종속한 채무를 포함한다고 규정하고 있는 위 조항은 보증계약의 당사자 사이에 보증채무의 범위가 주채무의 종속채무에까지 미치는지의 여부에 관한 명시적 또는 묵시적 특약이 없고 이를 결정할 수 있는 특별한 사정도 없는 경우에 적용되는 보충적인 의사해석규정이라고 보아야 할 것이므로, 위와 같은 명시적 또는 묵시적 특약이나 특별한 사정이 있는 경우에는 위 규정은 적용되지 않는다.

일부보증의 경우 민법 제429조의 규정은 보증하기로 한 한도 내에서 인정될 것이다.

대판 2002.10.25, 2002다34017

연대보증인이 주채무자의 채무를 일정한 한도에서 보증하기로 하는 이른바 일부보증을 한 경우에는 달리 특별한 사정이 없는 한, 보증인은 보증한 한도 이상의 채무에 대하여는 그 책임이 없음은 물론이지만 주채무의 일부가 변제되었다고 하더라도 그 보증한 한도 내의 주채무가 남아 있다면 그 남아 있는 채무에 대하여는 보증책임을 면할 수 없다.

한편 채무의 일부를 보증하였지만, 그 보증이 계속적 거래에서 발생하는 증감변동하는 채무인 경우(한정근보증)에는 피담보채무의 범위에 속하는 것으로서, 그 위약금 등 종속적 채무 전체가 한도 내에 있어야 한다.

대판 2006.12.21, 2004다34134

보증의사의 존부는 당사자가 거래에 관여하게 된 동기와 경위, 그 관여 형식 및 내용, 당사자가 그 거래행위에 의하여 달성하려는 목적, 거래의 관행 등을 종합적으로 고찰하여 판단하여야 할 당사자의 의사해석과 사실인정의 문제이지만, 보증은 이를 인정할 특별한 사정이 있을 경우 이루어지므로 보증의사의 존재나 보증범위는 이를 엄격하게 제한하여 인정하여야 하는바, 한정근보증의 경우 피보증채무의 범위란에 특정한 종류의 거래계약을 한정적으로 열거하고 그 거래계약과 관련하여 발생하는 채무를 피보증채무로 하는 것이므로, 피보증채무의 범위란에 일정한 약정에 기한 채무가 기재되어 있는 때에는 그 범위에 속하는 채무만을 피보증채무로 인정하여야 한다.

대판 2000.4.11, 99다12123

보증한도액을 정한 근보증에 있어 보증채무는 특별한 사정이 없는 한 보증한도 범위 안에서 확정된 주채무 및 그 이자, 위약금, 손해배상 기타 주채무에 종속한 채무를 모두 포함하는 것이다.

그러나 일정한 한도를 정한 근보증이라고 하더라도, 보증채무는 주채무와는 별개의 채무이기 때문에 그 근보증채무 자체의 이행지체로 인한 지연손해금은 보증한도액과는 별도로 부담하고 이 경우 보증채무의 연체이율에 관하여 특별한 약정이 없는 경우라면 그 거래행위의 성질에 따라 상법 또는 민법에서 정한 법정이율에 따라야 하며, 주채무에 관하여 약정된 연체이율이 당연히 여기에 적용되는 것은 아니지만, 특별한 약정이 있다면 이에 따라야 할 것이다(대판 2005.6.23. 선고 2005다18955).

한편 일부보증인이 주채무자의 채무의 일부변제가 있을 때 그것의 보증채무에의 충당방법에 관하여 채권자와 별도로 합의할 수 있고, 그와 같은 합의가 있으면 채권자와 일부보증인 사이에는 그 합의에 따라 변제충당될 것이어서 주채무자에 의한 일부변제가 있을 때 일부보증인의 책임도 감축될 수 있다. 위 각 판결의 법리는 이와 같은 변제충당방법에 관한 별도의 합의가 없을 때의 법리임은 말할 것도 없다.

대판 2009.2.26, 2007다15448

[사안] 복잡한 사안을 간단히 정리하면 다음과 같다. 피고는 소외 1 주식회사에 대해 수건의 대출을 하면서 소외 1의 대표이사 소유의 부동산에 근저당권을 설정받았다. 한편 그 대출 중 한 건

에 대해 원고가 일부보증인으로서 피고와 연대보증계약을 체결하였다. 원고와 피고 간의 신용보증약관에 따르면, 신용보증사고 발생 후 피고가 채무자로부터 회수하는 금액은 우선 보증부대출에 충당하고, 미회수 보증부대출 원금 합계액에 부분보증비율을 곱한 금액만큼 원고가 보증채무로 이행하도록 하고(제11조 제1항), 보증채무 이행 후 보증부 대출 관련 담보물을 매각한 경우 앞서 언급한 원고와 채권자의 각 책임분담비율에 따라 회수금을 정산하도록 하고(제13조), 채권자는 원고로부터 보증채무 이행을 받는 즉시 보증부 대출 관련 담보가액(보증부대출금액이 대출예정금액을 초과하여 실행된 경우 담보대위일 현재 동 초과금액을 차감한 가액)에서 보증부대출 이외의 피담보채권을 차감한 담보여유액에 부분보증비율을 곱한 금액에 해당하는 담보권을 원고에게 이전하도록 하였다. 신용보증 사고의 발생 후 원고는 위 약정에 따라 2003.4.28.자 무역금융에 대하여 부분보증비율에 따라 신용보증한 보증기관으로서 230,185,058원을 피고에게 지급하였다. 그 후 2005.11.11. 피고는 위 부동산에 대한 임의경매를 신청하여 2006.6.23. 채권최고액 4억 원을 배당받았다(잔여 피담보채권액은 약 4억 8,000만원을 상회하였다). 이 사건 임의경매 전 원고는 피고를 상대로 위 약정에 따라 근저당권일부이전등기청구를 하였고, 피고가 배당을 받은 금액 중 일부를 부당이득으로 반환할 것을 청구하였다. 원심법원은 '근저당권의 피담보채권이 확정되기 전에 그 채권의 일부를 양도하거나 대위변제한 경우 근저당권이 양수인이나 대위변제자에게 이전할 여지는 없다 할 것이나, 그 근저당권에 의하여 담보되는 피담보채권이 확정되게 되면, 그 피담보채권액이 그 근저당권의 채권최고액을 초과하지 않는 한 그 근저당권 내지 그 실행으로 인한 경락대금에 대한 권리 중 그 피담보채권액을 담보하고 남는 부분은 저당권의 일부이전의 부기등기의 경료 여부와 관계없이 대위변제자에게 법률상 당연히 이전되고 이 경우에도 채권자는 일부 변제자에 대하여 우선변제권을 갖는다'는 전제 하에 피고의 근저당권의 실행으로 잔존하는 피담보채권을 전부 변제받지 못하였으므로 원고에게 배당할 것이 없다고 판단하여 원고의 청구를 기각하였다.

[대법원의 판단] "채권자가 보증기관으로부터 신용보증약관에 따라 보증책임을 부담하는 것을 전제로 일부보증을 받아 피보증인에게 대출을 실행한 후에, 채권자가 보증기관에 대하여 보증채무의 이행을 청구하거나 피보증인이 채무 담보조로 설정한 근저당권 등 담보권을 실행하여 경매절차에서의 배당금을 보증기관이 보증한 채무를 포함한 피보증인의 채무에 변제충당할 경우에는, 채권자의 일부 변제자에 대한 우선변제권에 앞서 신용보증약관에서 정한 보증채무의 이행범위나 변제충당 규정의 적용을 받는다."고 전제한 후, 위 변제충당약정에 따르면 원고가 피담보채권과 근저당권의 일부를 취득할 수 있다고 판단하면서 원심판결을 파기·환송하였다.

(2) 신의칙에 의한 보증채무의 제한

계속적 보증의 경우에는 신의칙에 의해 보증책임을 제한할 수 있다.[7] 다음 각 대법원 판결을 보면, 신의칙에 기해 보증책임이 제한되는 양태를 개관할 수 있다.

대판 2005.10.27, 2005다35554,35561(계속적 보증계약과 보증책임의 제한)

일반적으로 계속적 보증계약에 있어서 보증인의 부담으로 돌아갈 주채무의 액수가 보증인이

7. 아래의 판결은 2015년 민법 개정 전의 판결인데, 민법 개정으로 제428조의3이 신설되어 근보증의 경우 최고액을 정하지 않으면 효력이 없도록 하였다. 계속적 보증 중에는 근보증도 있기 때문에 근보증의 경우 최고액을 정한 보증에 아래의 법리가 적용될 것이다.

보증 당시에 예상하였거나 예상할 수 있었던 범위를 훨씬 상회하고, 그 같은 주채무 과다 발생의 원인이 채권자가 주채무자의 자산상태가 현저히 악화된 사실을 익히 알거나 중대한 과실로 알지 못한 탓으로 이를 알지 못하는 보증인에게 아무런 통보나 의사타진도 없이 고의로 거래규모를 확대함에 비롯되는 등 신의칙에 반하는 사정이 인정되는 경우에 한하여 보증인의 책임을 합리적인 범위 내로 제한할 수 있다.

위의 보증책임제한에는 보증계약의 해지권도 포함된다.

대판 2001.11.27, 99다8353(계속적 보증과 해지권)

계속적 보증의 경우 보증에 이르게 된 경위, 상당기간의 경과, 주채무자에 대한 신뢰의 상실, 주채무자의 자산상태의 변화, 보증인의 지위의 변동 기타 채권자측의 사정 등 여러 사정을 고려하여 사회통념상 그 보증을 계속 존속시키는 것이 상당하지 않다고 볼 수 있는 경우에는 상대방인 채권자에게 신의칙상 묵과할 수 없는 손해를 입게 하는 등의 특별한 사정이 없는 한 보증인에게 그 해지권이 인정된다고 할 것이나, 기간을 정하지 않은 계속적 보증계약이라고 하여 상당한 기간이 경과하였다는 사정만으로 바로 그 해지권이 발생한다고 할 수 없다.

특히 위와 같은 책임제한은 이사의 지위로 인해 부득이 회사채무를 연대보증한 경우에 유효하게 활용될 수 있다.

대판 2000.3.10, 99다61750(계속적 보증과 책임제한)

계속적 거래관계로 인하여 발생하는 불확정한 채무를 보증하기 위한 이른바 계속적 보증에 있어서는 보증계약 성립 당시의 사정에 현저한 변경이 생겨 보증인에게 계속하여 보증책임을 지우는 것이 당사자의 의사해석 내지 신의칙에 비추어 상당하지 못하다고 인정되는 경우에는, 상대방인 채권자에게 신의칙상 묵과할 수 없는 손해를 입게 하는 등의 특별한 사정이 없는 한 보증인은 일방적인 보증계약해지의 의사표시에 의하여 보증계약을 해지할 수 있다고 보아야 한다. 회사의 이사라는 지위에 있었기 때문에 부득이 회사와 은행 사이의 계속적 거래로 인한 회사의 채무에 연대보증인이 된 자가 그 후 회사로부터 퇴직하여 이사의 지위를 상실하게 된 때에는 사회통념상 계속 보증인의 지위를 유지케 하는 것이 부당하므로, 연대보증계약 성립 당시의 사정에 현저한 변경이 생긴 것을 이유로 그 보증계약을 일방적으로 해지할 수 있다.

대판 2010.6.10, 2010다1791

회사의 이사 등이 회사의 제3자에 대한 계속적 거래로 인한 채무를 연대보증한 경우 이사 등에게 회사의 거래에 대하여 재직 중에 생긴 채무만을 책임지우기 위하여는 그가 이사의 지위 때문에 부득이 회사의 계속적 거래로 인하여 생기는 회사의 채무를 연대보증하게 된 것이고 또 회사의 거래상대방이 거래할 때마다 거래 당시의 회사에 재직하고 있던 이사 등의 연대보증을 새로이 받아 오는 등의 특별한 사정이 있어야 하고, 그러한 사정이 없는 경우의 연대보증에까지 그 책임한도가 위와 같이 제한되는 것으로 해석할 수는 없다.

위와 같은 신의칙상의 보증책임의 제한의 법리는 예외적으로 특정채무를 보증하는 경우에도 인정될 수 있다.

대판 2007.1.25, 2006다25257(신의칙에 의한 보증책임의 제한)
채권자와 채무자 사이에 계속적인 거래관계에서 발생하는 불확정한 채무를 보증하는 이른바 계속적 보증의 경우뿐만 아니라 특정채무를 보증하는 일반보증의 경우에 있어서도, 채권자의 권리행사가 신의칙에 비추어 용납할 수 없는 성질의 것인 때에는 보증인의 책임을 제한하는 것이 예외적으로 허용될 수 있을 것이나, 일단 유효하게 성립된 보증계약에 따른 책임을 신의칙과 같은 일반원칙에 의하여 제한하는 것은 자칫 잘못하면 사적 자치의 원칙이나 법적 안정성에 대한 중대한 위협이 될 수 있으므로 신중을 기하여 극히 예외적으로 인정하여야 할 것이다.

그러나 회사의 이사가 이사직을 그만 두었다는 이유로 특정 채무의 보증책임을 제한하는 것은 허용되지 않을 것이다.

대판 2006.7.4, 2004다30675(특정채무의 보증과 사정변경)
회사의 이사가 채무액과 변제기가 특정되어 있는 회사 채무에 대하여 보증계약을 체결한 경우에는 계속적 보증이나 포괄근보증의 경우와는 달리 이사직 사임이라는 사정변경을 이유로 보증인인 이사가 일방적으로 보증계약을 해지할 수 없다.

제3관 채권자와 보증인의 관계(보증채무의 대외적 관계)

1. 보증인과 주채무자의 항변권

보증인은 주채무자의 항변으로 채권자에게 대항할 수 있고(민법 제433조 1항), 주채무자가 그 항변을 포기하더라도 보증인에게는 효력이 없다(제2항).

1.1. 주채무소멸의 항변

주채무가 부존재하거나, 무효이거나, 취소로 인하여 소멸된 경우 주채무자는 채권자에게 채무소멸의 항변을 할 수 있는데, 보증인 역시 이런 항변으로써 보증채무의 소멸을 주장할 수 있다. 주채무가 시효로 소멸한 경우 주채무자가 시효를 원용하느냐와 무관하게 보증채무는 소멸한다(대판 1991.1.29, 89다카1114). 이 경우 보증채무의 시효가 중단되었는가와 무관하게 보증채무는 소멸한다(대판 2002.5.14, 2000다62476).

1.2. 주채무의 연기적 항변

주채무자가 채권자에 대하여 동시이행의 항변권을 가지는 경우, 보증인은 주채무자의 동시이행의 항변권으로써 보증채무의 이행을 거절할 수 있다. 채권자가 기한유예를 한 경우, 보증채무자는 주채무자의 항변으로써 보증채무의 이행을 거절할 수 있다.

2. 상계에 의한 주채무의 소멸

보증인은 주채무자의 채권에 의한 상계로 채권자에게 대항할 수 있다(민법 제434조). 이 규정은 주채무자에게 상계할 반대채권이 있다는 이유로 보증채무의 이행을 거절하는 권능을 부여하는 것만이 아니라, 보증인이 주채무자의 반대채권으로써 주채무를 상계할 수 있도록 허용하는 규정이라고 이해되고 있다.

대판 2002.10.25, 2000다16251

이행보증보험은 보험계약자인 채무자의 주계약상 채무불이행으로 인하여 피보험자인 채권자가 입게 되는 손해의 전보를 보험자가 인수하는 것을 내용으로 하는 손해보험으로서 실질적으로는 보증의 성격을 가지고 보증계약과 같은 효과를 목적으로 하는 점에서 보험자와 채무자 사이에는 민법상의 보증에 관한 규정이 준용되므로, 이행보증보험의 보험자는 민법 제434조를 준용하여 보험계약자의 채권에 의한 상계로 피보험자에게 대항할 수 있고, 그 상계로 피보험자의 보험계약자에 대한 채권이 소멸되는 만큼 보험자의 피보험자에 대한 보험금 지급채무도 소멸된다.

그런데 이 규정은 주채무자의 반대채권으로써 보증인이 상계할 수 있다는 것을 정한 것이지, 채권자가 상계권을 행사하지 않았다는 이유로 보증인에게 이행거절 권능을 부여하는 것은 아니다.

대판 1987.5.12, 86다카1340

상계는 단독행위로서 상계를 하는 여부는 채권자의 의사에 따르는 것이고 상계적상에 있는 자동채권이 있다 하여 반드시 상계를 하여야 할 것은 아니므로 채권자가 주채무자에 대하여 상계적상에 있는 자동채권을 상계처리하지 아니하였다 하여 이를 이유로 보증채무자가 신용보증한 채무의 이행을 거부할 수 없으며 나아가 보증채무자의 책임이 면책되는 것도 아니다.

3. 주채무자의 취소권과 보증인

주채무자가 채권자에 대하여 취소권, 해제권, 해지권이 있는 동안 보증인은 채권자에 대하여 채무의 이행을 거절할 수 있다(민법 제435조). 주채무자가 취소권 등을 행사하면 보증채무가 소멸하므로, 주채무자가 주채무를 소멸시킬 가능성이 있는 동안에는 보증인이 그 채무의 이행을 거절할 수 있도록 허용하는 규정이다. 주채무자의 취소, 해제, 해지로 주채무가 소멸하게 되면, 보증채무도 소멸하게 되므로 보증채무를 이행할 필요가 없게 된다. 그런데 취소 원인 있는 주채무를 보증한 경우, 보증인이 그 원인있음을 안 경우 주채무의 불이행 또는 취소가 있을 때 보증인은 주채무와 동일한 목적의 독립채무를 부담한 것으로 간주된다(민법 제436조). 한편 위와는 별개로 채권자의 해제, 해지로 주채무가 소멸한 경우, 보증인은 주채무자의 원상회복 및 손해배상채무에 대해 보증책임을 질 수 있다.

4. 시효의 항변

주채무에 대한 시효의 중단은 보증인에 대해 효력이 있다. 그런데 민법 제169조는 '시효의 중단은 당사자 및 그 승계인 간에만 효력이 있다.'고 규정하고 있고, 민법 제440조는 '주채무자에 대한 시효의 중단은 보증인에 대하여 그 효력이 있다.'라고 규정하고 있다. 따라서 민법 제440조는 민법 제169조의 예외 규정으로서 이는 채권자 보호 내지 채권담보의 확보를 위하여 주채무자에 대한 시효중단의 사유가 생겼을 때는 보증인에 대한 별도의 시효중단조치가 없었더라도 동시에 보증채무에도 시효중단의 효력이 생기도록 한 것으로 이해할 수 있다. 시효중단사유가 압류, 가압류 및 가처분인 경우에도 마찬가지이다. 민법 제176조에서는 '시효의 이익을 받은 자에 대하여 이를 하지 않으면 그에게 통지한 후가 아니면 시효중단의 효력이 없다'라고 규정하고 있지만, 제440조가 민법총칙 규정의 예외규정이므로, 주채무가 시효중단되면 당연히 보증채무의 시효도 중단되는 것으로 이해해야 할 것이다. 즉 보증인에게 통지하여야 비로소 시효중단의 효력이 발생하는 것은 아니다(대판 2005.10.27, 2005다35554,35561). 그러나 보증인에 대한 시효중단은 주채무자에게 효력이 없기 때문에(대판 1994.1.11, 93다21477), 보증채무가 시효중단되더라도 주채무가 시효완성될 수 있다. 이 때 보증채무는 민법 제430조에 의해 소멸하게 된다. 다만 보증인에 대한 시효중단 사유가 압류, 가압류 및 가처분인 경우, 민법 제176조에 따라 주채무자에게 통지하면 주채무의 시효가 중단될 수 있다. 한편 시효완성 후 채무자가 채무를 승인한 경우에는 그 승인은 민법 제433조에 의해 보증인에게 효력이 없다.

대판 1994.1.14, 93다47431

주채무자인 기업에 대하여 회사정리절차가 개시된 경우 정리채권의 신고 등 그 절차에의 참가는 정리채권자의 권리행사로서의 실질을 가지는 것으로서 회사정리법 제5조에 의하여 그 참가행위에 인정되는 시효중단의 효력은 정리회사의 채무를 주채무로 하는 보증채무에도 미치는 것이고 그 효력은 정리절차참가라는 권리행사가 지속되는 한 그대로 유지된다. 그런데 회사정리법 제240조 제2항은 회사정리계획의 효력범위에 관하여 정리회사의 주채무는 보증채무에 영향을 미치지 아니하는 취지를 규정하여 보증채무의 부종성을 배제하고 있으나 이는 정리계획의 효력에 관하여 정리회사와 보증인간에 차이를 두어 정리계획이 보증인에게 영향을 미치지 아니함을 정한 것으로 해석되고 한편 시효중단의 보증인에 대한 효력을 규정한 민법 제440조는 보증채무의 부종성에서 비롯된 당연한 규정이 아니라 채권자의 보호를 위하여 보증채무만이 따로 시효소멸하는 결과를 방지하기 위한 정책적 규정이므로 회사정리법에 위와 같은 규정이 있다 하여 민법 제440조의 적용이 배제되는 것은 아니다.

한편 대법원은 주채무가 판결에 의해 확정된 경우 보증채무의 시효도 10년으로 연장되지는 않는다고 한다.

대판 1986.11.25, 86다카1569

대법원은 다음과 같은 이유로 주채무의 소멸시효기간이 민법 제165조에 의해 연장되었다고 하더라도 보증채무의 시효기간이 더불어 연장되지는 않는다고 판단하였다. ① 민법 제165조에서 단기의 소멸시효에 해당한 것이라도 그 소멸시효는 10년으로 한다고 규정하는 것은 당해 판결 등의 당사자 사이에 한하여 발생하는 효력에 관한 것이고 채권자와 주채무자 사이의 판결 등에 의해 채권이 확정되어 그 소멸시효가 10년으로 되었다 할지라도 위 당사자 이외의 채권자와 연대보증인 사이에 있어서는 위 확정판결 등은 그 시효기간에 대하여는 아무런 영향도 없고 채권자의 연대보증인의 연대보증채권의 소멸시효기간은 여전히 종전의 소멸시효기간에 따른다. ② 보증채무가 주채무에 부종한다 할지라도 보증채무는 주채무와는 별개의 독립된 채무의 성질이 있고 민법 제440조가 주채무자에 대한 시효의 중단은 보증인에 대하여 그 효력이 있다라고 규정하고 있으나 이는 보증채무의 부종성에 기한 것이라기보다는 채권자보호 내지 채권담보의 확보를 위한 특별규정으로서 이 규정은 주채무자에 대한 시효중단의 사유가 발생 하였을 때는 그 보증인에 대한 별도의 중단조치가 이루어지지 아니하여도 동시에 시효중단의 효력이 생기도록 한 것에 불과하고 중단된 이후의 시효기간까지가 당연히 보증인에게도 그 효력을 미치는 것은 아니다.

5. 최고검색의 항변권

5.1. 단순보증과 최고 · 검색의 항변권

채권자가 주채무자 아닌 보증인에게 먼저 이행을 청구하거나 강제집행하고자 할 경우 보증인이 주채무자에게 먼저 이행청구 또는 강제집행할 것을 주장할 수 있도록 하는 것이 최고 · 검색의 항변권이다. 최고의 항변권은 보증인에게 이행을 청구한 경우 먼저 주채무자에게 이행청구할 것을 주장하는 것이며, 검색의 항변권은 보증인에 대해 강제집행을 하려는 경우 주채무자에게 먼저 강제집행할 것을 주장하는 것이다. 이 항변권을 행사하기 위해서는 보증인은 채무자에게 변제자력이 있다는 것, 주채무자의 재산의 집행이 용이하다는 것을 입증해야 한다(민법 제437조). 이를 입증한 경우 채권자는 주채무자에게 이행을 청구하거나 강제집행을 하지 않는 이상 다시 보증인에게 이를 할 수 없다.

5.2. 연대보증의 경우

그러나 보증인이 주채무자와 연대하여 채무를 부담한 때에는 이런 최고 · 검색의 항변권이 인정되지 않는다(민법 제437조). 대부분의 보증이 연대보증인 점을 감안한다면, 최고 · 검색의 항변권은 거의 의미가 없다고 해도 과언이 아닐 것이다.

6. 분별의 이익

동일한 주채무에 관하여 수인이 보증채무를 부담하는 경우, 이를 공동보증이라고 하는데, 수인이 하나의 계약으로 보증인이 되는 경우도 있을 것이고, 순차적인 계약을 통해 공동보증인이 되는 경우도 있을 것이다. 그런데 이런 공동보증의 경우에는 채권자와의 관계에서 원칙적으로 균등한 비율로 분할된 액에 대해서만 보증채무를 부담한다.

가령 주채무자 A의 B에 대한 채무 300을 C, D, E가 각각 다른 시점에 채무 전액을 보증하였다고 하더라도 각자의 보증채무는 100씩으로 분할되어 부담하게 된다는 것이다. 그러나 주채무가 불가분인 경우에는 그 성질상 분별의 이익은 적용될 여지가 없고, 보증연대나 연대보증의 경우에는 당사자의 의사에 의해 분별의 이익을 포기하기로 한 것으로 볼 수 있기 때문에 이 규정이 적용되지 않는다.

대판 1965.6.22, 65다669
한 장의 계약서에서 공동신원보증을 계약하는데 불구하고 연대하여 부담한다는 특약없이 단순히 공동부담한다고 하는 이상 채무자가 각자 분별의 이익을 가지는 것이 원칙이라 해석할 것이다. 다만 본건 신원보증 채무가 위와 같이 정지조건부로 발생하는 채무라 할지라도 피보증인과는 독립적으로 부담하는 것임은 신원보증계약의 성질상 자명한 바이므로 최고 및 검색의 항변권은 없는 것이며 단지 공동분할하여 채무를 부담하는데 불과한 것이다.

1957년의 신원보증법과 달리 2002년 전면개정된 신원보증법은 수인의 신원보증인이 있을 때 그 책임을 균분하도록 규정하고 있다(동법 제6조 제2항).

7. 채무자의 일부변제와 보증채무

채권자가 수인의 채무자에 대해 채권을 가지고 있고, 그 채권은 모두 동일한 경제적 목적을 달성하기 위한 것일 때에는 1인의 채무자가 변제하면 다른 채무자도 공동면책되는 효과가 발생한다. 그런데 위의 경우 각 채무자의 채무의 범위가 다른 경우, 다액의 채무를 부담하는 자가 일부를 변제한 때, 다른 채무자의 채무가 얼마만큼 소멸하는지가 문제된다. 다액의 채무를 부담하는 자의 채무부터 소멸한다는 견해를 외측설이라고 하며, 소액의 채무를 부담하는 자의 채무부터 소멸한다는 견해가 내측설이며, 각 채무자의 채무액에 비례하여 소멸한다는 견해가 안분비례설이다.

주채무자의 채무에 대해 보증채무자가 일부보증을 한 경우도 이런 문제가 발생한다. 가령 A가 B(주채무자)에게 100을 대출하면서 C와 보증계약을 체결하였으나 그 보증책임의 한도를 50으로 하였다고 하자. B가 50을 변제한 후 무자력이 되었다면 A는 C(보증인)에게 주채무자가 미이행한 50의 채무를 변제받기 위해 그의 보증채무의 이행을 청구할 수 있다. 즉 채권자는 이런 사태를 대비하여 보증계약을 체결하였기 때문에, 주채무자가 일부변제한 것은 그 보증계약에 따라 채무자의 채무의 변제에 충당될 것이다. 즉 그 일부변제가 보증채무에도 변제충당되는가라는 관점에서 볼 때 외측설에 따른다고 할 것이다. 그러나 채권자와 보증인 간에 주채무자의 일부변제가 있을 때 이를 보증채무의 변제에 어떻게 충당할 것인지에 관하여 별도의 합의가 있으면 그에 따라 처리하여야 할 것이다. 변제충당방법은 일차적으로 당사자의 합의에 의해 결정하고, 그 합의가 없을 때 민법 제476조 내지 479조에 따라 처리하여야 할 것이기 때문이다(위 제2관 2.의 대판 2009.2.26, 2007다15448의 사안도 일부보증인과 채권자 사이에 변제충당에 관한 별도의 합의가 있을 때, 주채무자에 대한 대출회수금이 있으면 그 합의에 따라 변제충당되어야 한다고 보았다).

제4관 보증인과 주채무자의 관계(구상관계)

1. 사전구상권

1.1. 사전구상권의 인정요건

주채무자의 부탁으로 보증인이 된 자는 다음의 경우 주채무자에 대하여 미리 구상권을 행사할 수 있다(민법 제442조). 보증인이 과실없이 채권자에게 변제할 재판을 받은 때(제1호), 주채무자가 파산선고를 받은 경우에 채권자가 파산재단에 가입하지 아니한 때(제2호), 채무의 이행기가 확정되지 아니하고 그 최장기도 확정할 수 없는 경우에 보증계약 후 5년을 경과한 때(제3호), 채무의 이행기가 도래한 때(4호)가 그것이다. 채무의 이행기가 도래하면 채권자가 주채무자에게 변제기한을 유예하였다 하더라도 그것으로써 보증인에게 대항할 수 없다(동조 제2항). 즉 수탁보증인은 사전구상권을 행사할 수 있다.

수탁보증인의 사전구상권은 민법 제687조의 비용선급청구권 및 제688조 제2항의 수임인의 비용상환청구권과 대비되는 점이 있다.[8] 주채무자의 부탁으로 보증

8. 민법주해 X, 327면(박병대 집필부분)에서는 사전구상권이 제687조의 비용선급청구권의 특칙이라고 한다. 그러나 비용선급청구권은 "위임사무의 처리에 비용을 요하는 때"에 성립하는 것인데, 수탁보증의 경우 위임사무가 "보증을 서는 것"이고, 위임사무의 처리인 보증을 서는 것 자체에 비용이 드는 것이 아니라면, 비용선급청구권이 성립할 수 없는 것이다. 대법원 2002.11.26. 선고 2001다833도 이와 유사한 이론에 입각해 있는 것으로 보인다. 그런데 위임사무의 처리(보증을 서는 것)에는 보증채

인이 된 자는 통상 주채무자와의 사이에 위임계약 또는 조합계약 등이 있을 것인데, 이들 사이에는 민법 제687조, 제688조 또는 제707조에 의해 준용되는 제687조, 제688조가 적용될 것이다. 수임인(보증인)이 계약에 의해 보증채무를 부담한 것은 위임사무의 처리에 필요한 채무를 부담한 것으로 볼 수 있기 때문이다. 따라서 민법 제442조가 없다면, 수탁보증인은 제687조에 따라 비용선급청구권을 행사하거나 제688조 제2항에 따라 보증채무의 변제기가 도래하지 않았다 하더라도 주채무자에게 상당한 담보를 제공할 것을 청구할 수 있을 것이다. 그러나 이것은 보증인을 세운 취지를 몰각시킬 것이다. 왜냐하면 비용을 선급하거나 다른 담보를 제공할 능력이 없기 때문에 주채무자는 보증인을 세움으로써 채권자에 대하여 담보제공의무를 이행한 것인데, 동조로 인해 수탁보증인에게 담보제공을 해야 한다면, 보증인을 세운 의미가 없어질 것이다. 민법 제442조는 이런 문제점을 해결해 주기 때문에, 민법 제687조, 제688조 제2항의 특별규정으로 이해해야 할 것이다.

1.2. 사전구상권의 내용

민법 제443조는 "전조(제442조)의 규정에 의하여 주채무자가 보증인에게 배상하는 경우에 주채무자는 자기를 면책하게 하거나 자기에게 담보를 제공할 것을 보증인에게 청구할 수 있고 또는 배상할 금액을 공탁하거나 담보를 제공하거나 보증인을 면책하게 함으로써 그 배상의무를 면할 수 있다"고 한다. 이 규정과 사전구상권에 관한 제442조를 결합하여 이해하면, 일응 사전구상권은 보증인을 면책하게 해 줄 것을 청구할 수 있는 권리, 즉 면책청구권인 것처럼 이해될 수 있다. 특히 제688조 제2항의 수임인의 비용상환청구권 역시 면책청구권으로 이해되기 때문에, 제688조 제2항의 특별규정인 사전구상권 역시 면책청구권인 것처럼 이해될 수도 있을 것이다. 그러나 다수의 학설은 사전구상권을 사후구상권과 마찬가지로 금전채권으로 이해하고 있으며, 제443조는 주채무자의 면책의 항변권을 정한 것으로 이해하고 있다. 대법원 판결례에서는 사전구상권을 금전채권으로 이해하기 때

무를 부담하는 것이 필수적이므로, 이는 제688조 제2항의 비용상환청구권의 요건을 충족한다고 이해하는 것이 더 타당할 것이다. 우리 민법과 유사하게, 비용선급청구권과 비용상환청구권을 수임인에게 각각 인정하는 독일민법에서는 비록 수탁보증인의 사전구상권을 면책청구권으로 구성하지만(독일 민법 제777조), 학설들은 이를 독일 민법 제670조의 비용상환청구권을 제한하는 규정이라고 이해하고 있다. Erman/H.H.Seiler, § 777 Rn. 1 참조.

문에, 가령 상계의 경우 이를 자동채권으로 한 상계가 허용될 수도 있지만, 채무자의 면책의 항변권이 부착되어 있다는 이유로 원칙적으로 상계를 허용하지 않는 이론구성을 택하고 있다.

대판 2004.5.28, 2001다81245

항변권이 붙어 있는 채권을 자동채권으로 하여 다른 채무(수동채권)와의 상계를 허용한다면 상계자 일방의 의사표시에 의하여 상대방의 항변권 행사의 기회를 상실시키는 결과가 되므로 그러한 상계는 허용될 수 없고, 특히 수탁보증인이 주채무자에 대하여 가지는 민법 제442조의 사전구상권에는 민법 제443조의 담보제공청구권이 항변권으로 부착되어 있는 만큼 이를 자동채권으로 하는 상계는 허용될 수 없으며, 다만 민법 제443조는 임의규정으로서 주채무자가 사전에 담보제공청구권의 항변권을 포기한 경우에는 보증인은 사전구상권을 자동채권으로 하여 주채무자에 대한 채무와 상계할 수 있다.

한편 사전구상권과 사후구상권은 동일한 금전채권이지만, 각각 별개의 청구권으로써 사후구상권이 성립하더라도 사전구상권이 소멸하는 것은 아니라고 한다. 그러나 보증인이 지출한 비용의 상환을 내용으로 한다는 점에서 동일한 목적을 가진 청구권이므로, 어느 하나가 만족을 얻으면 다른 것도 소멸하는 관계에 있다고 한다. 다음 판례도 이런 취지이다.

대판 1992.9.25, 91다37553

수탁보증인의 사전구상권과 사후구상권은 그 종국적 목적과 사회적 효용을 같이하는 공통성을 가지고 있으나, 사후구상권은 보증인이 채무자에 갈음하여 변제 등 자신의 출연으로 채무를 소멸시켰다고 하는 사실에 의하여 발생하는 것이고 이에 대하여 사전구상권은 그 외의 민법 제442조 제1항 소정의 사유나 약정으로 정한 일정한 사실에 의하여 발생하는 등 그 발생원인을 달리하고 그 법적 성질도 달리하는 별개의 독립된 권리라고 할 것이므로, 그 소멸시효는 각각 별도로 진행되는 것이고, 따라서 사후구상권의 소멸시효는 사전구상권이 발생되었는지 여부와는 관계없이 사후구상권 그 자체가 발생되어 이를 행사할 수 있는 때로부터 진행된다.

사전구상권으로써 수탁보증인이 장차 지출할 비용을 지급받을 경우 그 범위는 보증채무자로서 지급해야 할 금액에 한정된다.

대판 2005.11.25, 2004다66834,66841

수탁보증인이 사전구상권을 행사하는 경우 보증인은 자신이 부담할 것이 확정된 채무 전액에 대하여 구상권을 행사할 수 있지만, 면책비용에 대한 법정이자나 채무의 원본에 대한 장래 도래할 이행기까지의 이자 등을 청구하는 것은 사전구상권의 성질상 허용될 수 없다.

대판 2005.11.25, 2004다66834,66841

보증인이 보증채무를 이행함에 따라 주채무자가 보증인에 대하여 부담하게 될 구상금채무를 근보증하면서, 면책원금 외에 면책일 이후의 법정이자나 피할 수 없는 비용 등까지 담보하기 위하여 근보증한도액을 면책원금에 해당하는 보증인의 보증한도액보다 높은 금액으로 정했다고 하더라도, 보증인이 사전구상권을 행사할 수 있는 금액은 근보증한도액이 아닌 보증인의 보증한도액으로 한정된다.

사전구상권을 행사하여 비용을 지급받았다면, 보증인은 사전구상 당시 채권자에 대하여 보증인이 부담할 원본채무와 이미 발생한 이자, 피할 수 없는 비용 및 기타의 손해액을 선급받는 것이어서 이 금원은 주채무자에 대하여 수임인의 지위에 있는 수탁보증인이 위탁사무의 처리를 위하여 선급받은 비용의 성질을 가지는 것이므로 보증인은 이를 선량한 관리자의 주의로서 위탁사무인 주채무자의 면책에 사용하여야 할 의무가 있다(대판 2002.11.26, 2001다833).

2. 사후구상권

2.1. 수탁보증인의 사후구상권 : 민법 제441조

주채무자의 부탁으로 보증인이 된 경우 주채무자와의 사이에 위임, 조합과 같은 내부적 법률관계가 있기 마련이다. 이 때 보증인이 자신의 출재로 주채무를 소멸하게 한 때에는 주채무자에 대하여 민법 제688조에 따른 비용상환청구권을 행사할 수 있다. 그러나 민법은 제441조를 두어 이를 별도로 처리하고 있다. 동조 제1항은 수탁보증인이 주채무를 소멸하게 한 때에는 주채무자에 대한 구상권이 있다고 하고, 제2항은 그 구상권의 내용을 정함에 있어서 제425조 제2항을 준용하고 있다. 민법 제425조 제2항에 따르면 면책된 날 이후의 법정이자 및 피할 수 없는 비용 기타 손해배상을 포함하도록 하고 있다. 민법 제441조의 구상권의 내용은 민법 제688조 제1항, 제3항의 특별규정으로 이해할 수 있을 것이다.

2.2. 부탁없는 보증인의 사후구상권

(1) 민법 제444조 제1항에 의한 비용상환청구권

보증계약의 체결이 주채무자의 이익과 의사에 합치할 경우 보증인은 사무관리법에 따라 필요비를 상환받을 수 있다(민법 제739조). 그런데 민법은 제444조를 두어 이를 별도로 규율한다. 동조 제1항에 부탁 없는 보증인이 자기의 출재로 주채무를 소멸하게 한 때에는 주채무자가 그 당시 얻은 이익의 한도에서 배상하도록 하고 있다. 제444조 제1항은 보증채무에 있어서는 민법 제739조, 제740조의 특별규정이라고 이해할 수 있다.

(2) 민법 제444조 제2항, 제3항에 의한 비용상환청구권

민법 제444조 제2항에 의한 비용상환청구권은 민법 제739조 제3항의 비용상환청구권과 다르지 않다. 가령 변제 시점에서는 채무소멸의 항변사유가 없었다고 하더라도 보증인의 구상권 행사 이전에 주채무자가 채권자에게 상계할 반대채권을 가지게 되었다면, 민법 제739조 제3항의 해석론에 의해서도 주채무자는 이로써 보증인의 구상권에 대항할 수 있을 것이다. 그러나 민법 제444조 제3항은 이를 간명하게 처리하기 위해 이를 명문으로 규정하고 있다. 즉 주채무자가 구상한 날 이전에 상계원인 있음을 주장한 때에는 그 상계로 소멸할 채권이 보증인에게 이전되도록 정해 놓은 것이다. 민법 제444조 제2항, 제3항은 민법 제739조 제3항의 특별규정이라고 할 것이다.

2.3. 연대채무자 또는 불가분채무자를 위한 보증과 구상권(민법 제447조)

민법 제447조는 수인의 연대채무자 중 一人(또는 일부)을 위하여 보증인이 된 자는 피보증인에게는 전부구상이 가능하지만, 다른 연대채무자에게는 그의 부담부분의 한도에서만 구상할 수 있다고 한다. 수인의 불가분채무자 중 一人(또는 일부)을 위하여 보증인이 된 경우도 마찬가지이다. 가령 2인의 연대채무자 A, B 중 A를 위해 C가 연대보증을 선 경우, C가 채무 전액을 변제하였다면, C는 채권자의 A, B에 대한 채권으로써도 구상이 가능할 것이다(민법 제481조의 변제자대위). 그런데 민법 제447조는 C의 B에 대한 내부적 구상권을 그의 A에 대한 부담부분의 한도로 국한하고 있다. 따라서 C가 채권자의 채권으로써 구상할 경우에도 민법 제447조에 의해 제한을 받는다. 한편 B가 채무 전액을 변제하여 공동면책을 한 경우, B는 민법 제481조에 의해 채권자의 채권을 취득하여 구상하더라도, A에게는 구상할 수 있지만, C에게는 구상할 수 없다. B, C 간에는 B가 종국적으로 책임을 져야 할 자이기 때문이다.

위 사안에서 C가 채무 전액을 변제하여, A, B를 공동면책하였는데, 피보증인 A가 무자력인 경우 어떻게 처리할 것인가가 문제된다. 만약 다른 연대채무자 B가 먼저 전부 변제한 경우라면, 그는 보증인에게는 구상할 수 없고, C의 피보증인=연대채무자 A의 무자력위험을 자신만이 부담하여야 할 것이다. 그렇다면 보증인 C가 먼저 변제한 경우에도 동일한 결과가 실현되어야 할 것이다. 즉 그는 부담부분있는 다른 연대채무자 B에게 전부구상할 수 있다고 해야 할 것이다.[9] 달리 말하면, 제447조가 있기 때문에, 보증인은 먼저 피보증인(A)에게 전부구상을, 다른 연대채무자(B)에게는 부분구상을 할 수 있지만, 피보증인(A)이 무자력일 경우, B, C의 내부관계에서 종국적인 책임을 져야 할 B가 A의 무자력위험을 떠 안아야 한다는 것이다.[10]

---

9. 비교법적으로 보면 독일의 판례 역시 위와 같은 사안에서 피보증인 아닌, 다른 연대채무자에게는 부분구상을 인정한다. BGHZ 46, 14 참조. 그런데 이 판결의 결론을 지지하는 학설 역시 위와 마찬가지로 피보증인이 無資力인 경우, 그의 無資力危險은 부담부분의 비율에 따라 다른 연대채무자들이 균분하여야 한다고 한다. 가령 Ehmann(위 註 8), S. 362; Medicus, Bürgerliches Recht, § 35 III 2 참조. 가령 위 연방대법원 판결의 사안에서 보증인이나 피보증인 아닌 연대채무자는 모두 부담부분이 0이었기 때문에, 피보증인이 무자력일 경우 그의 부담부분은 이들 兩者 사이에 균분되어야 한다는 것이다.

10. 그렇다면 왜 민법 제447조는 부분구상만을 인정한 것일까? 그것은 역사적 산물이다. 19세기 초반 프랑스법에서는 이런 경우 피보증인에 대해서는 전부구상을, 여타의 연대채무자에 대해서는 그의 부담부분을 한도로 한 부분구상만을 인정하였다. 보증인은 피보증인을 위하여 변제하는 것이므로, 법적으로 피보증인의 변제와 동일하게 취급하여야 한다고 보았기 때문이다. 그러나 이런 이론은 보증인이 직접 채권자에게 변제한다는 것, 그의 채권과 담보권을 법정대위에 의해 취득하는 것과 조화되지 않는다. 따라서 19세기 중반 이후의 학설과 판례는 연대채무자 중의 一人을 위한 보증인에게도 다른 연대채무자에 대한 전부구상을 인정하였다. 상세한 것은 Juris classeur civil, Art. 2028 à 2032 n. 50 ss.(par Simler) 참조. 일본 舊民法 역시 19세기 중반 이후의 프랑스의 판례, 학설과 마찬가지로 피보증인 아닌 다른 연대보증인에 대해서도 전부구상을 허용하는 규정을 두었다(채권담보편 제37조). 그러나 일본 민법의 起草者들은 석연치 않은 이유로 舊民法과 달리 피보증인 아닌 다른 연대채무자에게 부분구상만을 허용하는 태도를 취하였다(同 민법 제464조). 변제자대위의 경우에는 자기의 권리에 기초하여서만 채권자의 권리로써 구상할 수 있도록 정하였고, 피보증인 아닌 다른 연대채무자에게 구상할 경우, 그 근거는 사무관리 또는 부당이득일 것인데, 전부구상을 허용하면 변제자대위의 효과와 비교하여 균형을 상실한다고 보았다. 民法修正案理由書, 제467조(현행 민법 464

민법 제447조의 사안과 제756조에 의한 사용자책임의 사안은 구분하여야 한다. 예컨대 채권자가 A, B 두 명의 공동불법행위로 피해를 입었는데, A의 사용자 C가 민법 제756조의 사용자책임을 지는 사안을 보자. 사용자 C가 채무 전부를 변제하여 A, B도 공동면책을 얻은 경우, 다른 특별한 사정이 없으면, C는 자신의 피용자 A에게 전부구상을 할 수 있다(민법 제756조 제3항). 그러나 다른 공동불법행위자 B에 대해서는 전부구상이 아니라, 원칙적으로 부분구상만이 인정될 것이다. 이 때 피용자 A가 부담할 부분을 그 피용자가 변제하지 못할 경우 그 무자력위험은 종국적으로 사용자 C가 부담하여야 하고, 그 무자력위험을 B로 하여금 분담하게 할 수 없다. 다른 공동불법행위자 B가 채권자를 만족시킨 경우를 보면 이런 결론은 자명해진다. 그는 공동불법행위자 A만이 아니라, 그의 사용자 C에 대해서도 A의 부담부분의 한도에서 구상할 수 있다. 우리는 이 때의 A, C를 책임공동체관계에 있는 자라고 칭할 수 있다.

3. 구상권의 상실

3.1. 구상권 상실 규정(민법 제445조, 제446조)의 정당화 근거

보증인과 주채무자 사이의 구상은 기본적으로 兩者 간의 내부관계에 맡겨져 있다. 가령 수탁보증인은 주채무의 무효 또는 소멸을 모르고 변제한 경우에도 구상할 수 있다(민법 제688조, 제441조). 수임인이 지출한 필요비는 그가 선관주의의무를 다하여 사무처리를 하였다면 이를 상환받을 수 있고, 그 사무처리가 객관적으로 필요하였어야 이를 상환받을 수 있는 것이 아닌 것처럼, 수탁보증인의 구상권 역시 동일한 법리가 적용된다는 것이다.

한편 수탁보증인이 주채무자에게 구상할 수 있다고 하더라도 주채무자는 자신의 채권자에 대한 항변사유로써 보증인에게 대항할 수도 있다. 가령 그 항변사유를 행사하지 않은 수탁보증인의 過失을 문제삼아 손해배상을 청구할 수도 있다(민법 제681조). 또한 수탁보증인의 사후보고의 해태로 인해 주채무자가 2중변제하였다

조)의 이유부분 참조. 그러나 이런 이유설시를 납득하기 어렵다. 사무관리 또는 부당이득법의 일반정신에 기초하더라도, 보증인이 변제하면 다른 연대채무자는 전부급부의무를 면하기 때문에, 그 만큼 이득이 있는 것이라고 볼 여지가 있기 때문이다.

면, 그것을 문제삼아 손해배상을 청구할 수도 있다(민법 제683조). 주채무자의 부탁 없이 보증을 선 경우에는 사무관리법에 따라 兩者의 구상관계가 결정될 것이다. 예를 들면 독일 민법은 보증인과 주채무자 간의 구상관계를 위와 같이 전적으로 兩者의 내부관계에 맡겨 두고 있다.

그러나 역사적으로 볼 때, 작센민법이나 드레스덴 채무법초안, 스위스 채무법 또는 프랑스 민법은 보증인과 주채무자의 구상관계를 직접 보증계약법에서 규율하였다. 이렇게 함으로써 내부관계의 해석, 즉 의무위반의 인정, 과실상계의 여부 등을 둘러싼 불확실성을 제거하고자 한 것이다. 가령 구상의무가 있는 주채무자에게 손해배상청구권을 인정할 사안에서는 이를 대신해서 보증인의 구상권이 상실되도록 법정하는 것, 수탁보증인의 구상권을 인정하여야 할 "필요비"지출이 있는 사안에서는 그 요건을 직접 법정하는 것 등이 그 예이다. 우리 민법 제445조처럼 보증인의 사전통지, 사후통지를 구상권의 상실과 연결짓는 것이 바로 그것이다. 이 점에서 보면 우리 민법 제445조는 작센민법이나 드레스덴 채무법초안과 거의 동일한 내용을 가진 것으로 프랑스 민법의 규정보다 이론적으로 더 가다듬어진 규정이라고 볼 수 있다.

3.2. 보증인이 事前通知를 하지 않은 경우

보증인이 주채무자에게 事前通知하지 않은 채 변제한 경우, 가령 주채무자에게 상계적상에 있는 반대채권이 있었다면, 보증인은 구상권을 상실하고 대신 상계로 소멸할 주채무자의 채권으로써 자신의 손실을 전보받아야 한다(민법 제445조 제1항).

3.3. 보증인이 事後通知를 하지 않은 경우

보증인이 보증채무를 이행한 후 주채무자에게 事後通知를 하지 않은 경우, 그 사실을 모르고 주채무자가 채권자에게 2중변제할 수도 있다. 이 때에는 보증인은 주채무자에게 구상할 수 없다. 대신 주채무자의 채권자에 대한 부당이득반환청구권을 보증인이 행사함으로써 손해를 전보받을 수 있다.[11] 다수의 학설은 이 때의

11. 여기서는 민 445조 1항 후단의 규정취지를 유추하여 丁은 별도의 채권양도절차 없이도 주채무자의 채권자에 대한 부당이득반환청구권이 보증인에게 이전된다고 해석할 수 있을 것이다. 我妻榮, 新訂

주채무자는 사전통지를 해야 한다고 한다. 그러나 이렇게 해석할 이유가 없다. 타인 사무를 처리하는 자에게는 사후보고의무가 있지만, 사무본인은 사무관리인에게 사무처리의 현황을 조회할 의무를 부담하지 않기 때문이다. 이 경우 제445조 제2항은 문언대로 해석하여, 보증채무자의 사후통지가 없는 상태에서 주채무자가 선의로 변제하였다면, 보증인은 구상할 수 없다고 해석하는 것이 합리적일 것이다.

3.4. 주채무가 전부 소멸되었음에도 불구하고 주채무자가 事後通知하지 않고, 수탁보증인도 事前通知없이 2중 변제한 경우

주채무가 이미 소멸되었음에도 불구하고 보증인이 事前通知를 하지 않아서 변제사실을 알지 못하고 2중변제한 경우 그는 비채변제를 이유로 채권자에게 부당이득반환청구권을 행사할 수 있다. 부탁받지 않은 보증인 중 주채무자의 의사에 반하는 경우에는 그에게 채권자에 대한 부당이득반환청구권만을 인정하더라도 아무 문제가 없다. 그러나 특히 주채무자의 부탁을 받은 보증인일 때에는 문제가 있다.

(1) 다수설 및 판례

다수설(민법주해 X, 355면(박병대 집필부분) 참조)과 판례는 위의 경우 제1의 변제만이 유효하다고 한다. 그 근거로 수탁보증인은 事前通知를 하지 않고 주채무자는 事後通知를 하지 않은 사안은 민법 제446조에 의해 규율되지 않고, 따라서 2중변제의 일반원칙에 좇아 제1의 변제만이 유효하다는 것이다.

대판 1997.10.10, 95다46265

[사안] 주채무자인 피고 김호진이 자기의 행위로 면책행위를 하고도 그 면책 사실을 수탁보증인인 원고에게 통지하지 아니하고 있던 중에, 그 사실을 모르고 있던 원고가 피고 김호진에게 사전통지를 게을리하고 소외 회사에게 보험금을 지급하였다. 원고와 피고 간의 약관에는 피고의 통지의무를 규정하고 있었다. 원고는 자기의 면책행위의 유효를 주장하여 피고들에게 구상권을 행사하고 있다.

[대법원 판결] 민법 제446조의 규정은 같은 법 제445조 제1항의 규정을 전제로 하는 것이어서 같은 법 제445조 제1항의 사전 통지를 하지 아니한 수탁보증인까지 보호하는 취지의 규정은 아니라 할 것이므로, 수탁보증에 있어서 주채무자가 면책행위를 하고도 그 사실을 보증인에게 통지하지 아니하고 있던 중에 보증인도 사전 통지를 하지 아니한 채 이중의 면책행위를 한 경우에는

債權總論(1979), 436면도 동일한 취지이다.

보증인은 주채무자에 대하여 같은 법 제446조에 의하여 자기의 면책행위의 유효를 주장할 수 없다고 봄이 상당하다 할 것이다. 따라서 이 경우에는 이중변제의 기본 원칙으로 돌아가 먼저 이루어진 주채무자의 면책행위가 유효하고 나중에 이루어진 보증인의 면책행위는 무효로 보아야 할 것이므로 보증인은 같은 법 제466조에 기하여 주채무자에게 구상권을 행사할 수 없다고 할 것이다.

(2) 반대견해 1

다수설과 판례에 대해 송덕수 교수는 다음과 같은 이유로 반대한다. 변제 등 보증채무까지 소멸시키는 사유는 민법 제445조 제1항의 사유에 해당되지 않고 그 밖의 사유가 있을 때에만 제445조 제1항이 적용된다. 면책행위를 한 보증인이 사후통지를 하지 않은 경우 주채무자가 선의로 면책행위를 하면 사전통지를 하였는가와 무관하게 동조 제2항에 의해 주채무자는 자기의 면책행위의 유효를 주장할 수 있다고 한다. 즉 변제 등의 면책행위에 있어서는 事後通知에 중점을 두어야 한다는 것이다. 따라서 주채무자가 채권자를 만족시킨 후 事後通知를 하지 않아 이를 알지 못하고 2중변제를 한 보증인은 事前通知를 하였는가와 무관하게 주채무자에게 전액을 구상할 수 있다는 것이다.[12]

(3) 반대견해 2

다른 소수설은 事前通知義務와 事後通知義務에 관한 민법 제445조의 규정취지를 아래와 같이 판단함으로써 위 대법원 판결을 비판한다(제철웅, "보증채무 및 연대채무에서의 구상권상실", 비교사법 9권 1호, 136면 참조). 수탁보증인의 구상에 위임법을 적용하게 되면, 주채무가 소멸된 사실을 모르고 수탁보증인이 변제한 경우에도 위임계약상의 비용상환 또는 손해배상청구권을 행사할 수 있는 경우가 있다(민법 제688조). 물론 이 경우 주채무자는 자신의 채권자에 대한 항변사유(가령 채무소멸 등)를 들어, 그 항변사유를 행사하지 않은 수탁보증인의 過失을 문제삼아 역으로 손해배상을 청구하는 것도 가능할 것이다.[13] 그러나 수탁보증인이 주채무자에게 사전통지를 하여 변제사실 등을 조회하였으나 주채무자로부터 아무런 회신을 받지 못하였다면

---

12. 송덕수, "수탁보증인의 사전통지 없이 2중의 면책행위를 한 경우의 구상관계", 민사판례연구 제24권, 293면 이하 참조. 따라서 위 95다46265 판결에 대해 비판적이다.

13. 결과적으로 수임인의 비용상환청구에 대하여, 위임인은 보고의무(여기서는 통지의무)위반으로 인한 손해배상청구권으로써 대항할 수 있기 때문에, 손해배상청구권이 (과실상계 등을 통해) 어느 범위까지 인정되는가에 따라 비용상환청구권을 전부 상계할 수도 있고, 일부의 상계가 가능할 수도 있을 것이다.

수탁보증인의 過失을 인정하기 곤란하다. 한편 수탁보증인은 채무를 변제한 후에도 事後通知를 하여야 하고(민법 제683조 참조), 주채무자 역시 채무를 변제한 후 수임인인 수탁보증인에게 손해가 발생하지 않도록 할 위임계약상의 부수적 의무를 인정할 수 있다. 그것이 바로 수탁보증인 또는 주채무자의 사후통지의무이다. 수탁보증인과 주채무자 간의 구상관계를 이처럼 전적으로 양자간의 내부관계에 맡겨 둘 수도 있지만, 그렇게 하면 의무위반의 인정, 과실상계의 여부 등을 둘러싼 법률관계의 불확실성이 초래될 수 있고, 이를 제거하고자 하는 것이 바로 민법 제445조이다. 즉 수탁보증인이 事前通知를 하였으나 아무런 회신을 받지 못한 경우에 가령 이미 주채무자가 채무를 변제하였더라도 주채무자에게 구상할 수 있도록 한 것이 민법 제445조 제1항이며, 事後通知를 하지 않아 주채무자가 2중변제한 경우에는 주채무자에게 구상할 수 없도록 하는 것(주채무자가 사전통지를 하였는지 여하는 무관한 것이다)이 동조 제2항이다. 한편 민법 제446조는 수탁보증인의 事前通知義務의 해태와 주채무자의 事後通知義務의 해태가 경합된 경우를 처리하는 규정으로서, 양자의 과실정도를 감안하여 절충적인 해결이 가능하도록 한 것이다.[14] 즉 수탁보증인이 주채무자에게 구상할 수 있도록 하면서(이는 이미 민법 제688조 제3항이 보장하는 것이다) 그의 過失을 상계함으로써 전액이 아니라 일부구상도 허용하는 것이다. 따라서 위 대판 95다46265와 같은 사안은 당사자 간의 과실여부를 고려하여 원고에게 일부구상을 인정할 수 있을 것이다.

3.5. 보증인이 주채무자에게 사전통지를 하였으나, 아무런 회신을 받지 못하고 이미 소멸된 주채무를 2중변제한 경우

어떤 견해에 의하든 이런 사안의 수탁보증인은 주채무자에게 구상권을 행사할 수 있다. 위임인(주채무자)의 사무를 처리(보증채무의 이행)한 수임인(수탁보증인)이 그 사무처리를 선관주의의무를 다하여 하였다고 인정된다면, 내부관계에 비추어 볼 때, 민법 제688조의 필요비상환청구권이 인정되어야 할 것이며, 민법 제441조 역시 이런 평가와 일치한다고 해석해야 할 것이기 때문이다. 즉 수탁보증인은 주채무자에게 구상할 수 있다는 것이다. 수탁보증인이 주채무자에게 구상받은 경우,

14. Boissonade가 起草한 일본 舊民法 채권담보편 제33조 제2항이 민법 제446조와 동일한 내용이며, 바로 본문과 같은 이유로 도입된 것이다.

수탁보증인의 채권자에 대한 부당이득반환청구권은 그에게 이전된다고 할 것이다.

주채무자의 의사에 反하여 보증인이 된 경우에는 위와 달리 취급해야 할 것이다. 주채무자의 의사에 반한 보증인의 구상권은 민법 제444조 제2항에 의해 정해지는데, 이에 따르면 의사에 반해 보증을 선 자는 변제 以前에 채무소멸의 항변사유가 있었다면, 2중 변제의 위험을 안게 될 것이다. 설령 변제의 시점에 채무가 소멸되지 않았다 하더라도, 보증인의 변제 以後에 주채무자가 채권자에게 상계할 채권을 취득한 경우에도 주채무자는 제444조 제3항에 의해 보증인에게 대항할 수 있도록 하고 있다. 이런 평가는 의사에 반하여 타인의 사무를 관리하는 자의 비용상환에 관한 민법 제739조 제3항의 평가와 일치한다. 그런데 의사에 반한 보증인이 사전통지를 하였고, 거기에 주채무자가 아무런 회신이 없었다고 해서 이런 사정이 그의 이런 지위에 근본적인 변화를 가져다 줄 사유로 평가될 수는 없다. 주채무자의 의사에 反한 보증인이 事前通知를 하였다 하더라도 주채무자에게 회신의무(또는 책무)를 부과하는 것 자체가 무리이며, 또한 前者는 자기의 위험으로 보증계약을 체결하였기 때문에 주채무자로부터의 보호를 기대해서는 안될 것이기 때문이다.[15]

주채무자의 의사에 합치하는, 부탁없는 보증인은 주채무자에게 구상할 수 있는가? 이 문제의 판단은 이 때의 보증인이 소멸한 채무를 변제한 경우에도 수탁보증인과 마찬가지로 구상권을 인정할 수 있는지에 의해 결정될 것이다. 가령 독일 민법은 사무관리가 "본인의 이익 및 본인의 실제적 또는 추정적 의사"에 일치할 경우에는 제683조에 따라 비용상환을 구할 수 있다고 하고, 그 청구권은 위임계약에서와 마찬가지로 사무처리가 실제적 성과를 얻었는지와는 무관하다.[16] 즉 부탁없는 보증인이 소멸한 채무를 이행한 경우라 하더라도 경우에 따라서는 주채무자에게 구상할 수 있다.[17] 우리 민법은 외형상 독일 민법과는 달리 규정하고 있다. 무

---

15. 다만 주채무자가 허위의 회신을 한 경우이거나 그 회신에 아무런 장애도 없었음에도 불구하고 고의적으로 회신하지 않은 경우에는 불법행위법에 의해 규율하면 될 것이다. 한편 민법 제445조 제2항을 의사에 반하여 보증인이 된 자에게 적용하는 것에는 아무런 문제가 없다. 설령 의사에 반하여 타인(주채무자)의 사무를 관리하더라도, 사무관리인(보증인)으로서 사무본인인 주채무자에게 즉시 통지할 의무를 부담하기 때문에(민법 제736조), 그 의무의 위반이 있으면 손해배상의무 등의 불이익이 성립될 수 있을 것이다. 민법 제445조 제2항은 이를 손해배상의 문제로 처리하지 않고, 구상권의 상실로 처리한다.

16. MünchKomm/Seiler, BGB, 3. Aufl.(1997), § 683 Rn. 16.

17. Staudinger/Horn, BGB, 13. Aufl., § 765 Rn. 110 참조. 보증인의 비용상환청구권은 제670조에

엇보다도 제444조 제1항은 변제의 시점에서 주채무자가 얻은 현존이익의 한도에서만 상환을 구할 수 있다고 하므로, 주채무가 불성립하거나 보증인의 변제 시점에 채무가 이미 소멸되었다면 주채무자에게는 현존이익이 없다는 의미로 해석할 수 있다. 즉 제445조 제1항의 "대항사유"에는 채무소멸의 항변사유는 포함되지 않고, 연기적 항변사유나 同條 제1항 후단의 상계할 채권의 존재 등만이 포함된다고 볼 여지가 있다. 그러나 보증계약의 체결이 주채무자의 이익과 의사에 합치할 경우에는 수임인의 경우와 마찬가지로 필요비를 상환받을 수 있다는 점을 중시하면(제739조 제1항), 비용지출 당시의 현존하는 이익에 한정하여 상환받을 수 있는 유익비와 달리, 필요비상환은 위임계약에 적용되는 제688조 제1항과 동일하게 취급할 수 있을 것이다.[18] 보증채무의 이행이 필요비에 해당되는지인데, 보증계약의 체결이 주채무자의 의사에 부합하였다면, 보증채무의 이행은 불가피할 수 있으므로 그 비용지출은 필요비라고 볼 수 있을 것이다.[19] 이익상황을 이와 같이 평가한다면, 주채무자의 의사에 합치하는 부탁없는 보증인도 이 경우 수탁보증인과 동일하게 취급하여야 할 것이다.

3.6. 민법 제445조, 제446조의 구상권상실과 변제자대위

보증인이 변제한 경우 민법 제481조에 따라 채권자를 대위한다. 그러나 민법 제445조에 의해 보증인이 구상권을 상실하게 되면, 변제자대위로 취득한 채권자의 채권으로써도 구상할 수 없다(민법 제482조 제1항). 한편 이미 소멸한 주채무를 2중으로 변제하였음에도 불구하고 주채무자에게 구상할 수 있는 경우도 있다(위 3.4.

따라 인정된다고 한다. 이 규정은 사무관리에도 준용된다.

18. 다만 사무관리인은 그의 過失없이 입은 손해에 대해서는 수임인과 달리 그 손해 전부가 아니라, 본인의 현존이익의 한도에서만 배상받을 수 있다(제740조). 즉 제688조 제3항은 사무관리인의 경우에는 그대로 적용되지 않는다는 것이다.

19. 제444조 제1항은 사무관리법의 내용을 수정한 것이 아니라, 보증계약의 특성에 비추어 사무관리법의 내용을 보다 구체적으로 명시하는 것이라고 본다면, 제444조 제1항은 사무관리법과 상호 모순되지 않게 해석하여야 할 것이다. 따라서 실제로 채무소멸을 가져오지 않은 보증인의 변제를 위한 지출도 필요비라고 평가되는 한, 그 비용은 제444조 제1항에 의해 상환받을 수 있다. 다만 수탁보증인에게 적용되는 제441조와 달리 면책된 날 이후의 법정이자 및 피할 수 없었던 손해는 당연히 배상받을 수 있는 것이 아니고, 주채무자의 현존이익의 한도에서만 배상받을 수 있다고 할 것이다. 즉 부탁없는 보증인은 주채무자를 이행지체에 빠뜨린 이후에야 비로소 지연이자를 배상받을 수 있다는 것이다.

참조). 이 때의 보증인은 구상권을 행사할 수 있지만, 민법 제481조의 변제자대위를 할 수 없다. 왜냐하면 채권자의 채권은 주채무자의 변제로 이미 소멸되었기 때문이다. 이렇게 보면, 민법 제445조, 제446조는 내부관계에 기한 구상권 상실을 규정한 것이므로(구상권 취득요건을 규율한 것이 아님을 유의할 것), 변제자대위로 채권과 담보권을 취득할 수 있는지, 또는 동조에 의해 취득한 권리가 상실되는지 등은 각각 개별 사안에 따라 판단해야 할 것이다.

제5관 공동보증과 보증인 상호간의 관계

1. 공동보증

민법 제439조에 따라 공동보증은 분별의 이익이 있으므로, 보증인은 자기의 부담부분(대외적 관계)만 변제하면 된다. 구상에 있어서도 주채무자에게 구상할 수 있다. 그러나 자기 부담부분을 초과한 변제에 대해서는 다른 공동보증인에게 구상할 수 있으나, 그 기준은 제448조 제1항에 따른다(제448조 제1항).

2. 연대보증 등

2.1. 부담부분의 의미

민법 제448조는 공동보증인이 '자기의 부담부분을 넘은 변제'를 한 경우 다른 공동보증인에게 구상할 수 있도록 규정하고 있다. 채권자와의 관계에서는 보증인이 주채무자와 동일한 채무를 부담할 수 있지만, 주채무자와의 관계에서는 보증인의 부담부분은 없다. 따라서 제448조에서 말하는 '자기의 부담부분'이란 다른 공동보증인과의 관계에서의 부담부분을 의미한다. 이 경우 첫째, 다른 공동보증인과의 관계에서 각자의 부담부분을 사전에 합의를 하지 않은 경우 부담부분을 어떻게 정할 것인지가 문제된다. 둘째, 전체 채무에 대한 분수적 비율을 의미하는지, 아니면 전체 채무에 분수적 비율을 적용하여 산출한 一定數額을 의미하는지가 문제된다. 전자의 경우 공동보증인 사이에 사전합의가 없다면, 법률규정에 의하여 그 부담부분이 정해지거나, 인수에 따라 균등하게 부담하게 하는 것이 타당할 것이다.

(1) 다수설

다수설은 부담부분을 분수적 비율을 의미하는 것이라고 본다.[20] 따라서 일부변제가 있더라도 언제나 부담비율에 따라 구상할 수 있다고 해석한다. 일부변제라도 부담비율에 따라 공평하게 분담시키는 것이 합리적이라고 보기 때문이다.[21]

(2) 판례

1) 부담부분을 정하는 방법-공동연대보증의 사안

공동연대보증에 관하여 위 문제를 직접 다룬 대법원 판결이 있다. 수인의 연대보증인[22] 중 일부는 채무 전액에 대해, 일부는 채무 일부에 대해 각각 보증한 경우, 일부보증인이 보증채무를 이행한 경우 또는 전부보증인이 일부변제한 경우 구상이 가능한지, 어떤 범위에서 구상이 가능한지가 문제된 판결이 그것이다.

대판 1988.10.25, 86다카1729

주채무자가 은행으로부터 어음대출을 받으면서 A, B가 그 채무 전부에 대해 연대보증을 하고, 원고인 신용보증기금은 2,000만원을 한도로 연대보증하였다. 주채무자의 잔존채무액은 원금 49,498,200원, 이자 7,291,774원 합계 56,789,974원이었다. 원고가 은행에 대해 2,000만원 및 이자 725,250원을 변제한 한 후, B는 잔존 채무 중 원본 29,498,200원, 이자 6,566,524원을 변제하여 주채무는 전부 소멸하였다. 원고가 A, B를 상대로 구상권을 행사하였다. 대법원은 "수인의 보증인이 각자 채무자와 연대하여 채무를 부담하는 경우에 있어서는 보증인 상호간에 연대의 특약이 없는 경우에도 채권자에 대하여는 분별의 이익이 없는 것이므로 각자 채무 전액 또는 각자가 특약한 보증한도액 전액을 변제할 책임이 있는 것이라 하겠으나, … 중략 … 그 연대보증인 중의 한사람이 채무를 변제하고 다른 연대보증인에게 구상권을 행사하려면 **자기의 부담부분을 초과하여 변제를 하여 공동의 면책을 얻은 경우라야 가능한 것**이고 따라서 **다른 보증인 중 이미 자기의 부담부분을 변제한 사람에 대하여는 구상을 할 수 없고 아직 부담부분을 변제하지 아니한 사람에 대하여만 할 수 있다**고 해석"하여야 한다고 하면서, B는 자기 부담부분 이상을 변제하였으므로 원고는 B에 대하여 구상권을 행사할 수 없다고 하여 B의 상고를 인용하여 원심을 파기환송하였다.

위 판결의 사안처럼 각 연대보증인의 보증한도액이 다른 경우, 공동연대보증관

20. 가령 민법주해 X, 140면 이하(차한성 집필부분) 참조.
21. 곽윤직, 231면; 김기선, 200면; 주석 민법 채권총론 2, 222면(강봉수 집필부분) 참조.
22. 수인이 단순보증인으로서 주채무의 이행을 보증하였다면 이들은 원칙적으로 분별의 이익을 누림으로써 보증채무액이 감축될 것(제439조)이므로, 이와 같은 문제는 발생할 여지가 없다.

계를 파악하는 방법이 다양할 수 있다. 대법원은 각 보증채무자가 주채무 전체에 대해 일부는 전액을, 일부는 한도를 정하여 보증을 섰다고 본다. 이에 따르면 각자의 내부적 부담부분은 각자의 보증한도의 비율에 따라 판단해야 한다. 즉 원고는 8,319,276원(49,498,200 × 20,000,000 / 118,996,400), A, B는 각각 20,589,461원(49,498,200 × 49,498,200 / 118,996,400)의 내부적 부담부분이 있다고 본 것이다.[23]

2) 부담부분을 넘었다는 것의 의미

위 사안에서 대법원은 원고, B가 각자 자기 부담부분을 초과하여 변제하였기 때문에, 초과한 부분에 대해서는 자기 부담부분을 출재하지 않은 A에 대해 구상할 수 있는 것이지, 상호간에는 구상이 인정되지 않는다고 보았다. 즉 원고는 A에게 11,680,724원을, B는 A에게 8,908,739원을 각각 구상할 수 있다는 것이다. 위 판결에서는 부담부분을 분수적 비율로 파악하는 관념을 찾아 볼 수 없다.

만약 부담부분을 분수적 비율로 판단하였다면, 원고의 부담부분은 0.168(=8,319,276/49,498,198)이고, A, B의 부담부분은 각각 0.415(=20,589,461/49,498,198)일 것이며, 2,000만원을 변제한 원고는 B에게 830만원을 구상할 수 있고, 약 2,949만원를 변제한 B는 원고에게 495를 구상할 수 있다고 했어야 할 것이다. 요컨대 위 판결은 부담부분을 분수적 비율로 파악하는 것이 아니라, 분수적 비율을 적용하여 산출한 일정액으로 파악하고 있다는 것이다.

다음 대법원 판결은 이를 법률론으로서 명확하게 정립하고 있다.

대판 2009.6.25, 2007다70155

수인의 보증인이 있는 경우에는 그 사이에 분별의 이익이 있는 것이 원칙이지만, 그 수인이 연대보증인일 때에는 각자가 별개의 법률행위로 보증인이 되었고 또한 보증인 상호간에 연대의 특약(보증연대)이 없었더라도 채권자에 대하여는 분별의 이익을 갖지 못하고 각자의 채무의 전액을 변제하여야 하나, 연대보증인들 상호간의 내부관계에서는 **주채무에 대하여 출재를 분담하는 일정한 금액을 의미하는 부담부분이 있고**, 그 부담부분의 비율, 즉 분담비율에 관하여는 그들 사이에 특약이 있으면 당연히 그에 따르되 그 특약이 없는 한 각자 평등한 비율로 부담을 지게 된다. 그러므로 연대보증인 가운데 한 사람이 자기의 부담부분을 초과하여 변제하였을 때에는 다른 연대보증인에 대하여 구상을 할 수 있는데, 다만 다른 연대보증인 가운데 이미 자기의 부담부분을 변제한 사람에

23. 공동연대보증인의 보증한도액이 각기 다른 경우 공동보증인의 내부적 부담부분을 결정하는 프랑스 민법의 원칙도 위 본문과 같다. 즉 학설과 판례는 전체 보증인이 지급하여야 할 총보증채무액×각자가 부담하는 보증한도액/각자의 보증한도액의 총합계액으로 내부적 부담부분을 결정한다는 것이다. Simler/Delebecque, Droit civil: Les sûretés, La publicité foncière, n° 161 참조.

대하여는 구상을 할 수 없으므로 그를 제외하고 아직 자기의 부담부분을 변제하지 아니한 사람에 대하여만 구상권을 행사하여야 한다.

2.2. 공동연대보증인의 채무액이 동일한 경우

연대보증인이 일부보증을 선 것이 아니라면, 그는 채권자에게 전액 지급의무가 있다. 연대보증인은 변제 후 주채무자에게 전액을 구상할 수 있다. 한편 다른 연대보증인이 있을 때에는 그에 대해서도 구상할 수 있다(민법 제448조 제2항). 이 때에는 민법 제425조 내지 제427조가 준용된다. 즉 다른 연대보증인에 대해서는 출재액의 전부가 아니라, 각자의 부담부분만에 한정하여 구상할 수 있지만(제425조 제1항), 출재액과 그 이자, 그리고 피할 수 없는 비용 기타 손해배상을 포함하여 구상할 수 있다. 물론 이 때 구상권 상실에 관한 제426조가 적용되기 때문에(연대채무에서의 구상권상실은 후술함), 사전통지 또는 사후통지를 해태한 경우 다른 연대보증인에 대한 구상권을 상실할 수 있다.

연대보증인이 다른 연대보증인에 대해 부담부분의 한도에서 구상할 때, 가령 3인 이상의 연대보증인이 있을 경우, 그 중 1인의 연대보증인이 무자력인 경우 그 무자력위험은 변제자력있는 다른 연대보증인 사이에 균분되어야 한다(제427조 제1항). 가령 주채무자 A의 채무 300을 연대보증인 B, C, D가 전액을 연대보증하고, B가 채권자를 전액 만족시킨 경우를 보자. B는 A에게는 원본(300) 및 그 법정이자, 피할 수 없는 비용 기타 손해배상을 포함하여 구상할 수 있고, C, D에게는 각각 100 및 그 법정이자, 전체 피할 수 없는 비용 기타 손해배상의 1/3씩을 구상할 수 있다. C가 무자력인 경우 그의 부담부분의 1/2을 B, D가 균분하게 된다. B가 A로부터 전액을 구상받았다면, C, D의 구상채무도 소멸할 것이다. 그러나 C 또는 D가 B에게 변제하였다면, 그들은 A에게 구상할 수 있을 뿐, 다른 연대보증인에게 구상할 수는 없다.

수인의 보증인이 불가분채무를 보증하였거나, 각 보증인이 상호연대하여 보증한 경우에도 이와 동일한 법리가 적용된다.

3. 물상보증과 연대보증이 각각 있는 경우, 그 중 1인의 출재로 주채무가 소멸된 경우

3.1. 주채무자에 대한 구상권

연대보증인 또는 물상보증인은 주채무를 담보하더라도 이들은 형식적 채무자(연대보증인의 경우) 또는 형식적 책임부담자이며(물상보증인의 경우), 주채무자만이 실질적 채무부담자이다. 따라서 연대보증인 또는 물상보증인이 채권자를 만족시킨 경우에 주채무자에게 그 전액을 구상할 수 있다.

주채무자의 부탁으로 보증인이 된 자가 그의 출재로 주채무를 소멸하게 한 때에는 주채무자에 대하여 구상권이 있다. 여기서 말하는 구상권은 주채무자와의 내부적 법률관계에 기한 구상권으로, 그 법률관계로는 위임, 조합 등이 고려될 수 있다(민법 제688조의 비용상환청구권 등). 이 때의 구상권은 주채무를 소멸시킨 시점에 성립하며, 그 소멸시효기간은 통상의 채권과 마찬가지로 10년이다. 민법 제441조 1항은 수탁보증인이 주채무를 소멸하게 한 때에는 주채무자에 대한 구상권이 있다고 하고, 제2항은 그 구상권의 내용을 정함에 있어서 제425조 제2항을 준용하고 있다. 민법 제425조 제2항에 따르면 면책된 날 이후의 법정이자 및 피할 수 없는 비용 기타 손해배상을 포함하도록 하고 있다. 이런 구상권은 수탁연대보증인만이 아니라 수탁물상보증인도 가진다(민법 제341조, 제370조, 제441조). 민법 제441조의 규정은 민법 제688조의 특칙임은 이미 설명한 바 있다.

한편 연대보증인만이 아니라 물상보증인도 민법 제481조에서 말하는 "변제할 정당한 이익이 있는" 자이기 때문에, 변제한 경우뿐 아니라 담보물의 환가로 채권자를 만족시킨 경우에도 민법 제481조에 따른 법정대위가 가능하다. 그런데 법정대위에 기한 구상에서는 채권자의 채권을 행사하기 때문에, 원채권이 시효로 소멸하면 더 이상 법정대위에 기한 구상은 가능하지 않고, 내부관계에 기한 구상만이 가능하다. 또한 법정대위에 기한 구상에서 구상권자가 자신이 입은 손해를 배상받을 수 없다. 이 손해는 내부관계에 기한 구상권으로만 전보받을 수 있다. 한편 법정대위에 의해 취득한 채권자의 채권으로써 구상할 때에도, 주채무자는 내부관계에 기한 항변사유로써 연대보증인 또는 물상보증인에게 대항할 수 있다. 가령 당사자간에 구상하지 않기로 합의하였다면 그 합의로써 물상보증인에게 대항할 수 있고, 구상권상실에 관한 민법 제445조 제2항의 항변도 가능하다. 그렇기 때문에 변제자대위로 하는 구상과 구상권에 기한 구상의 범위가 다를 경우, 변제자대위로 하는 구상은 구상권의 범위 내에서 인정된다고 할 것이다.

3.2. 물상보증인의 출재로 주채무가 소멸된 경우 연대보증인에 대한 구상수단

수인의 담보제공자(연대보증인, 물상보증인 등) 중 1인의 출재로 주채무가 소멸된 경우, 주채무자에 대한 구상만을 인정한다면, 채권자를 먼저 만족시킨 자는 언제나 주채무자의 무자력위험을 부담하게 될 것이다. 동일채무에 대해 담보를 제공한 수인 중 1인이 채권자를 만족시킨 경우에, 주채무자의 무자력과 무관하게 다른 담보제공자에게 즉각적인 구상의 길을 열어 주는 것만이 수인의 담보제공자를 평등하게 취급하는 것이다. 민법은 이를 보장하고 있다.

(1) 법정대위에 기한 구상

물상보증인은 민법 제481조의 법정대위에 의해 채권자를 대위하기 때문에, 채권자의 채권만이 아니라 그 채권을 담보하는 부수적 권리도 취득한다. 보증채권, 저당권 등이 그 예이다. 물상보증인이 민법 제469조에 의해 제3자로서 변제하면 자신이 설정해 준 담보권도 취득하겠지만, 이는 혼동에 의해 소멸할 수 있다(민법 제191조).

이 때 물상보증인은 연대보증인에게 전부구상을 할 수 있는지가 문제된다. 물상보증인과 연대보증인 상호간의 구상에서도 전부구상은 허용되지 않는다. 민법 제482조 제2항 제5호에 따르면, 물상보증인과 보증인 간의 구상에서 각자의 부담부분을 인원수에 비례하여 구분하고, 그 한도에서 채권자를 대위하기 때문이다. 물상보증인 A, 연대보증인 B가 있는 경우 내부적 부담부분은 1/2씩이라는 것이다. 따라서 물상보증인은 출재액의 1/2을 연대보증인에게 구상할 수 있다.

(2) 내부관계에 기한 구상권 : 민법 제448조 제2항 또는 제444조의 유추 적용 여부

수인의 담보제공자 상호간에 계약관계가 있으면 그에 기한 구상권이 있을 것이다. 그러나 수인의 담보제공자 상호간에 계약관계가 없는 경우가 많을 것이다. 주채무자에 대한 연대보증인이 수인이지만 그들 상호간에 계약관계가 없는 경우의 구상관계는 민법 제448조 제2항, 제425조 제2항에 의해 규율될 것이다.[24] 그러나 민법 제448조 제2항, 제425조 제2항이 물상보증인과 연대보증인 간의 구상에도 적용될 수 있는가? 이를 부정할 것이다. 첫째, 민법 제370조에 의해 준용되는 제341조는 물상보증인의 주채무자에 대한 구상권에 관하여 보증채무에 관한 규정을 준용하도록 하고 있다. 따라서 민법 제341조에 의해 준용되는 법률규정은 제441조 내지 제447조이고, 민법 제448조는 물상보증인의 다른 연대보증인에 대한 구상에는 준용되지 않는다. 둘째, 민법 제448조 제2항, 제425조 제2항의 유추적용을 고려할 수도 있지만, 성질상 타당하지 않다. 가령 연대보증인이 채권자를 만족시킨 후 물상보증인에게 구상할 수는 있지만, 물상보증인은 구상채무가 아닌 구상책임만을 부담한다고 할 것이다(물상보증인과 연대보증인 간에 다른 계약이 없는 경우). 이를 부정하면 채권자와의 관계에서는 책임만을 부담하던 물상보증인이 연대보증인에 대해서는 채무를 부담하는 불이익을 입을 것이기 때문이다. 구상에 있어서도 물상보증인은 구상채무 없이 구상책임만을 부담한다고 하기 위해서는 민법 제448조 제2항, 제425조 제2항의 유추적용을 배제해야 할 것이다. 그렇다면 물상보증인과 연대보증인 상호간의 구상에 있어서 내부관계는 민법 제444조에 의해 처리하는 것이 합리적일 것이다. 즉 각각 그들의 부담부분만을 구상할 수 있다는 것이다(민법 제444조 제1항).

한편 물상보증인이 제공한 담보물이 低價로 환가됨으로써 손해를 입은 경우, 민법 제425조 제2항을 유추적용하여 그 손해를 연대보증인에게 분담시키는 것이 가능한가? 대판 1990.11.13, 90다카26065는 연대채무자 A, B 중 A의 부탁 없이 B의 부탁으로 A, B 兩者를 위한 물상보증인이 된 C가 근저당권의 실행으로 인하여 부동산의 소유권을 상실하게 된 사안에서, A에 대해서는 A가 환가로 인한 변제 당시에 이익을 받은 한도 내, 즉 A가 부담하는 채무가 소멸된 한도에서 물상보증인에게 이를 구상하여 줄 의무가 있다고 판단함으로써, C의 부동산이 低價賣却됨으로써 입은 손해를 A가 배상하여야 하는 것은 아니라고 한 원심판결을 지지하

24. 대판 1993.5.27, 93다4656은 각자 별개의 법률행위로 보증인이 된 수인의 연대보증인 상호간에는 연대의 특약(보증연대)이 없었더라도 채권자에 대하여는 분별의 이익을 갖지 못하고 각자의 채무 전액을 변제하여야 하고, 다만 보증인들 상호간의 내부관계에 있어서는 일정한 부담부분이 있고 그 부담부분의 비율에 관하여는 특약이 없는 한 각자 평등한 비율로 부담한다고 한다. 同旨 : 대판 1990.3.27, 89다카19337.

였다.

연대채무자와 물상보증인 사이에 구상에 관하여 아무런 계약관계가 없을 때 위와 같이 처리한다면, 계약관계 없는 연대보증인과 물상보증인의 관계에서도 마찬가지로 처리해야 할 것이다. 즉 다른 연대보증인이 얻은 이익의 한도에서 구상할 수 있고, 물상보증인이 입은 손해는 구상권의 범위에서 제외해야 할 것이다.

(3) 담보제공자 중 1인의 무자력위험의 배분

물상보증인과 연대보증인 상호간의 구상에서도 민법 제427조 제1항, 제448조 제2항을 유추적용할 수 있는지가 문제된다. 물상보증인과 연대보증인 상호간에는 부분구상을 원칙으로 하는데(민법 제482조 제2항 제5호), 이를 엄격하게 관철하게 되면, 구상의무자 중의 1인이 무자력일 경우 언제나 먼저 채권자를 만족시킨 자가 불리해질 수밖에 없다. 이런 불공평을 방치할 이유가 전혀 없다. 따라서 물상보증인과 연대보증인 상호간의 구상에서도 구상의무자 중의 1인이 무자력이라면 그 무자력자의 부담부분은 구상권자와 구상의무자가 각자의 부담부분에 비례하여 분담하여야 할 것이다.[25]

25. 뿐만 아니라 채권자에 대해서는 각자 채무 전부를 지급하여야 하지만, 구상에서는 부분구상의 원칙이 관철되는 모든 곳에서 동일한 원칙을 적용시키는 것이야말로 형평에 부합한다고 할 것이다. 가령 공동불법행위자 중 1인이 채권자를 만족시킨 경우 그는 각자의 부담부분의 한도에서 구상할 수 있는데, 이 때에도 구상의무자 중 1인이 무자력일 경우 구상권자와 다른 구상의무자의 부담부분에 비례하여 무자력자의 부담부분을 배분하여야 할 것이다. 프랑스법이 이와 같이 처리하고 있음은 제철웅, "프랑스법의 법정변제자대위", 고시계 2003년 3월호, 45면 참조.

제2절 연대채무

제1관 개관

1. 연대채무의 개념

통설은 연대채무의 개념을 다음과 같은 요소로 구분하여 설명하고 있다.[26] ① 각 연대채무자의 채무는 독립된 복수의 채무이다. ② 연대채무자 각자가 전액급부 의무를 부담한다. ③ 채무자의 1인이 이행하면 다른 채무자의 채무도 소멸한다. ④ 채무자 간에는 일정한 주관적 결합관계가 있다.

1.1. 연대채무의 복수성 및 독립성

오늘날의 학설은 연대채무자의 수만큼 복수의 채무가 있다는 것을 일반적으로 승인하고 있다. 이 이론에 따르면, 다음과 같은 내용이 쉽게 설명될 수 있다.[27] ① 1개의 법률행위에 의해 연대채무가 성립하는 경우 채무자 중 1인에게 법률행위의 무효 · 취소 사유가 있더라도 다른 연대채무자의 채무에 영향을 미치지 않는다(민법 제415조). ② 채무자 1인에 대한 채권만을 타에 양도 · 전부할 수 있다. ③ 채무자 1인만을 위한 보증(민법 제447조) 기타 담보를 세울 수 있다. ④ 각 채무자의 채무가 동일한 내용의 급부에 대한 것일 때에도 기한, 조건, 이행기, 이행지, 이자 등에 있어서 각기 다른 내용을 규율할 수 있다.

한편 각 연대채무자는 상호 독립하여 채무를 부담하고 있다. 이 점에서 부종성을 가지고 있는 보증채무와 구분된다.

1.2. 동일한 하나의 가분급부에 대한 전부책임

첫째, 연대채무는 가분급부여야 한다.[28] 수인의 채무자가 불가분급부를 해야

---

26. 주석 민법 채권총칙(2), 174면(강봉수 집필부분); 민법주해 X, 70-71면(차한성 집필부분) 참조.
27. 주석 민법 채권총칙(2), 174면(강봉수 집필부분); 민법주해 X, 71면(차한성 집필부분) 참조.
28. 주석 민법 채권총론(2), 174면(강봉수 집필부분) 참조.

하는 경우에는 연대채무가 아니라 불가분채무가 성립된다. 둘째, 수인의 연대채무자는 채권자에 대해 동일한 하나의 급부를 이행하여야 한다. 가령 ① 1인의 채무자는 원상회복의무를, 다른 채무자는 원상회복에 갈음하는 금전배상채무를 부담하는 경우, ② 액수가 각기 다른 금전채무를 부담하는 경우에서 우리 학설은 위 ②의 예를 연대채무관계로 인정하지만, ①의 예를 연대채무로 인정하지는 않는다. 즉 급부내용의 동일성이 연대채무의 개념지표라는 것이다. 이런 예는 부진정연대채무의 한 유형으로 볼 수 있다. 셋째, 각 채무자는 전액급부의무를 부담한다. 이 점에서 연대채무는 분할채무와 구분된다.

1.3. 급부수령의 1倍額性

채권자는 수인의 채무자 각자에게 급부전부를 청구할 수 있지만, 급부전부를 1배액만 수령할 수 있고, 중첩적으로 수령할 수는 없다. 가령 수급인이 수인의 채무자(도급인) 각자에게 일을 완성하여 그들 각자에게 동일한 내용의 급부(보수)를 청구할 수 있다면, 이 때 채권자(수급인)는 각 채무자(도급인)에게 동일한 내용의 급부(보수)를 청구하되, 그 급부를 중첩하여 수령할 수 있다. 이 경우 채무자(도급인) 각자의 급부에 대한 채권자(수급인)의 이익은 동일하지 않다. 그러나 연대채무에서는 각 채무자의 급부에 대해 채권자는 동일한 이익을 가진다. 따라서 급부수령은 1회에 한정된다.

1.4. 연대채무자 간의 주관적 결합관계

학설들은 연대채무자 상호간에 일정한 주관적 결합관계가 존재한다는 것에 異論이 없다. 이런 주관적 결합관계의 인정을 통해 연대채무의 대외관계에서 인정되는 절대효를 설명하고, 나아가 연대채무자 상호간의 구상관계의 근거를 설명하기도 한다.[29] 한편 이 개념요소는 연대채무와 부진정연대채무를 구분하는데 사용되기도 한다.[30]

---

29. 주석 민법 채권총론(2), 175면 이하(강봉수 집필부분); 민법주해 X, 71-72면(차한성 집필부분); 곽윤직, 219면; 김기선, 209면; 김용한, 302면; 김증한 · 김학동, 234면 참조.

30. 주석 민법 채권총론(2), 176면 이하(강봉수 집필부분)

(1) 연대채무자 상호간의 내부관계에 관한 설명이론으로서의 주관적 결합관계

연대채무의 주요한 특징의 하나는 연대채무의 대내관계에 관한 규율이다. ① 가령 900의 연대채무를 부담하는 A, B, C(부담부분은 동일) 중 A가 900을 지급한 경우를 보자. 민법 제425조 제2항은 A로 하여금 B, C에게 300과 그에 대한 법정이자를 당연히 청구할 수 있게 하고, 피할 수 없는 비용과 손해배상의 청구도 허용한다. ② 이미 소멸된 연대채무를 변제한 것이어서 공동면책이 없는 경우, 즉 변제자대위를 할 수 없는 경우, 일정한 요건 하에서 다른 연대채무자에게 구상권을 행사할 수 있도록 한다. 변제로 연대채무가 이미 소멸되었음에도 변제자의 사후통지가 없어서 그 사실을 알지 못한 연대채무자가 사전통지 후 변제하였다면 前者에 대해 구상권을 행사할 수 있다고 정한 제426조 제2항가 이를 전제한 것이다.

우리 민법 제425조, 제426조는 연대채무자 간에 상호위임 또는 이와 유사한 관계가 있음을 전제하였기 때문에 제688조와 같은 취지의 규정을 제425조 제2항에 둔 것으로 볼 수 있다.[31] 이런 사정을 감안하면 우리 민법의 연대채무자 상호간에는 긴밀한 주관적 목적공동관계, 즉 상호보증적 수준의 목적공동관계가 있다. 달리 말하면 상호보증적 공동목적 없는 공동채무자는 연대채무자가 될 수 없고, 그들에게는 제425조 이하가 적용될 수 없다. 물론 내부적으로는 수인의 연대채무자 중 1인만이 채무를 부담하는 경우에도 연대채무가 성립될 수 있기 때문에, 이를 상호보증관계라고 하는 것은 반드시 적절한 것은 아니다. 오히려 채무자간에 상호위임관계가 있다고 하는 것이 적절할 수 있다. 가령 연대채무자 A, B 중 내부적으로는 A의 채무로 하기로 하고, 연대채무를 성립시킨 경우, B는 A를 위해 연대채무를 부담한다는 점에서 수임인의 지위에 있고, 자신이 부담하는 연대채무를 변제해야 한다는 B의 사무처리를 A가 수임받았다고 볼 수 있다(상호위임관계).

(2) 내부관계에 관한 이론으로써 대외관계를 설명할 수 있는가?

연대채무의 대외관계와 대내관계는 동전의 양면처럼 일체로서 연대채무를 규정한다.[32] 그 중 어느 하나만으로는 연대채무의 내용이 규정되지 않는다. 연대채

31. 이 점은 제철웅, 보증채무 및 연대채무에서의 구상권 상실 : 비교법적 검토를 통한 새로운 해석가능성의 모색, 비교사법 제9권 1호, 130면 이하, 136면 이하를 참조.

32. 이 점을 지적하는 것으로는 Ehemann, Die Gesamtschuld, S. 97 ff. 참조. 수인의 연대채무자를 둠으로써 채권실현의 안전과 편의성을 도모한다는 측면만이 아니라, 연대채무자 상호간의 구상관계도 연대채무의 필수구성요소(notwendige Korrelat)라고 한다.

무자 상호간에 주관적 공동목적관계, 상호보증적 관계 또는 상호위임관계가 있다는 것은 우리 법의 연대채무의 대내관계를 설명하는 훌륭한 도구일 수는 있지만, 이로써 대외관계를 설명할 수는 없다(상세한 것은 후술함).

2. 연대채무의 대외관계에서의 절대효와 그 정당화 근거

우리 민법상의 연대채무의 절대효의 정당화 근거는 연대채무의 목적 실현과의 관련성, 의사표시의 효력, 형평과 실무상의 편의, 채권자와 채무자 간의 이익 조정이라는 각기 다른 네가지 유형으로 구분하여 설명하는 것이 적절할 것이다.

2.1. 연대채무의 목적 실현과 절대효

변제, 대물변제, 공탁, 상계(민법 제418조 제1항)로 채권자가 만족을 얻으면 당연히 다른 연대채무자의 채무도 소멸한다는 결론은 연대채무의 정의(민법 제413조, 제414조)로부터 도출된다. 대물변제는 변제와 동일한 효과가 있고(제466조), 변제공탁은 공탁물회수청구권이 있는 동안에는 해제조건부이기는 하지만 변제와 같은 효력이 있으며(제487조, 제489조), 상계 역시 채권자의 입장에서는 자기 채권의 실현이 있기 때문에 변제와 같은 효과가 있기 때문이다.[33] 즉 이들 사유는 제413조의 "이행"으로 평가된다는 것이다.[34]

연대채무자 1인의 변제제공으로 채권자지체에 빠진 경우 그것이 다른 연대채무자에게도 효력이 있다는 제422조도 연대채무의 정의규정(제413조, 제414조)에서 파생된다. 연대채무자 중 1인의 변제로 모든 연대채무자가 면책될 수 있기 때문에, 그 중 1인의 변제제공이 있는 단계에서부터 모든 연대채무자에게 그 효력이 미치도록 하는 것이 합리적이기 때문이다.[35]

---

33. 高橋 眞, 史料 債權總則(17), 民商法雜誌 제84권 제4호, 596-600면 참조. 연대채무에서 상계는 어느 법제이든 변제와 마찬가지로 절대효를 인정한다. 다만 연대채무자 중 1인이 다른 연대채무자의 반대채권으로써 상계하도록 한 제418조 제2항은 이와 다르다.

34. 변제, 대물변제, 공탁, 상계의 절대효를 정한 독일 민법 제422조를 임의규정이 아닌 강행규정이라고 해석하는 것도 그것이 연대채무의 정의 내지 성질과 직접 관련되어 있기 때문이다. Staudinger/Noak, § 422 Rn. 7 ff. 참조.

35. 독일 민법 제424조도 채권자지체의 절대효를 정하고 있다. 다만 채권자지체를 벗어나기 위한 요건에 관하여는 다양한 논의가 있다. 상세한 것은 Staudinger/Noak, § 424 Rn. 9 ff. 참조.

2.2. 의사표시의 효력과 절대효

연대채무의 대외관계에서 절대효로 인정되는 면제와 경개는 채권자의 의사표시의 효력에 기인한 것으로 이해할 수 있다. 채권자가 여러 가지 이유 때문에 연대채무자 중 1인에게 면제의 의사표시를 할 것인데, 거기에 부분적 절대효를 수반하는 의사가 내포되어 있다면 민법 제419조와 같은 효력을 인정하는 데 아무런 문제가 없을 것이다.

경개 역시 계약의 효력에 의해 인정되는 절대효라고 이해할 수 있다(민법 제417조). 즉 경개는 기존 채무의 소멸과 신채무의 성립을 내용으로 하며, 구채무에 수반한 담보도 원칙적으로 소멸하기 때문에 그 절대효를 인정한 것이다.[36] 물론 이때의 경개는 연대채무자와 채권자 사이의 급부목적의 변경을 내용으로 하는 경개를 말하며, 채무자변경의 경개나 채권자변경의 경개는 제외된다. 이 점에서 보면 대물변제와 매우 유사하다. 대물변제는 신채무의 변제와 동시에 구채무도 소멸되지만, 경개는 구채무의 소멸과 신채무의 변제 사이에 시간적 간격이 있다. 이런 시간적 간격을 이유로 경개의 절대효가 부정되어야 하는가?

채권자의 의사표시는 구채무를 소멸시키고 신채무로 대체하겠다는 것이었다. 가령 100의 연대채무를 부담하는 A, B 중 A와 채권자가 경개계약으로써 자동차를 지급받기로 하고, 그 채무가 이행되었다면 B의 채무가 소멸되는 것은 자명하다. 그런데 A가 아직 그 채무를 이행하기 전에 채권자가 B에게 100을 청구할 수 있고, 따라서 자신이 한 경개계약의 효력을 상실시킬 수 있다고 하면, 이로 인해 A가 불이익을 입게 될 것이다. 채권자의 선행행위(경개)에 반하는 후행행위(원래의 급부청구)로 인해 선행 계약의 상대방에게 불이익을 가하는 것을 용인하는 해석을 할 이유는 없을 것이다. 만약 제417조의 효과를 발생시키지 않으려면 채권자는 경개계약에 조건을 부착시켜 다른 연대채무자에 대한 권리를 유보했어야 할 것이다.[37]

---

36. 高橋 眞, 史料 債權總則(16), 民商法雜誌 제84권 제3호, 468면의 富井正章의 진술을 참조.

37. 민법전에 경개제도를 두지 않는 독일에서도 통설은 경개에 대물변제와 마찬가지로 구채무 소멸의 효력을 인정하고 동시에 연대채무에서의 절대효(독일 민법 제422조)를 인정한다. Staudinger/Olzen, § 364 Rn. 41 ff.

2.3. 형평 또는 실무상의 편의와 절대효

(1) 혼동

혼동의 부분적 절대효(제420조)는 형평 또는 실무상의 편의로 인해 인정된다.[38] 만약 부분적 절대효가 인정되지 않는다면, 혼동이 발생한 연대채무자=채권자가 다른 연대채무자에게 채무 전부의 이행을 청구할 수 있게 될 것이다. 그러나 다른 연대채무자는 이를 변제하자마자 즉시 연대채무자=채권자의 부담부분만큼 구상해 줄 것을 청구할 수 있다. 결과적으로 연대채무자=채권자는 즉시 반환하여야 할 것(자기 부담부분)을 청구하는 것이 된다. 이런 청구는 신의성실의 원칙에 반하는 것이다. 따라서 신의칙의 항변으로 연대채무자=채권자의 부담부분만큼 공제한 잔액만 지급하면 될 것이다.[39] 이를 신의칙의 원용 또는 해석론에 맡겨 두지 않고, 명문으로 입법한 것은 매우 적절한 것이다.

(2) 상계

채권자에 대해 반대채권을 가진 연채채무자가 상계하지 아니한 때에는 그 채무자의 부담부분에 한하여 다른 연대채무자가 상계할 수 있도록 한 제418조 제2항은 타인의 권리에 대한 처분권한을 법률로써 허용한다는 점에서 매우 이례적이다. 그렇지만 동조는 실무상의 필요, 또는 공평의 요청에 부응할 수도 있다.

가령 100의 연대채무(부담부분은 동일)를 부담하는 A, B 중 B가 채권자에 대해 100의 반대채권을 가지고 있는데도 상계하지 않는 동안, 채권자가 A에게 100을 청구한다고 하자. A는 제426조 제1항에 좇아 이 사실을 B에게 통지할 것이고, B는 50을 상계할 것이다. A의 통지에도 불구하고 B의 회신이 없는 경우, 반대채권 있음을 알고 있더라도 상계가 없기 때문에 100을 이행해야 한다고 하자. 그 후 A는 B에게 50을 구상할 것이고, B는 다시 채권자에게 50을 청구할 것이다. 타인의 허락없이 그의 권리를 처분할 수 없다는 점에서는 이런 처리가 타당할 수 있다. 그러나 이런 사안은 전형적으로 보더라도 그 타인(B)에게 아무런 불이익이 없다.

---

38. 일본 민법 심의과정에서도 이는 계산의 편의에 때문에 인정되었음이 드러난다. 高橋 眞, 史料 債權總則(17), 民商法雜誌 제84권 제4호, 608-609면 참조.

39. 이 점은 혼동의 절대효를 인정하지 않는 독일법에서도 마찬가지이다. Soergel/Wolf, BGB, 12. Aufl., § 425 Rn. 18 참조.

이런 경우 이론 내지 이념을 배척하고 실질을 숭상하는 입법자가 오히려 더 높은 평가를 받을 수도 있다.[40]

2.4. 채권자와 채무자 간의 이익조정과 절대효

프랑스 민법의 연대채무와 달리, 우리 민법의 연대채무자 상호간에는 능동대리 및 수동대리관계가 없다. 그렇다면 준법률행위인 연대채무자 중 1인에 대한 청구에 절대효를 인정(제416조)할 이유도 없다. 1인의 연대채무자는 수동대리권한이 없기 때문이다. 그런데 일본 민법의 起草者들은 이행청구의 절대효를 인정함으로써 채권자를 두텁게 보호하고자 하였던 것 같다.[41] 만약 이런 입법적 결단을 하였다면, 연대채무자의 이익을 보호하기 위한 규정도 필요할 것이다. 제421조를 통해 이런 이익조정을 실현하고자 하였던 것 같다.[42] 이런 일본 민법의 입법자의 결단이 우리 민법에 계수되었다고 볼 것이다.

그러나 일본 민법 입법자들의 이런 입법목적의 타당성은 매우 의문스럽다. 연대채무와 비교할 때 불가분채권에 소멸시효의 부분적 절대효를 인정하는 것이 오히려 더 적합함에도 이는 부정하면서,[43] 연대채무에는 이를 인정한 것을 보면, 입법의도의 일관성도 의심스럽다. 가령 100의 연대채무를 부담하는 A, B가 있을 때 합리적으로 선택, 판단하는 채권자는 그 중 자력있는 A에게 추심하려고 할 수 있다. 채권자의 이런 선택과 판단에, 다른 특별한 사정이 없음에도 불구하고, 부분적 절대효라는 불이익을 부과할 이유가 없다. 즉 채권자가 A로부터 전액을 변제받았

40. 근대의 민법제정시대에 바이에른 민법초안 제228조도 실질적 이익의 침해가 없다는 점을 중시하여 同條와 동일한 내용의 규정을 두었다. Bayern Entwurf, S. 421 f. 참조.

41. 일본 민법 심의과정에서 이는 상호대리사상의 배척이라는 원칙에 반할 수 있음이 지적되었지만, 편의상 인정하였다고 한다. 高橋 眞, 史料 債權總則(16), 民商法雜誌 제84권 제3호, 463-467 참조.

42. 일본민법 심의과정에서 이 규정은 原案에 없었고, 民法整理會에서 비로소 도입되었다. 高橋 眞,史料 債權總則(17), 民商法雜誌 제84권 제4호, 613면 참조.

43. 소멸시효가 완성된 불가분채권자 중 1인은 채권을 상실할 것이고, 다른 채권자가 전부를 급부받더라도 소멸시효가 완성된 채권자에게 이익을 분급해 줄 이유가 없다. 따라서 그 자에게 분급할 이익만큼 채무자에게 가액으로 상환하는 것이 더 적절할 것이다. 일본민법 입법과정에서 富井政章은 이 점을 인정하여 일본 민법 제429조에 규정하고자 하였으나 梅謙次郎이 반대—그 논거는 불가분채권의 청구에 절대효가 있다는 것, 채무자의 채무승인은 모든 채권자에 대한 승인이라는 주장—함으로써 규정되지 못하였다. 辻 正美, 史料 債權總則(15), 民商法雜誌 제84권 제2호, 295면 참조. 그런데 우리 민법 제421조와 동일한 내용의 규율에는 梅謙次郎이 찬성하였다.

다면, A가 B에게 구상할 수 있게 하고, 자신의 예상과 달리 A로부터 변제를 받지 못한 경우 소멸시효완성으로 인해 B에게 더 이상 채권을 행사할 수 없도록 하는 것이 원칙이었어야 한다. 이 점에서 보면 제419조는 입법정책적으로는 수긍하기 어려운, 그러나 입법재량의 범위 내에 있는 규정이어서, 그 적용범위를 넓게 이해할 것은 아니다.

2.5. 우리 민법의 연대채무 규정은 채권의 담보력을 약화시키는가?

연대채무의 특징을 설명하는 이론인 주관적 공동관계설 또는 상호보증관계설은 연대채무자 상호간의 내부관계를 설명하는 이론 이상일 수 없다. 이로써 대외관계를 설명할 수는 없다. 연대채무의 대외관계의 효력은 유형적으로 설명되어야 한다. 즉 연대채무의 정의규정으로부터 변제, 대물변제, 공탁, 상계(제418조 제1항)의 절대효를, 의사표시의 효력으로부터 면제, 경개의 (부분적) 절대효를, 형평 또는 실무상의 편의라는 관점에서 혼동, 상계(제418조 제2항)의 부분적 절대효를 설명할 수 있다. 이들 절대효의 규정은 우수한 입법이며, 연대채무의 채권담보적 효력을 약화시키는 것으로 저평가될 것은 아니다.[44] 입법론적으로 가장 문제가 많은 것은 오히려 채권담보력을 강화하는 것이라고 평가되는 제416조의 절대효이다.

제2관 연대채무의 성립

1. 법률행위에 의한 연대채무의 성립

1.1. 법률행위에 의한 성립

법률행위에 의해 연대채무가 성립하기 위해서는 그 법률행위의 내용에 다음과 같은 것이 포함되어야 한다. 첫째, 수인의 채무자가 동일한 채권자에 대해 채무를 부담하여야 한다. 연대채무는 수인의 채무자 있는 채권관계의 일종이기 때문이다.

둘째, 수인의 채무자는 동일한 채권자에게 동일한 내용의 급부를 이행해야 한

44. 적지 않은 학설은 우리 법의 절대효 규정을 입법론으로서 문제가 많다고 본다. 가령 곽윤직, 채권총론, 223면; 김형배, 채권총론, 453, 459-460면; 민법주해 X, 70면(차한성 집필부분) 등 참조.

다. 급부내용이 동일하지 않지만, 경제적 가치는 동일한 경우도 있을 수 있는데, 이 경우 연대채무가 성립하지 않는다고 할 것이다.[45] 이 때에는 부진정연대채무 또는 임의채권관계를 인정하는 것으로 충분할 것이다.

셋째, 채무는 가분급부여야 한다. 우리 민법은 수인의 채무자가 불가분급부를 부담하는 경우 이를 불가분채무라고 하여 연대채무와 구분하기 때문에, 연대채무의 목적은 가분급부를 내용으로 한다고 해석해야 할 것이다.[46]

넷째, 수인의 채무자 각자는 전부급부의무를 부담하여야 한다.

다섯째, 채권자는 전부급부를 중첩적으로 수령할 수 없다. 즉 1회의 전부급부 청구권만이 인정된다.

여섯째, 연대채무가 성립되기 위해서는 연대의 합의가 있어야 한다. 여기서 말하는 연대의 합의는 채무자 상호간에 연대의 합의만이 아니라, 채권자와의 관계에서 연대채무를 성립시킴을 합의하는 것을 의미한다고 볼 것이다. 채무자 상호간에 연대 합의가 요구되는 것은, 당사자 사이에 다른 합의가 없는 한, 내부관계에서 민법 제425조 제2항, 제426조의 구상관계가 성립되기 때문이다. 수인의 채무자와 채권자가 연대채무를 성립시킴을 합의하여야 하는 것은, 연대채무에서만 특히 민법 제416조, 제421조의 절대효가 성립되기 때문이다.

1.2. 단독행위에 의한 연대채무의 성립도 가능한가?

단독행위에 의한 연대채무의 성립을 부정할 이유는 없다. 그런데 일부 학설은 유언으로 수유자에게 일정 금액을 유증하면서, 공동상속인들로 하여금 이를 연대하여 지급하도록 한 경우,[47] 공동상속인은 연대채무를 부담한다고 한다. 그러나 공동상속인은 각자의 상속분에 따라 상속재산을 공유하며(제1006조, 제1007조, 제1008조), 공동상속인이 부담하는 유증의무도 그 급부가 가분일 때에는 분할되어 공동상속인에게 귀속되기 때문에, 이런 주장은 자명하지 않다. 이 문제는 공동상속인의 유증의무 이행방법도 피상속인의 처분권한의 범위 내에 속하는가와 관련되어 있다. 900의 적극재산을 남긴 피상속인이 600을 D에게 유증하면서 공동상속인 A,

---

45. 독일에서는 이런 경우 연대채무의 성립을 긍정한다. Staudinger/Noack, § 421 Rn. 30, 32 참조.
46. 반대 민법주해 X, 78면(차한성 집필부분); 이태재, 921; 장경학, 340 참조.
47. 주석 민법 채권총론(2), 178면(강봉수 집필부분); 민법주해 X, 73면(차한성 집필부분) 참조.

B, C로 하여금 연대채무자로서 이를 이행하도록 한 경우를 보자. 유증의 이행방법에 관한 정함이 없다면 A, B, C는 각자 300씩을 상속하면서 그 중 200을 D에게 지급할 것인데, 유증의 이행방법으로써 연대채무자의 책임을 지도록 하였다면, 300을 상속받은 A는 대외적으로 600의 유증의무를 부담하게 될 것이며, 결과적으로 B, C의 무자력위험을 부담하게 될 것이다. 이와 같은 것은 피상속인이 유언으로 할 수 있는 처분권한의 범위에 속하지 않는다고 보아야 할 것이다.

그러나 공동으로 재단법인을 설립하고자 하는 수인이 연대하여 재단법인에 재산을 출연할 것을 약정할 수는 있으며, 이 때에는 단독행위에 의해 연대채무가 성립될 수 있다고 볼 것이다.

1.3. 법률행위의 형식

연대채무를 성립시키는 법률행위는 요식행위가 아니다. 통상의 다른 채무와 마찬가지로 불요식의 법률행위로써 연대채무를 성립시킬 수 있다. 연대채무의 합의는 명시적일 필요가 없다. 학설들은 묵시적 합의로도 연대채무를 성립시킬 수 있다고 하는 데 의견이 일치되어 있다.[48] 연대채무의 합의가 추정되는가에 관하여는 견해의 대립이 있다. 일반적으로 판례는 연대의 추정에 대해 소극적이라고 이해되고 있다. 그 예로서 들고 있는 판례는 대판 1987.5.26, 86다카1146; 대판 1985.4.23, 84다카2159; 대판 1963.9.5, 63다370; 대판 1967.1.31, 66다782[49] 등이다. 연대채무자는 전부급부를 해야 하므로 (명시적 또는 묵시적) 특약이나 법률의 규정에 의하지 않고서는 연대채무가 추정되지 않는다는 견해는 소수설이다.[50] 당사자가 총채무자의 자력을 종합적으로 고려하였다고 볼 수 있는 특별한 사정이 있는 때에는 오히려 연대의 묵시적 특약이 있다고 추정하여야 한다는 견해가 다수설이다.[51]

---

48. 가령 주석민법 채권총론(2), 178면(강봉수 집필부분); 민법주해 X, 76면(차한성 집필부분) 참조.

49. 연대임을 표시하지 않은 2인의 신원보증인 간에는 분별의 이익이 있다고 한다.

50. 김기선, 210면; 김형배, 455면; 이은영, 510면; 장경학, 343면; 황적인, 178면 참조. 이에 관하여는 민법주해 X, 76면(차한성 집필부분) 참조.

51. 곽윤직, 220면; 김석우, 231면; 현승종, 236면; 김증한 · 김학동, 227면 참조; 김용한, 305면; 김주수, 283면 등 참조. 주석민법 채권총론(2), 179면(강봉수 집필부분); 민법주해 X, 76면(차한성 집필부분)도 참조.

한편 상법 제57조 제1항은 '수인이 그 1인 또는 전원에게 상행위가 되는 행위로 인하여 채무를 부담한 때에는 연대하여 변제할 책임이 있다'고 규정하는데, 이는 연대채무를 추정하는 규정이다. 여기서 말하는 "1인 또는 전원에게 상행위가 되는 행위"는 그 행위의 효력이 전원에게 미치는 것을 전제하는 것이다.[52] 그러나 법률에 추정규정이 없는 이상 연대채무의 합의를 추정하는 것에는 신중하여야 할 것이다. 다만 일정한 사실이 있을 때에는 연대채무의 합의가 있는 것으로 일응 추정되는 사안유형은 존재하겠지만(사실상의 추정), 다수설이 말하는 것처럼 "총채무자의 자력을 종합적으로 고려하였다고 볼 수 있는 특별한 사정"만으로 연대채무를 추정하는 것은 사실상 추정의 법리에 부합하는지 의문이다.

1.4. 1개의 법률행위 또는 수개의 법률행위로 성립되는 연대채무

첫째, 채권자와 수인의 채무자 간의 1개의 법률행위로써 연대채무가 성립될 수 있다. 이 경우 채권자와 1인의 연대채무자와의 관계에서 해제사유가 발생한 경우 모든 연대채무자에 대해 또는 모든 연대채무자에 의해 해제할 수 있다(민법 제547조). 가령 1개의 매매계약으로써 X를 매수한 A, B, C가 매도인=채권자과의 관계에서 연대하여 매매대금을 지급하기로 하였다면, A가 채무를 불이행한 경우 해제를 원하는 채권자는 전원에 대해 계약을 해제하여야 할 것이고, 채권자가 채무를 불이행한 경우 A, B, C 전원이 이를 해제하지 않으면 계약을 해제할 수 없다.

한편 1개의 소비대차계약으로써 900을 대차한 연대채무자 A, B, C 중 채권자와 A 간에 그 계약이 무효가 되거나, 취소된 경우, B, C가 부담하는 채무는 여전히 900이다(민법 제415조). 그러나 무효 또는 취소로 인해 A가 연대채무자에서 탈락된 것은 법률행위의 일부에 무효 또는 취소사유가 발생한 것이어서, 민법 제137조가 적용될 수 있다. 따라서 A가 없었더라도 다른 당사자, 즉 채권자와 B, C가 법률행위를 하였을 것이라고 인정되지 않는다면 위 계약은 전부가 무효 또는 취소가 될 것이다.[53]

---

52. 가령 대기업에 설치된 조달본부를 통해 계열회사가 구입한 물품대금은 각 개별회사가 개별적으로—그 법적 구성은 조달본부를 대리인으로 하였다고 볼 수 있다—물품을 구입한 것이므로 상법 제57조 제1항이 적용되지 않는다. 대판 1987.6.23, 86다카633; 주석 민법 채권총론(2), 179면(강봉수 집필부분) 참조.

53. 독일 학설도 이런 결과를 인정한다. Staudinger/Noack, § 425 Rn. 90 참조.

둘째, 채권자와 수인의 채무자(A, B) 간에 수개의 법률행위로써 연대채무가 성립될 수도 있다. 채권자와 A가 먼저 계약한 후, 채권자와 B가 각각 별개의 계약으로써 채권자에 대해 연대채무를 부담하기로 하는 것도 가능하다는 것이다. 그러나 연대채무의 개념요소로 연대채무자 간의 상호위임 또는 이와 유사한 관계가 있어야 하기 때문에, 채권자와의 합의 및 사후적이라도 A, B 간의 연대합의가 있어야 한다.[54] 위의 예에서 A의 사전 또는 사후동의 없이 B가 연대채무를 부담하기로 합의하였다 하더라도, A, B는 연대채무자라고 할 수 없다는 것이다. 이 경우 A, B 간에는 부진정연대채무관계가 성립할 것이다.

1.5. 각 채무의 범위가 다른 경우의 연대채무

학설은 연대채무의 각 채무자의 채무액이나 이율에 차이가 있어도 무방하다고 한다.[55] 이 명제는 수인의 채무자 각자가 전부급부의무를 부담하는 것이 연대채무라고 한 것(위 1.1. 참조)과 조화될 수 있는지 의문스러울 수 있다. 그러나 이 경우 급부의 동일성이 인정되는 범위 내에서만 연대채무관계가 성립하게 되므로, 모순되지 않는다. 가령 채권자로부터 A가 70만원을 월 2푼의 이율로 차용하고, 그 중 50만원을 월 1푼 5리의 이율로 B가 연대채무를 부담하기로 한 경우, A, B는 원본 50만원, 월 1푼 5리의 범위에서 연대채무 관계에 있을 수 있다. 이 때 A가 원본 30만원, 이자 1만 4천원을 변제한 경우 B의 원본채무와 이자채무가 어느 범위에서 감축되는지가 문제된다(아래 제3관 1.2. 참조).

2. 법률규정에 의해 성립되는 연대채무

민법에는, ① 법인의 이사 기타 대표자가 법인의 목적범위 외의 행위로 인해 타인에게 손해를 가한 때 그 사항의 의결에 찬성하거나 그 의결을 집행한 사원, 이사 및 기타 대표자의 손해배상책임(민법 제35조 제2항),[56] ② 임무를 해태한 이사의

---

54. 곽윤직, 221면; 김상용, 343면; 김형배, 456면; 김증한 · 김학동, 227면; 김주수, 282면; 김용한, 304면 참조. 주석 민법 채권총론(2), 179면(강봉수 집필부분); 민법주해 X, 77면(차한성 집필부분)도 참조.

55. 민법주해 X, 77면(차한성 집필부분) 참조.

56. 주석 민법 채권총론(2), 180면(강봉수 집필부분); 민법주해 X, 79면(차한성 집필부분)은 이를 “법인

법인에 대한 손해배상책임(민법 제65조), ③ 수인의 借主가 공동으로 사용대차한 경우 공동차주의 의무(민법 제616조), 수인의 임차인이 공동으로 임대차한 경우 공동임차인의 의무(민법 제654조, 제616조), ④ 공동불법행위자의 손해배상책임(민법 제760조), ⑤ 부부의 일상가사로 인한 채무의 연대책임(민법 제832조) 등이 있다. 상법에서는, ① 익명조합원이 자신의 성명을 영업자의 상호 중에 사용하게 하거나 자기 상호를 영업자의 상호로 사용하게 허락한 때 그 사용 이후의 채무에 대한 익명조합원과 영업자의 책임(상법 제81조), ② 순차로 운송하는 경우 운송물의 멸실, 훼손 또는 연착으로 인한 손해에 대한 각 운송인의 책임(상법 제138조), ③ 합명회사의 재산으로 회사채무를 완제할 수 없게 된 경우의 각 사원의 변제책임(상법 제21조), ④ 주식회사 발기인의 인수되지 않은 주식에 대한 인수책임, 납입되지 않은 주식에 대한 납입담보책임(상법 제321조), ⑤ 주식회사 임원(이사 또는 감사)이 주식회사 설립에 관한 사항에 대한 조사, 보고의무(상법 제313조 제1항)의 해태로 회사 또는 제3자에게 손해배상의무를 지는 경우, 그와 발기인 간의 연대책임(상법 제323조), ⑥ 주식회사 및 유한회사의 이사의 회사에 대한 책임(상법 제399조, 제567조), ⑦ 주식회사 및 유한회사 이사의 악의 또는 중과실로 인한 임무해태로 제3자에게 손해를 가한 경우, 이사와 회사의 연대손해배상책임(상법 제401조, 제567조) 등이 있다. 그 밖에 조합임원의 조합 또는 타인에 대한 손해배상책임(농업협동조합법 제54조 제2항), 광업권자와 조광권자의 배상책임(광업법 제91조 제4항), 공동광업권자, 공동조광권자의 손해배상책임(광업법 제5항), 임무해태한 감사의 조합에 대한 손해배상책임(중소기업협동조합법 제51조) 등이 있다.

의 불법행위로 인한 손해"라고 표현하고 있다. 그러나 민법 제35조 제2항이 적용되는 경우에는 법인은 불법행위책임을 지지 않음을 유의하여야 한다. 또한 대표자 등의 불법행위로 법인이 손해를 입은 경우 그 사항의 의결에 찬성하거나 그 의결을 집행한 사원, 이사 및 기타 대표자가 법인에 대해 불법행위책임을 지겠지만, 이는 민법 제35조 제2항이 적용되는 것이 아니라, 제65조 또는 제760조가 적용될 것이다.

제3관 채권자와 연대채무자의 관계

1. 이행청구

민법 제414조는 채권자와 연대채무 간의 본질적인 법률효과를 정한 것이다. 연대채무만이 아니라 부진정연대채무에서도 채권자와 채무자 간에는 동조와 동일한 법률효과가 인정된다. 민법 제414조의 법률효과는 연대채무의 정의와 불가분적으로 결합된 것이다.

1.1. 채권자의 선택권

연대채무의 본질적 법률효과는 채권자에게는 임의의 급부청구권이라는 선택권을 부여하는 것에 있다. 이 점에서 연대채무는 분할채무와 구분된다.[57] 채무자는 채권자의 청구에 대해 분할의 항변 내지 분별의 이익을 주장할 수 없고, 다른 연대채무자에게 자력이 있음을 항변할 수도 없다. 자기의 부담부분 상당액을 이미 다른 연대채무자에게 교부하였다는 사실로써도 항변할 수 없다.[58]

그런데 채권자의 선택권에는 제한이 따른다. 첫째, 연대채무자 중 1인에 대해 소멸시효가 완성되면 그의 부담부분의 한도에서 다른 연대채무자의 채무도 감축되기 때문에(제421조), 채권자의 선택권에는 제한이 따른다. 둘째, 채권자의 고의 또는 과실로 다른 연대채무자의 구상권의 실현을 담보할 수 있는 연대채무자 중 1인에 대한 담보권이 상실되거나 감소된 경우, 그 상실 또는 감소로 인하여 상환을 받을 수 없는 한도에서 다른 연대채무자의 채무가 감축된다(민법 제485조).[59] 셋째, 채무자 중 1인에 대해서만 권리를 행사하는 것이 사정에 따라서는 권리남용이 될 수도 있을 것이다.[60]

---

57. Staudinger/Noack, § 421 Rn. 110 참조.

58. 민법주해 X, 90면(차한성 집필부분) 참조.

59. 독일 민법에는 보증채무에는 관련된 규정이 있지만(제776조), 연대채무에는 이에 관한 규정이 없다. 연방대법원은 이 문제에 대한 판단을 유보하였다. BGH NJW 1983, 1423, 1424. 프랑스 민법에서도 보증의 경우에는 담보상실로 인한 채무면책이 인정되지만(제2037 참조), 연대채무에서는 이와 같은 것이 인정되지 않는다. Philippe Simler/Philippe Delebeque, Droit civil: les sûretés, n° 152 et n° 251-2 참조.

1.2. 연대채무자의 부담액이 각기 다른 경우

(1) 수인의 연대채무자가 부담하는 채무액이 각기 다른 경우, 연대채무는 동일한 범위의 급부에 대해서만 성립한다. 가령 연대채무자 A, B, C가 각자 채권자에 대해 900, 700, 500의 채무를 부담하는 경우, A, B, C의 연대채무는 500의 범위, A, B의 연대채무는 700의 범위에서 각각 성립할 수 있다. C가 200을 변제하면 A, B의 채무도 각각 200씩 변제되는 것에는 아무 문제가 없다.

그러나 A가 200을 변제하면 B, C의 연대채무도 소멸되는지(내측설 또는 안분비례설), 아니면 A의 채무만이 소멸되는지(외측설)가 문제된다. 일부 학설은 이 경우 채무전액에 대해 미지급액이 있는 한 B, C는 자신이 부담하는 채무액을 변제할 책임을 면치 못한다고 한다. 연대채무는 채무전액의 지급을 확실히 하기 때문이라는 것이다.[61]

한편 이런 문제를 변제충당의 측면에서 보면서, 연대채무자가 공동으로 부담하는 부분에 충당된다면 다른 채무자에게 구상하기 위한 번잡한 절차가 따르기 때문에, 먼저 단독채무에 충당하는 편이 더 변제의 이익이 있다고 설명하는 견해도 있다.[62]

이를 변제충당의 측면에서 보아야 할 것이다. 첫째, 민법은 변제충당에 관하여 1차적으로 변제충당지정권을 채무자에게 부여하고, 2차적으로는 채권자에게 부여한다(제476조). 물론 채권자가 지정할 경우 채무자는 즉시 이의를 제기할 수 있다(제476조 제2항). 채무자 또는 채권자에 의한 지정이 없을 경우 법정변제충당의 방법에 따라 처리된다(제477조 내지 제479조). 법정변제충당에 관한 제477조는 채무자의 이익을 중시하고(제1호, 제2호),[63] 채권자의 이익은 부차적으로 고려한다(제3호). 변제이익

---

60. 권리남용과 관련하여 독일 민법에서는 이를 개별적으로 판단한다고 한다. Staudinger/Noack, § 421 Rn. 114 참조.

61. 가령 민법주해 X, 77-78면(차한성 집필부분); 민법주해 X, 90면(차한성 집필부분); 我妻榮, 債權總論, 406면 참조.

62. 주석 민법 채권총론(2), 191면(강봉수 집필부분); 주석 민법 (11), 74면(椿壽夫 집필부분) 참조. 다른 연대채무자의 부담부분이 0일 때에는 구상의 문제가 생기지 않으므로 변제이익이 동일하다고 지적한다.

63. 채무자가 채권자에 대해 가령 자신의 고유한 채무와 보증인으로서 부담하는 채무 또는 연대채무자로서 부담하는 채무가 각기 있고, 그 채무 전부가 아닌 일부를 변제한 경우 자신의 고유한 채무에 변제충당하는 것이 채무자에게 변제이익이 더 크다. 대판 2002.7.12, 99다68652(공보 2002년,

이 동일한 경우 채권액에 비례하여 안분하여 충당한다(제477조 제4호). 가령 주채무자가 부담하는 두 개의 채무(X, Y) 중 하나는 보증인이 없고(X), 하나는 보증인이 있는 경우(Y) 주채무자의 입장에서는 兩 채무는 변제이익이 동일하다.[64] 주채무자가 X, Y 두 채무 모두의 변제에 충분하지 않는 일부만을 변제하였다면, 제476조의 변제지정이 없는 한, 변제이익이 동일하므로 채무액에 비례하여 변제충당될 수 있을 것이다(민법 제477조 제4호).[65]

둘째, 그러나 민법의 변제충당규정은 임의규정이므로 당사자가 명시적, 묵시적 합의에 의해 민법과 달리 정할 수 있다. 앞의 예에서 Y 채무의 보증인과 채권자 간의 합의로 주채무자의 X 채무를 먼저 변제충당하고, 그 후 Y 채무를 변제충당하기로 합의한 경우, 채무자의 일부 변제가 있을 때, 채권자와 보증인 사이에는 제477조 제4호가 적용되지 않고, X 채무의 변제에 먼저 충당될 것이다.

변제충당의 법리는 1개의 채무의 일부분에 대해서만 보증을 서거나, 연대채무관계에 있거나, 부진정연대채무관계에 있는 경우에도 유추적용될 수 있다.[66] 가령 보증인이 일부보증을 하였다면, 채무자의 채무를 단독으로 부담하는 부분(X), 보증인과 공동으로 부담하는 부분(Y)으로 구분할 수 있고, 여기에 민법 제478조가 유추적용될 수 있다는 것이다. 앞서 본 것처럼 일부보증의 경우 보증계약의 당사자는, 반대의 합의가 없는 한, 주채무자가 변제하지 않은 잔액을 그 보증한도만큼 보증하기로 계약하였다고 해석할 수 있다.[67] 따라서 위의 예에서 X에 먼저 변제충당되고 그 후 Y에 변제충당될 것이다.[68]

대판 1985.3.12, 84다카2093

[사안] 원고와 소외 A장원형 사이에 체결된 신용카드 이용계약에 있어 일반카드회원인 위 A의 월간 카드사용 외상거래한도액이 금 400,000원으로 제한되어 있었고 피고는 위 거래한도액 범

1915); 대판 1999.7.9, 98다55543(공보 1999년, 1592).

64. 제철웅, 부진정연대채무 및 일부조증에서 채무자의 일부변제와 변제충당, 법조 597호(2006년 6월), 86-87면 참조.

65. 대판 1985.3.12, 84다카2093(공보 1985년, 542) 참조.

66. 그 근거는 민법 제478조의 유추적용이 될 것이다. 변제충당의 법리를 유추적용하여야 한다는 견해로는 제철웅, 부진정연대채무 및 일부조증에서 채무자의 일부변제와 변제충당, 법조 597호(2006년 6월), 83-87면 참조.

67. 이에 대해서는 제철웅, 부진정연대채무 및 일부조증에서 채무자의 일부변제와 변제충당, 법조 597호(2006년 6월), 89면 이하 참조.

68. 대판 1985.3.12, 84다카1261(공보 1985년, 540)도 同旨.

위내에서만 보증책임을 질 의사로서 A를 위하여 연대보증을 하였다. A가 위 은행신용카드를 이용하여 외상거래를 함으로서 발생한 대금채무는 1983.3.에 금 147,408원, 같은 해 4.에 금 1,001,797원, 같은 해 5.에 금 2,495,069원이었다. 그런데 A는 같은 해 6.1부터 같은 해 7.22 사이에 원고에게 위 외상대금 중 합계 금 660,000원을 변제하였다. 원심법원은, 피고가 부담할 보증채무의 범위는 위 월간 사용한도액 범위 내에서 1983.3.분 금 147,408원, 같은해 4.분 금 400,000원, 같은해 5.분 금 400,000원을 합한 금 947,408원이고, 당사자 사이에 다른 의사가 있었다는 등의 특별한 사정이 없는 한 A의 위 변제금은 법정변제충당의 법리에 따라 A에게 변제이익이 많은 피고의 보증범위 내의 대금채무의 변제에 충당되었으므로, 위 변제금을 빼면 피고의 잔존 보증채무액은 금 287,408원만 남는다고 판시하였다. 대법원은 원심판결을 파기, 환송하였다.

[대법원 판결] 변제자가 주채무자인 경우에 보증인이 있는 채무와 보증인이 없는 채무사이에 있어서 전자가 후자에 비하여 변제이익이 더 많다고 볼 근거는 전혀 없는 것이고 양자는 변제의 이익의 점에 있어 차이가 없다고 봄이 상당하다고 할 것이며 이와 같이 변제의 이익이 같을 경우에는 변제금은 이행기가 먼저 도래한 채무나 먼저 도래할 채무의 변제에 충당하여야 할 것이다(민법 제477조 제3호).

위의 경우 A의 660,000원의 변제는 1983.3.의 147,408원의 변제에 먼저 충당되고, 그 후 1983.4.의 1,001,797원 중 보증책임의 한도 400,000원을 벗어난 부분에 512,592원이 충당된다. 따라서 피고의 책임은 800,000원이 남게 된다.

위의 논의를 연대채무에도 그대로 적용할 수 있다. 연대채무는 그 법률효과로서 채권자가 연대채무자 중 1인 또는 전원에게 동시나 순차로 채무 전부나 일부를 청구할 수 있고(제414조), 연대채무 전액이 변제될 때까지 모든 채무자의 채무가 존속하는 채무이다. 따라서 가령 연대채무자 A, B, C가 각각 900, 700, 500의 채무를 부담한다면, C의 입장에서는 A의 채무가 잔존하고, 그것이 500의 범위 내에 있다면 C가 연대채무자로 책임을 지겠다는 것을 합의하였다고 해석할 수 있다. 즉 일부보증과 유사하다는 것이다. 그러므로 A가 일부변제를 하면, 다른 특별한 사정이 없는 한, A가 단독으로 부담하는 채무부분에 먼저 충당될 것이다.[69]

---

69. 주석 민법 채권총론(2), 191면(강봉수 집필부분)도 결론은 동일하다. 필자는 연대채무의 경우 그 근거를 일부에 대해 연대채무를 부담하는 자와 채권자 간의 합의에서 찾는다는 점에 차이가 있다. 이런 입장에 따르면 가령 내부적 부담부분이 A에게만 있는 경우, 즉 1개의 채무를 단독부담부분과 연대채무가 있는 부분으로 나누었을 때 변제이익이 동일하게 되는 사안에도, 본문과 동일한 결론에 이른다는 점에 차이가 있다. 즉 A가 200을 변제하더라도 B는 700, C는 500의 채무를 여전히 부담하게 된다는 것이다.

1.3. 소송과 강제집행에서의 연대채무

채권자는 동시 또는 순차로 연대채무자의 전원 또는 수인에 대해, 전부 또는 일부의 청구를 할 수 있다. 그 점에서 수인의 연대채무자를 상대로 소를 제기하더라도 이는 필요적 공동소송이 아닌 통상의 공동소송이다. 일부 연대채무자를 상대로 한 소송이 繫屬되어 있더라도 다른 연대채무자를 상대로 한 소제기가 중복제소가 되지 않는다. 일부 연대채무자에 대한 판결이 확정된 후 현실적으로 이행받을 때까지 다른 채무자를 상대로 이행의 소를 제기할 수 있고, 前訴의 기판력은 後訴에 미치지 않는다. 일부 연대채무자에 대해 전액을 訴求한 후 다른 채무자로부터 일부를 변제받았다면 채권자는 그 잔액에 대해서만 승소판결을 받을 수 있다. 한편 채권자가 연대채무자 중 1인을 상대로 소를 제기하여 그 청구가 인용된 경우 연대채무자가 부담할 소송비용은 연대채무가 아니다.[70]

채권자가 연대채무자 중 1인을 상대로 소를 제기한 경우, 연대채무자가 소송고지를 하면 이로써 소송참가의 효력이 발생한다(민사소송법 제84조 내지 제86조 참조). 채권자가 공동소송의 형태를 취하지 않고 연대채무자 중 1인만을 상대로 소를 제기한 경우 연대채무자로서 책임을 진다는 사실을 판결문에 표시할 필요는 없다. 공동소송의 형태를 취한 경우 재판실무는 판결의 주문에 피고들 간의 관계를 표시하고 있다. 즉 불가분채무나 부진정연대채무인 경우에는 '각자'로, 연대채무의 경우에는 '연대하여'로 표시하며, '각자'가 아닌 '각'이란 표현은 피고의 의무의 중첩관계를 표시하는 것이 아니라 독립적 관계를 표시하는 것으로 관용되고 있다고 한다. 따라서 공동채무관계에 있음에도 불구하고 이를 표시하지 않고 각 피고별 의무액을 독립적으로 표시하면, 그 각 의무액의 산술적 합산액의 지급을 명하는 결과가 되어 위법하다고 한다.[71]

채권자는 동시 또는 순차로 연대채무자의 전원이나 수인에 대해, 전부 또는 일부의 청구를 할 수 있다는 것은 강제집행의 단계에서도 관철된다. 이 때 채권자는 자신의 채권액 이상을 지급받을 가능성도 있다. 어느 연대채무자에 의해 강제이행

70. 민법주해 X, 91면(차한성 집필부분) 참조. 다만 공동소송의 경우 민사소송법 제102조 제1항 단서에 의해 연대하여 부담하도록 한 경우에는 연대채무가 될 것이다.

71. 민법주해 X, 88면(차한성 집필부분) 참조. 대판 1977.11.8, 77다1558(집 25-3, 민 157); 대판 1984.6.26, 84다카88, 89(집 32-3, 민 125) 참조.

되면 여타의 채무자도 공동면책된다. 따라서 채권자의 채권이 더 이상 존재하지 않을 때에는 연대채무자는 집행이의의 소를 제기할 수 있다(민사집행법 제45조). 현실적으로 초과집행이 있는 경우, 즉 2중변제를 한 연대채무자는 채권자에게 부당이득반환청구를 할 수도 있고, 민법 제426조에 의한 구상권을 행사할 수도 있다(자세한 것은 제426조의 설명 부분 참조).

1.4. 연대채무자 1인의 사해행위와 채권자취소권

통설은 연대채무자 중 1인이 사해행위를 한 경우 다른 연대채무자의 자력 여하를 불문하고 채권자는 그 취소를 訴求할 수 있다고 한다.[72] 채권자는 연대채무자 중 누구로부터도 채권 전액을 청구할 수 있는데, 연대채무자 중 1인이 자력감소행위를 하였다면 채권자와의 관계에서 사해행위임에는 변함이 없기 때문이다.

1.5. 채권양도

연대채무자 중 1인 내지 일부에 대한 채권을 타에 양도할 수 있음은 널리 인정되고 있다.[73] 부종성이라는 관점에서 볼 때, 연대채무는 보증채무와 달리 전면적이지 않기 때문이다. 즉 절대효가 인정되는 사안에 제한이 있고, 부분적 절대효가 인정되는 사안도 많기 때문이다. 그러므로 1인에 대한 채권만 분리양도하더라도 다른 연대채무자에 대한 채권이 소멸한다고 볼 이유가 없는 것이다. 이 점은 보증채무와 다르다. 예컨대 A, B가 연대채무자인 경우 채권자가 A에 대한 채권을 타에 양도한 경우, A는 양수인에게 채무를 이행하여야 하고, B는 종래의 채권자에게 채무를 이행하여야 한다. 이 때 동일한 채무를 각기 다른 채권자에게 부담하는 것과 같은 외양을 가지지만, A, B가 연대채무자라는 성격에는 변함이 없다. 채권자의 일방적 행위로 종래의 채권관계에 변화가 생기지 않기 때문이다. 채권양수인과 A 사이에 발생한 사유는 B와 채권양도인에게도 그 효력을 미친다고 할 것이며, A, B 사이의 내부관계에 관한 민법 제425조 이하의 규정도 그대로 적용될 것이다.

---

72. 곽윤직, 192면; 김주수, 285면; 김상용, 297면; 주석 민법 채권총론(2), 192(강봉수 집필부분); 민법주해 X, 92면(차한성 집필부분) 참조.

73. 이에 대해서는 민법주해 X, 92면(차한성 집필부분) 참조.

채권자가 연대채무자 A, B에 대한 채권 모두를 양도하였으나 그 중 A에 대해서만 통지한 경우도 있을 것이다. 이 때 보증채무와 달리 B에게도 통지하지 않는 한, 채권양수인은 채무자 B에게 대항할 수 없다. 이 점은 보증채무와 다르다. 따라서 B와의 관계에서는 채권은 채권양도인에게 귀속된 것처럼 취급될 수 있다. 채권양수인은 A에 대해서만 채권자임을 대항할 수 있기 때문이다.

2. 채무자에게 생긴 무효, 취소사유의 상대효

연대채무가 1개의 계약으로 성립되었건(1개의 법률행위로 연대채무가 성립된 경우 민법 제137조의 일부무효의 법리가 적용되어 연대채무를 성립시킨 계약 전부가 소멸할 수 있다. 아래의 논의는 그렇지 않은 사안만을 상정하여 논의한다), 수개의 계약으로 성립되었건 간에 법률행위의 무효, 취소로 인해 연대채무자 중 1인 또는 수인이 연대채무를 부담하지 않게 되었다는 사실만으로는 다른 연대채무자에게 영향을 미치지 않는다. 본조에서 말하는 무효 · 취소사유에는 제한이 없다. 의사무능력, 행위무능력, 의사의 흠결 또는 하자로 인한 무효, 취소, 무권대리인에 의한 계약 등이 그 대표적인 예일 것이다.

무효 또는 취소로 인해 연대채무자 중 1인이 연대채무를 부담하지 않게 되면, 다른 특별한 사정이 없는 한, 나머지 연대채무자는 전액에 대해 연대채무를 부담하게 된다. 가령 A, B가 채권자로부터 100을 차용하면서 연대하여 이를 반환하기로 한 경우, A와의 계약이 무효 · 취소되더라도 채권자는 B에게 100의 반환채권을 행사할 수 있다. 한편 연대채무를 부담하는 것과 동일한 법률관계에 기해 수인의 연대채무자가 반대급부청구권을 가지는 경우, 무효 · 취소로 인해 1인의 연대채무자가 연대채무를 부담하지 않게 되면, 다른 특별한 사정이 없는 한, 반대급부청구권은 잔존하는 연대채무자에게 귀속된다.

3. 이행청구의 절대효

채권자가 연대채무자 중 1인에 대해 이행을 청구하면, 마치 전원에 대해 이행청구가 있었던 것과 동일한 효과가 생긴다(민법 제416조). 그 결과 연대채무자 중 1인에 대해 이행청구를 함으로써 그가 이행지체에 빠지면 다른 연대채무자도 이행지체에 빠지는 효과가 발생하며, 이행청구로 소멸시효가 중단되면 다른 연대채무자에 대한 채권의 소멸시효도 중단되는 효과가 발생한다.

3.1. 요건

민법 제416조의 청구에는 재판외의 청구, 재판상의 청구가 모두 포함된다. 일부청구가 있는 경우에는 그 범위에서만 절대적 효력이 생긴다고 한다.[74] 이 규정은 모든 채무가 이미 이행기에 도달하였음을 전제하는 것인데, 연대채무의 이행기가 각기 다른 경우 아직 이행기에 도래하지 않은 채무에 대해서는 적용되지 않는다.[75] 가령 연대채무자 A, B 중 前者의 이행기가 먼저 도래하는 경우, 채권자가 A에게 청구하더라도 B의 이행기가 도래하지 않았다면 동조는 B에게 적용되지 않는다.

압류, 가압류, 가처분, 승인은 시효중단의 효력은 있지만(민법 제168조 2호, 3호), 민법 제416조의 이행청구에는 해당되지 않기 때문에, 동조의 법률효과는 발생하지 않는다. 그 밖에 파산절차 참가, 지급명령신청, 화해를 위한 소환, 강제집행의 신청은 동조의 청구의 일종으로 볼 수 있다는 견해도 있다.[76]

3.2. 효과

(1) 시효중단

이행청구가 있으면 시효중단의 효과가 발생한다(민법 제174조). 가령 연대채무자 A, B 중 A에게 최고를 하면, B에 대한 채권도 시효중단의 효과가 생긴다. 물론 최고는 6개월 내에 재판상의 청구, 파산절차참가, 화해를 위한 소환, 임의출석, 압류 또는 가압류, 가처분을 하지 않으면 시효중단의 효력이 없다. 한편 A에 대한 이행청구 후 6개월 내에 A의 재산에 압류, 가압류, 가처분을 한 경우 A에 대한 채권은 시효중단되지만, B에 대해서는 이를 B에게 통지하지 아니하면 시효중단의 효력이 없다(민법 제176조).

---

74. 민법주해 X, 99면(차한성 집필부분) 참조.

75. 민법주해 X, 99면(차한성 집필부분) 참조.

76. 민법주해 X, 100면(차한성 집필부분) 참조.

(2) 이행지체책임

1인의 연대채무자에 대해 이행청구를 함으로써 그가 이행지체에 빠지면(민법 제387조 제2항), 다른 연대채무자도 이행지체에 빠지는 효과가 발생한다. 그러나 연대채무자 중 1인이 민법 제387조 제1항의 적용에 의해 이행지체에 빠지면, 여기에는 제416조가 적용되지 않는다.

동조가 적용되어 모든 연대채무자가 이행지체에 빠지게 되면, 지연배상의무도 연대채무가 된다. 여기에는 유의할 점이 있다. 가령 채권자가 100의 채무를 부담하는 연대채무자 A, B 중 A를 상대로 재판상청구를 하면서 소장부본송달 다음날로부터 현실의 지급 때까지 소송촉진특례법 제3조에 따라 지연이자의 지급을 청구한 경우, A는 원본과 100에 대한 연 20%의 지연이자를 지급할 경우가 있겠지만, B는 민법상의 지연배상책임이 있을 뿐이다. 판결의 효력은 A에게 미치는 것이지, B에게 미치지 않기 때문이다.

한편 이행지체를 이유로 계약을 해제할 경우도 있다. 이 때 해제권의 성립요건인 '상당한 기간을 정한 이행의 최고'를 모든 채무자에게 하여야 하는지, 아니면 1인에게 하는 것으로 충분한지가 문제된다. 학설은 後者의 입장을 취한다.[77] 또한 계약을 해제할 때에는 해제 · 해지의 불가분성(민법 제547조)에 의해 채무자 전원에 대해 해제의 의사표시를 하여야 하고, 그 중 1인에 대하여만 한 경우에는 해제의 효과가 생기지 않는다고 한다.[78]

3.3. 이행지체 후의 이행불능

1인의 연대채무자가 이행지체에 빠진 후 채무자의 과실없이 이행불능이 발생한 경우, 채무자는 민법 제392조의 책임을 져야 한다. 그런데 채무자 중 일부에게 이행불능이 있더라도 다른 연대채무자의 이행이 가능하다면 이행불능을 이유로 계약을 해제하거나 전보배상을 청구하는 것은 가능하지 않다.

---

77. 민법주해 X, 102면(차한성 집필부분) 註 10 참조.

78. 민법주해 X, 102면(차한성 집필부분); 주석 민법 채권총칙(2), 198면(강봉수 집필부분) 참조.

4. 경개의 절대효

경개는 채무의 요소를 변경함으로써 신채무를 성립시키고 구채무를 소멸시키는 유상계약이다(민법 제500조). 그런데 민법 제417조는 채권자와 어느 연대채무자 간의 경개로 채무가 소멸되면 그 효과가 모든 채무자에게 미치는 것으로 규정하고 있다. 가령 연대채무자 A, B가 채권자에게 200의 금전채무를 부담하는데, A가 200의 채무이행에 갈음하여 물건의 소유권을 이전하기로 계약한 경우, B의 채권자에 대한 채무도 소멸된다는 것이다. 그 결과 A는 B에게 민법 제425조 이하에 따라 구상권을 행사할 수 있다. 채권자와 어느 연대채무자 사이에 채무의 요소를 변경하는 것이 경개인지 여부는 그 합의로써 구채무를 소멸시키고자 하는 것인지에 의해 판단될 것이다.

4.1. 요건

채권자와 어느 연대채무자 간에 경개계약을 체결하여야 한다. 채무의 요소(내용)를 변경시키는 모든 계약이 경개라고 볼 수는 없으며, 새롭게 성립한 신채무가 구채무와 동일성이 없어야 하고, 신채무의 성립으로써 구채무를 소멸시키려는 의사가 있어야 할 것이다.

통설에 따르면 본조는 강행규정이 아니므로 경개 당사자의 특약에 의하여 그 적용을 배제하여 상대적 효력만 생기게 하는 것도 가능하다고 한다.[79] 그러나 이 문제는 신중하게 검토해야 한다.

본조와 관련하여 특히 의미있는 경개는 신채무의 인수(또는 부담)를 통해 구채무를 소멸시키고자 하는 것인데, 이는 기능상 대물변제와 구분하기 어렵다. 다른 급부가 현실적으로 실현됨으로써 구채무가 소멸되는 대물변제에는, 채무자의 무자력 위험, 즉 권리실현의 위험이 남아 있는 채권양도도 포함된다. 채권자가 종래의 채무자에 대해 새로운 채권을 취득함으로써 구채무를 즉시 그리고 종국적으로 소멸시키고자 합의하였다면(경개), 이를 제3채무자에 대한 채권을 취득함으로써 구채무를 소멸시키는 것(대물변제)과 구분하는 것은 지나친 개념법학적 사고가 아닐 수 없다.

---

79. 민법주해 X, 104면(차한성 집필부분) 참조.

적어도 채무소멸의 효과라는 측면에서는 兩者를 동일하게 취급하여야 할 것이다.

그렇다면 통설처럼 경개 당사자의 특약으로 본조의 적용을 배제할 수 있다고 하려면, 대물변제의 당사자가 특약으로 절대효를 배제할 수 있다고도 해야 할 것이다. 이는 변제에도 불구하고 채무자와 채권자의 합의로 다른 연대채무자에 대한 채권을 존속하기로 하는 합의가 유효하다는 것과 다를 바 없다. 이는 허용될 수 없다. 마찬가지로 경개의 당사자의 특약에 의해 본조의 적용을 배제할 수 없다고 해야 할 것이다.[80]

그러나 신채무가 이행되면 비로소 구채무 소멸의 효과가 발생하기로 하는 합의는 가능하며, 이는 정지조건부 경개합의 또는 대물변제의 예약이라고 볼 수 있을 것이다. 이를 경개의 상대효에 관한 합의로 볼 것은 아니다.

4.2. 효과

연대채무자 중 1인과 채권자 사이에 경개가 성립되면 신채무가 성립하고 그 때까지 존속하던 연대채무는 소멸한다. 경개로써 구채무를 소멸시킨 연대채무자는 다른 연대채무자에 대해 민법 제425조 이하에 따라 구상권을 행사할 수 있다. 특약으로써 본조의 적용을 배제하기로 한 경우 경개가 있더라도 그로써 바로 구상권이 발생할 수 없다는 견해도 있지만,[81] 동조의 적용을 배제하고 경개에 상대효만을 인정하기로 한 합의는 정지조건부 경개계약 또는 대물변제의 예약으로 해석해야 할 것이다.

어느 연대채무자와 경개계약을 한 채권자의 입장에서는 구채무가 소멸되지만, 신채무가 이행된 것도 아니면서 다른 연대채무자에 대한 채권을 상실하기 때문에 경개계약상의 채무자의 무자력위험에 노출된다. 즉 채권의 담보력이 현저히 약화될 수 있다. 그렇기 때문에 채권자의 입장에서는 채권의 담보력 약화에 갈음하는 이익을 예견할 수 있을 때 비로소 이런 경개계약을 체결할 것이다.

어느 연대채무와 경개계약을 체결하면서 다른 연대채무자도 신채무에 대해 책

---

80. 변제, 대물변제(연대채무자 중 1인과 채권자 간의 경개도 이 일종이다), 상계, 공탁의 절대효를 규정한 독일 민법 제422조는 강행규정이라고 해석되는 것에 유의할 필요가 있다. Staudinger/Noack, § 422 Rn. 7 ff. 참조.

81. 민법주해 X, 105면(차한성 집필부분) 참조.

임을 지도록 하기 위해서는 그에 대한 이들의 동의를 조건으로 경개계약을 체결할 수도 있을 것이다. 이들의 동의가 있다면, 그 급부의 내용에 따라 종전의 연대채무자는 신채무에 대해 연대채무자 또는 불가분채무자로서 책임을 질 것이다.

5. 상계의 절대효

5.1. 상계의 절대적 효력(민법 제418조 제1항)

(1) 동항의 강행규정성

연대채무자 중 1인이 채권자에 대한 자신의 반대채권으로 상계한 경우, 자신의 채권자에 대한 채무가 반대채권의 범위 내에서 소멸될 뿐 아니라 다른 연대채무자의 채무도 소멸된다(제1항). 일부 학설은 제1항이 강행규정이 아니기 때문에 연대채무 성립시 또는 상계권 행사시에 당사자간에 본조의 적용을 배제하는 특약을 하는 것은 계약자유의 원칙상 무방하다고 한다.[82] 그러나 상계가 변제에 준하는 것으로서 채권만족에 의한 채권소멸이므로 본조를 강행규정으로 보는 견해도 있다.[83] 後者의 견해가 타당하다. 변제, 대물변제, 상계의 상대효를 인정하게 되면 채권자는 연대채무자로부터 중첩적으로 급부를 수령할 수 있게 되고, 이와 같은 것은 이미 민법 제413조, 제414조의 연대채무가 아니기 때문이다.[84]

(2) 효과

유효한 상계가 있었다면 그 한도에서 모든 연대채무자의 채무는 소멸하고, 상계의 당사자가 계약으로 상계된 채권을 부활시키더라도 다른 채무자에게 영향을 줄 수 없다.[85] 이미 상계로 소멸된 채권을 부활시킨다는 것은 실질적으로 새로운 채권관계의 합의로 이해할 것이다. 가령 연대채무자 A, B 중 A에 대해 집행권원

82. 곽윤직, 채권총론,224면; 민법주해 X, 106면(차한성 집필부분); 주석 민법 채권총칙, 201면(강봉수 집필부분) 참조.

83. 김주수, 288면 참조.

84. 독일에서도 가령 Soergel/Wolf, § 422 Rn. 1은 이를 임의규정이라고 하지만, 독일 판례 및 통설은 변제, 대물변제, 공탁, 상계의 절대효를 규정한 독일 민법 제422조는 강행규정이라고 한다. Staudinger /Noack, § 422 Rn. 7 ff. 참조.

85. 민법주해 X, 106-107면(차한성 집필부분); 주석 민법 채권총칙(2), 201면(강봉수 집필부분) 참조.

을 가지고 있는 채권자에 대해 A가 상계의 의사표시를 한 후, A와 채권자가 구채무의 부활을 합의하였다 하더라도, A 재산에 대한 배당절차에 참여한 다른 채권자와의 관계에서 채권자는 종래의 집행권원으로써 배당참여를 할 수 없다.

5.2. 공동채무자의 상계권 행사(제2항)

동항은 어느 연대채무자의 반대채권으로써 다른 연대채무자가 채권자에게 상계할 수 있음을 정한 것이다. 가령 300의 연대채무(내부적 부담부분은 동일)를 지는 A, B, C 중 A가 채권자에게 200의 반대채권이 있는데 A가 이로써 상계하지 않을 때, B 또는 C는 A의 부담부분(100)의 한도에서 A의 반대채권으로써 연대채무를 상계할 수 있다. 이로써 A의 연대채무가 소멸할 뿐 아니라 B, C의 연대채무도 소멸한다.

6. 면제의 절대효(제419조)

6.1. 내용

본조는 연대채무자 중 1인이 채권자로부터 자신이 부담하는 채무를 면제받게 되면 그 채무가 소멸할 뿐 아니라, 그 채무자의 부담부분에 한하여 다른 연대채무자도 면책됨을 정하고 있다. 가령 채권자가 100의 연대채무(부담부분은 동일)를 지는 A, B 중 A의 채무를 면제한 경우 A의 채무가 소멸할 뿐 아니라, B도 A의 부담부분인 50만큼 공동면책되기 때문에(부분적 절대효), B는 채권자에게 50을 이행하면 된다. B가 50을 이행하더라도 A에게 구상할 수 없음은 자명하다.

6.2. 민법 제419조의 면제와 여타의 유형

연대채무에서의 면제에는 여러 유형이 있는데, 아래에서는 그 중 대표적인 것들을 살펴본다.

(1) 민법 제419조의 면제

동조는 채권자의 의사표시가 채무자로 하여금 더 이상 채무를 부담하지 않도록 하려는 것, 그 결과 다른 연대채무자로부터 고유한 내부적 부담부분에 대한 구상으로부터도 벗어나도록 하려는 것을 내용으로 할 때 적용된다. 특히 연대채무자 중 1인이 일부 변제하면 나머지 채무를 면제하겠다는(또는 더 이상 책임을 추궁하지 않겠다는) 제안 하에 이루어진 면제, 또는 화해계약의 경우가 동조가 적용되는 대표적인 예라고 할 것이다. 이런 의사표시는 그 연대채무자와의 특수한 관계에 기인할 수 있다. 이런 면제의 의사표시는 事後的으로 이루어질 수도 있지만 事前的으로도 이루어질 수 있는데, 그 효과에는 차이가 없다(부진정연대채무와 사전적 면제에 관하여는 후술함).[86]

본조의 면제는 단독행위인 민법 제506조의 면제를 의미하지만, 면제계약이 있는 경우에도 적용된다.[87] 재판상 화해에 의해 채권자가 연대채무자 중 1인에 대해 그 채무액을 감액한 경우에도 본조가 적용될 수 있다.[88]

(2) 모든 연대채무의 면제

채권자가 연대채무자 전원의 채무를 면제시키는 것도 가능하다. 이를 금지하는 법률규정도 없고, 금지할 이유도 없기 때문이다. 그런데 채권자가 연대채무자 중 1인 또는 일부에 대한 의사표시로 전원의 채무를 면제시킬 때의 이론구성이 문제된다. 다른 특별한 사정이 없는 한, 의사표시를 수령한 채무자에게는 수동대리권이 없으므로 무권대리행위로 되지만 다른 채무자의 추인에 의하여 그것이 유효해진다는 설,[89] 연대채무자는 다른 채무자에게도 유리한 의사표시에 관하여는 상호대리권이 있다는 설,[90] 연대채무에서는 각 채무자가 채무를 소멸시킬 수 있으므로 이 경우에는 대리권의 유무를 불문하고 다른 채무자에 대하여 효력이 있다는 설[91] 등이 있다. 그러나 연대채무자 간에 당연히 상호대리권이 인정될 이유가 없다는 점, 면제는 채권자의 의사표시의 효력으로써 채무가 소멸되는 것이라는 점에서 볼 때, 위 둘째, 셋째의 견해는 지지할 수 없다. 채권자가 단독행위인 면제의 의사표시를 한 경우를 상정해 보면, 채권자는 직접적인 의사표시의 상대방만이 아니라 다른

86. MünchKomm/Bydlinski, § 426 Rn. 57 참조.
87. 김주수, 290면; 민법주해 X, 113면(차한성 집필부분); 주석 채권총론(하), 88면 참조.
88. 김주수, 290면; 민법주해 X, 113면(차한성 집필부분) 참조.
89. 민법주해 X, 114면(차한성 집필부분)은 김주수, 290면; 我妻榮, 債權總論, 417면 참조.
90. 민법주해 X, 114면(차한성 집필부분)은 近藤·柚木馨, 83면을 인용하고 있다.
91. 곽윤직, 채권총론, 226면; 김증한·김학동, 232면; 민법주해 X, 114면(차한성 집필부분) 참조.

연대채무자 전원을 위한 수개의 의사표시를 한 것으로 이론구성할 수 있을 것이다. 이 때 직접의 상대방은 수령사자가 될 수도 있을 것이며, 무권대리인으로서 민법 제136조가 적용되는 경우도 있을 것이다.

한편 면제를 계약으로 한 경우라면 직접 상대방만이 아니라 나머지 채무자를 위해서도 효력이 있는 제3자를 위한 계약이라고 해석할 수 있을 것이다. 요컨대 연대채무자 전원에게 효력있는 면제가 있는 경우에도 그것은 채권자의 의사표시에 기인한 것이므로, 그 의사표시가 어떻게 다른 연대채무자에게도 효력이 발생할 수 있는지를 살펴보아야 한다.

(3) '상대적 면제'

통설은 제419조가 임의규정이므로, 연대채무자 중 1인의 채무를 면제하면서 다른 연대채무자에게 채무 전액을 청구할 가능성을 유보할 수 있으며, 이 때에는 동조가 적용되지 않는다고 한다(상대적 면제).[92] 또한 면제계약에 의해 위와 같은 내용의 계약을 체결하는 것도 가능하며, 단독행위인 면제에 의해서도 위와 같은 '상대적 면제'가 가능하다고 한다. 그 이유로 ① 상대적 면제를 인정하면 다른 채무자는 본조가 정한 면책의 혜택을 받지 못하게 되나, 본조 자체가 채권의 담보적 목적이라는 관점에서 문제가 있는 규정이고, 공동채무자의 이익을 담보목적에 따른 채권자의 의사보다 우선시킬 이유가 없고, ② 계약에 의한 상대적 면제를 유효하다고 보면, 단독행위에 의한 경우를 이와 달리 볼 이유가 없고, ③ 구상의 순환을 피한다는 것은 하나의 기술적 배려에 불과한 만큼 이보다는 연대채무의 목적, 담보적 기능이 더욱 중시되어야 한다는 등을 들고 있다.[93]

'상대적 면제' 이론에 따르면, 채권자는 면제된 채무자에 대해 채무이행을 청구할 수 없지만, 다른 연대채무자에게는 채무 전액을 청구할 수 있고, 채무를 변제한 다른 연대채무자는 면제받은 연대채무자에게 구상할 수 있고, 구상에 응한 연대채무자는 채권자에게 부당이득의 반환을 청구할 수 있다고 한다.[94] 그러나 당사자의 특약 또는 채권자의 면제의 의사표시 속에 면제된 채무자에게 단지 이행청구만을 하지 않을 뿐 채무자 간의 구상관계에는 관여하지 않겠다는 뜻이 포함되어 있다

92. 곽윤직, 226면; 김주수, 290; 김형배, 465면; 민법주해 X, 113면(차한성 집필부분) 참조.
93. 주석 채권총론(하), 90면; 민법주해 X, 115면(차한성 집필부분) 참조.
94. 민법주해 X, 115면(차한성 집필부분) 참조

면, 위의 예에서 구상에 응한 연대채무자가 채권자에게 부당이득반환을 청구할 수 없다고 한다.[95]

계약이든 단독행위이든 면제는 채권자와 그 의사표시의 상대방인 연대채무자 간의 채무를 소멸시키는 것을 내용으로 하는 것이며, 연대채무자 상호간의 내부관계에 영향을 미치는 것을 그 내용으로 할 수 없다. 설령 後者와 같은 것을 의사표시의 내용으로 삼았다 하더라도 그것은 연대채무자 간의 관계에는 어떠한 영향도 미치지 못한다. 그렇다면 결국 '상대적 면제'란 채권자와 연대채무자 간의 의사표시의 내용이 '다른 연대채무자로부터 전액을 변제받을 것이며, 변제한 연대채무자가 구상을 청구하면 그 범위에서는 너로 하여금 그 고유한 부담부분의 구상의무로부터 벗어나게 해 주겠다'는 것이어야 한다. 반면 연대채무자 중 1인 또는 일부에게 하는 채권자의 면제는 '너의 채무를 소멸시켜 주겠으니 이로써 다른 연대채무자로부터도 구상당하지 않도록 하겠다'는 내용이다. 兩者 모두 '다른 연대채무자로부터의 구상청구에서 벗어날 수 있는 면제를 하겠다'는 것에서는 공통되지만, 前者는 다른 연대채무자가 현실적으로 구상을 청구할 시점에서 채권자가 그런 의무를 부담하겠다는 것이며, 後者는 그와 같은 의무를 즉시 부담하겠다는 것에서 차이가 있을 뿐이다.[96] 그러나 양자 간에는 실질적인 차이가 있는 것은 아니다. 다른 연대채무자가 전액(또는 자기부담부분을 넘은 액)을 변제하자마자 면제받은 연대채무자에게 구상청구할 수 있기 때문이다. 의사표시의 해석은 신의성실의 원칙에 좇아서 하여야 하는 것이므로, 다른 특별한 사정이 없는 한, 채권자의 면제의 의사표시를 前者와 같은 내용으로 해석할 이유는 없을 것이다. '상대적 면제' 이론에 찬성할 수 없다.

(4) 연대의 면제

1) 절대적 연대면제

채권자는 연대채무를 해소하여 분할채무로 전환시키는 것도 가능하다. 연대관계를 통해 채권의 담보력을 강화한 채권자가 이를 포기하고, 각 채무자들의 부담

95. 민법주해 X, 116면(차한성 집필부분)은 이런 이론의 주장자로 我妻榮, 417면을 인용하면서, 이는 실질적으로 부제소의 의사표시에 불과하다고 한다.

96. 이런 의무가 있기 때문에 다른 연대채무자는 면제받은 연대채무자의 부담부분만큼 자신의 채무가 소멸되었음을 주장할 수 있다. 이를 면제계약으로 하였다면 제3자를 위한 계약이 될 것이다.

부분만큼 분할하여 그 채권을 행사하겠다는 의사표시를 단독행위로써 한 경우, 사적자치의 관점에서 보면 이를 부정할 이유가 없다.

가령 90의 연대채무(부담부분은 동일)를 지는 A, B, C 전원에 대해 채권자가 이를 분할채무로 해 주겠다는 의사를 표시하면, 이로써 A, B, C는 각각 30의 분할채무를 부담하게 될 것이다. 이를 절대적 연대면제라 할 수 있다.[97] 이는 채권자가 A, B, C와 연대면제계약을 체결함으로써도 실현할 수도 있고, A와 제3자를 위한 연대면제계약을 체결함으로써도 실현할 수 있다.

한편 채권자가 A에 대해서 연대면제를 할 뿐 아니라, 동시에 연대면제 받은 채무자의 부담부분만큼 다른 연대채무자의 채무를 면제하는 것도 가능할 것이다(부분적 절대적 연대면제). 즉 A는 분할채무 30을 부담하고, B, C는 60의 연대채무를 부담하게 하는 것이 그것이다. 연대채무자 간의 상호대리관계를 전제하지 않는 우리 법제에서 이런 효과가 실현되기 위해서는, ① 채권자가 A를 전달사자로 삼아 B, C에게 면제의 의사표시를 전달하거나, ② A를 (무권)수동대리인으로 삼아 한 의사표시에 대해 B, C가 추인하거나, ③ 채권자와 A 간에 제3자를 위한 연대면제계약을 체결하고 B, C가 수익의 의사표시를 한 경우(민법 제539조 제2항)여야 할 것이다. 의사표시의 해석을 통해 위와 같은 것이 인정되지 않는다면, 부분적 절대적 연대면제를 인정할 수는 없을 것이다.[98]

2) 상대적 연대면제

채권자는 연대채무자 중 1인에 대해서만 연대면제를 할 수도 있다(상대적 연대면제). 이 경우 채권자는 첫째, 채무자로 하여금 구상의무에서도 벗어나게 해 주겠다

---

97. 민법주해 X, 157면(차한성 집필부분) 참조.

98. 프랑스 민법에서는 연대채무자 1인에 대해 연대소권을 포기하면 그 상대방의 채무가 분할채무로 될 뿐 아니라, 그 한도에서 다른 연대채무자의 연대채무도 감축된다고 규정하고 있다(프랑스 민법 제1210조). 그런데 同條는 Pothier가 인정하지 않던 것으로 프랑스 민법에 새롭게 도입된 것인데, 학자들은 어느 한 연대채무자에게 연대면제를 해 주더라도 그의 意思로부터 다른 연대채무자의 채무를 일부(연대면제 받은 자의 부담부분만큼) 면제하겠다는 의사가 추정되지는 않는다는 이유로 同條에 대해 비판적이다. 그런 이유 때문에 동법 제1211조, 제1212조에서는 제1210조와 같은 채권자의 의사(이는 명시적 또는 묵시적으로 할 수 있다)를 확인할 수 있는 상황을 규정하고 있다. 따라서 제1211조, 제1212조가 적용되지 않으면, 부분적 절대적 연대면제는 인정되지 않을 것이다. 이에 대해서는 Juris-Classeur Civil, Art. 1197 à 1216 Fasc. 20 Solidarité: Fasc. 2, n° 121 (par Dr. françcais) 참조.

는 의사로써 연대면제를 할 수도 있다. 위의 예에서 A에게 이런 연대면제를 하였고, A가 30의 채무를 이행하였다면, A는 B, C에게 구상할 수 없다. 그런데 B가 60을 변제한 후 C가 무자력이 되었다면, C의 무자력은 A, B가 분담하여야 할 것이다(민법 제427조 제1항). 따라서 B는 A에게 15를 구상할 수 있게 된다. 채권자와 A 간의 연대면제(또는 연대면제계약)가 있더라도, 이것은 A, B, C 간의 구상관계에 직접적인 변화를 줄 수 없기 때문이다. 이 때 A는 채권자로 하여금 B의 구상으로부터 자신을 면책해 줄 것을 청구할 수 있고, 만약 15의 구상의무를 이행하였다면 A는 채권자에게 부당이득반환을 청구할 수는 있다. 연대면제 또는 연대면제계약을 통해 채권자가 A에게 위와 같은 면책을 약속하였다고 해석할 수 있기 때문이다. 법률에 특별한 규정이 없는 한, 이 때 B가 채권자에게 직접 15의 구상권을 행사할 이론적 근거는 없다. 왜냐하면 채권자와 A 간에 연대면제계약을 체결하였다 하더라도, 그것이 제3자를 위한 연대면제계약이며, 그 내용은 B가 채권자에 대한 장래의 구상권을 취득하는 것이라고 해석하는 것은 매우 드문 일일 것이기 때문이다. 그럼에도 불구하고 우리 민법은 이런 연대면제계약이 있는 것으로 추정하여, 민법 제427조 제2항에서 B로 하여금 직접 채권자에게 구상권을 행사할 수 있도록 한다.[99] 둘째, 채권자가 단순히 연대면제 받은 채무자의 채무를 연대채무에서 분할채무로 전환시켜 주는 것에 그치는 경우도 있을 것이다. 위의 예에서 A는 30의 분할채무를 부담하게 되고, B, C는 여전히 90의 연대채무를 부담하게 될 것이다. A가 30의 채무를 이행한 경우 B, C에게 구상할 수 없음은 물론이다. B가 60을 변제한 후, C가 무자력이 되었다면 B는 A에게 15를 구상할 것이다(민법 제427조 제1항). 채권자와 A 간의 연대면제로는 A, B, C 간의 구상관계에 직접 변화를 줄 수 없기

---

99. 한편 프랑스에서도 한 때 이런 주장이 없었던 것은 아니라고 한다. 가령 60,000의 연대채무(부담부분은 동일)를 부담하는 A, B, C, D 중 채권자가 A에게 同 민법 제1210조의 연대면제를 한 경우, A가 15,000를 변제한 후 B, C, D에게 구상할 수 없다. B가 45,000을 변제한 후 D가 무자력이 되면 D의 무자력위험은 A, B, C가 각각 5,000씩 분담하여야 한다(同法 제1214조 제2항). 그런데 A는 연대면제를 받았기 때문에 A의 부담부분은 채권자가 분담해야 한다는 주장이 한 때 있었지만, 파기원은 연대면제로부터 채권자의 이런 의사를 추정할 수 없다는 이유로 배척하였다고 한다. 즉 B는 A에게 5,000을 구상할 수 있다는 것이다. 同法 제1215조는 이를 명확하게 하고 있다. 물론 同條는 임의규정이므로 연대면제를 하면서 채권자가 A로 하여금 위와 같은 내용의 구상의무로부터도 면책될 수 있게 해 주겠다는 의사를 표시할 수도 있으며, 그 때에는 B가 채권자에게 5,000을 구상할 수 있다고 한다. 특히 D가 무자력이라는 사실을 이미 채권자가 연대면제를 할 시점에 알고 있는 경우에는 이런 의사를 추정하는 것도 가능하다고 한다. Juris-Classeur Civil, Art. 1197 à 1216 Fasc. 20 Solidarité: Fasc. 2, n° 127 (par Jacques Mestre/Marie-Ève Tian) 참조.

때문이다. 한편 채권자는 A의 채무를 분할채무로 전환시켜 주었을 뿐이지, 모든 구상의무로부터 벗어나게 해 주겠다는 의사표시를 한 적이 없으므로, 채권자에게 자신을 면책해 줄 것을 청구하거나, 구상의무를 이행한 후 그 상환을 구할 수 없다. 당사자의 의사표시를 이렇게 해석할 경우에는 민법 제427조 제2항은 적용되지 않는다고 해석할 것이다. 同條는 임의규정이므로, 다른 특별한 사정이 없으면, 임의규정보다는 당사자의 의사가 앞서기 때문이다.[100]

(5) 부제소의 합의

채권자와 어느 한 연대채무자 간의 면제의 의사표시가 민법 제506조의 면제가 아니라 訴求하지 않겠다는 것으로 해석해야 할 경우도 있다. 이 때에는 채권자는 그 연대채무자에 대해 채권을 가지고 있지만 訴求할 수 없으므로 강제집행할 수 없게 될 것이다. 물론 그 연대채무자가 채권자에 대해 반대채권을 가지고 있으면 이로써 소구할 수 없는 채권을 상계하는 것은 가능할 것이다. 한편 부제소의 합의를 하더라도 채권자는 여전히 그 연대채무자에 대한 채권을 가지고 있으므로 본조가 적용될 여지가 없고, 다른 연대채무자에게는 전액을 청구할 수 있다. 다른 연대채무자가 전액을 변제하면 그는 부제소의 혜택을 얻은 연대채무자에게 구상할 수 있다. 어느 한 연대채무자와 채권자 간의 합의(부제소의 합의)는 연대채무자 간의 내부관계에는 어떤 영향도 미치지 않기 때문이다. 변제한 연대채무자의 구상에 응한 연대채무자는 채권자에게 어떤 권리도 가지지 않는다. 따라서 부제소의 합의를 하면, 채권자는 다른 연대채무자의 무자력위험을 부담하게 될 것이다.

6.3. 민법 제419조의 효과

면제받은 연대채무자는 대외적으로 연대채무를 더 이상 부담하지 않게 된다. 채권자의 이런 면제의 의사표시(민법 제506조)는 면제받은 자가 다른 연대채무자와

---

100. 곽윤직, 채권총론, 235면은 이를 당사자의 의사에 적합하지 않는 규정이며, 입법론으로서도 옳은지 의문스럽다고 한다. 그러나 면제의 의사표시의 내용은 다양할 수 밖에 없으므로, 일정한 내용의 것으로 추정하는 규정을 두는 것이 필요하다(高橋 眞, 史料 債權總則(17), 民商法雜誌 제84권 제4호, 601-607면에서도 이런 추정규정을 둘 필요가 있음을 지적하고 있다). 프랑스법의 연대면제와 비교하면, 우리 법의 연대면제는 채권자의 이익을 고려하고 있고, 제427조 제2항 역시 채권자에게 불이익하지 않다. 물론 연대면제 역시 추정규정이므로 채권자는 이와 다른 의사표시를 할 수 있다.

의 관계에서 부담할 내부적 부담부분에 상응한 구상의무로부터도 벗어나게 해 주겠다는 내용을 포함하는 것으로 해석된다. 그렇기 때문에 본조가 그의 부담부분만큼 다른 연대연대채무자의 채무도 감축되도록 규정하고 있는 것이다. 즉 본조의 적용으로 다른 연대채무자의 연대채무는 면제 받은 연대채무자의 부담부분만큼 당연히 감축된다.

문제는 면제받은 연대채무자의 부담부분에는 민법 제427조 제1항의 부담부분도 포함한다고 해석할 것인지의 여부이다. 가령 90의 연대채무(부담부분은 동일)를 부담하는 A, B, C 중 채권자가 A를 면제하고, 채권자가 B로부터 60을 변제받았는데 C가 무자력일 때 B는 C의 부담부분 30을 A, B에게 분담하도록 할 것(민법 제427조 제1항)을 청구할 수 있는지가 문제된다. 이 문제의 해결 역시 A를 면제해 준 채권자의 의사의 해석으로부터 도출되어야 할 것이다. ① 민법 제427조 제2항의 연대면제처럼 면제의 의사표시를 한 채권자가 A가 장차 부담할 제427조 제1항의 구상의무로부터도 면책하겠다는 의사라고 해석된다면, 민법 제427조 제2항을 유추하여 B는 채권자에게 15를 구상할 수 있다고 할 것이다. 위와 같은 의사로써 연대면제를 한 경우에도 채권자에게 직접 구상할 수 있도록 하고 있다면, 더 큰 혜택을 주는 면제인 경우에도 동일한 효과가 인정될 것이기 때문이다. ② 그러나 대부분의 경우 채권자로서는 다른 연대채무자 중의 1인이 무자력상태 또는 그 위험이 높음을 알지 못하기 때문에, 그의 면제의 의사로부터 제427조 제1항의 구상의무로부터도 면책하겠다는 의사를 인정하는 것은 무리라 할 것이다. 즉 통상의 경우 연대채무자가 부담하는 민법 제425조의 구상의무로부터도 면책하겠다는 의사로 해석해야 할 것이다. 이 경우 B는 A에게 15를 구상할 수 있을 것이다.

7. 혼동의 절대효(제420조)

7.1. 혼동의 대외적 효과

어느 연대채무자와 채권자 사이에 혼동이 있으면 그 연대채무자의 채무가 소멸한다(민법 제507조). 민법 제420조는 혼동으로 인해 다른 연대채무자의 채무도 혼동이 발생한 연대채무자의 부담부분만큼 감축된다는 것을 정하고 있다. 90의 연대채무(부담부분은 동일)를 부담하는 A, B, C 중 A가 채권자를 단독상속한 경우, B, C의 채무는 30만큼 감축된다. B, C는 연대채무자로서 60의 채무를 신채권자 A에게 부담한다는 것이다. A가 채권자를 상속하더라도 한정승인이 있으면 아직 혼동이 발생하지 않으므로, 본조가 적용되지 않는다.[101]

7.2. 혼동과 구상관계

혼동이 발생한 연대채무자와 다른 연대채무자 간의 채권관계에는 영향을 미치지 않기 때문에, 그들 사이의 구상관계는 남게 된다. 그러나 혼동이 발생한 연대채무자의 부담부분(민법 제425조 제1항) 만큼 다른 연대채무자의 채무도 감축되었기 때문에, 그 한도에서는 혼동이 발생한 연대채무자에게 구상할 수 없다. 그러나 다른 연대채무자 중 1인의 무자력위험을 분담하여야 할 구상관계는 잔존하기 때문에, 혼동이 발생한 연대채무자도 민법 제427조 제1항에 따라 다른 연대채무자 중 1인의 무자력위험을 분담하여야 한다. 가령 90의 연대채무를 부담하는 A, B, C 중 A가 혼동으로 채권자로 된 후, B가 60을 변제한 경우를 보자. B는 A에게는 구상할 수 없지만 C에게 구상할 수 있다. 만약 C가 무자력이면 B는 A에게 15만큼을 분담할 것을 청구할 수 있다(민법 제427조 제1항).

8. 시효의 절대효(제421조)

8.1. 본조의 의의

다수의 학설들은 동조가 연대채무의 고유한 기능의 하나인 채권담보력을 약화시키는 것이어서 입법론적으로 문제가 많다고 한다.[102] 그런데 동조가 적용될 수 있는 사안은 그렇게 많지 않다. 첫째, 채권자가 연대채무자 중 1인에 대해 한 재판외 청구는 모든 채무자에 대해 시효중단의 효력이 생긴다(제416조). 그 후 채권자가 제174조에서 정한 기간 내에 연대채무자 중 1인에 대해 재판상의 청구를 하면 이것 역시 모든 채무자에 대해 시효중단의 효력이 있다. 둘째, 채권자가 연대채무자 중 1인에 대해 압류, 가압류 및 가처분을 한 경우 이를 다른 연대채무자에게 통지

101. 김주수, 채권총론, 292면; 민법주해 X, 120면(차한성 집필부분) 참조.

102. 주석 민법 채권총칙 2, 214면(강봉수 집필부분); 민법주해 X, 121-122면(차한성 집필부분) 참조.

하면 그 연대채무자에 대해서도 시효중단의 효력이 생긴다(제176조). 셋째, 그러나 연대채무자 중 1인이 승인을 한 경우에는 다른 연대채무자의 시효가 중단되지는 않는다. 이런 사정을 감안하면 현실적으로는 본조가 적용될 사안은, 연대채무자 중 1인은 채무를 승인하였지만 채권자가 다른 연대채무자에 대해 그 권리를 행사하지 않았거나, 소멸시효기간을 각기 다르게 합의한 경우 등에 한정될 것이다.

8.2. 요건

연대채무자 중 1인 또는 수인의 소멸시효가 완성되고 다른 연대채무자의 소멸시효는 완성되지 않는 경우 동조가 적용된다. 연대채무자 중 1인 또는 수인의 소멸시효가 완성되는 이유는 다양할 수 있지만, 이는 문제되지 않는다.

시효완성자가 시효이익을 포기하는 경우에도 본조가 적용되는지가 문제된다. 시효완성의 효력을 상대적 효력으로 보는 견해를 취할 경우, 다른 연대채무자는 시효완성을 원용할 수 있는 자인지, 아니면 본조에 의해 당연히 시효완성의 이익을 누리는지에 따라 그 판단이 달라질 것이다. 소멸시효의 상대효를 인정하는 일본민법 하에서, 그 학설과 판례는 시효완성자가 시효이익을 포기하더라도 시효완성으로 당연히 위 규정이 적용된다고 한다.[103]

한편 일부 학설은 본조가 강행규정이 아니므로 연대채무 성립시에 당사자 간의 특약에 의해 그 적용을 배제할 수 있다고 주장한다.[104] 시효이익을 미리 포기하거나 법률행위로 이를 배제하거나 기간을 연장할 수 없도록 하는 제184조는 강행규정이다. 그러나 위 규정은 어느 연대채무자에게 시효가 완성되면 다른 연대채무자가 그 이익을 받도록 규정하고 있는 것이지, 자기 채무의 시효완성의 효력을 정한 것이 아니다. 따라서 동조의 이익을 포기하기로 하는 합의를 하였다면, 다른 특별한 사정이 없는 한, 그 합의는 유효하다고 할 것이다. 다만 본조의 적용을 배제하기로 하는 합의는 그 합의의 당사자에게만 효력을 미치는 것이고, 다른 연대채무자에게는 효력이 없다.

---

103. 注釋 民法(11), 債權 (2), 101, 105면(椿壽夫 집필부분) 참조. 일본 大判 昭和 6.6.4 民集 10.401; 大判 昭和 2.6.8. 新聞 2731.14를 언급하고 있다.

104. 주석 민법 채권총론 2, 215면(강봉수 집필부분) 참조.

8.3. 효과

어느 연대채무자의 채무가 시효로 소멸하면, 그의 부담부분의 한도에서 다른 연대채무자의 채무도 소멸한다. 시효완성자의 내부적 부담부분이 동일하지 않은 경우에도 동조가 적용된다. 다만 부담부분이 균등한 것으로 추정되기 때문에(제424조), 부담부분이 이와 다르다는 것은 주장자가 입증하여야 할 것이다.

동조는 채권자와의 관계에서 부분적 절대효를 규정한 것이며, 시효완성자와 다른 연대채무자 간의 내부관계를 그 규율대상으로 하지 않는다. 연대채무자 상호간의 내부관계에 대한 영향은 반사적인 것에 지나지 않는다. 가령 부담부분이 동일한 연대채무자 A, B, C가 채권자에게 90의 채무를 부담하는 경우, A의 채무가 시효완성으로 소멸하였다면 B, C 역시 채권자에 대해 30의 채무가 소멸되는 효과가 있다. 이제 B 또는 C가 60을 변제한 경우를 보자. 동조가 소멸시효의 완성으로 A의 부담부분만큼 전체 연대채무가 소멸되도록 규정하고 있으므로, 그 한도(30)에서는 마치 A가 자기 부담부분만큼의 채무를 이행한 것으로 인정해도 좋을 것이다. 따라서 자기 부담부분의 채무를 이행한 A에게 B는 구상할 수 없다. 그러나 C가 무자력으로 된 경우, B는 A에게 제427조 제1항에 따라 C의 부담부분(30)을 15씩 분담할 것을 청구할 수 있다. 동조는 연대채무자와 채권자와의 대외관계를 규율한 것이지, 내부관계를 직접 그 규율대상으로 한 것은 아니기 때문이다.

9. 채권자지체의 절대효(제422조)

9.1. 동조의 의의

채권자 측의 사정(수령거절 또는 수령불능)이 없었더라면 변제를 통해 연대채무가 소멸될 수 있었을 것이므로, 연대채무자 중 1인이 변제제공을 한 이상 다른 연대채무자들은 추가적인 행위를 할 필요가 없다. 또한 수령지체의 효과를 다른 연대채무자에게도 미치도록 할 필요도 있다. 가령 종류물 급부의무를 부담하는 연대채무자 A, B 중 A가 현실제공을 하였음에도 불구하고 채권자의 수령거절이 있는 경우를 보자. 채권자지체 중 목적물이 A의 책임없는 사유로 멸실되었다면, A의 채무가 소멸할 뿐 아니라 채권자의 B에 대한 채무도 소멸한다고 해야만, A가 B에게 구상권을 행사할 수 있다.

9.2. 요건

동조가 적용되기 위해서는, 첫째, 연대채무자 중 1인이 현실제공을 하여 채권자지체에 빠뜨리는 것으로 충분하다. 둘째, 채권자가 연대채무자 중 1인에게 수령거절의 의사표시를 한 경우 구두제공을 통해 채권자지체에 빠뜨릴 수 있는 자는 그 의사표시의 상대방인 연대채무자여야 하고, 다른 연대채무자여서는 안된다. 셋째, 채권자의 협력 등의 행위가 있어야 하는 사안에서는 채권자가 연대채무자 중 1인에게 요구되는 협력을 하였다면, 협력을 받지 않는 연대채무자라 하더라도 구두제공만으로는 채권자지체에 빠뜨릴 수 없다.[105]

9.3. 채권자지체의 종료

채권자지체에 빠뜨린 연대채무자에 대해 채권자가 수령의 의사표시를 함으로써 채권자지체로부터 벗어나게 되면, 모든 연대채무자에 대해 수령지체의 효과가 종료된다. 수령의 의사표시가 이행의 최고에 수반될 때에는, 이행청구의 절대효를 인정하는 우리 민법 하에서는 수령의 의사표시를 누구에게 하더라도 채권자지체가 종료되는 효과가 생긴다고 볼 것이다.[106]

9.4. 효과

채권자가 어느 연대채무자에 대해 수령지체에 빠지면 그 법률효과는 모든 연대채무자에게 미친다. 첫째, 수령지체가 있으면 연대채무자는 이자지급의무를 면하게 된다. 즉 연대채무자 중 1인의 변제제공이 있으면 변제제공자만이 아니라 나머지 연대채무자도 지연이자의무를 면하게 되고(민법 제461조), 지연이자 아닌 그 밖의 이자지급의무(가령 부당이득반환의무 등)도 면하게 된다(민법 제402조). 둘째, 채권자지체로 인해 목적물의 보관 또는 변제의 비용의 증가에 대한 상환청구권은 모든

105. Staudinger/Noack, BGB, § 424 Rn. 8 참조.

106. 주석 민법 채권총론 2, 216면(강봉수 집필부분) 참조.

연대채무자가 아닌 채권자지체 후 위와 같은 추가적인 비용지출을 한 당해 연대채무자만이 이를 행사할 수 있다(민법 제403조).[107] 셋째, 변제제공을 한 연대채무자만이 아니라 다른 연대채무자도 변제공탁을 할 수 있다. 수령지체의 효과가 모든 연대채무자에게 미치기 때문에, 모든 연대채무자에 대한 관계에서 채권자는 제487조의 '변제를 받지 아니하거나 받을 수 없는 때'에 해당되기 때문이다.[108] 넷째, 채권자지체 중 급부목적물에 대해 고의 또는 중대한 과실이 없으면 그 멸실 또는 훼손에 대해 책임을 지지 않는다(민법 제401조). 가령 연대채무자의 과실로 목적물이 멸실된 경우 모든 연대채무자는 면책될 것이며, 멸실된 목적물의 보유자인 연대채무자는 다른 연대채무자에 대해 구상권을 행사할 수 있다. 그 멸실로 인해 모든 연대채무자가 면책되며, 이는 당해 목적물의 보유자인 연대채무자의 출연으로 면책된 것과 동일하기 때문이다.[109]

10. 기타 사유의 상대효(제423조)

채권의 상대효라는 관점에서 보면 채권자와 어느 한 연대채무자 간에 생긴 사유는 그들 사이에만 효력이 있을 것이다. 그러나 채권자의 입장에서 보면 연대채무는 동일한 경제적 목적의 실현을 위해 수인이 채무를 부담하는 것이므로, 연대채무자 중 1인에게 발생한 사유가 다른 연대채무자에게도 그 효력이 미칠 수 밖에 없다(변제, 대물변제, 공탁, 상계). 또한 채권자의 의사표시의 효력에 의해 다른 연대채무자에게도 그 효력을 미칠 수도 있다(경개, 면제). 신의성실의 원칙이나 공평의 실현을 위해 입법자가 절대효를 인정한 경우도 있다(혼동, 어느 연대채무자의 부담부분의 한도에서 그의 반대채권을 자동채권으로 다른 연대채무자가 상계하는 것). 나아가 당사자 간의 이익의 조정을 위해 입법자가 절대효를 인정하는 경우도 있다(이행청구, 소멸시효완성의 효력). 입법자들은 이런 여러 가지 고려 하에 절대효의 사유를 예시한 후, 그 밖의 사유에 대해서는 채권관계의 일반원칙에 좇아 상대효가 인정됨을 확인할 필요가 있었을 것이며, 이를 규정한 것이 동조이다.

그러나 "전7조의 사항외"에는 언제나 상대효가 인정된다고 할 것은 아니다. 이

107. Staudinger/Noack, BGB, § 424 Rn. 14 참조.

108. Staudinger/Noack, BGB, § 424 Rn. 15 참조.

109. Staudinger/Noack, BGB, § 424 Rn. 16 참조.

미 앞의 7조에서 언급하지 않은 대물변제, 공탁에 절대효가 인정되는 것에서도 알 수 있듯이, 앞의 규정에서 열거하지 않은 사유의 경우, 채권관계의 내용으로부터 (부분적) 절대효가 인정될 수도 있음을 간과해서는 안된다.

제4관 구상관계

1. 부담부분의 균등(민법 제424조)

1.1. 부담부분의 의미

동조에 의해 연대채무자의 부담부분이 균등한 것으로 추정되므로, 이와 다른 내용의 부담부분이 있음을 주장하는 자가 이를 입증하여야 한다. 부담부분이 본조와 다른 이유가 특약 때문이라면 그 존재를 입증하여야 할 것이고, 그 이유가 연대채무의 부담으로 인해 받은 이익이 균등하지 않기 때문이라면 이를 입증하여야 하다.

그런데 동조의 부담부분이 전체 채무에 대한 분수적 비율을 의미하는지, 아니면 전체 채무에 분수적 비율을 적용하여 산출한 一定數額을 의미하는지가 문제된다. 이것은 결국 자기 부담부분을 초과한 변제를 하지 않은 경우에도 구상권이 성립하는지와 직결되어 있다.

(1) 다수설

다수설은 부담부분을 분수적 비율을 의미하는 것이라고 본다.[110] 따라서 일부변제가 있더라도 언제나 부담비율에 따라 구상할 수 있다고 해석한다. 일부변제라도 부담비율에 따라 공평하게 분담시키는 것이 합리적이라고 보기 때문이다.[111]

(2) 판례

아래 대법원 판례는 연대채무자 상호간의 구상관계를 정할 때의 '부담부분'을 위 다수설과 마찬가지로 부담비율로 이해한다. 이 점에서 앞서 살펴 본 연대보

---

110. 가령 민법주해 X, 140면 이하(차한성 집필부분) 참조.

111. 곽윤직, 231면; 김기선, 200면; 주석 민법 채권총론 2, 222면(강봉수 집필부분) 참조.

증채무에서의 부담부분에 관한 대법원 판례와는 상이한 입장을 보이고 있다.

대법원 2013.11.14. 선고 2013다46023 판결

연대보증인들 사이의 내부관계에서는 연대보증인 각자가 자신의 분담금액을 한도로 일부 보증을 한 것과 같이 볼 수 있어서 그 분담금액 범위 내의 출재에 관한 구상관계는 주채무자만을 상대로 해결할 것을 예정하고 있는 반면(이하 논거 A라 한다), 연대채무자들 사이에서는 연대채무자 각자가 행한 모든 출재에 관하여 다른 연대채무자의 공동부담을 기대하는 것이 보통이다(이하 논거 B라 한다). 그리하여 민법은 연대보증인 중의 한 사람이 공동면책을 이유로 다른 연대보증인에게 구상권을 행사하려면 '자기의 부담부분을 넘은' 변제를 하였을 것을 그 요건으로 규정하였으나(제448조 제2항)(이하 법률규정 C라 한다), 연대채무자 중의 한 사람이 공동면책을 이유로 다른 연대채무자에게 구상권을 행사하는 데 있어서는 그러한 제한 없이 '부담부분'에 대하여 구상권을 행사할 수 있는 것으로 규정하고 있다(제425조 제1항)(이하 법률규정 D라 한다). 따라서 연대채무자 사이의 구상권행사에 있어서 '부담부분'이란 연대채무자가 그 내부관계에서 출재를 분담하기로 한 비율을 말한다고 봄이 타당하다. 그 결과 변제 기타 자기의 출재로 일부 공동면책되게 한 연대채무자는 역시 변제 기타 자기의 출재로 일부 공동면책되게 한 다른 연대채무자를 상대로 하여서도 자신의 공동면책액 중 다른 연대채무자의 분담비율에 해당하는 금액이 다른 연대채무자의 공동면책액 중 자신의 분담비율에 해당하는 금액을 초과한다면 그 범위에서 여전히 구상권을 행사할 수 있다고 보아야 한다.

(3) 평가

위 대법원 판결은 여러 가지 점에서 납득하기 어려운 부분이 많다. 첫째, 연대보증인이든 연대채무자이든 민법에서 구상의무를 부담하는 자들을 법정하고 있기 때문에, 구상관계를 민법과 달리 규율하고자 적극적으로 의욕한 자가 아닌 한, 연대보증인의 경우 주채무자와 다른 연대보증인에 대해 구상할 것을 예기할 것이고, 연대채무자들은 다른 연대채무자들에게 구상할 것을 예기할 것이다. 그 점에서 위 논거 A는 통상의 법률가들에게는 기대하기 어려운 예기일 것이고, 법률가의 조언을 받는 통상의 시민 역시 이런 기대는 하지 않을 것이다. 민법은 대한민국에 생활하는 모든 사람의 생활규범이기 때문에 누구도 논거 A, B와 같이 예기하지 않는다는 것이다. 대법원이 민법의 존재에도 불구하고 A, B와 같이 규범수범자의 예기를 요구하는 것은 타당하다고 하기 어렵다. 둘째, A의 기대와 C의 법률규정, B의 기대와 D의 법률규정 간에는 아무런 논리적 관련성도 없다. 대법원 판결이라는 권위가 없었다면 'A로 인해 C와 같은 규정이 있었다'고 설명할 수 있을지 의문스럽다. 셋째, 연대채무자가 다른 연대채무자에게 구상할 때의 관계는 연대보증인이 주채무자에게 구상할 때의 관계와 유사하다는 점을 간과하고 있다. 민법 제424조에 의해 추정되는 균분한 부담부분에 대해서는 연대채무자 자신의 채무이고, 그것을 초과할 때에는 다른 연대채무자의 채무를 보증한 것으로 보는 것이 타당할 것이다.

이상의 관점에서 보면 위 판결과 같은 사안에서 쟁점은 다음 두 가지여야 한다. 첫째, 자기 부담부분을 넘지 않은 변제를 한 연대채무자가 다른 연대채무자에게 구상하는 것이 가능한가? 둘째, 자기 부담부분을 넘은 변제를 한 연대채무자에 대해 다른 연대채무자가 구상할 수 있는가? 구상할 수 있다면 어떤 요건 하에서 가능한가?

위 첫째의 쟁점에 관한 민법상의 기준 내지 근거는 변제충당의 법리에서 찾아야 할 것이다. 90의 연대채무를 부담하는 A, B, C의 내부적 부담부분이 동일하다고 하자. A의 채무 90은 자기의 고유한 채무 30과 실질적으로는 B, C의 채무 30씩으로 구성되어 있다. A가 30을 변제하였다면 A 자신의 채무와 B, C의 채무 중 자신의 채무에 충당된다고 보아야 할 것이다. 왜냐하면 채무자가 자신이 주채무자로 부담하는 채무와 보증인으로서 부담하는 채무가 있을 때 그 변제로 채무 전부를 소멸시키지 못하면, 前者의 변제이익이 채무자에게 더 크기 때문이다.[112] 따라서 30의 변제는 전부 A의 채무의 변제에 충당된다고 볼 것이다. 그러므로 A가 B, C에게 구상할 근거가 없다. 한편 A가 40을 변제한 경우를 보자. 30은 자신의 채무의 변제에 충당될 것이다. 나머지 10은 B 또는 C 중 누구의 채무의 변제에 충당될 것인가? 수개의 보증채무를 변제하여야 할 경우 그 변제이익은 동일하다고 보아야 할 것이고, 따라서 제477조 제4호에 따라 채무액에 비례하여 충당될 것이다. 그러므로 A는 B에게 5, C에게 5를 각각 구상할 수 있다. 만약 A, B, C의 부담부분이 30, 40, 20이라면, A가 40을 변제한 경우 나머지 10은 B의 채무에 10×2/3, C의 채무에 10×1/3만큼 충당될 것이므로, A는 그 만큼을 각각 B, C로부터 구상할 수 있다.

한편 위 둘째의 쟁점은 자기 부담부분을 초과하여 변제한 연대채무자가 마찬가지로 자기 부담부분을 초과한 다른 연대채무자를 상대로 구상할 때의 문제이다.

---

112. 채무자가 채권자에 대해 자신의 채무와 보증채무 또는 연대채무를 각각 부담하는 경우 채무자가 그 채무 전부가 아니 일부를 변제한 경우 자신의 채무에 변제충당하는 것이 채무자에게 변제이익이 더 크다. 대판 2002.7.12, 99다68652(공보 2002년, 1915); 대판 1999.7.9, 98다55543(공보 1999년, 1592) 참조.

이는 민법 제427조 제1항에서 규율한다(아래 2.5. 참조). 이 요건을 충족한 때에 한정하여 각자의 부담부분에 따라 균분하여 다른 연대채무자에게 구상할 수 있다고 해석하여야 한다. 부담부분을 비율에 따라 결정할 경우 민법이 회피하고자 하는 구상의 순환을 방지(아래 2.를 참조)할 수 없다는 문제가 생긴다. 이런 점들을 감안하면 위 대법원 판결은 선례로서의 가치가 적다. 장차 전원합의체 판결로 폐기될 것을 기대한다.

1.2. 채무액이 각기 다른 경우 부담부분의 판단기준

위 대판 2013다46023의 사안에서도 마찬가지였지만, 연대채무자가 부담하는 채무액이 각기 다른 경우 각자의 부담부분을 어떻게 판단할 것인지가 문제된다. 가령 A, B, C 3인의 연대채무자 중 A는 90, B는 100, C는 120의 채무를 부담하는 경우를 보자. 공동연대보증의 경우에는 종국적, 실질적으로 전체 채무를 부담할 자는 주채무자뿐이며, 연대보증인은 평균적 정의의 실현을 위해 상호간에 구상관계를 인정하는 것에 불과하다. 이에 반해 연대채무에서는 각자가 종국적, 실질적으로 부담하는 채무가 있기 마련이다. 그러므로 위의 예에서 A, B, C는 각각 90에 대해 연대채무관계에 있고, B, C는 10에 관하여 연대채무관계에 있다고 할 수 있다. 그리고 그 내부적 부담부분은 본조가 적용되므로 다른 합의를 하거나 달리 인정하여야 할 사정이 없다면 A, B, C가 균등하게 부담할 것이다. 즉 A, B, C 간에는 각각 30의 부담부분이 인정된다. 한편 B, C 간에는 각각 5씩의 추가적 부담부분이 인정된다.[113] 이처럼 수인의 연대채무자가 각기 상이한 채무액을 부담하는 경우, 내부적 부담부분의 결정은 간단하게 판단할 수 있다.

문제는 A, B, C가 일부변제를 한 경우 누구에 대해 얼마만큼 구상할 수 있는가이다. 이 때에도 변제충당의 법리로 판단하여야 할 것이다. 위의 예에서 A의 채무 90은 자기 채무 30, B, C의 채무를 담보하는 것 각각 30씩으로 구분할 수 있고, B의 채무 100은 자기 채무 35, A, C의 채무를 담보하는 것 각각 30, 35로 구분할 수 있으며, C의 채무 120은 자기 채무 55, A, B의 채무를 담보하는 것 각각 30, 35로 구분할 수 있다. 가령 ① C가 55를 변제하면 채무자의 입장에서 볼 때

113. Staudinger/Noack, § 426 Rn. 31 참조.

자기 채무를 변제하는 것이 변제이익이 더 크므로(제477조 제2호의 유추적용) C의 채무 55에 변제충당될 것이다. 따라서 다른 연대채무자에게 구상할 수 없다. ② C가 60을 변제하면, C의 자기 채무 55에 충당되고 남은 5는 제477조 제4호가 유추적용되어 A, B의 채무에 각각 2.3(5×30/65), 2.7(5×35/65)씩 충당될 것이다. 따라서 C는 A에게 2.3, B에게 2.7을 구상할 수 있다. ③ 한편 A가 40을 변제하면 자기 채무 30에 변제충당되고, 나머지 10은 B, C의 채무에 각기 5씩 변제충당된다. 따라서 A는 B, C에게 5씩을 구상할 수 있을 것이다.

2. 연대채무자 상호간의 구상권(제425조)

자신의 출재로 공동면책을 한 연대채무자는 다른 연대채무자에게 그의 부담부분의 한도에서 구상할 수 있다(민법 제425조 제1항). 부담부분의 한도에서 구상할 때 그 구상권의 범위는 동조 제2항에 의해 정해진다. 동조 제2항의 구상권은 내부관계에 기한 구상권과 구분되는 독자의 청구권이라고 볼 수는 없다. 즉 민법 제688조(비용상환청구권)와 법조경합의 관계에 있는 규정이라고 이해하여야 할 것이다. 제2항이 내부관계에 기한 구상권에 관한 특칙이라고 하더라도, 내부관계로부터 부분구상의 원칙(제1항)이 도출되지는 않는다. 제1항에서 부분구상을 원칙으로 하는 것은 구상의 순환을 방지하기 위한 것이다.

2.1. 구상권의 발생요건

(1) 공동면책

연대채무자 중 1인이 모든 채무자를 위해 채무를 소멸하게 하거나 감소하게 하여야 한다. 연대채무자의 경우 수탁보증인과 마찬가지로(제442조) 사전구상권이 인정되는지가 문제된다. 우리의 다수설 및 판례는 연대채무자의 사전구상권을 인정하지 않는다. 수탁보증인의 사전구상권은 제688조 제2항의 적용범위를 축소시킴으로써, 즉 제442조에서 정한 경우에만 면책청구권을 인정함으로써, 주채무자와의 관계에서 보증채무가 가지는 고유한 경제적 기능—보증채무를 통해 채무이행을 담보함으로써 변제기까지 주채무자가 신용으로써 채권자의 재화를 활용할 수 있는 기능이 있는데, 변제기의 도래 전에 면책청구권을 인정하게 되면 주채무자는 결국 신용 아닌 자신의 재산으로써 담보하는 것과 다를 바 없게 된다—을 유지하기 위한 것이라는 것을 감안하면, 연대채무자에게 위임 또는 조합관계 상의 면책청구권(제688조 제2항, 제707조)을 인정하기는 곤란할 것이다. 연대채무의 경우에도 채권담보적 기능이 있기 때문이다. 그렇다고 하더라도, 제688조 제2항의 적용범위를 축소시키는 제442조와 같은 사전구상권을 인정하는 명문의 규정이 없기 때문에, 연대채무자에게는 사전구상권이 인정되지 않는다는 것은 소극적인 법해석이다. 달리 말하면 제688조 제2항을 적용하지 않는다면, 제442조를 유추적용하는 것이 필요할 것이고, 이는 당사자 사이의 계약(연대합의)의 보충적 해석을 통해서도 도출할 수 있을 것이다.

(2) 자신의 출재로 인한 공동면책이어야 한다.

본조 제1항은 “변제 기타 자기의 출재”로 인한 공동면책이 될 것을 본조의 구상권의 발생요건으로 삼고 있다. 여기서 출재란 자기 재산의 감소로 타인의 재산을 증가시키는 것을 의미하는데,[114] 기존의 재산을 적극적으로 지출하는 경우만이 아니라 소극적으로 새로운 채무를 부담하는 것도 이에 해당된다. 변제, 대물변제, 공탁, 상계, 경개 등이 여기에 해당될 것이다. 그러나 면제나 소멸시효의 완성은 부담부분의 한도에서 공동면책이 이루어지더라도 본조의 “출재”가 없기 때문에 구상권이 발생하지 않는다. 혼동의 경우 대외관계에서 연대채무가 소멸된다는 주의를 채택한다면 구상권이 성립하겠지만, 우리 민법은 혼동으로 부담부분의 한도에서만 공동면책이 이루어지고, 그 밖의 연대채무에는 영향이 없다는 주의를 채택하므로 구상권이 성립하지 않는다.

(3) 자기 부담부분을 넘어서는 공동면책이 있어야 하는가?

다수설은 연대채무의 부담부분을 고정액이 아니라 분수적 비율로 본다. 이런 입장에서는 공동면책을 위한 출재가 있으면 그로 인하여 출재자의 부담금액 이하의 채무에 대해 공동면책이 있더라도 구상권이 발생한다는 입장이다. 가령 부담부분이 동일한 A, B, C가 90의 연대채무를 부담할 때, A가 30을 변제하면 B, C로부터 10씩을 구상받을 수 있다는 것이다. A가 일부 변제한 상태에서 B, C가 무자력이 된 경우를 생각해 보면 이렇게 하는 것이 변제한 채무자의 보호에 충실하다는 것이다.

114. 민법주해 X, 139면(차한성 집필부분) 참조.

그러나 부담부분을 분수적 비율로 산출된 일정액수로 이해하고 부담부분까지는 채무자가 당연히 부담해야 할 채무이므로 부담부분을 넘지 않는 공동면책의 경우에는 구상권이 인정되지 않는다고 보는 것이 타당하다. 이런 입장에 따르면, 위의 예에서 A는 B, C에게 구상할 수 없다.

연대채무에서의 구상은 형식적으로는 자신의 채무이지만 실질적으로 타인의 채무를 변제한 것이므로 인정된다. 그런데 가분채무인 연대채무에서는 언제나 비율에 따라 산출된 일정액이 각자의 부담부분이 될 수밖에 없고, 그 부담부분은 실질적으로도 자기의 채무에 해당된다. 따라서 자기 채무를 변제하였음에도 불구하고 다른 연대채무자에게 구상하는 것은 가능하지 않다. 위의 예에서 B, C가 무자력이 되면 A만이 90을 변제하게 되어 불합리한 결과가 발생한다고 비판하지만, 이는 실질적으로 타인의 채무를 보증한 자가 부담하는 고유한 위험의 발현에 불과할 뿐이지, 별도로 연대채무자에게 불이익을 가져다주는 것은 아니라고 볼 것이다. 다수설이 제기하는 불공평은 독일의 통설, 판례가 인정하는 것과 마찬가지로 연대채무자에게 다른 연대채무자에 대한 면책청구권, 즉 일종의 사전구상권을 입법함으로써 해소하여야 할 문제이다.

2.2. 구상권의 범위

(1) 부분구상 또는 전부구상

자신의 출재로 공동면책을 한 연대채무자는 출재액, 면책된 날 이후의 법정이자, 피할 수 없는 비용 기타 손해배상을 포함하는 구상권을 다른 연대채무자에 대해 각자의 부담부분의 한도에서 분할하여 청구할 수 있다. 구상의무자들이 구상권자에 대해 구상채무에 대해 연대채무를 부담하는 것은 아니다.[115] 부분구상을 인정하는 것은 구상의 순환을 방지하기 위한 목적이다.

그러나 내부적 부담부분 없는 연대채무자(또는 부진정연대채무자)가 채무를 변제한 경우, 다른 연대채무자(또는 부진정연대채무자)에 대한 구상에서는 전부구상이 인정되어야 할 것이다. 전부구상을 인정하더라도 구상의 순환이 발생하지 않고, 부분구상을 인정하더라도 결국 다른 연대채무자의 無資力危險은 부담부분 있는 자 사이에서 균분되어야 하며, 사정에 따라서는 그 중 一人만이 전부구상의무를 부담할

115. 민법주해 X, 141면 (차한성 집필부분) 참조.

수 있다는 것 등을 감안하면, 구상권리자의 권리실현을 보다 원활하게 하는 것이 타당할 것이다. 부진정연대채무에 있어서 판례는 이런 입장이다.

대판 2005.10.13, 2003다24147

변제자대위는 주채무를 변제함으로써 주채무자 및 다른 연대보증인에 대하여 갖게 된 구상권의 효력을 확보하기 위한 제도여서 대위에 의한 원채권 및 담보권의 행사 범위는 구상권의 범위로 한정된다 할 것이므로(대법원 1999.10.22. 선고 98다22451 판결), 구상권의 범위에 관하여 보건대, 공동불법행위자 중 1인에 대하여 구상의무를 부담하는 다른 공동불법행위자가 수인인 경우에는 특별한 사정이 없는 이상 그들의 구상권자에 대한 채무는 각자의 부담 부분에 따른 분할채무로 봄이 상당하지만(대법원 2002.9.27. 선고 2002다15917 판결 등 참조), 구상권자인 공동불법행위자 측에 과실이 없는 경우, 즉 내부적인 부담 부분이 전혀 없는 경우에는 이와 달리 그에 대한 수인의 구상의무 사이의 관계를 부진정연대관계로 봄이 상당하다 할 것이다.

위 판결의 법률론은 부진정연대채무만이 아니라 연대채무에도 적용되어야 할 것이다. 첫째, 구상관련자들의 지위는 대외적으로 아니라, 대내적으로 파악하여야 한다. 가령 대외적으로는 보증인이지만, 내부적으로는 主債務者로서 채무를 부담한 경우, 그의 변제로 대외적으로 主債務者이지만, 내부적으로는 보증인의 지위를 가진 자도 공동면책되었다면, 보증인은 主債務者에게 구상할 수 없다.[116] 그렇다면 數人의 연대채무자 중 一人의 부담부분이 없는 경우 그는 내부적으로는 보증인과 동일한 지위에 있다고 볼 수 있다. 특히 연대채무를 내부적 자기 부담부분에 관하여는 자기 채무이지만, 타인 부담부분에 관하여는 보증인과 동일한 성격을 가진다는 입장을 취한다면, 이런 결론은 자연스러운 것이다.[117] 둘째, 부분구상 원칙을

116. 대판 1999.10.22, 98다22451(공보 1999년, 2408)에서는, 채권자와 소비대차계약을 체결한 자로서 채권자에 대해서는 主債務者로서의 책임을 지더라도 내부관계에서 실질상의 主債務者가 아닌 경우에는 연대보증책임을 이행한 연대보증인에 대하여 당연히 구상의무를 부담하지 않고, 실질상의 主債務者, 연대보증인, 형식상의 主債務者 3자간의 실질적인 법률관계에 비추어 형식상의 主債務者가 실질상의 主債務者를 연대보증한 것으로 인정할 수 있는 경우에는, 그 는 공동보증인 간의 구상법리에 따라 연대보증인에 대하여 구상의무를 부담한다고 한다. 한편 대판 2000.5.12, 99다38293(공보 2000년, 1392)에서는 甲이 하여야 할 연대보증을 그 부탁으로 乙이 대신 한 경우, 甲이 그 연대보증채무를 대위변제하였다는 이유로 乙에 대하여 구상권을 행사하는 것이 신의칙에 반한다고 한다. 이런 사안 역시 乙이 대외적으로는 보증인이라고 하더라도, 내부관계에서는 甲이 보증인의 책임을 부담한다는 합의가 있었다고 볼 수 있다.

117. 이 경우의 연대채무자를 보증인과 유사한 지위에 있다고 하더라도 제447조의 법정신이 여기에 개입될 여지가 없다. 이러한 연대채무자는, 다른 합의가 없는 한, 다른 연대채무자 중의 一人이 아니라 전부를 위하여 채무를 부담한 것으로 취급할 수 있기 때문이다.

정한 제425조의 규정취지는 구상순환의 방지에 있으므로, 그러한 가능성이 없는 이런 사안에는 同條를 축소해석하여 적용하지 않는 것도 얼마든지 가능할 것이기 때문이다.

(2) 출재액

다수설처럼 자신의 부담부분을 초과하지 않았다 하더라도 구상권이 성립한다고 보면, 구상권의 범위에 포함되는 출재액은 출연이 있는 가액 전부를 의미할 것이다. 그러나 판례와 소수설처럼 자신의 부담부분을 초과하여 공동면책을 한 경우에 구상권이 성립한다고 보면, 구상권의 범위에 포함되는 출재액은 자기의 부담부분을 초과하는 출연한 가액을 의미할 것이다.

출연액과 공동면책액이 각기 다른 경우도 있을 것인데, 이 때에는 공동면책액을 상한으로 하되, 출연액만큼만 구상권의 범위에 포함될 것이다. 가령 30만원의 연대채무를 50만원의 물건으로 대물변제한 경우, 30만원을 기준으로 구상할 수 있고, 50만원의 연대채무를 40만원의 물건으로 대물변제한 경우, 40만원을 기준으로 구상할 수 있다는 것이다.[118]

(3) 면책된 날 이후의 법정이자

이 때의 법정이자는 법률규정에 의해 당연히 인정되는 것이며, 최고 등을 통하여 구상의무자를 이행지체에 빠뜨려야 하는 것은 아니다. 공동면책을 한 당일도 법정이자의 계산에 산입하여야 하는지에 관하여는 논란이 있다.[119] 부담부분이 균등한 연대채무자 A, B가 60의 채무를 부담하는데, A가 30을 제 때 변제하고, B가 이행지체 후 30과 지연이자를 변제하였다면 B가 A에게 지연이자에 대해 구상권을 행사할 수 있는지가 문제될 것이다. 이를 부정하는 학설도 있다.[120] 자기 부담부분을 초과하여 공동면책한 경우에만 구상할 수 있다는 견해를 견지한다면 후자가 타당할 것이다. 자기 부담부분이란 특별한 사정이 없는 한, 원본을 기준으로 해서 판단할 것이기 때문이다.

---

118. 이에 대해서는 민법주해 X, 142면 (차한성 집필부분) 참조.
119. 이에 대해서는 민법주해 X, 143면 (차한성 집필부분) 참조.
120. 이에 대해서는 민법주해 X, 143면 (차한성 집필부분) 참조.

(4) 피할 수 없는 비용 기타 손해배상

"피할 수 없음"은 구상권자의 주관적 판단에 의할 것이 아니라, 객관적으로 부득이 하다는 것, 즉 무과실을 의미한다고 한다.[121] 비용은 변제나 공동면책을 위한 지출에 있어서 불가피하게 수반되는 것으로서, 운송비, 포장비, 송금료 등이 있을 것이다. 이런 필요비에 대한 법정이자도 구상권의 범위에 포함된다고 한다.[122] 공동면책을 위해 지출되는 불가피한 비용은 제688조의 필요비의 일종이며, 이에 대해서는 이미 위임법에서도 법정이자를 가산하고 있다는 것을 감안하면 이렇게 해석하는 것이 타당할 것이다.

피할 수 없는 손해는 채권자로부터 소구 또는 강제집행을 당하여 지출되는 소송비용, 집행비용, 변제를 위해 자신의 재산을 환가하거나 담보를 설정함으로써 입는 손해 등이 포함된다. 손해에 대한 배상에 대해서는 법정이자가 당연히 가산되지는 않는다고 할 것이다. 여기서의 손해배상은 제688조 제3항에 상응하는 특별한 손해배상책임이며, 이는 불법행위법상의 손해배상책임은 아니다. 따라서 여기에 당연히 법정이자를 가산하여야 할 이유는 없다고 할 것이다.

2.3. 구상권의 행사

(1) 구상권의 성립과 소멸시효

본조의 구상권은 자신의 부담부분을 초과하여 공동면책을 한 시점에서 성립한다. 이 구상권은 원칙적으로 민사채권으로서 10년의 소멸시효에 걸린다고 할 것이다.

(2) 변제자대위권과의 관계

자신의 부담부분을 초과하여 공동면책을 하더라도 연대채무자는 대외적으로 자신의 채무를 변제한 것이지, 제3자의 변제는 아니다. 그럼에도 불구하고 연대채무자는 제481조의 변제할 정당한 이익이 있는 자에 해당된다. 따라서 그는 채권자의 채권과 담보권을 대위하여 다른 연대채무자에게 구상할 수 있다. 따라서 구상권과 변제자대위로 취득한 채권 및 담보권의 관계가 문제될 것이다. 학설들은 후자

---

121. 김주수, 298면; 민법주해 X, 143면 (차한성 집필부분) 참조.

122. 곽윤직, 232면; 김기선, 220면; 김용한, 322면; 김주수, 298면; 민법주해 X, 143면 (차한성 집필부분) 참조.

는 전자의 범위 내에서 행사하여야 하는 것으로 제482조 제1항을 해석하고 있다.

2.4. 연대채무자의 구상권 상실(민법 제426조)

(1) 내부관계에 기한 구상권의 상실규정

연대채무자의 1인이 채권자에게 변제 등 자신의 출재로써 공동면책이 되면, 그는 다른 연대채무자에게 구상할 수 있다. 이 경우 연대채무자는 채권자의 채권과 담보권으로써 구상할 수 있다(민법 제481조). 물론 연대채무자는 내부관계에 기한 구상권으로써도 구상할 수 있다. 그런데 연대채무자의 내부관계에 기한 구상권은 상실될 수도 있다. 민법 제426조가 이를 규정하고 있다. 동조에 의해 구상권이 상실될 경우, 공동면책을 실현한 연대채무자는 민법 제481조에 기해 채권자의 채권을 대위하더라도 그것으로써 다른 연대채무자에게 구상할 수 없다(민법 제482조 제1항).

한편 민법 제426조의 반대해석의 결과 다른 연대채무자에게 구상할 수 있는 경우라 하더라도 민법 제481조의 변제자대위를 할 수 없는 경우도 있다. 가령 연대채무자가 사전통지를 하였으나 아무런 회신이 없어서 이미 소멸한 연대채무를 2중변제를 한 경우가 그 예이다.

(2) 민법 제426조의 문언해석

1) 사전통지

민법 제426조 제1항은 연대채무자가 다른 연대채무자에게 통지하지 않고 변제 기타 자기의 출재로 공동면책이 된 경우, 다른 연대채무자가 채권자에게 대항할 수 있는 사유가 있었다면 그 부담부분에 한하여 이 사유로 면책행위를 한 연대채무자에게 대항할 수 있고, 그 대항사유가 상계인 때에는 상계로 소멸할 채권은 그 연대채무자에게 이전된다고 한다. 이 규정을 반대해석하면 '다른 연대채무자에게 통지하고 변제 기타 자기의 출재로 공동면책이 된 경우에 다른 연대채무자가 채권자에게 대항할 수 있는 사유가 있더라도 이 사유로 면책행위를 한 연대채무자에게 대항할 수 없다'는 명제가 도출될 것이다.

여기서는 사전통지를 하는 것으로 충분하고 사전통지를 받은 자가 어떤 사유로 회신을 하지 못하였는지는 불문한다. 다만 채권자의 청구사실을 이미 알고 있는 다른 연대채무자에게 통지할 필요는 없다. 그런데 문언상으로 동조 제1항은 연대채무자의 변제 등의 출재행위가 對 채권자와의 관계에서 "공동면책"이 있음을 전제하는 것으로 해석할 가능성도 있다. 이렇게 해석할 경우 同項의 다른 연대채무자가 "채권자에게 대항할 수 있는 사유"에는 "공동면책"과 상충되지 않는 사유인 것으로 해석하여야 할 것이다.

2) 사후통지

민법 제426조 제2항은 "어느 연대채무자가 변제 기타 자기의 출재로 공동면책되었음을 다른 연대채무자에게 통지하지 아니한 경우에 다른 연대채무자가 선의로 채권자에게 변제 기타 유상의 면책행위를 한 때에는 그 연대채무자는 자기의 면책행위의 유효를 주장할 수 있다"고 한다. 이 규정을 문언해석하면 제2연대채무자가 제1연대채무자에 의한 변제사실을 모르고 변제하면 '자기의 면책행위의 유효'를 주장할 수 있을 것이다.

(3) 민법 제426조에 관한 통설의 이해

1) 사전통지가 결여된 경우

위 (2)의 1)에서와 같이 민법 제426조 제1항을 문언해석하여, "대항할 수 있는 사유"에는 특히 변제, 절대효 있는 채무소멸의 사유 등은 당연히 포함되지 않는다고 한다. 가령 다른 연대채무자가 이미 변제하였는데도 연대채무자가 이를 알지 못하고 변제한 사안은 제1항의 적용대상이 아니라는 것이다. 따라서 동조 제1항의 "대항할 수 있는 사유"란 아직 상계하지는 않았지만 상계할 채권이 있다는 항변, 변제기 유예의 항변 등등 채무소멸과 무관한 항변인 것이다. 가령 경개, 혼동, 소멸시효완성 등도 절대효가 있기 때문에 공동면책이 없게 되고, 따라서 제1항의 "대항할 수 있는 사유"에는 포함되지 않는다고 해석한다.

2) 사후통지의 결여

민법 제426조 제2항이 적용되기 위해서는 제1연대채무자의 변제 기타 출재로 공동면책된 사실을 모른 것뿐만 아니라 제2연대채무자가 사전통지를 하였음에도 아무런 확답을 받지 못한 상태에서 변제 기타의 유상의 면책행위를 하여야 한다고 주장한다. 통설은 또한 동조 제2항의 '자기의 면책행위의 유효'를 제2연대채무자가 제1연대채무자에게 구상할 수 있다는 것으로 이해한다. 제2연대채무자가 제1연대채무자로부터 구상을 받은 경우 제2연대채무자의 채권자에 대한 부당이득반환청구권은 제1연대채무자에게 당연히 이전될 것이다.

3) 공동면책을 한 제1연대채무자가 사후통지를 해태하던 중 제2연대채무자가 선의로 유상의 면책행위를 한 경우

민법 제426조는 이 사안을 규율하지 않는다고 이해한다. 즉 규정의 흠결이 있다는 것이다. 이 경우에는 일반원칙으로 돌아가 제1변제만이 유효하기 때문에, 제1연대채무자가 아무 제한 없이 제2연대채무자에게 구상할 수 있다고 한다.[123]

(4) 私見

연대채무자 상호간의 내부관계에 비추어 볼 때 구상권이 성립될 수 있는 사안임에도 불구하고, 동조의 요건이 충족될 경우 구상권이 상실될 수 있음을 정한 규정으로 이해하여야 할 것이다. 이런 관점에서 보면 다음과 같이 해석하는 것이 바람직할 것이다.

① 사전통지 없이 공동면책을 위하여 출재한 경우

민법 제426조 1항은 객관적인 "공동면책"만이 아니라, "공동면책을 위한 출재"가 있는 사안도 규율하는 것으로 이해해야 한다. 위임인에게 객관적으로 필요한 결과를 실현시키지 못하더라도, 선관주의의무를 다하여 위임사무의 처리에 필요한 비용을 지출하였다면 수임인은 민법 제688조 제1항의 필요비상환을 청구할 수 있다. 물론 선관주의의무를 다하지 못한 경우에는 필요비상환청구를 못할 것이다. 제426조 제1항에는 내부관계상의 구상권에 관한 이런 평가를 전제하고 있다고 볼 것이다. 즉 어떤 연대채무자가 사전통지를 하였음에도 공동면책을 한 연대채무자가 아무런 회신이 없었다면, 사전통지한 연대채무자는, 비록 공동면책을 실현하지는 못했지만, 선관주의의무를 다하여 사무를 처리한 것으로 볼 수 있고, 따라서 구상권이 인정될 수 있음을 제1항이 전제하고 있다는 것이다. 제1항이 이런 평가를 전제한 것이라면, 어떤 연대채무자(제2연대채무자)가 사전통지 없이 공동면책을 위해 변제한 경우 다른 연대채무자(제1연대채무자)는 자기의 부담부분의

---

123. 대판 1997.10.10, 95다46265는 수탁보증인의 구상권 상실에 관한 판결이지만, 연대채무자의 구상권 상실에 대해서도 그대로 적용될 수 있다.

한도에서 채권자에 대한 항변사유로써 항변할 수 있고, 이 때의 항변사유는 변제 등 절대효를 수반하는 채권소멸의 항변만이 아니라 여타의 항변사유도 포함된다고 이해할 수 있다. 즉 제2연대채무자는 필요비를 지출하였음에도 불구하고 선관주의 의무를 다하지 못한 것이어서 구상할 수 없다는 것이다. 만약 제2연대채무자가 사전통지를 하였다면, 제1연대채무자는 채권소멸의 항변사유로써 제2연대채무자에게 대항할 수 없게 된다(민법 제426조 제1항의 반대해석). 즉 제2연대채무자는 구상권을 상실하지 않으므로, 제1연대채무자에게 구상할 수 있다.

② 제1연대채무자가 변제 후 사후통지를 하지 않은 경우(제426조 제2항)

제1연대채무자가 변제 후 사후통지 없는 상태에서 제2연대채무자가 선의로 변제하게 되면 그는 자신의 부담부분의 한도에서 그 변제로써 제2연대채무자에게 대항할 수 있다. 제1연대채무자는 공동면책을 통해 구상권을 이미 취득하였으나, 제2항으로 인해 구상권을 상실하게 된다.

③ 제1연대채무자가 변제 후 사후통지가 없는 상태에서 제2연대채무자가 사전통지 없이 변제한 경우

제2연대채무자가 선의로 2중변제 하였다면, 자신의 부담부분의 한도에서 자신의 면책행위로써 제1연대채무자의 구상권행사에 대항할 수 있다(제2항). 즉 제1연대채무자의 구상권은 상실된다. 그러나 제2연대채무자는 사전통지를 하지 않고 필요비를 지출한 것이므로 제1연대채무자에게 구상할 수 없다(제1항). 제1연대채무자나 제2연대채무자 모두 상호간에 구상할 수 없다. 이 때 2중변제를 받은 채권자에 대한 부당이득반환청구권의 처리가 문제될 것이다. 그 부당이득반환청구권은 제2연대채무자가 채권자에 대해 가지는 것이다. 제2연대채무자가 제1연대채무자의 구상청구에 대해 민법 제426조 제2항의 항변을 하면, 위 부당이득반환청구권 중 그의 부담부분은 제1연대채무자에게 이전된다고 할 것이다(민법 제426조 제1항의 유추적용). 그러므로 제1연대채무자는 제2연대채무자에게 구상할 수 없지만, 채권자에 대한 제2연대채무자의 부당이득반환청구권을 행사함으로써 자신의 손실을 전보받을 수 있다. 이렇게 해석하면 민법 제426조에는 규정의 흠결이 생기지 않는다.

2.5. 상환무자력자의 부담부분(제427조 제1항)

(1) 요건

무자력으로 인해 구상의무자인 연대채무자가 구상권자에게 상환할 수 없는 경우 민법 제427조 제1항이 적용된다. 상환불능의 범위가 부담부분의 전부인지 일부인지는 문제되지 않는다. 구상의 시기에 무자력인 것이 증명된 경우 상환무자력이라 할 수 있다. 그러나 무자력의 증명을 엄격히 요구하는 것은 먼저 변제한 자를 언제나 불이익하게 만들 것이므로 엄격하게 해석할 것은 아니다. 이런 관점에서는 파산이나 강제집행에서 지급자력이 없음이 밝혀진 경우 상환무자력이 인정될 수 있을 것이다. 그러나 파산절차가 개시되어야만 상환무자력을 인정할 수 있는 것은 아니다.[124] 현실적으로 지급할 자력이 없거나, 상환의무자가 행방불명으로 사실상 상환불능이 된 경우[125] 등도 포함될 것이다. 연대채무자 중 1인이 사망하고 그 상속인이 한정승인을 한 경우[126]가 포함되는 것은 말할 것도 없다.

한편 구상권자에게 과실이 있는 때에는 다른 연대채무자에게 분담을 청구할 수 없다(제1항 단서). 이를 입증할 책임은 同條의 무자력위험을 분담하지 않으려고 하는 구상의무자에게 있다. 학설들은 여기서의 過失을 주의의무위반이라기 보다는 단순한 부주의와 같은 정도의 의미라고 이해한다.[127]

구상권자에게 법적 의무로서의 주의의무가 부과되는 것이 아니므로, 주의의무의 위반이라고 볼 수는 없을 것이다. 그렇지만 過失을 단순한 부주의로 본다면 그만큼 먼저 변제한 자만이 구상의무자의 무자력위험을 부담하게 될 것이다. 이는 부분구상의 정당성을 훼손시킬 것이다.[128] 이 규정의 해석에 있어서는 먼저 변제한 연대채무자에게 과중한 부담이 되도록 해서는 안될 것이다. 또한 구상권자의 過失이 없었더라면 구상의무자로부터 구상받았을 수 있었을 한도에서만 무자력위험의 분담을 부정할 수 있다고 해석해야 할 것이다.

---

124. Staudinger/Noack, § 426 Rn. 114 참조.

125. 민법주해 X, 156면(차한성 집필부분); Staudinger/Noack, § 426 Rn. 114 참조.

126. 곽윤직, 채권총론, 234면; 김형배, 478면; 민법주해 X, 156면(차한성 집필부분) 참조.

127. 민법주해 X, 156면(차한성 집필부분); 주석 채권총론(하), 118면 참조.

128. 이 규정은 일본 구민법 채권담보편 제66조 단서에서 유래한 것으로, 일본민법과 우리 민법에 도입된 것인데, 비교법적으로 볼 때 매우 이례적이다. 독일 민법 제426조도 구상권자의 過失 없을 것을 요구하지 않고, 프랑스 민법 제1214조도 구상권자의 過失 없을 것을 요구하지 않는다.

(2) 적용례

제1항이 적용된다고 하더라도 무자력한 상환의무자의 책임이 종국적으로 면책되지 않는다. 그 후 자력이 회복되면 구상권자에게 구상의무를 이행하여야 하고, 그의 무자력위험이 이미 분담된 경우에는 분담한 자에게 구상의무를 이행하여야 한다.[129]

수인의 연대채무자 중 1인을 위한 연대보증인이 있을 때, 연대채무자는 연대보증인에게 구상할 수 없기 때문에, 구상의무 있는 연대채무자가 무자력이 되더라도 연대보증인은 무자력위험을 분담하지 않는다.

연대채무자 중 부담부분이 0인 자는 다른 연대채무자의 무자력위험을 분담하지 않는 것이 원칙이다.[130] 그러나 구상의무자 중 무자력인 자(A)를 제외한 나머지 구상의무자(B, C) 및 구상권자(D)가 모두 내부적 부담부분이 0인 경우에는, A의 무자력위험은 B, C, D가 분담하여야 할 것이다.[131] 이 때의 연대채무자는 실질적으로 연대보증인과 유사한 지위에 있다는 것, 연대보증인은 주채무자에 대해 구상할 수 있을 뿐 아니라 다른 연대보증인에 대해서도 구상할 수 있고, 그 중 1인이 무자력일 경우 그 무자력위험은 나머지 연대보증인이 분담하여야 한다는 것(제448조 제2항에 의해 준용되는 제425조, 제427조)을 감안하면, 위의 사안은 연대보증인 간의 구상과 매우 유사하다. 따라서 제448조 제2항이 여기에 유추적용될 수 있다.

동일한 논리는 연대채무자 A, B, C, D(100의 연대채무) 중 A, B가 1/2, 1/2씩 내부적 부담부분이 있고, C, D는 부담부분이 0이고, C가 구상권자, A가 상환무자력인 경우에도 유추적용할 수 있다. 즉 C는 B에게 100, D에게 50을 각각 구상할 수 있다고 할 것이다. D가 50을 구상한 경우 D는 B에게 다시 50을 구상할 수 있다. B도 무자력인 경우에는 C, D가 50씩 A, B의 무자력위험을 분담해야 한다.

(3) 부분적 절대효 있는 사안과 민법 제427조 제1항

채권자와의 관계에서 자기의 연대채무가 면제 또는 소멸되었다고 하더라도, 그것만으로 본조의 무자력위험의 분담책임에서 벗어나는 것은 아니다. 본조는 연대

---

129. 민법주해 X, 157면(차한성 집필부분) 참조.

130. 민법주해 X, 156-7면(차한성 집필부분) 참조.

131. 곽윤직, 234면; 김주수, 302면; 김증한 · 김학동, 239면; 김형배, 478면; 민법주해 X, 157면(차한성 집필부분); 주석 채권총론(하), 119면 참조.

채무자의 내부관계에 기인하는 것이기 때문이다. 가령 내부적 부담부분이 동일한 연대채무자 A, B, C가 90의 채무를 부담할 때, A가 제419조의 면제를 받은 경우, B가 60을 변제하였지만 C가 무자력인 경우 B는 A에게 본조에 의해 15의 분담을 청구할 수 있다. 위의 예에서 A가 채권자를 상속하고(제420조) B가 A에게 60을 변제하였지만 C가 무자력인 경우 B는 A에게 본조에 의해 15의 분담을 청구할 수 있다. A의 채무가 시효로 소멸한 경우도 동일하다.

2.6. 연대면제와 상환무자력자의 부담부분(제427조 제2항)

(1) 적용요건

연대면제란 채권자가 연대채무자에 대한 전부이행청구권을 채무자의 부담부분에 국한시키는 것을 의미한다. 연대채무자 전원에 대해 연대면제를 한 경우(절대적 연대면제), 연대채무관계는 분할채무로 전환된다. 90의 연대채무를 부담하는 A, B, C(부담부분은 동일)에게 절대적 연대면제가 있으면, A, B, C는 30씩의 분할채무를 부담한다. 연대채무자 중 1인을 연대면제하면서 그의 부담부분만큼 나머지 연대채무자의 연대채무도 소멸시키는 경우(부분적 절대적 연대면제)도 있다. 이 경우 대외관계에서 연대면제를 받은 자의 부담부분만큼 연대채무도 감축될 것이다(프랑스 민법 제1215조). 위의 예에서 A에게 부분적 절대적 연대면제를 하면, A는 30의 분할채무, B, C는 60의 연대채무를 부담한다.

연대채무자 중 1인에게는 그의 부담부분에 대해서만 이행을 청구하고, 나머지 연대채무자에 대한 채권은 그대로 보유하는 경우(상대적 연대면제)도 있다. 민법 제427조 제2항은 이에 관한 것이다. 위의 예에서 A를 상대적 연대면제 하면, A는 30의 분할채무, B, C는 90의 연대채무를 부담한다. 이와 같은 연대면제는 채권자의 일방적 의사표시로서도 가능하겠지만, 연대채무자와의 계약에 의해서도 실현될 수 있다. 채권자가 위의 여러 연대면제 중 어느 것을 선택하였는가는 그 의사표시의 해석에 달려 있다.

(2) 적용례

위의 예에서 채권자가 A를 연대면제하고, B가 90을 변제하였다면, B는 A에게 30, C에게 30을 구상할 수 있다. C가 무자력이라면 B는 채권자에게 15의 분담을 청구할 수 있다(민법 제427조 제2항).

한편 A, B, C 중 A를 연대면제한 후 C가 무자력이 된 경우 채권자가 B에게 90의 이행을 청구할 수 있는지가 문제된다. 일부 학설은 이 경우 B는 C의 무자력을 이유로 채권 행사가 제한되어야 함을 항변할 수 없다고 한다.[132] 그러나 본조는 C의 무자력의 시점이 변제 기타 출재로 인한 공동면책이 있기 前인지 後인지를 구분하지 않기 때문에, B가 90을 변제한 후 B는 A에게는 30, 채권자에게는 C의 무자력위험 15의 분담을 청구할 수 있다. 그러므로 채권자가 B에게 90의 이행을 청구하는 것은 곧바로 자신이 무자력위험의 분담으로서 반환하여야 할 채무 15의 이행을 청구하는 것이므로 그 한도에서는 신의성실의 원칙에 반하는 것이다. 따라서 B는 채권자가 분담할 15를 제외한 75만 이행하면 될 것이다.

제3절 부진정연대채무

제1관 개관

1. 부진정연대채무 개념의 연혁

독일의 보통법에서는 단순연대와 공동연대의 구분이 있었으나, 독일 민법의 입법자들은 양 제도를 단순연대로 통합하여 연대채무를 단일화하였다. 그러나 독일 민법 시행 후 가령 소유물의 멸실에 대해 각자 손해배상책임을 부담하는 도둑 및 임차인의 경우 연대채무가 아니라, 부진정 연대채무라는 개념에 포섭되어야 한다는 주장이 대두하였다. 그 중 1인이 변제하면 다른 채무자의 채무도 소멸되지만, 이들 상호간에는 독일 민법 제426조의 법정구상권이 인정되지 않는다는 것이다. 그 후 연대채무의 개념요소를 둘러싼 다양한 논의가 전개되었다. 독일 민법 제421조[133]의 개념요소 이외에 다른 요소를 추가함으로써 연대채무 개념을 정의하는 전

132. 민법주해 X, 159면(차한성 집필부분) 참조.

133. "수인이 하나의 급부의무를 부담하고, 각자가 전부급부를 하여야 하지만, 채권자는 단지 그 급부를 1배액만 청구할 수 있는 경우(연대채무), 채권자는 그의 선택에 따라 각 채무자에게 전부를 청구하거나, 이를 분할하여 청구할 수 있다. 전부 급부가 실현될 때까지 전체 채무자의 의무는 존속한다."

통적 견해는 동법 제421조의 요건에 포섭되지만 연대채무 개념에는 포섭되지 않는 것을 부진정연대채무라고 하였다.[134] 그런데 오늘날의 다수설은 채무자간의 동일단계성 또는 동일순위성이론을 지지한다. 이 학설은 동법 제421조의 개념요소 이외에 다른 요소를 추가함으로써 연대채무개념을 정의하지만, 부진정연대채무라는 개념을 사용할 필요는 없다고 한다.[135] 이에 반해 동법 제421조 이외에 별도의 추가적 개념요소 없이 연대채무를 정의하는 견해도 있다. 이들도 부진정연대채무라는 개념을 사용하지 않는다.[136]

프랑스 민법의 연대채무는 연대채무자간에 상호대리관계가 있음을 전제하고 있다. 따라서 채권자와 1인의 연대채무자 사이에 발생한 사유에 대해 광범위한 절대효가 인정된다. 이런 이유로 연대채무는 명시적 합의를 통하여 성립시키거나 법률규정으로써 성립될 수 있도록 한다. 그런데 수인의 채무자 간에 상호대리관계가 존재하지는 않지만, 그들 각자가 전부급부의무를 부담하고, 그 중 1인의 채무이행으로 다른 채무자도 면책되는 채권관계가 다수 존재한다. 이들 채권관계를 연대채무와 구분짓기 위해 프랑스의 학설들은 초창기에는 불완전연대채무라는 개념을 사용하였으나, 그 후 전부채무라는 개념을 사용함으로써 이런 채권관계를 설명하고 있다.

일본의 舊民法은 프랑스 민법학을 계수하여 불가분채무, 연대채무, 전부채무를 각각 법전에 규정하였다. 그러나 일본 민법의 기초자들은 전부채무를 법전에 규정하지 않았고, 구민법의 불가분채무와 연대채무만을 수용하여 현재의 민법전에 규

---

134. 채무자 상호간의 주관적 결합관계를 연대채무의 개념요소로서 추가하는 견해가 그것이다. 주관적 결합관계를 주관적 목적공동관계, 객관적 목적공동관계로 설명하는 견해가 있다.

135. 즉 채무자 상호간에 동일단계성이 없는 경우에는 연대채무가 아니며, 그렇다고 부진정연대채무라고 할 필요도 없다고 한다. 가령 Medicus, Schuldrecht I, 12. Aufl., S. 390 참조. 한편 주석 민법 채권총론 (2), 183면(강봉수 집필부분)에서는 '연대채무의 특질을 채무자간의 동일단계성에 두고 이러한 동일단계에 있지 않은 채무끼리는 연대채무나 부진정연대채무로서의 연대성을 부인함과 아울러 연대채무와 부진정연대채무의 구별조차도 점차 포기하는 경향'이라고 한다. 그러나 수인의 채무자 각자가 전부급부의무를 부담하고, 채권자는 전부급부를 1배액만 보유할 수 있는 채권관계 모두를 연대채무라 하지 않는다. 그 중 일부, 즉, 각 채무자가 동일단계 또는 동일순위에 있지 않을 때에는 연대채무라고 하지 않는다는 점에서 실질적으로는 종래와 마찬가지로 연대채무 및 부진정연대채무의 구분이 남아 있다고 볼 수 있다.

136. 가령 제3자의 가해로 근로자에게 손해가 발생한 경우, 근로자는 제3자에 대해 손해배상을 청구할 수 있을 뿐 아니라 사용자에 대해서도 임금계속지급청구권을 행사할 수 있는데, 채무의 동일단계성 또는 동일순위성이론에 따르면 이는 연대채무가 아니라고 하지만, Ehemann, Gesamtschuld, § 9 f. 에서는 이런 유형 역시 독일 민법 제421조가 적용되는 연대채무라고 한다.

율하였다. 그러나 일본 민법의 기초자들은 연대채무자간에 상호대리관계가 있다는 프랑스민법의 관념을 부정함으로써 연대채무의 대외관계에서 인정되는 절대효를 대폭적으로 감축하였지만, 연대채무자간에 상호위임관계가 있음을 전제한 舊民法의 규정을 자구수정만을 거친 후 그대로 수용하였다. 그 결과 채무자 상호간에 위임관계는 존재하지 않지만(따라서 구상관계에 관한 일본 민법 제442조 내지 제443조가 적용될 수 없지만), 채권자와의 관계에서는 일본 민법 제432조가 그대로 적용될 수 있는 채권관계가 필연적으로 발생하게 되었다. 일본의 학설은 독일의 학설을 계수하여 이런 채권관계를 부진정연대채무라고 정의하기에 이르렀다. 우리 민법학에서도 일본의 학설에 영향을 받아 부진정연대채무 개념을 사용하여 연대채무에 관한 민법 제413조 이하가 그대로 적용되지 않는 채권관계의 존재를 인정하고 있다.

2. 부진정연대채무에 관한 통설의 개념정의

종래의 통설은 부진정연대채무를 다음과 같이 정의한다. 즉, 수인의 채무자가 동일한 내용의 급부에 관하여 각자 독립하여 전부급부의무를 부담하고 채무자 중 1인이 변제하면 다른 채무자의 채무도 소멸된다는 점에서는 연대채무와 같지만, 채무자 간의 공동목적에 의한 주관적인 관련이 없어 1인에 대하여 생긴 사유 중 목적도달사유(변제 또는 이와 동일시되는 대물변제, 공탁, 상계 등) 이외에는 다른 채무자에게 그 효력이 미치지 않고, 채무자 간에 구상관계를 그 당연한 내용으로 하지 않는다.[137]

3. 부진정연대채무 개념의 필요성에 대한 논의

3.1. 채권담보력을 약화시키는 공동연대형의 연대채무 규정의 적용을 배제시키려는 견해

종래의 다수설은 우리의 연대채무가 "공동연대"형이어서 절대적 효력의 범위가 넓고, 따라서 채권의 담보력이 약화 내지 삭감되어 있기 때문에, 채권의 담보력

137. 민법주해 X, 81면(차한성 집필부분) 참조. 주석 민법 채권총론 (2), 181면(강봉수 집필부분)에서는 '채무자간에 구상관계도 생기지 않는 채무관계'라고 정의한다.

을 강화시킬 수 있는 수인의 채무자 있는 채권관계를 인정할 필요가 있다는 이유로 부진정연대채무 개념의 필요성을 주장하였다. 그 결과 채무자 간에 주관적 공동관계가 없는 경우에는 이를 부진정연대채무라고 하고, 채권만족 이외의 사유에는 절대효를 인정하지 않고 있다.[138]

3.2. 私見

우리 민법의 연대채무는 채무자간에 상호위임 또는 이와 유사한 관계를 전제하고 있다. 그러나 대외관계의 면에서 보면, 독일 보통법상 공동연대(Korrealschuld)와는 다르며, 연대채무자간에 상호대리관계가 있음을 전제하고 있는 프랑스 민법과는 의식적으로 단절하였다. 그런데 우리 민법의 연대채무를 공동연대형이어서 채권담보력이 약화, 삭감되어 있다거나, 채권담보력의 강화를 위해 연대채무 아닌 부진정연대채무를 인정할 필요가 있다는 언명에는 신중을 기할 필요가 있다. 특히 단순연대형의 연대채무를 기본으로 하고 있는 독일에서도 해석론으로 우리 민법 제417조(경개), 제418조 제1항(상계), 제422조(채권자지체)의 절대효, 제419조(면제), 제420조(혼동)의 부분적 절대효를 인정하고 있음에 유의해야 한다. 독일법에서 절대효가 인정되지 않는 것은 제416조(이행청구), 제421조(소멸시효)의 경우이다. 나아가 채권의 담보력 강화를 고유한 기능으로 삼고 있는 연대보증채무에서도 폭넓은 절대효가 인정된다는 것을 감안한다면, 연대채무의 주된 기능을 '채권의 담보력 강화'에만 초점을 맞추는 것은 타당하지 않다고 할 것이다. 채권의 담보력 강화를 위해 될 수 있는 대로 부진정연대채무를 폭넓게 인정해야 한다는 것은 잘못된 관념이다.

제2관 부진정연대채무의 성립

학설들은 민법 제413조의 연대채무에서는 채권관계의 당사자 사이에 "연대의 특약"이 있어야 한다고 이해한다. 이런 연대의 특약이 없지만, 수인의 채무자 중 1

---

138. 민법주해 X, 81면 이하(차한성 집필부분) 참조. 일본 학설도 마찬가지이다. 주석민법(11), 59면, 62면(椿壽夫 집필)에서는, 그 결과 일본의 통설은 부진정연대채무를 대외관계에서의 상대성, 대내관계의 不在를 특징으로 한다고 파악한다고 한다.

인의 변제로 다른 채무자의 채무도 소멸하는 경우 부진정연대채무일 수 있다. 사용자책임을 부담하는 사용자와 피용자(민법 제756조), 법인의 대표와 법인(민법 제35조)의 사안 등은 부진정연대채무의 대표적인 예이다.

1. 부진정연대채무의 발생원인

통설은 부진정연대채무의 발생원인에 대해 주로 동일한 손해를 수인이 각각의 입장에서 전보해야 할 의무를 부담하는 경우 발생한다고 한다.[139] 그 예로 ① 사용자 또는 대리감독자의 배상책임(민법 제756조 제1항, 제2항)과 피용자의 배상책임(민법 제750조), 사용자와 대리감독자의 배상책임 상호간(민법 제756조 제1항, 제2항), ② 책임무능력자의 가해행위에 대한 법정감독의무자의 배상책임과 대리감독자의 배상책임(민법 제755조 제1항, 제2항), ③ 동물의 가해행위에 대한 점유자와 그에 갈음하여 보관하는 자의 배상책임(민법 제759조 제1항, 제2항), ④ 공동불법행위자의 배상책임(민법 제760조), 공동불법행위들의 각 사용자의 배상책임[140] ⑤ 법인의 불법행위책임(민법 제35조 제1항)과 이사 기타 대표자의 불법행위책임(민법 제750조), ⑥ 타인의 가옥을 소실한 자의 불법행위책임과 화재보험회사의 계약상의 전보의무, ⑦ 임치물을 부주의로 도난당한 수치인의 채무불이행책임과 절취자의 불법행위책임, ⑧ 임대인의 이행보조자가 임차목적물에 대한 임차인의 사용을 방해하는 경우 임대인의 채무불이행책임과 그 보조자의 불법행위책임,[141] ⑨ 그 밖에 계약에 의해 부진정연대채무가 발생하는 것도 가능할 것이라고 한다.[142]

위 ① 내지 ⑨에서 든 예들은 부진정연대채무가 성립되는 원인을 예시한 것이며, 그 원인은 여기에 한정되지 않는다. 다양한 원인에 의해 성립되는 수인의 채무자 있는 채권관계가 부진정연대채무에 속하는가, 아닌가는 결국 그 개념요소에 의해 판정되어야 할 것이다. 위 ①, ②, ③, ⑥, ⑦의 경우에도 부진정연대채무의 개념요소를 모두 내포하고, 동시에 연대채무는 아니다. 따라서 이를 부진정연대채

---

139. 곽윤직, 채권총론, 237면; 주석 민법 채권총론(2), 183면(강봉수 집필부분); 민법주해 X, 83면(차한성 집필부분) 참조.

140. 대판 1969.1.28, 68다2245(집 17-1, 민 130).

141. 대판 1994.11.11, 94다22446(공보 1994년, 2361) 참조.

142. 주석 민법 채권총론(2), 184면(강봉수 집필부분) 참조.

무가 아니라고 할 이유는 없는 것이다.

2. 부진정연대채무의 개념 정의

부진정연대채무로 인정되기 위해서는, ① 수인의 채무자가 동일한 채권자에 대해 동일한 내용의 가분급부의무를 부담하여야 하고, ② 수인의 채무자 각자가 전부급부의무를 부담하지만, ③ 채권자는 전부급부를 중첩적으로 수령할 수 없고 1배액만 수령할 수 있는 채권관계로서, ④ 수인의 채무자간에 상호위임 또는 이와 유사한 관계가 존재하지 않아야 한다. 위 ④의 개념요소에서는 수인의 채무자 중의 1인만이 내부적으로 채무 전부를 부담하기로 하였는가, 그 중 1인은 내부적 부담부분이 없는가는 중요하지 않다. 채무자 간에 상호위임관계가 있지만, 그 중 1인만이 내부적으로는 채무 전부를 부담하기로 한 경우에도 연대채무가 성립할 수 있기 때문이다. 결국 채무자 간에 상호위임관계 또는 이와 유사한 관계가 없다는 점을 제외한다면, 부진정연대채무는 연대채무와 다를 바 없다.

제3관 채권자와 부진정연대채무자 간의 관계

1. 부진정연대채무의 대외적 효력 개관

1.1. 기존의 학설

부진정연대채무는 수인의 채무자가 동일한 채권자에 대해 동일한 내용의 가분급부의무를 부담하고, 각자가 전부급부의무를 지고, 채권자는 전부급부를 중첩적으로 보유할 수 없는 채무(급부보유의 1배액성)라고 개념정의하였다. 채권자는 채무자 1인에 대해 또는 동시나 순차로 그 전원에 대해 채무의 전부나 일부의 이행을 청구할 수 있는 것은 이런 개념 정의로부터 필연적으로 도출된다.

종래의 통설은 채권자와 채무자 중 1인에 대해 생긴 사유 가운데 변제 및 이와 동일시할 수 있는 대물변제 및 공탁, 상계를 제외하고는 다른 채무자의 채무에 영향을 미치지 않는다고 해석하고 있다.[143] 채권의 만족을 가져 오는 사유 이외에는 모두 상대적 효력이 있을 뿐이고, 따라서 민법 제416조, 제417조, 제418조 제2항, 제419조 내지 제422조는 부진정연대채무에는 적용되지 않는다고 한다.[144] 대법원 판결도 절대효에 관해 소극적인 입장이다. 공동불법행위자 1인에 대한 관계에서 피해자와 운행지배와 운행이익의 공유가 인정되어 손해배상액이 감액된 경우에도 그 효력은 다른 공동불법행위자에 대한 관계에서는 인정되지 않는다고 한다.[145] 어느 채무자에 대해 채권의 소멸시효가 완성되었다 하여도 다른 채무자에게 영향을 주지 않는다고 한다.[146] 따라서 다른 채무자에 대한 채권의 소멸시효 완성 후에 채권을 변제한 채무자는 다른 채무자에 대하여 여전히 구상권을 행사할 수 있다는 것이다.[147]

1.2. 대외관계에서 상대효를 인정할 때 관련당사자의 법률관계

대판(전) 2010.9.16, 2008다97218로 부진정연대채무자 중 1인이 한 상계에 절대적 효력이 인정되었는데, 그 이전의 대법원 판례에 따라 상계에 상대효가 인정되었을 때의 처리를 보자. A, B, C의 부진정연대채무자가 있을 때 그 중 A가 채권자에 대한 반대채권으로 상계한 경우, 그것으로는 다른 부진정연대채무자 B, C의 채무를 감축시키지 않기 때문에 A가 이들에게 구상할 수 없었다. 한편 채권자는 B, C에게 전액의 지급을 청구할 수 있었다. 가령 B가 변제, 대물변제, 공탁을 하였다면, 절대효가 인정되기 때문에 B는 A, C에게 구상할 수 있을 것이다. 즉 공동면책을 실현한 자로서 구상권이 인정된다는 것이다. A가 상계를 통해 채권자와의 관계에서 채무가 소멸되었다는 것은 A와 채권자 두 사람 간에만 효력이 있을 뿐이므로 이 사유로써 B에게 대항할 수 없다는 의미였다. 즉 A는 구상에 응하여야

---

143. 곽윤직, 238면; 김용한, 333면; 김형배, 484면; 이은영, 515면; 주석 민법 채권총론 (2), 184면(강봉수 집필부분); 민법주해 X, 84면(차한성 집필부분) 참조.

144. 물론 당사자 사이의 특약으로 어떤 사유에 대해서는 절대적 효력을 인정하더라도 상관이 없다고 한다. 곽윤직, 238면; 김증한 · 김학동, 242면; 민법주해 X, 84면(차한성 집필부분) 참조. 한편 판례는 면제에 상대효만을 인정한다. 대판 1975.10.7, 75다1513; 대판 1971.2.9, 70다2508; 대판 1980.7.22, 79다1107; 대판 1981.6.23, 80다1796; 대판 1993.5.27, 93다6560 등 참조. 김용균, 부진정연대채무자의 1인에 대한 면제의 효력, 대법원판례해설, 19-1호, 94면 참조.

145. 대판 1997.8.26, 94다37844. 주석 민법 채권총론 (2), 185면(강봉수 집필부분) 참조.

146. 대판 1997.9.12, 95다42027 참조.

147. 대판 1997.12.23, 97다42830 참조.

하였다. 채권자는 B로부터 변제를 받고 아울러 상계를 통해 자신의 A에 대한 채무가 소멸되는 효과를 얻게 되었다. 이런 이중변제는 부당이득이어서, 구상의무를 이행한 A가 채권자에게 부당이득반환청구권을 행사하여 이를 반환받을 수 있었을 것이다.

상대효가 인정되는 사안 중 이처럼 채권자에게 다시 부당이득반환청구권을 행사할 수 있는 것은 그 밖에 경개가 있다. 채권자와 A 간의 경개계약을 체결한 경우 이것의 절대효가 부정된다면, 채권자는 B에게 채무 전액의 지급을 청구할 수 있을 것이다. B가 전액을 변제하였다면, 공동면책을 실현한 B는 A, C에게 구상권을 행사할 수 있다. 채권자는 A와의 경개를 통해 A에 대한 채권을 취득하였으므로, A는 부당이득반환청구권을 행사하여 그 원상회복의 방법으로 채권소멸을 청구할 수 있을 것이다.

채권자가 A의 채무를 대내외적으로 면제한 경우(고유한 부담부분에 대한 구상의무로부터도 면책될 수 있게끔 면제한 경우), 그 효력이 상대적이라면 채권자는 B, C에게 전액의 지급을 청구할 수 있을 것이다. B가 전액을 지급하면 그 절대효로 인해, B는 A, C에게 구상할 수 있을 것이다. A가 이행한 구상의무 중 그의 부담부분은 채권자가 면제해 준 것이어서, A는 이를 부당이득으로서 가액반환을 청구할 수 있을 것이다(민법 제747조 제1항).

A가 채권자를 상속하여 그의 채무와 채권자의 채권이 혼동된 경우에도 마찬가지이다. 여기에 상대효가 인정된다면, A는 B, C에게 전액의 지급을 청구할 수 있을 것이고, B가 A에게 전액을 지급하자마자, A에게 그의 부담부분만큼 구상을 청구할 수 있을 것이다.

1.3. 私見

부진정연대채무는 연대채무와 대외관계의 면은 원칙적으로 동일하지만, 대내관계는 연대채무와는 다른 '수인의 채무자 있는 채권관계'이다. 따라서 연대채무의 대외관계에 인정되는 절대효는 특별한 다른 사정이 없으면 연대채무와 동일하게 인정되어야 할 것이다.

예컨대 즉시 반환하여야 할 것(혼동이 발생한 연대채무자의 부담부분)을 청구하는 것은 신의칙에 반하기 때문에, 제420조가 정당화될 수 있다면, 부진정연대채무에도 동일한 내용이 유추적용되어야 할 것이다.[148] 가령 90의 채무를 A, B, C가 부진정연대채무자로 부담할 때, A와 채권자 간에 혼동이 발생하였을 때 A가 B에게 90을 청구하면 B의 입장에서는 90을 변제하자마자 30을 A에게 구상할 수 있을 것이므로, 신의칙을 원용하여 60만 이행하겠다고 항변할 수 있을 것이다.

상계, 경개, 면제 등에서도 연대채무와 동일하게 처리하는 것이 부진정연대채무에서의 채권자에게 어떤 불이익도 가져오지 않는다. 그러나 다음의 예외를 인정하여야 할 것이다.

첫째, 채권자와 채무자 간의 이익형량에 입각한 절대효는 논리필연적이지도 않고, 입법자의 이익형량이 적절한지에 대해서도 의문이 있다는 점을 감안한다면, 법률에 그 규정이 없음에도 불구하고 이를 부진정연대채무에도 인정할 이유는 없을 것이다. 즉 민법 제416조, 제421조는 이를 유추적용할 이유가 없다.

둘째, 상계에 관한 민법 제418조 제2항은 권리자의 동의없이 타인으로 하여금 그의 권리를 처분하도록 한다는 점에서 매우 이례적이지만, 연대채무자 상호간의 구상관계를 감안하면 이를 인정하더라도 실질상의 공평이 실현될 수 있다고 하였다. 그러나 부진정연대채무에서는 채무자 간의 상호구상관계가 상호위임관계에 있는 연대채무자 간의 그것과 차이가 있기 때문에 이를 쉽사리 인정할 것은 아니라고 판단된다. 이를 제외한다면 여타의 절대효는 부진정연대채무에도 그대로 인정해도 무방할 것이다.

1.4. 자동차손해배상법이 적용되는 사안의 예외적 처리

다음 대법원 판결을 보자.

대판 2005.1.14, 2003다38573,38580

[사안] A는 그 소유 승용차를 운전하여 도로를 진행하다가 전방주시를 소홀히 하여 도로 노견의 가로등원격점멸기를 충격한 사고를 일으켰고 이로 인하여 위 승용차에 동승하고 있던 B가 사망하였다. B는 A와 피고(반소원고, 이하 '피고'라 한다) 사이의 미혼의 아들이다. 원고(반소피고, 이하 '원고'라 한다)는 A와 사이에서 위 승용차를 피보험차량으로, 보험기간 내에 피보험자가 위 피보험자동차의 운행으로 인하여 남을 죽게 하거나 다치게 하여 자동차손해배상보장법(이하 '자배법'이라 한다) 등에 의한 손해배상책임을 짐으로써 입은 손해를 자배법시행령 제3조에서 정한 한도

148. 물론 부진정연대채무에는 민법 제420조의 적용이 없다는 견해도 있다. 민법주해 X, 120면(차한성 집필부분) 참조.

내에서 보상하기로 하는 내용의 책임보험계약을 체결하였다. A는 B의 상속개시 후 3개월 이내에 상속포기신고를 하였다. 피고는 반소청구로서, B가 자배법 제9조 제1항에 따라 원고에 대하여 취득한 책임보험금 직접청구권은 B가 사망함으로써 A와 피고에게 상속되었으나 A가 상속을 포기함으로써 피고가 단독으로 재산상속인이 되었으므로 그 직접청구권의 행사로서 책임보험금의 한도액인 금 80,000,000원의 지급을 구하였다. 원심은 피해자의 운행자에 대한 손해배상청구권은 비록 위 손해배상청구권과 손해배상의무가 상속에 의하여 동일인에게 귀속되더라도 혼동에 의하여 소멸되지 않지만 가해자가 피해자의 상속인이 되는 등 특별한 경우에는 혼동으로 소멸한다고 할 것이므로 이 사건에서 원고에 대한 직접청구권의 전제가 되는 B의 A에 대한 손해배상청구권 중 가해자인 A가 상속받은 부분은 상속개시 당시 A가 B에 대하여 이 사건 사고로 인하여 부담하게 된 손해배상의무와 혼동으로 이미 소멸하였다고 할 것이어서 그 이후에 이루어진 A의 상속포기는 그 목적물이 없는 것으로서 효력이 없고 그렇지 않더라도 위 상속포기는 가해자인 A가 원고에 대한 직접청구권 중 자신의 상속분이 혼동에 의하여 소멸하는 것을 회피하기 위하여 한 것이므로 신의칙에도 반하여 역시 효력이 없다고 판단하여, 피고의 반소청구 중 위 A의 상속포기로 인하여 상속지분이 귀속된 1/2 지분에 관한 부분을 배척하였다. 대법원은 원심을 파기환송하였다.

[대법원 판결] 자배법 제9조 제1항에 의한 피해자의 보험자에 대한 직접청구권이 수반되는 경우에는 그 직접청구권의 전제가 되는 자배법 제3조에 의한 피해자의 운행자에 대한 손해배상청구권은 비록 위 손해배상청구권과 손해배상의무가 상속에 의하여 동일인에게 귀속되더라도 혼동에 의하여 소멸되지 않고 이러한 법리는 자배법 제3조에 의한 손해배상의무자가 피해자를 상속한 경우에도 동일하지만, 예외적으로 가해자가 피해자의 상속인이 되는 등 특별한 경우에 한하여 손해배상청구권과 손해배상의무가 혼동으로 소멸하고 그 결과 피해자의 보험자에 대한 직접청구권도 소멸한다. 그런데 상속포기는 자기를 위하여 개시된 상속의 효력을 상속개시시로 소급하여 확정적으로 소멸시키는 제도로서(민법 제1019조 제1항, 제1042조 등) 피해자의 사망으로 상속이 개시되어 가해자가 피해자의 자신에 대한 손해배상청구권을 상속함으로써 위의 법리에 따라 그 손해배상청구권과 이를 전제로 하는 직접청구권이 소멸하였다고 할지라도 가해자가 적법하게 상속을 포기하면 그 소급효로 인하여 위 손해배상청구권과 직접청구권은 소급하여 소멸하지 않았던 것으로 되어 다른 상속인에게 귀속되고, 그 결과 위에서 본 '가해자가 피해자의 상속인이 되는 등 특별한 경우'에 해당하지 않게 되므로 위 손해배상청구권과 이를 전제로 하는 직접청구권은 소멸하지 않는다고 할 것이다. 그리고 상속포기는 상속의 효과로서 당연승계제도를 채택한 우리 민법하에서 상속인을 보호하기 위하여 마련된 제도로서 상속포기로 인하여 당해 상속인에게 발생하였던 포괄적인 권리의무의 승계의 효력을 소멸시키는 결과 만약 상속포기를 하지 아니하였더라면 혼동으로 소멸하였을 개별적인 권리가 소멸하지 않는 효과가 발생하였더라도 이는 상속포기로 인한 부수적 결과에 불과한 것이어서 이를 이유로 신의칙 등 일반조항을 들어 전체적인 상속포기의 효력을 부정하는 것은 상당하지 않다. 또한 이 사건에서 A의 상속포기로 인하여 A의 상속지분은 피고에게 귀속되었는데 피고는 원래의 공동상속인 중 하나로서 피해자의 父이기 때문에 피고에게 책임보험에 의한 혜택을 부여하여 보호할 사회적 필요성을 부정하기 어렵다는 점 등에 비추어 볼 때 이 사건에서 상속포기가 신의칙에 반하여 무효라고 할 수도 없다.

위 판결은 자동차손해배상법상의 손해가 발생한 경우, 손해배상의무자와 손해배상청구권자 간에 상속으로 인한 혼동이 있더라도 손해배상청구권자의 책임보험자에 대한 직접청구권은 소멸하지 않는다고 한다. 물론 손해배상의무자가 가해자

(무과실책임이 아니라, 그의 과실로 자동차사고를 발생시킨 경우)이고, 가해자가 피해자를 상속한 경우에는 혼동으로 직접청구권도 소멸한다는 것이다. 다만 피해자를 상속한 가해자가 상속포기를 하면 그 손해배상청구권은 소급하여 소멸하게 된다는 것이다.

2. 채무액이 각기 다른 부진정연대채무와 일부변제

2.1. 연대채무의 사안과의 차별성

채무액이 각기 다른 수인의 부진정연대채무자 중 1인이 일부를 변제한 경우, 그 변제의 효과가 다른 부진정연대채무자에게 어떻게 미치는지가 문제된다. 여기에는 변제충당의 법리를 유추적용하여야 한다(위 연대채무 부분 참조). 그런데 부진정연대채무의 경우에는 연대채무와는 다른 결과가 도출될 것이다. 변제충당에 관한 합의를 부진정연대채무자와 채권자 사이에는 통상 기대할 수 없기 때문이다. 따라서 여기에는 민법 제478조, 제477조 제4호가 유추적용될 것이다.

2.2. 유형에 따른 차별적 취급

(1) 제1유형

불법행위로 인해 피용자가 손해배상책임(X+Y)을 지고, 사용자도 민법 제756조의 불법행위책임을 부담하지만 손해배상책임의 범위가 적은 경우(Y)의 사안, 그리고 이사의 불법행위책임(X+Y)에 대해, 법인도 민법 제35조의 불법행위책임을 지는데, 後者의 손해배상범위가 적은 사안(Y)이 문제된다. 책임범위의 相異는 피용자 또는 이사는 피해자와의 관계에서 피해자의 과실상계를 원용할 수 없지만, 사용자 또는 법인은 피해자의 과실상계를 원용하여 그 손해배상액이 감축될 때 발생한다.

대판 2002.12.26, 2000다56952

사용자가 피용자의 과실에 의한 불법행위로 인한 사용자책임을 부담하는 경우와 마찬가지로 피용자의 고의에 의한 불법행위로 인하여 사용자책임을 부담하는 경우에도 피해자에게 그 손해의 발생과 확대에 기여한 과실이 있다면 사용자책임의 범위를 정함에 있어서 이러한 피해자의 과실을 고려하여 그 책임을 제한할 수 있다.

이 때 동일한 급부인 Y 부분에 대해서만 부진정연대채무관계가 성립한다. 피용자 또는 이사가 일부변제를 하는 경우 대법원은 그 변제금 중 사용자 또는 법인의 과실비율에 상응하는 만큼은 사용자 또는 법인이 하여야 할 손해배상의 일부로 변제된 것으로 처리하고 있다.[149] 대법원은 이런 결론을 "직접 불법행위를 저지른 피용자(또는 이사) 본인은 내세울 수 없는 사정을 참작하여 사용자(또는 법인)가 배상하여야 할 손해의 금액을 감할 수 있도록 과실상계를 허용한 취지는, 궁극적으로 피용자 (또는 이사) 본인이 손해를 배상할 자력이 없는 경우 피해자와 사용자 사이에 그로 인한 손해를 공평 타당하게 분담하도록 하려는 데에 있다"는 것에서 그 근거를 찾고 있다(소위 과실비율설).

대판 2004.3.26, 2003다34045

피용자 본인이 불법행위의 성립 이후에 피해자에게 손해액의 일부를 변제하였다면, 피용자 본인의 피해자에 대한 변제금 중 사용자의 과실비율에 상응하는 부분만큼은 손해액의 일부로 변제된 것으로 보아 사용자의 손해배상책임이 그 범위 내에서는 소멸하게 되고, 따라서 사용자가 배상할 손해배상의 범위를 산정함에 있어 피해자의 과실을 참작하여 산정된 손해액에서 과실상계를 한 다음 피용자 본인의 변제금 중 사용자의 과실비율에 상응하는 부분을 공제하여야 하며, 이러한 법리는 피용자 본인이 불법행위의 성립 이후에 피해자에 대하여 일부 금원을 지급함에 있어서 명시적으로 손해배상의 일부 변제조로 지급한 것은 아니지만 불법행위를 은폐하거나 기망의 수단으로 지급한 경우(불법 차용행위를 은폐하기 위하여 피해자에게 차용금에 대한 이자 명목의 금원을 지급한 경우 등)에도 마찬가지로 적용되어야 하고, 또 이는 법인의 대표자에 의한 불법행위로 법인의 불법행위책임이 성립하는 경우에도 다를 바가 없다.

이 판결에 대해서는 대법원과 동일한 논리로써 이를 긍정하는 견해,[150] 다액의 채무를 부담하는 자의 무자력위험을 합리적으로 배분할 것을 강조하면서 대법원 판결을 비판하는 견해,[151] 채권자의 보호를 중시하면서 대법원 판결을 비판하는 견해(외측설),[152] 변제충당의 법리, 즉 이런 사안에는 민법 제477조 제4호를 유추적용

---

149. 사용자책임과 관련된 것으로는 대판 1994.2.22, 93다53696(공보 1994년, 1078); 대판 1995.7.14, 94다19600(공보 1995년, 2773); 대판 1998.7.24, 97다55706(공보 1998년, 2206); 대판 1999.2.12, 98다55154(공보 1999년, 536)등 다수의 판결을 참조. 법인의 불법행위책임에 관하여는 대판 2001.11.13, 2001다12362; 대판 2004.3.26, 2003다34045(공보 2004년, 712) 참조.

150. 김영태, 사용자책임과 피용자 본인의 책임과의 관계, 피용자 본인이 손해의 빌부를 변제한 경우 사용자의 손해배상의 범위, 대법원판례해석, 제21호(1994년 상반기), 190면 이하 참조.

151. 김성룡, 많은 손해배상의무자의 일부변제로 인하여 소멸하는 적은 손해배상의무자의 채무의 범위, 법조 제45권 2호(1996년 2월호), 158면 이하 참조.

152. 손철우, 다액의 채무를 부담하는 부진정연대채무자 일부변제한 경우 그 변제의 효력, 민사판례연구

하여야 한다는 견해(안분비례설),[153] 등이 주장되었다. 사용자책임이나 법인의 불법행위책임이 문제되는 부진정연대채무의 사안에는 판례가 말하는 과실비율설이나 안분비례설은 그 결론에서는 동일하다.

(2) 제2유형

부진정연대채무인 계약상의 채무자와 불법행위법상의 채무자가 각기 그 책임범위가 다른 사안도 있다. 채권자가 채무자에게 소비대차계약상의 채권을 가지는데, 타인이 그 소비대차계약상의 채권의 미실현 위험이라는 경제적 손해의 전보할 채무를 부담하는 경우가 그 대표적인 예이다.[154]

가령 대판 2002.6.14, 2002다11441(공보 2002년, 1658)에서는 금융기관의 임원이 내부규정을 위반하여 초과대출을 한 경우 그 임원의 손해배상의 범위에 대해, 대법원은 "상호신용금고의 대표이사가 재직 당시 동일인에 대한 대출한도를 초과하여 돈을 대출하면서 충분한 담보를 확보하지 아니하는 등 그 임무를 해태하여 상호신용금고로 하여금 대출금을 회수하지 못하게 하는 손해를 입게 한 경우, 회수하지 못한 대출금 중 동일인 대출한도를 초과한 금액에 해당하는 손해를 상법 제399조에 따라 상호신용금고에 배상할 책임이 있다"고 한다. 따라서 은행은 대출채무자에 대해 대출금채권(X+Y)을, 임원에 대해서는 동일인 대출한도를 초과한 금액에 해당되는 손해배상채권(Y)을 가지며, 대출채무자와 임원은 Y 부분에 대해 부진정연대채무관계에 있게 된다. 다음 판결도 이런 예 중의 하나이다.

대판 1998.9.8, 98다17022

[사안] 원고은행은 A에게 대출을 하면서 A가 담보로 제공한 부동산의 감정을 피고에게 의뢰하고, 등기속달우편으로 직접 송부하여 줄 것을 요청하였다. 피고는 부동산의 가격을 553,457,900원으로 감정하였는데(이 감정가격에 의하면 원고의 대출규정상 대출한도액은 323,457,900원이다), A가 피고를 기망하여 피고로부터 감정평가서를 교부받은 후, 피고 명의의 별도의 감정평가서를 위조

제25집(2003년), 86면 이하; 감동욱, 피용자 본인이 손해액의 일부를 변제한 경우 사용자의 손해배상채무의 소멸범위, 판례연구(부산판례연구회) 제11집(2000년), 351면 이하 참조.

153. 제철웅, 부진정연대채무 및 일부조증에서 채무자의 일부변제와 변제충당, 법조 597호(2006년 6월), 83면 이하 참조.

154. 그 밖에 채권자가 1인의 채무자에 대해서는 담보책임법에 기한 손해배상청구권을 가지고, 다른 1인에 대해서는 불법행위법에 기한 손해배상채권을 가지는 경우도 있을 수 있지만, 이런 사안의 실천적 의미는 거의 없을 뿐 아니라, 이 문제를 정면에서 다룬 대법원 판결도 없기 때문에 여기서는 언급하지 않는다. 다만 필요한 한도에서 아래 III에서 언급한다.

하여 감정평가액을 963,457,900원으로 기재하여 원고에게 제출하자, 원고는 A에게 500,000,000원을 대출하였다. A가 부도가 난 후 이 사건 부동산은 463,143,000원에 경락되고 원고는 228,753,563원을 배당받았다. 원심은 당초의 감정평가액에 따른 대출한도액을 초과한 176,542,100원(500,000,000원−323,457,900원)만큼 초과대출을 함으로써 원고가 손해를 입었고, 이 손해는 원고의 요청에 따르지 않고 A에게 직접 감정평가서를 교부해 준 피고의 과실에 기한 것이라고 평가한 후, 원고의 과실을 70%로 하여 과실상계를 한 후 52,962,630원(176,542,100원 x 30%)에 대해 대출일로부터 판결선고일까지는 연 5%의 지연이자를, 그 후는 소송촉진특례법에 따라 연 25%의 지연이자를 지급하라고 판단하였다.

[대법원 판결] 대법원은 '감정평가서의 교부행위로 인한 원고의 손해액은 그와 같은 사정이 없을 경우 예상되는 원고의 재산상태와 현실로 그와 같은 사정이 생긴 후의 원고의 재산상태의 차액이 될 것'이라고 전제한 후, 이 사건 "원고가 실제로 대출한 금 500,000,000원은 위조된 감정평가서에 의할 경우 대출한도액의 범위 안에 있고, 다른 한편 선순위 근저당권의 존재를 고려하더라도 피고측의 감정서 교부행위가 없었을 경우 위 담보권실행을 위한 경매절차에서 원고가 배당받을 수 있는 금액은 그와 같은 사정이 생긴 후 원고가 실제로 배당받은 금액(228,753,563원)과 같다고 할 수 있으므로, 원고의 손해액은 실제 대출액과 정당한 감정평가서에 의할 경우 대출한도액의 차액인 176,542,100원이 된다"고 하였다. 또한 원고의 과실을 70%로 판단하여 과실상계한 것도 위법이 없다고 하면서, 피고의 상고를 기각하였다.

위 판결에서 원고는 A에게 500,000,000원의 대출금채권(및 그에 대한 이자채권)을 가지고 있고, 피고에 대해 52,962,630원(176,542,100원×30%)의 불법행위법상의 손해배상채권(및 그 지연이자액(연 5%))을 가지고 있다. A와 피고는 52,962,630원에 대해 부진정연대채무관계에 있다. 위 판결의 원심법원과 대법원은 A가 원고에게 228,753,563원을 변제하였음에도 불구하고 피고의 채무액은 전연 감축되지 않고 여전히 남아 있다고 판단하였다. 일부변제에 관하여 제2유형과 제1유형은 명백히 다른 결론에 도달하였다. 이런 결론은 다음 판결에서도 이어지고 있다.

대판 2000.3.14, 99다67376

[사안] 원고은행은 A회사에 대해 합계 4,500,000,000원을 대출하고 대출원금 중 222,240,000원을 변제받았으며, A 회사에 대한 대출금원금채권으로써 A 회사의 원고은행에 대한 184,510,978원의 예금채권과 상계하였다. 그런데 원고은행은 A회사에 대해 대출하면서 피고회사와 물상보증 및 연대보증계약을 각각 체결하였는데, 이 계약은 피고회사의 직원 C가 A 회사의 대표이사 B와 공모하여 이루어진 것으로 적법한 대리행위도 아니고 표현대리의 적용을 받을 수도 없는 것이었다. 원심은 원고은행의 피고회사에 대한 사용자책임을 긍정하면서 원고은행의 과실을 30%로 인정하여 과실상계한 후, 피고회사의 손해배상액은 3,150,000,000원으로 확정하였다. 원심법원은 A 회사가 상계하거나 변제한 금액 합계 406,750,978원의 일부변제—이로써 A 회사의 이자, 지연이자, 원본에 각 충당되었다—로 인해 피고회사의 채무도 과실비율설의 입장에 따라 감축된다고 보고, 그 잔액과 각 대출일로부터 지연이자의 지급을 인정하였다. 그러나 대법원은 원심판결을 파기,

환송하였다.

[대법원 판결] 대법원은, "피고회사의 사용자책임으로 인한 손해배상채무와 A 회사의 대출금 채무는 서로 별개의 원인으로 발생한 독립된 채무이나 동일한 경제적 목적을 가진 채무로서 서로 중첩되는 부분에 관하여는 일방의 채무가 변제 등으로 소멸하면 타방의 채무도 소멸하는 이른바 부진정연대의 관계에 있고, 위와 같이 금액이 다른 채무가 서로 부진정연대의 관계에 있을 때 금액이 많은 채무의 일부가 변제 등으로 소멸하는 경우 그 중 먼저 소멸하는 부분은 당사자의 의사와 채무 전액의 지급을 확실히 확보하려는 부진정연대채무제도의 취지에 비추어 볼 때 다른 채무자와 공동으로 채무를 부담하는 부분이 아니라 단독으로 채무를 부담하는 부분으로 보아야 한다."

(3) 제3유형

공동불법행위에서는 피해자의 과실이 수인의 가해자에 대해 각기 다르더라도 그의 과실은 전체적으로 평가되기 때문에 공동불법행위자의 손해배상채무의 범위가 달라지지 않는다.

대판 2008.6.26, 2008다22481

공동불법행위의 성립에는 공동불법행위자 상호간에 의사의 공통이나 공동의 인식이 필요하지 아니하고 객관적으로 각 행위에 관련공동성이 있으면 족하므로, 관련공동성 있는 행위에 의하여 손해가 발생하였다면 그 손해배상책임을 면할 수 없으며, 또한 공동불법행위책임은 가해자 각 개인의 행위에 대하여 개별적으로 그로 인한 손해를 구하는 것이 아니라 가해자들이 공동으로 가한 불법행위에 대하여 그 책임을 추궁하는 것으로, 법원이 피해자의 과실을 들어 과실상계를 함에 있어서는 피해자의 공동불법행위자 각인에 대한 과실비율이 서로 다르더라도 피해자의 과실을 공동불법행위자 각인에 대한 과실로 개별적으로 평가할 것이 아니고 그들 전원에 대한 과실로 전체적으로 평가하여야 한다.

공동불법행위자 중 1인이 고의의 불법행위를 한 경우 고의의 불법행위를 한 자는 과실상계를 원용할 수 없을 것인데(가령 대판 2005.10.7, 2005다32197 참조), 이 때 다른 불법행위자도 과실상계를 원용할 수 없는지, 아니면 피해자에게 과실이 없는 것으로 처리되어야 하는지가 문제된다.

대판 2010.2.11, 2009다68408

법원이 피해자의 과실을 들어 과실상계를 함에 있어서는 피해자의 공동불법행위자 각 인에 대한 과실비율이 서로 다르더라도 피해자의 과실을 공동불법행위자 각 인에 대한 과실로 개별적으로 평가할 것이 아니고 그들 전원에 대한 과실로 전체적으로 평가하여야 하나, 이는 과실상계를 위한 피해자의 과실을 평가함에 있어서 공동불법행위자 전원에 대한 과실로 전체적으로 평가하여야 한다는 것이지, 공동불법행위자 중에 고의로 불법행위를 행한 자가 있는 경우에는 피해자에게 과실이 없는 것으로 보아야 한다거나 모든 불법행위자가 과실상계의 주장을 할 수 없게 된다는 의미는 아니다.

위와 같은 논리는 고의의 불법행위자는 과실상계를 주장할 수 없지만, 과실 불법행위자는 피해자의 과실상계를 주장할 수 있다는 것으로 귀결될 것이다. 그 결과 공동불법행위에서도 손해배상채무의 범위가 각기 달라질 수 있다.

대판 2010.10.14, 2010다48561

피해자의 부주의를 이용하여 고의로 불법행위를 저지른 자가 바로 그 피해자의 부주의를 이유로 자신의 책임을 감하여 달라고 주장하는 것은 허용될 수 없는 것이나, 이는 그러한 사유가 있는 자에게 과실상계의 주장을 허용하는 것이 신의칙에 반하기 때문이므로, 불법행위자 중의 일부에게 그러한 사유가 있다고 하여 그러한 사유가 없는 다른 불법행위자까지도 과실상계의 주장을 할 수 없다고 해석할 것은 아니다.

이 때 다액의 채무를 부담하는 공동불법행위자가 채무 일부를 변제한 경우, 외측설, 내측설, 안분비례설(또는 과실비율설) 중 어느 기준에 따라 다른 공동불법행위자의 채무가 감축되는지가 문제될 것이다.

(4) 평가

위 제2유형에 적용되는 법리와 제1유형에 적용되는 법리는 양립이 가능하다. 소액의 채무를 부담하는 부진정연대채무자가 내부적 부담부분이 1인 채무자—즉 다액의 채무를 부담하는 부진정연대채무자—의 무자력위험을 인수하기로 채권자와 명시적 또는 묵시적으로 합의한 경우(일부보증 또는 일부금액 대한 연대채무)가 아니더라도, 이와 동일시할 수 있는 사정이 있을 경우에는 신의칙상 前者로 하여금 원래의 자기 채무의 범위 내에서 잔존 채무를 이행하도록 할 수 있다. 이 점이 잘 드러나는 것이 위 대판 99다67376 판결이다. 거기에서는 채권자가 대출채권을 담보하기 위해 연대보증을 요구하였고, 이에 피고의 피용자가 피고의 직인 등을 위조하여 대출채무자를 위하여 연대보증계약을 체결하였으나 무권대리이거나 제126조의 표현대리의 적용을 받지 못하여 사용자인 피고가 계약책임을 부담하지 않게 되었다. 고의로 대출채권자를 속인 피용자는 신의칙상 채권자와의 관계에서 대출채무자의 무자력위험을 안분하여 배분할 것을 항변할 수 없고, 과실상계의 결과 피용자보다 적은 책임범위를 부담하는 사용자인 피고 역시 마찬가지라고 보아야 할 것이다. 그 점에서 "당사자의 의사와 채무 전액의 지급을 확실히 확보하려는 부진정연대채무제도의 취지"를 원용하여 외측설을 취한 대법원의 결론은 원칙적으로 타당하다고 할 것이다.[155] 그러나 이와 같은 신의칙의 적용을 쉽게 확장하면, 당사자의 합의를 의제하게 될 것이고, 변제충당의 합의가 있는 사안과 그렇지 않은 사안의 경계가 무너지게 될 것이다. 따라서 그 적용은 엄격하여야 할 것이다.

이런 관점에서 보면, 제3유형은 제1, 2유형과 다르지만, 제1유형에 더 유사하다고 볼 것이다. 즉 변제충당의 일반원칙에 따라 처리하는 것이 가장 합리적이라는 것이다. 다액(X+Y)을 부담하는 자의 입장에서 보면 자신이 단독으로 부담하는 채무(Y)와 다른 공동불법행위자와 부진정연대채무자로서 부담하는 채무(X)가 있는데, X, Y 채무는 변제이익이 동일하므로, 변제지정 또는 다른 합의가 없는 한, X 및 Y 부분에 안분비례하여 변제충당되어야 할 것이다.

3. 부진정연대채무에서의 면제

3.1. 부진정연대채무 성립 후의 면제

(1) 면제의 의사표시의 해석

통설은 연대채무의 절대효를 채권담보력을 약화시키기 때문에 입법론적으로 문제가 있다고 평가함으로써 부진정연대채무에서의 절대효를 좁게 인정하여 왔다.[156] 통설, 판례는 면제의 부분적 절대효를 정한 민법 제419조는 부진정연대채무에 적용되지 않는다고 한다.[157]

대판 2006.1.27, 2005다19378

부진정연대채무자 상호간에 있어서 채권의 목적을 달성시키는 변제와 같은 사유는 채무자 전원에 대하여 절대적 효력을 발생하지만 그 밖의 사유는 상대적 효력을 발생하는 데에 그치는 것이

155. 그러나 피고의 책임은 일부보증인의 책임보다 과중해서는 안될 것이다. 달리 말하면 대출채무자가 대출원금에 대한 대출이자를 지급함으로써 불법행위책임을 지는 자의 법정지연이자도 소멸된다고 보아야 한다는 것이다. 그렇지 않을 경우 채권자는 대출이자와 법정이자를 누적적으로 취하는 2중 이득을 얻을 것이다.

156. 곽윤직, 채권총론, 238면은 변제, 대물변제, 공탁, 상계에 절대효를 인정하고, 제416조 내지 제422조는 (유추) 적용되지 않는다고 한다.

157. 대판 1980.7.22, 79다11007(집 28-2, 201); 민법주해 X, 113면(차한성 집필부분) 참조. 면제의 상대효를 인정한 대판 2006.1.27, 2005다19378 참조.

므로 피해자가 채무자 중의 1인에 대하여 손해배상에 관한 권리를 포기하거나 채무를 면제하는 의사표시를 하였다 하더라도 다른 채무자에 대하여 그 효력이 미친다고 볼 수는 없다 할 것이고, 이러한 법리는 채무자들 사이의 내부관계에 있어 1인이 피해자로부터 합의에 의하여 손해배상채무의 일부를 면제받고도 사후에 면제받은 채무액을 자신의 출재로 변제한 다른 채무자에 대하여 다시 그 부담 부분에 따라 구상의무를 부담하게 된다 하여 달리 볼 것은 아니다.

그러나 연대채무의 절대효를 단일한 원리로 환원하여 설명할 수 없고, 유형적으로 분석하여 그 정당성을 검토하여야 한다는 관점을 취한다면, 부진정연대채무에서의 절대효도 새로운 각도에서 재평가해야 할 것이다. 특히 의사표시의 효력에 의해 인정되는 절대효인 면제 역시 부진정연대채무라고 해서 이를 달리 취급할 이유가 없다. 즉 채권자의 면제의 의사표시가 부진정연대채무자 전원을 면제시키겠다는 의사일 경우도 있을 것이고, 의사표시의 상대방만을 면제하겠다는 것일 수 있으며, 연대의 면제를 내용으로 할 수도 있고, 부제소의 의사표시를 할 수도 있다. 이 중 어디에 해당되는지는 의사표시의 해석의 문제이다.

(2) 면제의 상대방을 면책시키겠다는 의사표시인 경우

부진정연대채무자 A, B가 각자 100의 채무를 부담하는데 채권자가 내부적 부담부분이 50인 A의 채무를 전부 면제하기로 한 경우, B에게 100전부를 청구함으로써 B가 A에게 50을 구상하게 하는 것은 선행행위에 모순되는 사후행위라고 할 것이다. 가령 화해계약을 통해 A로부터 20을 받고 나머지 채무는 면제해 주기로 한 경우, 이는 채권자가 그 시점에서의 제반사정을 감안하여 자신의 유·무형의 이익이 최대한 실현될 수 있다고 판단하였기 때문일 것인데, 사후에 이에 반하는 모순행위를 허용된다는 것은 납득할 수 없다.[158]

연대채무(우리법의 부진정연대채무도 연대채무로 파악됨)의 절대효를 좁게 인정하는 것으로 평가되는 독일법에서조차 상대방의 채무를 종국적으로 소멸시켜 다른 연대채무자의 구상청구로부터도 벗어나게 해 주고자 하는 면제에는 부분적 절대효를 인정한다. 독일법의 연대채무가 우리 법의 부진정연대채무와 기능적으로 매우 유사

158. 대판 2006.1.27, 2005다19378; 대판 1993.5.27, 93다6560에서는 일부를 변제받으면서 채무면제의 합의를 한 것의 효력을 상대적이라고 판단한다. 채무자로부터 일정 금액을 손쉽게 추심하기 위한 방편만으로 "일체의 책임을 묻지 않겠다"고 한 것이라면, 그 기망적 행위에 정당성을 부여한 결과밖에 되지 않을 것이다. 물론 면제의 의사표시의 해석은 신중하여야 한다. 대판 2007.3.15, 2004다64272; 대판 2003.10.10, 2003다19206 참조.

하다는 점을 감안하면, 채권의 담보력 강화를 해친다는 이유로 면제의 부분적 절대효를 배척할 것은 아니다. 채권자가 부진정연대채무자 중 1인을 면제한 것과 연대채무자 중 1인을 면제한 것의 효과를 달리 취급할 이유는 없다. 어느 부진정연대채무자를 면제(민법 제506조)한 것이라고 해석할 경우라면, 이로써 그 자의 다른 부진정연대채무자에 대한 구상의무로부터도 면책하는 것을 내용으로 한다고 해석될 것이기 때문이다.

(3) 부담부분이 불명확한 경우의 면제

부진정연대채무자 상호간의 부담부분에 대해서도 불명확한 때도 있을 것이다. 령 채권자는 면제받는 부진정연대채무자의 부담부분이 1/2임을 전제로 면제하였는데, 그 자의 부담부분이 1/2을 초과한다면 그 한도에서는 면제의 효력이 발생하지 않도록 할 수 있는지가 문제된다. 또한 부진정연대채무에서는 채권자의 채권액이 불확정한 경우도 적지 않을 것이다. 가령 부진정연대채무자 A, B, C의 내부적 부담부분이 동일한 경우, 채권자와 A가 A의 부담부분을 100(전체 채무액은 300)으로 추정한 후, A로부터 80을 변제받고 A의 나머지 채무는 전부 면제해 주었는데, 나중에 전체 채무가 210임이 밝혀지거나, 반대로 450임이 밝혀지는 경우가 있을 것이다. 이럴 때 어떻게 처리할지가 문제된다.

면제의 일종인 연대면제에 관한 프랑스 법의 해결방법이 여기에 참조가 될 수 있다. 위와 같은 내용의 연대면제가 있었다면 프랑스법에 따르면, 前者의 경우, A는 채권자에게 자신이 초과지급한 것(10)의 반환을 구할 수 없다고 한다. 채권자는 다른 연대채무자 B, C에게 130의 이행을 청구할 수 있다. A는 B, C에게 자신의 부담부분을 초과하여 지급한 10에 대해 각각 5씩 구상할 수 있을 것이다. 後者의 경우 채권자는 A에게 부족하게 지급한 50의 지급을 청구할 수 없다고 한다. 그렇다고 B, C에게 300 이상의 지급을 청구할 수도 없다고 한다. 이런 결론은 모두 채권자와 A 간의 연대면제의 의사표시의 내용해석에서 도출되는 것이다.[159] 면제를 한 경우라고 해서 이와 달리 취급할 것은 아니다. 즉 면제의 의사표시의 내용해석에 따라 결론에 차이가 생길 수 밖에 없으며, 사정에 따라서는 의사표시의 결함을 들어 이를 취소하는 경우도 있을 것이다.

---

159. Juris-Classeur Civil, Art. 1197 à 1216 Fasc. 20 Solidarité: Fasc. 2, n° 122 (par Jacques Mestre/ Marie-Ève Tian) 참조.

3.2. 부진정연대채무와 사전적 면제

어느 한 연대채무자에 대한 면제가 다른 연대채무자에게 어떤 효력을 미치는가는 결국 채권자의 면제 또는 면제계약의 내용이 무엇인가에 따라 좌우될 것이다. 사전적 면제라고 해서 특별히 달리 취급할 이유는 없을 것이다. 사전적 면제에는 법률에 의한 면제와 법률행위에 의한 면제 두 가지 종류가 있을 수 있다.

(1) 법률규정에 의한 면제

수인의 부진정연대채무자 중 1인 또는 일부의 채무를 면제하는 법률규정으로는 국가배상법 제2조 제1항 단서가 있다. 헌법 제29조 제2항은 "군인, 공무원, 경찰공무원 기타 법률이 정하는 자가 전투, 훈련 등 직무집행과 관련하여 받은 손해에 대하여는 법률이 정하는 보상 외에 국가 또는 공공단체에 공무원의 불법행위로 인한 배상은 청구할 수 없다"고 규정하고 있다. 국가배상법 제2조 제1항 단서는 이를 구체화하여 위와 같은 경우 공무원연금법, 군인연금법 등 다른 법령에 의해 정해진 재해보상금, 유족연금, 상이연금등의 보상을 지급받을 수 있고, 국가배상법에 의한 배상이나 민법에 의한 손해배상을 청구할 수 없도록 규정하고 있다.

가령 공무원 A의 불법행위로 헌법 제29조 제2항, 국가배상법 제2조 제1항 단서의 직무를 집행 중이던 공무원(채권자)이 부상을 당한 경우, 채권자는 A에게 손해배상청구권을 가지지 않고,[160] 국가 또는 지방자치단체에 대해서도 국가배상법상의 손해배상청구권을 가지지 않는다. 즉 A와 국가 또는 공공단체는 면책된다는 것이다. 채권자가 유·무형의 다른 방법으로 채무자로부터 이익을 얻거나 이를 기대하기 때문에 채무면제를 하는 것이 일반적임을 감안한다면, 국가배상법상의 면책도 통상의 면제와 실질적으로 다를 바 없다. 즉 채권자는 국가로부터 각종의 재해보상금이나 연금의 형태로 보상받는다는 것이다.

위의 가해에 민간인 B가 개입하여, A, B의 공동불법행위로 채권자에게 100의 손해가 발생하였고, 그 손해에 대한 A, B의 기여정도는 동일한 경우를 가정해 보

160. 공무원이 직무집행에 관하여 불법행위로 타인에게 손해를 입힌 경우, 피해자는 국가배상법에 따라 국가 또는 지방자치단체에 대해 손해배상을 청구할 수 있고, 그 공무원에 대해서는 직접 손해배상청구권을 행사할 수 없다. 다만 그 공무원의 불법행위가 고의 또는 중과실에 기한 경우에는 직접 공무원에 대해서도 손해배상청구권을 행사할 수 있다. 대판(전) 1996.2.15, 95다38677 참조.

자. A, 국가 또는 공공단체의 채권자에 대한 채무는 위 법률에 의해 이미 면제되었으므로, A의 부담부분의 비율만큼 B의 채무도 감축되어야 할 것이다(민법 제419조의 유추적용). 만약 A 및 국가 또는 지방자치단체의 부담부분만큼 B의 채무가 감축되지 않는다면, B가 100을 전부 이행한 후 그는 A 및 국가 또는 지방자치단체에 50을 구상할 수 있어야 할 것이다. 그러나 A 및 국가 또는 지방자치단체는 국가배상법에 의해 그 채무가 면제되었기 때문에, 채권자에게 자신을 면책해 줄 것을 청구할 수 있어야 한다. 채권자가 B에게 청구하는 100에는 국가 또는 지방자치단체의 청구에 의해 B에게 반환하여야 할 50이 포함되어 있다. 즉 채권자의 100의 청구는 곧바로 반환하여야 할 것을 청구하는 것으로 신의성실의 원칙에 반하게 된다. B의 신의칙의 원용이 없더라도 본조가 유추적용되어 채권자의 B에 대한 채권은 A 및 국가 또는 지방자치단체의 부담부분만큼 감소되어야 할 것이다.

대판(전) 2001.2.15, 96다42420

[다수의견] 헌법 제29조 제2항, 국가배상법 제2조 제1항 단서의 입법 취지를 관철하기 위하여는, 국가배상법 제2조 제1항 단서가 적용되는 공무원의 직무상 불법행위로 인하여 직무집행과 관련하여 피해를 입은 군인 등에 대하여 위 불법행위에 관련된 일반국민(법인을 포함한다. 이하 '민간인'이라 한다)이 공동불법행위책임, 사용자책임, 자동차운행자책임 등에 의하여 그 손해를 자신의 귀책부분을 넘어서 배상한 경우에도, 국가 등은 피해 군인 등에 대한 국가배상책임을 면할 뿐만 아니라, 나아가 민간인에 대한 국가의 귀책비율에 따른 구상의무도 부담하지 않는다고 하여야 할 것이다. 그러나 위와 같은 경우, 민간인은 여전히 공동불법행위자 등이라는 이유로 피해 군인 등의 손해 전부를 배상할 책임을 부담하도록 하면서 국가 등에 대하여는 귀책비율에 따른 구상을 청구할 수 없도록 한다면, 공무원의 직무활동으로 빚어지는 이익의 귀속주체인 국가 등과 민간인과의 관계에서 원래는 국가 등이 부담하여야 할 손해까지 민간인이 부담하는 부당한 결과가 될 것이고(가해 공무원에게 경과실이 있는 경우에는 그 공무원은 손해배상책임을 부담하지 아니하므로 민간인으로서는 자신이 손해발생에 기여한 귀책부분을 넘는 손해까지 종국적으로 부담하는 불이익을 받게 될 것이고, 가해 공무원에게 고의 또는 중과실이 있는 경우에도 그 무자력 위험을 사용관계에 있는 국가 등이 부담하는 것이 아니라 오히려 민간인이 감수하게 되는 결과가 된다.), 이는 위 헌법과 국가배상법의 규정에 의하여도 정당화될 수 없다고 할 것이다. 이러한 부당한 결과를 방지하면서 위 헌법 및 국가배상법 규정의 입법 취지를 관철하기 위하여는, 피해 군인 등은 위 헌법 및 국가배상법 규정에 의하여 국가 등에 대한 배상청구권을 상실한 대신에 자신의 과실 유무나 그 정도와 관계 없이 무자력의 위험부담이 없는 확실한 국가보상의 혜택을 받을 수 있는 지위에 있게 되는 특별한 이익을 누리고 있음에 반하여 민간인으로서는 손해 전부를 배상할 의무를 부담하면서도 국가 등에 대한 구상권을 행사할 수 없다고 한다면 부당하게 권리침해를 당하게 되는 결과가 되는 것과 같은 각 당사자의 이해관계의 실질을 고려하여, 위와 같은 경우에는 공동불법행위자 등이 부진정연대채무자로서 각자 피해자의 손해 전부를 배상할 의무를 부담하는 공동불법행위의 일반적인 경우와 달리 예외적으로 민간인은 피해 군인 등에 대하여 그 손해 중 국가 등이 민간인에 대한 구상의무를 부담한다면 그 내부적인 관계에서 부담하여야 할 부분을 제외한 나머지 자신의

부담부분에 한하여 손해배상의무를 부담하고, 한편 국가 등에 대하여는 그 귀책부분의 구상을 청구할 수 없다고 해석함이 상당하다 할 것이고, 이러한 해석이 손해의 공평·타당한 부담을 그 지도원리로 하는 손해배상제도의 이상에도 맞는다 할 것이다.

[반대의견] 불법행위법은 피해자의 구제와 손해의 공평·타당한 부담·분배를 그 목적으로 하는바, 이러한 목적에 입각한 불법행위법의 일반원칙에 따르면 직접 불법행위를 한 자 뿐만 아니라 그 사용자, 자동차운행자 등 손해의 발생에 대하여 일정한 책임이 있는 자들로 하여금 각자 피해자의 손해 전부를 배상할 의무를 부담하게 함으로써 피해자를 두텁게 보호하고, 한편 불법행위로 인한 손해발생에 관한 복수의 책임주체 중 일방이 피해자에게 그 손해를 자신의 귀책부분을 넘어서 배상한 때에는 다른 책임주체에 대하여 그들 사이에서 손해발생에 기여한 정도 등 실질관계에 따라 정하여지는 부담부분을 구상할 수 있도록 함으로써 손해의 공평·타당한 부담·분배를 도모하게 되는 것이다. 이러한 불법행위법의 목적과 일반원칙에 비추어 볼 때, 가해 공무원의 사용자로서의 지위에서 피해 군인 등의 손해발생에 책임이 있는 국가 등의 손해배상의무가 위 헌법 및 국가배상법의 규정에 의하여 배제 또는 면제되었다고 하더라도, 피해자를 보호하기 위해서는 그 손해발생의 다른 책임주체인 민간인의 손해배상의무까지 감축된다고 할 수 없고 그 민간인은 여전히 피해 군인 등의 손해 전부를 배상할 의무가 있는 것이다. 한편, 손해의 공평·타당한 부담·배분을 위해서는 군인 등의 손해를 배상한 민간인이 국가 등에 대하여 구상권을 행사할 수 있다고 해석하여야 한다. 만약 국가 등이 군인 등의 손해 전부를 배상한 민간인에 대한 구상의무까지 부담하지 않는다면, 국가 등은 공무원의 직무행위로 빚어지는 이익의 귀속주체로서 그 손해의 발생에 책임이 있는 경우에도 그 손해 중 민간인과의 관계에서 원래는 자신이 부담함이 마땅한 부분을 민간인에게 전가시킴으로써 재산상 불이익을 주게 될 것인데, 이러한 결과는 공평과 재산권 보장의 정신에 반하고, 그것은 다수의견도 지적하는 바와 같이 위 헌법 및 국가배상법의 규정에 의하여 정당화될 수는 없기 때문이다.

[보충의견] 다수의견은 공동불법행위자의 책임에 관하여 피해자를 두텁게 보호하기 위하여 그동안 우리의 지배적 학설과 판례가 취하여 온, 공동불법행위자는 각자 손해 전부에 대한 배상의무를 부담한다는 원칙은 여전히 타당하다고 보지만, 법률에 의하여 보장되는 국가보상청구권제도에 의하여 피해자의 구제가 확실해 보이는 이 사건과 같은 경우에 민간인이 국가에 대하여 구상권을 행사할 수 없다고 봄으로 인하여 민간인이 부당한 손해를 입을 수 있는 위험을 방지하기 위하여 앞에서 본 바와 같은 특별한 사정을 기초로 예외적으로 공동불법행위자인 민간인의 손해배상의무를 제한하려는 것이므로, 이로 인하여 불법행위제도에 의한 피해자 보호의 취지가 특별히 훼손된다거나 불법행위로 인한 피해자의 구제에 관하여 일관성 없는 차별적 처리를 초래할 위험이 있다고 볼 수는 없으며, 민간인의 손해배상의무가 제한된다고 보는 것은 피해자가 누구로부터 먼저 배상이나 보상을 받느냐에 따라 민간인이 최종적으로 부담할 손해배상액에 차이가 생기고, 경우에 따라서는 민간인의 부담 아래 피해자가 과잉배상을 받게 되는 부당한 결과를 방지하기 위한 것으로서, 민간인은 그 손해배상의무의 제한으로 인하여 부당한 이득을 얻는 것이 아니라, 그 반대의 경우에 발생할 수 있는 부당한 손해를 입을 위험이 없게 될 뿐이므로 다수의견이 피해자보다 민간인을 부당하게 더 두텁게 보호하려는 것으로 볼 수도 없다.

위 대법원 전원합의체 판결은 B의 채무가 A 및 국가 또는 지방자치단체의 부담부분만큼 감축된다고 판단하였다. 이는 헌법 제29조 제2항 및 국가배상법 제2조 제1항 단서의 취지를 존중하면서도,[161] 부진정연대채무관계에서의 면제의 효과에

관한 이론과도 부합한다.[162]

(2) 법률행위에 의한 사전적 면제

법률행위로써 사전적 면제를 하는 경우도 있다. 장래의 피해자와 장래의 가해자 간의 면제계약 또는 장래의 피해자의 事前의 단독행위인 면제가 있는 경우이다. 이 경우에도 사후적 면제가 있는 것과 달리 취급할 이유는 없다.

가령 장래의 피해자로부터 면제를 받은 A가 과실로 피해자를 가해하여 100의 손해를 입혔다면, 채권자는 A에게 손해배상책임을 물을 수 없다. 그런데 B가 개입되어 A, B의 공동불법행위로 피해(100)를 입은 경우도 있을 것이다.

독일에서는 세 가지의 해결방법이 제시되었다. ① 책임무능력자 또는 자연현상이 개입되더라도 B가 100을 배상할 책임이 있는 것처럼, A의 개입도 이와 동일하므로, B만이 100의 배상책임이 있다는 주장이다.[163] 이 주장은 결국 제3자에게 부담만 지우는 계약의 효력을 인정하는 것과 같다는 비판을 받고 있다. ② 채권자는 B에게만 100을 청구할 수 있고, B는 A의 부담부분만큼 구상할 수 있다는 해결책도 있다. A는 실질적으로 면책의 혜택을 받지 못하고, 단지 B의 무자력위험을 부담하지 않는 장점만이 있다. 결국 장래 채권자의 면책은 부제소의 합의와 다를 바 없게 된다. 그러나 장래 채권자의 면책이 제3자의 구상으로부터도 벗어나도록 하겠다는 내용으로 해석되는 경우가 오히려 빈번할 것인데, 이런 경우라면 A는 B의 구상청구에 대해 채권자로 하여금 면책해 줄 것을 청구할 수 있다고 한다. 곧바로 B에게 반환하여야 할 것을 청구하는 것은 신의성실에 반하는 행위로 평가되기 때문이다.[164] ③ B의 채무는 A의 내부적 부담부분만큼 처음부터 감축된다는 주장도 있다.[165]

이 중 어느 견해가 타당한가의 문제는 결국 장래 채권자의 면제의 의사표시의

161. 만약 A가 고의나 중과실로 다른 공무원을 가해한 것이라면, A는 불법행위책임을 면할 수 없다. 그러나 이 경우에도 국가배상법 제2조 제1항 단서의 요건은 충족되므로 국가 또는 지방자치단체가 면책되는 것에는 영향을 미치지 않는다.

162. 헌법재판소는 위의 예에서 B는 자신의 과실부분을 초과하는 부분에 대해 국가 또는 지방자치단체에 구상할 수 있어야 한다고 판단하였다. 헌법재판소 1994.12.29. 선고 93헌바21 결정 참조.

163. 이를 주장하는 학설에 관하여는 Staudinger/Noack, § 426 Rn. 159 참조.

164. 이에 관하여는 Staudinger/Noack, § 426 Rn. 160 f. 참조.

165. 이에 관하여는 Staudinger/Noack, § 426 Rn. 162 ff. 참조.

내용해석과 관련되어 있다고 한다. A를 제3자의 구상으로부터도 벗어나게 하겠다는 의사가 인정될 때에는, B에게도 효력 있는 일부 면제, 즉 제3자를 위한 면제계약이 있기 때문에 A의 부담부분만큼 B의 채무도 감축된다는 것이 통설, 판례이다. 그러나 이런 내용의 면제로 인정하기 위해서는 이를 뒷받침할 근거가 있어야 할 것이라고 한다.[166]

이런 결론은 우리 법의 해석에서도 참조할 만하다. 면제가 연대채무관계에 미치는 효력은 결국 채권자의 의사표시의 내용해석 문제이기 때문이다.

제4관 부진정연대채무자 상호간의 관계

1. 부진정연대채무자 상호간의 구상관계

통설은 부진정연대채무자 간에는 주관적 공동관계가 없기 때문에, 부담부분이 없고, 따라서 구상관계가 당연히 발생하지는 않는다고 한다. 구상관계가 생기는 사안도 있지만, 그것은 연대채무에서와 같이 공동면책을 위한 출연의 분담이라는 주관적 관계에 의한 것이 아니고 그들 채무자 사이에 존재한 별개의 법률관계에 기한 것이므로 연대채무에서의 구상관계와는 그 성질이 다르다고 한다.[167]

판례는 공동불법행위자 상호간에는 특별한 사정이 없는 한, 공평의 이념상 과실정도에 비례하는 부담부분이 있고 그에 따라 구상권이 있지만,[168] 상호간 주관적 밀접한 연관관계가 없기 때문에 통지에 관한 제426조는 준용되지 않는다고 한다.[169]

---

166. Staudinger/Noack, § 426 Rn. 165 ff.; MünchKomm/Bydlinski, § 426 Rn. 57 ff. 참조.

167. 곽윤직, 채권총론, 238-239면 참조; 김용한, 334면; 김증한 · 김학동, 243면; 민법주해 X, 85면(차한성 집필부분); 주석 민법 채권총론 (2), 186면(강봉수 집필부분) 참조.

168. 대판 1980.7.22, 79다1107; 대판 1983.5.24, 83다카208(공보 708호, 1013); 대판 1997.12.12, 96다50896(공보 1998, 254). 대판 1995.11.14, 94다34449(공보 1996년 상, 1)은 공동불법행위자인 부진정연대채무자들에 대한 손해배상을 명하는 1심판결에 대하여 1인만이 항소하고 나머지 부진정연대채무자에 대하여는 1심판결이 확정된 뒤 항소심에서 상대방의 부대항소에 기하여 인용금액이 증액된 경우 부진정연대채무자들 상호간에 채무의 범위가 달라지게 된 원인이 항소한 부진정연대채무자의 과잉행위로 인한 것이므로, 그가 증액된 부분을 출재하였다 하더라도 다른 부진정연대채무자에게 그 효력을 주장할 수 없어야 공평의 관념에 합당하다고 한다.

169. 대판 1976.7.13, 74다746(공보 1976, 9309). 이에 대한 반대학설로는 김상용, 374(이중변제방지의 이유).

비용지출로 인해 손실을 입은 자가 그 지출비용의 수령자인 상대방이 아니라 제3자로부터 그 지출비용을 상환받음으로써 손실을 전보받는 것을 구상이라 하며, 이는 비용상환청구권의 특수한 형태라고 이해할 수 있다.[170] 그런데 구상을 가능하게 하는 법적 수단은 다양하다. 첫째, 구상권으로써 하는 구상이 있다. 민법 제425조 제2항의 법정구상권, 구상의무자와의 계약관계에 기한 구상권, 사무관리법에 기한 비용상환청구권, 부당이득법에 기한 구상부당이득반환청구권 등이 이에 해당된다. 둘째, 계약상의 채무불이행책임을 추궁함으로써도 구상할 수 있다. 가령 민법 제756조에 기해 손해배상을 한 사용자가 피용자에게 근로계약상의 채무불이행을 이유로 손해배상을 청구하는 것이 그 예이다. 셋째, 법정양도를 통해 취득한 채권자의 채권과 담보권으로써 하는 구상도 있다. 민법 제481조의 변제자대위, 상법 제688조의 보험자대위, 각종 사회보장법상의 사회보험자대위 등이 그 예이다.

부진정연대채무에는 제425조 제2항 또는 제688조와 동일한 범위의 구상권이 인정될 여지가 없다. 왜냐하면 채무자간에 상호위임관계가 없는 것이 부진정연대채무이기 때문이다. 그렇다고 해서 부진정연대채무에 구상관계가 인정되지 않을 이유가 없다. 수인의 채무자가 채권자에 대해 전부급부의무를 지고, 그 중 1인의 변제로 다른 채무자도 공동면책되기 때문에, 오히려 채무자간의 구상관계는 필연적이다. 다만 그 구상수단 중 민법 제425조 제2항 또는 민법 제688조에 의한 구상권이 인정되지 않을 뿐이다.

대신 부진정연대채무에서도 법정양도를 통한 구상이 가능한 경우도 있고, 계약상의 손해배상청구권의 행사를 통해서 구상할 수 있는 사안도 있으며, 사무관리 또는 부당이득법에 기한 구상이 가능한 사안도 있다. 이것은 그 때 그 때의 부진정연대채무의 내부관계에 따라 판단하면 될 것이다. 물론 부진정연대채무자 중 내부적 부담부분이 1인 자가 변제한 후에는 내부적 부담부분이 0인 자에게 구상할 수 없다. 이런 사안 때문에 부진정연대채무에는 구상관계가 없다고 할 수는 없다. 연대채무에서도 내부적 부담부분이 1인 자가 변제한 후, 내부적 부담부분이 0인 자에게 구상할 수 없는 사안이 있기 때문이다. 즉 이 점에서는 부진정연대채무나 연대채무 간에 어떤 차이도 없다는 것이다.

---

170. 이 점은 Medicus, Bürgerliches Recht, 17. Aufl., Rn. 905 ff. 참조.

대판 1991.10.22, 90다20244

수인의 불법행위로 인한 손해배상책임은 부진정연대채무이나 그 구상권행사에 있어서는 성질상 연대채무에 관한 규정이 준용된다고 할 것인데, 그 구상권에 관하여 규정한 민법 제425조 제1항의 규정에 의한 구상권 행사의 상대방은 공동면책이 된 다른 연대채무자에 한하는 것이며 다른 연대채무자가 그 채권자에게 부담하는 채무를 연대보증 한 연대보증인은 그 연대채무자와 연대하여 채권자에게 채무를 변제 할 책임을 지는데 불과하고 채무를 변제한 연대채무자에게까지 그 연대보증한 연대채무자의 부담부분에 관한 채무를 변제할 책임을 부담하는 것은 아니다.

2. 구상의 범위

부진정연대채무자 중 1인이 다른 부진정연대채무자에게 구상할 수 있는 경우, 그 때에도 민법 제425조 제1항(부분구상)과 제427조 제1항(상환무자력자의 부담부분의 분담)이 유추적용될 수 있다. 그러나 數人의 부진정연대채무자 중 一人이 내부적 부담부분없는 경우도 있다. 이런 사안에서는 전부구상을 인정하더라도, 구상의 순환이 발생할 여지가 없다. 오히려 이런 사안은 법률규정에 의해, 채권자만을 위해 전부급부의무를 부담시키는 사안과 유사하다. 제3자의 가해행위로 손해가 발생하였음에도 보험급여를 하여야 하는 손해보험자, 사회보험자, 무과실책임을 부담하는 자 등이 그 예이다. 이런 경우에는 전부구상을 인정하여야 할 것이다(대판 2005.10.13, 2003다24147).

제4절 채무인수

어떤 자가 채무자의 채무를 대신하여 이행하겠다는 합의를 할 경우 그 합의는 채권자의 입장에서 자신의 채권을 담보하는 기능을 수행할 수 있다. 특히 기존의 채무자와 더불어 추가적으로 어떤 자가 채무를 인수하겠다고 할 때가 그러하다. 기존의 채무자를 갈음하여 그보다 더 자력이 있는 자가 채무를 인수하겠다고 할 때에도 채권자의 채권이 실현될 가능성이 높아질 수도 있다. 이런 기능을 수행할 수 있는 제도가 이행인수, 병존적 채무인수, 면책적 채무인수이다. 그런데 특정의 채무인수의 합의가 이행인수인지, 병존적 채무인수인지, 면책적 채무인수의 합의인지를 판별하는 것은 결국 당사자의 의사해석에 관한 것이다.

채무자와 인수인 사이에서 한 채무인수의 합의는 이를 이행인수로 볼 것인지 아니면 제3자를 위한 계약으로 체결된 병존적 채무인수인지를 구별하는 기준은 계약당사자가 제3자인 채권자에게 직접 인수인에 대하여 채권을 취득케 할 의사가 있는지 여부에 달려 있다. 이에 관하여 다툼이 있으면, 계약체결의 동기, 경위 및 목적, 계약에 있어서의 당사자의 지위, 당사자 사이 및 당사자와 제3자 사이의 이해관계, 거래관행 등을 종합적으로 고려하여 그 의사를 해석하여야 한다.[171]

채무자와 인수인 사이의 합의가 병존적 채무인지 아니면 면책적 채무인수인지를 구분할 때에는 채무인수의 당사자의 의사해석에 의해 결정되어야 할 것이다. 병존적 채무인수나 면책적 채무인수 모두 채권자가 인수인에 대해 직접 채권을 취득하게 되고, 그 채권취득은 前者의 경우 채권자가 수익의 의사표시를 함으로써(민법 제539조 제2항), 後者의 경우 면책적 채무인수에 대한 채권자가 동의 내지 승낙을 함으로써 가능해진다. 즉 그 채권취득에 채권자의 의사가 필요한데, 현실에서의 채권자의 의사가 병존적 채무인수에서의 수익의 의사표시인지 아니면 면책적 채무인수에서의 채권자의 동의인지는 결국 제반사정에 비추어 판단하여야 할 것이다.

대판 1998.11.24, 98다33765

채무인수의 효력이 생기기 위하여 채권자의 승낙을 요하는 것은 면책적 채무인수의 경우에 한하고, 채무인수가 면책적인가 중첩적인가 하는 것은 채무인수계약에 나타난 당사자 의사의 해석에 관한 문제이다. 채권자의 승낙에 의하여 채무인수의 효력이 생기는 경우, 채권자가 승낙을 거절하면 그 이후에는 채권자가 다시 승낙하여도 채무인수로서의 효력이 생기지 않는다.

1. 이행인수

1.1. 이행인수의 합의

이행인수는 채무자와 인수인 사이의 계약으로 인수인이 변제 등에 의하여 채무를 소멸케 하여 채무자의 책임을 면하게 할 것을 약정하는 것인데, 그 결과 인수

---

171. 대판 1997.10.24, 97다28698 참조. 이 판결은 "부동산을 매매하면서 매도인과 매수인 사이에 중도금 및 잔금은 매도인의 채권자에게 직접 지급하기로 약정한 경우, 그 약정은 매도인의 채권자로 하여금 매수인에 대하여 그 중도금 및 잔금에 대한 직접청구권을 행사할 권리를 취득케 하는 제3자를 위한 계약에 해당하고 동시에 매수인이 매도인의 그 제3자에 대한 채무를 인수하는 병존적 채무인수에도 해당한다"고 하였다.

인이 채무자를 면책시킬 채무를 채무자에 대한 관계에서 부담하고, 채권자로 하여금 직접 인수인에 대한 채권을 취득케 하는 것은 아니다(대판 1997.10.24, 97다28698 참조). 이런 합의는 전형적으로 다음 두 유형으로 구분할 수 있을 것이다. 첫째, 채무자와 채무인수자 간에는 채무자로 하여금 그 책임으로부터 완전히 벗어나게 하려고 의욕하였으나 채권자의 동의를 얻지 못하여 면책적 채무인수의 효력이 발생하지 않은 경우가 있다. 채권자의 동의가 없으면 채무자와 채무인수자 간의 계약의 효력도 상실되게 합의한 것이 아니라면, 兩者 간의 채무인수의 합의는 유효하게 존속한다고 할 것이다. 가령 A가 영위하는 사업을 B가 인수하고자 할 때, A가 그 사업과 관련하여 자신이 C에게 부담하는 보증채무를 면책해 줄 것을 B의 사업양수의 한 요구조건으로 삼는 경우를 보자. B가 A의 보증채무를 면책적으로 인수하고자 하더라도 C가 동의하지 않을 수 있다. 이 때 그 사업을 양수하고자 하는 B는 A와의 관계에서 A의 C에 대한 보증채무를 대신 이행하겠다고 합의할 것이다.

둘째, 채무자와 채무인수자 간의 합의로 채무자의 채무를 인수자가 대신 이행할 것을 합의하였으나, 채무인수자의 채무(채무자의 채무를 이행인수한 것)에 대한 반대급부로 채무자가 부담하기로 한 채무가 제대로 이행되지 않을 경우 채권자에게 이행하지 않을 권리를 유보하고자 할 수 있다. 채권자가 직접 채무인수자에게 채권을 가질 때에는 채무인수자의 채무자에 대한 항변사유로 대항하기가 법률상 또는 사실상 어려울 수 있기 때문이다. 가령 부동산의 매수인(B)이 매매목적물에 설정된 저당권에 의해 담보되는 매도인(A)의 피담보채무 등을 인수하는 한편, 그 채무액을 매매대금에서 공제하기로 약정한 경우, 특별한 사정이 없으면 이를 이행인수로 볼 것이다(대판 2001.4.27, 2000다69026; 대판 1998.10.27, 98다25184 참조). 왜냐하면 B는 다음과 같은 사정을 충분히 감안한 뒤 위와 같은 합의를 할 것이기 때문이다. 즉, 저당권을 소멸시킬 수 있는 대위변제액을 고려하여 매매대금에서 공제할 가액을 계산할 것이고, 그 한도에서만 A의 채무에 대한 이행인수를 합의할 것이다. 가령 A의 채무 중 공개되지 않은 것이 있고 그 채무도 저당권에 의해 담보된다면 그 채무를 이행인수한 것은 아니라고 할 것이다. 물론 공제하고 남은 잔액을 지급한 뒤 소유권이전등기를 경료받은 뒤 A의 채무에 덧붙여진 지연이자 등은 미리 계산하여 자신의 부담으로 돌릴 수 있을 것이다. 한편 부동산에 대한 담보책임을 추궁할 수 있는 사유가 있다면 이를 이유로 손해배상을 청구하면서 그 한도만큼 공제할 금액을 증가시킬 권리를 포기하지 않으려 할 것이다. 이럴 때에는 병존적 채무인수보다는 이행인수를 선택한 것으로 해석해야 할 것이다.

1.2. 이행인수와 보증채무의 차이

이행인수가 있으면 채권자는 채무자를 대위하여 이행인수인에게 채무자의 권리를 행사하면서 자신에게 직접 채무를 이행할 것을 청구할 수 있다. 그 점을 중시하면 채권자의 입장에서는 이행인수인은 경제적으로는 보증인과 유사하게 채권실현을 담보하는 지위에 있다고 볼 수도 있다. 그러나 이행인수인의 법적 지위는 보증인과는 사뭇 다르다. 채무자와 이행인수인 사이에는 後者가 종국적인 책임을 지고, 따라서 이행인수인이 채무를 이행하더라도 채무자에게 구상할 수 없기 때문이다. 둘째, 채권자가 채권자대위권을 행사하여 이행인수인으로 하여금 자신에게 직접 채무를 이행하도록 청구할 때, 이행인수인은 채무자의 채권자에 대한 채무가 시효로 소멸하였다는 항변을 할 수 없다. 주채무가 시효소멸하면 보증채무도 부종성으로 인해 더 이상 존속하지 않는 것과 차이가 있다. 셋째, 채권자의 채권자대위권의 행사가 있을 때, 이행인수인은 채무자에 대한 항변사유로써 채권자에게 대항할 수 있다. 보증인은 통상 자신의 주채무자에 대한 항변으로 채권자에게 대항할 수 없는 것과 차이가 있다.

그러나 이행인수인의 지위가 보증인의 지위와 유사한 점도 있다. 채무자의 채무가 부존재하거나 변제로 소멸하면 이행인수의 목적이 부존재하거나 목적달성불능이 되므로 이행인수의 합의도 그 효력을 상실할 것이다. 이 점에서는 보증채무의 부종성과 유사한 점이 있다.

1.3. 이행인수의 효력

(1) 채무자와 채권자 사이의 채권 · 채무관계

채무자는 여전히 채권자에 대해 채무를 부담하고 있고, 그 채무를 이행하지 않을 경우 채권자는 채무자에게 채무이행을 청구하거나 담보권을 실행하여 피담보채무의 만족시킬 수 있다. 인수인에 대해서는 그 채무의 이행을 청구할 수 없다. 물론 채권자는 채권자대위권에 기하여 채무자의 인수인에 대한 청구권을 대위행사할 수 있다(대판 2009.6.11, 2008다75072).

(2) 채무자와 인수인의 관계

채무이행에 대해 다른 합의가 없는 한[172] 채무자는 자신의 채권자에 대한 채무의 이행기가 도래하면 인수인으로 하여금 그 채무를 이행하도록 청구하거나 채권자와의 관계에서 자신을 면책시켜 줄 것을 청구할 수 있다. 인수인이 채권자에게 채무자의 채무를 대위변제하거나 채권자와의 계약으로 채무자의 채무를 면하게 하면(가령 경개계약) 그것으로 인수인의 채무자에 대한 채무는 이행되었다고 할 것이다.[173]

(3) 인수인의 채무불이행과 채무자와 인수인 간의 보상관계의 효력

인수인이 이행인수한 채무자의 채무를 그 변제기에 이행하지 않은 경우, 채무자는 이행인수계약상의 채무불이행책임을 추궁할 수 있다. 이를 이유로 보상관계상의 계약을 해제할 수 있는지의 문제는 그 보상관계의 계약내용에 따라 각각 달라질 것이다.

가령 부동산 매매계약을 체결하면서 그 부동산에 설정된 부담(즉 피담보채무) 등을 매수인이 인수하고 그 채무액만큼을 매매대금으로 공제하기로 한 경우에는 다음과 같이 정립된 대법원의 판결이 있다. 첫째, 매수인은 이행인수한 채무를 현실적으로 변제할 의무를 부담하지 않으며, 매수인은 매매대금에서 그 채무액을 공제한 나머지를 지급함으로써 잔금지급의무를 다한 것이다(대판 1957.6.29, 4290민상18; 대판 1990.1.25, 88다카29467; 대판 1993.2.12, 92다23193 등 다수의 판결 참조). 둘째, 인수채무의 일부인 근저당권의 피담보채무의 변제를 게을리함으로써 매매목적물에 관하여 근저당권의 실행으로 임의경매가 개시되고 매도인이 그 경매절차의 진행을 막기 위하여 부득이 근저당권의 피담보채무를 변제하였다면 매도인은 매수인에 대해 손해배상채권을 취득하는 이외에도 그 사유를 들어 매매계약을 해제할 수 있다(대판 1992.7.24, 91다38341 등 참조). 매매계약을 해제할 수 있기 위해서는, 매수인이 인수채

---

172. 가령 甲의 채무의 이행기 전에 미리 변제할 것을 약정할 수도 있을 것이나, 이런 합의가 없다면 본문과 같이 처리된다는 것이다.

173. **채무자는 甲, 이행인수인은 乙, 채권자는 丙이라 할 때,** 이행인수인(乙)은 변제할 정당한 이익이 있는 자이므로, 그 변제로 채권자(丙)가 가진 채권 및 담보권은 이행인수인에게 당연히 이전된다(민 481조). 따라서 丙의 저당권을 乙이 취득할 것이고, 그 결과 혼동으로 저당권은 소멸하게 된다(민 191조). 한편 丙의 甲에 대한 채권도 취득하게 되지만, 甲과 乙 사이에는 甲의 채무를 乙이 대위변제함으로써 매매대금지급에 갈음하기로 하였으므로 乙은 甲에게 구상할 수 없다.

무를 이행하지 아니함으로써 매매대금의 일부를 지급하지 아니한 것과 동일하다고 평가할 수 있는 특별한 사유가 있어야 하고, 그 '특별한 사정'은 매매계약 당사자들이 그러한 내용의 매매계약을 하게 된 경위, 매수인의 인수채무 불이행으로 인하여 매도인이 입게 되는 구체적인 불이익의 내용과 그 정도 등 제반사정을 종합적으로 고려하여, 매매대금의 일부를 지급하지 아니한 것과 동일하다고 평가할 수 있어야 한다(대판 2007.9.12, 2006다69479, 69486). 셋째, 매수인이 인수한 채무의 이행을 게을리 하여, 근저당권이 실행됨으로써 매도인이 매매목적물에 대한 소유권을 상실하였다면, 이는 매수인의 귀책사유로 매도인의 채무가 이행불능된 것이므로 매도인은 매매대금의 지급을 청구할 수 있다(대판 2008.8.21, 2007다8464, 8471; 대판 2009.5.14, 2009다5193).

2. 병존적 채무인수

2.1. 병존적 채무인수의 합의

병존적 채무인수는 통상 채무자와 인수인의 계약으로 체결된다. 그 합의는 채권자로 하여금 인수인에 대하여 채무자에 대한 채권과 동일한 채권(혹은 그 채권액의 일부)을 취득하게 하는 것을 내용으로 한다. 이 점에서 보면 병존적 채무인수의 합의는 제3자를 위한 계약의 일종이라고 할 수 있다. 이 경우 채권자의 수익의 의사표시가 필요하다(민법 제539조 제2항). 물론 인수인과 채권자 사이의 계약으로 병존적 채무인수계약이 체결될 수도 있다.

2.2. 병존적 채무인수와 여타의 유사제도와의 異同

제3자를 위한 계약으로 병존적 채무인수를 합의하더라도, 그 합의의 효력은 통상의 제3자를 위한 계약과 동일하지 않다. 통상의 제3자를 위한 계약에서는 낙약자가 대가관계상의 항변사유로써 수익자에게 대항할 수 없지만(대판 2003.12.11, 2003다49771), 제3자를 위한 계약으로 병존적 채무인수를 합의한 경우에는, 낙약자(채무인수자)는 대가관계(채권자와 채무자 간의 법률관계)상의 항변사유, 즉 채무부존재, 소멸, 동시이행의 항변권 등으로써 대항할 수 있다고 해석해야 하기 때문이다. 달리 말하면 채무자와 채권자 사이에 채무가 존재하는 것을 전제로 하여 그 채무를 인수한 것이기 때문에 통상의 제3자를 위한 계약과 동일할 수 없다. 또한 채무자와 채권자 간의 계약(대가관계)이 해제된 경우, 병존적 채무인수인이 이미 채권자에게 급부한 것이 있다면 이를 부당이득으로 반환청구할 수 있을 것이다. 이 점에서도 통상의 제3자를 위한 계약과 다르다고 할 것이다. 나아가 제3자를 위한 계약의 경우 기본계약상의 흠결이 있을 때 이를 이유로 해서 수익자에게 대항할 수 있지만, 일단 수익자에게 채무를 이행한 이후에 기본계약이 해제되었다고 해서 수익자에게 이미 지급한 급부를 부당이득으로 반환청구하지 못할 때가 있다.[174]

병존적 채무인수에 부종성이 인정된다면, 주채권을 양도할 때 병존적 채무인수인에 대한 채권도 같이 양도되는지, 분리양도가 가능한지가 문제된다.

서울지법 2003.12.19. 선고 2003가합6410

이 판결은 채권이 양도된 경우 병존적 채무인수인에게도 통지하여야 하는지를 다루면서, "병존적 인수채무는 보증채무와는 달리 종래의 채무에 대하여 종속적 내지 보충적인 관계에 있지 아니하고 독립하여 존속한다는 점에서 채권자에 대한 관계에서 종래 채무와는 서로 연대채무 내지 부진정연대채무의 관계에 있다고 할 것이고, 채권자가 병존적 채무인수인에 대하여 채권양도사실을 통지할 필요 없이 채권양도로써 대항할 수 있다고 한다면 병존적 채무인수인으로 하여금 이중변제의 위험을 감수하도록 강제하는 결과가 되어 부당하므로 채권자는 채무자와는 따로 병존적 채무인수인에게도 채권양도사실을 통지하여야 한다"고 한다.

병존적 채무인수가 보증채무와 동일하지는 않지만, 다른 특별한 사정이 없는 한, 어떤 사유에서든지 주채무가 소멸하면 병존적 채무인수인의 채무도 소멸한다는 점에서는 보증채무와 다르지 않다. 이 점에서는 연대채무나 부진정연대채무와 다르다. 따라서 위 판결처럼 연대채무나 부진정연대채무과 비교하여 분리양도 여부를 검토하는 것은 타당하지 않다(연대채무관계에서의 채권의 분리양도에 관해서는 제2절 제3관 1.6. 참조). 주채권의 양도가 주채무자에게 대항할 수 있다면 별도로 보증채무자에 대한 대항요건을 갖추지 않더라도 보증채무자에게 대항할 수 있는 근거가 보증채무의 부종성과 부수성에서 찾을 수 있다면(대판 2002.9.10, 2002다21509) 그 한도에서는 병존적 채무인수도 동일하게 취급해야 할 것이다. 연대채무나 부진정연대채

---

174. 가령 대판 2010.8.19, 2010다31860,31877; 대판 2005.7.22, 2005다7566,7573 등 참조. 필자는 모든 제3자를 위한 계약에 위 대법원 판결의 법리가 적용되는 것은 아니라고 생각한다. 이 판결의 법리는 단축된 급부에서의 수익자의 지위를 강화하기 위해 제3자를 위한 계약이 활용된 사안에 적용된다고 해석해야 할 것이다.

무와 달리 병존적 채무인수는 원채무를 담보하는 기능만 있기 때문이다.

한편 병존적 채무인수는 제3자를 위한 보증계약과 유사한 점이 많다. 後者의 경우, 주채무자와 수익자(채권자) 간에 채권이 더 이상 존재하지 않으면 낙약자(보증인)는 그 대가관계상의 항변으로써 수익자에게 대항할 수 있다. 이 점에서 양자는 공통되는 면이 있다. 또한 보증인은 주채무자와 채권자 사이의 항변사유로써 채권자에게 대항할 수 있는 것들이 적지 않은데, 이러한 혜택은 당사자 간에 반대의 합의가 없는 한 제3자를 위한 보증계약에서도 그대로 인정된다고 할 것이다. 병존적 채무인수계약에서도 보증인에게 인정되는 것과 동일한 내용의 권한이 인정되는지는 당사자 간의 약정, 당해 항변사유의 특성 등을 개별적으로 판단하여 검토하여야 하겠지만, 연대보증의 약정이 없다고 하더라도 통상(공동)보증에 고유한 최고 검색의 항변권이나 시효중단의 효력, 분별의 이익 등은 인정되지 않는다고 할 것이다. 또한 병존적 채무인수인이 채무를 이행한 경우 채무자에게 구상할 수 있는지는 계약의 해석에 따라야 할 것이다. 가령 손해배상책임에 대해 보험계약을 체결한 경우 보험자는 병존적 채무인수인으로 인정되지만, 보험자가 채권자에게 보험금을 지급하여 채무자의 채무를 대위변제하였다고 해서 채무자에게 구상할 수 있는 것은 아니라는 점을 상기하면 될 것이다. 이 점에서는 보증채무와 동일하지는 않다.

한편 병존적 채무인수인지 이행인수인지를 판단할 기준에 대해 대법원은 '계약 당사자에게 제3자 또는 채권자가 계약 당사자 일방 또는 인수인에 대하여 직접 채권을 취득케 할 의사가 있는지 여부'에 달려 있다고 한다. 보다 구체적으로는 계약 체결의 동기, 경위 및 목적, 계약에 있어서의 당사자의 지위, 당사자 사이 및 당사자와 제3자 사이의 이해관계, 거래 관행 등을 종합적으로 고려하여 그 의사를 해석하여야 한다는 것이다(가령 대판 1997.10.24, 97다28698; 대판 2006.1.26, 2005다54999 등 다수의 판결 참조).

대판 2008.3.27, 2006다40515

채무자와 인수인의 계약으로 체결되는 병존적 채무인수는 채권자로 하여금 인수인에 대하여 새로운 권리를 취득하게 하는 것으로 제3자를 위한 계약의 하나로 볼 수 있는바, 이와 비교하여 이행인수는 채무자와 인수인 사이의 계약으로 인수인이 변제 등에 의하여 채무를 소멸하게 하여 채무자의 책임을 면하게 할 것을 약정하는 것으로 인수인이 채무자에 대한 관계에서 채무자를 면책하게 하는 채무를 부담하게 될 뿐 채권자로 하여금 직접 인수인에 대한 채권을 취득하게 하는 것이 아니므로, 결국 제3자를 위한 계약과 이행인수의 판별 기준은 계약 당사자에게 제3자 또는 채권자가 계약 당사자 일방 또는 인수인에 대하여 직접 채권을 취득하게 할 의사가 있는지 여부에 달려 있다 할 것이고, 구체적으로는 계약 체결의 동기·경위 및 목적, 계약에 있어서의 당사자의 지위, 당사자 사이 및 당사자와 제3자 사이의 이해관계, 거래 관행 등을 종합적으로 고려하여 그 의사를 해석하여야 한다.

대법원의 이런 법률론 그 자체는 특별한 문제가 없을 수도 있다. 그러나 위의 기준만 보면 부동산을 매수하면서 그 부동산에 설정된 부담(채무)을 인수하고 그 채무액만큼 매매대금에서 공제하기로 합의한 경우, 그 합의는 병존적 채무인수에 해당될 수 있다고 해석할 수 있을 것이다. 그러나 이런 사안에서 당사자의 의사가 병존적 채무인수에 해당된다고 해석하고자 할 때에는, 제3자를 위한 계약으로 하는 채무인수가 가지는 법률효과를 감안하여 당사자가 그와 같은 것을 의욕하고자 하였는지를 신중하게 판단하여야 할 것이다. 예를 들면, 제3자를 위한 계약으로 하는 병존적 채무인수의 경우 채권자가 일단 수익의 의사표시를 한 이후에는 권리 또는 물건의 하자 등등의 사유로 계약을 해소하기로 합의하더라도 수익자에게 대항할 수 없다는 점, 병존적 채무인수인은 별도로 한도를 설정하지 않았다면 채무자가 부담하는 원본채무, 지연이자 및 손해배상채무에 대해서도 다 책임을 진다는 점 등이 이행인수와 다른 법률효과이다. 당사자가 이런 법률효과를 부담하겠다고 의욕하였는지도 아울러 판단하여야 할 것이다.

2.3. 병존적 채무인수의 법률효과

채권자는 채무자만이 아니라 병존적 채무인수인에 대해서도 직접 채무이행을 청구할 수 있다. 한편 제3자가 기존의 채무에 가입하여 새로운 채무자로 되고 종전의 채무자와 동일한 내용의 채무를 부담하는 병존적 채무인수의 경우 인수인과 원채무자 사이에 연대채무가 성립하는가를 둘러싸고 견해의 대립이 있다. 일부 학설은 연대채무관계가 된다고 하고, 다른 일부 견해는 부진정연대채무로 보아야 한다는 견해도 있다. 판례 중에는 이를 연대채무관계로 보는 것도 있다.[175]

175. 대판 1997.4.22, 96다56443(공보 1997, 1544).

대판 1997.4.22, 96다56443

[사안] 공동주주로서 피고 회사를 경영하던 원고와 A, B, C 등 4인은 원심 공동피고 D와 급한 부채를 변제하여 주면 피고 회사에 대한 경영권과 주식 전부를 D에게 넘기겠다고 약정하였다. D는 위 약정에 따라 피고 회사의 부채 변제자금으로 약 6500만원을 B에게 지급하였고, 원고, A, B, C 등 4인은 그 대가로 그들의 주식과 출자금을 모두 포기하고 피고 회사를 D에게 양도하였다. 그 때 D는 피고 회사가 원고에 대하여 지고 있던 약 2500만원의 채무를 인수하여 원고에게 변제하기로 약정하였다. 한편 위 양도 당시 원고 등 4인은 피고 회사의 채권채무명세서를 작성하여 D에게 제시하면서, 그 명세서에 기재된 채무 이외에 추가로 피고 회사의 채무가 확인되거나 그 명세서에 기재된 피고 회사의 채권 중에서 실제 존재하지 않는 채권이 있음이 확인될 때에는 원고 등 4인이 그에 따른 모든 책임을 지기로 약정하였다. 그 후 위 명세서에 기재된 채무 외에 추가로 약 1800만원의 채무가 있음이 밝혀졌고, 또 명세서에 기재된 채권 중에서 약 1600만원의 채권은 가공의 채권으로 밝혀짐으로써, 합계 약 3400만원 상당액을 원고 등 4인이 D에게 연대하여 지급해야 했다. D는 이 채권으로써 원고에 대한 약 2500만원을 상계하였다. 원고는 피고회사를 상대로 약 2,500만원의 지급을 구하였다. 피고회사는 D의 상계로 피고의 원고에 대한 채무도 소멸되었다고 항변하였다. 원심법원은 D의 원고에 대한 채무는 모두 소멸되었지만, D와 원고 사이에 체결된 위 약정의 효력이 약정의 당사자가 아닌 피고 회사에 대하여는 미칠 수는 없다는 이유로 고 할 것이므로, 피고 회사로서는 원고에 대하여 위 약정에 기한 채무소멸의 주장을 할 수 없다는 이유로, 피고 회사의 상계 주장을 배척하였다.

[대법원 판단] 피고 회사의 원고에 대한 약 2,500만원의 채무를 D가 중첩적으로 인수함으로써 그 채무에 관하여 피고 회사와 연대채무자의 관계에 있으므로, D가 원고에 대한 위 손해배상채권을 자동채권으로 하여 원고의 자신에 대한 위 약 2,500만원의 채권에 대하여 대등액에서 상계의 의사표시를 하였다면, 연대채무자 1인이 한 상계의 절대적 효력을 규정하고 있는 민법 제418조 제1항의 규정에 의하여, 다른 연대채무자인 피고 회사의 원고에 대한 채무도 위 상계에 의하여 소멸되었다고 할 것이다.

이 문제는 연대채무의 개념요소를 기준으로 하여 답하여야 할 것이다. 중첩적 채무인수가 있으면 대외관계에 있어서 제413조, 제414조가 그대로 적용될 수 있는데, 인수인과 채무자 간에 연대의 합의, 즉 상호위임관계 또는 이와 유사한 관계가 있다면 연대채무관계를 인정할 수 있을 것이다. 그러나 이런 관계가 없다면 연대채무관계를 인정할 수 없을 것이다. 결국 중첩적 채무인수 일반에 대해 이를 연대채무인지 여부를 판단할 것이 아니라, 각 사안별로 연대채무관계의 인정여부를 판단해야 할 것이다.

3. 면책적 채무인수

3.1. 면책적 채무인수의 합의

면책적 채무인수는 채무의 동일성을 유지하면서 이를 종래의 채무자로부터 제3자인 인수인에게 이전하는 것을 목적으로 하는 계약으로, 채무인수로 인하여 인수인은 종래의 채무자와 지위를 교체하여 새로이 당사자로서 채무관계에 들어서서 종래의 채무자와 동일한 채무를 부담하고 동시에 종래의 채무자는 채무관계에서 탈퇴하여 면책된다.

대판 1999.7.9, 99다12376

면책적 채무인수라 함은 채무의 동일성을 유지하면서 이를 종래의 채무자로부터 제3자인 인수인에게 이전하는 것을 목적으로 하는 계약으로서, 채무인수로 인하여 인수인은 종래의 채무자와 지위를 교체하여 새로이 당사자로서 채무관계에 들어서서 종래의 채무자와 동일한 채무를 부담하고 동시에 종래의 채무자는 채무관계에서 탈퇴하여 면책되는 것일 뿐이므로, 인수채무가 원래 5년의 상사시효의 적용을 받던 채무라면 그 후 면책적 채무인수에 따라 그 채무자의 지위가 인수인으로 교체되었다고 하더라도 그 소멸시효의 기간은 여전히 5년의 상사시효의 적용을 받는다 할 것이고, 이는 채무인수행위가 상행위나 보조적 상행위에 해당하지 아니한다고 하여 달리 볼 것이 아니다. 면책적 채무인수가 있은 경우, 인수채무의 소멸시효기간은 채무인수와 동시에 이루어진 소멸시효 중단사유, 즉 채무승인에 따라 채무인수일로부터 새로이 진행된다.

면책적 채무인수가 있다고 해서 종래의 채무가 소멸하는 것이 아니므로, 종래의 채무를 담보하는 저당권이 당연히 소멸된다고 볼 수는 없다(가령 대판 1996.10.11, 96다27476 참조). 학설들은 구 채무자가 설정한 저당권 등 약정담보권은 채권자와 인수인 사이의 계약으로 채무인수가 행하여진 경우에는 소멸하지만, 그렇지 않은 경우에는 소멸하지 않는다고 한다.[176] 이런 면책적 채무인수가 유효하기 위해서는 면책적 채무인수계약의 당사자의 합의와 채권자의 승낙이 있어야 한다(대판

---

176. 그러나 제3자가 제공한 담보는 어떤 경우이든 그의 동의가 없는 한 소멸하는 것이 원칙이다. 장래의 구상채무자의 책임재산에 변경이 생기므로, 제3자의 동의 없이도 그 담보를 존속시킬 경우 그에게 예상치 않은 불이익을 줄 수 있기 때문이다. 한편 민 459조 단서는 보증인이나 제3자가 채무인수에 동의한 경우에는 前 채무자의 채무에 대한 보증이나 제3자가 제공한 담보는 채무인수로 인하여 소멸하지 않는 것으로 규정하고 있는바, 위 조항에 규정된 채무인수에 대한 동의는 인수인을 위하여 새로운 담보를 설정하도록 하는 의사표시를 의미하는 것이 아니라 기존의 담보를 인수인을 위하여 계속시키는 데 대한 의사표시를 의미하는 것이므로, 물상보증인이 채무인수에 동의함으로써 소멸하지 않는 담보는 당연히 기존의 담보와 동일한 내용을 갖는 것이다(대판 1996.10.11, 96다27476 참조).

1998.11.24, 98다33765 참조).

채권자의 승낙으로 채무자의 채무가 면책적으로 면책적 채무인수인에게 인수된 경우 인수인이 채무를 이행하지 않는다 하더라도 채무자는 이에 관여할 이유가 없다.

대판 2000.12.26, 2000다56204

채무가 인수되는 경우에 구 채무자의 채무에 관하여 제3자가 제공한 담보는 채무인수로 인하여 소멸하되 다만 그 제3자(물상보증인)가 채무인수에 동의한 경우에 한하여 소멸하지 아니하고 신 채무자를 위하여 존속하게 되는바, 이 경우 물상보증인이 채무인수에 관하여 하는 동의는 채무인수인을 위하여 새로운 담보를 설정하겠다는 의사표시가 아니라 기존의 담보를 채무인수인을 위하여 계속 유지하겠다는 의사표시에 불과하여 그 동의에 의하여 유지되는 담보는 기존의 담보와 동일한 내용을 갖는 것이므로, 근저당권에 관하여 채무인수를 원인으로 채무자를 교체하는 변경등기(부기등기)가 마쳐진 경우 특별한 사정이 없는 한 그 근저당권은 당초 구 채무자가 부담하고 있다가 신 채무자가 인수하게 된 채무만을 담보하는 것이지, 그 후 신 채무자(채무인수인)가 다른 원인으로 부담하게 된 새로운 채무까지 담보하는 것으로 볼 수는 없다.

대판 1996.10.11, 96다27476

① 면책적 채무인수라 함은 채무의 동일성을 유지하면서 이를 종래의 채무자로부터 제3자인 인수인에게 이전하는 것을 목적으로 하는 계약을 말하는바, 채무인수로 인하여 인수인은 종래의 채무자와 지위를 교체하여 새로이 당사자로서 채무관계에 들어서서 종래의 채무자와 동일한 채무를 부담하고 동시에 종래의 채무자는 채무관계에서 탈퇴하여 면책되는 것일 뿐 종래의 채무가 소멸하는 것이 아니므로, 채무인수로 종래의 채무가 소멸하였으니 저당권의 부종성으로 인하여 당연히 소멸한 채무를 담보하는 저당권도 소멸한다는 법리는 성립하지 않는다.

② 민법 제459조 단서는 보증인이나 제3자가 채무인수에 동의한 경우에는 전 채무자의 채무에 대한 보증이나 제3자가 제공한 담보는 채무인수로 인하여 소멸하지 아니하는 것으로 규정하고 있는바, 위 조항에 규정된 채무인수에 대한 동의는 인수인을 위하여 새로운 담보를 설정하도록 하는 의사표시를 의미하는 것이 아니라 기존의 담보를 인수인을 위하여 계속시키는데 대한 의사표시를 의미하는 것이므로, 물상보증인이 채무인수에 동의함으로써 소멸하지 아니하는 담보는 당연히 기존의 담보와 동일한 내용을 갖는 것이다.

3.2. 법률규정에 의한 면책적 채무인수

법률규정의 해석상 면책적 채무인수의 효과가 생기는 경우도 있다. 가령 주택 및 상가건물 임대차보호법상의 대항력 있는 임차인이 있을 때, 그 임차건물의 양수인—소유자가 임대인인 경우 건물 소유권의 양수인, 용익물권자가 임대인인 경우 그 용익물권의 양수인 등—이 임대차 계약상의 채무를 인수하게 된다. 부동산 임대차등기가 경료된 경우, 전세권이 설정된 부동산의 양수인 등이 그러한 예이다.

제5장 담보물권

제1절 물적 담보제도의 개관 / **제2절** 유치권 / **제3절** 질권

제4절 담보물권으로서의 전세권 / **제5절** 저당권

제6절 가등기담보 등에 관한 법률상의 담보물권

제1절 물적 담보제도의 개관

제1관 물적 담보의 유형

물적 담보는 채무자의 특정된 재산을 할당하여 그것으로부터 채권만족을 실현하도록 하는 것을 말한다. 물적 담보의 중심에는 담보물권이 있다. 물권법정주의(민법 제185조)에 의해 담보물권은 법률 또는 관습법에 의하는 외에는 임의로 창설하지 못한다. 그 밖에 소유권 또는 권리이전의 법형식을 취하되, 담보물권과 같은 기능을 수행하는 것도 있다. 이를 개관하면 다음과 같다.

1. 법정 담보물권

담보물권을 성립시키고자 하는 당사자의 의사 없이도, 법률규정으로 정한 일정한 요건이 충족되면 성립되는 법정 담보물권이 있다.

1.1. 특정 물건에 대해 성립하는 법정 담보물권

타인의 물건 또는 유가증권을 점유한 자는 그 물건이나 유가증권에 관하여 생긴 채권이 변제기에 있다면, 유치권이라는 담보물권을 취득한다(민법 제320조).

토지임대인은 임대차에 관한 채권에 기초하여 임차토지에 부속 또는 그 사용의 편익에 공용한 임차인의 소유의 동산 또는 그 토지의 과실[1]을 압류한 경우, 임차인 소유의 그 동산 또는 과실에 대해 질권을 취득한 것과 동일한 법률효과가 생긴

1. 부동산 임차인은 임차토지를 사용수익할 권리가 있기 때문에, 그 토지의 과실에 대한 소유권을 취득한다(민법 제102조 제1항).

다(민법 제648조). 토지임대인이 임대차에 관한 채권이 아닌 다른 채권으로써 위 동산을 압류하였다면, 일반적인 압류채권자 이상의 지위를 가지지 못한다. 임대차에 관한 채권으로써 압류하였다 하더라도, 임차토지에 부속한 임차인 소유의 동산이 아닌 통상의 임차인 소유 동산을 압류한 경우도 마찬가지로 일반적인 압류채권자 이상의 지위를 가지지 못한다. 前者나 後者 두 사안 모두 집행력 있는 판결정본 또는 그 밖의 집행권원으로써 임차인 소유 동산을 압류하여야 한다는 점, 동산 경매에 따른 방식으로 환가된다는 점에서는 모두 공통되지만, 매각대금의 배당에서는 前者는 질권과 같은 법률효과가 인정되고, 後者 두 사안은 일반채권자로서 인정된다는 점에 그 차이가 있다.

한편 토지임대인이 변제기를 경과한 최후 2년의 차임채권에 의하여 그 지상에 있는 임차인 소유의 건물을 압류한 때에는 저당권을 취득한 것과 동일한 법률효과가 발생한다(민법 제649조). 그러나 同條가 적용되는 사안은 제한적이다. 즉 차임채권의 연체에도 불구하고 토지임대인이 임대차를 해지하지 않았거나 계속하여 건물 소유를 목적으로 토지를 임대하고자 할 경우 同條가 적용될 것이다. 만약 임대인이 차임연체를 이유로 임대차계약을 해지하였다면(민법 제640조), 임차인은 임대차 갱신청구권 또는 건물매수청구권을 행사할 수 없을 것이다(민법 제643조, 283조).[2] 이 경우 임대인이 임차인 소유의 건물을 압류하여 환가할 경우, 경매에서의 매수인은 건물소유를 목적으로 하는 대지이용권을 취득할 수 없기 때문에, 통상 이를 매수하고자 하지 않을 것이다. 이를 감안하면 법정저당권은 임차인의 차임연체가 있지만, 그 임대차계약을 해지하지 않고, 그 차임채권에 기해 건물을 압류한 경우에 적용될 것이다. 한편 임대인의 법정저당권이 성립되기 위한 한 요건으로, 임대인이 임차인 소유의 건물을 압류할 것을 요구하기 때문에, 통상의 저당권과 달리 임대인은 확정된 종국판결과 같은 집행권원으로써 압류하여야 한다. 즉 강제집행에 따른 경매절차에 따라 압류하여야 하는 것이지, 담보권실행등을 위한 경매절차에 따라 압류하는 것은 아니다. 그러나 배당에서는 저당권과 같은 효력이 인정된다는 것이다. 우선순위를 결정할 때 법정저당권의 성립은 임대인이 "압류한 때"를 기준으로 삼아야 할 것이다.

그 밖에 특정 물건에 대해 담보물권과 같은 효력이 인정되는 것으로 주택임차

---

2. 차임 연체 등 채무불이행을 이유로 임대차계약을 해지한 경우 임차인은 건물을 철거하여 원상회복하여 이를 반환하여야 한다. 대판 1994.2.22, 93다44104 참조.

인 및 상가건물임차인의 보증금채권이 있다. 주택임차인이 주택을 인도받고 또 전입신고를 함으로써 주민등록을 임차주택으로 이전하면 그 다음날로부터 대항력을 갖추게 된다(주택임대차보호법 제3조). 이 때 다음과 같은 우선변제권이 인정될 수 있다. 첫째, 그 보증금이 소액보증금에 해당될 때에는 임차주택의 경매절차에서 일정액의 범위에서는 최우선변제를 받을 수 있다. 최우선변제권이 인정되기 위해서는 그 주택에 대한 경매신청의 등기전에 대항요건을 갖추어야 한다.[3] 우선변제를 받을 수 있는 금액은 주택의 가액(경매에서 배당할 가액)의 2분의 1을 초과할 수 없고, 그 한도에서 주택임대차보호법 시행령 제3조에서 정하고 있다. 同法 시행령 제3조에 의한 일정액은 그동안 수차례 변경되었는데, 시행령부칙의 경과조치에는 "이 영 시행전에 임차주택에 대하여 담보물권을 취득한 자에 대하여는 종전의 규정에 의한다"고 한다. 따라서 담보물권을 취득한 시점을 기준으로 해서 최우선변제받을 수 있는 액수가 결정된다.[4] 한편 임차주택을 취득한 후 시행령 제3조에 의한 일정액이 증액된 경우에는 시행령에 의한 증액이 있기 전까지 담보물권을 취득한 자가 없는 한 임차인은 증액된 액수만큼 우선변제를 받을 수 있다.[5]

〈예 시〉

A가 1999.12.20 보증금 3,900만원에 B 소유 주택(서울특별시 소재)을 임차하고 대항요건을 갖추었다. B 주택에 C는 1998.1.10. 1순위 저당권을, D는 2001.9.30. 2순위 저당권을 각각 설정하였다. 그 후 이 주택은 저당권의 실행으로 경매되었고, 배당기일은 2002.5.10.이다. 1998.1.10. 당시 주택임대차보호법 시행령 제4조는 소액보증금을 3,000만원 이하로 정하였고, 2001.9.15. 동법 시행령 제4조는 4,000만원으로 정하였다. 이 때 A는 C와의 관계에서는 소액보증금 임차인으로 인정되지 않지만, D와의 관계에서는 소액보증금 임차인이다. 따라서 C에게 우선변제하고 남은 금액이 있다면, 2001.9.15. 개정된 시행령 제3조 제1항 제1호에 따라, 그 중에서 1,600만원을 최우선변제받는다.

둘째, 대항요건을 갖춘 임차인이 임대차계약서상에 확정일자를 갖추었다면 주택임대차보호법 제3조의2에 의해 우선변제권이 인정된다. 우선변제권의 성립일은

3. 강제경매절차 또는 담보권실행등을 위한 경매절차에서 경매개시절차가 개시결정을 하면 법원사무관등의 촉탁에 의해 경매신청의 등기가 기입된다(민사집행법 제83조, 제94조, 제268조).

4. 대판 2010.6.10, 2009다101275 참조.

5. 대판 2002.3.29, 2001다84824 참조. 1989년 12월 30일 개정된 주택임대차보호법에서부터 소액보증금 중 일정액을 최우선 변제하도록 규정하였고, 그 이후 소액보증금에 해당되는지 여부, 소액보증금 중 일정액의 범위는 수차례에 걸친 시행령 개정을 통해 변경되어 왔다.

대항력과 확정일자를 모두 갖춘 때이다. 따라서 그 시점을 기준으로 우선변제의 순위가 결정된다. 위의 우선변제권은 주택과 대지의 환가대금에 대해 그 효력이 미친다.

상가건물임대차보호법과 동법 시행령에서 정한 액수를 초과하지 않은 금액을 보증금으로 지급한 상가건물 임차인[6]도 주택임차인과 유사한 법정담보물권을 취득한다. 상가임차인이 상가건물임대차보호법 제3조에 따라 건물의 인도와 부가가치세법 제5조, 소득세법 제168조 또는 법인세법 제111조의 규정에 의한 사업자등록의 신청을 하면 그 다음날로부터 대항력을 가진다. 이 때 다음과 같은 우선변제권이 인정된다. 첫째, 상가임차인이 상가건물의 경매신청의 등기 전에 대항력을 가지고, 그 보증금이 상가건물임대차보호법시행령 제6조의 범위 내에 있을 때, 동법 시행령 제7조에 따라 그 중 일정액을 최우선변제받을 수 있다(상가건물임대차보호법 제14조).[7] 둘째, 상가건물임대차보호법 제3조의 대항력을 갖춘 자가 관할 세무서장으로부터 임대차계약서에 확정일자를 받으면 우선변제권이 인정된다(동법 제5조 제2항). 위 각각의 경우 그 상가건물과 대지에 대해 담보물권을 취득한 것과 동일한 법적 효력을 가지게 된다.

위에서 언급한 주택임대차보호법 및 상가건물임대차보호법에 따라 최우선변제권 또는 우선변제권이 있는 임차인은 경매절차에서 법정의 우선변제권이 인정되지만, 경매청구권은 인정되지 않는다. 따라서 임차인 자신이 주도적으로 주택 또는 상가를 환가하여 우선변제받고자 한다면, 먼저 집행권원을 확보하여 강제경매를 신청하여야 할 것이다. 그 절차에서 우선변제권을 행사하여야 한다.

한편 선박우선특권도 특정재산에 대해 성립하는 법정담보물권이다. 선박우선특권의 담보물과 피담보채권은 아래 표와 같다.

---

6. 2010.7.21.의 동법 시행령 제2조에 따르면, 동법 제2조의 "대통령령으로 정하는 보증금"은 서울특별시의 경우 3억원, 수도권정비계획법에 따른 과밀억제권역(서울특별시제외)은 2억5천만원, 광역시(앞의 과밀억제권역은 제외), 안산시, 용인시, 김포시 및 광주시는 1억8천만원, 그 밖의 지역은 1억5천만원이다. 월차임이 있는 경우에는 월차임에 100을 곱한 금액을 보증금으로 간주한다. 상가임차인이 보증금외에 월차임을 지급하는 경우 월차임에 100을 곱하여 보증금에 합산하여 위 "대통령령으로 정하는 보증금"의 범위 내에 있는지를 판단한다.

7. 현행법(2010.7.21. 시행령)으로는, 소액보증금은 서울특별시 5000만원, 수도권정비계획법에 따른 과밀억제권역(서울특별시제외)은 4500만원, 광역시(앞의 과밀억제권역은 제외), 안산시, 용인시, 김포시 및 광주시는 3000만원, 그 밖의 지역은 2500만원이다.

<table>
<tr><th>담보물</th><th>담보물의 구체적 내용</th><th>피담보채권(상법 제777조)</th><th>비고</th></tr>
<tr><td>선박, 그 속구</td><td></td><td rowspan="3">채권자의 공동이익을 위한 소송비용, 항해에 관하여 선박에 과한 제세금, 도선료와 예선료, 최후입항후의 선박과 그 속구의 보존비와 검사비(제777조 제1항 제1호), 선원과 그 밖의 선박사용인의 고용계약으로 인한 채권(제2호) 해난구조로 인한 선박에 대한 구조료채권과 공동해손의 분담에 대한 채권(제3호), 선박의 충돌과 그 밖의 항해사고로 인한 손해, 항해시설·항만시설 및 항로에 대한 손해와 선원이나 여객의 생명, 신체에 대한 손해배의 배상채권(제4호).</td><td rowspan="3">제777조 제1항 제2호의 채권은 고용계약존속 중의 모든 항해로 인한 운임의 전부에 대해 우선특권을 인정(제781조)</td></tr>
<tr><td>그 채권이 생긴 항해의 운임</td><td>지급을 받지 아니한 운임, 지급을 받은 운임으로 선박소유자나 그 대리인이 소지한 금액(제779조)</td></tr>
<tr><td>그 선박과 운임에 부수한 채권</td><td>선박 또는 운임의 손실로 인하여 선박소유자에게 지급할 손해배상(제778조 제1호), 공동해손으로 인한 선박 또는 운임의 손실에 대하여 선박소유자에게 지급할 償金(제2호), 해난 구조로 인하여 선박소유자에게 지급할 구조료(제3호). 보험계약에 의하여 선박소유자에게 지급할 보험금과 그 밖의 장려금이나 보조금은 제외(제780조)</td></tr>
</table>

동일 항해로 인한 채권의 우선특권이 경합하는 때에는 그 우선의 순위는 제777조 제1항 각호의 순서에 의한다(제782조 제1항). 제777조 제1항 제3호의 규정에 의한 채권의 우선특권이 경합하는 때에는 후에 생긴 채권이 전에 생긴 채권에 우선한다. 동일한 사고로 인한 채권은 동시에 생긴 것으로 간주한다(제782조 제2항). 수회의 항해로 생긴 우선특권이 경합하는 때에는 후의 항해에 관한 채권이 전의 항해에 관한 채권에 우선한다(제783조 제1항). 그러나 선박사용인의 고용계약으로 인한 선박우선특권은 그 최후의 항해에 관한 다른 채권과 동일한 순위로 한다(제783조 제2항). 이로 인해 동일 순위의 우선특권이 경합하는 때에는 각 채권액의 비율에 따라 변제한다(제784조). 선박우선특권은 그 선박소유권의 이전으로 인하여 영향을 받지 않는다(제785조). 선박채권자의 우선특권은 그 채권이 생긴 날로부터 1년 내에 실행하지 아니하면 소멸한다(제786조). 위의 각 우선특권에는 경매청구권과 우선변제권이 모두 인정된다. 가령 위의 각 채권의 성립 후 선박소유자가 변경되었다 하더라도 우선특권에 기한 경매청구를 할 수 있다.[8]

한편 구조자의 우선특권(상법 제893조)도 특정 재산에 대해 성립하는 법정담보물권이다. 구조에 종사한 자의 구조료채권은 구조된 적하에 대하여 우선특권을 갖는데, 채무자가 그 적하를 제3취득자에게 인도한 후에는 그 적하에 대하여 우선특권을 행사하지 못한다(제893조 제1항). 이 우선특권에는 선박우선특권에 관한 규정(제777조)을 준용한다(제893조 제2항).

1.2. 채무자의 모든 재산에 대해 성립하는 법정담보물권

근로자의 임금우선특권은 사용자의 전재산에 대해 성립하는 법정담보물권의 대표적인 예이다. 첫째, 근로자의 최종 3개월분의 임금, 재해보상금은 사용자의 재산에 대해 질권 또는 저당권에 따라 담보된 채권, 조세·공과금 및 다른 채권에 우선하여 변제받을 수 있다(근로기준법 제38조 제2항). 근로자의 최종 3년간의 퇴직금채권도 또한 마찬가지이다(근로자퇴직급여보장법 제12조 제2항). 둘째, 기타의 임금, 재해보상금, 그 밖에 근로관계로 인한 채권은 사용자의 총재산에 대하여 질권 또는 저당권 및 동산·채권 등의 담보에 관한 법률(2012.6.11.부터 시행)에 따른 담보권 외에는 조세·공과금 및 다른 채권에 우선하여 변제받을 수 있다(근로기준법 제38조 제1항). 그러나 질권 또는 저당권에 우선하는 조세·공과금에 대하여는 우선할 수 없다(근로기준법 제38조 제1항 단서). 근로자의 퇴직급여채권 중 최종 3년분 이외의 퇴직급여도 또한 동일하다(근로자퇴직급여보장법 제12조 제1항). 위와 같은 임금우선특권은 사용자의 재산을 환가처분하여 이를 배당할 때 그 배당절차에서 배당요구를 함으로써 이를 행사하고, 배당요구를 통해서만 우선특권이 보호된다. 근로자가 임금채권에 기해 배당요구를 할 때에는 별도의 집행권원을 요하지 않는다.

〈예 시〉

근로자 A가 최종 3개월분의 임금 및 최종 6년간의 퇴직금채권을 피보전채권으로 가압류를 하였다. A가 배당요구를 하지 않으면 앞서(제2장) 언급한 것처럼 A의 피보전채권액은 일반채권으로 분류되어 배당될 것이고, 그 액수만큼 공탁이 될 것이다. A가 배당요구를 하면 최종 3개월분의 임금과 최종 3년간의 퇴직금채권은 최우선하여 배당되고, 최종 3년 이후의 퇴직금은 담보권에 이어 후순위로 배당될 것이다.[9] 물론 이 예와 달리 가압류 없이도 배당요구를 할 수 있다.

---

8. 대판 1974.12.10, 74다176; 대판 1982.7.13, 80다2318 등 참조. 상법 제777조 제4호 참조.
9. 대판 2005.9.29, 2005다3439 참조.

상법 제468조의 사용인의 우선변제권도 회사의 총재산에 대해 성립하는 우선변제권이다. 이는 신원보증금의 반환을 받을 채권 기타 회사와 사용인 간의 고용관계로 인한 채권이 있는 자가 회사의 총재산에 대하여 우선변제를 받을 수 있도록 하는 것이다. 그러나 질권이나 저당권에 우선하지는 못하도록 하고 있다.

국세, 지방세 등 조세채권의 경우 조세채무자의 전재산에 대해 법정기일 이후에 성립된 전세권, 질권 또는 저당권에 우선하여 변제받을 수 있는 권리가 있다(국세기본법 제35조, 지방세법 제31조). 이런 조세채권의 경우 법률에 다른 규정이 없으면 배당요구의 종기까지 조세 교부청구를 하면 그 순위에 따라 우선배당을 하게 된다(국세징수법 제56조). 만약 조세채무가 이행되지 않아 조세당국이 체납처분으로써 조세채무자의 재산을 압류하였다면 별도의 배당요구가 없더라도 경매촉탁서에 기재된 내용을 조사하여 배당하여야 한다(대판 1997.2.14, 96다51585).

이상의 법정담보물권을 보면 그 성립요건과 효과에서 각기 상당한 차이가 있음을 알 수 있다. 이를 도표로 간단히 개관하면 다음과 같다.

	성립요건/피담보채권	효과
민사유치권	타인의 물건 또는 유가증권의 점유/그 물건 등에 관하여 생긴 채권	경매청구권/ 우선변제권 없음
상사유치권	채무자에 대한 상행위로 인하여 점유하는 채무자 소유의 물건 또는 유가증권/상행위로 인한 채권	경매청구권/ 우선변제권없음
토지임대인의 법정질권	집행권원에 기해 임차인 소유의 동산 또는 그 토지의 과실을 압류/토지임대인의 임대차에 관한 채권	우선변제권
토지임대인의 법정저당권	집행권원에 기해 임차인 소유의 지상건물의 압류/최후 2기의 차임채권	우선변제권
주택/상가건물임차인의 최우선변제권	경매신청의 등기 전에 관련 법상의 대항력을 갖출 것/법령상의 소액보증금 중 일정액	최우선변제권
주택/상가건물 임차인의 우선변제권	대항력과 임대차계약서상에 확정일자를 받을 것/임대차보증금	우선변제권
선박우선특권	선박과 관련하여 법률에서 정한 채권의 성립/당해 채권	경매청구권, 우선변제권
근로자의 임금우선특권	법령에서 정한 채권의 성립/당해 채권	우선변제권
사용인의 우선변제권	법령에서 정한 채권의 성립/당해 채권	우선변제권
조세채권	조세채권의 성립/당해 조세채권	우선변제권

위에서 우선변제권만 있는 경우에는 배당요구의 종기까지 우선특권 있음을 주장하여 배당요구를 하여야 하는 것이 원칙이다. 그렇지 않은 경우 우선특권은 보호받지 못한다.

2. 약정담보물권

담보설정자와 담보권자의 합의에 의해 성립하는 담보물권을 약정담보물권이라고 한다. 물론 당사자 간의 합의 이외에 등기나 인도 등 추가적인 요건이 있어야만 담보물권이 성립한다. 질권과 저당권이 대표적인 약정담보물권이다. 한편 전세권도 용익물권으로서의 전세권이 소멸한 후에는 담보물권의 기능을 가진다. 나아가 가등기담보 등에 관한 법률의 적용을 받는 가등기담보등(피담보채권은 재산권이전의 예약 당시의 가액이 차용액 및 이에 붙인 이자를 초과하는 경우에 적용되며, 담보물은 등기나 등록할 수 있는 재산에 한정된다)도 약정담보물권이라고 할 수 있다. 또한 2012년 6월 11일부터 시행될 '동산 · 채권 등의 담보에 관한 법률' 상의 담보권 역시 약정담보물권이다.

3. 소유권 및 권리이전의 법리에 의한 담보

담보물권은 법률 또는 관습법에 의해 인정되는 것 이외에는 임의로 이를 창설할 수 없다(민법 제185조). 그런데 법률이나 관습법에 의해 인정되는 것이 아니라 하더라도, 당사자 간의 계약에 의해 담보물에 대한 권리를 이전하거나 담보물에 대한 일정한 권리를 설정함으로써 채권담보의 기능을 수행하는 것들이 적지 않다. 여기에는 양도담보, 환매, 재매매의 예약, 대물변제의 예약, 소유권유보부매매 등이 있다. 양도담보는 동산, 부동산의 소유권 또는 채권 기타의 권리를 담보권자에게 이전하여 채권담보의 목적으로 삼을 때를 지칭하는 것이다. 이 때 담보권자는 소유권 또는 채권 등을 취득하는데, 당사자 간의 담보약정에 따라 이에 대한 권리를 행사 또는 처분하도록 정한다. 양도담보로 취득하는 권리를 어떻게 행사 내지 처분할 것인가는 전적으로 당사자 간의 약정에 따라 달라진다.

동산 또는 부동산을 매도하되, 일정기간 내에 매도인이 매매대금 및 매매비용 등을 반환하고 그 목적물을 되살 수 있는 권리인 환매(민법 제590조)를 채권담보의 목적으로 활용할 수 있다. 이 때 채권자는 동산 또는 부동산의 소유권을 매매로 취득할 것이고, 원본과 이자 상당액을 반환받은 뒤 그 목적물을 되팔 의무를 부담하게 될 것이다. 재매매의 예약 역시 채권담보의 목적으로 이를 활용할 수 있다.

대물변제의 예약 역시 채권담보의 기능을 수행할 수 있다. 채무자가 원리금을 반환하지 못할 경우 다른 재산권을 이전함으로써 원리금반환채무의 변제에 갈음하기로 합의함으로써 채권담보의 기능을 수행할 수 있다. 대물변제의 예약 중 소비대차(또는 준소비대차)상의 원리금채권을 담보하기 위한 목적이고, 예약 당시 취득하기로 한 재산권(등기 또는 등록이 권리이전의 성립요건인 재산권으로 취득하고자 하는 재산권이 질권, 저당권 및 전세권이 아닌 경우)의 가액이 원리금 합산액을 초과하는 경우는 '가등기담보등에관한법률'이 적용된다. 그러나 가등기담보등에관한법률이 적용되지 않는 여타의 대물변제의 예약은 담보의 기능을 하지만 담보물권이라고 할 수는 없다.

소유권유보부 매매는 매매대금이 완불될 시점까지 매수인에게로의 소유권의 이전을 유보시키는 것을 말하는데, 매도인의 매매대금 채권을 담보하기 위해 활용된다. 가공업자에게 원재료를 공급하는 자가 매매대금을 담보하기 위해 대금이 완불될 때까지 소유권이전을 유보시킬 때 활용된다. 만약 매매대금이 완납되지 않으면 매도인은 소유권에 기해 물건을 반환받고, 당사자 간에 약정한 바에 따라 불이행된 채무를 정산하게 된다.

위 각각은 모두 담보목적, 또는 담보기능을 수행하는 것이기 때문에, 적지 않은 학설들은 담보목적으로 소유권 등의 권리를 취득한 채권자는 담보물권을 취득한 것에 불과하며, 따라서 담보물권에 관한 규정을 유추적용하여야 한다고 주장하기도 한다. 특히 양도담보의 경우 이런 주장이 특히 강력하게 제기되고 있다. 한편 반대의 견해에 따르면, 가령 양도담보계약에 의해 소유권이전등기가 경료되었음에도 불구하고 양도담보권자가 담보물권을 취득하였다고 하는 것은 민법 제185조의 물권법정주의에 반하는 것이라고 주장한다. 물권은 그 성립요건과 효력에 관하여 법률의 규정이 있어야 하고, 특히 담보물권의 한 내용인 담보권실행방법 역시 물권법정주의에 따라 법률에 그 규정이 있어야만 한다. 그런데 가등기담보 등에 관한 법률을 제외하면 담보권실행을 당사자간의 합의에 맡기는 담보물권은 우리 법에 없다. 물론 소유권이전등기를 경료하더라도 담보물권이 설정된다는 관습법, 담보권실행방법은 당사자의 약정에 맡겨진다는 관습법이 있으면 모르겠으나 그와 같은 관습법을 인정하기도 어렵다. 이런 점을 중시하게 되면, 양도담보계약에 따라 가령 소유권을 이전하기로 한 경우 당사자의 합의대로 양도담보권자는 소유권을 취득한다고 하는 것이 적절할 것이다. 가등기담보 등에 관한 법률의 적용대상이 아닌 양도담보에는 가등기담보 등에 관한 법률이 적용 또는 유추적용되지 않는다고 한다. 판례도 가담법의 적용대상이 아닌 사안에서는 동법을 적용하거나 유추적용하지 않는다(가령 대판 1998.6.26, 97다1495 등 다수 판결 참조). 그렇다고 해서 양도담보권자가 순수한 소유권을 취득하는 것은 아니다. 무엇보다도 채무자회생 및 파산에 관한 법률 제141조에서는 양도담보를 담보권으로 구성하여 처리하고 있고, 동산양도담보의 경우 양도담보권자로 하여금 강제경매절차를 이용하여 담보되는 채권을 실현할 수 있도록 하기 때문이다.

제2관 담보물권의 요소

1. 담보물권으로 담보되는 채권(피담보채권)

담보물권은 담보목적물의 환가대금으로부터 채권의 만족을 얻는 권리이기 때문에 금전채권이어야 한다. 그러나 주된 급부의무가 금전채권인 것에 한정되지 않는다. 모든 채권(객관적으로 금전으로 가액을 산정할 수 없는 것도 채권의 목적으로 할 수 있다. 민법 제373조)은 그 채무불이행이 있으면, 2차적 급부의무로 전환된 채권, 즉 그 손해배상채권은 금전배상을 원칙으로 한다(민법 제394조). 따라서 모든 채권은 금전채권으로 전환할 수 있다. 그러므로 주된 급부의무가 금전채권이 아닌 것도 피담보채권이 될 수 있다. 다만 그것은 그 손해배상채권을 담보한다고 할 것이다. 조건부 금전채권을 피담보채권으로 한다고 하여도 될 것이다. 부동산에 저당권을 설정할 경우 부동산등기법 제143조는 이런 경우 그 채권의 가격을 기재하도록 정하고 있다.

그 밖에 피담보채권에는 주된 급부의무인 채권만이 아니라, 그 지연배상채권 등도 포함된다. 그 범위에 관하여는 당사자가 합의할 수 있으나, 민법에서 그 범위를 제한하는 규정들이 있다(민법 제334조, 제360조 등).

2. 담보목적물

무엇을 담보목적물로 하는가, 즉 담보권의 효력이 미치는가는 첫째, 당사자의 의사로서 정할 수 있다. 물론 물권법정주의의 원칙(민법 제185조)에 따라 법률로써 담보물권을 설정할 수 있는 객체에 한정된다. 가령 물건의 일부에 대해서는 담보물권을 설정할 수 없기 때문에, 당사자가 물건의 일부에 담보물권을 설정하기로 합의하였다 하더라도 그 합의는 물권법정주의에 반하여 무효이다. 그 밖에 소유권이전의 법리를 취하는 비전형담보의 경우, 당사자의 의사를 기준으로 하여 이전되는 권리의 범위를 정할 수 있다. 둘째, 법률규정으로써 담보권이 설정된 목적물의 범위를 넘어서서 담보권의 효력이 미치도록 하는 것도 가능하다. 종물과 부합물에도 저당권의 효력이 미치는 것이 그 예이다(민법 제358조). 담보물의 果實에 대해서도 담보물권의 효력이 당연히 미친다고 하면, 담보물권설정자의 용익권과의 충돌이 예상되므로, 법률에 일정한 제한을 두기도 한다(민법 제323조, 제343조, 제359조. 상세한 것은 후술할 제5절 제2관 참조).

한편 저당권이 설정되지 않은 목적물에 대해서도 그 효력이 미치는 경우도 있다. 나대지에 설정된 저당권의 경우, 저당권 설정 후 신축된 저당권설정자 소유의 지상건물도 이를 일괄하여 경매할 수 있는 것(민법 제365조의 일괄경매권)이 그 예이다. 담보목적물의 범위를 벗어나서 우선변제받을 수 있는 권리가 인정되는 것도 있다. 부동산의 일부에 설정된 용익물권인 전세권은 그 용익물권이 소멸되면 담보권인 전세권으로 전환하는데, 이 전세권은 부동산 전부에 대해 우선변제권이 인정된다(민법 제303조).

3. 담보물권의 내용

담보물권에는 통상 아래와 같은 권능이 인정된다.

3.1. 경매청구권

일반채권자는 확정된 종국판결이나 이와 유사한 효력이 인정되는 별도의 집행권원이 있어야만 채무자 소유의 물건을 강제로 환가하여 자기 채권을 실현시킬 수 있는데(민사집행법 제24조, 제56조), 담보물권자는 담보물권의 존재를 증명함으로써 담보물을 경매시킬 수 있다(경매청구권). 담보물권의 존재는 저당권(또는 담보권)설정계약서 또는 부동산등기부 등으로 증명할 수 있다. 저당권(민사집행법 제264조), 선박저당권(동법 제269조), 자동차 등의 저당권(동법 제270조), 동산질권(동법 제271조), 채권질권(동법 제273조), 유치권(동법 제274조) 등에 의한 경매가 그것이다. 담보물권자는 이처럼 경매청구권이 있기 때문에, 손쉽게 피담보채권을 실현할 수 있는 장점이 있다. 다음은 담보권등의 실행을 위한 경매신청서 양식이다. 아래 두 양식 중 어느 것을 이용해도 무방하다.

부동산임의경매신청서

수입인지 5000원

채 권 자 (이 름) (주민등록번호 –)
(주 소)
(연락처)
채 무 자 (이 름) (주민등록번호 또는 사업자등록번호 –)
(주 소)

청구금액 금 원 및 이에 대한 20 . . .부터 20 . . .까지 연 %의 비율에 의한 지연손해금

신 청 취 지

별지 목록 기재 부동산에 대하여 경매절차를 개시하고 채권자를 위하여 이를 압류한다라는 재판을 구합니다.

신 청 이 유

채권자는 채무자에게 20 . . . 금 원을, 이자는 연 %, 변제기는 20 . . 로 정하여 대여하였고, 위 채무의 담보로 채무자 소유의 별지 기재 부동산에 대하여 지방법원 20 . . . 접수 제 호로 근저당권설정등기를 마쳤는데, 채무자는 변제기가 경과하여도 변제하지 아니하므로, 위 청구금액의 변제에 충당하기 위하여 위 부동산에 대하여 담보권실행을 위한 경매절차를 개시하여 주시기 바랍니다.

첨 부 서 류

1. 부동산등기부등본 1통
2. 부동산 목록 10통

20 . . .

채권자 (날인 또는 서명)

○○지방법원 귀중

◇ 유 의 사 항 ◇

1. 채권자는 연락처란에 언제든지 연락 가능한 전화번호나 휴대전화번호(팩스번호, 이메일 주소 등도 포함)를 기재하기 바랍니다.
2. **부동산 소유자가 개인이면 주민등록번호를, 법인이면 사업자등록번호를 기재하시기 바랍니다.**
3. 이 신청서를 접수할 때에는 (신청서상의 이해관계인의 수+3)×10회분의 송달료와 집행비용(구체적인 액수는 접수담당자에게 확인바람)을 현금으로 예납하여야 합니다.
4. 경매신청인은 채권금액의 1000분의2에 해당하는 등록세와 그 등록세의 100분의20에 해당하는 지방교육세를 납부하여야 하고, 부동산 1필지당 2,000원 상당의 등기수입증지를 제출하여야 합니다.

수입인지
5,000원

부동산임의경매신청서

채 권 자　　성 명
　　　　　　주 소
채 무 자　　성 명
　　　　　　주 소
청구금액 : 원금　　　　　원 및 이에 대한　　　　년　　월　　일부터 다 갚을
　　　　때까지 연　　% 비율에 의한 금원
경매할 부동산의 표시 : 별지 목록 기재와 같음

담보권과 피담보채권의 표시

채권자는 채무자에게　　　년 월　일 금　　　　원을, 이자는 연　%, 변제기일　　년　월　일로 정하여 대여하였고, 위 채무의 담보로 별지목록기재 부동산에 대하여　　지방법원 등기 접수 제　　　호로서 근저당권설정등기를 마쳤는데, 채무자는 변제기가 경과하여도 아직까지 변제하지 아니하므로 위 청구금액의 변제에 충당하기 위하여 위 부동산에 대하여 담보권실행을 위한 경매절차를 개시하여 주시기 바랍니다.

첨 부 서 류

1. 부동산등기부등본　　　　　　　　　　　　　1통
2. 근저당권설정계약서(채권증서 또는 원인증서 포함)사본　1통

년　　　월　　　일
위 채권자　　　　　　　　　　　(인)
연락처(☎)
지방법원　　　　　　　　귀중

☞유의사항 : 이 신청서를 접수할 때에는(신청서상의 이해관계인+3)×10회분에 해당하는 송달료를 송달료수납은행에 현금으로 납부하여야 합니다. 채권원인서면이란 차용증, 약속어음등 채권의 존재와 금액을 확인할 수 있는 서면을 말합니다.

경매청구권에 있어서 다음에 유의하여야 한다. 첫째, 전세권의 경우 용익물권이지만, 그 용익물권이 소멸하면 비로소 담보물권으로 전환되는데, 용익물권은 담보물권과 달리 부동산의 일부에도 설정될 수 있다. 따라서 부동산의 일부에만 전세권이 설정될 수 있다. 그러나 그 경우 경매청구권은 인정되지 않는다. 왜냐하면 일물일물권주의 하에서는 물건의 일부를 매각할 수 없기 때문이다.

대결 1992.3.10, 91마256, 257

건물의 일부에 대하여 전세권이 설정되어 있는 경우 그 전세권자는 민법 제303조 제1항, 제318조의 규정에 의하여 그 건물 전부에 대하여 후순위 권리자 기타 채권자보다 전세금의 우선변제를 받을 권리가 있고, 전세권설정자가 전세금의 반환을 지체한 때에는 전세권의 목적물의 경매를 청구할 수 있다 할 것이나, 전세권의 목적물이 아닌 나머지 건물부분에 대하여는 우선변제권은 별론으로 하고 경매신청권은 없다.

이 때 경매청구권을 행사하기 위해서는 담보물을 분할등기한 후 비로소 그 분할부분에 대하여 경매를 할 수 있을 것이다. 그러나 부동산이 분할가능해야 할 뿐 아니라, 소유자가 자발적으로 분할하지 않는 한, 이와 같은 것을 실현하기는 현실적으로는 매우 어려울 것이다. 전세권자에게 부동산의 분할을 청구할 수 있는 권리가 있는지 불투명하기 때문이다. 그러나 다른 채권자가 진행한 경매절차에서 민법 제303조에 따라 우선변제를 받을 수도 있고, 전세권자가 별도의 집행권원으로써 경매청구를 한 후, 그 경매절차에서 우선변제를 받을 수도 있을 것이다.[10] 둘째, 앞서 언급한 것처럼(제1관 1), 상당수의 법정담보물권에는 경매청구권이 인정되지 않는다. 따라서 경매를 하기 위해서는 별도의 집행권원을 확보하여 강제경매를 신청한 후, 그 절차에서 우선변제권을 행사하거나, 다른 채권자에 의해 진행된 경매절차에서 배당을 요구함으로써 우선변제권을 행사하여야 한다.

한편 저당권의 목적물이 아니어서 우선변제권은 인정되지 않지만, 경매를 청구할 수 있는 경우도 있다. 나대지에 저당권이 설정된 후 저당권설정자의 지상건물을 일괄하여 경매청구하는 것이 그 예이다(민법 제365조).

---

10. 주택임대차보호법상의 대항요건을 구비한 임차인으로서 임대차계약서에 확정일자를 받은 경우 우선변제권이 인정되지만, 경매청구권은 인정되지 않는다. 이 때 임차인은 집행권원으로써 강제경매를 청구하여 우선변제권을 행사할 수 있다. 주택임대차보호법 제3조의2 참조. 가령 대판 2006.2.10. 선고 2005다21166도 이런 사안이다. 부동산 일부에 전세권을 취득한 자가 전세금반환채권으로써 강제경매를 신청한 경우라고 해서 달리 취급할 이유가 없을 것이다.

3.2. 우선변제청구권

담보물권자는 담보목적물의 환가대금에서 우선변제를 받을 수 있는 권리가 있다(우선변제권). 그런데 경매청구권은 있으나 우선변제권이 없는 권리도 있다. 유치권이 그 예이다. 유치권자가 경매청구를 한 뒤 그 목적물에 대하여 강제경매 또는 담보권실행을 위한 경매절차가 개시된 경우에는 유치권자에 의한 경매절차는 이를 정지하고, 채권자 또는 담보권자를 위하여 그 절차를 계속하여 진행한다(민사집행법 제274조 제2항). 이 경우 채권자 또는 담보권자에 의한 경매절차에서 목적물이 매각되더라도 유치권자는 피담보채권을 변제받을 때까지 담보물을 계속하여 유치할 수 있다. 그러나 채권자 또는 담보권자에 의한 경매신청이 없는 경우에는 유치권자가 진행한 경매절차에서 유치물이 매각될 것이다. 이 때 매각대금은 유치권자에게 교부되고, 유치권자는 상계를 통해 피담보채권을 만족시킬 수도 있다.

한편 담보권의 범위를 벗어나 우선변제를 받을 수 있는 담보권도 있다. 부동산의 일부에 설정된 전세권이 그 예이다. 여기서 유의할 것은, 건물의 전세권(일부 전세권을 포함)인 경우 건물에 대해서만 우선변제를 받을 수 있고, 대지의 매각대금—우연히 대지도 같이 매각된 경우 또는 나중에 매각된 경우—에 대해서는 우선변제를 받을 수 없다. 이에 반하여 주택임대차보호법 또는 상가건물임대차보호법상의 우선변제권은 건물만이 아니라 대지의 매각대금으로부터도 우선변제를 받을 수 있다(주택임대차보호법 제3조의2, 상가건물임대차보호법 제5조). 따라서 대지가 먼저 경매된 경우 임차인은 그 매각대금에서 우선변제를 받을 수 있고, 거기로부터 임차보증금 전부를 회수하지 못한 경우 나중에 실시된 건물의 경매절차에서 잔여보증금을 회수할 수도 있다.

제3관 담보물권의 특징

1. 부수성

담보물권은 피담보채권을 전제로 하여서만 존재할 수 있다. 이를 담보물권의 부종성이라고 한다. 피담보채권이 소멸하면 담보물권도 소멸한다. 가령 저당권의 경우 저당권등기의 말소 여부와 무관하게 저당권은 소멸한다(민법 제369조). 존재하지 않는 채권을 피담보채권으로 한 담보물권은 성립하지 않는다. 그러나 장래의 채권을 피담보채권으로 한 경우에는 현재 그 피담보채권이 성립되지 않았다 하더라도 담보물권의 성립과 존속에는 영향을 미치지 않는다(민법 제357조).

한편 담보물권과 피담보채권을 분리하여 양도하는 것은 가능하지 않다(민법 제361조). 이를 담보물권의 부수성이라고 한다. 따라서 피담보채권을 양도하기로 합의하면, 다른 특별한 사정이 없는 한, 그에 부수하여 담보물권도 양도하기로 한 것으로 해석할 수 있다(민법 제100조의 유추). 그러나 피담보채권이 양도되었다고 해서 곧바로 담보권이 이전되는 것은 아니다. 담보권이 이전되기 위해서는 담보권 이전을 위한 별도의 요건을 갖추어야 한다. 즉 부동산의 경우 저당권이전등기가 있어야 하고, 동산 질권의 경우 질물을 인도해야 하고, 채권질권의 경우 질권양도의 통지가 있어야 비로소 각 담보권이 이전된다. 그러므로, 피담보채권을 양도하기로 합의한 경우, 당사자 사이의 반대의 합의가 없다면, 양도인은 담보물권을 양도할 의무를 부담한다고 해석된다. 즉 피담보채권의 양수인은 잔여효로서의 담보권을 양수받을 권리가 있다. 피담보채권의 양도와 담보물권의 양도에 시간적으로 간격이 있다고 해서 부종성으로 인해 담보물권이 소멸하는 것은 아니다. 그러나 담보물권의 양도 없이 피담보채권을 양도하면 담보권은 소멸한다.[11]

이와 같은 부수성에 대한 예외가 근담보이다. 민법 제357조 제1항 제2문은 근저당권을 설정한 경우, “그 확정될 때까지의 채무의 소멸 또는 이전은 저당권에 영향을 미치지 아니한다”고 규정하고 있는데, 이 규정이 바로 부수성의 예외를 정한 규정이다. 그러나 위 규정의 해석을 둘러싸고 견해의 대립이 있다.

1.1. 학설과 판례

(1) 다수설

대법원 판례는 기본적으로 “근저당권이라고 함은 계속적인 거래관계로부터 발생하고 소멸하는 불특정다수의 장래의 채권을 결산기에 계산하여 잔존하는 채무를 일정한 한도액의 범위 내에서 담보하는 저당권이어서, 거래가 종료하기까지 채권은 계속적으로 증감변동하는 것이므로, 근저당거래관계가 계속 중인 경우, 즉 근

---

11. 가령 담보물권인 전세권에 있어서 전세금반환청구권의 양도에도 불구하고 전세권의 처분이 따르지 않는 특별한 사정이 있을 때에만 담보물권으로서의 전세권이 소멸한다고 한다. 대판 1999.2.5, 97다33997; 대판 1997.11.25, 97다29790.

저당권의 피담보채권이 확정되기 전에 그 채권의 일부를 양도하거나 대위변제한 경우 근저당권이 양수인이나 대위변제자에게 이전할 여지는 없다"고 한다(대판 2000.12.26, 2000다54451 참조). 등기실무도 이와 같은 경우 근저당권이전등기를 신청할 수 없도록 한다(등기예규880호). 다수설도 이를 지지한다.[12] 그러나 등기실무 및 위 학설도 근저당권의 피담보채권의 확정 전이라도 채권자의 기본계약상의 지위가 일부양도되었다면 이를 원인으로 한 근저당권이전등기는 가능하다고 한다(등기예규 880호). 민법 제357조 제1항 제2문이 "채무의 소멸 또는 移轉"을 언급하기 때문에, 채권자의 지위의 移轉은 달리 취급할 수 있다고 보는 것이다. 다수설에 따르면 다음과 같이 처리된다는 것이다.

〈예 시〉

A가 B와의 계속적 거래관계상의 채권을 담보하기 위해 B 소유 X 부동산에 채권최고액 1억원의 근저당권을 설정받은 경우, A가 B에 대한 피담보채권 5,000만원을 C에게 양도하고 채권최고액을 5,000만원으로 하여 그 근저당권을 일부이전하기로 합의하더라도, C 앞으로 근저당권 일부이전등기는 가능하지 않다는 것이다. 따라서 C는 피담보채권은 취득하지만 근저당권은 취득하지 못한다. 그러나 A와 B 사이의 계속적 거래가 물품공급관계와 소비대차관계로 구성된 경우, 가령 前者의 채권관계를 이전하면서 채권최고액 5,000만원으로 하여 그 근저당권의 일부를 이전하기로 합의하면, 이 때에는 근저당권의 일부이전등기가 가능하다는 것이다.

(2) 소수설

근저당권의 확정 전 대위변제가 있거나 피담보채권을 양도한 경우에도 근저당권이 移轉되지만, 그 중 양도의 경우에는 당사자의 합의로 근저당권이 移轉되지 않게 할 수 있다고 한다.[13] 근저당권이 아닌 통상의 저당권에서 저당권의 양도 없는 피담보채권의 양도는 저당권의 소멸을 가져오고(민법 제361조), 피담보채권이 변

---

12. 곽윤직, 물권법, 493면; 김재형, 근저당권연구, 233 참조. 일본 역시 1971년 민법개정을 통해 피담보채권의 양수인 또는 대위변제자에게 근저당권이 移轉되지 않음을 규정하였다(일민 398조의7).

13. 이영준, 물권법, 951면; 민법주해 VII, 30면(박해성 집필부분). 민법 제357조 제1항 2문은 독민법 제1190조 제4항을 본받은 것인데, 이는 채권양도 없는 저당권양도, 저당권양도 없는 채권양도를 금지하는 독민 1153조의 예외를 인정하기 위한 것이다. 즉 저당권양도 없는 채권양도는 저당권포기(동법 1168조)나 피담보채권의 교체(동법 1180조) 후에나 가능한 것인데, 동법 1190조 4항은 근저당권양도 없는 피담보채권의 양도라는 예외를 둘 필요성을 인정한 것이다. 독일에서는 당연히 근저당권의 일부양도를 수반한 피담보채권의 일부양도가 인정되며, 일부대위변제자에게는 동법 1164조의 유추적용으로 변제된 피담보채권과 근저당권의 일부가 대위변제자에게 移轉된다(Staudinger/Wolfsteiner, § 1190 Rn. 53; 12).

제되어 소멸하면 그것으로 저당권도 소멸하는데(민법 제369조), 근저당권의 양도 없는 피담보채권의 양도 또는 피담보채권의 소멸이 있더라도 근저당권의 확정 전에는 근저당권이 소멸되지 않음을 정한 것이 민법 제357조 제1항 제2문이다. 그렇다면 이 예외규정 대신 당사자들이 민법 제361조의 원칙규정에 따르겠다고 할 경우, 즉 근저당권에 의해 담보되는 피담보채권의 일부양도 의사를 존중하지 않을 이유가 없다(사적 자치의 존중). 이미 등기실무도 채권자의 계약상의 지위의 一部移轉을 원인으로 한 근저당권의 移轉을 인정한다면, 채권의 양도라고 해서 이를 차별할 것은 아니라는 것이다. 양도된 채권도 채권자에게 잔존한 채권과 더불어 근저당권에 의해 담보되며, 당사자간에 별도의 합의가 없는 한, 배당에서의 순위는 계약상의 지위의 일부양도와 동일하게 취급하면 될 것이다. 또한 근저당권의 확정 前이라고 해서, 대위변제자에게 근저당권이 移轉되지 않도록 할 근거도 마땅치 않다. 달리 말하면 이를 인정하더라도 누구의 정당한 이익도 침해하지 않는다.

〈예 시〉

위의 예에서 A가 B에 대한 피담보채권 5,000만원을 C에게 양도하고 채권최고액을 5,000만원으로 하여 그 근저당권을 일부이전하기로 합의하였다면, C 앞으로 근저당권 일부이전등기를 경료해 주면 된다는 것이다. 이런 등기신청을 접수하지 않는다면 그 등기실무가 잘못된 것이라는 지적이다.

(3) 판례

판례는 대위변제의 경우 절충적 견해를 취하고 있다. 즉 피담보채권의 확정 전에 대위변제를 한 경우에 피담보채권이 이전되더라도 근저당권은 이전되지 않고, 따라서 대위변제자는 일부대위를 이유로 근저당권자에게 근저당권의 이전등기를 청구할 수 없다고 한다. 그러나 피담보채권의 확정 전에 대위변제한 경우라 하더라도 그 근저당권에 의하여 담보되는 피담보채권이 나중에 확정되면, 그 피담보채권액이 그 근저당권의 채권최고액을 초과하지 않는 한 그 근저당권 내지 그 실행으로 인한 경락대금에 대한 권리 중 그 피담보채권액을 담보하고 남는 부분은 저당권의 일부이전의 부기등기의 경료 여부와 관계없이 대위변제자에게 당연히 이전된다고 한다.

〈예 시〉

위의 예에서 B의 A에 대한 채무에 대해 C가 연대보증을 섰다고 하자. C가 A에게 5,000만원을 대위변제하면, A의 B에 대한 피담보채권 5,000만원은 C에게 이전될 것이다(변제자대위). 나중에 A가 X 부동산에 대한 근저당권을 실행하여 9,000만원에 매각되었고, A의 피담보채권이 6,000만원이라고 하자. 이 때 X 부동산에는 D 명의의 후순위근저당권자가 있고, C는 B에 대한 구상채권에 대해 아직 별도의 집행권원이 없다고 하자. 위 판례에 따르면, A가 배당받고 남은 잔여액 3,000만원이 채권최고액의 범위 내에 있기 때문에, C는 근저당권자로서 3,000만원에 대한 배당을 요구할 권리가 있다는 것이다.

판례에 따르면 근저당권자의 피담보채권액을 담보하고 남는 부분에 한정하여 대위변제자에게 근저당권이 이전된다고 하는데 이는 어떻게 정당화될 수 있는가? 이것은 위 소수설과 어떤 관련이 있는가? 판례의 이 이론은 일부대위변제자의 법적 지위에 의해 설명이 가능하다. 일부대위변제자에게도 민법 제481조가 제한 없이 적용된다. 그에게는 근저당권과 이에 의해 담보되는 피담보채권이 移轉되고, 그 피담보채권과 채권자에게 잔존한 피담보채권 兩者가 근저당권에 의해 담보된다. 그러나 "대위는 채권자를 해하지 못한다"는 원칙에 의해, 배당에서 채권자가 대위변제자보다 우선한다(대판 1988.9.27, 88다카1797; 대판 1987.1.20, 86다카1547 참조). 근저당권의 확정 전에 대위변제한 자는 통상 일부대위변제자이며,[14] 근저당권의 실행이 있더라도 위의 법리에 의해 판례와 마찬가지로 채권자가 피담보채권최고액의 한도에서 먼저 배당받고, 그 한도 내의 남은 잔액이 대위변제자에게 배당된다. 따라서 위 판례는 소수설의 견해와 일치하기 때문에 절충설이라고 할 수 있다.

2. 순위상승의 원칙

우리 법의 담보물권은 선순위 담보물권이 소멸하면, 후순위담보물권의 순위가 상승하는 주의를 선택하고 있다. 가령 1순위 저당권의 피담보채권이 변제되면, 그 저당권은 소멸하고(부종성), 2순위의 저당권이 1순위저당권으로 그 순위가 상승하게 된다.

---

14. 왜냐하면 피담보채권의 확정 전에는 그 당시까지 있는 피담보채무를 모두 변제하더라도 그 후 피담보채권의 확정 전까지 다시 피담보채권이 발생할 수 있고, 따라서 근저당권에 의해 담보되는 전체 피담보채권 중 일부를 대위변제한 것으로 되기 때문이다.

3. 불가분성

피담보채권 전부의 변제가 있을 때까지 담보물권은 존속한다(민법 제321조, 제343조, 제370조). 수개의 물건에 대해 담보권을 가진 경우, 각 담보물에 대해 피담보채권 전부를 위한 담보물권이 존재한다.

대판 2007.9.7, 2005다16942

[사안] 다세대주택의 창호 등의 공사를 완성한 하수급인이 공사대금 1억 5천여만원을 받지 못하여 다세대주택 7 세대에 대해 유치권을 행사하던 중, 나머지 세대에 대해서는 점유를 상실하였고, 그 중 1 세대에 대해서만 유치권을 행사하고 있다. 그 1세대에 투입된 공사비용은 약 350여만원에 해당된다. 여기서는 350여만원에 대해서만 유치권이 인정되는지, 아니면 전체 공사대금에 대한 유치권의 행사가 정당화되는지가 쟁점이었다. 원심법원과 달리 대법원은 유치권은 위 한 세대에 대하여 시행한 공사대금만이 아니라 다세대주택 전체에 대하여 시행한 공사대금채권의 잔액 전부를 피담보채권으로 하여 성립한다고 보았다.

[판결이유] 민법 제320조 제1항에서 '그 물건에 관하여 생긴 채권'은 유치권 제도 본래의 취지인 공평의 원칙에 특별히 반하지 않는 한 채권이 목적물 자체로부터 발생한 경우는 물론이고 채권이 목적물의 반환청구권과 동일한 법률관계나 사실관계로부터 발생한 경우도 포함하고, 한편 민법 제321조는 "유치권자는 채권 전부의 변제를 받을 때까지 유치물 전부에 대하여 그 권리를 행사할 수 있다"고 규정하고 있으므로, 유치물은 그 각 부분으로써 피담보채권의 전부를 담보하며, 이와 같은 유치권의 불가분성은 그 목적물이 분할 가능하거나 수개의 물건인 경우에도 적용된다.

담보물권의 불가분성은 저당권에 의해 담보되는 채권의 범위에 관한 제360조와 관련하여 유의할 필요가 있다. 同條는 후순위담보권자 및 일반채권자를 위해 저당권의 피담보채권의 범위를 의도적으로 제한한다. 즉 지연배상에 대하여는 원본의 이행기일을 경과한 후의 1년분에 한하여 저당권을 행사하도록 하고 있다. 그 결과 저당권은 원본채권의 지연이자 전부가 아닌 일부인 1년분에 한하여 이를 담보한다. 여기서 유의할 점이 있다.

첫째, 채권 전부가 아닌 일부가 변제되었음에도 불구하고 동조로 인해 피담보채권이 변제되어 저당권이 소멸하는 결과(부종성)가 생기는 것은 아닌가? 그러나 이러한 일은 발생하지 않는다. 채무자가 제360조의 피담보채무만을 변제하고자 할 때, 이는 채무의 일부를 변제제공한 것이 되어 채권자는 그 수령을 거절할 수 있으며, 이러한 수령거절이 있더라도 채권자는 채권자지체에 빠지지 않고, 채무자 역시 이행지체책임을 면하지 못한다. 한편 대위변제를 하고자 하는 제3자도 채무 전부(가령 1년분을 초과한 지연이자를 포함)를 변제제공해야 한다. 물론 비용, 이자, 원본 전체가 1개의 독립채무를 구성할 경우, 우리 법은 그 전부를 소멸시키지 못하는 일부변제제공을 할 수 있도록 한다. 이 때에는 채권자와의 별도의 합의가 없는 한 비용, 이자, 원본의 순서로 충당해야 한다(제479조). 이처럼 일부를 변제하는 경우에도 1년분을 초과하는 지연이자를 제외한 피담보채권이 변제되는 일은 발생하지 않는다. 일부변제액은 비용, 이자, 원본의 순서로 충당되므로 언제나 원본이 남을 것이기 때문이다. 결과적으로 담보물권의 불가분성이 유지되는 것과 동일한 효과가 발생한다. 피담보채권의 최고액(가령 1억)을 정한 근저당권의 경우, 그 최고액이 실제의 채권(가령 2억)을 밑돌 경우에도 동일한 결과가 발생한다. 근저당권자의 동의없이는 채무자는 피담보채무만을 일부변제하여 근저당권을 소멸시킬 수 있는 방법이 없다는 것이다.

둘째, 민법 제364조의 변제권을 행사하는 경우와는 어떤 관련성이 있는가? 동조는 저당부동산의 제3취득자는 "저당권자에게 그 부동산으로 담보된 채권을 변제하고 저당권의 소멸을 청구할 수 있다"고 한다. 피담보채권의 범위는 민법 제360조에서 정한, 원본과 이자, 위약금, 채무불이행으로 인한 손해배상등인데, 손해배상 중 지연이자에 관하여는 이행기일을 지난 후 1년분에 한하여 피담보채권의 범위에 포함된다. 따라서 제3취득자가 민법 제364조에 기하여 변제할 경우에는 원금과 이자, 그리고 1년분의 지연이자를 변제할 수 있고, 그에 따라 저당권도 소멸시킬 수 있다. 제3취득자가 위 금액을 변제제공하였음에도 불구하고 채권자가 그 수령을 거절하면 채권자지체에 빠지게 된다. 따라서 그 금액의 범위 내에서는 채무자도 이행지체책임을 면하게 될 것이다. 그러나 민법 제364조의 제3취득자 아닌 채무자 자신 또는 그 밖의 제3자가 변제할 때에는 이와 같은 것이 허용되지 않는다. 제3취득자에게 일종의 특권을 인정하는 것이 바로 민법 제364조이다. 근저당권에서도 이와 다르지 않다. 근저당권의 피담보채권이 확정된 경우(또는 근저당권의 확정), 제3취득자는 채권최고액만을 변제하면, 그것이 채권의 일부변제에 불과하다고 하더라도 민법 제364조에 의해 변제할 수 있고, 이에 따라 그 근저당권을 소멸시킬 수 있다.

대판 1971.4.6, 71다26

[사안] 원고는 경매절차가 개시된 부동산을 매수한 자로서, 채무자를 대신하여 채무자의 피고에 대한 채무 중 이 사건 부동산에 의해 담보되어 있는 채권최고액 금 1,350,000원과 그 경매비용 전부를 변제공탁하고, 피고를 상대로 근저당권말소등기를 해 줄것을 청구하였다. 원심법원은 피고

의 채무자에 대한 대금채권 중 담보최고액을 초과하는 부분의 금액까지도 이 사건 부동산에 의하여 담보된 채권으로 보고, 이것이 잔존하고 있는 이상, 피고는 채권 중의 일부를 변제받은 것에 지나지 않는다고 하여 원고의 청구를 기각하였다. 그러나 대법원은 다음과 같은 이유로 원심판결을 파기 환송하였다.

[판결이유] 근저당에 의하여 담보되는 채권액의 범위는 결산기에 이르러 확정되는 채권 중 근저당설정계약에 정하여진 채권최고액을 한도로 하는 것이고, 이 최고액을 초과하는 부분의 채권액까지 담보하는 것은 아니라 할 것이고, 근저당을 규정한 민법 제357조에 정하기로 한 그 담보할 채무의 최고액이란 뜻도 위와 같은 내용으로 해석하여야 할 것인바, 원고는 민법 제364조에 의하여 본건 근저당권의 소멸을 청구할 수 있고, 이는 고유의 권리라 할 것이다.

셋째, 저당물의 매각대금이 민법 제360조에서 정한 피담보채권의 범위를 초과하는 경우, 잔여액은 다른 채권자에게 배당하여야 할 것이다. 이 때 저당권자는 별도의 집행권원이 없다면 잔여액에서 배당받을 수 없다. 한편 배당받을 다른 채권자가 없음에도 불구하고, 초과한 금액을 저당권설정자에게 반환하여야 하는가? 그 자가 채무자가 아닌 경우에는 이를 저당권설정자에게 반환하여야 할 것이다. 그러나 저당권설정자가 채무자인 경우에도 그러한가? 대법원은 근저당권에 관한 사안에서 다음과 같이 판단하였다.

대판 2009.2.26, 2008다4001

[사안] 근저당권을 실행하여 부동산을 매각한 결과 배당할 금액이 근저당권의 채권최고액을 초과하자 채권최고액까지만 근저당권자에게 배당하고, 잔여액은 근저당권설정자에게 배당하자, 근저당권자가 근저당권설정자를 피고로 해서 배당이의의 소를 제기하였다.

[대법원 판결] 저당권은 원본, 이자, 위약금, 채무불이행으로 인한 손해배상 및 저당권의 실행비용을 담보하는 것이며, 채권최고액의 정함이 있는 근저당권에 있어서 이러한 채권의 총액이 그 최고액을 초과하는 경우, 적어도 근저당권자와 채무자 겸 근저당권설정자와의 관계에 있어서는 위 채권 전액의 변제가 있을 때까지 근저당권의 효력은 채권최고액과는 관계없이 잔존채무에 여전히 미친다는 점(대법원 2001.10.12. 선고 2000다59081 판결 등 참조)을 고려할 때, 민사집행법상 경매절차에 있어 근저당권설정자와 채무자가 동일한 경우에 근저당권의 채권최고액은 민사집행법 제148조에 따라 배당받을 채권자나 저당목적 부동산의 제3취득자에 대한 우선변제권의 한도로서의 의미를 갖는 것에 불과하고 그 부동산으로서는 그 최고액 범위 내의 채권에 한하여서만 변제를 받을 수 있다는 이른바 책임의 한도라고까지는 볼 수 없으므로 민사집행법 제148조에 따라 배당받을 채권자나 제3취득자가 없는 한 근저당권자의 채권액이 근저당권의 채권최고액을 초과하는 경우에 매각대금 중 그 최고액을 초과하는 금액이 있더라도 이는 근저당권설정자에게 반환할 것은 아니고 근저당권자의 채권최고액을 초과하는 채무의 변제에 충당하여야 할 것이다(대법원 1992.5.26. 선고 92다1896 판결 참조).

이를 감안하면 민법 제360조에 의해 피담보채권의 범위가 제한된 경우에도 동일하게 처리되어야 할 것이다. 동조는 배당받을 다른 채권자 또는 민법 제364조의 제3취득자의 이익을 고려하여 저당권에 의해 담보되는 채권의 범위를 제한한 것으로 이해해야 할 것이다. 그러므로 이런 이해관계인이 없을 때에는 잔여매각대금으로 피담보채권의 변제에 충당할 수 있다고 해석할 것이다. 즉 담보물권의 불가분성의 원칙이 이런 사안에는 여전히 적용된다는 것이다.

4. 물상대위

담보물권 중 질권과 (근)저당권은 물상대위가 인정된다. 질권은 "질물의 멸실, 훼손 또는 공용징수로 인하여 질권설정자가 받을 금전 기타 물건에 대하여도 이를 행사할 수 있다. 이 경우에는 그 지급 또는 인도전에 압류하여야 한다."는 것이 그 것이다(민법 제342조). (근)저당권은 질권의 물상대위를 준용하고 있다(제370조). 이는 모두 채권담보를 위해 공여된 재산의 할당이 계속하여 유지되도록 하는 제도이다.

4.1. 물상대위가 인정되는 사안

물상대위는 담보물의 멸실, 훼손 또는 공용징수로 인해 담보물에 갈음하여 담보권자가 지급받을 금전 기타 물건이 있을 경우 성립한다. 위 규정의 의미는 담보물의 멸실, 훼손 또는 공용징수 등으로 담보권을 상실하고, 담보권설정자가 담보권상실의 사유로 인하여 금전 기타 물건을 받을 수 있을 때 그 청구권에도 담보권의 효력이 미친다는 것이므로, 담보권으로써 추급이 가능한 경우에는 물상대위가 인정되지 않는다. 가령 저당권의 실행 전 저당권설정자가 제3자에게 임대하여 임대료청구권을 가질 경우, 저당권설정자가 저당물을 제3자에게 매도하여 매매대금청구권을 가질 경우 등에는 물상대위가 인정되지 않는다. 이 경우 저당권이 소멸하지 않기 때문이다. 공익사업을 위한 토지 등의 취득 및 보상에 관한 법률에 따른 수용의 경우에는 '공용징수'에 해당되지만, 협의취득은 그 법적 성격이 사법상의 매매여서 물상대위가 인정되지 않는다.

대판 1981.5.26, 80다2109

민법 제370조, 제342조에 의하면 저당권은 저당물의 멸실, 훼손 또는 공용징수로 인하여 저당권설정자가 받을 금전 기타 물건에 대하여서도 행사할 수 있다고 규정하고 있는바, 이런 물상대위는 본래의 저당목적물의 전부 또는 일부에 대하여 저당권을 사실상 또는 법률상 행사할 수 없게 된 경우에 인정되는 것이지 그 저당목적물의 교환가치가 현실화된 경우라도 목적물에 추급할수 있는 경우에는 물상대위가 인정되지 아니함은 이론의 여지가 없다. 그런데 '공공용지의취득및손실보상에관한법률'에 따라 본건 토지를 협의취득한 것은 사법상의 매매계약과 같은 성질을 가진 것에 불과하여 토지수용법상의 공용징수에 해당되지 아니하므로 본건 토지의 소유권이 피고에 이전된다 할지라도 저당권자인 원고는 저당권으로서 본건 토지에 추급할 수 있다 할 것이니 위 소외인이 협의에 따라 지급받을 보상금(실질은 매매대금)에 대하여 물상대위권을 행사할 수 없다.

그러나 담보물의 멸실, 훼손, 공용징수에만 물상대위가 인정되는 것은 아니다. 오히려 이런 사유는 담보권상실을 예시한 것이라고 이해해야 한다. 예시한 사유 외에도 담보권이 소멸되고, 그 소멸된 사유로 인하여 담보권설정자가 금전이나 물건을 받을 수 있는 권리가 있을 때에도 물상대위가 인정될 수 있다. 가령 전세권이 저당권의 목적인 경우, 전세기간의 만료로 전세권이 소멸하면 저당권도 소멸하지만 전세권설정자가 취득한 전세금반환청구권 및 이를 담보하는 전세권에 대해서도 저당권자는 물상대위가 가능하다.

대판 1999.9.17, 98다31301

전세권에 대하여 저당권이 설정된 경우 그 저당권의 목적물은 물권인 전세권 자체이지 전세금반환채권은 그 목적물이 아니고, 전세권의 존속기간이 만료되면 전세권은 소멸하므로 더 이상 전세권 자체에 대하여 저당권을 실행할 수 없게 되고, 이러한 경우에는 **민법 제370조, 제342조 및 민사소송법 제733조에 의하여 저당권의 목적물인 전세권에 갈음하여 존속하는 것으로 볼 수 있는 전세금반환채권에 대하여 압류 및 추심명령 또는 전부명령을 받거나 제3자가 전세금반환채권에 대하여 실시한 강제집행절차에서 배당요구를 하는 등의 방법으로 자신의 권리를 행사하여 비로소 전세권설정자에 대해 전세금의 지급을 구할 수 있다.**

이처럼 전세권저당권이 설정된 경우에도 전세권이 기간만료로 소멸되면 전세권저당권자는 물상대위를 할 수 있을 뿐이고, 전세권설정자는 전세금반환채권에 대한 물상대위권자 또는 제3자의 압류 등이 없는 한 전세권자에 대하여만 전세금 반환의무를 부담한다.

한편 물상보증인 소유의 부동산에 설정된 공동저당권이 실행되어 공동저당권자의 피담보채권이 만족된 경우 물상보증인이 민법 제481조의 변제자대위로 취득하는 공동저당권자의 피담보채권 및 공동저당권에 대해서 물상보증인 소유 부동산의 후순위저당권자가 물상대위를 할 수 있다.

대판 2001.6.1, 2001다21854

공동저당의 목적인 채무자 소유의 부동산과 물상보증인 소유의 부동산에 각각 채권자를 달리하는 후순위 저당권이 설정되어 있는 경우, 물상보증인 소유의 부동산에 대하여 먼저 경매가 이루어져 그 경매대금의 교부에 의하여 1번 저당권자가 변제를 받은 때에는 물상보증인은 채무자에 대하여 구상권을 취득함과 동시에 민법 제481조, 제482조의 규정에 의한 변제자대위에 의하여 채무자 소유의 부동산에 대한 1번 저당권을 취득한다. 이러한 경우 물상보증인 소유의 부동산에 대한 후순위저당권자는 물상보증인에게 이전한 1번 저당권으로 우선하여 변제를 받을 수 있으며, 이러한 법리는 數人의 물상보증인이 제공한 부동산 중 일부에 대하여 경매가 실행된 경우에도 마찬가지로 적용되어야 하므로(이 경우 물상보증인들 사이의 변제자대위의 관계는 민법 제482조 제2항 제4호, 제3호에 의하여 규율될 것이다.), 자기 소유의 부동산이 먼저 경매되어 1번 저당권자에게 대위변제를 한 물상보증인은 다른 물상보증인의 부동산에 대한 1번 저당권을 대위취득하고, 그 물상보증인 소유 부동산의 후순위 저당권자는 1번 저당권에 대하여 **물상대위**를 할 수 있다.

그러므로 가령 물상보증인 A, B가 X, Y 부동산에 대해 각각 공동저당권을 설정한 경우, X 부동산의 경매로 공동저당권자의 피담보채권 전부가 변제되었다 하더라도, B는 공동저당권자에게 Y 부동산에 대한 공동저당권등기말소등기를 신청할 수 없다. 오히려 A 명의로 대위에 의한 저당권이전의 부기등기가 경료되어야 한다. 이 때 X 부동산에 공동저당권자에 이어 후순위의 저당권자 C가 있는 경우 C는 A가 취득한 구상채권 및 장차 Y 부동산을 경매할 경우 배당받을 권리에 대해 물상대위를 할 수 있다.

나아가 질물의 매각으로 제3자가 그 질물을 선의취득함으로써 질물에 설정된 질권이 소멸하는 경우에도, 질권설정자가 받을 매매대금 또는 부당이득반환청구권 등에 대해서도 물상대위가 가능하다고 할 것이다.

4.2. 물상대위권의 행사방법

(1) 통상의 사안

물상대위는 제3자가 담보설정자에게 금전 또는 물건을 지급하기 이전에 이를 압류하여야 이를 행사할 수 있다. 즉 담보설정자의 제3자 대한 채권을 압류하여야 한다. 그 후(통상압류명령과 동시에 전부명령 또는 추심명령을 신청하지만, 전부명령 또는 추심명령은 압류명령의 유효를 전제로 한다. 즉 전부 및 추심명령을 나중에 신청하는 것도 가능하다) 제3자에 대한 채권에 대해 전부명령 또는 추심명령을 받아 제3채무자로부터 금전 또는 물건을 수령하여 피담보채무의 변제에 충당하면 된다.

대판 2008.12.24, 2008다65396

저당권이 설정된 전세권의 존속기간이 만료된 경우에 저당권자는 민법 제370조, 제342조 및 민사집행법 제273조에 의하여 저당권의 목적물인 전세권에 갈음하여 존속하는 것으로 볼 수 있는 전세금반환채권에 대하여 압류 및 추심명령 또는 전부명령을 받는 등의 방법으로 권리를 행사하여 전세권설정자에 대해 전세금의 지급을 구할 수 있다(대법원 1999.9.17. 선고 98다31301 판결 등 참조).

(2) 담보설정자 아닌 제3자가 담보설정자의 제3채무자에 대한 채권을 압류한 경우

물상대위권의 행사요건으로서의 압류는 물상대위권자가 하여야 하는 것은 아니다.

대판 1996.7.12, 96다21058

민법 제370조에 의하여 저당권에 준용되는 제342조 후문이 "저당권자가 물상대위권을 행사하기 위하여서는 저당권설정자가 지급받을 금전 기타 물건의 지급 또는 인도 전에 압류하여야 한다."라고 규정한 취지는 **물상대위의 목적이 되는 금전 기타 물건의 특정성을 유지하여 (그 효력을 보전함과 동시에) 제3자에게 불측의 손해를 입히지 아니하려는 데 있는 것**이므로(대법원 1994.11.22. 선고 94다25728 판결 참조), 저당목적물의 변형물인 금전 기타 물건에 대하여 이미 제3자가 압류하여 그 금전 또는 물건이 특정된 이상 저당권자는 스스로 이를 압류하지 않고서도 물상대위권을 행사할 수 있다고 할 것이다.

물상대위권자 아닌 제3자가 담보설정자의 제3채무자에 대한 채권을 압류하더라도, 민법 제342조, 제370조에서 요구하는 압류의 요건이 충족되었다는 것이다. 물상대위권자 아닌 제3자가 압류하더라도 담보설정자는 이를 수령할 수 없고, 제3채무자 역시 담보설정자에게 그 채무를 이행할 수 없으므로(민사집행법 제227조), 물상대위권의 목적물이 특정되는 효과가 생기기 때문이다(소위 특정성보전설). 그러나 대법원 판결은 제3자에게 불측의 손해를 입히지 않게 하는 것도 압류를 요구하는 것의 한 이유라고 한다. 여기서 말하는 제3자의 범위가 문제된다. 첫째, 제3채무자가 여기에 해당됨은 물론이다. 만약 압류를 물상대위의 요건으로 삼는 이런 규정이 없으면, 제3채무자가 담보설정자에게 변제한 경우 물상대위권자에게 책임을 질 수도 있기 때문에, 이런 점을 명확하게 하도록 하기 위해 압류를 요건으로 한 것으로 이해할 수 있다. 둘째, 채무자의 다른 일반채권자도 제3자의 범위에 포함되는지가 문제된다.

대판 2000.5.12, 2000다4272 등 다수의 판결

민법 제370조, 제342조에 의한 저당권자의 물상대위권의 행사는 민사소송법 제733조(현행 민사집행법 제273조)에 의하여 담보권의 존재를 증명하는 서류를 집행법원에 제출하여 채권압류 및 전부명령을 신청하거나, 민사소송법 제580조에 의하여 배당요구를 하는 방법에 의하여 하는 것이고, 이는 늦어도 민사소송법 제580조 제1항 각 호 소정의 배당요구의 종기까지 하여야 하는 것으로 그 이후에는 물상대위권자로서의 우선변제권을 행사할 수 없다고 하여야 할 것이고, 위 물상대위권자로서의 권리행사의 방법과 시한을 위와 같이 제한하는 취지는 물상대위의 목적인 채권의 특정성을 유지하여 그 효력을 보전하고 평등배당을 기대한 다른 일반 채권자의 신뢰를 보호하는 등 제3자에게 불측의 손해를 입히지 아니함과 동시에 집행절차의 안정과 신속을 꾀함에 있다.

이런 점을 감안한다면 물상대위권자가 아닌 제3자가 압류하더라도 민법 제342조, 제370조의 압류의 요건은 충족되지만, 제3자에게 불측의 손해를 입히지 않는 기간 내에 물상대위권의 행사가 있어야 한다고 이해할 수 있다. 현행 대법원 판결의 입장은 채무자의 제3채무자에 대한 채권 등에 대해 물상대위할 수 있는 경우, 그 채권이 제3자에게 양도되어 확정일자 있는 통지 또는 승낙을 갖춘 후이거나 채무자의 일반채권자가 그 채권에 대해 압류 · 전부명령을 받아 제3채무자에게 송달된 후(전부명령이 취소되지 않는 한)에는, 더 이상 물상대위를 할 수 없다는 취지로 이해할 수 있다(여기에 대한 예외는 후술).

(3) 물상대위권자가 아닌 자가 압류한 경우의 물상대위권자의 권리행사방법

물상대위권자가 아닌 자가 담보설정자의 채권을 압류한 경우, 다음 판결은 물상대위권자가 물상대위권을 행사할 수 있는 방법에 대해 언급하고 있다.

대판 1998.9.22, 98다12812

저당목적물의 변형물인 금전 기타 물건에 대하여 이미 제3자가 압류하여 그 금전 또는 물건이 특정된 이상 저당권자가 스스로 이를 압류하지 않고서도 물상대위권을 행사하여 일반 채권자보다 우선변제를 받을 수 있으나, 그 행사방법으로는 **민사소송법 제733조에 의하여 담보권의 존재를 증명하는 서류를 집행법원에 제출하여 채권압류 및 전부명령을 신청하는 것이거나 민사소송법 제580조 제1항에 의하여 배당요구를 하는 것**이므로, 이러한 물상대위권의 행사에 나아가지 아니한 채 단지 수용대상토지에 대하여 담보물권의 등기가 된 것만으로는 그 보상금으로부터 우선변제를 받을 수 없다.

즉 물상대위권자는 담보권의 존재를 증명하는 서류(담보권설정계약서 또는 부동산등기부)를 집행법원에 제출하여 담보물권설정자의 제3채무자에 대한 채권을 압류하고 전부명령을 신청하거나 이미 제3자가 압류한 경우 배당요구를 함으로써 그 권리를 행사할 수 있다는 것이다. 여기서 다음과 같은 의문이 제기된다. 이미 제3자가 신청하여 압류명령이 내려졌음에도 불구하고 물상대위권자의 압류명령 및 전부명령이 유효한지가 그것이다. 민사집행법 제229조 제5항[15]은 "전부명령이 제3채무자에게 송달될 때까지 그 금전채권에 관하여 다른 채권자가 압류·가압류 또는 배당요구를 한 경우에는 전부명령은 효력"이 없다고 하므로, 이미 압류 또는 가압류가 있는 채권에 대한 전부명령 역시 그 효력이 없을 것이기 때문이다.

다음의 판결이 이 의문과 관련된 공간된 최초의 판결인 것으로 보인다.

대판 1990.12.26, 90다카24816(동지 1990.12.26, 90다카24809)

[사안] 원고는 1985.4.25. A 소유 X 부동산에 저당권을 설정받았다. 피고시는 1987.4.23. X 토지 환지처분정산금 6,098,400원을 교부한다는 환지처분공고를 하고, 그 공고의 다음날로 청상금채권은 A에게 적법하게 귀속되었다(이런 결론에 도달하게 된 경로는 훨씬 복잡하지만 생략함). 동대문세무서장은 부가가치세 체납처분으로 1987.3.25. 피고시의 A에 대한 장래의 청산금채권 중 6,013,600원을 압류하였다. 그 후 원고는 A에 대한 대여금채권을 피보전채권으로 해서 1987.8.27. 위 청산금채권을 가압류하였고, 확정된 종국판결에 기해 집행문을 부여받아 1988.3.12. 위 청산금채권에 대해 압류명령 및 전부명령을 신청하였고, 같은 해 3.14. 피고시에게 송달되었다. 한편 A는 1987.4.22. 피고보조참가인에게 X 토지의 소유권을 이전하였고, 1988.6.25. A에 대해 집행력 있는 약속어음 공정증서에 기해 A의 청산금채권에 대한 압류명령 및 전부명령을 신청하였고, 이는 같은 해 6.27 피고시에 송달되었다. 원고가 피고에 대해 전부금의 지급을 청구한 사안이다.

[원심법원의 판단] 위 청산금채권은 위 환지처분공고 익일 당시 피고보조참가인에게 귀속되는 것이므로 위 청산금채권자를 A로 전제한 동대문세무서장의 위 국세체납에 의한 압류나 원고의 압류는 특별한 사정이 없는 한 위 청산금채권에 대한 압류라고 할 수는 없어 피고보조참가인의 위 압류와 경합된다고 할 수 없다. 그러나 토지구획정리사업법상의 환지처분에 따른 청산금채권은 환지처분전토지의 변형물로서 그 토지상에 근저당권이 설정되어 있는 경우 물상대위의 법리에 의하여 근저당권의 효력이 그대로 청산금채권에 미치게 된다 할 것이고, … [중략. 제3자의 압류 이후에도 물상대위권을 행사할 수 있다는 법이론을 설시] … 이 사건 토지에 관하여 근저당권을 설정한 원고가 위 가압류와 본압류 및 전부명령을 받음으로써 위 청산금채권이 특정되어 있는 이상 그것

15. 민사집행법 제정 이전의 민사소송법에서도 동일한 취지의 규정이 있었으므로, 위 대법원판결의 법이론은 민사집행법 하에서도 동일하게 적용된다.

이 위 근저당권에 기하여 행하여진 것이 아니라 할지라도 위 근저당권의 효력이 위 청산금채권에 미친다 할 것이므로 근저당권자인 원고의 A에 대한 압류 및 전부명령은 그 효력이 있어 위 청산금채권은 원고에게 적법히 전부되었다 할 것이고, 따라서 A를 채무자로 하여 발하여진 피고보조참가인의 압류 및 전부명령은 피전부채권이 존재하지 아니하여 무효이다.

[대법원의 판단] (원심법원과 달리 청산금채권이 피고보조참가인이 아니라 A에게 귀속된다고 설명함). … 일반채권자가 먼저 압류나 가압류의 집행을 함에 지나지 않은 경우에는 저당권자는 후에 목적채권에 대하여 물상대위권을 행사하여 우선변제를 받을 수가 있고 그 방법으로는 채권에 대한 강제집행절차에 준하여 채권의 압류 및 전부명령을 신청할 수도 있는 것이나, 이는 어디까지나 담보권의 실행절차이므로 그 요건으로서 담보권의 존재를 증명하는 서류를 제출하여 개시된 경우이어야 하는 바, 이 사건에서와 같이 물상대위권을 갖는 채권자가 동시에 채무명의를 가지고 있으면서 채무명의에 의한 강제집행의 방법을 선택하여 채권의 압류 및 전부명령을 얻은 경우에는 비록 그가 물상대위권을 갖는 실체법상의 우선권자라 하더라도 원래 일반채무명의에 의한 강제집행절차와 담보권의 실행절차와는 그 개시요건이 다를 뿐만 아니라 다수의 이해관계인이 관여하는 집행절차의 안정과 평등배당을 기대한 다른 일반채권자의 신뢰를 보호할 필요가 있는 점에 비추어 압류가 경합된 상태에서 발부된 위 전부명령은 무효로 볼 수밖에 없다.

요컨대 위 대법원 판결은 집행권원을 가진 일반채권자가 채무자의 제3채무자에 대한 채권을 압류·전부명령을 얻음으로써 압류가 경합되게 되면,[16] 전부명령은 그 효력이 없는 것이지만, 물상대위권자는 그 경우에도 유효하게 전부명령을 얻을 수 있다는 것이다. 즉 실체법적인 관점에서 볼 때 물상대위권자는 우선변제권이 있으므로 압류명령을 얻은 여타의 일반채권자와의 관계에서 압류경합 상태에 있는 것이 아니라고 본 것이다. 그런데 위 판결의 사안에서 원고는 물상대위권을 행사한 것이 아니라, 집행권원으로써 압류·전부명령을 얻었기 때문에 그 전부명령은 효력이 없다고 본 것이다. 다음의 판결에서 이를 명문으로 확인하고 있다.

대판 2008.12.24, 2008다65396

저당목적물의 변형물인 금전 기타 물건에 대하여 일반 채권자가 물상대위권을 행사하려는 저당채권자보다 단순히 먼저 압류나 가압류의 집행을 함에 지나지 않은 경우에는 저당권자는 그 전은 물론 그 후에도 목적채권에 대하여 물상대위권을 행사하여 일반 채권자보다 우선변제를 받을 수가 있으며 (대법원 1994.11.22. 선고 94다25728 판결 등 참조), 위와 같이 전세권부 근저당권자가 우선권 있는 채권에 기하여 전부명령을 받은 경우에는 형식상 압류가 경합되었다 하더라도 그 전부명령은 유효하다.

---

16. 수개의 압류명령에 의해 실현하고자 하는 채권액의 합산액이 채무자의 제3채무자에 대한 채권을 초과하게 되면 각 압류는 채권 전부에 그 효력이 미치므로, 압류가 경합된다. 상세한 것은 제2장 제2절을 참조.

(4) 제3자가 압류한 경우 물상대위권 행사의 종기

제3자가 압류한 경우, 물상대위권을 행사할 수 있는 기한이 언제까지인지가 문제된다. 대법원은 배당요구의 종기까지 이를 행사할 수 있다고 한다.

대판 2003.3.28, 2002다13539

민법 제370조, 제342조에 의한 저당권자의 물상대위권의 행사는 구 민사소송법(2002.1.26. 법률 제6626호로 전문 개정되기 전의 것) 제733조에 의하여 담보권의 존재를 증명하는 서류를 집행법원에 제출하여 채권압류 및 전부명령을 신청하거나, 구 민사소송법 제580조에 의하여 배당요구를 하는 방법에 의하여 하는 것이고, 이는 늦어도 구 민사소송법 제580조 제1항 각 호 소정의 배당요구의 종기까지 하여야 하는 것으로 그 이후에는 물상대위권자로서의 우선변제권을 행사할 수 없다고 하여야 할 것인바, 물상대위권자로서의 권리행사의 방법과 시한을 위와 같이 제한하는 취지는 물상대위의 목적인 채권의 특정성을 유지하여 그 효력을 보전하고 평등배당을 기대한 다른 일반 채권자의 신뢰를 보호하는 등 제3자에게 불측의 손해를 입히지 아니함과 동시에 집행절차의 안정과 신속을 꾀하고자 함에 있다. … 저당권자의 물상대위권 행사로서의 압류 및 전부는 그 명령이 제3채무자에게 송달됨으로써 효력이 생기며, 물상대위권의 행사를 제한하는 취지인 '특정성의 유지'나 '제3자의 보호'는 물상대위권자의 압류 및 전부명령이 효력을 발생함으로써 비로소 달성될 수 있는 것이므로, **배당요구의 종기가 지난 후에 물상대위에 기한 채권압류 및 전부명령이 제3채무자에게 송달되었을 경우에는, 물상대위권자는 배당절차에서 우선변제를 받을 수 없다.**

위 대법원의 판결에 따르면 다음과 같이 처리될 것이다. 첫째, 제3자가 채무자의 제3채무자에 대한 채권을 압류하여 추심명령을 얻은 경우, 추심채권자가 민사집행법 제236조에 따른 추심신고를 할 때까지(민사집행법 제248조 제1항 제2호)는 물상대위권에 기한 채권압류 및 전부명령을 신청하여 제3채무자에게 송달되도록 할 수 있다. 그렇게 하였을 경우 우선변제를 받을 수 있다. 물론 그 때까지 물상대위권에 기한 배당요구를 할 수도 있다. 둘째, 제3채무자가 민사집행법 제248조 제4항에 따른 집행공탁신고를 한 때까지(동법 제247조 제1항 제1호), 물상대위권에 기해 압류·전부명령을 신청하여 제3채무자에게 송달되게 하거나 배당요구를 하면 우선변제를 받을 수 있다. 셋째, 집행관이 현금화한 금전을 법원에 제출할 때까지 물상대위권을 행사할 수 있다. 넷째, 제3자가 신청한 전부명령이 제3채무자에게 송달된 때에는 더 이상 배당요구를 못하므로(민사집행법 제247조 제2항), 이 때에는 물상대위권을 더 이상 행사하지 못할 것이다.

(5) 제3자가 수용보상금채권을 압류 · 전부받은 경우와 물상대위권의 행사

위 대판 2002다13539 부류의 판결들은 제3자가 압류한 경우 배당요구의 종기까지 압류 · 전부명령 또는 배당요구의 방법으로 물상대위권을 행사하지 않으면 우선변제를 받을 수 없다고 한다. 제3자가 신청한 전부명령이 제3채무자에게 송달되면 더 이상 배당요구를 할 수 없으므로(민사집행법 제247조 제2항), 이 경우 물상대위권자에게 상당한 불이익이 발생할 것이다. 위 논리대로라면, 특히 제3자가 채무자가 제3채무자에 대한 토지수용보상금 등 장래의 채권을 압류 · 전부받은 경우 저당권 등이 아직 소멸되지 않은 상태에서 그 전부명령이 제3채무자(기업자)에게 송달될 것이고, 그 결과 저당권자가 물상대위권을 행사할 마땅한 기회를 가지기 어려울 것이기 때문이다. 다음 대법원 판결이 이와 관련된 것이다.

대판 1998.9.22, 98다12812

[사안] 원고는 1993.12.10. A 소유 X 부동산에 저당권을 설정받고 이를 담보로 B에게 합계 145,000,000원을 대출해 주었다. 피고 산하 부산지방국토관리청이 X 토지 중 일부를 편입하게 됨에 따라 중앙토지수용위원회는 1996.2.13. 보상금 188,100.380원, 수용시기를 같은 해 3.26.로 하는 수용재결을 하였다. C는 1995.12.19. 집행력 있는 채무변제계약 공정증서에 기해 이 사건 토지보상금 중 183,000,000원의 채권에 대해 압류 및 전부명령을 받고 그 결정은 1996.1.6. 확정되었다. 한편 1995.12.7. D가 수용보상금 중 60,000,000원에 관하여 가압류결정을 받고 그 무렵 피고에게 송달되었다. 피고는 1996.3.18. 위 보상금 중 188,100,380원을 피공탁자 A 또는 C로, 공탁원인을 보상금수령권자가 토지소유자 A인지, 압류 · 전부권자인 C인지 알 수 없다는 것으로 하여 공탁하였고, C는 같은 해 3.20. 전부받은 금 183,000,000원을 출급받았다. 원고는 물상대위권의 행사로 1996.3.18. A가 피고에게 받을 보상금 중 148,487,990원에 대해 압류 · 전부명령을 받았고, 그 명령은 3.20. 피고에게 도달되었다. 원고는 나머지 공탁금출급청구권을 압류 · 전부받아 같은 해 5.9. 이를 지급받았다. 원고는 1996.3.20. 수용보상금을 공탁하였어야 함에도 3.18. 이를 공탁하는 바람에 C가 이를 출급받음으로써 동액 상당의 손해를 입었다고 하여 손해배상을 구하는 소송을 제기하였다.

[대법원의 판단] 토지수용법 제61조, 제65조 및 제67조의 각 규정에 의하면, 기업자로서는 관할 토지수용위원회의 수용재결로 인하여 보상금채무가 발생한 이후라도 그 수용의 시기까지 사이에 보상금의 지급 시기나 공탁 여부 등을 자유롭게 결정할 수 있는 반면, 담보권자는 같은 법 제14조, 제16조 소정의 사업인정의 고시가 있으면 수용대상토지에 대한 손실보상금의 지급이 확실시되므로 토지수용의 재결 이전 단계에서도 물상대위권의 행사로서 피수용자의 기업자에 대한 손실보상금 채권을 압류 및 전부받을 수 있어(대법원 1998.3.13. 선고 97다47514 판결 참조), 설사 그 압류 전에 양도 또는 전부명령 등에 의하여 보상금 채권이 타인에게 이전된 경우라도 보상금이 직접 지급되거나 보상금지급청구권에 관한 강제집행절차에 있어서 배당요구의 종기에 이르기 전에는(대법원 1994.11.22. 선고 94다25728 판결 참조) 여전히 그 청구권에 대한 추급이 가능하다고 할 것이므로, 담보물권자가 같은 법 제25조 제1항, 제4조 제2항 및 같은 법시행령 제15조의2에 의하여 사업인정의 고시 후 협의과정에서 기업자로부터 보상의 시기 · 방법 및 절차 등에 관하여 통지

를 받은 이상, 특별한 사정이 없는 한 기업자가 담보권자로 하여금 물상대위권을 행사할 수 있도록 기회를 보장하기 위하여 보상금의 지급 또는 공탁의 시기를 늦추는 것과 같은 별도의 조치를 취하지 아니하였다고 하여 이를 두고 위법하다고 할 수 없을 것이다. 그러나 기업자가 보상금지급에 관한 사무처리지침을 정하고 그 내용을 담보권자에게 통지함으로써 그에 대한 담보권자의 신뢰가 형성되었음에도 후에 기업자 소속 담당공무원이 고의 또는 과실로 그 통지된 사무처리지침과 달리 보상금지급업무를 처리하여 담보권자로부터 물상대위권을 행사할 수 있는 기회를 박탈하여 결과적으로 담보권자로 하여금 우선변제권을 상실하게 하였다면 이는 공무원의 직무상 불법행위로 국가배상책임이 성립할 수 있다.

위 판결의 사안처럼 토지수용의 경우 수용보상금은 수용재결 이후 수용의 시기까지 지급 또는 공탁되어야 하며, 지급 또는 공탁된 경우 토지소유권은 수용의 시기에 기업자에게 이전된다. 그 시점에서 저당권도 소멸하게 된다. 또한 수용보상금에 대한 압류 및 전부명령은 토지수용의 재결 이전이라도 가능하다는 것이 판례의 입장이므로(위 대판 97다47514 참조), 저당권자가 아닌 제3자가 수용의 시기 이전에 수용보상금채권을 압류·전부받는 것이 가능하고 또 그 채권을 양도하는 것도 가능할 것이다. 그렇기 때문에 위 사안에서 대법원은 그 보상금이 지급되거나 보상금지급청구권에 관한 강제집행절차에서 배당요구의 종기에 이르기 전에는 그 청구권에 추급이 가능하다고 한 것이다. 이로써 물상대위권자의 권리를 보호하고자 한 것이다. 그러나 위 판결의 법률론은 쉽게 이해되지 않는 면이 있다. 수용보상금에 대해 전부명령이 송달되면 그 전부명령이 취소되지 않는 한 수용보상금이 전부채권에게 귀속되기 때문에 더 이상 물상대위가 가능하지 않다고 해야 할 것이기 때문이다. 그러나 수용대상 토지에 저당권 등이 설정되어 있던 경우 전부명령을 송달받은 기업자는 수용보상금을 공탁할 수도 있다.[17] 이 경우 피수용자는 공탁금출급청구권을 가지게 되고, 그 출급청구권에 대해 물상대위권자가 압류 및 전부명령을 신청하는 것이 가능할 것이다. 그 출급청구권에 압류가 경합되면 공탁기관이 그 사유를 집행법원에 신고할 때까지가 배당요구의 종기이기 때문에 그 때까지 물상대위권을 행사할 수 있을 것이다.

---

17. 대판 2000.6.23, 98다31899에서는 토지수용법 제61조 제2항 제4호의 공탁사유는, 손실보상금청구권이 피수용자에게 귀속되어 있음을 전제로 하여 다만 압류 또는 가압류 등에 의해 기업자가 피수용자에게 직접 손실보상금을 지급할 수 없을 때에 적용되는 것일 뿐, 손실보상금의 귀속주체가 변경된 경우, 즉 손실보상금청구권에 대한 전부명령이 이루어진 경우에까지 적용되지는 않는다고 하면서도, 압류의 경합이 있는 것과 같은 외관이 있으면 민사소송법 제581조 제1항(현행 민사집행법 제248조 제1항에 해당)의 유추적용이 가능하고, 공탁에 의한 면책이 가능하다고 한다.

위 사안의 경우 원고는 공탁금이 전부채권자 C에게 지급되기 이전에 물상대위권에 기한 압류 · 전부명령을 신청하지 않았기 때문에 더 이상 물상대위권을 행사할 수 없게 된 것이다. 만약 원고가 전부채권자 C에게 지급되기 이전에 물상대위권 아닌 집행권원으로써 동액의 채권을 압류 · 전부받았다면 이는 무효이다. 앞서 언급한 권리는 물상대위권자에게만 인정되기 때문이다.

4.3. 물상대위권이 실현되지 못한 경우

물상대위권자가 있음에도 불구하고 제3채무자가 담보설정자에게 지급한 경우 또는 담보설정자의 채권을 제3자가 압류한 후 현실적으로 지급받은 경우, 물상대위권자는 제3채무자, 제3자에게 책임을 추궁할 수 없다. 담보설정자에 대해서는 피담보채무의 이행을 청구할 수 있을 뿐이다.

대판 2002.10.11, 2002다33137

물상대위권의 행사에 나아가지 아니한 채 단지 수용대상토지에 대하여 담보물권의 등기가 된 것만으로는 그 보상금으로부터 우선변제를 받을 수 없고, 저당권자가 물상대위권의 행사에 나아가지 아니하여 우선변제권을 상실한 이상 다른 채권자가 그 보상금 또는 이에 관한 변제공탁금으로부터 이득을 얻었다고 하더라도 저당권자는 이를 부당이득으로서 반환청구할 수 없다.

그러나 담보설정자가 물상보증인이거나 담보설정자로부터 담보물을 취득한 제3취득자인 경우에는 부당이득반환청구권을 행사할 수 있다. 아래 각 판결은 모두 담보설정자로부터 제3자가 소유권을 취득한 사안이다.

대판 1975.4.8, 73다29

경매진행중인 근저당목적물이 제3자의 불법행위로 멸실되어 근저당권이 소멸한 경우 소유자(담보제공자로부터의 제3취득자)가 불법행위자로부터 보상을 받았으면 근저당권자였던 사람은 소유자에게 부당이득 반환을 청구할 수 있다.

대판 2009.5.14, 2008다17656

저당권자(질권자를 포함한다)는 저당권(질권을 포함한다)의 목적이 된 물건의 멸실, 훼손 또는 공용징수로 인하여 저당목적물의 소유자가 받을 저당목적물에 갈음하는 금전 기타 물건에 대하여 물상대위권을 행사할 수 있으나, 다만 그 지급 또는 인도 전에 이를 압류하여야 하며('민법' 제370조, 제342조), 저당권자가 위 금전 또는 물건의 인도청구권을 압류하기 전에 저당물의 소유자가 그 인도청구권에 기하여 금전 등을 수령한 경우에는 저당권자는 더 이상 물상대위권을 행사할 수 없게 된다. 이 경우 저당권자는 저당권의 채권최고액 범위 내에서 저당목적물의 교환가치를 지배하고 있다가 저당권을 상실하는 손해를 입게 되는 반면에, 저당목적물의 소유자는 저당권의 채권최고액 범위 내에서 저당권자에게 저당목적물의 교환가치를 양보하여야 할 지위에 있다가 마치 그러한 저당권의 부담이 없었던 것과 같은 상태에서의 대가를 취득하게 되는 것이므로 그 수령한 금액 가운데 저당권의 채권최고액을 한도로 하는 피담보채권액의 범위 내에서는 이득을 얻게 된다 할 것이다. 저당목적물 소유자가 얻은 위와 같은 이익은 저당권자의 손실로 인한 것으로서 인과관계가 있을 뿐 아니라, 공평 관념에 위배되는 재산적 가치의 이동이 있는 경우 수익자로부터 그 이득을 되돌려 받아 손실자와의 사이에 재산상태의 조정을 꾀하는 부당이득제도의 목적에 비추어 보면 위와 같은 이익을 소유권자에게 종국적으로 귀속시키는 것은 저당권자에 대한 관계에서 공평의 관념에 위배되어 법률상 원인이 없다고 봄이 상당하므로, 저당목적물 소유자는 저당권자에게 이를 부당이득으로서 반환할 의무가 있다고 할 것이다(대법원 1975.4.8. 선고 73다29 판결 참조).

4.4. 담보권 침해와 손해배상청구권, 물상대위의 관계

담보권이 침해되면, 이는 담보권자에 대한 불법행위가 될 수 있다. 따라서 불법행위에 기한 손해배상청구권을 가지게 될 것이다. 이 경우 담보권자의 물상대위권과 손해배상청구권의 관계가 문제된다. 담보물이 침해됨으로써 담보권이 소멸하는 경우가 바로 그것이다.

대판 1998.11.10, 98다34126

담보물을 권한 없이 멸실·훼손하거나 담보가치를 감소시키는 행위는 위법한 행위로서 불법행위를 구성하며, 이 때 채권자가 입게 되는 **손해는 담보 목적물의 가액의 범위 내에서 채권최고액을 한도로 하는 피담보채권액으로 확정**될 뿐 그 피담보채무의 변제기가 도래하여 그 담보권을 실행할 때 비로소 발생하는 것은 아니다.

이 때 담보권자는 담보권의 침해로 인해 물상대위권도 가진다. 왜냐하면 소유자인 담보설정자가 담보물 침해자에게 손해배상청구권을 가지기 때문이다. 이 때의 물상대위권은 소유자의 가해자에 대한 손해배상청구권에 담보권의 효력을 미치게 함으로써 담보권자가 우선변제받을 수 있는 효과가 있다. 반면 담보권자가 직접 제3자에게 손해배상청구권을 행사할 경우 담보권자는 일반채권자로서의 지위만을 가진다.

이 때 가해자는 소유자와 담보권자 兩者에게 손해배상의무를 부담하고, 그 배상의무의 범위는 각기 다르다. 前者에 대해서는 소유물의 가액 자체에 대한 배상의무를, 後者에 대해서는 소유물의 가액을 한도로 한 피담보채권액의 배상의무를 부담한다. 이 경우 소유자와 담보권자는 일종의 부진정연대채권관계에 있고, 각각의 권리 사이에 우열이 없다. 그러나 가해자가 어느 일방에게 변제하면, 그 한도에서는 다른 채권자에 대한 채무액도 감축된다.

5. 우선변제권의 순위결정

5.1. 우선특권

(1) 우선특권의 예

근로기준법 제38조 제2항, 근로자퇴직급여보장법 제11조 제1항의 임금채권 또는 조세채권, 선박우선특권, 주택 또는 상가건물의 소액보증금임차인 등은 모두 우선특권의 예라고 할 것이다. 그 중 임금우선특권은 조세 · 공과금채권보다 우선하기 때문에 당해세(집행 대상인 당해 재산에 대한 국세 · 가산금) 보다도 우선한다. 임금우선특권 제도는 근로자의 생활안정, 특히 사용자가 파산하거나 사용자의 재산이 다른 채권자에 의해 압류되었을 경우에 사회 · 경제적 약자인 근로자의 최저생활보장을 확보하기 위한 사회정책적 고려에서 일반 담보물권자 등의 희생 아래 인정되어진 제도로서 그 공익적 성격이 강하기 때문에 이와 같이 처리된다(가령 대법원 2005.10.13. 선고 2004다26799 참조). 그러나 임금우선특권과 주택 또는 상가건물의 소액보증금임차인 간에는 우열관계가 없다. 이들 상호간에는 우열관계가 없기 때문에, 동일한 물건 또는 권리의 환가대금에서 이들 모두가 배당을 요구하였다면, 이들 상호간에는 평등하게 배당하여야 할 것이다. 선박우선특권과 임금우선특권 간에는 임금우선특권이 우선한다(대판 2005.10.13. 2004다26799 참조).

(2) 임금우선특권 또는 조세우선특권을 주장할 수 없는 경우

임금채권이나 조세채권과 같은 우선특권은 채무자의 총재산에 대해 우선변제권이 인정된다. 따라서 그 우선권의 인정에 제한이 불가피하다. 채무자가 그 재산을 취득하기 이전에 이미 질권 또는 저당권과 같은 담보권이 설정되어 있었다면, 일반적으로는 질권 또는 저당권보다 우선하는 당해세라 할지라도, 그 담보권보다는 우선할 수 없다. 또한 채무자가 제3자에게 양도한 이후에는 거기에 대해 임금채권 또는 조세채권의 우선변제권을 주장할 수도 없다.

대판 1994.1.11, 93다30938

근로기준법 제30조의2 제2항은 근로자의 최저생활을 보장하고자 하는 공익적 요청에서 일반담보물권의 효력을 일부 제한하고 임금채권의 우선변제권을 규정한 것으로서 그 규정의 취지는 최종 3월분의 임금 등에 관한 채권은 다른 채권과 동시에 사용자의 동일재산으로부터 경합하여 변제받는 경우에 그 성립의 선후나 질권이나 저당권의 설정 여부에 관계없이 우선적으로 변제받을 수 있는 권리가 있음을 밝힌 것일 뿐, 나아가 사용자의 특정재산에 대한 배타적 지배권을 본질로 하는 추급효까지 인정한 것은 아니므로, 사용자의 재산이 제3자에게 양도된 경우에 있어서는 양도인인 사용자에 대한 임금 등 채권의 우선권은 이 재산에 대하여는 더 이상 추구될 수 없고, 양수인의 양수재산에 대하여까지 우선권을 인정할 수는 없다. 또한 사용자가 재산을 취득하기 전에 설정된 담보권에 대하여까지 임금채권의 우선특권을 인정할 수도 없다.

대판 1991.9.24, 88다카8385

지방세법 제31조 제2항 제3호의 규정에 따라 지방세에 대하여 우선적으로 보호되는 저당권부채권은 당해 저당권설정당시의 저당권자와 설정자와의 관계를 기본으로 하여 그 설정자의 납세의무를 기준으로 한 취지라고 해석되고 이러한 지방세 등의 우선징수로부터 배제되는 저당채권은 설정자가 저당부동산을 제3자에게 양도하고 그 양수인에게 지방세의 체납이 있었다 하더라도 특별규정이 없는 현행법하에서는 그 보호의 적격이 상실되는 것은 아니라 할 것이므로 저당부동산이 저당권설정자로부터 제3자에게 양도되고 위 설정자에게 저당권에 우선하여 징수당할 아무런 조세의 체납이 없었다면 양수인인 위 제3자에 대하여 부과한 지방세를 당해세라 하여 우선 징수할 수 없다.

(3) 우선특권 또는 특별법상의 우선변제권의 행사요건으로서의 배당요구

질권 또는 저당권의 경우에는 배당절차에서 배당요구를 하지 않더라도 우선변제를 받을 수 있고, 만약 이를 무시하고 배당이 이루어져 후순위담보권자 또는 일반채권자가 배당을 받았다면 담보권자는 부당이득반환청구권을 행사하여 배당이 제대로 이루어졌더라면 배당받았을 액수만큼 후순위담보권자 또는 일반채권자로부터 반환받을 수 있다. 그러나 우선특권을 가진 경우에는 배당요구를 하지 않았다면, 더 이상 우선변제권을 주장할 수 없다.

대판 2002.1.22, 2001다70702

민사소송법 제605조 제1항에서 규정하는 배당요구가 필요한 배당요구채권자는, 압류의 효력발생 전에 등기한 가압류채권자, 경락으로 인하여 소멸하는 저당권자 및 전세권자로서 압류의 효력발생 전에 등기한 자 등 당연히 배당을 받을 수 있는 채권자의 경우와는 달리, 경락기일까지 배당요구를 한 경우에 한하여 비로소 배당을 받을 수 있고, 적법한 배당요구를 하지 아니한 경우에는 비록 실체법상 우선변제청구권이 있다 하더라도 경락대금으로부터 배당을 받을 수는 없을 것이므로, 이러한 배당요구채권자가 적법한 배당요구를 하지 아니하여 그를 배당에서 제외하는 것으로 배당표가 작성·확정되고 그 확정된 배당표에 따라 배당이 실시되었다면 그가 적법한 배당요구를 한 경우에 배당받을 수 있었던 금액 상당의 금원이 후순위채권자에게 배당되었다고 하여 이를 법률상 원인이 없는 것이라고 할 수 없다. 주택임대차보호법에 의하여 우선변제청구권이 인정되는 소액임차인의 소액보증금반환채권은 현행법상 민사소송법 제605조 제1항에서 규정하는 배당요구가 필요한 배당요구채권에 해당한다.

대판 1998.10.13, 98다12379

주택임대차보호법에 의하여 우선변제청구권이 인정되는 임대차보증금반환채권은 현행법상 위와 같은 배당요구가 필요한 배당요구채권에 해당하는 것이다.

대판 1997.2.25, 96다10263

근로기준법에 의하여 우선변제청구권이 있는 원고(임금채권자)들을 배당요구 채권자에 해당하는 것으로 보고 적법한 배당요구를 하지 아니한 원고들의 부당이득반환청구를 배척한 조치는 정당하다.

대판 1993.3.26, 92다52733

국세징수법 제56조에 규정된 교부청구는 과세관청이 이미 진행중인 강제환가절차에 가입하여 체납된 조세의 배당을 구하는 것으로서 강제집행에 있어서의 배당요구와 같은 성질의 것으로 볼 것이고 구 민사소송법(1990.1.13. 법률 제4201호로 개정되기 전의 것) 제605조 제2항에서 부동산에 대한 강제경매절차에 있어 배당요구를 경락기일까지만 할 수 있다고 제한한 취지는 환가대금에서 추심하려고 하는 채권액을 환가 전에 확정하여 과잉경매를 막고 배당절차에서 채권액의 증가로 인하여 생기는 절차지연과 혼란을 피하고자 하는 이유 때문이며 이러한 필요성은 그 채권이 조세채권이라고 하여 달라지는 것은 아니므로, 부동산강제경매절차에서 조세채권의 교부청구도 배당요구와 마찬가지로 경락기일까지만 할 수 있다(경락기일 이후 한 교부청구에 기해 배당한 것을 부당이득으로 보고, 그로 인해 배당을 제대로 받지 못한 원고에 대해 반환할 것을 인정한 판결).

5.2. 우선변제권의 인정 순위

법률에 의해 최우선변제를 인정하고 있는 경우(근로자의 특정 임금채권, 주택임대차보호법 및 상가건물임대차보호법 상의 소액보증금 임차인의 보증금반환채권 등)를 제외하면, 우선변제의 순위는 그 우선변제권의 성립일을 기준으로 하여 판단하는 것이 원칙이다. 아래에서는 우선변제권의 성립일의 판단에서 유의하여야 할 부분에 관한 대법원 판결례를 소개한다.

(1) 조세채권과 담보물권의 상호관계

지방세 또는 국세 등의 조세채권과 담보물권 간의 우선순위는 조세채권의 성립일인 법정기일 이전에 전세권, 질권 또는 저당권과 같은 담보물권 또는 주택임대차보호법 제3조의2, 상가건물임대차보호법 제5조의 우선변제권이 성립되었으면 그것이 우선하는 것이 원칙이다. 다만 조세채권이 먼저 성립하였더라도, 조세채무자가 담보권이 설정된 제3자 소유의 담보물을 양수한 경우에는 그 예외가 인정된다(위 5.1.의 (2) 참조). 그러나 당해세(집행 대상인 재산에 대한 국세 또는 지방세 및 그 가산금)는 위 담보물권보다 나중에 성립되었다고 하더라도 담보물권보다 우선한다.

대판 1996.1.23, 95다39175

국세기본법(1990.12.31. 법률 제4277호로 개정된 것) 제35조 제1항에는 "국세가산금 또는 체납처분비는 다른 공과금 기타의 채권에 우선하여 징수한다. 다만 다음 각 호의 1에 해당하는 공과금 기타의 채권에 대하여는 그러하지 아니하다."라고 규정되어 있고, 같은 조 제3호에는 "다음 각 목의 1에 해당하는 기일(이하 법정기일이라고 한다) 전에 전세권, 질권 또는 저당권의 설정을 등기 또는 등록한 사실이 대통령령이 정하는 바에 의하여 증명되는 재산의 매각에 있어서 그 매각대금 중에서 국세 또는 가산금(그 재산에 대하여 부과된 국세와 가산금은 제외한다)을 징수하는 경우의 그 전세권, 질권 또는 저당권에 의하여 담보된 채권"이라고 규정되어 있으며, 같은 호 나 목에는 "과세표준과 세액을 정부가 결정, 경정 또는 수시부과 결정되는 경우에 고지한 당해 세액에 대하여는 그 납세고지서의 발송일"이라고 규정되어 있으므로, 국세와 담보권 사이의 우선순위의 결정은 위 규정에 의하여 법정기일인 '납부고지서의 발송일'을 기준으로 하여야 할 것이다.

대판 1997.4.11, 96다40264

구 지방세법(1994.12.22. 법률 제4794호로 개정되기 전의 것) 제31조 제1항 및 제2항의 규정에 의하면 지방자치단체의 징수금은 원칙적으로 공과금 기타의 채권에 우선하여 징수하지만, 지방세의 과세기준일 또는 납세의무 성립일 전에 설정한 전세권, 질권 또는 저당권의 목적인 재산의 매각으로 인하여 생긴 금액 중에서 지방세와 가산금을 징수하는 경우에 그 저당권 등에 의하여 담보되는 채권에 대하여는 우선할 수 없다고 규정하고 있으므로, 지방세의 과세기준일 또는 납세의무 성립일 후에 성립된 저당권 등에 의하여 담보되는 채권에 대하여는 지방세와 가산금을 우선하여 징수할 수 있다고 할 것이고, 이 때의 과세기준일 또는 납세의무 성립일은 법문의 표현에 비추어 볼 때 본세의 과세기준일을 의미하는 것이 분명하므로 가산금과 저당권 등의 피담보채권과의 우선순위를 가림에 있어서도 본세의 과세기준일 또는 납세의무 성립일을 기준으로 하여야 한다.

(2) 주택 또는 상가건물 임대차보호법상의 우선변제권과 담보물권

주택 또는 상가건물 임대차보호법의 적용을 받는 임차인이 우선변제권을 가질 때 그 우선변제권과 담보물권 간에는 각 권리의 성립의 순서에 따라 판단한다.

대판 1999.3.23, 98다46938

구 주택임대차보호법(1999.1.21. 법률 제5614호로 개정되기 전의 것) 제3조 제1항은 임대차는 그 등기가 없는 경우에도 임차인이 주택의 인도와 주민등록을 마친 때에는 그 翌日부터 제3자에 대하여 효력이 생긴다고 규정하고 있고, 같은 법 제3조의2 제1항은 같은 법 제3조 제1항의 대항요건과 임대차계약증서상의 확정일자를 갖춘 임차인은 경매 등에 의한 환가대금에서 후순위권리자 기타 채권자보다 우선하여 보증금을 변제받을 권리가 있다고 규정하고 있는바, 주택의 임차인이 주택의 인도와 주민등록을 마친 당일 또는 그 이전에 임대차계약증서상에 확정일자를 갖춘 경우 같은 법 제3조의2 제1항에 의한 우선변제권은 같은 법 제3조 제1항에 의한 대항력과 마찬가지로 주택의 인도와 주민등록을 마친 다음날을 기준으로 발생한다.

(3) 담보물권 성립 前의 가압류채권자

금전채권에 기한 장래의 강제집행을 대비하여 채무자의 부동산을 가압류하게 되면, 채무자는 그 부동산을 처분하더라도 가압류채권자와의 관계에서는 그 처분의 효력을 주장할 수 없다. 따라서 가압류명령이 집행된 후 저당권이 성립된 경우 저당권자는 본압류로 전이한 가압류채권자에게 저당권의 우선변제효를 주장할 수 없다. 그러나 가압류의 처분금지효는 가압류채권자와 처분행위의 상대방 사이에서만 효력이 있기 때문에(상대적 효력), 저당권자는 제3자와의 관계에서는 저당권에 기한 우선변제효를 주장할 수 있다. 가령 채권자 A가 1000만원의 피보전채권으로 가압류명령을 받아 채무자 소유 부동산 X에 그 명령을 집행한 후, B가 채무자에 대한 5000만원의 채권을 가지고 있고, 이를 피담보채권으로 해서 X 부동산에 저당권을 설정한 경우, X 부동산이 경매된 경우, B 이후에 C가 2순위 저당권, D가 일반채권자로서 배당요구를 하였다면, A, B는 평등배당을 받게 되고, 잔여액이 있을 때 C가 D에 우선하여 변제받게 된다. 가압류 이후에 성립된 가등기담보권의 경우도 동일하다.

대판 1992.3.27, 91다44407

가등기담보권자는 그 담보가등기가 경료된 부동산에 대하여 경매 등이 개시된 경우에 다른 채권자보다 자기 채권에 대하여 우선변제를 받을 권리가 있다고 할 것이고 이 경우 그 순위에 관하여는 그 담보가등기권리를 저당권으로 보고 그 담보가등기가 경료된 때에 저당권설정등기가 행해진 것으로 보게 되므로, 가등기담보권에 대하여 선순위 및 후순위 가압류채권이 있는 경우 부동산의 경매에 의한 매득금 중 경매비용을 제외한 나머지 금원을 배당함에 있어 가등기담보권자는 선순위 가압류채권에 대하여는 우선변제권을 주장할 수 없어 그 피담보채권과 선순위 및 후순위 가압류채권에 대하여 1차로 채권액에 따른 안분비례에 의하여 평등배당을 하되, 담보가등기권자는 위 후순위 가압류채권에 대하여는 우선변제권이 인정되어 그 채권으로부터 받을 배당액으로부터 자기의 채권액을 만족시킬 때까지 이를 흡수하여 변제받을 수 있으며 선순위와 후순위 가압류채권이 동일인의 권리라 하여 그 귀결이 달라지는 것이 아니다.

❖ **참 고**

앞서 우리는 동일한 부동산이 경매된 경우, 그 환가대금으로 배당해야 할 자가 수인일 때, 그 수인 사이의 배당의 우선순위를 어떻게 결정할지를 다루었다. 이와 밀접한 관련이 있고 또 유사한 듯이 보이지만 차이가 있는 것이 동일한 채권자가 수개의 채권을 가지고 있을 때 어떤 채권에 배당해야 할지, 또는 배당되었다고 볼지에 관한 법리이다. 이 문제는 민법 제476조 이하의 변제충당에 관한 것이다. 아래에서는 주의를 환기하는 차원에서, 강제경매 또는 담보권등의 실행을 위한 경매에서 배당받을 권리가 있는 동일한 채권자가 수개의 채권을 가지고 있을 때, 그 채권 상호간에 어떻게 변제충당될지에 관하여 간단히 요점 사항을 정리하고 넘어가고자 한다.

첫째, 강제경매 또는 임의경매에서는 법정변제충당에 관한 규정이 적용된다. 배당법원이 수인의 채권자 중 우선 배당받을 채권자가 아니라 다른 채권자에게 배당함으로써 배당받았어야 할 금액을 배당받지 못하였다면, 그 자는 배당이의의 소를 통해 또는 부당이득반환청구를 통해 침해된 권리를 구제받을 수 있을 것이다. 그러나 배당법원이 배당받을 자격이 있는 동일 채권자의 수개의 채권 중 그 우열을 잘못 판단하여 배당할 수 있다. 그럼에도 불구하고 법정변제충당의 방법에 따라 배당된 것으로 인정된다. 다만 배당을 요구한 채권자가 배당받을 자격있는 수개의 채권 중 일부만을 특정하여 배당요구함으로써 그 채권에 배당된 경우에는 배당받은 채권에 변제충당된다. 그러나 이로 인해 제3자가 불이익을 입었다면 그 불이익에 대한 구제책이 문제가 될 것이다. 가령 채권자 A가 집행채무자 B에 대한 a, b, c 세 개의 채권이 있고 이들 상호간에는 변제충당의 우열이 없기 때문에 비율적으로 배당받을 수 있었음에도 불구하고, A가 a 채권에 대해서만 배당요구를 함으로써 b, c 채권이 변제되지 못한 경우를 보자. b, c 채권에 대해 보증을 선 C가 있다면, C는 민법 제485조에 따라 담보권상실 등을 이유로 자기 책임의 감축을 주장할 수 있을 것이다.

둘째, 법정변제충당에 있어서 채권자가 동일한 채무자에 대해 수개의 채권이 있고, 그 각 채권에 이자(또는 지연이자) 또는 비용이 있을 경우, 먼저 전체 비용 및 이자에 먼저 충당된 후 수개의 원본채권에 변제충당된다(민법 제479조).

셋째, 수개의 원본채권 상호간에 변제충당의 우선순위는 민법 제476조, 제477조에 따라 정한다.

제2절 유치권

제1관 개관 : 동시이행의 항변권과 유치권의 대비

쌍무계약에 기해 각 당사자 간에 대가적 의미 있는 채무가 성립하고, 상대방의 채무가 변제기에 있으면 타방 당사자는 상대방이 그 채무이행을 제공할 때까지 자기 채무의 이행을 거절할 수 있다(민법 제536조). 이를 동시이행의 항변권이라고 한다. 동시이행의 항변권은 쌍무계약상의 채무 이행이 아닌 경우에도 이를 인정하고 있다. 계약해제에 기한 원상회복의무의 경우에도 동시이행의 항변권이 인정된다(민법 제549조). 법률규정에 의해 동시이행의 항변권이 인정되는 것이 아니라 하더라도, 판례는 비쌍무계약에도 이를 확장하고 있는데, "양 채무가 동일한 법률요건으로부터 생겨서 공평의 관점에서 보아 견련적으로 이행시킴이 마땅한 경우"이면 충분하다고 한다(대판 2000.10.27, 2000다36118; 대판 1992.10.9, 92다25656; 대판 1997.6.27, 97다3828 등 참조). 이런 동시이행의 항변권은 채권관계의 당사자 사이에서만 그 효력이 있으며, 자기 채무의 이행을 연기하는 것을 내용으로 하므로, 그 권리의 실행은 상대방의 청구를 소극적으로 거부하는 것에 그친다.

이에 반하여 유치권은 일단 성립하기만 하면, 채권관계의 상대방만이 아니라 모든 사람에 대해서 그 점유물의 인도를 거부할 수 있는 권능을 부여한다. 가령 타인 소유 물건을 매도한 후 담보책임법에 의해 매매계약이 해제된 경우, 매도인은 목적물 및 사용이익의 반환을 청구할 수 있고, 매수인은 매매대금의 반환을 청구할 수 있는데, 이는 동시이행의 관계에 있다(대판 1993.4.9, 92다25946 참조). 그런데 그 물건의 진정한 소유자는 그 물건을 점유하고 있는 매수인을 상대로 소유물반환청구권을 행사할 수 있다. 이 때 매수인은 소유자에 대해서는 동시이행의 항변권으로써 대항할 수 없다. 그에게는 유치권이 인정되지 않으므로, 소유자의 반환청구를 거절할 마땅한 항변수단을 가지지 못한다고 할 것이다.

이와는 달리 가령 타인 소유의 시계를 권원없는 점유자가 시계업자에게 그 수리를 맡긴 경우, 시계업자는 수리대금을 지급받기 전까지는 동시이행의 항변권을 행사하여 수리를 맡긴 도급인에 대해 그 시계의 인도를 거절할 수 있다(민법 제665조). 한편 진정한 소유자가 시계수리업자에게 자기 시계의 반환을 청구할 경우 수리업자는 동시이행의 항변권으로서는 그 반환을 거절할 수 없지만, 유치권에 기하여는 그 반환을 거부할 수 있다. 동시이행의 항변권은 채권적 권리인 것에 반하여 유치권은 물권이므로, 대세적 효력이 인정된다는 것이다. 동시이행의 항변권이 인정되는 경우이든 유치권이 인정되는 경우이든 모두 상환급부판결이 내려진다는 점에서는 일치한다. 즉 "피고는 원고로부터 ○○○을 수령함과 동시에 ○○을 인도하라"는 판결이 내려진다는 것이다.

제2관 유치권의 성립요건

민법 제320조 제1항은 "타인의 물건 또는 유가증권을 점유한 자는 그 물건이나 유가증권에 관하여 생긴 채권이 변제기에 있는 경우에는 변제를 받을 때까지 그 물건 또는 유가증권을 유치할 권리가 있다."고 함으로써 유치권이 성립되기 위한 적극적 요건을 제시하고 있다. 그러나 동조 제2항은 "그 점유가 불법행위로 인한 경우"에는 유치권이 성립되지 않는다고 규정하고 있다. 아래에서는 유치권의 성립요건에 관하여 살펴본다.

1. 유치권의 목적물

유치권의 목적물은 물건(동산, 부동산)과 유가증권이다. 부동산에 대해서도 유치권이 성립할 수 있기 때문에 영세한 건축업자, 수리업자가 건축도급인에 대한 공사대금채권을 담보함에 있어서 이는 매우 유용한 수단이 된다.

2. 물건 등의 타인성

유치물이 채무자의 소유일 필요는 없지만, 유치권은 타인의 물건, 유가증권에 성립할 수 있고, 자신의 물건에 대해서는 성립할 수 없다. 이것이 특히 문제되는 것은 토지와 건물이 각기 별개의 소유권의 객체로 인정되고, 건물소유권 귀속에 관하여 독특한 법리가 적용되기 때문이다.

대판 1993.3.26, 91다14116

[사안] 원고는 A와 건축도급계약을 체결한 후 자신의 비용으로 건물을 신축하였는데, A가 공사대금을 지급하지 않자 도급계약을 해제하고 기성고 부분에 상당하는 공사대금을 지급하고 이미 완성된 건물을 인도받아 가라고 독촉하였다. 한편 A 소유 대지에 설정된 저당권이 실행되어 B가 경매절차에서 그 대지를 인도받은 후, B는 이를 피고에게 매도하고 소유권을 이전해 주었다. 피고는 B와의 합의 하에 원고가 건축한 건물을 철거하였다. 원고가 피고를 상대로 손해배상을 청구한 사안인데, 그 중 하나의 쟁점이 원고가 유치권으로써 그 건물을 점유하고 있는지였다.

[대법원 판결] 유치권은 타물권인 점에 비추어 볼 때 수급인의 재료와 노력으로 건축되었고 독립한 건물에 해당되는 기성부분은 수급인의 소유라 할 것이므로 수급인은 공사대금을 지급받을 때까지 이에 대하여 유치권을 가질 수 없다.[18]

3. 피담보채권과 유치물 간의 견련성

민법 제320조는 피담보채권이 "물건이나 유가증권에 관하여 생긴 채권"일 것을 유치권의 성립요건으로 삼고 있다. 이를 피담보채권과 유치물의 "견련성"이라고 한다. 이 "견련성"을 어떻게 이해할 것인지에 관하여는 학설의 대립이 있다. 과거 다수의 학설은 '채권이 목적물 자체로부터 발생한 경우 또는 채권이 목적물의 인도의무와 동일한 법률관계 또는 사실관계로부터 생긴 경우' 견련성이 인정된다고 한다(소위 2원기준설). 다음 대법원 판결은 유치권의 성립요건의 하나인 견련성을 위의 2원기준설에 입각하여 판단하는 듯하다.

대판 2007.9.7, 2005다16942
민법 제320조 제1항에서 '그 물건에 관하여 생긴 채권'은 유치권 제도 본래의 취지인 공평의 원칙에 특별히 반하지 않는 한 채권이 목적물 자체로부터 발생한 경우는 물론이고 채권이 목적물의 반환청구권과 동일한 법률관계나 사실관계로부터 발생한 경우도 포함한다.

그러나 대법원의 위 법률론은 당해 사건의 판단에 직접 관련성이 없는 방론에 불과한 것이어서 이를 기준으로 견련성을 판단하는 것이 대법원의 입장이라고 보기는 어렵다. 아래에서는 견련성에 관한 대법원 판결례를 살펴보기로 한다.

3.1. 견련성에 관한 대법원 판결

① 비용상환청구권

대판 2009.3.26, 2008다34828
[사안] 피고는 A와 무효인 부동산 명의신탁약정을 체결하고 B로부터 이 사건 부동산을 매수하여 A 명의로 소유권이전등기를 마쳤으며 나아가 A와 통모하여 이 사건 부동산의 임차인인 것처럼 가장한 채 이 사건 부동산을 점유·사용해 왔다. 이 사건 부동산은 부동산 실권리자명의 등기에

---

18. 원심법원과 대법원은, 원고가 피고의 불법행위로 이 사건 기성부분에 대한 소유권을 상실하기는 하였으나, 원고가 이 사건 기성부분의 소유자라 하여도 그 부지인 이 사건 대지의 소유자인 피고 등에게 대항할 권원이 없어서 조만간 손해배상 없이 이를 자진철거하거나 강제로 철거당할 운명이었으므로, 위 불법철거로 인한 손해는 이 사건 기성부분의 교환가격이나 투자비용이라고는 할 수 없고, 다만 이 사건 기성부분이 적법히 철거될 때까지 당분간 이 사건 대지를 불법점유한 채 이 사건 기성부분을 사실상 사용할 수 있는 이익, 철거 후 이 사건 기성부분의 폐자재를 회수할 수 있는 이익의 침해로 인한 손해에 한정된다고 보았다. 물론 원고는 A의 채권자지체 후 쌍방의 책임없는 사유로 이행불능되었음을 이유로 기성고 부분에 해당하는 공사대금을 청구할 수 있는 권리를 여전히 보유한다.

관한 법률 제4조 제1, 2항에 따라 수탁자인 A가 완전한 소유권을 취득하였다. 그런데 피고는 명의신탁자로서 자신이 이 사건 부동산의 실질적인 소유자라는 인식하에 무상으로 이 사건 부동산을 점유·사용해 왔고, A 또한 명의수탁자로서 이 사건 부동산이 실질적으로는 피고의 소유라는 인식하에 피고의 위와 같은 점유·사용에 대하여 어떠한 이의도 제기하지 아니하였다. 피고와 A 사이에는 피고가 이 사건 부동산을 무상으로 점유·사용하기로 하는 묵시의 약정이 있었고 피고가 그러한 약정에 따라 이 사건 부동산을 점유해 왔다. 이 사건 부동산에 관하여 경매절차가 개시되자, 피고는 이 사건 부동산을 점유·사용하는 중에 지출한 유익비에 관하여 A에게 비용상환청구권이 있다는 이유로 유치권신고를 하였다. 원심법원은 유치권을 인정하지 않았다.

[대법원 판결] 피고가 주장하는 유익비상환청구권은 위 사용대차계약 관계에 기하여 발생한 것인데, 늦어도 피고가 위 유치권신고를 할 무렵에는 위 계약관계의 당사자인 피고와 소외인의 묵시적인 합의에 의하여 그 계약관계가 이미 종료되었고 위 유익비상환청구권의 변제기도 이미 도래한 것으로 보인다. 그럼에도 불구하고, 원심이 피고의 유익비상환청구권을 민법 제203조 제2항에 따른 점유자의 회복자에 대한 유익비상환청구권으로만 파악한 나머지 피고가 아직 이 사건 부동산을 인도하거나 인도청구를 받지 않은 한 위 유익비상환청구권의 변제기가 도래하지 아니하였다고 판단하고 만 것은, 점유자가 적법한 점유의 권원을 가지는 경우의 유익비상환청구권의 변제기에 관한 법리를 오해하여 그 변제기가 도래하였는지 여부에 관하여 필요한 심리를 다하지 아니한 위법이 있고, 이는 판결 결과에 영향을 미쳤음이 명백하다.

대판 1977.11.22, 76다2731

무권리자로부터 토지를 매수하여 매수인이 개답후 개답에 지출한 비용에 상당하는 금액을 그 매매대금에서 공제받았다 하더라도 토지 소유자에 대한 관계에 있어서는 그 개답비용은 매수자가 투입한 유익비라고 하면서, 이를 피담보채권으로 한 유치권을 인정하였다.

대판 1976.10.26, 76다2079

가등기가 되어있는 부동산 소유권을 이전받은 "A"가 그 부동산에 대하여 필요비나 유익비를 지출한 것은 가등기에 의한 본등기가 경유됨으로써 기등기 이후의 저촉되는 등기라 하여 직권으로 말소를 당한 소유권이전등기의 명의자 "A"와 본등기 명의자인 "B" 내지 그 특별승계인인 "C"와의 법률관계는 결과적으로 타인의 물건에 대하여 "A"가 그 점유기간내에 비용을 투입한 것이 된다고 보는 것이 상당하다(유치권의 성립을 긍정).

대판 1976.9.28, 76다582

수급인인 피고의 본건 공사잔금채권이나 그 지연손해금청구권과 도급인인 원고의 건물인도청구권은 모두 원,피고 사이의 건물신축도급계약이라고 하는 동일한 법률관계로부터 생긴 것임이 인정될 수 있으므로 피고의 본건 손해배상채권 역시 본건 건물에 관하여 생긴 채권이라 할 것이며 채무불이행에 의한 손해배상청구권은 원채권의 연장으로 보아야 할 것이므로 물건과 원채권과 사이에 견련관계가 있는 경우에는 그 손해배상채권과 그 물건과의 사이에도 견련관계가 있는 법리라 할 것으로서 본건 손해배상채권이 소론과 같이 배상액의 예정에 해당하는 특약조항에 의하여 발생한 것이라 하여 그 결론을 달리 할 바 못되고 이와같은 견지에서 본건 손해배상채권에 관한 피고의 유치권항변을 인용한 원판결에 유치권의 피담보채권에 관한 법리를 오해한 위법이 있다고 할 수 없다.

대판 1967.11.28, 66다2111

기초공사 벽체공사 옥상스라브공사만이 완공된 건물에 전세금을 지급하고 입주한 후 소유자와 간에 위 건물을 매수하기로 합의하여 자기 자금으로 미완성 부분을 완성한 자는 위 건물에 들인 금액 상당의 변제를 받을 때까지 위 건물의 제3취득자에 대하여 유치권을 행사할 수 있다.

대판 1972.1.31, 71다2414

유치권자의 점유하에 있는 유치물의 소유자가 변동하더라도 유치권자의 점유는 유치물에 대한 보존행위로서 하는 것이므로 적법하고 그 소유자변동후 유치권자가 유치물에 관하여 새로이 유익비를 지급하여 그 가격의 증가가 현존하는 경우에는 이 유익비에 대하여도 유치권을 행사할 수 있다(유치권자가 유치물에 대한 보존행위로서 목적물을 사용하는 것은 적법행위이므로 불법점유로 인한 손해배상책임이 없다고 함).

대판 1976.9.28, 76다582

도급인의 건축공사잔금의 미지급에 의하여 수급인이 가지는 예정손해배상채권에 기한 유치권을 인정하였는데, 채무불이행으로 인한 손해배상청구권은 원채권의 연장으로 보아야 할 것이므로 물건과 원채권 사이에 견련관계가 있는 경우, 그 손해배상채권과 그 물건 사이에도 견련관계가 있다고 한다.

② 유치권의 성립을 부정한 사안

대판 1994.10.14, 93다62119

임대인과 임차인 사이에 건물명도시 권리금을 반환하기로 하는 약정이 있었다 하더라도 그와 같은 권리금반환청구권은 건물에 관하여 생긴 채권이라 할 수 없으므로 그와 같은 채권을 가지고 건물에 대한 유치권을 행사할 수 없다.

대판 1976.5.11, 75다1305

건물의 임대차에 있어서 임차인의 임대인에게 지급한 임차보증금 반환청구권이나 임대인이 건물시설을 아니하기 때문에 임차인에게 건물을 임차목적대로 사용 못한 것을 이유로 하는 손해배상청구권은 모두 민법 320조 소정 소위 그 건물에 관하여 생긴 채권이라 할 수 없다.

대판 2009.3.26, 2008다34828

명의신탁자와 명의수탁자가 이른바 계약명의신탁약정을 맺고 명의수탁자가 당사자가 되어 명의신탁약정이 있다는 사실을 알지 못하는 소유자와 부동산에 관한 매매계약을 체결한 뒤 수탁자 명의로 소유권이전등기를 마친 경우에는, 명의신탁자와 명의수탁자 사이의 명의신탁약정은 무효이지만 그 명의수탁자는 당해 부동산의 완전한 소유권을 취득하게 되고(부동산 실권리자명의 등기에 관한 법률 제4조 제1항, 제2항 참조), 반면 명의신탁자는 애초부터 당해 부동산의 소유권을 취득할 수 없고 다만 그가 명의수탁자에게 제공한 부동산 매수자금이 무효의 명의신탁약정에 의한 법률상 원인 없는 것이 되는 관계로 명의수탁자에 대하여 동액 상당의 부당이득반환청구권을 가질 수 있을 뿐이다. 명의신탁자의 이와 같은 부당이득반환청구권은 부동산 자체로부터 발생한 채권이 아닐 뿐만 아니라 소유권 등에 기한 부동산의 반환청구권과 동일한 법률관계나 사실관계로부터 발생한 채권이라고 보기도 어려우므로, 결국 민법 제320조 제1항에서 정한 유치권 성립요건으로서의 목적물과 채권 사이의 견련관계를 인정할 수 없다.

이상의 판결례 등을 보면, 견련성이 인정된 대부분의 사안은 목적물에 투입된 비용의 상환을 구하는 채권을 피담보채권으로 한 것임을 알 수 있다. 이에 반하여 임차보증금반환채권과 임차인이 점유하는 목적물, 명의신탁자의 부당이득반환청구권과 그가 점유하는 목적물 간에는 견련성을 부정하는데, 이런 사안이 왜 "목적물 반환청구권과 동일한 법률관계나 사실관계로부터 발생한 채권"에 해당되지 않는지에 관하여는 아무런 언급이 없다. 이런 점을 감안하면, 이원기준설은 유치권의 성립요건으로서의 견련성을 판단하는 데 그렇게 중요한 역할을 하지 않음을 알 수 있다. 목적물 자체로부터 생긴 채권이거나 목적물에 투입된 비용의 상환을 구하는 것이 아닌 여타의 사안에서는 "동일한 법률관계 또는 사실관계"에 해당되는지 여부가 중요한 것이 아니라, 그 경우 유치권을 인정할 만한 이익상황이 존재하는지의 문제가 더 중요하게 고려되었을 수 있을 것이다. 가령 타인의 물건을 매도한 경우, 매수인이 그 목적물을 점유하더라도, 그가 가지는 부당이득반환청구권 또는 손해배상청구권을 피담보채권으로 한 유치권을 부정하여야 한다. 유치권을 인정할 경우 소유자는 유치권의 부담있는 소유권을 회복하게 되어서, 그의 희생 하에 무권리자로부터 매수한 자를 보호하는 근거가 매우 약하다는 것이다. 이중매매로 물건의 소유권을 취득한 자에 대해 제1매수인이 매도인에 대해 가지는 매매대금반환채권을 피담보채권으로 한 유치권도 부정해야 할 것이다. 유치권을 인정하게 되면, 이중매매의 경우 소유권을 취득하지 못하게 한 법적 판단을 사실상 뒤집게 될 것이다. 가등기담보 등에 관한 법률 제11조의 청산금채권을 피담보채권으로 한 유치권의 성립을 긍정하는 견해도 있지만, 이를 부정하는 것이 타당할 것이다. 여기에 유치권을 인정하면, 동법 제11조 단서를 인정할 실익이 사실상 없어질 것이기 때문이다.

4. 피담보채권의 변제기

피담보채권이 변제기에 이르러야 한다. 목적물을 점유할 시점에 아직 변제기에 이르지 않은 채권일 경우 유치권이 성립하지 않는다.

대판 2007.9.21, 2005다41740

유치권은 그 목적물에 관하여 생긴 채권이 변제기에 있는 경우에 성립하는 것이므로 아직 변제기에 이르지 아니한 채권에 기하여 유치권을 행사할 수는 없다고 할 것이다.

물론 유치권자가 유치물을 점유하기 전에 발생된 채권(건축비채권)이라도 그 후 그 물건(건물)의 점유를 취득했다면 유치권은 성립한다(대판 1965.3.30, 64다1977).

5. 목적물의 점유

유치권자가 직접점유 또는 간접점유를 통해 점유하더라도 무방하다고 할 것이다. 그러나 채무자가 직접점유하는 것이어서는 안될 것이다.

대판 2008.4.11, 2007다27236

유치권의 성립요건이자 존속요건인 유치권자의 점유는 직접점유이든 간접점유이든 관계가 없으나, 다만 유치권은 목적물을 유치함으로써 채무자의 변제를 간접적으로 강제하는 것을 본체적 효력으로 하는 권리인 점 등에 비추어, 그 직접점유자가 채무자인 경우에는 유치권의 요건으로서의 점유에 해당하지 않는다고 할 것이다.

점유는 피담보채권의 성립 후 취득한 것이어도 무방할 것이다.

대판 1965.3.30, 64다1977

현행법상 유치권의 성립에는 채권자의 채권과 유치권의 목적인 물건과에 일정한 관련이 있으면 충분하고 물건 점유 이전에 그 물건에 관련하여 채권이 발생한 후 그 물건에 대하여 점유를 취득한 경우에도 그 채권자는 유치권으로써 보호되어야 할 것임에도 불구하고 물건의 점유와 채권과에 관련있음을 요하는 것으로 판단한 원판결에는 유치권 성립에 관한 법리를 오해한 위법이 있다.(불법행위에 의한 점유개시에 대해서는 대법원 1966.6.7. 선고 66다600,601 판결 참조). 유치권자가 물건에 대한 점유를 일시 상실하였다가 후에 다시 같은 물건을 점유하게 된 경우에는 점유 상실 당시 유치권을 포기하는 등 특별한 사정이 없는 한 그 채권을 위하여 유치권을 취득한다고 할 것이다(1955.12.15. 선고 1955민상136 판결 참조).

점유취득이 채무자에 의한 점유이전을 통해 이루어진 경우라도 유치권의 성립에 영향을 미치지 않지만, 압류의 효력이 발생한 후 압류채무자의 점유이전에 의해 유치권의 피담보채권자가 점유를 취득한 경우에는 이로써 압류채권자에게 대항할 수 없다. 물론 압류의 효력 발생 전에 유치권이 성립되면 그러하지 않다.

대판 2009.1.15, 2008다70763

부동산 경매절차에서의 매수인은 민사집행법 제91조 제5항에 따라 유치권자에게 그 유치권으로 담보하는 채권을 변제할 책임이 있는 것이 원칙이나, 채무자 소유의 건물 등 부동산에 경매개시결정의 기입등기가 경료되어 **압류의 효력이 발생한 후에** 채무자가 위 부동산에 관한 공사대금 채권자에게 **그 점유를 이전**함으로써 그로 하여금 유치권을 취득하게 한 경우, 그와 같은 점유의 이전은 목적물의 교환가치를 감소시킬 우려가 있는 처분행위에 해당하여 민사집행법 제92조 제1항, 제83조 제4항에 따른 압류의 처분금지효에 저촉되므로 점유자로서는 위 유치권을 내세워 그 부동산에 관한 경매절차의 매수인에게 대항할 수 없다. 그러나 이러한 법리는 경매로 인한 압류의 효력이 발생하기 전에 유치권을 취득한 경우에는 적용되지 않는다. 유치권 취득시기가 근저당권설정 후라거나 유치권 취득 전에 설정된 근저당권에 기하여 경매절차가 개시되었다는 것은 문제되지 않는다.

경매절차가 개시되었다는 것을 과실없이 알지 못하였고, 경매 개시결정 이후 유치물에 대한 공사를 한 경우라고 하더라도 채권자는 경매절차에서의 매수인에게 유치권으로써 대항할 수 없다고 한다(대법원 2006.8.25. 선고 2006다22050). 그러나 이런 대법원의 판결은 일반론으로서는 찬성하기 어렵다. 민사유치권은 유치물의 가치보존 및 증가와 관련된 채권을 담보하는 기능이 주된 것이고, 경매 개시 결정 이후에 유치권의 성립을 인정하더라도 객관적으로는 경매목적물의 가치를 증가시킨 것과 관련되어 있다. 제3취득자가 목적물에 지출한 비용은 경매대가에서 우선변제받을 수 있는데(민법 제367조), 이는 경매개시 결정 이후인지 여부는 문제되지 않는다. 유치권 역시 주로 목적물의 가치보존 및 증가와 관련되어 있기 때문에, 경매개시 결정의 전후와 무관하게 그 성립을 인정하여야 할 것이다. 물론 유치권이 성립되면 경매목적물의 가치증가에도 불구하고 저가로 매각될 우려가 있음은 부인할 수 없지만, 그 이유는 다른 곳에서 찾아야 할 것이고, 이에 대한 방어장치 역시 민법 제320조 제2항에서 찾아야 할 것이다.

한편 채권자의 점유취득이 불법행위에 의한 것이라면 유치권이 성립되지 않는다(민법 제320조 제2항).

대판 1969.1.28, 68다2113

피고의 위 대지에 대한 전차를 부적법한 것이었다 하여 피고의 그 대지 중 전기 각 부분에 대한 점유를 불법점유였다고 단정한 이상 피고가 그것을 점유 중 소론에서 주장하는 바와 같은 유익비를 투입한 사실이 있었다 할지라도 이를 이유로 하여 유치권을 주장할 수는 없을 것이었다.

6. 상사유치권과 민사유치권의 성립요건의 차이

상사유치권이든 민사유치권이든 그 법률효과에는 차이가 없지만, 성립요건에는 차이가 있다. 민사유치권은 채무자 소유의 물건 또는 유가증권이 아니더라도 유치권의 성립에 영향을 미치지 않지만, 상사유치권은 채무자 소유의 물건 또는 유치권이어야만 유치권이 성립한다. 이 점에서 민사유치권의 성립요건이 더 넓다고 할 수 있다. 그러나 상사유치권은 채권자가 채무자의 상행위로 인하여 점유하는 물건 또는 유가증권에 대해 성립할 수 있다는 점에서, 피담보채권이 점유하는 물건 또는 유가증권에 관한 것이어야 비로소 유치권이 성립하는 민사유치권 보다 그 성립요건이 더 넓다고 할 수 있다. 양 유치권은 모두 피담보채무의 변제기에 도래한 시점에 유치물을 점유하여야만 비로소 성립한다. 즉 변제기에 도래하지 않은 채무를 피담보채무로 해서 유치권이 성립될 수는 없다. 다음의 판결이 민사유치권과 상사유치권의 성립요건에서의 차이를 잘 알 수 있다.

대결 2010.7.2, 2010그24

[사안] 주식회사 아시아중공업(이하 '아시아중공업'이라 한다)은 피신청인과 부선 사용계약을 체결한 후 부선을 사용하고 있었는데, 연체된 사용료가 총 259,600,000원에 이르렀다. 아시아중공업은 2009.1.경 이후 이 사건 선박블록 5조를 이 사건 부선에 실어둔 채 그대로 방치해 왔고, 이 사건 부선을 선박블록의 운송용으로 사용한 적이 없었고 일체의 선박건조작업을 중단하였으며, 지급불능 상태에 이르렀으며, 2009.4.경 파산신청을 하여 같은 해 6.16. 파산선고결정을 받았다. 피신청인은 2008.10.경 소속 직원 소외인을 이 사건 부선에 승선시켜 계속하여 이 사건 부선을 관리해 왔고, 2009.5.경에는 '이 사건 부선에 적재된 이 사건 선박블록 5조가 처분될 때까지 월 5,000만원의 사용료를 계속 부과하겠다'는 취지의 내용증명을 보내고, 2009.7.경에는 태풍(모라꼿)의 북상에 따른 이 사건 선박블록 5조의 고정작업 및 이 사건 부선의 피항비용에 대한 책임을 문의하였으나 매번 아무런 답변이 없었다. 아시아중공업은 이 사건 부선 사용계약상의 사용기간이 만료되고 그 사용료가 상당기간 계속 연체된 상태에서 이 사건 부선을 그 원래의 사용목적인 선박블록의 운송용이 아닌 단순한 임시보관 장소로만 활용하는 데 그치고 일체의 선박건조작업을 중단한 2009.1.경부터는 이 사건 선박블록 5조의 점유를 상실하고, 상대방이 이를 포함한 이 사건 부선 전체를 직접 점유 · 지배해 왔다.

[대법원 판결] 피신청인이 2009. 1.경부터 이 사건 선박블록 5조를 직접 점유 · 지배해 온 것이라 하더라도, 아시아중공업에 대한 상행위로 인하여 이 사건 선박블록 5조를 점유하게 되었다고 볼 만한 사정은 없으므로, 원심으로서는 상대방이 이 사건 선박블록 5조를 점유하게 된 시기, 경위, 방법 등을 좀더 살펴 아시아중공업에 대한 상행위로 인하여 이 사건 선박블록 5조를 점유하게 되었는지 여부를 판단하였어야 할 것이다. 위와 같은 조치를 취하지 않은 채 상대방이 이 사건 선박블록 5조를 점유 · 지배해왔다는 판단만으로 바로 이 사건 선박블록 5조에 대한 상대방의 상사유치권을 인정한 것은 상사유치권의 요건인 점유에 관한 법리를 오해하여 결과에 영향을 미친 위법이 있다 할 것이다. 이 점을 지적하는 취지의 재항고이유의 주장은 이유 있다.

위 사실관계에서 보면 선박블록 5조에 대해 민사유치권이 성립할 수 있는 여지는 별론으로 하고, 선박블록 5조를 점유하게 된 것이 상행위로 인한 것이 아니기 때문에 상사유치권은 성립될 수 없을 것이다.

제3관 유치권의 효력

1. 유치할 수 있는 권리

유치권자는 피담보채권의 변제를 받을 때까지 목적물을 유치할 수 있다(민법 제320조 제1항). 이는 채무자만이 아니라, 소유자에게도 행사할 수 있다. 유치권이 부동산을 목적으로 한 경우 경매절차에서의 매수인은 유치권으로 담보한 채권을 변제할 책임이 있다(민사집행법 제91조 제5항). 통설은 채무자가 피담보채무를 변제하거나 경매에서의 매수인이 이를 대위변제하지 않으면 유치물을 수취하지 못한다는 뜻으로 이해하고 있다. 가령 채권자 또는 담보권자에 의한 강제경매 또는 담보권실행을 위한 경매절차가 개시되면 그 이전에 유치권에 의한 경매절차가 진행되더라도 이를 정지하고 채권자 또는 담보권자를 위한 경매절차로서 이를 진행하여야 하는데(민사집행법 제274조 제2항), 이 절차에서의 매수인에 대해서도 유치권자는 유치권을 행사하여 목적물의 반환을 거절할 수 있다. 동산이나 유가증권의 유치권자는 집행관에 대해서도 목적물의 인도를 거절할 수 있다. 이 때 집행관은 유치물을 유치권자에게 직접점유시키고, 이를 간접점유한 상태에서 경매가 개시된다고 한다. 유치권자가 목적물을 집행관에게 인도하더라도, 유치권자가 간접점유를 취득하고 있으므로, 점유를 상실하지 않는다고 해석한다. 유치권자를 상대로 한 이행판결은 유치권자의 채권의 변제와 상환하여 물건의 인도를 명하는 것으로 한다(대판 1969.11.25, 69다1592).

대판 1996.8.23, 95다8713

민소법 제728조(현행 민사집행법 제272조)에 의하여 담보권의 실행을 위한 경매절차에 준용되는 같은 법 제608조 3항(현행 민사집행법 제91조)은 경락인은 유치권자에게 그 유치권으로 담보되는 채권을 변제할 책임이 있다고 규정하고 있는 바, 변제할 책임이 있다는 것은 부동산상의 부담을 승계한다는 취지로서 인적 채무까지 인수한다는 것은 아니다.

그런데 건물에 대해 유치권을 가지고 있다고 하더라도, 그것만으로 토지 소유자의 소유물반환청구권에 대항할 수 있는 것은 아니다.

대판 1989.2.14, 87다카3073
건물점유자(소유자로부터의 양수인. 그러나 등기하지 않은 경우)가 건물의 원시취득자에게 그 건물에 관한 유치권이 있다고 하더라도 그 건물의 존재와 점유가 토지소유자에게 불법행위가 되고 있다면 그 유치권으로 토지소유자에게 대항할 수 없다.

2. 유치권의 불가분성

피담보채권이 전부 변제될 때까지 유치권자는 유치물을 점유할 권리가 있다(민법 제321조). 이를 유치권의 불가분성이라고 한다. 수개의 부동산이 동일채권을 담보한 경우(공동담보), 담보권불가분의 원칙에 의하여 각 담보물이 채권 전부의 변제를 담보하는 것으로 채권자는 담보물 전부에 대하여 동시에 또는 각 부분에 대하여 따로 각기 담보권을 실행할 수 있다.

대판 2007.9.7, 2005다16942
민법 제321조는 "유치권자는 채권 전부의 변제를 받을 때까지 유치물 전부에 대하여 그 권리를 행사할 수 있다"고 규정하고 있으므로, 유치물은 그 각 부분으로써 피담보채권의 전부를 담보하며, 이와 같은 유치권의 불가분성은 그 목적물이 분할 가능하거나 수개의 물건인 경우에도 적용된다.

3. 경매청구권

유치권자는 유치물의 경매를 청구할 수 있다(민법 제322조 제1항). 그 절차에서 매수인이 대금을 완납하면 경매목적물의 소유권 등의 권리를 취득하게 된다. 동산의 경우에는 목적물의 인도와 대금을 상환하여 교부한다(민사집행법 제205조 제2항). 이 경우 집행관이 그 매각대금을 영수한 때에는 채무자가 지급한 것으로 본다(민사집행법 제208조). 이는 위험부담에 관한 것이다. 즉 우연한 사정으로 매각대금이 유치권자에게 교부되지 못하게 되더라도, 채무자는 이를 지급한 것으로 본다는 것이다.

유치권자가 경매신청을 하였다 하더라도, 다른 채권자(담보물권자 포함)가 경매를 청구하면 유치권자에 의한 경매는 정지되고, 그 다른 채권자에 의한 경매가 진행된다(민사집행법 제274조). 그 경매절차에서이 매수인에 대해 유치권자는 유치권으로써 경매목적물의 반환을 거절할 수 있다(민사집행법 제91조). 그런데 유치권자가 신청한 경매절차에서 담보물권자 또는 다른 채권자가 경매신청을 하지 않은 채 배당요구만을 하였다면 매각대금을 어떻게 배분할 것인지가 문제된다. 경매절차에서 특별매각조건을 두어 따로 정하지 않은 한 배당권자의 우선순위에 따라 배당하여야 하고, 유치권자는 우선변제권이 없기 때문에 일반채권자와 동일하게 평등배당을 하여야 한다(대판 2011.8.18, 2011다35593 참조).

4. 간이변제충당권

유치권에는 우선변제권이 원칙적으로 없는데, 예외적으로 인정되는 우선변제권이 간이변제충당권이다(민법 제322조 제2항). 정당한 이유가 있을 때 감정인의 평가에 의하여 유치물로 직접 변제에 충당할 것을 법원에 청구할 수 있는데, 이 때 정당한 이유란, 목적물의 가치가 적어서 다액의 비용을 들여 경매하는 것이 불합리한 경우, 경매를 하면 정당한 가격으로 경락되기 어려운 경우, 목적물의 성질상 유치권자에게 취득시키는 것이 적당한 경우, 경매하는 것이 시기적으로 적절하지 않은 경우, 유치물에 공정시세가 있어서 경매하지 않더라도 공정한 가격을 알 수 있는 경우 등등의 사유가 있을 때를 말한다. 간이변제충당권을 행사할 때에는 유치권자는 미리 채무자에게 통지하여야 한다. 채무자가 변제함으로써 유치물에 대한 권리를 상실하는 것을 막기 위한 기회를 제공하기 위함이다.

5. 과실에 대한 권리

민법 제323조의 표제는 과실수취권이라고 되어 있지만, 이는 민법 제102조의 과실수취권과는 그 의미가 다르다. 제102조의 과실수취권이란 과실에 대한 소유권(천연과실의 경우) 또는 과실에 대한 내부정산(법정과실의 경우)을 규정한 것인데, 제323조의 과실수취권은 과실에 대해서도 유치권의 효력이 미친다는 것과 그 효력을 의미하는 것이다. 同條는 유치권에 예외적으로 우선변제권이 인정되는 사안을 규율한 것이므로, 과실에 대해 우선변제권 있는 유치권을 취득함을 의미한다. 채무자가 타인에게 임대한 물건에 유치권이 성립하고 종래대로 임차인이 사용하는 경우,

그 차임은 법정과실이며, 본조가 적용되어 우선변제에 충당할 수 있다. 천연과실을 산출하는 물건(가령 과수원)을 유치하는 경우 그 과실에 대해서도 유치권의 효력이 미치며, 이 때 유치권자는 이를 경매를 신청하여 그 환가대금으로 채권의 변제에 충당할 수 있다. 변제에 충당할 때에는 채권의 이자에 충당하고 그 잉여가 있으면 원본에 충당한다. 이 때 드물겠지만 과실에 대해 질권 또는 저당권의 효력이 미치는 경우 유치권과 이들 담보권 간의 우선순위가 문제될 수 있다. 유치권이 과실에 대해 효력있는 질권 또는 저당권에 우선한다고 할 것이다. 유치권의 효력은 다른 담보권에 우선하는데, 본조의 과실수취권은 유치권에 예외적으로 인정되는 우선변제권이므로, 그것 역시 다른 담보권에 우선한다고 보아야 할 것이기 때문이다. 다만 제324조 제2항 본문에 의해 유치권자가 담보로 제공한 경우에는 그 담보권자가 우선한다고 할 것이다.

여기서의 과실은 유치권자가 아닌 채무자나 소유자에게 귀속되는 것이어야 하기 때문에 몇 가지 유의할 점이 있다. 첫째, 유치권자가 유치권 성립 이전부터 전대인인 경우,[19] 유치권자 자신이 임대인으로서 제102조의 과실수취권자이며, 그 임대료 자체는 채무자에게 지급하여야 하는 것이 아니므로 여기서의 과실이 아니다. 다만 임대차가 종료한 후 임차인이 유치권자로서 목적물을 점유하면서 계속하여 임차목적물을 사용하는 경우, 그 사용이익에 해당되는 가액을 부당이득으로 반환할 의무를 부담할 수 있다. 이 때에는 피담보채권을 자동채권으로 하여 이를 상계할 수 있다(민법 제492조).[20] 셋째, 유치권자가 보존행위로서 목적물을 스스로 사용할 경우에는 그 사용이익은 부당이득으로써 소유자에게 반환하여야 한다. 이 때에도 피담보채권을 자동채권으로 하여 상계할 수 있다.

대법원 1972.1.31. 선고 71다2414

유치권자가 유치물에 대한 보존 행위로써 목적물을 사용하는 것은 적법행위로써 불법점유가 되지 아니한다. 피고가 본건 건물이 원고 명의로 소유권 이전 등기가 경료된 후의 본건 건물 사용으로 인하여 얻은 실질적 이익은 이로 인하여 원고에게 손해를 끼치는 한에 있어서 부당이득으로

---

19. 전대인(임차인)이 임차물에 필요비를 지출한 경우 그 지출일로부터 비용상환청구권을 가지는데, 이를 피담보채권으로 해서 임차인은 유치권을 행사할 수 있다. 유익비의 경우 임대차가 종료한 때 유익비지출로 인하여 임차물의 가액의 증가가 현존하는 때에 비로소 성립하므로, 본문의 논의가 적용되지 않는다.

20. 대판 1963.7.11, 63다235는 동시이행의 항변권 또는 유익비 상환청구권에 의한 유치권을 행사하여 가옥을 사용 수익한 경우 임료상당의 금원을 부당이득한 것으로 본다고 한다.

서 원고에게 상환할 의무가 있는 것은 별문제로 하더라도 유치권자인 피고는 불법행위에 인한 손해배상 책임이 없다.

6. 목적물의 사용권 등

유치권자는 선관주의로써 유치물을 점유할 의무가 있다(민법 제324조 제1항). 유치권자는 채무자의 승낙없이 유치물을 사용, 대여, 담보제공할 수 없다(제2항 본문). 그러나 보존을 위한 사용은 채무자의 승낙없이 이를 할 수 있다. 가령 소나 말을 유치하는 경우 운동을 시키는 것, 건물을 종전의 목적대로 사용하는 것 등이 여기에 해당될 수 있다(대판 1965.3.9, 64다1797).

만약 채무자와 소유자가 동일인이 아닌 경우 승낙할 수 있는 자는 소유자뿐이다. 그 의무위반으로 손해가 발생하였다면 채무자 또는 소유자에게 손해배상책임을 부담할 것이다. 의무위반이 있으면 채무자는 유치권의 소멸을 청구할 수 있다(민법 제324조 제3항).

대결 2002.11.27, 2002마3516

[사안] 유치권자 A가 채무자의 승낙없이 B에게 유치물의 일부를 임대해 주었는데, 그 유치물을 경매절차에서 취득한 매수인 C는 집행법원에 'A는 낙찰자 C에게 목적물을 인도하라'는 인도명령을 받았다. B가 이에 재항고한 사건이다.

[대법원 판결] 유치권의 성립요건인 유치권자의 점유는 직접점유이든 간접점유이든 관계없지만, 유치권자는 채무자의 승낙이 없는 이상 그 목적물을 타에 임대할 수 있는 처분권한이 없으므로(민법 제324조 제2항 참조), 유치권자의 그러한 임대행위는 소유자의 처분권한을 침해하는 것으로서 소유자에게 그 임대의 효력을 주장할 수 없고, 따라서 소유자의 동의 없이 유치권자로부터 유치권의 목적물을 임차한 자의 점유는 구 민사소송법(2002.1.26. 법률 제6626호로 전문 개정되기 전의 것) 제647조 제1항 단서에서 규정하는 '경락인에게 대항할 수 있는 권원'에 기한 것이라고 볼 수 없다.

7. 비용상환청구권

유치권자가 유치물에 대하여 필요비를 지출한 때에는 소유자에게 그 상환을 청구할 수 있다(제325조 제1항). 그 비용상환청구권은 비용지출의 시점에서 즉시 성립한다. 유치권자가 유치물에 관하여 유익비를 지출한 때에는 그 가액의 증가가 현존하는 경우에 한하여 소유자의 선택에 좇아 그 지출한 금액이나 증가액의 상환을 청구할 수 있다. 그러나 법원은 소유자의 청구에 의하여 상당한 상환기간을 허여

할 수 있다(제325조 제2항). 유익비상환청구권 역시 그 지출이 있는 시점에서 성립된다고 할 것이다. 여기에는 민법 제203조나 제626조 제2항과 같은 제한이 없기 때문이다. 위 각각의 경우 유치권자는 비용상환청구권을 피담보채권으로 한 유치권이 성립될 수 있다.

대판 1972.1.31, 71다2414

피고는 이 사건 건물에 관한 유익비(326,100원)의 상환청구권이 있었으므로, 건물의 소유자가 변동된 후에도 위 건물에 대한 유치권이 있으며, 피고가 위 건물의 소유자가 변동 후에도 계속하여 점유하는 것은 유치권자인 피고가 유치물에 대한 보존행위로서 점유하는 것이므로 적법행위라 할 것이고, 그 소유자 변동 후 유치물에 관한 필요비, 유익비를 지급하고 그 유익비에 관하여는 가격의 증가가 현존한다면 그 유익비의 상환청구권도 민법 제320조의 소위 그 물건에 관하여 생긴 채권이라 할 수 있고, 따라서 위 유익비금 112,000원도 앞에서 본 유익비(금 326,100원)와 같이 그 변제를 받을 때까지는 본건 건물을 유치하고 명도를 거부할 수 있다.

동조의 비용상환청구권은 채무자가 아닌 소유자를 상대로 행사하는 것이다(소유자와 채무자가 다른 경우). 유치권소멸 후 비용을 지출한 경우에는 다시 유치권이 성립하지 않는다고 할 것이다. 왜냐하면 그 점유는 민법 제320조 제2항의 불법행위에 의한 점유에 해당될 수 있기 때문이다. 그렇다고 해서 그 비용의 상환을 청구할 수 없는 것은 아니다.

8. 유치권의 소멸

유치권은 피담보채권이 소멸함으로써 소멸한다. 담보물권의 부종성에 기인한 것이다. 그런데 피담보채권은 소멸시효가 완성되어 소멸할 수도 있는데, 유치권을 행사하고 있다는 것만으로는 피담보채권의 소멸시효의 진행에 영향을 미치지 않는다(민법 제326조). 유치권의 행사는 채권의 행사가 아니라고 보는 것이다. 가령 채권자가 유치물의 사용이나 임대에 관하여 채무자의 승낙을 얻었다고 하더라도 이는 채무의 승인이라고 할 수 없다. 그러나 경매개시는 시효중단사유에 해당된다. 또는 유치권의 행사로써 유치물의 반환을 거절하는 것은 피담보채권의 존재를 주장하고 그 채권의 청구를 하는 의사가 분명한 경우에는 최고로 볼 수 있을 것이다.

한편 유치권의 소멸청구에 의해서도 유치권은 소멸되는데, 이는 민법 제324조의 요건이 충족되었을 때 채무자의 일방적 의사표시로서 이루어진다. 또한 채무자는 상당한 담보를 제공함으로써도 유치권의 소멸을 청구할 수 있다(민법 제327조).

대판 2001.12.11, 2001다59866

민법 제327조에 의하여 제공하는 담보가 상당한가의 여부는 그 담보의 가치가 채권의 담보로서 상당한가, 태양에 있어 유치물에 의하였던 담보력을 저하시키지는 아니한가 하는 점을 종합하여 판단하여야 할 것인바, 유치물의 가격이 채권액에 비하여 과다한 경우에는 채권액 상당의 가치가 있는 담보를 제공하면 족하다고 할 것이고, 한편 당해 유치물에 관하여 이해관계를 가지고 있는 자인 채무자나 유치물의 소유자는 상당한 담보가 제공되어 있는 이상 유치권 소멸 청구의 의사표시를 할 수 있다.

나아가 유치권자가 유치물의 점유를 상실함으로써도 유치권은 소멸한다(제328조). 점유상실의 원인은 문제되지 않는다. 그러나 점유침탈의 경우 1년 내에는 점유물반환청구권을 행사하여 점유를 회수한 경우 점유를 상실하지 않은 것으로 간주되기 때문에(민법 제192조 제2항), 유치권을 상실하지 않는다. 점유를 일시적으로 상실한 후 점유를 재취득한 경우 그 시점에서 다시 유치권을 취득할 수 있다. 왜냐하면 피담보채권의 성립 후 점유를 취득하더라도, 그 점유취득이 불법행위에 의한 것이 아닌 한, 유치권의 성립에는 영향을 미치지 않기 때문이다(대판 1965.3.30, 64다1977).

한편 점유를 여기서 유치권자가 피담보채권을 양도하고 유치물의 점유를 이전함으로써 담보권인 유치권도 이전할 수 있는지가 문제된다. 유치권은 유치권자가 그 점유를 상실하면 소멸하도록 규정하고 있으므로(민법 제328조), 종래의 유치권자가 그 유치물을 제3자에게 이전하면 그것으로 점유를 상실하는 것이므로 그의 유치권은 소멸하는 것이고, 점유를 이전받은 자가 유치권의 성립요건을 충족하지 못하면 유치권은 성립하지 않는다고 볼 여지가 있기 때문이다.

대판 1972.5.30, 72다548

소외인 A가 이 사건 건물에 관하여 공사금 채권이 있어 A가 이 건물을 점유하고 있다면 A에게는 위 공사금 채권을 위하여 이 건물에 대한 유치권이 인정될 것이다. 그러나 피고들이 A로부터 그 점유를 승계한 사실이 있다고 하여 피고들이 A를 대위하여 유치권을 주장할 수는 없다. 왜냐하면 피대위자인 A는 그 점유를 상실하면서 곧 유치권을 상실한 것이기 때문이다. 이 사건에서는 A의 위의 공사금 채권이 피고들에게 이전된 사실도 없다.

여기서 대법원은 피고들에게 공사대금채권이 이전되고, 승계되었다면 유치권도 이전될 수 있는지의 문제를 판단한 것은 아님을 유의할 것이다.

9. 유치권의 침해

유치권의 위법한 침해가 있으면, 일반 담보권의 침해와 마찬가지로, 이를 이유로 손해배상을 청구하는 것도 가능하다.

대판 1996.12.23, 95다25770

그 가처분의 집행채권자인 피고가 이 사건 선박을 A에게 인도하였을지라도 그에게 소유권이전을 유보한 매매를 하고 그 점유를 환원할 수 있는 상태에 둔 이상 A의 직접점유도 아직 집행채권자인 피고 및 집행채무자인 원고의 간접점유 하에 있는 점유로 보아야 할 것이며, 그 후 피고가 선박할부대금을 전부 상환받고 1993.1.8.자로 B에게 이 사건 선박에 관하여 소유권이전등기를 경료하여 B로 하여금 이 사건 선박에 관한 완전한 소유권을 취득하게 하여 버림으로써 이 사건 선박에 관한 소유권이나 점유를 환원시킬 수 없는 새로운 사태가 만들어진 것이라면, 그 때 비로소 가처분의 집행채권자로서 인도집행받은 이 사건 선박의 점유를 타에 이전하거나 점유명의를 변경하여서는 아니되는 가처분의 결정취지에 반하여 점유를 타에 이전하여 그 점유명의를 변경한 것이 되고, 원고의 점유를 침탈하여 원고로 하여금 유치권을 상실하게 한 것이라고 보아야 할 것이므로 완전한 소유권을 취득한 시점에서 유치권이 침해되었다.

제3절 질권

제1관 질권의 성립

질권은 유치적 효력이 있는 담보물권으로서 담보물권에 속한 특성을 모두 갖추고 있다. 법률규정에 의해 성립하는 질권(가령 민법 제648조)을 제외하면, 질권은 다음의 요건이 충족됨으로써 성립한다.

1. 유효한 질권설정계약

질권이 설정되기 위해서는 유효한 질권설정계약이 있어야 한다. 질권설정계약은 특정의 당사자가 채권담보목적으로 특정의 질물에 질권을 설정한다는 합의가 있음으로써 성립한다. 질권설정계약의 당사자는 질권을 취득할 자(질권자)와 질권을 설정해 줄 자(질권설정자)이다. 질권설정자는 채무자일 수도 있지만, 채무자 아닌 자가 채무자를 위해 자기 소유 동산에 질권을 설정해 줄 수 있다(물상보증인). 물상보증인이 그 채무를 변제하거나 질권의 실행으로 인하여 질물의 소유권을 잃은 때에는 보증채무에 관한 규정에 의하여 채무자에 대한 구상권이 있다(민법 제341조). 채무자의 부탁을 받은 물상보증인은 민법 제441조의 수탁보증인의 구상에 관한 규정을 준용하여 채무자에게 구상할 수 있고, 부탁을 받지 않은 물상보증인은 민법 제444조의 규정을 준용하여 채무자에게 구상할 수 있다.

질권에 의해 담보되는 채권은 현재의 채권만이 아니라, 장래의 채권도 가능하다. 증감변동하는 채권을 담보하기 위해 채권최고액만을 정하여 채무의 확정을 장래에 유보하여 질권을 설정하는 것도 가능하다(근질권).

피담보채권과는 달리 질권의 목적물은 현존하는 특정의 동산이어야 한다. 장래의 물건이나 현존하지 않는 물건 또는 불특정된 물건에 대해서는 질권을 설정할 수 없다. 한편 양도할 수 없는 동산은 질물이 되지 못한다(민법 제331조). 그러나 단순히 채무자 보호를 위한 압류금지물은 질물이 될 수 있다. 동산이라도 질권의 설정을 금지하는 물건이 있다. 등기된 선박(상법 제873조, 제874조), 자동차(자동차저당법 제8조), 항공기(항공기저당법 제8조) 등 등기 또는 등록을 하도록 되어 있는 동산은 저당권을 설정할 수는 있지만, 질권을 설정할 수는 없다.

2. 질물의 인도

2.1. 질권설정계약의 요물성

질권이 유효하게 설정되기 위해서는 질권설정자가 질권자에게 목적물을 인도하여야 한다(민법 제330조). 질권설정자가 점유개정에 의해 간접점유를 취득하는 것으로는 질권을 설정할 수 없다. 민법 제332조는 이를 대리점유의 금지라고 하지만, 이는 대리와는 무관한 것이며, 점유개정에 의한 간접점유의 취득을 의미할 뿐이다. 제3자가 질물을 점유하는 경우에는 목적물반환청구권의 양도에 의한 인도대용방법(민법 제190조)에 의해서도 인도에 갈음할 수 있다. 목적물반환청구권의 양도가 없다고 하더라도, 그 제3자에게 장차 질권자를 위해 점유할 것을 지시하고, 질권자를 위해 점유하겠다는 의사의 표시로써도 인도에 갈음할 수 있다(점유지시에 의한 인도의 대용). 가령 질권자에게 질물을 현실인도함으로써 질권을 성립시킨 질권설정자는 질권자에 대한 장래의 목적물반환청구권을 양도함으로써 제2질권자에게 질권을 설정할 수 있을 것이다. 이 경우 현실인도를 받은 자가 제1순위의 질권을, 목적물반환청구권을 양도받은 질권자는 제2순위의 질권을 취득할 것이다.

2.2. 질권설정자로 하여금 질물의 점유를 하게 하지 못한다(민법 제332조)의 의미

이는 점유개정의 방법으로 질권이 설정되지 않음을 규정하고 있는데, 질권을 취득한 후 질권자가 질권설정자에게 질물을 반환하는 경우, 그것이 위 규정의 목적에 위반된다고 판단되면, 질권은 소멸할 것이다. 그렇다고 해서 이 규정이 질권자가 질권설정자에게 점유를 반환하면 당연히 질권이 소멸한다는 것을 규정한 것은 아니다. 질권자가 질권설정자에게 점유를 반환할 경우 질권이 소멸하는가는 명문의 규정이 없으므로 결국 해석에 맡겨져 있다. 다수설은 질권설정자의 사용, 수익을 박탈하여 질권의 유치적 효력을 확보하고자 하는 질권의 특질이 질물반환으로써 깨뜨려졌는가의 여부에 따라 질권 소멸 여부를 판단하여야 한다고 한다. 가령 수리를 위하여 질권설정자에게 일시적으로 점유를 이전하는 경우 등에는 질권의 유치적 효력을 깨뜨린 것이라고 볼 수 없으므로 질권의 소멸을 인정할 수 없다. 그러나 질물을 반환하고 그 후로도 계속하여 질권설정자로 하여금 질물을 점유하게 하는 경우에는 질권이 소멸한다고 할 것이다. 이와 같이 인정하지 않으면 질권자가 일단 현실인도를 받은 후 다시 질권설정자에게 직접점유를 하게 함으로써 민법 제332조의 규정을 회피할 수 있기 때문이다. 한편 질권자가 그의 의사에 반하여 점유를 상실하였다고 하더라도 질권이 소멸하지 않는다.

3. 질권의 선의취득

질권설정자가 소유자가 아닌 경우 질권자가 민법 제249조 내지 제251조의 요건을 취득하게 되면 질권을 선의취득할 수 있게 된다. 이 때 진정한 소유자는 질권의 부담있는 소유권을 취득하게 될 것이다. 피담보채권을 변제받지 못한 질권자가 질물을 경매청구하면, 경매절차에서의 매수인은 질물에 대한 소유권을 취득할 수 있게 되는데, 이 때에는 선의취득하는 것이 아니라, 처분권자(질권자)에 의한 유효한 처분으로써 소유권을 취득하게 된다. 물론 피담보채권의 변제에 충당하고 남은 경매대금은 소유자에게 반환되어야 할 것이다.

제2관 질권의 내용

1. 질권의 목적물의 범위

질권은 종물에도 그 효력이 미친다. 당사자 사이에 다른 합의가 없으면 종물은 주물의 처분에 따르기 때문에(민법 제100조 제2항), 주물에 질권이 설정된 경우 종물에도 질권이 설정된 것으로 추정될 것이다. 또한 원물의 과실에 대해서도 질권의 효력이 미침은 말할 것도 없다. 또한 질물의 멸실, 훼손, 공용징수 또는 질권의 소멸로 인하여 질권설정자가 받을 금전 기타 물건에 대해서도 질권의 효력이 미친다(물상대위).

2. 피담보채권의 범위

질권은 원본, 이자, 위약금, 질권실행의 비용, 질물보존의 비용 및 채무불이행 또는 질물의 하자로 인한 손해배상의 채권을 담보한다. 그러나 다른 약정이 있는 때에는 그 약정에 의한다(민법 제334조). 당사자 사이에 다른 약정이 없으면 본조 제1문에 따라 피담보채권의 범위가 정해진다. 당사자의 약정으로 그 범위를 축소하는 것도 가능하다. 채무자와 질권설정자가 다른 경우 그 합의의 당사자는 질권설정자와 질권자이다.

3. 동산질권의 순위

수개의 채권을 담보하기 위하여 동일한 동산에 수개의 질권을 설정한 때에는 그 순위는 설정의 선후에 의한다(제333조). 동일한 동산 위에 수개의 질권이 설정될 수 있는데, 이는 현실인도만이 아니라 목적물반환청구권의 양도에 의한 인도대용방법에 의해서도 질권설정계약의 요물성 요건을 충족시킬 수 있기 때문이다. 수개의 질권설정계약이 있고, 목적물반환청구권의 양도에 의한 인도대용방법으로써 질물을 인도하는 경우, 확정일자 있는 통지가 질물의 직접점유자에게 도달하는 순서에 따라 그 우열이 결정될 것이다.

4. 유치적 효력

질권의 유치적 효력(민법 제335조)은 유치권의 유치적 효력과는 차이가 있다. 질권자는 피담보채권을 변제받을 때까지 질물을 유치할 수 있다는 점에서는 유치권과 유사하지만, 자기보다 우선권 있는 채권자에게 대항하지 못한다는 점에서는 차이가 있다. 질물이 경매된 경우 그 경매대금을 우선순위에 따라 배당받게 되는데, 피담보채권을 모두 변제받지 못했다고 하더라도 경매에서의 매수인에게 유치적 효력으로써 대항할 수 없다. 즉 질권은 소멸한다는 것이다.

5. 경매청구권과 우선변제효

질권자는 채권의 변제를 받기 위해 질물을 경매할 수있다(민법 제338조 제1항). 경매절차는 민사집행법에서 정한 절차에 따라 담보권실행의 경매를 하게 된다(민사집행법 제271조). 경매절차에서의 대금으로 우선순위에 따라 피담보채권액을 변제하고(제329조), 잔금은 질권설정자에게 반환한다(단 질권설정자가 소유자가 아닌 경우에는 소유자에게 반환). 질권자 아닌 일반채권자가 질물에 대해 강제집행을 하더라도 질권자가 우선변제를 받는 것에는 변함이 없다. 한편 경락대금이 피담보채권의 완제에 부족한 경우에는 채무자의 일반재산에 대하여 민사소송법의 규정에 좇아 집행권원을 얻어 강제집행을 할 수 있다(제340조). 이는 일반채권자를 보호하기 위한 규정이다. 한편 질권자가 별도의 집행권원으로써 채무자의 일반재산에 대한 강제집행을 할 때, 이에 대해 일반채권자는 이의를 제기할 수 있다(일부 학설은 채무자도 이의를 신청할 수 있다고 한다). 다만 질물보다 먼저 채무자의 다른 재산에 관한 배당이 실시되는 경우에는 질권자는 그 배당에 참가할 수 있다. 그러나 다른 채권자는 질권자에게 그 배당금액의 공탁을 청구할 수 있다(민법 제340조 제2항).

6. 간이변제충당

질권자는 정당한 이유가 있을 경우에는 감정인의 평가에 따라 질물로써 직접 변제에 충당할 것을 법원에 청구할 수 있다(민법 제338조 제2항). 질권자는 평가액과 채권액의 차액을 설정자에게 반환하고 질물의 소유자가 될 수 있다. 평가액이 채권액에 부족하면, 채무자의 일반재산에 대하여 집행할 수 있다. 간이변제충당의 경우 미리 채무자 및 질권설정자에게 그 청구를 통지하여야 한다(제338조 제2항 후단).

7. 유질계약의 금지

질권자는 경매절차에서 질물을 환가하여 우선변제를 받거나 간이변제충당을 통해 채권을 실현할 수 있을 뿐이고, 이와 다른 방법으로 질권을 행사할 수 없다. 특히 질권설정자가 설정행위나 채무변제기 전에 계약으로 질권자에게 변제에 갈음하여 질물의 소유권을 취득하게 하고, 기타 법률이 정한 방법에 의하지 않고서 질물을 처분하는 것을 약정한 경우 그 계약은 무효가 된다(민법 제339조). 여기서 무효가 되는 것은 유질계약이지, 질권설정계약은 아니니다. 그러나 채무변제기 후에 하는 유질계약은 유효하다. 이런 유질계약을 금지하는 취지는 경제적 약자라고 평가되는 질권설정자를 보호하기 위한 것이다. 이에 반하여 상법의 경우에는 유질계약을 허용한다(상법 제59조). 전당포영업자에게 입질할 경우 유질계약을 맺는 것이 원칙이다(전당포영업법 제19조, 제21조).

8. 질권의 침해와 구제방법

8.1. 물상대위(제342조)

질물의 멸실, 훼손뿐만 아니라 목적물이 부합, 혼화, 가공으로 법률상 소멸한 경우 소유자가 제261조에 의해 받을 보상금도 물상대위의 목적이 된다. 제3자에 의한 멸실, 훼손이 있을 경우의 소유자의 제3자에 대한 손해배상청구권(불법행위 및 계약상의 손해배상을 포함)에 대해서도 물상대위가 가능하다. 이에 반하여 목적물이 매각 또는 임대된 경우의 매각대금이나 차임 등은 대위의 목적물이 아니라고 한다. 그러나 목적물이 매각됨으로써 질권이 소멸하는 경우(질권의 부담없는 소유권의 선의취득), 그 매각대금에 대한 물상대위도 가능하다고 할 것이다. 질권이 설정된 동산의 소유권을 양도할 때 이런 일이 어떻게 발생할 수 있는지를 살펴 본다.

(1) 질물 매각과 물상대위

① 질권의 부담있는 소유권의 양도

질권설정자가 질물을 질권자에게 현실인도하고, 질권자가 이를 직접점유하고 있다 하더라도 질권설정자가 여전히 소유자이기 때문에, 그는 자신의 소유물을 제3자에게 양도할 수 있다. 이 때 질권설정자는 질물의 부담 있는 소유권을 양도하기로 합의하고, 질권자에 대한 자신의 장래의 반환청구권을 제3자에게 양도한 후 그 사실을 질권자에게 통지하면, 제3자는 질권의 부담 있는 소유권을 취득하게 된다. 소유자가 질권설정의 사실을 속이고 목적물반환청구권을 양도하더라도, 이 경우 양수인은 질권의 부담있는 소유권을 취득한다.

② 질권설정자가 직접점유하는 상태에서 현실인도의 방법으로 양도하는 경우

가령 질권설정자가 질권자로부터 수리목적 또는 보관목적으로 일시적으로 점유를 이전받은 경우, 양수인이 질권설정의 사실을 과실없이 알지 못하였고, 아무 부담 없는 소유권을 양수하기로 하였다면, 민법 제249조의 선의취득규정이 여기에도 유추적용된다. 동조는 양도인이 무권리자인 경우만이 아니라 소유자라 하더라도 처분권한이 제한되어 있으나 이를 알리지 않은 상태에서 양도하는 경우, 부담부 소유권을 가지고 있으나 이를 알리지 않고 양도한 경우 등에도 유추적용될 수 있기 때문이다. 그러나 질권설정자가 질권자로부터 점유를 침탈하거나 질권자가 의사에 반하여 점유를 상실한 경우에 민법 제250조에 좇아 양수인은 2년간 완전한 소유권을 취득하지 못할 것이다. 다만 점유보조자가 횡령한 경우에 제3자 보호를 위하여 이를 유실물이라고 인정하지 않는 것이 다수설이고 판례이다.

위 ②의 경우 질권자는 질권을 상실하고, 이로 인하여 질권설정자는 매수인에 대해 대금채권을 취득하게 될 것이다. 아직 질권설정자가 대금을 받지 않았다면 질권자가 그에 대해서도 물상대위를 할 수 있다고 할 것이다(그 밖에 물상대위에 관한 일반적인 내용은 제1관을 참조).

(2) 질권자의 물상대위와 보험청구권에 대한 질권자의 우열

질권이 설정된 동산의 멸실을 보험사고로 하여 보험계약을 체결하고 그 보험계약상의 보험금청구권에 질권을 설정한 경우(채권질권), 그 질물의 멸실로 인하여 보험금청구권이 성립할 때 어떤 권리가 우선할 지가 문제된다. 동산질권자는 보험금청구권에 대해 물상대위를 할 수 있고 그 물상대위는 민법 제342조에서 정한 것처럼 현실적으로 보험금이 지급되기 이전에 압류되어야 한다. 만약 물상대위권자가 그와 같은 압류를 하였다면, 물상대위권자가 우선할지, 아니면 채권질권자가 우선할지가 문제된다. 이 때 물상대위권은 동산질권의 연장선에 있으므로, 동산질권과 채권질권의 성립의 우선순위에 따라 그 우열관계를 판단하여야 할 것이다. 보험금지급의무자에 대한 통지나 그의 승낙의 시점 등은 문제되지 않는다. 물상대위권자의 압류 이전에 채권질권자가 보험금청구권을 압류하여 추심명령 또는 전부명령을 받았다고 하더라도, 물상대위권자가 배당요구의 종기까지 이를 압류하여 추심 또는 전부명령을 얻었거나 배당요구를 하였다면, 앞서 말한 우선순위에 따라 그 우열을 판단하여야 할 것이다.

8.2. 의사에 반한 점유상실과 질권자의 구제수단

다수의 학설은 질권도 물권이라는 점, 동산질권자가 점유를 침탈당한 때에는 점유회수의 소에 의해서만 그 질물을 회수할 수 있다고 정한 구민법 제353조를 현행민법이 삭제한 점 등을 이유로 질권자에게 물권적 청구권이 인정된다고 주장한다. 소수설은 물권적 청구권을 준용하는 규정을 두지 않은 점, 점유보호청구권만으로도 질권자의 보호에 충분하다는 점 등을 들어 물권적 청구권을 인정하지 않는다.

8.3. 질권침해와 채권법상의 구제수단

(1) 기한이익의 상실

채무자가 담보를 손상, 감소 또는 훼손하게 한 경우에, 아직 채무이행의 변제기가 도래하지 않았다 하더라도, 채권자는 기한의 이익상실을 주장하여 즉시 변제를 청구할 수 있다(민법 제388조 제1호). 다수설은 이 때 채무자의 귀책사유는 요구하지 않는다. 그 근거는 기한의 이익상실이 채무이행에 대한 신의칙상의 객관적 균형이 깨어졌기 때문이라거나 1호가 채무자의 불법행위에 대한 제재가 아니므로 귀책사유를 요구할 필요가 없다는 것이다. 그러나 일부학설은 민법의 기본이념인 과실책임주의에 입각하여 여기에도 귀책사유가 있어야 한다고 주장한다. 즉 동조 1호를 축소해석하는 것이다.

(2) 불법행위에 기한 손해배상청구권

담보권 자체의 소멸만이 아니라 담보목적물이 멸실, 훼손됨으로써 담보권이 침해된 경우에도 불법행위가 성립한다. 여기서 말하는 멸실은 민법 제202조의 멸실과 마찬가지로, 물리적 멸실만이 아니라 그 반환이 현실적으로 곤란한 사안도 포함하여 이해해야 할 것이다.

(3) 담보권침해가 있을 때의 손해배상의 범위

재산적 권리침해를 이유로 손해배상을 청구할 경우에는 그 침해 당시의 권리의 가액이 피해자가 입은 통상의 손해이다. 담보물의 멸실로 인한 담보권자의 손해산정에 있어서 멸실 당시의 목적물의 가액을 한도로 그 당시의 피담보채권액이 담보권자의 손해라고 보아야 할 것이다. 담보권소멸 후 채무자에 의해 피담보채무가 변제되었다면, 이는 손익상계의 사유가 될 수 있다. 한편 담보권소멸 후 피담보채무가 더 증가하는 경우(소멸된 담보권이 근담보인 경우), 담보권자의 증가한 손해는 민법 제393조 2항에서 말하는 특별손해에 해당될 것이다. 따라서 가해자가 손해발생의 시점에 이런 사실을 알았거나 알 수 있었을 경우가 아니라면 그 배상을 구할 수 없다고 할 것이다.

(4) 물상대위와 손해배상청구권의 관계

가해자는 소유자와 담보권자 兩者에게 손해배상의무를 부담하고, 그 배상의무의 범위는 각기 다르다. 前者에 대해서는 소유물의 가액 자체에 대한 배상의무를, 後者에 대해서는 소유물의 가액을 한도로 멸실 당시의 피담보채권액의 배상의무를 부담한다. 소유자와 담보권자는 일종의 부진정연대채권관계에 있고, 각각의 권리 사이에 우열이 없다. 그러나 가해자가 어느 일방에게 변제하면, 그 한도에서는 다른 채권자에 대한 채무액도 감축된다.

9. 유치권의 규정의 준용

질권에 의해 담보되는 채권 전부의 변제를 받을 때까지 유치물 전부에 대해 그 권리를 행사할 수 있다(민법 제321조의 준용). 질권에도 불가분성이 인정되는 것이다. 또한 질권자는 선관주의의무로써 질물을 보관하여야 한다(민법 제324조의 준용). 질권자가 점유하는 질물의 과실에 대해서도 질권의 효력이 미친다. 이에 대해 질권을 행사할 수 있는데, 그 과실이 현금인 경우 바로 변제에 충당하거나 그렇지 않은 경우 경매를 통해 변제에 충당할 수 있다(제323조의 준용). 질권자가 질물에 비용을 투여한 경우 비용상환청구권을 가진다(제325조의 준용). 그 비용상환청구권을 피담보채권으로 한 유치권이 성립할 수 있음은 말할 것도 없다.

제3관 동산질권의 처분

1. 동산질권의 양도

담보물권은 피담보채권에 부종하기 때문에, 피담보채권과 분리하여 동산질권을 처분할 수 없다. 따라서 동산질권을 처분하기 위해서는 피담보채권의 처분에 수반하여 동산질권을 처분하여야 한다. 이를 분리하고자 할 경우 동산질권은 소멸한다. 피담보채권의 양도에는 민법 제450조의 대항요건을 갖추어야 하는데, 피담보채권이 양도되었다고 하더라도 그것만으로는 동산질권이 양도되지는 않으며, 그와 별도로 질권양도방법을 갖추어야 한다. 그런데 질권의 양도방법에 관하여는 별도의 규정이 없기 때문에 질권설정의 방법인 동산의 인도를 통해 이루어져야 할 것이다.

2. 동산질권자의 전질권

A가 B에 대한 채권의 담보로 B로부터 질물을 인도받아 점유하는 경우, 질권자 A는 그 질물을 다시 자신의 C에 대한 채무의 담보로 이용할 수 있을 것이다. 여기에는 승낙전질과 책임전질의 방법이 있다(이것은 특히 제343조에서 제324조를 준용하게 하므로 제324조 제2항에서 채무자의 승낙을 얻은 담보제공이 있기 때문이다).

2.1. 책임전질

책임전질의 법적 성질은 질권과 그 피담보채권에 대해 공동으로 질권을 설정하는 것(일종의 권리질권)과 동일하다고 하는 견해가 타당하다. 제337조가 권리질권설정에 있어서와 동일한 요건을 요구하는 것으로부터 이런 해석이 정당화될 수 있다. 책임전질권이 유효하게 성립하기 위해서는, 원질권자(A)와 전질권자(C)의 물권적 합의와 질물의 인도가 있어야 한다. 이 때 전질권은 원질권의 범위 내여야 한다. 즉 피담보채권액은 원질권의 피담보채권액을 초과하지 못하고 전질권의 존속기간은 원질권의 존속기간 내여야 한다. 이와 더불어 권리질권의 성립요건을 갖추어야 한다.

책임전질이 있으면, 원질권자(A)는 제336조에 따라 불가항력에 대해서도 책임을 부담한다. 즉 전질권자(C)의 수중에서 목적물이 불가항력적으로 멸실하더라도 질권설정자(B)에게 책임을 진다. 한편 원질권자(A)는 질권을 포기하거나 채무를 면제하는 등의 처분행위를 하지 못한다. 왜냐하면 전질권자(C)의 물권을 침해하기 때문이다. 전질을 통지하거나 채무자(B)가 승낙하지 않으면 채무자, 보증인, 질권설정자 및 그 승계인에게 대항하지 못한다는 것은 권리질권의 경우와 마찬가지이다. 전질권자(C)에게도 유치적 효력이 인정된다(제335조). 전질권자가 전질권을 행사하기 위해서는 자기 채권만이 아니라, 원질권자(A)의 채권의 변제기도 도래하여야 한다. 먼저 원질권자(A)의 변제기가 도래하는 경우에는 전질권자(C)는 제3채무자(B)에 대하여 그 변제금액의 공탁을 청구할 수 있다(제353조 제3항). 원질권이 소멸하면 전질권도 소멸한다.

2.2. 승낙전질

승낙전질은 질권설정자의 동의를 얻어 질권자가 질물을 담보로 제공하는 것을 의미한다. 따라서 그 법적 성격은 질물의 재입질설이라는 것이 타당할 것이다. 승낙없는 질물의 재입질은 질권의 소멸을 청구할 수 있을 것이다(민법 제343조에 의해 준용되는 제324조 제2항). 전질이 승낙전질에 해당되는지, 아니면 책임전질에 해당되는지는 의사해석의 문제일 것이다. 승낙전질의 경우에는 원질권자의 질권이나 피담보채권과 무관하므로 원질권의 범위에 의한 제한이 없고, 따라서 초과전질도 유효하고 원질권의 존속기간과도 무관하다. 질권설정자에 대한 통지도 필요하지 않다. 왜냐하면 이미 질권설정자의 승낙이 있기 때문이다. 유효한 승낙전질이 있을 경우, 원질권자는 불가항력에 대한 손해배상의무가 없다. 이것은 가령 민법 제121조, 제122조 및 제682조(승낙없는 복임의 책임), 제701조(승낙없는 복임치와 그 책임)의 규정에서 정한 책임과 관련이 있다. 원질권이 소멸하여도 전질권에는 영향이 없다. 원질권설정자가 원질권자에게 변제하는 것에 전질권자가 동의하면 그 변제를 가지고 전질권자에게 대항할 수 있다(제337조 제2항).

제4관 권리질권

1. 의의

동산질권과 달리 권리질권은 재산권을 목적으로 하는 질권을 말한다. 재산권은 권리질권의 목적이 될 수 있지만, 부동산의 사용 · 수익을 목적으로 하는 권리는 질권의 목적이 될 수 없다. 따라서 부동산소유권, 지상권, 전세권, 지역권 등은 권리질권의 목적이 될 수 없다. 부동산에 준하는 것으로 취급되는 광업권, 어업권, 공장재단 또는 그 구성물건 등도 질권의 목적이 될 수 없다. 권리질권의 목적으로서 중요한 것은 채권, 주식 및 무체재산권 등이라 할 것이다.

2. 채권질권

2.1. 성립요건 일반

동산질권과 마찬가지로, 권리질권 역시 당사자 사이에 유효한 질권설정의 합의가 있어야 한다. 질권설정계약에는 피담보채권, 질권의 목적물에 관한 합의가 포함된다. 피담보채권에 관한 부분은 동산질권에서 설명한 것과 다르지 않다. 권리질권의 목적물은 부동산의 사용·수익을 목적으로 하지 않는 재산권이어야 한다. 채권질권의 목적이 될 수 있는 것은 양도가능한 것이어야 한다(민법 제331조의 준용). 질권자 자신에 대하여 질권설정자가 갖는 채권도 권리질권의 목적이 될 수 있다. 은행이 고객의 정기예금에 질권을 취득하거나 보험회사가 자신이 지급할 보험금에 질권을 취득하여 예금자나 보험가입자에게 금융하는 경우가 그 예이다. 신탁회사가 자기에 대한 신탁수익자의 신탁수익증권에 질권을 설정하는 것은 수탁자의 이익향유금지(신탁법 제29조)나 수탁자의 권리취득제한규정(신탁법 제31조)에 위반되지 않고, 이러한 채권질권의 실행은 상계에 의해 이루어진다. 또한 장래채권 등도 환가가능하면 권리질권을 설정할 수 있다. 법률상 담보제공이 금지된 채권(공무원 또는 군인의 연금수급권)은 질권설정이 금지되는데, 입질이 금지된 연금수급권 등도 각 지급기에서 그 변제기에 도달한 일정액의 청구권은 권리질권의 목적이 될 수 있다. 주식도 입질할 수 있다(상법 제338조), 사원권도 입질이 가능하다. 가령 합자회사의 사원의 지분도 입질이 가능하며(상법 제223조의 유추), 민법상 조합의 조합지분권도 질권설정이 가능하다(민법 제714조의 유추).

한편 권리질권설정계약만으로는 질권이 성립되지 않는다. 동산질권에서의 인도와 마찬가지로 권리질권에서도 그 성립에 별도의 요건이 요구되기 때문이다. 민법 제347조는 채권을 질권의 목적으로 하는 경우에 채권증서가 있는 경우에는 채권질권설정의 합의 외에 그 증서를 질권자에게 교부하여야 효력이 있다고 하는 것이 그것이다. 지명채권의 경우 채권증서가 없는 경우에는 합의만으로 채권질권이 성립하고(대항요건을 갖추어야 하는 것은 별론), 지시채권의 경우에는 증서에 배서하여 질권자에게 교부함으로써 효력이 생기고(제350조), 무기명채권의 경우 증서를 질권자에게 교부하여야 한다(제351조). 화물상환증, 선하증권, 창고증권 등 인도청구권을 표창하는 것으로 이해되는 유가증권은 그 교부로 물건의 소유권이 이전될 수 있는

데, 질권설정에 있어서는 증권의 배서, 교부에 의한다. 이 경우 질권자의 승낙을 얻으면 임치인이 임치물의 일부를 출고받는 것이 허용된다(상법 제159조). 운송증권과 환어음을 결합시켜 국제거래 등 무역에서 자금융통의 수단으로 활용되는 화환어음은 어음 및 운송증권을 배서, 교부함으로써 질권을 설정할 수 있다. 이상에서 언급한 이런 추가적인 요건을 갖추어야만 권리질권이 성립한다.

2.2. 지명채권과 채권증서의 교부

지명채권에 대한 질권설정에 있어서 채권증서가 있으면 그 증서를 질권자에게 교부하여야 한다(민법 제347조). 지명채권에 있어서 그 증서가 없는 경우에는 질권은 그 설정의 합의로 충분하며, 통지 또는 승낙은 대항요건이 된다. 채권증서가 있더라도 그 증서의 교부에는 점유개정이라도 무방하고, 증서를 교부한 후 권리질권자가 이를 반환하더라도 질권의 소멸을 초래하지 않는다고 해석하는 것이 다수설이다. 지명채권에 대한 질권설정에서 채권증서의 인도는 이로써 설정자로부터 채권의 이용을 빼앗는 것이 아니므로 제332조를 여기에 준용할 수 없기 때문이다. 이에 대해 점유개정에 의한 교부나 채권증서의 반환이 있으면 질권은 성립하지 않거나(전자) 소멸한다(후자)는 견해도 있다. 다수설에 따르면 질권설정자(A)가 지명채권의 채권증서를 질권자(B)에게 교부하고 질권을 성립시킨 후, B는 그 사본을 보유하고 있고 원본을 되돌려 주었다면, A는 이를 이용하여 다시 C에게 채권증서를 교부한 후 권리질권을 성립시킬 수도 있을 것이다. 이 경우 B, C 모두 권리질권자가 된다. 그들 사이의 우열관계는 지명채권에 대한 권리질권에서의 대항요건의 문제로 처리할 수밖에 없다.

2.3. 지명채권에 대한 권리질권의 대항요건

제3채무자에게 질권설정 사실을 통지하거나 제3채무자가 승낙하지 아니하면 이로써 제3채무자, 기타 제3자에게 대항하지 못한다(민법 제349조). 여기에 민법 제451조가 준용된다. 따라서 권리질권을 성립시켰다는 내용의 확정일자 있는 통지가 제3채무자에게 먼저 도달한 것이 우선순위에 앞선다고 주장할 수 있을 것이다. 물론 확정일자 있는 승낙이 있는 경우에는 위 통지의 도달과 비교하여 앞선 것이 우선순위를 주장할 수 있을 것이다. 한편 지시채권의 경우에는 그 효력발생요건이 곧 대항요건이며, 무기명채권의 경우에는 증서의 점유의 계속이 있어야 한다.

2.4. 저당채권에 대한 질권

저당권으로 담보한 채권을 질권의 목적으로 한 경우에는 저당권등기에 질권의 부기등기를 하여야 효력이 저당권에 미친다(민법 제348조). 이 경우 질권자는 저당권의 우선변제권에 기해 저당권자가 받을 금전에 대해 우선변제권을 행사할 수 있다.

3. 권리질권의 내용

3.1. 동산질권과의 대비

질권의 권능인 유치적 권능 및 우선변제적 권능은 동산질권의 경우와 다른 형태로 나타난다. 유치적 권능은 질권설정자의 권리처분을 제한하도록 하는 것으로 나타난다(민법 제352조). 우선변제적 권능은 채권을 유치물과 동일한 방법으로 환가처분하기에는 적합하지 않기 때문에 질권자에게 제3자에게 직접 추심권을 주는 형태로 변경된다(민법 제353조).

대판 1997.11.11, 97다35375

민법 제352조가 질권설정자는 질권자의 동의 없이 질권의 목적된 권리를 소멸하게 하거나 질권자의 이익을 해하는 변경을 할 수 없다고 규정한 것은 질권자가 질권의 목적인 채권의 교환가치에 대하여 가지는 배타적 지배권능을 보호하기 위한 것이므로, 질권설정자와 제3채무자가 질권의 목적된 권리를 소멸하게 하는 행위를 하였다고 하더라도 이는 질권자에 대한 관계에 있어 무효일 뿐이어서 특별한 사정이 없는 한 질권자 아닌 제3자가 그 무효의 주장을 할 수는 없다.

3.2. 권리질권의 실행방법

권리질권자는 입질채권을 직접 청구할 수 있다. 이 때 피담보채권 및 입질채권의 변제기가 모두 도래하여야 한다. 입질채권이 금전채권인 경우 채권자는 자기 채권액의 한도에서 청구할 수 있다(민법 제353조 제2항). 질권자의 입장에서는 채무자의 채권을 추심하여 변제에 충당하는 것이 되고, 제3채무자는 자기 채무를 이행한 것이 된다. 입질채권의 변제기가 피담보채권의 변제기보다 이전에 도래하는 경우에는 질권자는 제3채무자로 하여금 그 변제금액을 공탁하게 할 수 있다(민법 제353조 제3항). 질권은 공탁금반환채권 위에 존속하게 될 것이다. 입질채권이 금전 이외의 유체물의 급부를 목적으로 하는 경우 자기에게 그 목적물의 인도를 청구할 수 있다. 이 경우 채권질권은 동산질권으로서 변경하여 존속하게 된다. 이 때 그 동산이 인도채무자의 소유에 속하지 않는 경우에는 동산질권의 선의취득의 문제가 발생할 수 있다. 작위 · 부작위를 목적으로 하는 채권인 경우에도 질권자는 직접 그 권리내용의 실현을 청구할 수 있고, 그 결과 질권자가 받은 이익이 채권액을 초과할 때에는 그 초과분을 질권설정자에게 반환하여야 한다.

대판 1972.12.26, 72다1941

민법 제346조 제523조의 규정에 의하면 권리질권의 설정은 법률에 다른 규정이 없으면 그 권리의 양도에 관한 방법에 의하여야 하며 무기명 채권은 양수인에게 그 증서를 교부함으로써 양도의 효력이 있다고 되어 있고 무기명 채권에는 민법 제524조의 규정에 의하여 선의 취득에 관한 같은 법 제514조의 규정이 준용되므로, 무기명 채권에 관하여 권리질권을 설정하였을 경우에는, 질권의 목적이 된 채권의 실행 방법에 관한 민법 제353조 제2항의 규정은 그 적용이 배제되고, 피담보 채권의 내용과는 관계없이 그 액면금 전액을 청구할 수 있다고 해석되므로 이와 같은 취지의 원심 판시 이유는 정당하다.

제4절 담보물권으로서의 전세권

제1관 담보물권으로서의 전세권의 성립

1. 전세금과 전세권

유효한 전세권설정계약을 체결한 당사자가 전세권 등기를 하면, 용익물권으로서의 전세권이 성립한다. 전세금은 필수적으로 있어야 할 전세권의 요소이다. 전세금을 전세권의 요소라는 것의 의미는 지상권에서의 지료와 대비하여 설명할 때 쉽게 이해될 수 있다.

지상권에서 지료는 그 요소가 아니다. 지료가 지상권의 요소인지에 관한 논의의 핵심은 첫째, 지상권에 지료의무가 반드시 결합되는지 여부, 둘째, 그 지료의무는 현재의 지상권자가 현재의 소유자에게 지급하여야 할 채무인지 여부에 관한 것이다. 위 각각을 긍정하면 지료는 지상권의 요소이고, 이를 부정하면 그렇지 않다고 할 것이다. 우리 학설들은 첫째의 의미에서는 지료가 지상권의 요소가 아니라고 하는 데 일치하고 있다. 지상권은 무상으로 설정할 수 있기 때문이다. 반면 통설(가령 곽윤직, 앞의 책, 318면; 민법주해VI, 26면 (박재윤 집필부분) 등 참조)은 지상권의 대가로 정기로 지료를 지급하기로 약정한 경우에 토지소유권이나 지상권이 제3자에게 이전하면 그 지료채권 또는 지료채무는 아울러 제3자에게 이전하지만, 지료등기가 없으면 대항하지 못한다고 한다. 이렇게 보면 지료에 관한 합의가 있고 등기된 경우에는 그 때의 지료는 그 지상권의 요소라고 할 수 있을 것이다.[21]

전세금을 전세권의 요소라고 할 때는 다음과 같은 법적 의미를 가진다. 첫째, 전세권의 설정에 전세금지급을 반대채무로 삼는 유상계약이 있어야 한다. 그러나 전세금의 현실적 지급 여부는 전세권의 성립에 아무런 영향도 미치지 않는다. 원인계약상 채무불이행은 물권의 성립에 영향을 주지 못하고, 다만 그 소멸에 영향을 줄 뿐이기 때문이다. 둘째, 전세권은 전세금을 활용할 권리를 소유자에게 주고, 그 대가로 소유자의 부동산을 일정기간 배타적으로 사용수익할 수 있는 권리를 가진다는 점에서 전세금은 전세권의 요소라고 볼 수 있다. 즉 전세권이 설정된 후 소유자가 변경되면 그 전세금의 이용권리[22] 역시 새로운 소유자가 보유하고, 전세권을 양도하면 그 양수인이 현재의 소유자에게 전세금을 활용할 권리를 준 것으로 법적으로 취급된다는 의미라는 것이다.

---

21. 물론 통설은 이 경우 지료채권 · 채무가 소유권 및 지상권의 내용 또는 그것과 결부하여 하나의 법률적 지위를 구성하는 근거가 무엇인지를 설명하지 않는다. 반면 독일의 학설들은 소유자와 지상권자 사이에 지료에 관한 합의를 하고 이것을 등기하면(독일 지상권령(Verordnung über das Erbbaurecht) 9조), 지료채권 · 채무는 그때그때의 소유자와 지상권자 사이에 성립하는 법정채권관계라고 한다. 이런 설명이 더 간명하고 명확할지 모른다.

22. 전세금의 이용이 지상권에서의 지료처럼 부동산의 사용 · 수익권한(전세권)에 대한 대가의 성격을 가지기 때문이다.

2. 전세금반환관계의 당사자

전세권의 존속기간의 만료 기타 사유로 용익물권인 전세권이 소멸하면 전세권자는 전세금반환청구권을 가진다. 전세금은 용익물권인 전세권의 요소인데, 그 전세권이 소멸하면 소유자는 더 이상 전세금을 보유할 이유가 없고 이를 전세권자에게 반환하여야 하기 때문이다. 전세권자가 변동되거나 전세권의 부담있는 소유권자가 변동된 경우라 하더라도, 전세금반환청구권은 현재의 전세권자가 현재의 소유자에 대해 보유하게 된다.

대판 2000.6.9, 99다15122

전세권이 성립한 후 목적물의 소유권이 이전되는 경우에 있어서 전세권관계가 전세권자와 전세권설정자인 종전 소유자와 사이에 계속 존속하는 것인지 아니면 전세권자와 목적물의 소유권을 취득한 신소유자와 사이에 동일한 내용으로 존속되는지에 관하여 민법에 명시적인 규정은 없으나, 전세목적물의 소유권이 이전된 경우 민법이 전세권관계로부터 생기는 상환청구, 소멸청구, 갱신청구, 전세금증감청구, 원상회복, 매수청구 등의 법률관계의 당사자로 규정하고 있는 전세권설정자 또는 소유자는 모두 목적물의 소유권을 취득한 신소유자로 새길 수밖에 없다고 할 것이므로, 전세권은 전세권자와 목적물의 소유권을 취득한 신소유자 사이에서 계속 동일한 내용으로 존속하게 된다고 보아야 할 것이다. 따라서 목적물의 신소유자는 구 소유자와 전세권자 사이에 성립한 전세권의 내용에 따른 권리의무의 직접적인 당사자가 되어 전세권이 소멸하는 때에 전세권자에 대하여 전세권설정자의 지위에서 전세금반환의무를 부담하게 되고, 구 소유자는 전세권설정자의 지위를 상실하여 전세금반환의무를 면하게 된다고 보아야 할 것이다. 전세권이 전세금채권을 담보하는 담보물권적 성질을 가지고 있다고 하여도 전세권은 전세금이 존재하지 않으면 독립하여 존재할 수 없는 용익물권으로서, 전세금은 전세권과 분리될 수 없는 요소이므로 전세권관계로 생기는 위와 같은 법률관계가 신소유자에게 이전되었다고 보는 이상, 전세금채권관계만이 따로 분리되어 전 소유자와 사이에 남아 있다고 할 수는 없을 것이고, 당연히 신소유자에게 이전되었다고 보는 것이 옳다.

전세권이 양도된 경우, 소유자와의 관계에 있어서도 종래의 전세권자는 더 이상 전세금반환청구권을 가지지 않고, 전세권의 부담있는 소유권이 양도된 경우 종전의 소유자는 더 이상 전세금반환의무를 부담하지 않게 된다는 것이다. 이런 논리에는 다음과 같은 평가가 있기 때문이다. 전세권의 부담 있는 소유권을 매수하면, 소유권취득의 시점부터 매수인이 전세금을 활용할 권리를 가지므로, 그는 매도인에게 전세금이전청구권을 가지게 된다. 또한 매수인의 대금지급채무와 매도인의 전세금이전채무는 동시이행의 관계에 있다. 통상의 매매에서 대금지급채무와 동시이행관계에 있는 부담 없는 소유권이전채무에 상응하는 것이, 전세권의 부담

있는 부동산의 소유권이전과 전세금이전을 합친 것이라고 할 수 있기 때문이다. 이런 이론구성을 하면 양수인은 매매대금채무와 전세금이전채권을 상계할 수 있다. 그러므로 전세금은 법적으로 새로운 소유자에게 귀속되어야 하기 때문에(아직 그 전세금을 취득하지 못한 것은 내부관계에 불과하다), 전세권자는 새로운 소유자에게 전세금의 반환을 청구할 수 있다는 것이다. 이런 법적 평가는, 전세권의 부담 있는 소유권을 매수하는 경우 전세금을 공제한 잔액을 매매대금으로 지급하는 거래실정에도 부합한다.

한편 전세권이 소멸하면 새로운 소유자는 전세권자에게 목적물의 인도 및 전세권설정등기의 말소등기에 필요한 서류의 교부를 받는 동시에 전세금을 반환하여야 한다(민법 제317조). 즉 양 채무는 동시이행관계에 있다. 법률 규정에는 '전세권설정자'라고 되어 있지만, 전세권설정자인 소유자가 그 후 그 부동산을 양도한 경우 새로운 소유자가 이 의무를 부담한다. 한편 전세권설정자가 소유자 또는 소유자로부터 적법하게 처분권한을 부여받은 자가 아닌 경우, 용익물권으로서의 전세권도 취득하지 못하므로, 새로운 소유자가 전세금반환의무를 부담할 이유도 없는 것이다.

3. 전세금반환청구권을 담보하는 물권으로서의 전세권

이처럼 용익물권인 전세권이 소멸하면, 전세권자는 전세금반환청구권을 가지게 되고, 종래의 전세권은 이 청구권을 담보하기 위한 담보물권으로 전환하게 된다. 담보물권으로서의 전세권은 용익물권으로서의 전세권과는 다른 특질을 가질 수밖에 없다.

제2관 담보물권인 전세권의 내용

1. 경매청구권

소유자가 전세금의 반환을 지체한 때에 전세권자는 민사집행법의 정한 바에 의하여 전세권의 목적물의 경매를 청구할 수 있다. 이는 담보권실행을 위한 경매절차에 따른다(민사집행법 제264조). 전세권자가 경매를 청구하기 위해서는, 민법 제317

조의 동시이행의 항변권으로 인해, 먼저 자기 채무를 변제제공하여 상대방의 채무이행을 청구하여야 하는데, 그럼에도 불구하고 상대방이 채무를 이행하지 않을 때(이행지체) 비로소 경매청구권을 행사할 수 있다는 점에 유의하여야 한다. 전세권이 부동산의 일부에 설정된 경우에는 경매청구권을 행사할 수 없음은 제1절에서 설명한 바와 같다.

2. 우선변제권

전세권자는 전세권이 설정된 부동산 전부의 환가대금에 대해 후순위권리자 기타 채권자보다 전세금의 우선변제를 받을 수 있다(민법 제303조). 전세권이 부동산의 일부에 대해 설정된 경우라도 부동산 전부의 환가대금에서 우선변제를 받을 수 있다.

3. 전세권의 처분

용익물권으로서의 전세권이 소멸된 후에는 전세금반환청구권이 주된 권리이며, 담보물권인 전세권은 종된 권리이다. 전세금반환청구권을 양도하면서, 전세권을 양도하지 않는 경우에는 담보물권으로서의 전세권은 소멸한다.

4. 담보물권인 전세권의 부담있는 소유권의 양도

용익물권으로서의 전세권이 소멸된 후 부동산의 소유권이 이전된 경우에는 전세금반환의무는 여전히 종전의 소유자에게 귀속되어 있다.[23] 피담보채권을 담보하기 위한 저당권이 설정된 부동산이 양도된 경우 부동산의 양수인이 아니라 원래의 피담보채무자가 여전히 그 채무를 부담하는 것과 동일한 이치이다.

이와 관련하여 민법 제576조를 유의할 필요가 있다. 동조는 전세권자가 경매청구권(민법 제318조)을 행사하여 이미 취득한 부동산의 소유권을 잃게 된 경우, 또는 그의 출재로 소유권을 보존한 경우 전세권의 부담 있는 부동산의 매수인이 매

23. 거래의 실제에서 전세권의 부담 있는 소유권의 양수인은 이행인수를 통해 전세권으로 담보되는 전세금반환채무액을 공제하고 매매대금을 지급하는 것이 많을 것이다. 이 점은 저당권부 소유권을 양수하는 경우와 다를 바 없다.

도인에 대해 담보책임을 추궁할 수 있도록 하고 있다. 그 문언을 보면, 전세기간이 만료되었으나 아직 전세금을 반환하지 않은 경우나 아직 전세기간이 만료되지 않은 전세권의 부담 있는 부동산을 매수한 경우 모두에 적용될 수 있는 것처럼 보인다. 후자의 경우에도 이 규정이 적용된다면, 이는 위 대판 2000.6.9, 99다15122의 평가와 모순될 수 있다. 왜냐하면 동조에 의해 전세금을 지급한 새로운 소유자(매수인)는 종전의 소유자에게 담보책임을 추궁할 수 있을 것인데, 위 판결은 종전의 소유자가 종국적으로 전세금반환의무로부터 벗어난다고 하기 때문이다.

전세금 및 전세금반환청구권에 관하여 현재의 소유자와 전세권자 사이에 법정채권관계가 성립한다는 명제와 민법 제576조가 모순되지 않도록 해석하기 위해서는, 민법 제576조 제1항 후단을 전세기간이 만료되어 전세권이 소멸된 경우에만 적용된다고 해야 할 것이다. 제576조가 담보물권인 저당권과 담보책임에 관하여 규정한 것이므로, 담보물권으로 전환된 전세권에만 이 규정의 적용이 있다고 해석하는 것이 민법의 체계에도 부합하기 때문이다. 이런 견해에 의하면 동조가 적용되는 결과는 다음과 같을 것이다. 전세기간의 만료 등으로 전세권이 소멸하면 그 당시의 소유자는 전세권자에게 전세금을 반환할 채무를 부담하게 된다. 이미 변제기에 도래한 이 채권은 경매청구권 및 우선변제권에 의해 담보된다. 물론 아직 전세금을 반환하지 않은 소유자는 그 부동산을 타인에게 매도할 수 있다. 이 경우 전세금반환채무의 변제기가 이미 도래하였으므로 새로운 소유자가 그 전세금을 이용할 가능성은 더 이상 존재하지 않고, 또한 이미 변제기에 도래한 전세금반환채무가 새로운 소유자에게 당연히 이전된다고 할 이유도 없다.[24] 소유자인 매도인이 전세금을 반환하지 못하여 전세목적물이 경매되었다면, 매수인은 저당권이 실행되어 소유권을 상실한 자와 전적으로 동일한 지위에 선다. 따라서 매수인은 매도인에게 담보책임을 추궁할 수 있다. 물론 매수인이 전세금반환채무의 이행을 인수한 경우라면, 따라서 그 금액만큼 매매대금에서 공제하였다면, 이는 담보책임면제의 특약을 한 것이라고 볼 수 있을 것이다.

---

24. 주택임대차보호법 제4조 제2항은 이에 대한 예외이다. 그러나 전세권의 경우에 이와 같이 해석할 것은 아니다. 동항의 정당성은 차치하고서라도, 이렇게 되면 민법 제576조 중 전세권에 관한 부분은 완전히 그 효력을 상실할 것이기 때문이다. 해석론으로서는 법률규정을 완전히 무시하기 보다는 그 것을 존속시킨 채 그 범위를 좁혀 해석하는 것이 더 바람직할 것이다.

제5절 저당권

제1관 저당권의 성립

1. 유효한 저당권설정계약

저당권이 설정되기 위해서는 유효한 저당권설정계약이 있어야 한다. 저당권설정계약은 특정의 당사자가 채권 담보목적으로 특정의 부동산에 저당권을 설정한다는 합의가 있음으로써 성립한다. 저당권설정계약의 당사자는 저당권을 취득할 자(저당권자)와 저당권을 설정해 줄 자(저당권설정자)이다. 저당권설정자는 채무자일 수도 있지만, 채무자 아닌 자가 채무자를 위해 자기 소유 부동산에 저당권을 설정해 줄 수 있다(물상보증인). 물상보증인이 그 채무를 대위변제하거나 저당권의 실행으로 인하여 저당물의 소유권을 잃은 때에는 보증채무에 관한 규정에 의하여 채무자에 대한 구상권이 있다(민법 제370조에 의해 준용되는 제341조). 채무자의 부탁을 받은 물상보증인은 민법 제441조의 수탁보증인의 구상에 관한 규정을 준용하여 채무자에게 구상할 수 있고, 부탁을 받지 않은 물상보증인은 민법 제444조의 규정을 준용하여 채무자에게 구상할 수 있다.

저당권에 의해 담보되는 채권은 현재의 채권만이 아니라, 장래의 채권도 가능하다. 피담보채권이 존재하지 않는 경우에는 저당권등기가 경료되더라도 저당권의 부종성에 의해 저당권은 성립하지 않는다. 그런데 증감변동하는 채권을 담보하기 위해 채권최고액만을 정하여 채무의 확정을 장래에 유보하여 저당권을 설정하는 것도 가능하기 때문에(근저당권), 저당권설정등기 시에 피담보채권이 존재하지 않더라도 근저당권은 유효하게 성립할 수 있다.

피담보채권과는 달리 저당권의 목적물은 현존하는 특정의 부동산이어야 한다. 장래의 부동산이나 현존하지 않는 부동산 또는 불특정된 부동산에 대해서는 저당권을 설정할 수 없다.

2. 저당권등기

2.1. 저당권등기신청

저당권설정계약의 당사자는 부동산등기법 제140조에 따라 저당권등기신청을 하여야 한다. 저당권등기신청은 저당권자와 저당권설정자가 공동으로 신청을 하여야 한다(부동산등기법 제28조). 등기신청서에는 채권액과 채무자를 기재하고, 등기원인은 저당권설정계약으로 하되, 거기에 변제기, 이자 및 그 발생기, 지급시기, 원본 또는 이자의 지급장소, 채무불이행으로 인한 손해배상에 관한 약정이나 민법 제358조 단서의 약정이 있는 때 또는 채권이 조건부인 때에는 이를 기재하여야 한다.

2.2. 저당권설정계약 당시의 채권자 아닌 자를 저당권자로 한 저당권설정등기의 효력

(1) 원칙

채권자 아닌 자를 저당권자로 한 저당권설정등기는 무효인 것은 말할 것도 없다. 왜냐하면 그 저당권등기는 채권이 없음에도 불구하고 저당권등기가 경료된 것이기 때문이다(저당권의 부종성).

(2) 저당권설정등기 이전에 피담보채권이 양도된 경우

1) 일반론

저당권설정계약의 당사자인 원래의 채권자를 저당권자로 한 저당권등기가 설정된 후, 그 피담보채권이 양도될 수 있다. 이 때 저당권과 피담보채권은 분리하여 양도할 수 없으므로(민법 제361조), 주된 권리인 피담보채권을 양도하면 저당권도 양도하기로 한 것으로 추정될 것이다(민법 제100조 제2항의 유추). 만약 피담보채권을 양도하면서 저당권은 양도하지 않기로 하였다면 저당권은 소멸하게 된다. 피담보채권과 저당권도 유효하게 양도하기로 하였다면, 피담보채권의 양수인은 양도인인 저당권자에 대해 부기등기의 방법으로 저당권등기이전을 요구할 수 있다. 저당권이전등기를 함에 있어서 저당권설정자의 동의는 불필요하다. 다만 피담보채권양도사실을 통지하거나 채무자가 승낙하지 않으면, 채무자에게 대항할 수 없을 뿐이다

(민법 제450조).

그러나 저당권설정등기 이전에 피담보채권이 양도되었다고 해서, 저당권설정계약상의 등기청구권도 당연히 양도되지는 않는다. 저당권설정계약은 그 피담보채권이 성립하게 된 법률관계와 별개의 것이므로(주종의 관계는 있지만), 피담보채권이 양도된다고 해서 저당권설정등기청구권도 당연히 이전되지는 않기 때문이다.

2) 저당권설정계약상의 등기청구권을 양도한 경우

채권양도인이 채권양도와 아울러 저당권설정계약상의 채권(저당권설정등기를 경료해 줄 것을 청구하는 권리)도 양도하고 민법 제450조의 요건을 갖춘 경우라면, 그것만으로도 채무자는 저당권설정계약상의 채무를 채권양수인에게 이행하여야 하는가? 저당권설정계약상의 채무가 작위채무이기는 하지만, 그 채무의 성질상 원채권자에게만이 아니라 채권양수인에게 이행하는 것도 가능하다면, 별도의 합의가 없는 한, 그와 같은 작위채권도 양도될 수 있다. 따라서 채권양수인은 채무자에게 직접 자신을 저당권자로 한 저당권설정등기를 경료하도록 청구할 수 있을 것이다. 그러나 대법원 판례 이론에 따르면 등기청구권은 그러하지 아니하다. 대법원은 부동산등기특별조치법 시행 전에도 중간생략의 등기를 청구하기 위하여 3당사자 간의 합의가 있어야 한다고 하였다(대판 1994.5.24, 93다47738; 대판 1995.8.22, 95다15575 참조). 따라서 저당권설정등기 前 원래의 피담보채권자 아닌 자로서 피담보채권이 실질적으로 귀속된 자의 명의로 저당권등기를 하는 데에도 중간생략등기청구권에 관한 판례이론이 관철될 것이다.

한편 피담보채권을 양도하고 아울러 등기청구권을 양도한 경우도 있을 것인데, 대법원은 등기청구권과 같은 작위채권의 양도에도 민법 제450조의 통지 외에 별도로 채무자의 동의나 승낙이 있어야 한다고 본다(대판 1997.5.16,97다485 참조). 대법원의 이런 입장은 저당권설정계약상의 등기청구권이 양도되는 경우라고 해서 달리 취급되지 않을 것이다. 이와 같은 것을 고려하면 다음의 대법원 판결이 이해될 수 있을 것이다.

대판 1995.2.10, 94다18508

대법원은 채권담보를 위하여 담보권을 설정하는 경우 채권자와 채무자 및 제3자 사이에 합의가 있으면 채권자가 그 담보권의 명의를 제3자로 하는 것도 가능하고, 이와 같은 경우에는 채무자와 담보권명의자인 제3자 사이에 담보계약관계가 성립하는 것으로 그 담보권명의자는 그 피담보채권을 수령하고 그 담보권을 실행하는 등의 담보계약상의 권리를 갖는다.

대판 1995.9.26, 94다33583

채권자 A가 선박관리대행 선원해외송출을 업으로 하는 소규모 회사이고, A는 원고에 대한 채권을 담보하기 위하여 대표이사인 피고 명의로 근저당권설정등기를 경료한 사안인데, A가 원고와의 합의 하에 피고 명의로 근저당권설정등기를 경료할 때 피고에게 위 채권의 귀속과 그 행사를 위임함으로써 피고에게 채권을 이전하고 원고가 그 이전을 승낙함으로써 피고에게 채권이 실질적으로 귀속되었다. 피고명의로 된 저당권등기는 유효하다.

대판(전) 2001.3.15, 99다48948

"근저당권은 채권담보를 위한 것이므로 원칙적으로 채권자와 근저당권자는 동일인이 되어야 하고, 다만 제3자를 근저당권 명의인으로 하는 근저당권을 설정하는 경우 그 점에 대하여 채권자와 채무자 및 제3자 사이에 합의가 있고, 채권양도, 제3자를 위한 계약, 불가분적 채권관계의 형성 등의 방법으로 채권이 그 제3자에게 실질적으로 귀속되었다고 볼 수 있는 특별한 사정이 있는 경우에는 제3자 명의의 근저당권설정등기도 유효하다(대판 1995.9.26, 94다33583; 2000.1.14, 99다51265, 51272; 2000.12.12, 2000다49879)."

(3) 채무자 아닌 자를 채무자로 하여 저당권설정등기를 하는 경우

1) 저당권설정자의 동의없이 이루어진 경우

저당권설정자의 동의없이 채무자 아닌 자를 채무자로 하여 저당권 설정등기를 한 경우 그 저당권등기는 무효등기이다.

대판 1981.9.8, 80다1468

원고와 피고 회사 사이에 이 건 부동산을 담보로 하기로 하고(근저당권설정), 금원을 차용하기로 합의하였고, 원고가 그 소유인 이 사건 부동산을 담보로 제공하여 피고로부터 금원을 차용할 의사로써 날인 교부한 서류를 피고의 직원인 소외 A에게 교부하였다. 그러나 A는 채무자를 원고 아닌 소외 B 주식회사로 하여 근저당권을 설정하였다. 대법원은 근저당권의 부종성에 비추어 설정계약상의 채무자와 다른 사람을 채무자로 하여 된 근저당권설정등기는 그 피담보채무를 달리한 것이므로 무효라고 보았다.

2) 물상보증인이 자신을 채무자로 하여 저당권설정등기를 한 경우

물상보증인이 자기 소유 부동산에 저당권을 설정할 경우에 채무자를 별도로 명기하여 저당권등기를 하여야 하는데, 자신을 채무자로 하여 등기할 경우 저당권이 유효하게 성립하는지가 문제된다(통상 이 경우 가장의 원인행위계약서, 가령 가장소비대차계약서를 작성하고, 그에 기초하여 등기부에도 자신을 채무자로 등기하는 것이 일반적일 것이다). 이 때

가장소비대차계약은 무효이고, 대신 물상보증인으로서 저당권을 설정한다는 계약이 이면행위로 있다고 해석할 것이며, 이 계약은 유효하다고 할 것이다. 따라서 저당권도 유효하게 성립한다고 할 것이다. 대법원도 종래부터 부동산매도인이 매수인의 제3자에 대한 채무를 담보하기 위해 매도인 소유의 부동산에 저당권을 설정하면서, 매도인을 채무자로 하여 저당권등기를 하더라도 그 저당권은 실제 채무자인 매수인의 채무를 담보하는 저당권으로서 유효하다고 판단하였다.

대판 1980.4.22, 79다1822

A가 자기소유 부동산을 B에게 명의신탁한 후 피고와의 거래관계에서 발생하는 차용금 채무를 담보하기 위하여 위 부동산에 피고 명의로 근저당권을 설정함에 있어서 당사자간의 편의에 따라 B를 채무자로 등재한 경우 위 부동산의 근저당권이 담보하는 채무는 A의 피고에 대한 채무로 보아야 한다.

대판 1997.11.14, 97다32055

금융기관이 회사의 대표이사와 근저당권설정계약을 체결하면서 근저당권에 의해 담보되는 채무는 금융기관과 그 회사 사이의 여신거래로 인한 현재 및 장래 채무로 하기로 합의하였으나 등기과정에서 담당 직원의 실수로 채무자를 대표이사 개인으로 한 근저당권설정등기를 경료한 후 회사와 당좌대출거래약정을 체결하여 대출을 하였으나 그 뒤 위 근저당권의 채무자가 잘못 등기된 사실을 알고 이를 시정하기 위하여 위 등기를 말소하고 새로 회사를 채무자로 하는 근저당권설정등기를 마치는 대신 회사가 대표이사의 채무를 인수하는 면책적 채무인수를 원인으로 채무자를 회사로 변경하는 부기등기를 한 경우, 비록 형식적으로는 근저당권설정등기의 채무자가 대표이사 개인으로 기재되어 있고 위 부기등기의 원인증서인 근저당권 변경계약서에 신채무자인 회사의 금융기관에 대한 채무에 관하여는 아무런 언급이 없고 단지 회사가 대표이사의 채무를 면책적으로 인수하기로 한다는 등의 기재만 있다 하더라도, 금융기관과 대표이사 사이에서 그 피담보채무의 내용을 무역회사의 금융기관에 대한 채무로 하기로 한 점에 대하여 의사의 합치가 있는 점에 비추어 보면 위 근저당권에 있어서 실질상의 채무자는 회사임이 분명하고 위 근저당권에 의하여 담보되는 피담보채무는 회사의 금융기관에 대한 채무이다.

(4) 소유자가 채무자에 대한 채권을 담보하기 위해 그 채무자와의 합의 하에 제3자를 채권자로, 자신을 채무자로 하여 자기 소유 부동산에 저당권등기를 한 경우

A가 자기 소유 부동산을 B에게 매도하면서, 매매대금채권을 완불받기 이전에 소유권이전등기를 경료해 주되, 매매대금채권을 담보하기 위해 B와의 합의 하에, 제3자를 채권자로, 자신을 채무자로 하여 저당권설정등기를 한 후, 저당권의 부담있는 소유권을 B에게 이전하였다면, 그 저당권은 매매대금채권을 담보하는 것으로

유효한지가 문제된다. 다음 대법원 판결이 이런 사안을 다룬 것이다.

대판(전) 2001.3.15, 99다48948

"(근)저당권은 채권담보를 위한 것이므로 원칙적으로 채권자와 (근)저당권자는 동일인이 되어야 하고, 다만 제3자를 (근)저당권 명의인으로 하는 (근)저당권을 설정하는 경우 그 점에 대하여 채권자와 채무자 및 제3자 사이에 합의가 있고, 채권양도, 제3자를 위한 계약, 불가분적 채권관계의 형성 등의 방법으로 채권이 그 제3자에게 실질적으로 귀속되었다고 볼 수 있는 특별한 사정이 있는 경우에는 제3자 명의의 (근)저당권설정등기도 유효"하고, "부동산을 매수한 자가 소유권이전등기를 마치지 아니한 상태에서 매도인인 소유자의 승낙 아래 매수부동산을 타에 담보로 제공하면서 당사자 사이의 합의로 편의상 매수인 대신 등기부상 소유자인 매도인을 채무자로 하여 마친 근저당권설정등기는 실제 채무자인 매수인의 근저당권자에 대한 채무를 담보하는 것으로서 유효하다(대판 1980.4.22, 79다1822; 1999.6.25, 98다47085)"고 한다. "이런 견해를 취하는 이상 양자의 형태가 결합된 근저당권이라 하여도, 그 자체만으로는 부종성의 관점에서 근저당권이 무효라고 보아야 할 어떤 질적인 차이를 가져오는 것은 아니다".

제2관 저당권의 효력

1. 경매청구권

1.1. 경매청구권의 성립

저당권자는 피담보채권의 변제를 받기 위하여 저당물의 경매를 청구할 수 있다(민법 제363조). 채무자의 이행지체가 있어야만 경매청구를 할 수 있는 것은 아니며, 변제기에 도달하면 경매청구를 할 수 있다. 피담보채무의 변제기에 도래하지 않았음에도 불구하고 경매청구를 할 경우에는 채무자는 경매개시결정에 대한 이의신청을 할 수 있다(민사집행법 제86조). 물론 집행법원은 민사집행법 제16조 제2항의 잠정처분을 할 수 있다.

대결 1968.11.13, 68마1237

저당권의 피담보채권의 변제기가 등기부상 1970.12.31로 되어있는 경우에도 채권자의 청구가 있을 때에는 채무자는 위 변제기에 구애됨이 없이 이를 지급하기로 하는 특약이 있을 때에는 채권자는 그 특약에 의하여 등기부상 변제기에 관계됨이 없이 담보권을 실행할 수 있다.

대결 1968.4.14, 68마301

채권자는 특단의 사정이 없는 한 변제기가 도래하기 전에 채무자에게 채무의 이행을 청구할 수 없는 것이므로 저당권자는 피담보채권의 변제기 도래전에 저당권실행을 위한 경매신청을 할 수 없다.

경매절차에서는 저당물의 소유권을 취득한 제3자도 매수인이 될 수 있다(제363조). 경매는 사법상의 매매와 그 효력이 다르지 않다고 보면, 경매절차에서의 매도인은 집행채무자(저당권설정자 또는 저당권의 부담있는 소유자)일 것인데, 소유자가 이를 다시 매수한다는 것은 자기 매매계약으로 그 효력이 없다고 볼 여지가 없지는 않다. 또한 채무자인 저당권설정자는 자기 채무를 변제하여 피담보채무를 소멸시킴으로써 경매절차를 정지시킬 수도 있기 때문에(민사집행법 제49조 제4호), 저당권설정자인 채무자를 매수인이 되지 못하도록 한다고 해서 불이익이 없다고 볼 여지도 있다. 이런 점을 감안하면, 경매절차에서는 저당물의 소유자는 매수인이 될 수 없는 것을 원칙으로 하고, 거기에 제363조 제2항의 예외를 인정한 것이다. 특히 제3취득자의 경우에는 피담보채권을 전부 변제하거나 민법 제364조의 변제권을 행사하여야만 피담보채권을 변제하고 저당권을 소멸시킬 수 있을 뿐인데, 제3취득자에게 그와 같은 금액이 없을 경우도 있을 것이다. 이런 현실적인 이익상황을 고려하여 제363조 제2항에서는 제3취득자는 경매절차에서의 매수인이 될 수 있도록 규정한 것이다.

대결 1969.1.9, 68마982

경매 목적 부동산의 소유자가 그 부동산에 대하여 적법한 경매개시 결정이 있은 후 환매특약부 매매로 인하여 제3자에게 소유권이전 등기를 하였다고 하여 그 경매진행이 위법일 수 없고 그 경매에 있어서 위 제3자가 경락인이 되는 것을 법률상 금지할 아무런 근거가 없는 것이므로 본건에 있어서 위와 같은 환매 특약부 소유권이전 등기가 있었고 그 부동산의 매수인이 경락인이 되었다고 하여 집행법원이 한 본건 경락허가 결정을 논란하는 논지 채택할 수 없다.

그런데 물상보증인인 저당권설정자의 경우에는 채무자가 아닌 상태에서 책임을 지지만, 민법 제364조의 변제권도 인정되지 않는데, 경매절차에서 매수인이 될 수 없도록 하는 것은 그에게 가혹할 것이다. 최소한 민법 제363조는 제3취득자의 이익상황만으로 고려하고, 물상보증인의 이익상황은 전연 감안하지 않았다고 비판받을 여지가 있다. 채무자인 저당권설정자를 경매절차에서의 매수인으로 인정한다고 해서 어떤 문제가 생길지 매우 의문스럽다.

특히 경매를 사법상의 매매로 보고, 그 때의 매도인을 집행채무자로 파악하는 것은 논리필연적이라기 보다는 하나의 편의에 기초한 이론구성일 뿐이다. 이를 절대화할 어떤 실용적인 필요성도 존재하지 않는다. 오히려 실질은 저당권자(또는 집행권원있는 채권자)의 신청에 의하여 소유자의 의사에 반하여 이루어지는 매매이므로, 저당권자(또는 집행권원 있는 채권자)에게도 매도인으로서의 실질이 어느 정도 있음을 부정할 수 없을 것이다. 제363조 제2항은 물상보증인에게도 적용되어야 할 것이다.

1.2. 경매청구권의 효력이 미치는 저당물의 범위

민법 제365조의 일괄경매청구권을 제외한다면, 경매청구권의 효력이 미치는 목적물의 환가대금에서 저당권자는 우선변제를 받을 수 있다. 일괄경매청구권을 행사한 경우 저당권자는 건물의 매각대금에서는 우선변제를 받을 수 없다. 아래에서는 저당권의 효력(경매청구권)이 미치는 목적물의 범위에 관하여 살펴 본다.

(1) 증축건물이 기존건물에 부합된 경우

건물이 증축된 경우 증축부분이 기존건물에 부합하였다고 판단되면, 기존건물에 설정된 저당권에 기한 경매청구권은 당연히 증축부분에도 미치는 것이다.

대판 2002.10.25, 2000다63110

건물의 증축 부분이 기존건물에 부합하여 기존건물과 분리하여서는 별개의 독립물로서의 효용을 갖지 못하는 이상 기존건물에 대한 근저당권은 민법 제358조에 의하여 부합된 증축 부분에도 효력이 미치는 것이므로 기존건물에 대한 경매절차에서 경매목적물로 평가되지 아니하였다고 할지라도 경락인은 부합된 증축 부분의 소유권을 취득한다.

그러나 증축부분이 기존건물에 부합되지 않은 경우에는 경매절차에서 경매목적물로 평가되었다 하더라도 경락인은 증축부분의 소유권을 취득하지 못한다. 전자(위 대판 2000다63110)의 경우 증축부분이 경매목적물로 평가되지 않음으로써 소유자는 저가의 매수대금밖에 취득하지 못할 가능성이 있고, 후자의 경우 소유자는 과다한 매수대금을 취득할 수 있을 것이다. 전자의 경우 매수인이 이득을, 후자의 경우 소유자가 이득을 얻을 것이다. 이런 사정이 있을 때 아직 경락허가결정이 이루어지지 않았다면 매각허가결정에 대해 항고를 할 수 있을 것이다. 만약 이 절차마저 종료되었다면, 결국 손해를 입은 자가 그 손해에 대해 책임이 있는 자(가령 부동산에 대한 감정을 잘못한 감정평가법인)를 상대로 불법행위를 이유로 손해배상을 청구할 수 밖에 없을 것이다. 이 때 이득자를 상대로 한 부당이득반환청구는 허용되지 않는다. 왜냐하면 유효한 매매를 통해 취득한 이득은 부당이득일 수 없기 때문이다(대판 1997.4.8, 96다52915 참조).

(2) 구분소유건물의 전유부분에 설정된 저당권의 실행과 대지권

대지와 건물은 별개의 부동산이지만, 구분소유건물의 경우 대지권은 전유부분과 분리될 수 없는 경우가 있다. 이 때 전유부분에 설정된 저당권에 기하여 대지권도 경매의 목적물이 될 수 있다.

대판 2001.9.4, 2001다22604

집합건물의 소유 및 관리에 관한 법률 제20조 제1항, 제2항과 민법 제358조 본문의 각 규정에 비추어 볼 때, 집합건물의 대지의 분·합필 및 환지절차의 지연, 각 세대당 지분비율 결정의 지연 등으로 인하여 구분건물의 전유부분에 대한 소유권이전등기만 경료되고 대지지분에 대한 소유권이전등기가 경료되기 전에 전유부분만에 관하여 설정된 저당권의 효력은, 대지사용권의 분리처분이 가능하도록 규약으로 정하였다는 등의 특별한 사정이 없는 한, 그 전유부분의 소유자가 나중에 대지지분에 관한 등기를 마침으로써 전유부분과 대지권이 동일 소유자에게 귀속하게 되었다면 당연히 종물 내지 종된 권리인 그 대지사용권에까지 미친다(이 경우 경락인은 대지권을 취득하고, 그에 대한 대지권에 관한 지분이전등기는 유효하다).

(3) 건물에 대한 저당권의 실행과 건물소유를 목적으로 한 지상권

건물소유권과 그 건물 소유를 위한 대지이용권(타인 소유의 대지에 대한 이용권)은 건물 소유권에 종된 권리이다. 따라서 건물에 대한 저당권에 기초한 경매청구권은 대지이용권에도 미친다.

대판 1996.4.26, 95다52864

저당권의 효력이 저당부동산에 부합된 물건과 종물에 미친다는 민법 제358조 본문을 유추하여 보면 건물에 대한 저당권의 효력은 그 건물에 종된 권리인 건물의 소유를 목적으로 하는 지상권에도 미치게 되므로, 건물에 대한 저당권이 실행되어 경락인이 그 건물의 소유권을 취득하였다면 경락 후 건물을 철거한다는 등의 매각조건에서 경매되었다는 등 특별한 사정이 없는 한, 경락인은 건물 소유를 위한 지상권도 민법 제187조의 규정에 따라 등기 없이 당연히 취득하게 되고, 한편 이 경우에 경락인이 건물을 제3자에게 양도한 때에는, 특별한 사정이 없는 한 민법 제100조 제2항의 유추적용에 의하여 건물과 함께 종된 권리인 지상권도 양도하기로 한 것으로 봄이 상당하다(이 경우 그 지상권이 약정지상권인 경우 지료등기가 되어 있지 않는 한, 지상권취득자는 지료지급의무가 없다. 그러나 법정지상권을 취득한 경우에는 제366조에 따른 지료지급의무가 있다).

(4) 임차권이 대지이용권일 경우

임차권이 대지이용권일 경우에는 주의하여야 할 점이 있다. 왜냐하면 경매절차에서의 매수인은 임차권의 양수인으로 인정될 것인데, 임차권의 양도에는 임대인의 동의가 없으면 그에게 대항할 수 없기 때문이다. 즉 대항할 수 없는 경우에는 임대인은 임대차계약을 해지할 수 있다는 것이다. 이 경우 건물의 소유자인 대지임차인은 건물매수청구권을 행사할 수 없게 되므로, 건물을 철거하여 대지를 반환하여야 할 것이다.

대판 1993.4.13, 92다24950

건물의 소유를 목적으로 하여 토지를 임차한 사람이 그 토지 위에 소유하는 건물에 저당권을 설정한 때에는 민법 제358조 본문에 따라서 저당권의 효력이 건물뿐만 아니라 건물의 소유를 목적으로 한 토지의 임차권에도 미친다고 보아야 할 것이므로, 건물에 대한 저당권이 실행되어 경락인이 건물의 소유권을 취득한 때에는 특별한 다른 사정이 없는 한 건물의 소유를 목적으로 한 토지의 임차권도 건물의 소유권과 함께 경락인에게 이전된다. 이 경우 민법 제629조가 적용되기 때문에 토지의 임대인에 대한 관계에서는 그의 동의가 없는 한 경락인이 그 임차권의 취득을 대항할 수 없고, 소론이 내세우는 민법 제622조 제1항은 건물의 소유를 목적으로 한 토지임대차는 이를 등기하지 아니한 경우에도 임차인이 그 지상건물을 등기한 때에는 토지에 관하여 권리를 취득한 제3자에 대하여 그 임대차의 효력을 주장할 수 있음을 규정한 취지임에 불과할 뿐, 건물의 소유권과 함께 그 건물의 소유를 목적으로 한 토지의 임차권을 취득한 사람이 토지의 임대인에 대한 관계에서 그의 동의가 없이도 그 임차권의 취득을 대항할 수 있는 것까지도 규정한 것이라고는 볼 수 없다는 것이 당원의 판례(1974.5.28. 선고 74다212 판결; 1975.7.30. 선고 74다2032 판결 등)가 취하고 있는 견해이다. 다만 위와 같은 경우에도 임차인의 변경이 당사자의 개인적인 신뢰를 기초로 하는 계속적 법률관계인 임대차를 더 이상 지속시키기 어려울 정도로 당사자간의 신뢰관계를 파괴하는 임대인에 대한 배신행위가 아니라고 인정되는 특별한 사정이 있는 때에는, 임대인은 자신의 동의 없이 임차권이 이전되었다는 것만을 이유로 민법 제629조 제2항에 따라서 임대차계약을 해지할 수 없고, 그와 같은 특별한 사정이 있는 때에 한하여 경락인은 임대인의 동의가 없더라도 그 임차권의 이전을 임대인에게 대항할 수 있다고 봄이 상당한바, 위와 같은 특별한 사정이 있는 점은 경락인이 주장 · 입증하여야 한다.

경매절차에서 건물과 임차권을 매수하여 취득한 자는, 그 임차권의 양도가 당사자 간의 신뢰관계를 파괴하는 임대인에 대한 배신행위가 아님을 주장 · 입증할 수 있으면, 임대인의 동의없는 임차권의 양수라 하더라도, 임대인은 그 임대차를 해지할 수 없는 것이다. 따라서 종전의 임대차와 동일한 임대차가 임차권의 양수인과 임대인 사이에 존속하게 된다.

(5) 종물

저당권의 효력은 종물에도 미치므로, 경매청구권의 행사로 경매되는 목적물에는 종물도 포함된다.

대판 1995.6.29, 94다6345

주유소의 주유기가 비록 독립된 물건이기는 하나 유류저장탱크에 연결되어 유류를 수요자에게 공급하는 기구로서 주유소 영업을 위한 건물이 있는 토지의 지상에 설치되었고 그 주유기가 설치된 건물은 당초부터 주유소 영업을 위한 건물로 건축되었다는 점 등을 종합하여 볼 때, 그 주유기는 계속해서 주유소 건물 자체의 경제적 효용을 다하게 하는 작용을 하고 있으므로 주유소건물의 상용에 공하기 위하여 부속시킨 종물이다(따라서 저당권의 효력이 종물에도 미친다).

대판 1993.8.13, 92다43142

백화점 건물의 지하 2층 기계실에 설치되어 있는 전화교환설비가 건물의 원소유자가 설치한 부속시설이며, 위 건물은 당초부터 그러한 시설을 수용하는 구조로 건축되었고, 위 시설들은 볼트와 전선 등으로 위 건물에 고정되어 각 층, 각 방실까지 이어지는 전선 등에 연결되어 있을 뿐이어서 과다한 비용을 들이지 않고도 분리할 수 있고, 분리하더라도 독립한 동산으로서 가치를 지니며, 그 자리에 다른 것으로 대체할 수 있는 것이라면, 위 전화교환설비는 독립한 물건이기는 하나, 그 용도, 설치된 위치와 그 위치에 해당하는 건물의 용도, 건물의 형태, 목적, 용도에 대한 관계를 종합하여 볼 때, 위 건물에 연결되거나 부착하는 방법으로 설치되어 위 건물인 10층 백화점의 효용과 기능을 다하기에 필요불가결한 시설들로서, 위 건물의 상용에 제공된 종물이라 할 것이다(따라서 가령 저당권이 건물에 설정된 경우, 그 건물의 경락인은 종물을 취득하고, 이후 위 종물에 대해 원 소유자의 채권자가 따로 강제경매할 경우 원래의 경락인인은 소유자로서 제3자 이의의 소를 제기할 수 있다).

(6) 예외

위의 예들은 모두 저당권의 효력이 저당부동산에 부합된 물건과 종물, 종된 권리에 미치기 때문에 발생하는 것이다(민법 제358조 제1문). 그런데 법률에 특별한 규정이 있거나 설정행위에 다른 약정이 있으면 그 법률규정 또는 약정에 따라 처리된다. 그런데 약정의 경우에는 등기하여만 제3자에게 대항할 수 있다. 가령 종물의 경우 저당권의 효력이 미치지 않기로 합의하였다 하더라도, 이를 등기하지 않으면 경매절차에서의 매수인에게 대항할 수 없고, 매수인의 소유권취득에 영향을 미치지 않는다.

(7) 과실

저당권의 효력은 저당부동산에 대한 압류가 있은 후에 저당권설정자가 그 부동산으로부터 수취한 과실 또는 수취할 수 있는 과실에 미친다. 그러나 저당권자가 그 부동산에 대한 소유권, 지상권 또는 전세권을 취득한 제3자에 대하여는 압류한 사실을 통지한 후가 아니면 이로써 대항하지 못한다(제359조).

1) `천연과실

저당부동산에서 산출되는 천연과실의 소유권은 그 부동산에 대한 사용·수익권이 있는 자에게 귀속될 것이다(민법 제102조 제1항). 저당부동산을 소유자가 직접 점유하는 경우, 저당권의 효력은 그 천연과실에도 미치는 것이 원칙인데, 소유자와의 이해관계의 조정을 위해 압류가 있기 전까지는 소유자가 이를 자유롭게 처분할 수 있도록 하되, 압류 후에는 저당권의 효력이 과실에도 미치도록 규정한 것이다. 저당부동산을 압류하면 당연한 그 효력이 저당부동산의 천연과실에도 미치는가? 천연과실은 동산의 예에 좇아서 압류·환가될 것이므로(민사집행법 제189조 제2항), 별도의 압류없이도 당연히 그 효력이 미친다고 할 수는 없을 것이다. 이런 관점에서 보면 본조의 규정은 별도의 집행권원이 없더라도 저당권에 기하여 천연과실을 압류하여 경매를 청구할 수 있음을 확인해 주는 것이라고 볼 것이다. 한편 압류 후의 천연과실은 이미 분리되어 있다고 하더라도 저당권에 복속하는 것이므로, 소유자 아닌 제3자가 이를 점유하고 있다면, 그가 선의취득한 것이 아닌 한 방해배제청구권을 행사하여 그 반환을 구할 수도 있을 것이다. 원물의 압류 후 제3자가 권원없이 그 천연과실을 소비하였다면, 이는 저당권을 침해하는 행위로 인정될 수 있을 것이다. 따라서 담보권 침해를 이유로 손해배상을 청구할 수 있다. 이는 특히 원물인 부동산의 환가대금으로 피담보채권을 변제하기 충분하지 않고, 과실의 소비자 등이 소유자 아닌 제3자인 경우에 저당권자에게 의미가 있을 것이다. 그러나 저당권 설정 후 소유권을 취득한 자, 지상권, 전세권자에 대해서는 압류의 사실을 통지한 후가 아니면 이들이 천연과실을 소비하였다 하더라도 그 책임을 추궁하지 못한다.

2) 사용이익 및 법정과실

저당권자가 저당부동산을 압류하더라도 저당권설정자의 사용이익에는 영향을 미치지 않는다. 민사집행법 제83조 제2항은 "압류는 부동산에 대한 채무자의 관리·이용에 영향을 미치지 아니한다"라고 규정하고 있는데, 이 규정 역시 경매에서의 매수인이 대금을 완납할 때까지(따라서 소유권을 취득할 때까지) 저당권설정자가 계속하여 그 부동산을 사용수익할 권리가 있음을 전제한 것이다. 그리고 이는 담보물의 교환가치를 장악하여 이를 환가함으로써 피담보채권의 변제에 충당하고, 담보물의 사용가치는 담보설정자에게 유보해 두는 저당권의 고유한 이념에도 부합하는 것이다.

다수의 학설은 법정과실에도 저당권의 효력이 미친다고 한다. 민법 제359조가 과실이라고 하기 때문에, 법정과실을 여기에서 분리할 이유가 없다는 것이다. 그러나 우리 민법은 담보물의 임대료 등에 대해서는 물상대위를 할 수 없도록 하는 점, 즉 여기에는 저당권의 효력이 미치지 않는다는 것을 감안한다면, 여기에는 저당권의 효력이 미치지 않는다고 해석하는 것이 타당할 것이다. 만약 법정과실에도 저당권의 효력이 미친다면, 해석상 곤란한 문제가 등장할 것이다. 첫째, 임대료에 대해 원물에 대한 압류를 전후하여 압류 후의 임대료 부분에 대해서만 저당권의 효력이 미친다고 해야 할 것이다. 지료있는 지상권의 경우에도 마찬가지일 것이다. 둘째, 저당부동산의 압류 후 소유자는 아무 장애없이 이를 사용·수익할 수 있다는 것은 저당권자의 간섭없이 이를 스스로 사용하거나 타에 임대하는 것이 가능하다고 해야 할 것이다. 자신이 사용하는 것과 타인으로 하여금 사용하게 하는 것을 구분하는 것은 지나치게 인위적 구분일 것이다. 셋째, 그럼에도 불구하고 타인이 사용하는 경우 그 임료 등에도 저당권의 효력이 미친다면, 소유자가 사용하는 것을 제3자가 권원없이 침탈하여 점유하는 경우 그가 얻은 부당이득은 과실에 준하는 것일텐데, 소유자의 제3자에 대한 부당이득반환청구권에도 저당권의 효력이 미친다고 해야 할 것이다.

2. 우선변제권

저당권자는 채무의 담보로 제공한 부동산에 대하여 다른 채권자보다 자기 채권의 우선변제를 받을 권리가 있다(민법 제356조). 동일한 부동산에 수개의 저당권이 설정된 경우에는 그 성립의 우선순위에 따라 우선변제권이 인정된다(그 밖의 우선순위는 위 제1장을 참조).

2.1. 우선변제를 받을 수 있는 피담보채권의 범위

저당권은 원본, 이자, 위약금, 채무불이행으로 인한 손해배상 및 저당권의 실행비용을 담보한다. 그러나 지연배상에 대하여는 원본의 이행기일을 경과한 후의 1년분에 한하여 저당권을 행사할 수 있다(제360조).

대판 1976.12.14, 76다957

채무자가 피담보 채무를 이행하지 않아 담보권자가 담보권을 실행하였을 때에는 그 실행에 필요한 상당한 비용은 채무불이행으로 인하여 발생한 비용이라고 할 것이어서 당사자간에 특약이 없는 한 채무자가 부담하여야 한다.

근저당권의 경우에는 당사자의 합의로써 채권최고액을 제한하기 때문에 별다른 문제가 없는데, 피담보채권의 범위를 법률규정으로써 제한하는 것은 저당권에만 고유한 것이다. 가령 담보기능을 수행하는 양도담보의 경우에는 이런 제한이 적용되지 않는다.

대판 1992.5.12, 90다8855

저당권의 피담보채무의 범위에 관하여 민법 제360조가 지연배상에 대하여는 원본의 이행기일을 경과한 후의 1년분에 한하여 저당권을 행사할 수 있다고 규정하고 있는 것은 저당권자의 제3자에 대한 관계에서의 제한이며 채무자나 저당권설정자가 저당권자에 대하여 대항할 수 있는 것이 아니고, 민법 제360조가 양도담보의 경우에 준용된다고 하여도 마찬가지로 해석하여야 할 것인 만큼, 양도담보의 채무자가 양도담보권자에 대하여 민법 제360조에 따른 피담보채권의 제한을 주장할 수는 없는 것이다.

2.2. 피담보채권의 변제충당방법

저당물을 경매하여 그 경매대가로부터 변제충당할 경우에는 지정변제충당은 허용되지 않고, 민법 제477조 및 제479조의 법정변제충당의 법리에 따라 충당되어야 한다. 따라서 담보권실행비용, 이자, 손해배상금, 원본의 순서로 변제충당될 것이다.

대판 2000.12.8, 2000다51339

담보권 실행을 위한 경매에서 배당된 배당금이 담보권자가 가지는 수개의 피담보채권 전부를 소멸시키기에 부족한 경우에는 민법 제476조에 의한 지정변제충당은 허용될 수 없고, 채권자와 채무자 사이에 변제충당에 관한 합의가 있었다고 하여 그 합의에 따른 변제충당도 허용될 수 없으며, 획일적으로 가장 공평타당한 충당방법인 민법 제477조 및 제479조의 규정에 의한 법정변제충당의 방법에 따라 충당하여야 하는 것이고, 이러한 법정변제충당은 이자 혹은 지연손해금과 원본 간에는 이자 혹은 지연손해금과 원본의 순으로 이루어지고, 원본 상호간에는 그 이행기의 도래 여부와 도래 시기, 그리고 이율의 고저와 같은 변제이익의 다과에 따라 순차적으로 이루어지나, 다만 그 이행기나 변제이익의 다과에 있어 아무런 차등이 없을 경우에는 각 원본 채무액에 비례하여 안분하게 되는 것이다.

3. 저당권의 처분

3.1. 저당권의 부종성과 양도담보의 부종성의 구분

(1) 양도담보권의 경우

가령 담보목적으로 부동산을 양도한 경우에는 양도담보권자는 자신의 피담보채권과 분리하여 양도담보로 취득한 물건을 담보로 제공할 수 있다. 가령 양도담보로 취득한 부동산에 저당권을 설정하는 것도 가능하고, 이를 다시 양도담보하는 것도 가능하다. 이것이 양도담보설정자와의 관계에서 채무불이행이 되는지는 양 당사자 간의 계약의 해석에 따라 달라질 것이다.

대판 1984.9.11, 83다카1623

이건 건물이 양도담보로 제공되어 등기까지 마친 이상 위 양도담보권자가 대세적으로 소유권자라 할 것이니 그로부터 이를 매수한 소외 A나 그 소유권이전등기 명의자이며 소외 A의 처인 피고에 대하여는 위 양도담보설정자인 원고는 그 소유권을 주장할 수 없고 설사 위 양도담보가 정산형으로서 정산문제가 남아있다 하더라도 이는 담보목적물을 매수한 자에게 대항할 성질의 것이 아니며 또 이 이치는 피고가 위 소외 A로부터 소유권의 명의신탁을 받았다 하여도 다를 바 없다.

그런데 양도담보에 의해 담보되는 피담보채권만을 타에 분리하여 처분함으로써, 자신은 더 이상 피담보채권을 보유하지 않는 경우에는 그 양도담보권은 소멸한다는 대법원 판결도 있다.

대판 2004.4.28, 2003다61542

원고가 A에게 이 사건 어음들에 배서를 하여 넘긴 것이 양도담보를 설정할 의사였는지 혹은 숨은 입질배서에 의하여 질권을 설정할 의사였는지는 분명하지 아니하지만 적어도 그것이 A의 원고에 대한 어음할인대출채권을 담보하기 위한 것이었다는 점에 대하여는 당사자 사이에 다툼이 없다. 그것이 질권을 설정하기 위한 숨은 입질배서였다고 한다면 피담보채권이 그 담보권과 분리되어 제3자인 한국자산관리공사에게 양도된 이상 담보권의 부종성에 의하여 이 사건 어음들에 대한 질권은 소멸하였다 할 것이고 따라서 피고는 더 이상 원고에 대한 관계에서 이 사건 어음들을 보유할 권원을 갖지 못한다 할 것이므로 질권설정자인 원고는 곧바로 파산법 제79조에 의하여 환취권을 행사할 수 있다. 나아가 그것이 양도담보권을 설정한 것이라 하더라도 역시 피담보채권의 분리 양도에 따라 담보권이 소멸한 이상 위에서 본 법리에 따라 원고는 더 이상 파산법 제80조의 제한을 받지 않고 피고를 상대로 이 사건 어음들에 대한 환취권을 행사할 수 있다.

여기서 피담보채권을 질권과 분리하여 처분하면, 질권은 대세적으로 소멸하지만, 피담보채권을 양도담보권과 분리하여 처분한다고 하더라도 양도담보권이 대세적으로 소멸하는 것은 아니라는 점에 유의하여야 할 것이다. (다만 위 판결은 양도담보권은 파산절차에서는 담보권으로 취급될 수 있음을 전제하였다고 볼 수도 있다.) 그러나 양도담보권의 소멸은 양도담보권자와 양도담보설정자 사이의 대내적 관계에서 소멸한다. 이는 아래 판결의 법리에서 추론할 수 있다.

대판 1979.2.13, 78다2412

채권담보의 목적으로 이루어지는 부동산 양도담보의 경우에 있어서 피담보채무가 변제된 이후에 양도담보권설정자가 행사하는 등기청구권은 양도담보권설정자의 실절적 소유권에 기한 물권적 청구권이므로 따로이 시효소멸되지 아니한다.

여기서 말하는 물권적 청구권이란 내부적 관계를 염두에 둔 것이며, 내부적으로는 소유권이 양도담보설정자에게 복귀한다는 것을 의미한다. 대외적으로는 여전히 양도담보권자가 소유자라는 것이다. 그렇기 때문에 다음과 같은 판결이 가능한 것이다.

대판 1974.12.10, 74다183

양도담보에 있어서 피담보채무가 전부 변제되었다면 채권자는 그 담보권을 상실하여 채무자에게 담보물의 소유권을 회복하여 줄 의무가 있으므로 채무자로부터 권리를 받은 제3자에게 소유권등기가 있다는 사실만으로 소유권을 주장할 수 없다.

(2) 저당권의 경우

저당권은 그 담보한 채권과 분리하여 타인에게 양도하거나 다른 채권의 담보로 하지 못한다. 이에 위반한 경우에는 저당권은 대세적으로 소멸한다.

대판 2004.4.28, 2003다61542

담보권의 수반성이란 피담보채권의 처분이 있으면 언제나 담보권도 함께 처분된다는 것이 아니라 채권담보라고 하는 담보권 제도의 존재 목적에 비추어 볼 때 특별한 사정이 없는 한 피담보채권의 처분에는 담보권의 처분도 당연히 포함된다고 보는 것이 합리적이라는 것일 뿐이므로, 피담보채권의 처분이 있음에도 불구하고, 담보권의 처분이 따르지 않는 특별한 사정이 있는 경우에는 채권양수인은 담보권이 없는 무담보의 채권을 양수한 것이 되고 채권의 처분에 따르지 않은 담보권은 소멸한다.

그런데 피담보채권을 양도하면 저당권도 자동적으로 이전되는 것은 아니다. 저당권을 이전하기 위해서는 별도의 요건을 갖추어야만 한다.

대판 2005.6.10, 2002다15412,15429

저당권은 피담보채권과 분리하여 양도하지 못하는 것이어서 저당권부 채권의 양도는 언제나 저당권의 양도와 채권양도가 결합되어 행해지므로 저당권부 채권의 양도는 민법 제186조의 부동산물권변동에 관한 규정과 민법 제449조 내지 제452조의 채권양도에 관한 규정에 의해 규율되므로 **저당권의 양도에 있어서도 물권변동의 일반원칙에 따라 저당권을 이전할 것을 목적으로 하는 물권적 합의와 등기가 있어야 저당권이 이전된다**고 할 것이나, 이 때의 물권적 합의는 저당권의 양도·양수받는 당사자 사이에 있으면 족하고 그 외에 그 채무자나 물상보증인 사이에까지 있어야 하는 것은 아니라 할 것이고, 단지 채무자에게 채권양도의 통지나 이에 대한 채무자의 승낙이 있으면 채권양도를 가지고 채무자에게 대항할 수 있게 되는 것이다.

그런데 피담보채권의 양도와 저당권의 이전 사이에는 시간적 간격이 있기 마련이다. 그 사이에는 저당권과 피담보채권이 동일인에게 귀속되지는 않는다. 그럼에도 불구하고 저당권이 소멸하지는 않는다는 점에 유의하여야 할 것이다.

대판 2003.10.10, 2001다77888

피담보채권과 근저당권을 함께 양도하는 경우에 채권양도는 당사자 사이의 의사표시만으로 양도의 효력이 발생하지만 근저당권이전은 이전등기를 하여야 하므로 채권양도와 근저당권이전등기 사이에 어느 정도 시차가 불가피한 이상 피담보채권이 먼저 양도되어 일시적으로 피담보채권과 근저당권의 귀속이 달라진다고 하여 근저당권이 무효로 된다고 볼 수는 없다. 그런데 위 근저당권은 그 피담보채권의 양수인에게 이전되어야 할 것에 불과하고, 근저당권의 명의인은 피담보채권을 양도하여 결국 피담보채권을 상실한 셈이어서, 근저당권의 명의인의 이름으로 배당을 받을 수는 없고, 피담보채권의 양수인 명의로 근저당권을 이전한 후 그 명의로 배당을 받을 수 있는 것이라고 판단하였다.

(3) 근저당권의 예외

근저당권도 그 피담보채무가 확정되면 통상의 저당권과 다를 바 없으므로, 그 근저당권과 피담보채권을 분리하여 양도할 수 없다. 여기에는 위 (2)에서 언급한 것이 그대로 적용된다. 그러나 근저당권의 피담보채무가 확정되기 이전에는 피담보채무만을 양도하는 것도 가능하다는 점에서 저당권의 부종성의 예외가 인정된다. 문제는 피담보채무의 확정 전 근저당권과 피담보채무를 함께 양도하는 것이 가능한지이다. 또한 피담보채무의 확정 전 피담보채무의 일부를 대위변제한 경우 근저당권도 변제자대위로 이전하는지도 문제된다. 이를 긍정하는 견해와 부정하는 견해가 대립한다(이 점은 위 제1절 부종성 부분을 참조).

4. 저당권의 침해와 그 보호

4.1. 저당물의 가액이 감소된 경우

(1) 저당물보충청구권(第362條) — 第388條와의 관련성

저당권설정자의 책임있는 사유로 인하여 저당물의 가액이 현저히 감소된 때에는 저당권자는 저당권설정자에 대하여 그 원상회복 또는 상당한 담보제공을 청구할 수 있다. 저당물보충청구권을 행사하기 위해서는 먼저 저당물의 가액이 현저히 감소되어야 한다. 가령 건물의 붕괴 등이 그 예일 것이다. 그리고 그 가액의 감소가 저당권설정자의 책임있는 사유에 기인한 것이어야 한다. 저당권설정자의 책임없는 사유로 가액의 감소가 있다면 저당물보충청구권을 행사할 수 없다. 이런 요건이 충족되면 저당권자는 그 원상회복 또는 상당한 담보제공을 청구할 수 있다. 저당권설정자로부터 저당목적물의 소유권을 취득한 자의 책임있는 사유로 저당물의 가액이 현저히 감소된 경우에도 저당물보충청구권을 행사할 수 있다고 할 것이다.

(2) 기한의 이익의 상실

저당권설정자와 채무자가 동일인인 경우, 그 채무자가 담보를 손상, 감소 또는 훼손하게 한 경우에, 아직 채무이행의 변제기가 도래하지 않았다 하더라도, 채권자는 기한의 이익상실을 주장하여 즉시 변제를 청구할 수 있다(민법 제388조 제1호). 대다수의 학설들은 동조 1호의 이해에 있어서 채무자의 행위에 의한 담보의 손상 등이 있으면 그에 대한 채무자의 귀책사유는 요구되지 않는다고 한다. 즉 동조 1호를 그 문언대로 해석하는 것이다. 그 근거는 기한의 이익상실이 채무이행에 대한 신의칙상의 객관적 균형이 깨어졌기 때문이라거나 1호가 채무자의 불법행위에 대한 제재가 아니므로 귀책사유를 요구할 필요가 없다는 것이다. 그러나 일부학설은 민법의 기본이념인 과실책임주의에 입각하여 여기에도 귀책사유가 있어야 한다고 주장한다. 즉 동조 1호를 축소해석하는 것이다. 기한의 이익이 상실된다 하더라도 그것만으로는 곧바로 이행기가 도래하는 것은 아니라고 할 것이다. 채권자의 변제청구가 없는 한 민법 제388조 제1호의 사유가 있는 것만으로 기한의 이익상실이 있다는 것은 아니다. 채권자가 저당권설정자=채무자에게 저당물보충청구권을 행사하고 있고, 그 채무의 이행이 지체되지 않은 상태에서는 저당권자는 민법 제388조 제1호의 기한의 이익상실을 주장할 수 없다고 해석해야 할 것이다. 그러나 상당한 기간 내에 저당물보충을 하지 않는 경우에는 기한의 이익상실을 주장할 수 있다. 한편 저당권설정자와 채무자가 각기 다른 경우에는 저당권설정자의 책임있는 사유로 저당물의 가액이 현저히 훼손되었다 하더라도, 그것을 이유로 기한의 이익의 상실을 주장할 수 없다고 해석해야 할 것이다.

4.2. 물상대위권

저당물의 멸실, 훼손 또는 공용징수로 인하여 저당권설정자가 받을 금전 기타 물건에 대하여도 저당권을 행사할 수 있다(민법 제370조에 의해 준용되는 제342조). 물상대위권을 행사하기 위해서는 그 지급 또는 인도 전에 압류하여야 한다. 물상대위권은 저당물의 멸실, 훼손, 공용징수만이 아니라, 저당권의 소멸로 인하여 저당권설정자가 금전 기타 물건을 받을 사유가 있는 경우 그 때에도 인정된다고 할 것이다(자세한 것은 제1장을 참조).

4.3. 저당권침해를 이유로 한 손해배상청구권

어떤 자가 유책사유에 기한 저당물의 멸실, 훼손하거나 저당권을 소멸하게 하는 경우가 있으면 이는 저당권자에 대한 불법행위가 될 수 있다. 따라서 저당권자는 그 자에 대해 손해배상을 청구할 수 있다. 경우에 따라서는 저당권자가 제3자에게 불법행위에 기한 손해배상청구권을 가지면서, 후순위권리자에게 부당이득반환청구권이 성립할 수 있다. 가령 저당권등기의 불법말소로 인하여 배당절차에서 배당을 받을 수 없었던 경우가 그러하다. 이 때 저당권자는 저당권등기를 불법말소한 자를 상대로 손해배상청구권을 행사할 수 있고(불법말소가 없었더라면 배당받았을 금액에 법정이자를 가산한 액수), 저당권자의 손실 하에 후순위권리자가 원래 배당받을 수 있었던 액수를 초과하여 받은 배당액을 부당이득반환청구권을 행사하여 반환받을 수 있다(이 때에는 현존이익의 한도에서 반환을 청구할 수 있다). 이 각각의 청구권은 수인의 부진정연대채무자에 대한 채권이라고 할 것이어서, 어느 하나가 만족을 얻으면 다른 것도 소멸하는 관계에 있다. 한편 경우에 따라서는 물상대위권과 손해배상청구권이 경합적으로 인정되는 경우도 있다. 가령 소유자가 제3자에 대해 손해배상청구권을 보유하고, 저당권자도 손해배상청구권을 가지는 경우가 그것이다.

4.4. 방해배제청구권

저당권에는 민법 제214조의 방해배제, 방해예방청구권이 준용된다(민법 제370조). 이는 저당권을 침해하는 현재의 방해상태를 제거하거나(방해배제청구권) 그 방해예방을 청구하는 것을 내용으로 한다. 이 때의 방해는 위법한 것이어야 한다. 또한 방해유형에 따라 방해배제청구권의 내용도 각기 달라질 것이다. 가령 저당권이 실행되어 경매에서의 매수인이 이를 매수하고 대금을 완납하여 소유권을 취득하기 이전까지는 소유자는 저당목적물을 사용·수익할 수 있다. 따라서 소유자의 저당물의 사용·수익은 저당권을 침해하는 위법한 방해가 될 수 없다. 그러나 경우에 따라서는 소유자의 사용·수익도 위법한 방해가 될 수 있을 것이다. 위법한 방해를 제거하는 것은 건물에서의 퇴거로 실현될 수도 있고, 건축을 하지 못하게 하는 것으로 실현될 수도 있다. 위법한 방해가 있는지 여부는 사안별로 개별적으로 판단해야 할 것이다. 아래는 이에 관한 대법원 판결례이다.

대판 1996.3.22, 95다55184

저당권자는 물권에 기하여 그 침해가 있는 때에는 그 제거나 예방을 청구할 수 있다고 할 것인 바, 공장저당권의 목적 동산이 저당권자의 동의를 얻지 아니하고 설치된 공장으로부터 반출된 경우에는 저당권자는 점유권이 없기 때문에 설정자로부터 일탈한 저당목적물을 저당권자 자신에게 반환할 것을 청구할 수는 없지만, 저당목적물이 제3자에게 선의취득되지 아니하는 한 **원래의 설치 장소에 원상회복할 것을 청구**함은 저당권의 성질에 반하지 아니함은 물론 저당권자가 가지는 방해배제권의 당연한 행사에 해당한다.

대판 2006.1.27, 2003다58454

[사안] 대지의 소유자가 나대지 상태에서 저당권을 설정한 다음 대지상에 건물을 신축하기 시작하였으나 피담보채무를 변제하지 못함으로써 저당권이 실행에 이르렀거나 실행이 예상되는 상황인데도 소유자 또는 제3자가 신축공사를 계속하고 있었다. 그런데 이 신축건물은 비록 법적 의미에서의 건물로 인정되는 상태까지 건축되더라도 이를 위한 법정지상권이 성립할 여지가 없는 것이었다. 그러나 경매절차에 의한 매수인으로서는 신축건물의 소유자로 하여금 이를 철거하게 하고 대지를 인도받기까지 별도의 비용과 시간을 들여야 하기 때문에, 저당목적 대지상에 건물신축공사가 진행되고 있다면, 이는 경매절차에서 매수희망자를 감소시키거나 매각가격을 저감시켜 결국 저당권자가 지배하는 교환가치의 실현을 방해하거나 방해할 염려가 있는 것이었다. 대법원은 다음과 같은 이유로 방해배제청구권의 행사로써 건축공사의 중지를 인정하였다.

[대법원 판결] 저당권자는 저당권 설정 이후 환가에 이르기까지 저당물의 교환가치에 대한 지배권능을 보유하고 있으므로 저당목적물의 소유자 또는 제3자가 저당목적물을 물리적으로 멸실·훼손하는 경우는 물론 그 밖의 행위로 저당부동산의 교환가치가 하락할 우려가 있는 등 저당권자의 우선변제청구권의 행사가 방해되는 결과가 발생한다면 저당권자는 저당권에 기한 방해배제청구권을 행사하여 방해행위의 제거를 청구할 수 있다.

대판 2005.4.29, 2005다3243

[사안] 점유자가 소유권을 주장하며 점유하고 있는 주택에 대하여 경매법원의 낙찰불허가결정이 내려지자, 저당권자가 점유자를 상대로 방해배제청구권의 행사로써 건물퇴거를 청구한 사안이다. 경매법원에서 낙찰불허가결정이 내려진 것은 주택의 소유관계와 그에 기초한 저당권의 효력에 관한 법률관계를 명확하게 한 후에 경매를 진행하겠다는 판단에 의한 것임에도 불구하고, 저당권에 기한 방해배제청구권을 행사하여 주택에서의 퇴거를 구할 수 있는지가 문제되었다. 대법원은 다음과 같은 이유로 방해배제청구권을 행사할 수 없다고 보았다.

[대법원 판결] 저당권은 경매절차에 있어서 실현되는 저당부동산의 교환가치로부터 다른 채권자에 우선하여 피담보채권의 변제를 받는 것을 내용으로 하는 물권으로, 부동산의 점유를 저당권자에게 이전하지 않고 설정되고, 저당권자는 원칙적으로, 저당부동산의 소유자가 행하는 저당부동산의 사용 또는 수익에 관하여 간섭할 수 없고, 다만 저당부동산에 대한 점유가 저당부동산의 본래의 용법에 따른 사용·수익의 범위를 초과하여 그 교환가치를 감소시키거나, 점유자에게 저당권의 실현을 방해하기 위하여 점유를 개시하였다는 점이 인정되는 등, 그 점유로 인하여 정상적인 점유가 있는 경우의 경락가격과 비교하여 그 가격이 하락하거나 경매절차가 진행되지 않는 등 저당권의 실현이 곤란하게 될 사정이 있는 경우에는 저당권의 침해가 인정될 수 있다.

통상 나대지에 저당권을 설정할 경우 저당권자는 나대지에 자신의 승인 없이 진행되는 건축을 막기 위해 지상권을 설정하기도 한다. 이 때에는 지상권에 기한 방해배제청구권을 행사할 수 있기 때문에 저당권에 기한 방해배제청구권 보다 그 효력이 더 크다.

대결 2004.3.29, 2003마1753

토지에 관하여 저당권을 취득함과 아울러 그 저당권의 담보가치를 확보하기 위하여 지상권을 취득하는 경우, 특별한 사정이 없는 한 당해 지상권은 저당권이 실행될 때까지 제3자가 용익권을 취득하거나 목적 토지의 담보가치를 하락시키는 침해행위를 하는 것을 배제함으로써 저당 부동산의 담보가치를 확보하는 데에 그 목적이 있다고 할 것이므로, 그와 같은 경우 제3자가 비록 토지소유자로부터 신축중인 지상 건물에 관한 건축주 명의를 변경받았다 하더라도, 그 지상권자에게 대항할 수 있는 권원이 없는 한 지상권자로서는 제3자에 대하여 목적 토지 위에 건물을 축조하는 것을 중지하도록 요구할 수 있다. 토지 위에 건물을 신축중인 토지소유자가 토지에 관한 근저당권 및 지상권설정등기를 경료한 후 제3자에게 위 건물에 대한 건축주 명의를 변경하여 준 경우, 제3자가 지상권자에게 대항할 수 있는 권원이 없는 한 지상권자는 제3자에 대하여 목적 토지 위에 건물을 축조하는 것을 중지하도록 요구할 수 있다.

이 경우 토지소유자로부터 대지를 사용할 권한을 부여받아 건축하더라도 지상권자의 방해배제청구권에 대항할 수 없다.

대판 2008.2.15, 2005다47205

토지에 관하여 저당권을 취득함과 아울러 그 저당권의 담보가치를 확보하기 위하여 지상권을 취득하는 경우, 특별한 사정이 없는 한 그 지상권은 저당권이 실행될 때까지 제3자가 용익권을 취득하거나 목적 토지의 담보가치를 하락시키는 침해행위를 하는 것을 배제함으로써 저당 부동산의 담보가치를 확보하는 데에 그 목적이 있다고 할 것이므로, 제3자가 저당권의 목적인 토지 위에 건물을 신축하는 경우에는, 그 제3자가 지상권자에게 대항할 수 있는 권원을 가지고 있다는 등의 특별한 사정이 없는 한, 지상권자는 그 방해배제청구로서 신축중인 건물의 철거와 대지의 인도 등을 구할 수 있다고 할 것이다(대법원 2004.3.29.자 2003마1753 결정 참조). 한편, 물권은 법률 또는 관습법에 의하는 외에는 임의로 창설하지 못하는 것이므로(민법 제185조), 지상권설정등기가 경료되면 그 지상권의 내용과 범위는 등기된 바에 따라서 대세적인 효력이 발생하고, 제3자가 지상권설정자에 대하여 해당 토지를 사용·수익할 수 있는 채권적 권리를 가지고 있다고 하더라도 이러한 사정만으로 지상권자에 대항할 수는 없다고 할 것이다.

제3관 저당부동산의 제3취득자의 보호

저당권의 부담있는 부동산의 양수인이나 기타 용익물권을 취득한 제3자를 보호할 수 있는 법적 수단을 살펴본다.

1. 저당권의 부담있는 부동산의 매수인의 채권법적인 보호

1.1. 피담보채무액만큼 매매대금에서 공제한 것이 아닌 때

(1) 동시이행의 항변권

통상 부동산매매계약의 당사자는 부담 없는 소유권을 이전하기로 계약하는 것이 통상이다. 따라서 매매의 목적물인 부동산에 저당권 등의 부담이 설정된 경우에 매수인은 부동산에 대한 부담을 말소하기 위한 서류 등의 교부가 있을 때까지 대금지급을 거절할 수 있다(민법 제568조 제2항, 제536조 제1항). 설령 매수인이 선이행의무를 부담하기로 한 때에도 경우에 따라 불안의 항변으로써 자기 채무의 이행을 거절할 수 있을 것이다. 그러나 동시이행의 항변권을 규정한 위 규정은 임의법규이므로, 당사자가 이와 다른 합의를 할 수 있다.

(2) 담보책임법에 의한 보호

1) 민법 제576조 제1항

저당권(또는 근저당권)이 설정된 부동산을 매수하였으나, 담보권의 실행으로 그 부동산의 소유권을 상실한 경우에 매수인은 민법 제576조 제1항에 좇아 매매계약을 해제할 수 있다. 이 때 매수인은 매도인으로부터 매매대금과 그 이자의 반환을 구할 수 있고(민법 제548조의 유추적용), 매도인은 경매로 인한 소유권상실의 시점까지의 부동산 사용수익에 대한 가액을 부당이득으로서 반환청구할 수 있다(민법 제548조 제2항의 유추적용).

2) 민법 제576조 제3항

저당권실행으로 소유권을 상실한 매수인은 담보책임의 일환으로서 매도인에게 손해배상을 구할 수도 있다(민법 제576조 제3항). 대법원은 이 때의 손해배상은 민법

제570조의 손해배상과 달리 신뢰이익의 배상이라고 한다.[25]

(3) 채무불이행책임에 기한 보호

1) 채무불이행책임과 담보책임의 경합

매수인은 담보책임 외에 채무불이행책임을 추궁할 수 있는 길도 여전히 열려져 있다.[26] 부담 없는 소유권을 이전하기로 한 매매계약상의 채무를 매도인이 유책하게 이행하지 않았다면, 매수인은 담보책임과 무관하게 별도로 채무불이행책임을 추궁하는 것도 가능하다. 즉 유책한 채무불이행을 이유로 한 계약해제라든지 손해배상책임의 추궁이 그것이다. 매도인은 매수인에 대해 저당권을 말소시켜 소유권을 이전해줄 매매계약상의 채무가 있기 때문이다. 이 채무가 불이행된 상태에서 저당권의 실행으로 매수인이 취득한 소유권을 상실하였다면 매매계약상의 소유권 이전채무의 이행불능을 이유로 하여 계약을 해제할 수도 있다(민법 제546조). 이와 아울러 이행불능으로 인한 손해배상도 청구할 수 있다(민법 제551조). 이 때의 손해배상은 민법 제576조의 담보책임에 수반된 손해배상과 달리 이행이익의 배상을 그 내용으로 한다.

2) 매도인의 이행지체와 계약해제

매수인은 매도인의 채무가 이행불능이 될 때까지, 즉 저당권의 실행으로 소유권이 상실될 때까지 기다려야 하는 것은 아니다. 저당권을 말소시켜 주기로 합의한 날(다른 합의가 없으면 소유권이전등기를 경료해 주기로 한 날)이 경과하게 되면 매도인의 채무불이행이 있는 것이고, 매수인은 매매계약상의 채무인 부담 없는 소유권이전

---

25. 대판 1992.10.27, 92다21784의 원심법원은 가등기에 기한 본등기가 경료됨으로써 소유권을 상실하게 된 경우에는 매매목적이 된 부동산에 설정된 저당권 또는 전세권의 행사로 인하여 매수인이 이미 취득한 소유권을 상실한 경우와 비슷하므로 이러한 경우의 매도인은 민 576조 소정의 담보책임을 져야 하고, 그 손해배상책임의 범위는 상대방이 그 계약이 유효하다고 믿음으로 인한 손해, 즉 신뢰이익의 배상에 한정된다고 하여, 매매대금 및 그에 대한 법정이자 상당액을 손해배상의 범위로 인정하였다. 위 원심판결에 대해 원고가 이행이익의 배상을 인정하여야 함을 주장하면서 상고하였으나 위 판결은 원심판결을 그대로 인정하고 있다. 이를 보더라도 민 576조의 손해배상은 민 570조의 그것과 달리 신뢰이익의 배상이라고 보는 것이 대법원의 입장이라고 할 것이다.

26. 매도인의 담보책임과 채무불이행책임의 경합을 둘러싸고는 복잡한 논의가 있다. 그러나 兩 책임의 경합을 인정하는 것이 타당할 것이며, 대법원 판례도 이런 입장에 서 있다고 할 것이다. 대판 2004. 7.22, 2002다51586 참조. 이 점에 관한 간결한 설명으로는 민법주해 IX, 229-232면 (양창수 집필 부분) 참조.

채무의 이행을 청구할 수 있다. 이 채무가 불이행되면 매수인은 이행지체를 이유로 하여 매매계약을 해제할 수도 있다(민법 제544조). 이 때에도 매수인은 계약해제와 더불어 이행이익의 배상을 청구할 수 있다.

1.2. 매수인이 피담보채무의 이행을 인수하면서 매매대금에서 이를 공제한 경우

(1) 이행인수가 있는 경우

저당권의 부담 있는 부동산을 매매의 목적물로 삼고, 저당권의 부담 있는 채로 소유권이전등기를 경료하는 사안에서는, 매수인이 매도인과 저당권으로 담보된 채무의 처리에 관하여 그 매매대금의 결정이나 지급방법 등에서 어떠한 형태로든지 계산을 끝내고 소유권을 취득하는 것이 일반적이다(대판 1964.11.10, 64다775 참조). 판례는 이런 경우 통상 이행인수가 있다고 한다(대판 2001.4.27, 2000다69026 등 참조). 이런 사안에서는 저당권의 실행으로 매수인이 소유권을 상실하더라도 매수인은 피담보채무를 변제하지 않은 매도인에게 매매계약상의 채무불이행책임을 추궁할 수 없을 뿐 아니라, 담보책임을 추궁하는 것도 가능하지 않다. 담보책임에 관한 규정 역시 임의규정인데, 위의 경우에는 매도인과 매수인 사이에 담보책임법의 규정과 다른 별도의 합의를 한 것이기 때문이다(당사자 간의 합의로 담보권자에게 매수인에 대한 직접 청구권을 취득하게 할 수도 있을 것이다. 이 때는 보증의 성격은 없지만 병존적 채무인수와 마찬가지로 담보권자는 수익의 의사표시로 매수인에 대한 직접적 채권을 취득할 것이다. 그럼에도 불구하고 아래의 설명은 그대로 적용될 수 있을 것이다).

(2) 이행인수에서의 법률관계

1) 소유권을 취득하기 이전

피담보채무액 만큼을 매매대금에서 공제한 경우, 다른 특별한 사정이 없는 이상 이는 매도인을 면책시키는 채무인수가 아니라 이행인수가 있다고 할 것이다. 이 때 특별한 사정이 없는 한, 매수인은 매매대금에서 그 채무액을 공제한 나머지를 지급함으로써 잔금지급의무를 이행한 것으로 되고, 현실적으로 이를 변제할 의무를 매도인에게 부담하는 것은 아니다. 그러나 소유권이전등기 전에 매도인이 매수인의 인수채무의 불이행으로 말미암아 또는 임의로 인수채무를 대신 변제하였다면 그로 인한 손해배상채무(인수채무불이행으로 인한 손해배상채무) 또는 구상채무(대외적으로는 매도인(=채무자인 경우)이 자신의 채무를 변제한 것이라고 하더라도 내부적으로 매수인이 부담하기로 한 채무이므로 구상채무가 된다)는 인수채무의 변형으로서 매매대금지급채무에 갈음한 것의 변형이므로 매수인의 손해배상채무 또는 구상채무와 매도인의 소유권이전등기의무는 대가적 의미가 있어서 이행상 견련관계에 있고, 따라서 동시이행의 항변권을 인정할 수 있다. 경우에 따라서는 채무불이행을 이유로 계약을 해제할 수도 있다.

2) 소유권을 취득한 후

이행인수인이 인수채무의 일부인 근저당권의 피담보채무의 변제를 게을리 함으로써 매매목적물에 관하여 근저당권의 실행으로 임의경매절차가 개시되었거나 개시될 염려가 있고 매도인이 경매절차의 진행을 막기 위하여 부득이 피담보채무를 변제할 필요성이 있는 경우라면 인수채무의 불이행을 이유로 매매계약을 해제할 수 있다. 물론 이 경우 계약해제 대신 손해배상청구권을 행사할 수도 있다.

2. 저당부동산의 제3취득자의 물권법적 보호

2.1. 민법 제364조의 변제권

(1) 변제권자

민법 제364조는 저당부동산에 대해 소유권, 지상권 또는 전세권을 취득한 제3자의 변제권을 인정하고 있다. 여기서의 소유자, 지상권자 또는 전세권자를 열거규정으로 볼 것인지가 문제된다. 제364조의 변제권은 제3취득자에게 일종의 특혜(변제범위에 있어서)를 인정하는 규정이므로 이를 제한적으로 해석하는 것이 일응 타당할 것이다. 그러나 아래에서 보듯이 물상보증인의 경우 동조의 제3취득자와 유사한 지위에 있다고 보고, 동조의 변제권을 인정하기도 한다. 어쨌든 제3취득자의 변제권은 저당권의 설정 후 저당부동산의 소유권을 취득한 자이거나, 지상권 또는 전세권을 취득한 자 등 저당권의 실행으로 그 취득한 권리를 상실할 위치에 있는 자여야 할 것이다. 저당권설정자가 담보목적으로 소유권을 취득한 자인지 여부는 문제되지 않는다.

대판 1979.8.21, 79다783

A가 원고 소유이던 부동산에 관하여 가등기 및 소유권이전등기를 경료하고 이어 피고공사 앞으로 근저당권설정등기를 하였는데, 그 후 원고와 위 A 간의 위 가등기 및 본등기에 관한 말소청구소송에서 위 A는 원고로부터 일정한 금원을 수령함과 상환으로 그 명의의 가등기와 본등기를 말소하되 A는 피고 공사 앞으로 된 근저당권설정등기의 말소등기절차가 이행되도록 조치하며 원고가 만일 위 금원지급을 이행치 않을 때에는 본건 부동산은 위 A의 소유로 확정되고 원고가 이를 인도한다는 내용의 재판상의 화해를 하였다. 그 후 위 근저당권설정등기는 그대로 존속한 채 A 명의의 가등기와 본등기만이 위 법정화해가 원인이 되어 말소되었다. 대법원은 원고는 피고와의 관계에 있어서는 담보목적 부동산의 제3취득자와 같은 지위에 있다고 한다.

(2) 제3자의 변제(제469조)와 제364조의 변제권과의 차이점

1) 민법 제469조의 제3자의 변제인 경우

민법은 제3자의 변제를 허용하며(민법 제469조), 특히 이해관계 있는 제3자는 채무자의 의사에 반하여도 타인의 채무를 변제할 수 있다. 저당권의 실행으로 소유권 등을 상실할 수 있는 양수인은 피담보채무를 변제할 이해관계 있는 제3자이다. 제3자가 변제할 때에도 채권자는 채무자가 변제할 때와 비교하여 불리한 지위에 있어서는 안 될 것이므로, 제3자의 변제도 원칙적으로 그 채무 전부를 변제제공하여야 하며(민법 제460조), 그래야만 비로소 채무자는 이행지체책임을 면하게 된다(민법 제461조). 이를 채권자가 수령하지 않으면 채권자지체에 빠진다(민법 제400조). 그러나 제3자가 채무의 일부를 변제제공한 경우 채권자는 그 수령을 거절할 수 있으며, 이러한 수령거절이 있더라도 채권자는 채권자지체에 빠지지 않고, 채무자도 이행지체책임을 면하지 못한다. 즉 제3자는 채무 전부를 변제제공하여야 한다. 설령 일부변제를 수령하더라도 다른 특별한 사정이 없으면 비용, 이자, 원본의 순서로 변제에 충당될 것이다(민법 제479조).

2) 민법 제364조의 변제권

저당부동산의 제3취득자는 "저당권자에게 그 부동산으로 담보된 채권을 변제하고 저당권의 소멸을 청구할 수 있다." 저당권에 의해 담보되는 채권의 범위는 민법 제360조에 의해 정해진다. 즉 원본과 이자, 위약금, 채무불이행으로 인한 손해배상 등이 그것이다. 그런데 손해배상 중 지연이자에 관하여는 이행기일을 지난 후 1년분에 한하여 피담보채권의 범위에 포함된다. 따라서 제3취득자가 민법 제364조에 기하여 변제할 경우에는 원금과 이자, 그리고 1년분의 지연이자를 변제함으로써도 저당권을 소멸시킬 수 있다. 피담보채무액이 확정된 근저당권의 경우 채권최고액만을 변제하면 된다.

대결 1971.5.15, 71마251

경매부동산을 매수한 제3취득자는 그 부동산으로 담보하는 채권최고액과 경매비용을 변제공탁하면 그 저당권의 소멸을 청구할 수 있다.

제3취득자가 이 금액을 변제제공하였음에도 불구하고 채권자가 그 수령을 거절하면 채권자지체에 빠지게 된다. 따라서 그 금액의 범위 내에서는 채무자도 이행지체책임을 면하게 될 것이다. 그러나 민법 제364조의 제3취득자 아닌 채무자 자신 또는 그 밖의 제3자가 변제할 때에는 이와 같은 것이 허용되지 않는다. 그 점에서 보면 민법 제364조는 민법 제469조의 법리에 대한 예외를 정하여 변제에서의 특권을 인정하는 것이다.

3) 물상보증인의 대위변제와 민법 제364조

대법원은 물상보증인이 변제할 경우 민법 제469조가 아니라 민법 제364조의 변제권을 인정한 판결도 있다.

대판 1974.12.10, 74다998

근저당권의 물상보증인은 민법 357조에서 말하는 채권의 최고액만을 변제하면 근저당권설정등기의 말소청구를 할 수 있고 채권최고액을 초과하는 부분의 채권액까지 변제할 의무가 있는 것이 아니다(경매비용을 포함한 채권최고액의 변제가 있었으나 지연이자는 아직 지급하지 않은 상태).

위의 판결은 민법 제469조를 적용한 것이 아니라, 민법 제364조의 변제권을 물상보증인에게 유추적용할 경우에만 정당화될 수 있는 판결이다.

4) 근저당권이 설정된 경우

근저당권이 설정된 경우에는 피담보채권이 확정된 후에야 비로소 민법 제364조의 변제권을 행사할 수 있고, 그렇지 않은 경우에는 채권최고액을 변제하였다 하더라도 이로써 근저당권의 말소를 청구할 수 없다(피담보채무의 확정은 아래 설명을 참조).

대판 1979.8.21, 79다783

원고가 이러한 제3취득자와 같은 지위에 있는 것이라면 원고는 피고 공사에 대하여 민법 제364조에 따라 결산기에 이르러 확정되는 그 부동산의 피담보채권을 변제하고 근저당권설정등기의 말소를 구할 수 있다. 그러나 근저당권설정자인 A를 위하여 계속적 거래관계에 기인한 이 사건 근저당권설정계약의 종료 전에 원고 스스로 이를 일방적으로 폐기하고 그 당시까지의 채무액만을 변제하는 조건으로 근저당권설정등기의 말소를 소구할 수는 없다.

(3) 민법 제364조의 변제를 한 제3취득자의 권리

민법 제364조에 의해 변제를 한 경우, 동조는 저당권의 소멸을 청구할 수 있다고 하지만, 민법 제481조에서는 대위변제의 경우 채권자의 채권과 담보권을 취득한다고 규정하고 있다. 따라서 양 규정의 조화로운 해석이 필요하다. 양 규정의 관계는 다음과 같이 이해하는 것이 합리적일 것이다.

첫째, 제364조의 제3취득자는 제469조의 특칙으로서 채무의 일부를 변제할 수 있고, 그것만으로도 최소한 저당권(혹은 피담보채권이 확정된 근저당권)에 관하여는 그 담보권 전부를 제481조에 의해 취득한다. 그러나 그 밖의 영역에 있어서는 변제자대위에 관한 일반원칙이 적용된다. 가령 채권 전액이 100이라고 할 때, 제364조에 의해서는 90만 변제하여도 된다고 가정하자. 제3취득자(여기서는 부동산의 양수인)는 90만 변제하더라도 저당권을 전부 취득하고(법률규정에 의하여), 채권자의 채권 중 90을 취득한다. 이로써 채무자에게 구상할 수 있고, 또한 내부적 법률관계에 기하여 구상하는 것도 가능하다. 다만 채무자의 일반재산에 대해 공취할 경우에는 채권자의 권리를 해할 수 없다. 즉 채권자가 우선한다는 것이다.

대판 1988.9.27, 88다카1797 참조

변제할 정당한 이익이 있는 자가 채무자를 위하여 채권의 일부를 대위변제할 경우에 대위변제자는 변제한 가액의 범위 내에서 종래 채권자가 가지고 있던 채권 및 담보에 관한 권리를 취득하게 되고 따라서 채권자가 부동산에 대하여 저당권을 가지고 있는 경우에는 채권자는 대위변제자에게 일부 대위변제에 따른 저당권의 일부이전의 부기등기를 경료해 주어야 할 의무가 있다 할 것이나 이 경우에도 채권자는 일부 대위변제자에 대하여 우선변제권을 가지고 있다.

둘째, 제3취득자가 채권자의 다른 담보권을 변제자대위로 취득하지만 그 경우에는 채권자와 준공유를 하게 된다. 이 경우에도 위 말미에서 언급한 것처럼 채권자가 우선변제권을 가진다. 그러나 그 담보권이 채무자 아닌 다른 사람이 제공한 경우에 그에 대해서 구상할 수 있는가, 채무자가 제공한 담보이지만 이것 역시 다른 제3취득자가 취득한 경우에 그에 대해서도 구상할 수 있는가의 문제는 제482조에 따라 정해진다. 前者의 경우 그에게는 구상할 수 없다(제482조 제2항 제2호). 후자의 경우에는 부동산의 가액에 비례하여 다른 제3취득자에게 구상할 수 있다(동조 제3호).

셋째, 제3취득자가 변제자대위로 취득한 저당권은 제191조의 요건을 충족한 경우에는 혼동으로 소멸할 것이다. 제3취득자가 양수한 부동산에 다른 담보권(저당권 또는 전세권)이 전혀 설정되지 않은 경우에는 혼동으로 소멸하고, 여기에는 별도의 소멸청구 등이 불필요하다(지상권, 지역권 등만이 설정된 경우에도 마찬가지이다). 이 경우 제3취득자는 채권자의 채권과 다른 담보권, 그리고 채무자와의 내부적 법률관계에 기하여 구상할 수 있다. 제3취득자가 양수한 부동산에 후순위저당권이 설정되어 있는 경우에는 혼동의 예외가 인정될 수 있을 것이다(한편 제3취득자가 전세권자 또는 지상권자인 경우에는 저당권은 소멸하지 않고 이들이 저당권을 취득한다).

2.2. 제367조의 비용상환청구권

(1) 비용상환청구권자

저당물의 제3취득자가 그 부동산의 보존, 개량을 위하여 필요비 또는 유익비를 지출한 때에는 민법 제203조 제1항, 제2항의 규정에 의하여 저당물의 경매대가에서 우선상환을 받을 수 있다(민법 제367조). 이 규정에서의 제3취득자는 민법 제364조의 제3취득자와 기본적으로 동일하다. 일부 학설은 이 규정을 저당권설정자에 대해 비용상환청구권을 가지는 것을 전제로 하여 그것의 우선상환청구권을 인정하는 것이라고 하면서, 저당권설정자에게 비용상환청구권을 갖지 못하는 제3취득자는 동조의 제3취득자에 해당되지 않는다고 한다. 그 예로서 물상보증인과 저당부동산의 양수인을 들고 있다(가령 민법주해 VII, 156면 이하(남효순 집필부분)). 따라서 전세권자, 지상권자, 대항력을 갖춘 임차인이 여기에 해당된다고 한다. 이런 논리를 일관하면, 전세권자, 지상권자는 유익비상환청구권은 가지지만, 필요비상환청구권을 갖지 못하므로 동조의 적용대상에서 제외된다고 볼 수도 있을 것이다.

민법 제367조에서 "민법 제203조 제1항, 제2항의 규정에 의하여"라는 구절로부터 비용지출자가 저당권설정자에 대해 비용상환청구권이 있음을 전제한다는 결론이 논리필연적으로 도출되는 것은 아니다. 가령 환매에 관한 규정인 민법 제594

조는 매수인 또는 전득자가 환매목적물에 비용을 지출한 경우 매도인에 대해 "민법 제203조의 규정에 의하여" 이를 상환받을 수 있다고 한다. 그런데 매수인이나 전득자는 자기 소유물에 비용을 지출한 것임에도 이를 상환받도록 규정하고 있는 것이다. 즉 제594조는 환매에서의 이익상황을 고려하여 법률에서 특별히 비용상환청구권을 인정한 것이고, 그 비용상환청구권의 내용(범위)이 민법 제203조에 의해 정해진다는 것을 규정한 것이라고 이해해야 할 것이다. 마찬가지로 민법 제367조의 비용상환청구권 역시 저당권 설정 후 사용수익을 포함하는 권리를 취득한 자의 이익상황을 고려하여 법률규정으로 특별히 경매절차에서 그 지출비용을 상환받을 수 있도록 규정한 것이라고 이해할 수 있을 것이다. 전세권자, 지상권자는 소유자에 대해 필요비상환청구권은 인정되지 않지만, 경매절차에서는 그 필요비에 대해서도 우선상환을 받을 수 있도록 법률규정으로 인정하였다고 이해할 것이다. 이런 특별한 비용상환을 인정한 이유는 저당권이 설정된 후 사용·수익할 권리를 취득한 자는 그 사용을 통해 저당물의 교환가치를 저하시킬 가능성이 있는데(설령 그렇다고 하더라도 소유자나 저당권자에 대해 책임을 지지 않을 경우가 더 많을 것이다), 여기에 필요비 또는 유익비를 지출하였다면 저당물의 교환가치를 보존하거나 증대시킨 것이어서 그 교환가치로부터 배당을 받을 모든 채권자의 공통된 이익을 위해 비용을 지출한 자와 동일하다고 볼 수 있을 것이다. 이런 공익적 비용지출에 대해서는 우선상환을 함으로써, 즉 그 가액만큼 모든 채권자가 배당을 받지 못하는 희생을 하더라도 그들에게 손해가 없다고 보고 이런 우선상환권을 인정하였다고 이해할 수 있을 것이다. 그렇다면 여기서 말하는 제3취득자는 저당부동산의 소유권을 양수한 자, 전세권자, 지상권자 등을 의미한다고 할 것이다. 대법원도 이와 유사한 입장인 듯이 보인다.

대판 2004.10.15, 2004다36604

[사안] 원고는 건물의 증축비용을 투자한 대가로 건물에 대한 지분이전등기를 경료받았으나 저당권의 실행으로 그 권리를 상실하게 되자, 건물에 관한 제3취득자로서 필요비 또는 유익비를 지출하였다고 하면서 저당물의 경매대가에서 우선상환을 받을 수 있고, 따라서 그에 따라 배당표가 정정되어야 한다고 주장하였다. 원심법원은 소유권의 양수인은 민법 제367조의 제3취득자가 아니라면서 원고의 청구를 기각하였다. 대법원은 이와 다른 이유로 원고의 주장을 배척하였다.

[대법원 판결] 민법 제367조가 저당물의 제3취득자가 그 부동산에 관한 필요비 또는 유익비를 지출한 때에는 저당물의 경매대가에서 우선상환을 받을 수 있다고 규정한 취지는 저당권설정자가 아닌 제3취득자가 저당물에 관한 필요비 또는 유익비를 지출하여 저당물의 가치가 유지·증가

된 경우, 매각대금 중 그로 인한 부분은 일종의 공익비용과 같이 보아 제3취득자가 경매대가에서 우선상환을 받을 수 있도록 한 것이므로 저당물에 관한 지상권, 전세권을 취득한 자만이 아니고 소유권을 취득한 자도 민법 제367조 소정의 제3취득자에 해당한다. 그러나 원고는 투자대가로 지분이전등기를 경료받은 자에 불과하여, 저당권의 부담있는 소유권의 양수인이라고 볼 수 없다고 하였다.

문제는 물상보증인도 제367조의 제3취득자에 포함시킬 것인가이다. 일부 학설은 다음 판결을 물상보증인을 배제하는 취지로 이해하고 있다.

대판 1959.5.14, 58다302

A가 피고에게 소유권이전등기를 경료하지는 않은 상태에서 건물을 증여하였고, 피고는 증여받은 건물에 비용을 지출하였는데, 그 후 피고의 동의하에 A 앞으로 소유권이전등기를 경료한 후 제3자에게 근저당권을 설정케 하였다. A의 채무불이행으로 저당권이 실행되었고, 원고가 그 건물을 경매절차에서 취득하였다. 피고가 가옥수리비용을 지출한 것에 대해 유치권으로써 항변하였으나, 그 항변은 배척되었다.

물권변동에서의 의사주의 하의 판결임을 유의하면서 사안을 보면, 위 사안에서 피고가 소유자인 상태에서 비용을 지출하였고, 비용지출 후 제3자 명의로 저당권이 설정된 사안이다. 이런 사안에서 피고에게 유치권이 인정될 이유가 없고(자기 물건에 대한 비용지출이므로), 피고에게 민법 제367조의 비용상환청구권이 논의될 여지가 없는 것이다. 결국 물상보증인에게 제367조가 인정되는지의 문제는 제3취득자에게 인정하는 비용상환을 저당권설정자에게도 인정할 것인지의 가치판단에 맡겨져 있다고 할 것이다. 그가 채무 없이 책임만을 부담하는 자임을 감안한다면, 그에게 동조의 비용상환을 인정하더라도 무방할 것이다. 그가 지출한 공익적 비용에 대해 채권자가 우선상환을 해 주더라도 그들에게는 별다른 불이익이 없을 것이기 때문이다.

(2) 우선변제권

민법 제367조의 비용상환은 제356조의 우선변제권보다 더 우선하는 효과가 있다. 이 비용을 먼저 상환해 준 뒤, 채권자들에게 배당한다고 보아야 할 것이다.

제4관 저당권의 실행과 법정지상권

우리 법은 토지와 건물을 별개의 부동산으로 인정하기 때문에, 토지와 건물의 소유자가 달라지는 경우가 발생할 수 있고, 특히 당사자의 의사와 무관하게 이와 같은 일이 발생하는 경우도 적지 않다. 이 때 건물소유를 위한 대지이용권에 관한 법률규정이 없으면 토지소유자가 민법 제214조의 방해배제청구권을 행사하여 건물철거를 청구하고, 제213조에 기해 대지의 반환을 구하는 일이 빈번하게 발생할 수 밖에 없다. 이런 문제를 해결하기 위해 관습상의 법정지상권과 민법 제366조의 법정지상권, 민법 제305조의 법정지상권, 가등기담보 등에 관한 법률 제10조상의 법정지상권 등이 있다. 여기서는 관습상의 법정지상권과 민법 제366조의 법정지상권에 관하여 각각 살펴본다.

1. 관습상의 법정지상권의 성립요건

1.1. 성립요건

대지와 건물이 동일인 소유에 속해 있다가 매매 기타의 원인(강제경매를 포함)으로 그 소유자가 각각 달라진 경우, 당사자 사이에 건물소유를 위한 대지이용에 관하여 다른 합의를 하거나 건물철거의 특약이 없으면 관습법에 의해 건물소유자에게 지상권이 인정된다. 민법 제366조 등의 법정지상권과 마찬가지로 관습상의 법정지상권을 인정하는 취지도 건물소유를 위한 대지 이용권이 없음으로 인해 대지소유자의 방해배제청구권의 행사에 따라 건물소유자가 건물을 철거하여야 할 위험을 배제하기 위한 것이다. 즉 건물소유자에게 대지이용권으로서 관습상의 법정지상권을 인정하는 것이다. 관습상의 법정지상권의 요건으로서 건물철거의 합의가 없다는 것의 의미는 다음과 같다.

대판 1999.12.10, 98다58467

[사안] A가 이 사건 대지와 건물을 소유하던 중 대지만을 아들인 원고에게 증여하여, 원고 명의로 소유권이전등기가 경료되었다. A는 위 증여 전에 위 대지상의 구 건물을 철거하고 새 건물을 건축하기 위하여 건축사에게 새 건물의 설계를 의뢰해 두고 있다가, 증여 후에 원고로부터 위 대지의 사용승낙서를 작성받아 건축허가를 받았고, 그 후 A는 구 건물을 철거하고 새 건물을 건축하는

건축공사에 착수하고자 하였으나 구 건물에 관하여 3건의 가압류등기가 잇달아 경료되는 바람에 그 건물을 철거하지 못하고 새 건물의 건축공사도 진행시키지 못하였다. 그 후 구 건물에 관하여 경매절차가 진행되어 피고가 구 건물을 경락받고 소유권을 취득하였다. 원고는 피고에게 건물철거 및 대지인도를 구하고 있다. 원심은 원고의 청구를 인용하였으나, 대법원은 원심을 파기, 환송하였다.

[대법원 판결] 토지와 건물이 동일한 소유자에게 속하였다가 건물 또는 토지가 매매 기타 원인으로 인하여 양자의 소유자가 다르게 되었더라도, 당사자 사이에 그 건물을 철거하기로 하는 합의가 있었던 경우에는 건물소유자는 토지소유자에 대하여 그 건물을 위한 관습상의 법정지상권을 취득할 수 없다. 그런데 건물철거의 합의가 관습상의 법정지상권 발생의 소극적 요건이 되는 이유는 그러한 합의가 없을 때라야 토지와 건물의 소유자가 달라진 후에도 건물소유자로 하여금 그 건물의 소유를 위하여 토지를 계속 사용케 하려는 묵시적 합의가 있는 것으로 볼 수 있다는 데 있고, 한편 관습상의 법정지상권은 타인의 토지 위에 건물을 소유하는 것을 본질적 내용으로 하는 권리가 아니라, 건물의 소유를 위하여 타인의 토지를 사용하는 것을 본질적 내용으로 하는 권리여서, 위에서 말하는 '묵시적 합의'라는 당사자의 추정의사는 건물의 소유를 위하여 '토지를 계속 사용한다'는 데 중점이 있는 의사라 할 것이므로, 건물철거의 합의에 위와 같은 묵시적 합의를 깨뜨리는 효력, 즉 관습상의 법정지상권의 발생을 배제하는 효력을 인정할 수 있기 위하여서는, 단지 형식적으로 건물을 철거한다는 내용만이 아니라 건물을 철거함으로써 토지의 계속 사용을 그만두고자 하는 당사자의 의사가 그 합의에 의하여 인정될 수 있어야 한다. 그러나 토지와 건물의 소유자가 토지만을 타인에게 증여한 후 구 건물을 철거하되 그 지상에 자신의 이름으로 건물을 다시 신축하기로 합의한 경우, 그 건물철거의 합의는 건물소유자가 토지의 계속 사용을 그만두고자 하는 내용의 합의로 볼 수 없어 관습상의 법정지상권의 발생을 배제하는 효력이 인정되지 않는다.

위 사안에서 관습상의 법정지상권이 인정되기 위한 객관적 요건은 모두 갖추어졌다. 즉 토지와 건물이 동일인 소유에 속하다가 증여를 통해 토지와 건물의 소유자가 달라졌다. 그러나 주관적 요건, 즉 건물철거의 특약이 있었는지 여부가 문제된다. 대법원 판결에서 언급하고 있듯이, 증여자는 건물을 철거할 계획을 가지고 있었지만, 건물소유자인 증여자가 더 이상 대지를 이용하지 않고 수증자에게 대지를 배타적으로 이용하게 하기 위한 것이 아니라, 건물을 신축하여 이를 계속하여 소유할 목적으로 한 것이었다. 그렇다면 이 경우에는 관습상의 법정지상권의 소극적 요건으로서의 건물철거의 특약은 부존재하였다고 해석하는 것이 타당할 것이다.

통상 관습상의 법정지상권이 성립된 후 건물을 매수한 자는 건물매도인과의 다른 특약이 없는 한 관습상의 법정지상권도 매수하기로 합의하였다고 추정된다.[27]

---

27. 대판 2001.12.27, 2000다1976은 법정지상권은 건물소유에 부속되는 종속적인 권리가 아니라고 하는데, 그 의미는 법정지상권과 건물소유권을 각각 달리 처분하는 것도 가능하다는 것이며, 달리 처분하지 못한다는 의미에서의 "부속된 종속적 권리"는 아니라는 것이다.

왜냐하면 건물소유를 위한 대지이용권은, 건물소유권에 종된 권리로서 주된 권리의 처분이 있으면 같이 처분하기로 합의한 것으로 추정되기 때문이다(민법 제100조 제2항의 유추). 그런데 관습상의 법정지상권이라는 대지이용권을 가진 건물소유자가 건물을 매도한 경우, 건물소유권이전등기를 하더라도 관습상의 법정지상권의 이전등기를 경료하지 않으면 건물매수인이 그 법정지상권을 취득하지 못한다. 건물매수인은 채권자대위권으로써 건물매도인의 대지소유자에 대한 관습상의 법정지상권설정등기청구권을 대위행사할 수 있고, 이어서 자기 명의로 그 법정지상권의 이전등기를 경료해 줄 것을 건물매도인에게 청구할 수 있다. 그러나 경매를 통해 건물소유권을 취득한 피고는 관습상의 법정지상권도 아울러 취득하였다고 할 것이다. 건물소유권 및 관습상의 법정지상권이 모두 경매목적물이며, 이를 취득한 경우 등기 없이도 경락대금의 완납으로 그 소유권을 취득하기 때문이다(민법 제187조). 따라서 피고는 원고에 대해 직접 자기 앞으로 법정지상권설정등기를 청구할 수 있다.

1.2. 관습상의 법정지상권의 인정이 문제되는 사안 유형

① 토지와 미등기건물 소유자가 토지를 매도하고 소유권이전등기를 경료해 준 경우

동일인에게 속한 토지와 건물이 매매로 그 소유권이 각각 달라지고, 또 건물소유자를 위한 대지이용권이 필요하기 때문에 관습상의 법정지상권이 인정된다. 건물이 미등기라는 것은 문제가 되지 않는다.

대판 1988.4.12, 87다카2404

동일인의 소유에 속하였던 토지와 건물이 매매, 증여, 강제경매, 국세징수법에 의한 공매 등으로 그 소유권자를 달리하게 된 경우에 그 건물을 철거한다는 특약이 없는 한 건물소유자는 그 건물의 소유를 위하여 그 부지에 관하여 관습상의 법정지상권을 취득하는 것이고 그 건물은 건물로서의 요건을 갖추고 있는 이상 무허가건물이거나 미등기건물이거나를 가리지 않는다(비록 무허가 또는 미등기건물이라 하더라도 그 건물의 종류와 구조가 확정되어 있는 경우에는 민법 제281조 제1항에 의하여 존속기간을 정하여야 한다).

② 토지와 미등기건물 소유자가 토지, 건물을 전부 매도하고, 토지의 소유권이전등기는 경료하였으나 건물의 소유권이전등기를 경료해 주지 않은 경우

대판(전) 2002.6.20, 2002다9660

관습상의 법정지상권은 동일인의 소유이던 토지와 그 지상건물이 매매 기타 원인으로 인하여 각각 소유자를 달리하게 되었으나 그 건물을 철거한다는 등의 특약이 없으면 건물 소유자로 하여금 토지를 계속 사용하게 하려는 것이 당사자의 의사라고 보아 인정되는 것이므로 토지의 점유·사용에 관하여 당사자 사이에 약정이 있는 것으로 볼 수 있거나 토지 소유자가 건물의 처분권까지 함께 취득한 경우에는 관습상의 법정지상권을 인정할 까닭이 없다 할 것이어서, 미등기건물을 그 대지와 함께 매도하였다면 비록 매수인에게 그 대지에 관하여만 소유권이전등기가 경료되고 건물에 관하여는 등기가 경료되지 아니하여 형식적으로 대지와 건물이 그 소유 명의자를 달리하게 되었다 하더라도 매도인에게 관습상의 법정지상권을 인정할 이유가 없다.

대지와 미등기건물을 매도하고 대지의 소유권을 이전하였지만, 건물소유권을 이전하지 않은 채 점유만을 이전한 후 대지소유자의 채권자가 대지를 압류하여 경매하는 일이 발생한다. 이 때 건물소유를 위한 관습상의 법정지상권을 인정하지 않는 것은 경매절차에 참여하는 제3자를 보호하기 위한 것이다. 이들은 압류 당시의 대지와 건물의 소유권이 누구에게 귀속되었는가를 기준으로 하여 경매에 참여할 것이다.

또한 위의 사안에 건물소유를 위한 관습상의 법정지상권을 인정하는 것은 당사자의 의사에 정면으로 반하는 결과가 된다. 종전의 소유자는 대지와 건물 모두를 양도하고자 하였는데, 건물의 소유권이 이전되지 않았다는 이유로 대지에 관습상의 법정지상권을 취득하게 될 것이기 때문이다. 아래 판결에서 보듯이 관습상의 법정지상권은 건물소유권과 분리하여 양도하는 것도 가능하기 때문에 이를 양도하게 되면 건물의 사실상의 소유자는 건물을 철거하여야 하는 일이 발생하게 될 것이다. 위 판결은 이런 여러 사정을 종합적으로 고려한 것이다.

대판 2001.12.27, 2000다1976

민법 제366조 소정의 법정지상권은 토지와 그 토지상의 건물이 같은 사람의 소유에 속하였다가 그 중의 하나가 경매 등으로 인하여 다른 사람의 소유에 속하게 된 경우에 그 건물의 유지, 존립을 위하여 특별히 인정된 권리이기는 하지만 그렇다고 하여 위 법정지상권이 건물의 소유에 부속되는 종속적인 권리가 되는 것이 아니며 하나의 독립된 법률상의 물권으로서의 성격을 지니고 있는 것이기 때문에 건물의 소유자가 건물과 법정지상권 중 어느 하나만을 처분하는 것도 가능하다.

③ 토지를 매수하고 소유권이전등기를 경료받은 자가 그 토지에 지상건물을 건축하였는데, 그 토지가 매도인 소유가 아니어서 진정한 소유자의 청구에 의해 토지의 소유권이전등기를 소유자에게 경료해 준 경우

이는 원인무효등기에 의해 토지와 건물이 동일인에게 귀속된 것과 같은 외양이 갖추어졌다가 그 후 원인무효등기가 말소된 경우이므로, 관습상의 법정지상권을 인정할 이유가 없을 것이다.

대판 1999.3.26, 98다64189

[사안] A 소유의 대지를 B가 유효한 원인행위 없이 자기 명의로 소유권이전등기를 경료한 후, 그 지상에 건물을 신축하여 소유권보존등기를 경료하였다. 그 후 B는 대지와 건물을 C에게 양도하고 각각에 대해 소유권이전등기를 경료하여 주었다. A가 C를 상대로 대지에 관하여 진정명의 회복을 원인으로 한 소유권이전등기를 청구하고, 아울러 건물철거 및 대지인도를 구하였다. C는 건물소유를 위한 관습상의 법정지상권을 취득하였다고 항변하고 있다.

[대법원 판결] 관습상의 법정지상권의 성립요건인 해당 토지와 건물의 소유권의 동일인에의 귀속과 그 후의 각기 다른 사람에의 귀속은 법의 보호를 받을 수 있는 권리변동으로 인한 것이어야 하므로, 원래 동일인에게의 소유권귀속이 원인무효로 이루어졌다가 그 뒤 그 원인무효임이 밝혀져 그 등기가 말소됨으로써 그 건물과 토지의 소유자가 달라진 경우에는 관습상의 법정지상권을 허용할 수 없다.

이런 사안에서 대지와 건물은 어느 한 순간에도 동일인의 소유에 속한 적이 없으므로 관습상의 법정지상권이 인정될 여지가 없다. 오히려 B가 타인 소유의 토지에 건물을 지어 소유하고 있다. 그러므로 A는 B에게 소유권이전등기의 말소를 청구하고, 건물철거 및 대지의 인도를 구할 수 있다. A의 이런 권리가 그 건물의 소유권을 취득한 C에게도 행사될 수 있음은 재론을 요하지 않는다. C 역시 타인 소유 토지에 권원 없이 건물을 소유하면서 그 대지를 점유하고 있기 때문이다. A는 방해배제청구권 및 소유물반환청구권을 행사하여 건물철거 및 대지의 반환을 구할 수 있다.

2. 민법 제366조의 법정지상권의 요건

민법 제366조는 "저당물의 경매로 인하여 토지와 그 지상건물이 다른 소유자에 속한 경우에는 토지소유자는 건물소유자에 대하여 지상권을 설정한 것으로 본다."고 한다. 일견 저당물의 경매로 토지와 지상건물의 소유자가 달라지면 법정지상권이 성립할 수 있는 것처럼 표현되어 있지만, 민법 제365조가 있기 때문에, 법정지상권의 성립에는 '저당권 설정 당시 토지와 건물이 동일인 소유에 속하여야 한다'는 요건이 추가된다.

2.1. 저당권이 설정될 당시 대지와 지상건물이 동일인 소유에 속하여야 한다.

여기서 동일인이라 함은 법적인 의미에서 동일인을 의미한다. 가령 대지소유자가 건물을 명의신탁하여 타인명의로 한 경우에는 동일인 소유라고 하기 어렵다.

대판 1995.5.23, 93다47318

민법 제366조 소정의 법정지상권은 저당권 설정당시 동일인의 소유에 속하던 토지와 그 지상건물이 경매로 인하여 각기 그 소유자가 다르게 된 때에 건물의 소유자를 위하여 발생하는 것이므로, 토지와 그 지상건물이 각기 소유자를 달리하고 있던 중 토지 또는 그 지상건물만이 경매에 의하여 다른 사람에게 소유권이 이전된 경우에는 위 법조 소정의 법정지상권이 발생할 여지가 없다고 할 것이며, 또 건물의 등기부상 소유명의를 타인에게 신탁한 경우에 신탁자는 제3자에게 그 건물이 자기의 소유임을 주장할 수 없고, 따라서 그 건물과 부지인 토지가 동일인의 소유임을 전제로 한 법정지상권을 취득할 수 없다.

위 판결의 사안은 부동산실권리자명의 등기에 관한 법률이 시행되기 이전이었으므로, 건물을 명의신탁한 경우 토지와 건물의 소유자가 동일하지 않다고 할 수 있음은 명백하다. 그러나 부동산실권리자명의 등기에 관한 법률이 시행되어, 명의신탁약정이 무효인 경우에는 어떻게 처리되어야 할 것인가?

대판 2004.2.13, 2003다29043

건물의 등기부상 소유명의를 타인에게 신탁한 경우에 신탁자는 제3자에게 그 건물이 자기의 소유임을 주장할 수 없고, 따라서 그 건물과 부지인 토지가 동일인의 소유임을 전제로 한 법정지상권을 취득할 수 없다.

위 판결에는 상세한 설명이 없고, 또 방론으로 위 대판 93다47318 판결을 인용하면서 이런 법리가 설시되었다. 부동산실 권리자명의 등기에 관한 법률 제4조가 적용되는 경우, 건물이 명의신탁되었다면, 법적인 의미에서 토지와 건물이 동일인 소유에 속할 것이다. 그러나 동조 제4조 제3항에 의해 그 무효를 경락인에게 대항할 수 없을 것이기 때문에 법정지상권이 성립할 수 없다는 점에는 변함이 없을 것이다.

(1) 토지에 저당권을 설정할 당시 토지 소유자가 법적 의미의 건물을 소유하고 있어야 하는가?

대지에 (근)저당권을 설정할 당시 건물이 축조 중이었고 그 후 건물을 완공한 후 대지와 건물을 제3자에게 양도하였으나 건물은 미등기여서 소유권이전등기를 경료해 주지 못한 경우, 근저당권의 실행으로 대지소유권을 취득한 자가 건물철거를 청구할 수 있는지가 문제될 수 있다.

대판 1992.6.12, 92다7221; 대판 2004.6.11, 2004다13533

[사안] A는 이 사건 대지에 건축공사를 하던 중 아직 법적 의미의 건물이라고 할 수 없는 지상구조물을 A 회사에 매도하고 대지에 관하여 그 명의로 소유권이전등기를 경료하여 주었다. A 회사는 B 은행에 대한 소비대차계약상의 채무를 담보하기 위해 위 대지에 B 은행 명의로 근저당권을 설정해 주고, 대지상의 건물신축공사를 계속하여 근저당권설정 후 4개월만에 건물을 완공하였다. 완공된 건물과 대지를 A 회사는 그 대표이사와 그 처인 피고들에게 매도하고 점유를 이전하여 주었는데, 대지에 관하여 소유권이전등기를 마쳤지만 건물에 관하여는 미등기여서 소유권이전등기를 경료하지 못하였다. 그 후 근저당권의 실행으로 원고는 대지를 경락받았다. 원고는 피고에게 건물철거 및 대지인도를 구하였다. 원심법원은 A 회사가 이 사건 대지 및 건물을 피고들에게 매도하였고, 건물의 소유권은 여전히 A 회사에게 있기는 하지만, A 회사는 관습상의 법정지상권을 취득할 수 없다고 하여 피고들의 법정지상권의 항변을 배척하고 원고의 청구를 인용하였다. 대법원은 원심판결을 파기, 환송하였다.

[대법원 판결] 민법 제366조 소정의 법정지상권은 저당권설정 당시 동일인의 소유에 속하던 토지와 건물이 경매로 인하여 양자의 소유자가 다르게 된 때에 건물의 소유자를 위하여 발생하는 것으로서 토지에 관하여 저당권이 설정될 당시 그 지상에 건물이 위 토지소유자에 의하여 건축 중이었고, 그것이 사회관념상 독립된 건물로 볼 수 있는 정도에 이르지 않았다 하더라도 건물의 규모, 종류가 외형상 예상할 수 있는 정도까지 진전되어 있는 경우에는 저당권자는 완성될 건물을 예상할 수 있으므로 법정지상권을 인정하여도 불측의 손해를 입는 것이 아니며 사회경제적으로도 건물을 유지할 필요가 인정되기 때문이다. 위 사안의 경우 만약 이러한 경우에 해당된다면 A 회사가 법정지상권을 취득할 것이고, 이를 피고들이 양수하기로 하였다면 피고들은 채권자대위의 법리에 따라 A 회사 및 원고에 대해 순차적으로 법정지상권의 설정등기절차이행을 구할 수 있다. 그러므로 법정지상권을 취득할 지위에 있는 자에 대하여 대지소유자인 원고가 소유권에 기하여 건물의 철거를 구함은 신의성실의 원칙상 허용될 수 없다.

한편 대판 2004.2.13, 2003다29043; 대판 2004.6.11, 2004다13533은 저당권 설정 당시 그 지상에 건물이 건축 중이었다면, '경매절차에서 매수인이 매각대금을 다 낸 때까지 최소한의 기둥과 지붕 그리고 주벽이 이루어지는 등 독립된 부동산으로서 건물의 요건을 갖추면 법정지상권이 성립하며, 그 건물이 미등기라 하더라도 법정지상권의 성립에는 아무런 지장이 없다'고 한다. 위 판결들의 법률론을 결합해 보면, 건물의 규모, 종류가 외형상 예상될 정도로 건축이 진행된 상태여야 하고, 늦어도 매각대금의 완납시점까지 법적 의미의 건물로 되어 있다면 법정지상권을 인정할 수 있을 것이다.

경락인이 경매대금을 완납할 때까지 독립한 건물로서 인정된다면, 건물소유를 위한 법정지상권을 인정하더라도 누구의 정당한 이익도 해치지 않는다. 첫째, 저당권설정자로서는 건물공사를 하지 않을 의도를 가지고 대지에 저당권을 설정한 것도 아니고, 더구나 채무가 변제되지 못하여 저당권이 실행될 수 있음은 쉽게 예상할 수 있고 또 예상하여야 하는데, 저당권설정자로서는 그럴 경우에도 건물의 존속을 당연히 의도하였을 것이다. 둘째, 저당권자로서는 조만간 건물이 완공될 것임을 예상하고 그 대지의 담보가치를 평가하였을 것이다. 그렇기 때문에 법정지상권을 인정하더라도 저당권자의 이익을 해치지 않는다. 셋째, 경매절차에서의 매수인은 건물공사의 착공시점 등을 얼마든지 쉽게 확인할 수 있고, 대지와 미등기건물이 있는 상태에서 대지에만 저당권이 설정되어 경매된 경우에도 건물소유를 위한 법정지상권이 인정되므로(대판 1988.4.12, 87다카2404; 대판 2004.6.11, 2004다13533 참조), 경매 당시 매수인은 이를 예상하고 대지의 가액을 평가하였어야 할 것이다. 그러므로 경락인의 이익을 해하는 것도 아니다.

이와 달리 저당권설정 당시 그 지상에 건물의 건축이 개시되기도 전이었다면, 저당권자가 설사 대지소유자의 건물신축에 동의한 후 건물이 건축되었다 하더라도 대지가 경매된 후 건물소유를 위한 법정지상권을 인정하지 않는다. 이를 인정하면 저당권설정 당시 건물공사가 착공도 되지 않았음을 확인하고 경매절차에서 이를 매수한 매수인의 정당한 대지가치평가를 왜곡시키는 것이어서 그에게 불리하며(대판 2003.9.5, 2003다26051 참조), 또한 이런 사안에는 법정지상권이 인정되지 않음을 이미 민법 제365조에서 분명히 하고 있기 때문이다.

(2) 지상건물이 미등기여도 무관하다.

지상건물이 미등기인 경우 대지에 저당권이 설정될 수 있을 것인데, 그 때 지상건물이 대지소유자에 속하였다면 법정지상권의 성립에 영향을 미치지 않는다.

2.2. 대지 또는(그리고) 지상건물에 (근)저당권이 설정되어야 한다.

가령 동일한 채무를 담보하기 위하여 대지와 그 지상건물에 저당권을 설정한 경우 이를 공동저당권이라 한다(민법 제368조). 공동저당권자가 대지 또는 건물만을 경매하여 대지와 건물의 소유자가 달라지는 경우도 상정할 수 있을 것이다. 이 때에도 건물소유자에게 민법 제366조에 좇아 법정지상권이 인정된다.

2.3. 그 저당권의 실행으로 대지와 건물의 소유자가 달라진 경우여야 한다.

(1) 저당권설정 당시 대지와 건물이 동일인 소유에 속하다가 건물만이 양도된 후, 대지가 경매절차에서 매도된 경우

대판 1999.11.23, 99다52602

[사안] A는 대지와 건물을 소유하던 중 대지에 대해서만 B에게 저당권을 설정해 주었다. 그 후 A는 지상건물을 C에게 매도하고 그 소유권이전등기를 경료하여 주었다. B의 저당권실행으로 경매절차에서 D가 대지의 소유권을 취득하였다. D가 C에게 건물철거 및 대지인도를 구하고 있다.

[대법원 판결] 토지에 저당권을 설정할 당시 토지의 지상에 건물이 존재하고 있었고 그 양자가 동일소유자에게 속하였다가 그 후 저당권의 실행으로 토지가 낙찰되기 전에 건물이 제3자에게 양도된 경우, 민법 제366조 소정의 법정지상권을 인정하는 법의 취지가 저당물의 경매로 인하여 토지와 그 지상건물이 각 다른 사람의 소유에 속하게 된 경우에 건물이 철거되는 것과 같은 사회경제적 손실을 방지하려는 공익상 이유에 근거하는 점, 저당권자로서는 저당권설정 당시에 법정지상권의 부담을 예상하였을 것이고 또 저당권설정자는 저당권설정 당시의 담보가치가 저당권이 실행될 때에도 최소한 그대로 유지되어 있으면 될 것이므로 위와 같은 경우 법정지상권을 인정하더라도 저당권자 또는 저당권설정자에게는 불측의 손해가 생기지 않는 반면, 법정지상권을 인정하지 않는다면 건물을 양수한 제3자는 건물을 철거하여야 하는 손해를 입게 되는 점 등에 비추어 위와 같은 경우 건물을 양수한 제3자는 민법 제366조 소정의 법정지상권을 취득한다.

위 사안의 C가 A로부터 건물을 매수하면서 건물철거의 특약이 없었다고 한다면, C는 건물소유를 위해 대지에 대해 관습상의 법정지상권을 취득할 것이다. 그러나 이 법정지상권은, 저당권이 실행되어 경매절차에서의 매수인이 그 소유권을 취득하면, 저당권보다 후순위의 권리이므로 당연히 소멸하게 된다. 따라서 C는 관습상의 법정지상권을 가지지 못한다. 이 경우 건물을 철거하여야 하는가라는 문제가 발생하는데, 위 판결과 같은 이익형량 하에 건물소유자가 직접 법정지상권을 취득하게 하는 것이다. 위 대법원 판결은 건물소유자에게 자신이 취득한 관습상의 법정지상권 이상의 효력을 가진[28] 법정지상권을 부여하는 혜택을 인정하고 있다.

저당권이 실행되면 저당권보다 후순위의 용익할 권리는 소멸하게 되므로(민사집행법 제91조), 관습상의 법정지상권도 소멸한다. 따라서 건물소유자에게 별도의 법정지상권을 인정하지 않을 수 없는 것이다. 그 결과 건물소유자는 반사적으로 존속기간에서 더 유리한 혜택을 얻는 셈이다.

그러나 이런 결론이 과연 당사자의 이익을 충분히 형량한 것인가에 대해서는 의문이 없지 않다. 저당권이 실행되면 저당권보다 후순위의 용익할 권리는 소멸하게 되고(민사집행법 제91조), 그 결과 관습상의 법정지상권도 소멸한다는 것은, 선험적인 이유 때문이 아니라 이렇게 함으로써 저당권자가 파악한 담보가치를 실현시켜 주기 위한 것이다. 그렇다면 저당권자가 파악한 담보가치에 손상을 주지 않으면서 필요한 범위 내에서 예외를 인정할 수도 있지 않을까? 즉 이익형량을 통해 "법정지상권이 인정되어야 한다"라고 판단하였다면, 동일한 이익형량 하에 "그 때의 법정지상권은 건물소유자에게 예상외의 이익을 가져다주기 때문에, 그가 취득한 대지에 대한 용익권 이상을 인정할 수 없다"라고 할 수도 있지 않았을까? 이렇게 하면, 건물소유자는 자신이 가졌던 용익권(관습상의 법정지상권)의 효과 이상을 취득하지 않게 될 것이고, 그로 인해 대지의 가치는 더 높게 평가될 것이며, 그 이익은 대지소유자에게 귀속될 것이다. 그 결과 저당권자는 피담보채권을 전부 만족시킬 수 있을 것이다.

(2) 토지에 저당권을 설정한 후 기존건물을 철거하고 신축건물을 지은 경우

저당권의 실행으로 대지와 건물의 소유자가 달라지면 건물소유를 위한 법정지상권을 인정하지만, 그 법정지상권의 내용인 존속기간, 범위 등은 구 건물을 기준으로 한다는 것이 판례이다.[29]

---

28. 경락인이 대지소유권을 취득할 때 비로소 건물소유자가 법정지상권을 취득한다는 것이므로, 자신이 그 전에 취득한 관습상의 법정지상권에 기한 존속기간 중 이미 경과한 기간을 0으로 돌리는 효과가 있고, 새롭게 법정의 존속기간이 개시될 것이기 때문이다.

29. 양창수, 민법연구 2권, 101면 이하는 저당권자의 이익, 건물소유자의 이익을 감안하면, 이 문제는 입법의 흠결이 있고, 해석론으로 이를 보완하기에는 많은 어려움이 있으므로(법정지상권을 인정하지 않으면 건물소유자에게 너무 가혹하고, 판례이론처럼 구 건물을 기준으로 하면 구 건물의 지반을 넘어서 신건물이 신축된 경우 초과부분을 철거하여야 하는 불합리도 있다), 새로운 입법이 있어야 할 것이다.

대판 2001.3.13, 2000다48517,48524,48531

민법 第366조 소정의 법정지상권이 성립하려면 저당권 설정 당시 저당권의 목적이 되는 토지 위에 건물이 존재하여야 하는데, 저당권 설정 당시의 건물을 그 후 개축·증축한 경우는 물론이고 그 건물이 멸실되거나 철거된 후 재건축·신축한 경우에도 법정지상권이 성립하며, 이 경우 신건물과 구건물 사이에 동일성이 있거나 소유자가 동일할 것을 요하는 것은 아니라 할 것이지만, 그 법정지상권의 내용인 존속기간·범위 등은 구건물을 기준으로 하여야 할 것이다.

이 경우 신건물을 기준으로 하여 법정지상권을 인정하되, 그것이 저당물의 가치를 "현저히 감소"하게 하는 결과를 가져 올 경우(민법 제362조의 의미에서)에는 아예 법정지상권의 성립을 부인하여야 한다고 주장하는 견해도 있고, 신구건물 사이의 동일성이 없거나 재건축한 경우 법정지상권이 성립하지 않는다고 주장하는 견해도 있다. 그러나 법정지상권의 인정에 있어서는 저당권자의 보호(저당권자가 예기한 담보가치의 유지. 즉 강행법규로 법정지상권이 인정되므로, 토지의 저당권자는 지상건물로 인하여 토지의 이용이 제한받는 것을 용인하고 법정지상권의 가치만큼 감소된 토지의 교환가치를 담보로 취득한 것이다)가 훼손되지 않는 범위에서 건물소유자를 보호하여야 한다는 현행법의 가치평가를 고려한다면, 판례의 입장이 타당하다고 할 것이다.

(3) 토지와 건물에 공동저당권이 설정된 후 기존건물을 철거한 후 신축건물을 지은 경우

대판(전) 2003.12.18, 98다43601

[대법원 판결] **[다수의견]** 동일인의 소유에 속하는 토지 및 그 지상건물에 관하여 공동저당권이 설정된 경우에는, 처음부터 지상건물로 인하여 토지의 이용이 제한받는 것을 용인하고 토지에 대하여만 저당권을 설정하여 법정지상권의 가치만큼 감소된 토지의 교환가치를 담보로 취득한 경우와는 달리, 공동저당권자는 토지 및 건물 각각의 교환가치 전부를 담보로 취득한 것으로서, 저당권의 목적이 된 건물이 그대로 존속하는 이상은 건물을 위한 법정지상권이 성립해도 그로 인하여 토지의 교환가치에서 제외된 법정지상권의 가액 상당가치는 법정지상권이 성립하는 건물의 교환가치에서 되찾을 수 있어 궁극적으로 토지에 관하여 아무런 제한이 없는 나대지로서의 교환가치 전체를 실현시킬 수 있다고 기대하지만, 건물이 철거된 후 신축된 건물에 토지와 동순위의 공동저당권이 설정되지 아니하였는데도 그 신축건물을 위한 법정지상권이 성립한다고 해석하게 되면, 공동저당권자가 법정지상권이 성립하는 신축건물의 교환가치를 취득할 수 없게 되는 결과 법정지상권의 가액 상당가치를 되찾을 길이 막혀 위와 같이 당초 나대지로서의 토지의 교환가치 전체를 기대하여 담보를 취득한 공동저당권자에게 불측의 손해를 입게 하기 때문이다.

[반대의견] 민법 제366조가 법정지상권제도를 규정하는 근본적 취지는 저당물의 경매로 인하여 토지와 그 지상건물이 다른 사람의 소유에 속하게 된 경우에 건물이 철거됨으로써 생길 수 있는 사회경제적 손실을 방지하려는 공익상 이유에 있는 것이지 당사자 어느 한편의 이익을 보호하려는 데 있는 것이 아니고, 법정지상권은 저당권설정당사자의 의사와 관계없이 객관적 요건만으로

써 그 성립이 인정되는 법정물권인바, 저당권자가 그 설정 당시 가졌던 '기대'가 어떤 것이었느냐에 의하여 법정지상권의 성립 여부를 달리 판단하는 다수의견은 법정지상권 성립요건의 객관성 및 강제성과 조화되기 어렵고, 토지와 건물 양자에 대하여 공동으로 저당권이 설정된 경우, 원칙적으로 그 공동저당권자가 토지에 관하여 파악하는 담보가치는 법정지상권의 가치가 제외된 토지의 가치일 뿐이고, 건물에 관하여 파악하는 담보가치는 건물 자체의 가치 외에 건물의 존속에 필요한 법정지상권의 가치가 포함된 것이며, 법정지상권은 그 성질상 건물에 부수하는 권리에 불과하므로 구건물이 멸실되거나 철거됨으로써 건물저당권 자체가 소멸하면, 공동저당권자는 건물 자체의 담보가치는 물론 건물저당권을 통하여 파악하였던 법정지상권의 담보가치도 잃게 되고, 이에 따라 토지소유자는 건물저당권의 영향에서 벗어나게 된다고 보는 것이 논리적으로 합당하다. 그러므로 토지소유자는 그 소유권에 기하여 토지 위에 신건물을 재축할 수 있고, 그 후 토지저당권이 실행되면 신건물을 위한 법정지상권이 성립하며, 다만 그 내용이 구 건물을 기준으로 그 이용에 일반적으로 필요한 범위로 제한됨으로써 공동저당권자가 원래 토지에 관하여 파악하였던 담보가치, 즉 구 건물을 위한 법정지상권가치를 제외한 토지의 담보가치가 그대로 유지된다고 보아야 하고, 이것이 바로 가치권과 이용권의 적절한 조절의 모습이다.

[보충의견] 민법 제366조의 법정지상권의 성립요건의 해석에서의 통설, 판례는 저당권설정 당시 건물과 대지의 소유자가 동일인이어야 한다는 것을 추가하고 있는데, 이에 비추어 보면, 법정지상권제도가 당사자의 의사를 전혀 도외시한 채 건물보호라는 공익적 요청에 의한 것이라고만 할 수는 없으며, 단독저당, 공동저당 어느 경우나 원칙적으로 저당권설정 당시 존재하던 건물이 헐린 후 재축된 신건물에 대하여는 물권법정주의의 원칙상 법정지상권이 성립될 수 없지만 예외적으로 그 성립을 인정하여도 저당권자의 의사 내지 기대에 반하지 아니하는 경우(단독저당이 여기에 해당한다)에 국한하여 건물보호를 위하여 법정지상권의 성립범위를 확장해석하는 것은 법정지상권의 성립요건의 객관성이나 강제성과는 관련이 없다.

동일인 소유의 대지와 건물 중 대지에만 저당권이 설정된 후 기존건물을 철거하고 신축건물을 건립한 경우, 저당권의 실행으로 대지와 건물의 소유자가 달라지면 건물소유를 위한 법정지상권을 인정하지만, 그 법정지상권의 내용인 존속기간, 범위 등은 구 건물을 기준으로 한다(대판 1997.1.21, 96다40080 등 참조).[30] 반면 동일인 소유의 대지와 건물 중 건물에만 저당권이 설정된 후 기존건물을 철거하고 신축건물을 건립한 경우, 저당목적물의 멸실로 그 저당권은 소멸하게 된다. 따라서 구 건물에 설정된 저당권으로써 하는 경매로는 경매절차에서의 매수인은 소유권을 취

30. 양창수, 민법연구 2권, 101면 이하는 이 경우 신건물을 기준으로 하여 법정지상권을 인정하되, 그것이 저당물의 가치를 "현저히 감소"하게 하는 결과를 가져 올 경우(민법 제362조의 의미에서)에는 아예 법정지상권의 성립을 부인하여야 한다고 주장한다. 한편 송덕수, 민법강의(상), 681면 이하는 이 경우 신구건물 사이의 동일성이 없거나 재건축한 경우 법정지상권이 성립하지 않는다고 주장한다. 저당권자의 이익, 건물소유자의 이익을 감안하면, 이 문제는 입법의 흠결이 있고, 해석론으로 이를 보완하기에는 많은 어려움이 있으므로(법정지상권을 인정하지 않으면 건물소유자에게 너무 가혹하고, 판례이론처럼 구 건물을 기준으로 하면 구 건물의 지반을 넘어서 신건물이 신축된 경우 초과부분을 철거하여야 하는 불합리도 있다), 새로운 입법이 있어야 할 것이다.

득하지 못한다. 그런데 위 판결에서의 다수의견과 소수의견의 대립의 핵심은 저당권의 실행으로 대지와 건물의 소유자가 달라진 경우, 건물소유를 위한 법정지상권의 인정 여부를 판단하는 한 기준으로써 담보가치에 대한 '저당권자의 정당한 기대'를 인정할 수 있는지의 문제이다. 물론 '저당권자의 정당한 기대'의 裏面에는 경매절차에서의 매수인이 저당목적물(=경매목적물)의 가치를 어떻게 평가하고 또 하여야 할 것인가의 문제가 자리잡고 있다. 통상의 경우 동일인 소유의 대지와 건물 중 대지에 저당권을 설정할 경우, 저당권자는 대지의 가액(A)에 법정지상권의 부담을 예상하고 그 가치(B)만큼을 공제하여 대지의 담보가치를 평가할 것이다(즉 A-B). 건물에 저당권을 설정하는 자는 건물의 가액(C)에 법정지상권을 취득하게 됨으로써 얻는 가치(B)를 더하여 담보가치를 평가할 것이다(C+B). 이런 이유로 건물과 대지가 일괄경매될 경우 각각의 가액(경매목적물의 평가)에서 대지의 가치는 A, 건물의 가치는 C로 평가하게 된다. 공동저당의 경우, 일반적으로 대지, 건물의 각각의 담보가치를 독립하여 평가할 수도 있고, 대지의 가치는 A-B, 건물의 가치는 C+B로 평가할 수도 있을 것이나 경제적으로 보면 결국 A, C로 평가하는 것과 다를 것이 없다.

문제는 담보권자의 경제적 관점에서의 이런 담보가치의 평가가 규범적으로 지지할 만하다고 볼 것인가이다. 법정지상권의 인정에 있어서 저당권자의 합리적 기대를 무시해서는 안 된다는 점, 그로 인해 불이익을 입을 건물소유자가 오히려 자신의 이익을 지키기 위해 추가적인 노력(가령 신축건물에 대해서도 공동저당권자에게 저당권을 설정해 주는 것 등)을 하는 것이 더 효율적이라는 점, 규범적으로 보더라도 저당권자는 현행법상 환가권만을 가지고 환가 以前에는 소유자가 전적인 이용권한을 가진다는 점 등을 감안하면 다수의견이 타당하다고 할 것이다.

3. 법정지상권의 효과

3.1. 법정지상권의 범위 및 존속기간

민법 제366조 및 관습법상의 법정지상권이 성립된 토지에 대하여는 법정지상권자가 건물의 유지 및 사용에 필요한 범위를 벗어나지 아니하는 한 그 토지를 자유로이 사용할 수 있다. 법정지상권이 성립될 당시의 지상 건물이 그 후 증축되었다 하더라도 위 건물이 법정지상권이 성립하여 지상권자가 점유·사용할 권한이 있는 토지 위에 있는 한 이를 철거할 의무는 없다(대판 1995.7.28, 95다9075,9082 참조).

한편 법정지상권은 법률규정에 의해 성립하므로, 당사자 사이에 별도로 지상권의 존소기간에 관한 합의를 할 기회가 없다. 따라서 그 존속기간은 민법 제281조, 제280조에 따라 결정된다. 민법 제280조 제1항 제1호가 정하는 견고한 건물인가의 여부는 그 건물이 갖는 물리·화학적 외력, 화재에 대한 저항력 또는 건물 해체의 난이도 등을 종합하여 판단하여야 한다(대판 1988.4.12, 87다카2404 참조). 시멘트 블럭으로 벽체를 쌓은 뒤 기와 또는 스레트로 지붕을 만든 주택으로서 상당 기간의 내구력을 지니고 있어 용이하게 해체할 수 없는 것이라면, 민법 제280조 제1항 제1호에 정한 건물에 해당할 것이다(대판 1995.7.28, 95다9075,9082 참조).

3.2. 지료

법정지상권의 성립시부터 지급하여야 한다. 다만 그 액수는 당사자의 협의에 의해 정하고, 협의가 되지 않으면 당사자의 청구로 법원이 결정한다. 따라서 당사자의 협의 또는 법원에 의해 지료가 결정되지 않은 상태에서 지료가 지급되지 않고 있고, 그 기간이 2년이상이 되었다고 하더라도, 대지 소유자는 민법 제287조에 의한 지상권소멸청구를 할 수 없다. 그러나 지료가 일단 결정된 후에도 지료를 연체할 경우에는 지료결정 전후의 기간을 합산하여 2년 이상이면 지상권소멸을 청구할 수 있음에 유의해야 한다.

대판 2005.10.13, 2005다37208

법정지상권이 성립되고 지료액수가 판결에 의하여 정해진 경우 지상권자가 판결확정 후 지료의 청구를 받고도 책임 있는 사유로 상당한 기간 동안 지료의 지급을 지체한 때에는 지체된 지료가 판결확정의 전후에 걸쳐 2년분 이상일 경우에도 토지소유자는 민법 제287조에 의하여 지상권의 소멸을 청구할 수 있고, 판결확정일로부터 2년 이상 지료의 지급을 지체하여야만 지상권의 소멸을 청구할 수 있는 것은 아니다. 종전 소송에서 확정판결과 동일한 효력이 있는 재판상 화해가 이루어진 것이 2002.9.13.이라고 하더라도, 피고(선정당사자)가 그 이전인 2001.11.29. 이후 2년 이상 지료를 지급하지 않은 이상 토지소유자인 원고는 민법 제287조에 의하여 법정지상권의 소멸을 청구를 할 수 있다고 할 것이다.

3.3. 법정지상권이 설정된 후 건물을 양도하였으나, 법정지상권을 양도하지 않은 경우

반대의 합의가 없다면 건물소유자는 법정지상권의 이전을 청구할 수 있고, 채권자대위권을 행사하여 토지소유자에 대한 법정지상권의 등기청구권을 대위할 수 있다.

대판 1996.4.26, 95다52864

저당권의 효력이 저당부동산에 부합된 물건과 종물에 미친다는 민법 제358조 본문을 유추하여 보면 건물에 대한 저당권의 효력은 그 건물에 종된 권리인 건물의 소유를 목적으로 하는 지상권에도 미치게 되므로, 건물에 대한 저당권이 실행되어 경락인이 그 건물의 소유권을 취득하였다면 경락 후 건물을 철거한다는 등의 매각조건에서 경매되었다는 등 특별한 사정이 없는 한, 경락인은 건물 소유를 위한 지상권도 민법 제187조의 규정에 따라 등기 없이 당연히 취득하게 되고, 한편 이 경우에 경락인이 건물을 제3자에게 양도한 때에는, 특별한 사정이 없는 한 민법 제100조 제2항의 유추적용에 의하여 건물과 함께 종된 권리인 지상권도 양도하기로 한 것으로 봄이 상당하다.

위 판결의 사안은 이미 건물소유를 위한 법정지상권이 성립해 있는 상태에서 건물에 설정된 저당권이 실행된 것이었다. 그 후 경락인이 건물을 피고에게 양도한 경우, 경매로 취득한 법정지상권도 양도하기로 합의한 것으로 추정한다는 것이다. 따라서 피고는 경락인을 대위하여 대지소유자에게 법정지상권 설정등기를 경료해 줄 것을 청구할 수 있다. 이 경우 소유자는 건물소유자에게 건물철거를 청구할 수 없다(신의칙 또는 민법 제213조 단서). 물론 건물소유권을 양수한 자는 그 대지 점유의 시점부터는 지료를 부당이득으로 반환해야 한다는 것이 판례이다.

대판 1997.12.26, 96다34665

법정지상권자라 할지라도 대지 소유자에게 지료를 지급할 의무는 있는 것이고, 법정지상권이 있는 건물의 양수인으로서 장차 법정지상권을 취득할 지위에 있어 대지 소유자의 건물 철거나 대지 인도 청구를 거부할 수 있다 하더라도 그 대지를 점유·사용함으로 인하여 얻은 이득은 부당이득으로서 대지 소유자에게 반환할 의무가 있다.

4. 민법 제365조의 건물경매청구권

4.1. 토지에 대한 저당권설정 후 비로소 건물을 건축하는 경우 저당권자의 보호(저당권설정 당시 건축공사가 진행되고, 그 건물의 규모, 종류가 외형상 예상될 수 있었던 경우는 예외임. 이는 위 2를 참조)

경매개시절차 이후 토지소유자가 계속하여 건축공사를 진행하여 법적 의미의 건물로 인정될 수 있게 할 수도 있다. 대판 2005.4.29, 2005다3243에서는, '저당부동산에 대한 점유가 저당부동산의 본래의 용법에 따른 사용 · 수익의 범위를 초과하여 그 교환가치를 감소시키거나, 점유자에게 저당권의 실현을 방해하기 위하여 점유를 개시하였다는 점이 인정되는 등, 그 점유로 인하여 정상적인 점유가 있는 경우의 경락가격과 비교하여 그 가격이 하락하거나 경매절차가 진행되지 않는 등 저당권의 실현이 곤란하게 될 사정이 있는 경우에는 저당권의 침해가 인정될 수 있다'고 하였으나, 그 사건 자체에서는 점유자의 점유가 저당권을 침해하는 것이라고 보기 어렵다고 판시하였다. 그런데 대판 2006.1.27, 2003다58454에서는 저당권에 기한 방해배제청구권으로써 건물신축행위의 금지를 인정하였다.

4.2. 토지에 저당권이 설정된 후 건물을 건축한 경우, 경매절차에서의 대지를 매수한 자의 보호

저당권의 실행으로 대지가 경매되고, 그 경매절차에서 대지를 매수하여 소유권을 취득한 자는 건물소유자를 상대로 건물철거와 대지의 반환을 청구할 수 있다(민법 제214조, 제213조). 이런 사안에서는 건물소유를 위한 법정지상권이 성립될 여지가 없다. 저당권 설정 당시 대지와 건물이 동일인 소유에 속한 것이 아니기 때문이다. 대지매수인과 건물 소유자 간에 건물소유를 위한 대지이용권에 관한 별도의 합의가 없는 한, 건물소유자는 권원없이 타인 소유의 토지를 점유하게 된다. 따라서 건물을 철거하고 대지를 반환할 의무를 부담하는 것이다.

대판 2003.9.5, 2003다26051

민법 제366조의 법정지상권은 저당권 설정 당시부터 저당권의 목적되는 토지 위에 건물이 존재할 경우에 한하여 인정되며, 토지에 관하여 저당권이 설정될 당시 그 지상에 토지소유자에 의한 건물의 건축이 개시되기 이전이었다면, 건물이 없는 토지에 관하여 저당권이 설정될 당시 근저당권자가 토지소유자에 의한 건물의 건축에 동의하였다고 하더라도 그러한 사정은 주관적 사항이고 공시할 수도 없는 것이어서 토지를 낙찰받는 제3자로서는 알 수 없는 것이므로 그와 같은 사정을 들어 법정지상권의 성립을 인정한다면 토지 소유권을 취득하려는 제3자의 법적 안정성을 해하는 등 법률관계가 매우 불명확하게 되므로 법정지상권이 성립되지 않는다.

4.3. 토지에 저당권이 설정된 후 건물을 신축한 경우, 건물소유자의 보호

대지에 저당권이 설정된 후 건물이 신축된 경우, 저당권의 실행으로 대지와 건물의 소유자가 달라지면, 건물소유를 위한 법정지상권이 인정되지 않는다. 그 결과 건물소유자가 건물을 철거하여야 한다면, 막대한 손실이 생길 것이다. 이런 피해를 방지하기 위해 우리 민법은 제365조에서 '토지를 목적으로 한 저당권을 설정한 후 그 설정자가 그 토지에 건물을 축조한 때에는 저당권자는 토지와 함께 그 건물에 대하여도 경매를 청구할 수 있다. 그러나 그 건물의 경매대가에 대하여는 우선변제를 받을 권리가 없다.'는 규정을 두고 있다. 즉 저당권자에게 일괄경매청구권을 인정하는 것이다. 아래에서는 일괄경매청구권의 성립요건에 대해 살펴본다.

(1) 토지와 건물이 동일인 소유에 속하여야 하는가?

일괄경매청구권을 행사할 시점에서 토지와 건물이 동일인 소유에 속하여야 하는지가 문제될 것이다. 저당지상의 건물에 대한 일괄경매청구권은 저당권설정자가 건물을 축조한 경우뿐만 아니라 저당권설정자로부터 저당토지에 대한 용익권을 설정받은 자가 그 토지에 건물을 축조한 경우라도 그 후 저당권설정자가 그 건물의 소유권을 취득한 경우에는 저당권자는 토지와 함께 그 건물에 대하여 경매를 청구할 수 있다. 그러나 지상건물이 저당권설정자의 소유가 아니면 일괄경매청구는 허용되지 않는다.

대판 2003.4.11, 2003다3850

민법 제365조에서 토지를 목적으로 한 저당권을 설정한 후 그 저당권설정자가 그 토지에 건물을 축조한 때에는 저당권자가 토지와 건물을 일괄하여 경매를 청구할 수 있도록 규정한 취지는, 저당권은 담보물의 교환가치의 취득을 목적으로 할 뿐 담보물의 이용을 제한하지 아니하여 저당권설정자로서는 저당권설정 후에도 그 지상에 건물을 신축할 수 있는데, 후에 그 저당권의 실행으로 토지가 제3자에게 경락될 경우에 건물을 철거하여야 한다면 사회경제적으로 현저한 불이익이 생기게 되어 이를 방지할 필요가 있으므로 이러한 이해관계를 조절하고, 저당권자에게도 저당토지상의 건물의 존재로 인하여 생기게 되는 경매의 어려움을 해소하여 저당권의 실행을 쉽게 할 수 있도록 한 데에 있다.

(2) 건물이 미등기인 상태여도 무방하다.

대판 2005.9.9, 2004마696

완공이 된 건물뿐 아니라 완공되지 아니하여 보존등기가 경료되지 아니하였거나 사용승인되지 아니한 건물이라고 하더라도 채무자의 소유로서 건물로서의 실질과 외관을 갖추고 그의 지번 · 구조 · 면적 등이 건축허가 또는 건축신고의 내용과 사회통념상 동일하다고 인정되는 경우에는 이를 부동산경매의 대상으로 삼을 수 있다고 하므로, 미등기건물도 일괄경매의 대상이 될 수 있다.

(3) 토지에 대해 경매청구한 후, 추가로 건물의 경매청구도 가능하다.

대결 2001.6.13, 2001마1632

민법 제365조에 기한 일괄경매청구권은 토지의 저당권자가 토지에 대하여 경매를 신청한 후에도 그 토지상의 건물에 대하여 토지에 관한 경매기일 공고시까지는 일괄경매의 추가신청을 할 수 있고, 이 경우에 집행법원은 두 개의 경매사건을 병합하여 일괄경매절차를 진행함이 상당하다. 민법 제365조에 기하여 건물에 대한 일괄경매를 추가신청하는 경우에, 그 신청서에는 민사소송규칙 제204조에 정해진 기재사항과 아울러 민법 제365조의 일괄경매의 요건사실 이외에 이미 선행하여 토지에 대하여 부동산경매사건이 계속되어 있다는 취지와 그 토지의 경매신청에 추가하여 지상건물에 대하여 일괄경매를 신청하는 취지를 기재하여 소정의 인지를 붙여야 하며, 반드시 담보권의 등기가 되어 있는 토지등기부등본을 첨부하여 법원에 제출하여야 한다.

제5관 근저당권

1. 근저당권의 성립

1.1. 근저당권의 피담보채권

근저당권은 통상 계속적 거래관계에서 발생하는 증감변동하는 불특정한 채권을 담보하기 위한 저당권이다. 피담보채권이 증감변동하므로 어떤 때는 피담보채권이 0이 되는 경우도 있을 것이다. 이런 경우 통상의 저당권이라면 부종성으로 인해(민법 제369조), 저당권이 소멸할 것이다. 그러나 근저당권은 피담보채권의 최고액만을 정하여 그 채무의 확정을 장래에 유보하는 저당권이므로, 피담보채무의 확정 전에 일시적으로 피담보채무가 존재하지 않았다고 해서 저당권이 소멸하지는 않는다.

한편 특정의 채권을 담보하기 위해 근저당권을 설정하였다고 해서 그 근저당권의 효력이 없어지는 것은 아니다. 통상 저당권은 민법 제360조에 의해 지연이자의 경우 1년분에 한하여 우선변제를 받을 수 있기 때문에, 이 규정의 적용을 받지 않기 위해 근저당권을 설정하기도 한다.

1.2. 포괄근저당의 유효성

근저당권에 의해 담보되는 채권을 포괄적으로 정하는 것도 가능한지를 둘러싸고 학설의 대립이 있다. 즉 현재 또는 장래에 발생하는 채무 일체를 담보하는 포괄근저당권도 설정할 수 있는지가 문제된다. 일부 학설은 '당사자 사이의 일체의 채권을 담보'하는 순수한 포괄근저당권은 무효이지만, 우리의 은행거래에서 이용되는 것처럼, 일정한 범위를 정하여 그 범위 내에 발생하는 일체의 채권을 담보하는 포괄근저당권은 유효라고 한다. 반면 순수한 포괄근저당권도 유효라는 견해도 있다. 당사자 간의 사적 자치에 의해 이런 저당권을 설정한 것이고, 또한 채권최고액을 정하기 때문에 다른 채권자에게 불측의 손해를 입히는 일도 없는데, 법률의 규정도 없이 이런 당사자 간의 합의를 무효로 만들 이유가 없다는 것이다. 대법원 판결은 순수유효설에 근접한 듯이 보인다.

대판 1982.12.14, 82다카413

근저당권설정계약서에 그 피담보채권으로서 근저당권설정 당시의 차용금채무 뿐만 아니라 기타 각종 원인으로 장래 부담하게 될 모든 채무까지 담보한다라고 기재되어 있으면 위 계약서의 내용은 위 차용금채무 뿐만 아니라 원고가 피고에 대하여 현재 또는 장래 부담하게 될 보증채무를 포함한 모든 채무를 담보하기 위하여 위 근저당권이 설정된 것이라고 해석하여야 하고 다른 특별한 사유없이 약관의 해석을 달리하여 위 근저당권의 피담보채무는 저당권설정 당시의 차용금 채무에 국한된다고 할 수 없다.

대판 1996.12.23, 96다43348

[사안] A는 B의 이름으로 사료대리점계약을 체결하여 피고로부터 사료를 공급받아 왔는데, 이 대리점계약상의 채무를 담보하기 위해 피고에게 근저당권을 설정해 주었다. 그 후 A는 자기 이름으로 원고와 사료공급계약을 체결한 후 그에게 후순위의 근저당권을 설정해 주었다. A는 다시 C 명의로 피고와 사료공급계약을 체결하여 사료를 공급받아 왔다. 그런데 각 사업자명의는 모두 명목상의 명의에 불과하고 A가 직접 대리점을 운영하고 있었다. A가 채무를 변제하지 못해 저당권이

실행되었는데, 피고의 A에 대한 사료대금채권이 B의 이름으로 체결한 대리점계약상의 채무에 한정되는지, 아니면 A가 한 사업 일체에서 발생한 채무를 포함하는지가 문제되었다.

[대법원 판결] 이 사건 근저당권설정계약은 명목상의 사업자 명의에 불문하고 위 A가 피고로부터 공급받은 사료대금채무 일체를 담보하려는 취지로서 그 성질이 포괄근저당설정계약이라 할 것이므로, 가사 그 명목상의 사업자 명의나 거래형식이 달라졌다 하여 당연히 이 사건 근저당권의 피담보채무가 대리점계약 종료 당시의 채무로 확정된다고 보기 어렵다.

그런데 대법원은 사안에 따라 약관의 해석을 통해 포괄근저당권에 의해 담보되는 피담보채권의 범위를 제한하기도 한다.

대판 2004.2.13, 2002다43882

근저당설정계약서는 처분문서이므로 특별한 사정이 없는 한 그 계약 문언대로 해석하여야 함이 원칙이지만, 그 근저당권설정계약서가 금융기관 등에서 일률적으로 일반거래약관의 형태로 부동문자로 인쇄하여 두고 사용하는 계약서인 경우에 그 계약 조항에서 피담보채무의 범위를 그 근저당권설정으로 대출받은 당해 대출금채무 외에 기존의 채무나 장래에 부담하게 될 다른 원인에 의한 모든 채무도 포괄적으로 포함하는 것으로 기재하였다고 하더라도, 당해 대출금채무와 장래채무의 각 성립 경위 등 근저당 설정계약 체결의 경위, 대출 관행, 각 채무액과 그 근저당권의 채권최고액과의 관계, 다른 채무액에 대한 별도의 담보확보 여부 등 여러 사정에 비추어 인쇄된 계약 문언대로 피담보채무의 범위를 해석하면 오히려 금융기관의 일반 대출 관례에 어긋난다고 보여지고 당사자의 의사는 당해 대출금채무만을 그 근저당권의 피담보채무로 약정한 취지라고 해석하는 것이 합리적일 때에는 위 계약서의 피담보채무에 관한 포괄적 기재는 부동문자로 인쇄된 일반거래약관의 예문에 불과한 것으로 보아 그 구속력을 배제하는 것이 타당하다(대법원 2001.9.18. 선고 2001다36962 판결 참조).

1.3. 채권최고액

근저당권은 채권최고액을 한도로 하여 저당물의 환가대금에서 우선변제를 받을 수 있는 권리이다. 채권최고액에는 이자가 포함되는 것으로 간주한다(민법 제357조 제2항). 이 때의 이자는 약정이자와 지연이자를 포함하는 것으로 해석할 것이다. 그리고 손해배상액의 예정도 채권최고액의 한도에 포함시켜야 할 것이다. 그러나 근저당권실행비용은 채권최고액의 범위에 포함되지 않는다고 해석할 것이다. 따라서 피담보채권의 확정 시의 원본채권과 이자채권, 그리고 그 이후 원본채권에 기한 이자채권은 채권최고액에 포함될 것이고, 그에 대해서는 우선변제를 받을 수 있지만, 피담보채권의 확정 후 발생한 원본채권은 채권최고액에 포함되지 않는다.

대판 2007.4.26, 2005다38300

근저당권자의 경매신청 등의 사유로 인하여 근저당권의 피담보채권이 확정되었을 경우, 확정 이후에 새로운 거래관계에서 발생한 원본채권은 그 근저당권에 의하여 담보되지 아니하지만, 확정 전에 발생한 원본채권에 관하여 확정 후에 발생하는 이자나 지연손해금 채권은 채권최고액의 범위 내에서 근저당권에 의하여 여전히 담보되는 것이다.

한편 피담보채권액이 채권최고액을 초과하더라도 근저당권자와 근저당권설정자 사이에서는 근저당권은 피담보채권 전부를 담보하는 효력이 있다. 따라서 일부가 변제되더라도 잔존 채무 전부에 대해 근저당권의 효력이 미친다.

대판 2001.10.12, 2000다59081

원래 저당권은 원본, 이자, 위약금, 채무불이행으로 인한 손해배상 및 저당권의 실행비용을 담보하는 것이며, 채권최고액의 정함이 있는 근저당권에 있어서 이러한 채권의 총액이 그 채권최고액을 초과하는 경우, 적어도 근저당권자와 채무자 겸 근저당권설정자와의 관계에 있어서는 위 채권 전액의 변제가 있을 때까지 근저당권의 효력은 채권최고액과는 관계없이 잔존채무에 여전히 미친다.

이는 담보권의 불가분성에 근거한 것이다. 따라서 근저당권의 목적이 된 부동산의 제3취득자의 경우, 근저당권의 피담보채무에 대하여 채권최고액을 한도로 당해 부동산에 의한 책임을 부담하는데, 피담보채권이 채권최고액을 초과하는 경우, 채무자 또는 제3자의 대위변제 등으로 피담보채권이 일부 소멸하였다고 하더라도 그 한도에서 자기의 책임이 감축되었다고 주장할 수 없고, 그 결과 남은 잔존 피담보채권을 채권최고액의 범위에서 책임을 진다.

여기서 유의할 것은 채권최고액의 한도에서 우선변제를 받을 수 있다는 것은 근저당권자와 다른 채권자 또는 제3취득자 간의 관계에서 근저당권자의 우선변제의 효력을 설명하는 것이라는 점이다. 만약 다른 채권자나 제3취득자가 없는 경우에는 근저당권의 환가대금이 채권최고액을 초과할 경우 근저당권자는 피담보채권 전액의 배당을 요구할 수 있다. 채권최고액을 초과하는 금액에 대해 별도의 집행권원으로써 배당을 요구해야 하는 것은 아니다.

대판 2009.2.26, 2008다4001

민사집행법상 경매절차에 있어 근저당권설정자와 채무자가 동일한 경우에 근저당권의 채권최고액은 민사집행법 제148조에 따라 배당받을 채권자나 저당목적 부동산의 제3취득자에 대한 우선변제권의 한도로서의 의미를 갖는 것에 불과하고, 그 부동산으로써는 그 최고액 범위 내의 채권에 한하여서만 변제를 받을 수 있다는 이른바 책임의 한도라고까지는 볼 수 없다. 그러므로 민사집행법 제148조에 따라 배당받을 채권자나 제3취득자가 없는 한 근저당권자의 채권액이 근저당권의 채권최고액을 초과하는 경우에 매각대금 중 그 최고액을 초과하는 금액이 있더라도 이는 근저당권설정자에게 반환할 것은 아니고 근저당권자의 채권최고액을 초과하는 채무의 변제에 충당하여야 한다.

2. 근저당권의 피담보채권의 확정

계속적 거래관계에서 발생하는 채권을 담보하기 위하여 근저당권이 설정된 경우에, 제3취득자가 피담보채권을 변제하여 근저당권을 소멸시키기 위해서는 무엇보다도 피담보채권이 확정된 후 그 채권을 변제하여야 한다(계속적 거래관계상의 채권담보가 아닌 경우는 그러하지 않다). 근저당권에 의해 담보되는 피담보채권은 다음과 같이 확정된다.

2.1. 근저당권의 존속기간을 정하거나 근저당권에 의해 담보되는 기본거래 계약에서 결산기를 정한 경우

이 때에는 그 존속기간이나 결산기가 도래하면 근저당권이 확정된다. 이 경우에도 근저당권에 의하여 담보되는 채권이 전부 소멸하고 채무자가 채권자로부터 새로이 금원을 차용하는 등 거래를 계속할 의사가 없는 경우에는, 그 존속기간 또는 결산기가 경과하기 전이라 하더라도 근저당권설정자는 계약을 해지하고 근저당권설정등기의 말소를 구할 수 있다. 이와 같은 권리는 근저당권부 부동산의 소유권을 취득한 제3취득자(또는 민법 제364조의 변제권자)도 가진다.

2.2. 계속적 거래관계에서 결산기의 정함이 없는 경우

이 때 피담보채무의 확정방법에 관하여 별도의 합의가 있으면 그에 따르면 되지만, 그렇지 않은 경우라면 근저당권설정자가 근저당권자를 상대로 언제든지 해지의 의사표시를 함으로써 피담보채무를 확정시킬 수 있으며, 이러한 계약의 해제 또는 해지에 관한 권한은 근저당부동산의 소유권을 취득한 제3자도 원용할 수 있다(대판 2006.4.28, 2005다74108 참조). 물론 기본거래관계가 종료됨으로써 피담보채무로 예정된 원본채무가 더 이상 발생할 가능성이 없어진 경우에도 그 때까지의 잔존채무로 피담보채무가 확정된다.

2.3. 어떤 경우이든 당사자간의 합의에 기한 계약해지 또는 채무불이행을 이유로 한 담보권실행의 경매신청

그 때까지의 잔존채무로 피담보채무가 확정된다. 근저당권자는 별도의 해지의 의사표시 없이도 채무불이행을 이유로 하여 경매신청을 할 수 있을 것이며, 이 경우 경매신청시에 근저당권의 피담보채권액이 확정되고, 그 후부터 근저당권은 부종성을 가지게 되어 보통의 저당권과 같은 취급을 받게 된다.

피담보채무는 근저당권에 기한 경매신청의 시점에서의 액수로 확정되는데, 그 액수와 경매신청서에 기재한 채권액이 동일하지 않을 수 있다(제5장 제1절 제2관 3.의 경매신청양식서 참조). 前者가 더 큰 경우 근저당권자가 확정된 피담보채권액을 채권최고액의 한도까지 배당받을 수 있는 방법이 무엇인지가 문제된다. 대판 1997.2.28, 96다495는 경매를 신청한 근저당권자가 경매신청서에 피담보채권 중 일부만을 청구금액으로 기재하였을 경우에 원칙적으로 신청채권자가 당해 경매절차에서 배당을 받을 금액은 그 기재된 채권액을 한도로 확정되고, 신청채권자가 채권계산서를 제출하는 방법에 의하여 청구금액을 확장할 수 없다고 한다. 근저당권자가 채권최고액의 한도까지 피담보채권액을 배당받기 위해서는, 위 사안에서처럼 채권계산서의 제출이 아니라, 잔여 채권액을 근거로 배당요구의 종기까지 이중경매신청을 하여야 할 것이다. (근)저당권의 불가분성을 고려하면 잔여 채권으로써 동일한 근저당권에 기한 이중경매신청을 허용하지 않을 이유가 없다. 이 경우 선행 강제경매의 배당절차에서 배당받을 수 있다.

대판 1997.2.28, 96다495

담보권의 실행을 위한 경매에서 신청채권자가 경매를 신청함에 있어서 경매신청서에 피담보채권 중 일부만을 청구금액으로 기재하였을 경우에는 다른 특별한 사정이 없는 한 신청채권자가 당해 경매절차에서 배당을 받을 금액이 그 기재된 채권액을 한도로 확정되고, 신청채권자가 채권계산서를 제출하는 방법에 의하여 청구금액을 확장할 수 없다고 할 것이므로, 설사 신청채권자가 경매신청서에 기재하지 아니한 다른 피담보채권을 가지고 있었다고 하더라도 청구금액을 확장한 채권계산서를 제출하는 방법으로는 피담보채권액 중 경매신청 당시의 청구금액을 초과하는 금액에 관하여는 배당에 참가할 수 없으며, 배당법원으로서는 경매신청 당시의 청구금액만을 신청채권자에게 배당하면 족하다. 따라서 근저당권자가 경매신청서에 피담보채권 중 일부만을 청구금액으로 기재하여 담보권의 실행을 위한 경매를 신청한 후 청구금액을 확장한 채권계산서를 제출하였을 뿐 달리 **경락기일까지 이중경매를 신청하는 등 필요한 조치를 취하지 아니한 채** 그대로 경매절차를 진행시켜 경매신청서에 기재된 청구금액을 기초로 배당표가 작성·확정되고 그에 따라 배당이 실시되었다면, 신청채권자가 청구하지 아니한 부분의 해당 금원이 후순위채권자들에게 배당되었다 하여 이를 법률상 원인이 없는 것이라고 볼 수는 없다.

2.4. 근저당권자가 아니라 다른 담보권자 또는 일반채권자가 경매를 신청하는 경우

이 때 근저당권이 언제 확정되는지에 관하여는 아무런 규정이 없는데, 대법원은 경락대금이 완납된 때에 근저당권이 확정된다고 한다.

대판 1999.9.21, 99다26085

부동산경매절차에서 경매신청기입등기 이전에 등기되어 있는 근저당권은 경락으로 인하여 소멸되는 대신에 그 근저당권자는 민사소송법 제605조가 정하는 배당요구를 하지 아니하더라도 당연히 그 순위에 따라 배당을 받을 수 있고, 이러한 까닭으로 선순위근저당권이 설정되어 있는 부동산에 대하여 근저당권을 취득하는 거래를 하려는 사람들은 선순위근저당권의 채권최고액만큼의 담보가치는 이미 선순위근저당권자에 의하여 파악되어 있는 것으로 인정하고 거래를 하는 것이 보통이므로, 담보권실행을 위한 경매절차가 개시되었음을 선순위근저당권자가 안 때 이후의 어떤 시점에 선순위근저당권의 피담보채무액이 증가하더라도 그와 같이 증가한 피담보채무액이 선순위근저당권의 채권최고액 한도 안에 있다면 경매를 신청한 후순위근저당권자가 예측하지 못한 손해를 입게 된다고 볼 수 없는 반면, 선순위근저당권자는 자신이 경매신청을 하지 아니하였으면서도 경락으로 인하여 근저당권을 상실하게 되는 처지에 있으므로 거래의 안전을 해치지 아니하는 한도 안에서 선순위근저당권자가 파악한 담보가치를 최대한 활용할 수 있도록 함이 타당하다.

3. 피담보채권 일부의 대위변제

3.1. 피담보채권의 확정 후 일부의 대위변제

변제할 정당한 이익이 있는 자가 채무자를 위하여 채권의 일부를 대위변제할 경우에 대위변제자는 변제한 가액의 범위 내에서 종래 채권자가 가지고 있던 채권 및 담보에 관한 권리를 법률상 당연히 취득하게 된다. 채권자가 부동산에 대하여 근저당권을 가지고 있는 경우에는, 채권자는 대위변제자에게 일부 대위변제에 따른 저당권의 일부 이전의 부기등기를 경료해 주어야 할 의무가 있다. 이 경우 채권자와 일부대위변제자는 각각 동순위의 근저당권을 가지지만, 저당물의 환가대금에서 채권자가 일부 변제자에 대하여 우선변제권을 가진다(대판 2002.7.26, 2001다53929).

3.2. 피담보채권의 확정 전 일부의 대위변제

일부대위변제자가 민법 제481조의 "변제할 정당한 이익"이 있는 자일 경우, 당연히 채권자의 피담보채권을 취득한다. 그러나 근저당권도 취득하는지에 관하여는 논란이 있다. 대법원은 "근저당권이라고 함은 계속적인 거래관계로부터 발생하고 소멸하는 불특정다수의 장래채권을 결산기에 계산하여 잔존하는 채무를 일정한 한도액의 범위 내에서 담보하는 저당권이어서, 거래가 종료하기까지 채권은 계속적으로 증감변동하는 것이므로, 근저당 거래관계가 계속중인 경우 즉, 근저당권의 피담보채권이 확정되기 전에 그 채권의 일부를 양도하거나 대위변제한 경우 근저당권이 양수인이나 대위변제자에게 이전할 여지는 없다."고 한다(대판 2002.7.26, 2001다53929).

대판 2000.12.26, 2000다54451

근저당권은 계속적인 거래관계로부터 발생 · 소멸하는 불특정다수의 채권 중 그 결산기에 잔존하는 채권을 일정한 한도액의 범위 내에서 담보하는 것으로서 그 거래가 종료하기까지 그 피담보채권은 계속적으로 증감 · 변동하는 것이므로, 근저당 거래관계가 계속되는 관계로 근저당권의 피담보채권이 확정되지 아니하는 동안에는 그 채권의 일부가 대위변제되었다 하더라도 그 근저당권이 대위변제자에게 이전될 수 없다. 따라서 일부대위변제를 이유로 대위변제자는 부기등기의 방식으로 근저당권의 이전을 청구할 수도 없다.

3.3. 피담보채권의 확정 전 일부대위변제자의 보호

위의 경우, 그 근저당권에 의하여 담보되는 피담보채권이 확정되게 되면, 그 피담보채권액이 그 근저당권의 채권최고액을 초과하지 않는 한 그 근저당권 내지 그 실행으로 인한 경락대금에 대한 권리 중 그 피담보채권액을 담보하고 남는 부분은 저당권의 일부이전의 부기등기의 경료 여부와 관계없이 대위변제자에게 법률상 당연히 이전된다고 한다(대판 2002.7.26, 2001다53929). 가령 채권자 A가 채무자 B

소유 부동산에 채권최고액 1억의 근저당권을 설정받은 경우, B의 채무를 5천만원의 한도에서 보증한 C가 피담보채무의 확정 전에 5천만원을 변제한 경우를 보자. C는 한도있는 보증채무를 이행하였기 때문에 더 이상 보증책임을 지지 않을 것이다. 또한 민법 제481조에 의해 A의 B에 대한 채권 5000만원을 취득할 것이다. 그러나 판례이론에 따르면 C는 근저당권의 일부이전등기를 청구할 수 없다(만약 피담보채권의 확정 후 5000만원을 대위변제하였다면, C는 A에게 피담보채권을 5000만원으로 한 근저당권의 일부이전등기를 청구할 수 있다. 이 때 C는 A와 동순위의 근저당권을 가진다). 그 후 피담보채권이 확정되었을 때 그 액수가 8천만원이고, B 소유 부동산의 환가대금이 1억이었다면, A가 8천만원을 우선변제받고, 그 후 C가 2000만원을 우선변제받게 된다. 다른 채권자는 배당을 받을 것이 없다.

제6관 공동저당

1. 공동저당권의 성립

동일한 채권의 담보로 수개의 부동산에 저당권을 설정한 경우를 공동저당이라고 한다. "동일한 채권"은 1개의 채권이거나 수개의 채권일 수도 있다. 이 때에는 통상 공동저당권이 설정될 것이다. 한편 계속적 거래관계에 기하여 발생하는 증감변동하는 채권으로서 담보할 채권최고액을 정하고 채무의 확정은 장래에 유보하고, 수개의 부동산에 저당권을 설정할 수도 있다. 이 때 공동근저당권이 설정될 것이다. 공동저당권의 목적물은 수개의 부동산인 것이 원칙이다. 토지와 건물은 별개의 부동산이므로, 1채 주택에 저당권을 설정할 때에는 건물과 대지에 저당권을 설정하는 것이 일반적일 것인데, 이 경우 공동저당권이 설정된다. 수개의 토지나 수개의 건물, 부동산으로 인정되는 수목집단 등도 공동저당권의 목적이 될 수 있다. 한편 각 부동산에 설정되는 저당권은 모두 동일한 순위일 필요는 없다. 가령 A, B, C 3개의 부동산에 공동저당권을 설정할 경우, 피담보채권이 동일하면 되는 것이고, 각 부동산에 설정된 저당권의 순위는 동일하지 않은 것이 오히려 일반적일 수 있다. 즉 A 부동산은 1순위, B 부동산은 2순위, C 부동산은 3순위의 저당권을 설정함으로써 전체 부동산에 공동저당권을 설정할 수 있다는 것이다.

통상 공동저당권은 채무자 소유의 수개의 부동산에 설정되겠지만, 동일한 물상보증인 소유의 수개의 부동산에 공동저당권이 설정될 수도 있다. 또한 채무자 소유의 부동산과 물상보증인 소유의 부동산에 공동저당권이 설정될 수도 있으며, 서로 다른 물상보증인 소유의 수개의 부동산에 공동저당권이 설정될 수도 있다. 이들 각각의 사안을 모두 공동저당권이라고 할 수 있을 것인데, 그 각각에 모두 민법 제368조에서 정하는 법률효과가 인정되는지가 문제된다.

2. 동일인 소유 부동산에 대한 공동저당

채무자 또는 동일한 물상보증인 소유의 수개의 부동산에 공동저당권이 설정될 수 있는데, 여기에는 민법 제368조의 규정이 그대로 적용된다.

2.1. 공동저당권자의 권리

(1) 이시배당의 경우

공동저당권자는 저당부동산 중 일부에 대해서만 경매청구권을 행사하여 배당을 받을 수도 있을 것이다. 이 때 그 경매대가에서 채권 전부의 변제를 받을 수 있다(민법 제368조 제2항). 그 경매대가로 피담보채권 전부를 변제받지 못한 경우 다른 저당부동산을 환가하여 배당을 받을 수 있다. 한편 공동저당권자가 저당물의 일부를 먼저 경매하여 배당을 받으면서, 채권전부가 아닌 일부만을 배당요구할 수도 있고, 반드시 그 전부에 대해 배당요구를 하여야 하는 것은 아니다.

대판 1997.12.23, 97다39780

공동저당권자는 공동저당의 목적인 수개의 부동산 중 어느 것이라도 먼저 저당권을 실행하여 피담보채권의 전부나 일부를 자유롭게 우선변제받을 수 있는 것이므로, 공동저당권자가 위 수개의 부동산 중 먼저 실행된 부동산에 관한 경매절차에서 피담보채권액 중 일부만을 청구하여 이를 배당받았다고 하더라도, 이로써 나머지 피담보채권액 전부 또는 민법 제368조 제1항의 규정에 따른 그 부동산의 책임분담액과 배당액의 차액에 해당하는 채권액에 대하여 아직 경매가 실행되지 아니한 다른 부동산에 관한 저당권을 포기한 것으로 볼 수 없다.

그러나 공동근저당권인 경우에는 공동근저당권자가 경매신청을 하면 그것으로 피담보채권이 확정되기 때문에, 유의해야 할 점이 있다. 즉 경매신청 후에 발생한 원본채권에 대해서는 공동근저당권에 기하여 우선변제를 받을 수 없을 뿐 아니라, 채권최고액을 배당받아 갔다면, 피담보채권이 남아 있더라도 다른 공동근저당물로부터 우선변제를 받을 수 없다.

대판 2006.10.27, 2005다14502

[사안] 피고는 채권최고액 3억 6,000만원으로 하여, '부천시 토지'와 '이 사건 부동산'을 공동담보로 하는 공동근저당권을 설정하였다. 피고는 이 사건 부동산에 관하여는 제3순위, 원고들은 여기에 채권최고액 7억 2,000만원의 제4순위의 근저당권설정등기를 하였다. 피고는 '부천시 토지'의 수용보상금에 대한 배당절차에서 위 수용보상금에 대한 압류권자의 지위로 3억 6,000만원을 배당받아 당시까지의 피담보채권액 중 원금 부분에 충당하였다. 이 사건 부동산에 대한 임의경매절차에서 배당법원은, 피고가 부천시 토지의 수용보상금에 대한 배당절차에서 신고한 채권에 대한 이자 채권액 135,696,067원을 피고에게, 원고들에게는 101,513,667원을 각 배당하는 내용의 배당표를 작성하였다. 원고들은 근저당권자가 담보권을 실행하기 위하여 근저당권 목적물의 수용보상금에 대하여 압류신청을 하는 것 역시 피담보채권의 확정사유에 해당하고 이와 같은 담보권의 실행절차를 밟음으로써 공동담보로 제공된 다른 부동산에 대하여도 피담보채권이 확정되는데, 피고가 부천시 토지의 수용보상금 청구권에 대하여 채권압류명령을 신청하고 그 배당절차에서 자신의 공동근저당권의 확정된 피담보채권액 최고액인 3억 6,000만원을 전액 배당받은 이상, 피고에게는 이 사건 부동산에 대한 임의경매사건에서 우선배당을 받을 수 있는 채권이 존재하지 않고, 따라서 배당법원이 원고들에 우선하여 피고에게 135,696,067원을 배당한 것은 위법하고 주장하였다. 원심법원은 피담보채권이 확정되지 않았다고 하여 원고의 배당이의청구를 배척하였다. 대법원은 원심판결을 파기, 환송하였다.

[대법원 판결] 민법 제368조는 공동근저당권의 경우에도 적용되는 것이고, 또한 공동근저당권자 스스로 경매를 실행하는 경우는 물론 타인이 실행한 경매에서 우선배당을 받는 경우에도 적용된다. 비록 공동담보의 목적 부동산인 부천시 토지가 수용됨에 따라 피고가 물상대위의 법리에 의하여 불가피하게 그 수용보상금에 대한 배당절차에 참가함으로써 배당을 받게 된 것이라 하더라도, 그 배당절차에서 자신의 우선변제권을 행사하여 우선변제권 범위의 채권최고액에 해당하는 전액을 배당받은 피고로서는 이 사건 부동산에 대한 임의경매절차에서 다시 반복하여 공동근저당권자로서의 우선변제권의 행사를 주장할 수는 없다.

(2) 동시배당의 경우

공동저당권자는 저당권이 설정된 각 부동산을 동시에 경매신청할 수 있다. 이 경우 집행법원은 여러 개의 부동산을 일괄매각하도록 결정할 수 있다. 이로 인해 각 부동산의 매각대금은 동시에 배당될 수 있다. 동시배당될 경우 각 부동산의 경매대가에 비례하여 그 채권의 분담을 정한다(제368조 제1항). 여기서 경매대가라 함은 매각대금에서 당해 부동산이 부담할 경매비용과 선순위채권을 공제한 잔액을 의미한다(대판 2003.9.5, 2001다66291). 가령 공동저당권(피담보채권액 6,000만원)이 설정된 X, Y 부동산의 환가대금이 각각 1억, 8천만원(경매비용은 고려하지 않음)인 경우, X 부동산에는 선순위의 저당권자가 5,000만원의 피담보채권이 있고, Y 부동산에는 선순위의 저당권자의 피담보채권이 1,000만원이 있는 경우, 각 부동산의 경매대가는 5,000만원, 7,000만원이 된다. 공동저당권자는 X 부동산으로부터는 5/12×6,000만원=2,500만원을 배당받을 수 있고, Y 부동산으로부터는 7/12×6,000만원=3,500만원을 배당받을 수 있다는 것이다.

	X 부동산 (환가대금=1억원)	Y 부동산 (환가대금=8천만원)
1순위 저당권	乙 (피담보채권 5천만원)	丙 (피담보채권 1천만원)
2순위 공동저당권	甲 (피담보채권 6천만원)	甲 (피담보채권 6천만원)
甲에 대한 배당	경매대가=5천만원 5/12×6천만원=2,500만원	경매대가=7천만원 7/12×6천만원=3500만원

2.2. 차순위저당권자의 권리

공동저당물이 동시배당될 경우에는 각 저당물에 설정된 차순위저당권자의 이익을 침해하는 일이 발생하지 않는다. 그러나 이시배당의 경우 공동저당권자가 먼저 배당받아 가는 부동산의 차순위저당권자는 동시배당의 경우보다 부족한 액수를 배당받거나 전연 배당을 받지 못하는 일이 발생할 수 있다.

A가 X, Y 부동산에 공동저당권(피담보채권액 9,000만원)을 설정하고, X 부동산에는 B가 차순위저당권자(피담보채권액 5,000만원), Y 부동산에는 C가 차순위저당권자(피담보채권액 5,000만원)이고, X, Y 부동산의 경매대가가 각각 8,000만원, 7,000만원인 경우를 보자. A가 동시배당을 받았다면, A는 X부동산으로부터 8/15×9,000만원=4,800만원, Y 부동산으로부터 7/15×9,000만원=로 4,200만원을 각각 배당받을 것이고, B는 3,200만원, C는 2,800만원을 각각 배당받을 것이다.

	X 부동산 (경매대가=8천만원)	Y부동산 (경매대가=7천만원)
1순위 공동저당권	A (피담보채권=9천만원)	A (피담보채권=9천만원)
2순위 저당권	B (피담보채권=5천만원)	C (피담보채권=5천만원)
동시배당의 경우	A : 8/15×9천만원=4,800만원 B : 3,200만원 각각 배당	A : 7/15×9천만원=4,200만원 C : 2,800만원 각각 배당

그런데 A가 X부동산을 먼저 경매신청하여 배당을 받는다면, 별도의 법률규정이 없다면, B는 전연 배당을 받지 못하게 되고, C는 Y 부동산으로부터 5,000만원 전액을 배당받아 갈 수 있을 것이다. 이런 불합리를 조정하기 위해 제368조 제2항 제2문은 "(이시배당의 경우) 그 경매한 부동산의 차순위저당권자는 선순위저당권자가 전항의 규정에 의하여 다른 부동산의 경매대가에서 변제를 받을 수 있는 금액의 한도에서 선순위자를 대위하여 저당권을 행사할 수 있다."고 규정하고 있다. 위 예에서 B는 동시배당의 경우 A가 Y 부동산으로부터 4,200만원을 배당받아 갈 수 있을 것인데, 그 금액을 한도로 선순위자인 공동저당권자를 대위할 수 있다는 것이다. 따라서 Y 부동산의 저당권은 A의 아직 변제받지 못한 피담보채권 1,000만원과 A가 X 부동산으로부터 변제받은 채권액으로서 B에게 이전된 3,200만원을 담보하게 된다. 따라서 Y 부동산의 경매대가에서 A가 1,000만원, B가 3,200만원, 그리고 잔여액인 2,800만원을 C가 배당을 받게 된다. 그 결과 이시배당의 경우에도 이론상으로 이를 다시 계산해 보면, 동시배당이 있었더라면 배당받았을 것과 동일한 결과가 된다고 할 것이다. 아래 표는 X 부동산이 먼저 매각된 경우를 도표로 정리하였다.

	X 부동산 (경매대가=8천만원)	Y 부동산
1순위 공동저당권	A(피담보채권=9천만원)	A(피담보채권=9천만원)
2순위저당권	B(피담보채권=5천만원)	C(피담보채권=5천만원)
X만 경매된 경우	A에게 8,000만원 배당	A의 피담보채권 1,000만원 잔존 나머지 피담보채권과 Y의 저당권은 B의 피담보채권을 상한으로 하여 법률규정으로 B에게 이전. 그러나 구체적 액수는 미정상태
Y는 나중에 경매 (경매대가=7천만원)		동시배당을 가정했을 때 B가 배당받았을 액수(3,200만원)만큼 피담보채권과 저당권이 그에게 이전되었음을 확정. A : 1,000만원, B : 3,200만원, C : 2,800만원 각각 배당

이런 제도를 둔 취지를 대법원 판결에서는 다음과 같이 파악하고 있다.

대판 2006.10.27, 2005다14502

민법 제368조 제1항은 공동저당권의 목적물의 전체 환가대금을 동시에 배당하는 동시배당의 경우에 공동저당권자의 실행선택권과 우선변제권을 침해하지 않는 범위 내에서 각 부동산의 책임을 안분시킴으로써 각 부동산상의 소유자와 차순위 저당권자 기타의 채권자의 이해관계를 조절하고, 같은 조 제2항은 대위제도를 규정하여 공동저당권의 목적 부동산 중 일부의 경매대가를 먼저 배당하는 이시배당의 경우에도 최종적인 배당의 결과가 동시배당의 경우와 같게 함으로써 공동저당권자의 실행선택권 행사로 인하여 불이익을 입은 차순위 저당권자를 보호하는 데 그 취지가 있다.

3. 수인이 소유한 부동산에 대한 공동저당

3.1. 물상보증인과 채무자의 부동산에 설정된 공동저당

채무자 소유 부동산과 물상보증인 소유 부동산이 공동저당의 목적이 된 경우에도 민법 제368조 제2항의 차순위저당권자의 대위를 인정할 것인지, 아니면 변제자대위에 관한 민법 제481조를 우선할 것인지를 둘러싸고 견해의 대립이 있다.

(1) 차순위저당권자의 대위를 우선하는 견해

이에 따르면 물상보증인의 변제자대위는 여기에 적용되지 않고 후순위저당권자의 대위가 우선 적용된다는 것이다. 물상보증인의 보호보다는 저당권자의 보호가 우선되어야 한다는 것이다. 가령 위의 예에서 X 부동산은 채무자, Y 부동산은 물상보증인 소유라고 하자. Y(물상보증인 소유) 부동산이 먼저 경매되는 경우 물상보증인은 변제자대위를 하지 못하고, 무담보채권인 채무자에 대한 구상권만을 취득하게 된다. 그러나 Y 부동산의 차순위저당권자인 C는 민법 제368조 제2항의 후순위저당권자의 대위를 할 수 있게 된다. X 부동산에 설정된 A의 공동저당권은 변제받지 못한 피담보채권 2,000만원, C에게 이전된 A의 피담보채권 2,800만원을 담보하게 될 것이다. 이제 A는 X 부동산으로부터 2,000만원, C는 2,800만원, B는 3,200만원을 각각 우선변제받아 갈 수 있다. 공동저당권자가 동시배당을 하는 경우에도 물상보증인의 변제자대위는 적용되지 않고, X 부동산으로부터 공동저당권자 A가 4,800만원을 우선변제받고, 그 잔여액은 그 부동산의 차순위저당권자 B가 3,200만원을 피담보채권의 한도에서 우선변제받고, Y 부동산의 경매대가로부터 공동저당권자 A가 4,200만원을 우선변제받으며, 그 잔액 2,800만원은 그 부동산의 후순위저당권자 C가 우선변제를 받는 것으로 귀결될 것이다.

(2) 변제자대위를 우선하는 견해

이에 따르면 물상보증인의 변제자대위가 우선적용되고 차순위저당권자의 대위는 적용되지 않는다는 것이다. 물상보증인은 채무자 소유 부동산의 담보력을 신뢰하고 아울러 민법 제481조의 변제자대위를 할 것을 예정하고 물상보증을 섰으므로 이러한 신뢰를 보호하여야 한다는 것이다. 대법원 판결도 동일한 입장이다.

대판 1996.3.8, 95다36596

채권자가 물상보증인 소유 토지와 공동담보로 주채무자 소유 토지에 1번 근저당권을 취득한 후 이와 별도로 주채무자 소유 토지에 2번 근저당권을 취득 한 사안에서, 먼저 주채무자의 토지에 대하여 피담보채무의 불이행을 이유로 근 저당권이 실행되어 경매대금에서 1번 근저당권의 피담보채권액을 넘는 금액이 배당된 경우에는, 변제자 대위의 법리에 비추어 볼 때 민법 제368조 제2항은 적용되지 않으므로 후순위(2번) 저당권자인 채권자는 물상보증인 소유 토지에 대하여 자신의 1번 근저당권을 대위행사할 수 없고, 따라서 물상보증인의 근저당 권설정등기는 그 피담보채무의 소멸로 인하여 말소되어야 한다.

위 사안은 동일한 채권자가 X(채무자 소유), Y(물상보증인 소유) 부동산에 공동저당권을 설정한 후, X 부동산에 차순위저당권을 설정하였는데, X 부동산의 차순위저당권은 공동저당권이 아니므로, 다른 자가 차순위저당권을 설정한 경우와 다를 바 없다.

변제자대위의 우선적용설에 따르면 Y(물상보증인 소유) 부동산이 먼저 경매되는 경우에 물상보증인은 공동저당권자 A를 만족시킨 한도(7,000만원)에서 A의 피담보채권과 저당권을 변제자대위로써 취득할 것이다. 그 부동산의 차순위저당권자 C는 저당권설정자인 물상보증인이 취득한 이런 권리를 물상대위할 수 있다. X 부동산에 설정된 저당권 중 일부(피담보채권액 2,000만원)는 A에게, 다른 일부(피담보채권액 7,000만원)는 물상보증인에게 각각 귀속된다. 이제 X 부동산을 환가하여 나온 경매대가 8,000만원 중 2,000만원은 채권자가, 나머지 6,000만원은 물상보증인이 우선변제받을 것이다. 변제자대위는 채권자를 해하지 못하기 때문이다(대판 1988.9.27, 88다카1797; 대판 1987.1.20, 86다카1547). C는 물상보증인이 배당받을 금액 6,000만원에 대해 물상대위권을 행사하여, 자기의 피담보채권 5,000만원을 우선변제받을 수 있다. X 부동산의 차순위저당권자인 B는 배당받을 것이 없게 된다.

	X 부동산(채무자 소유)	Y 부동산(물상보증인 소유)
1순위 공동저당권	A (피담보채권=9천만원)	A (피담보채권=9천만원)
2순위 저당권	B (피담보채권=5천만원)	C (피담보채권=5천만원)
Y만 경매 (경매대가=7천만원)	• A : 피담보채권 2,000만원으로 감소 • 물상보증인 : 피담보채권 7,000만원과 그 한도에서 1순위 저당권 이전 • C : 물상보증인의 저당권부 채권 중 5,000만원에 대해 물상대위 가능	A : 7,000만원 배당
X는 나중에 경매 (경매대가=8천만원)	• A : 2,000만원 배당 • 물상보증인 : 6,000만원 배당 • C : 물상대위권을 행사하여 저당권부 채권 7,000만원 중 5,000만원을 압류 · 전부받았다면 C에게 5,000만원 배당, 물상보증인에게 1000만원 배당	

한편 공동저당권자 A가 동시배당을 하는 경우에도 물상보증인의 변제자대위가 우선적용되어야 할 것이다. 그 결과 계산의 편의를 고려하여, 위 사례의 공동저당권자 A는 X부동산(채무자 소유)으로부터 우선 배당받고(8,000만원), 잔여 피담보채권(1,000만원)을 Y부동산(물상보증인 소유)의 경매대가에서 배당받아야 할 것이다. C는 5,000만원을 배당받을 수 있으나, B는 배당받을 것이 없다. 물상보증인은 채무자로부터 1,000만원을 구상할 수 있다.

(3) 학설의 평가

차순위저당권자의 대위를 우선하게 되면, 물상보증인은 자신의 의사와 무관하게, 자신이 책임을 부담할 것을 결단하지 않은 낯선 채권자를 위해 자기 재산을 희생해야 하는 결과가 된다. 이런 낯선 결과는 민법상의 이론으로 주장되기에는 너무 생경할 뿐 아니라, 기본적 보장이라는 관점에서도 납득하기 어렵다. 대법원이 일관되게 변제자대위의 우선설을 지지하는 것은 이론적으로 보나 이익상황에 비추어 보나 매우 타당하다고 할 것이다.

3.2. 수인의 물상보증인 소유의 부동산에 공동저당권이 설정된 경우

이런 경우에도 민법 제368조 제2항의 차순위저당권자의 대위가 적용될 여지가 없다. 이 때 누가 어떤 범위에서 누구를 상대로 구상할 수 있는지의 문제는 민법 제481조, 제482조의 변제자대위에 의해 결정될 것이다. 대법원도 동일한 입장이다.

대판 2001.6.1, 2001다21854

공동저당의 목적인 채무자 소유의 부동산과 물상보증인 소유의 부동산에 각각 채권자를 달리하는 후순위 저당권이 설정되어 있는 경우, 물상보증인 소유의 부동산에 대하여 먼저 경매가 이루어져 그 경매대금의 교부에 의하여 1번 저당권자가 변제를 받은 때에는 물상보증인은 채무자에 대하여 구상권을 취득함과 동시에 민법 제481조, 제482조의 규정에 의한 변제자대위에 의하여 채무자 소유의 부동산에 대한 1번 저당권을 취득하고, 이러한 경우 물상보증인 소유의 부동산에 대한 후순위저당권자는 물상보증인에게 이전한 1번 저당권으로 우선하여 변제를 받을 수 있다. 이러한 법리는 수인의 물상보증인이 제공한 부동산 중 일부에 대하여 경매가 실행된 경우에도 마찬가지로 적용되어야 하므로(이 경우 물상보증인들 사이의 변제자대위의 관계는 민법 제482조 제2항 제4호, 제3호에 의하여 규율될 것이다.), 자기 소유의 부동산이 먼저 경매되어 1번 저당권자에게 대위변제를 한 물상보증인은 다른 물상보증인의 부동산에 대한 1번 저당권을 대위취득하고, 그 물상보증인 소유 부동산의 후순위 저당권자는 1번 저당권에 대하여 물상대위를 할 수 있으므로 물상보증인이 대위취득한 선순위 저당권설정등기에 대하여는 말소등기가 경료될 것이 아니라 물상보증인 앞으로 대위에 의한 저당권이전의 부기등기가 경료되어야 하고, 아직 경매되지 아니한 공동저당물의 소유자로서는 1번 저당권자에 대한 피담보채무가 소멸하였다는 사정만으로 말소등기를 청구할 수 없다.

위 (2)의 예에서 든 X부동산은 물상보증인 甲, Y 부동산은 물상보증인 乙의 소유라고 한다면, 채권자 A가 X 부동산을 먼저 경매하여 배당을 받은 경우 어떻게 처리될 것인지를 보자. 동시배당되었더라면 A는 X로부터 8,000만원을 배당받고, Y 부동산으로부터 1,000만원을 배당받을 수 있을 것이다. 甲, 乙 상호간에는 9,000만원의 A의 채권에 대해 각각 4,800만원(9,000만원×8/15), 4,200만원(9,000만원×7/15)씩 책임을 부담한다(민법 제482조 제2항 제5호). 그런데 甲은 자기 책임의 한도(4,800만원)를 넘어서서 8,000만원의 책임을 부담하였으므로, 3,200만원에 해당되는 A의 채권과 저당권을 변제자대위로 취득하여, Y 부동산의 환가대금에서 구상받을 수 있다. A는 잔여채권 1,000만원을 Y 부동산으로부터 배당받을 것이고, 甲은 3,200만원에 대해 우선변제권을 가질 것이다. 여기에 대해 차순위저당권자인 B는 물상대위를 할 수 있다. Y부동산의 차순위저당권자인 C는 2,800만원을 우선변제받을 수 있다(甲은 채무자에 대해서는 전액에 대해 구상채권이 있음은 물론이다).

3.3. 제3취득자가 있는 사안

제3취득자가 피담보채무의 이행을 인수한 경우 그 제3취득자 소유의 부동산이 환가되어 채권을 만족시켰다면, 그것은 결국 그 부동산의 양도인의 출재로 채무가 변제된 것과 다를 바 없기 때문에, 위에서 언급한 것과 동일한 결과가 될 것이다.

대판 1997.5.30, 97다1556

물상보증인이 담보부동산을 제3취득자에게 매도하고, 제3취득자가 담보부동산에 설정된 근저당권의 피담보채무의 이행을 인수한 경우, 그 이행인수는 매매당사자 사이의 내부적 계약에 불과하여 이로써 물상보증인의 책임이 소멸하지 않는 것이고, 따라서 담보부동산에 대한 담보권이 실행된 경우에도 제3취득자가 아닌 원래의 물상보증인이 채무자에 대한 구상권을 취득한다.

그러나 제3취득자가 피담보채무의 이행인수 없이, 대금 전액을 지급하였으나, 채무자가 변제를 하지 못해 제3취득자가 대위변제를 하거나 그 부동산의 환가대금으로 변제된 경우에는 제3취득자가 구상권자가 될 수 있을 것이다. 이 때에는 동일인 소유의 부동산에 공동저당권이 설정된 것인지, 소유자가 서로 다른 경우인지를 구분하여, 종국적인 책임을 지는 부동산이 어떤 것인지를 먼저 확정할 필요가 있다.

(1) 동일인 소유의 부동산에 공동저당권이 설정된 경우

위 (2)의 예에서, A가 채무자 소유인 X, Y 부동산에 공동저당권을 취득한 후, 채무자가 X 부동산을 甲에게 양도하고, 甲이 X 부동산에 B를 위하여 차순위저당권을 설정하였다고 하자. 제3취득자의 존재에도 불구하고 A의 지위에는 변함이 없어야 하므로, 그의 공동저당권자로서의 지위에는 변함이 없다. X 부동산이 먼저 환가된 경우, 甲은 자기 재산으로 A를 만족시킨 범위(8,000만원)만큼 변제자대위를 할 수 있을 것이다. 그 권리를 B가 물상대위할 수 있을 것이다. 그러나 Y 부동산에 C를 위해 차순위저당권이 설정된 것이 甲에게로의 양도 이전이라고 한다면, C의 제368조 제2항에 의한 권리를 침해해서는 안 될 것이다. 이런 경우라면 甲은 C의 권리를 해하지 않는 범위, 즉 4,200만원의 한도에서 A의 채권과 저당권을 취득할 것인데, 그 중 1,000만원의 미변제채권에 대해 A가 여전히 저당권을 가지고 있기 때문에, 甲은 3,200만원을 Y 부동산의 경매대가로부터 구상할 수 있을 것이다. 甲에게 양도된 후 Y 부동산에 차순위저당권이 설정되었다면 이런 제한은 불필요하다.

(2) 소유자가 각기 다른 부동산에 공동저당권이 설정된 경우

제3취득자는 부동산 양도인이 가지는 권리와 동일한 권리를 가질 것이다.

4. 공동저당규정의 유추적용

동일한 채권에 대해 채무자 소유의 수개의 부동산 또는 재산으로부터 우선변제를 받을 수 있는 사안에서도 민법 제368조가 유추적용되는지가 문제된다. 대법원은 그 유추적용을 긍정한 사안도 있고, 부정한 사안도 있다. 이를 간단히 살펴 보면 다음과 같다.

4.1. 유추적용을 긍정한 사안

대판 1998.12.22, 97다9352

사용자 소유의 수개의 부동산 중 일부가 먼저 경매되어 그 경매대가에서 임금채권자들이 舊 근로기준법(1997.3.13. 법률 제5305호로 폐지된 것) 제30조의2 제2항에 규정된 임금 등에 대한 우선특권을 행사하여 우선변제받은 결과, 그 경매한 부동산의 저당권자가 **민법 제368조 제1항에 의하여 위 수개의 부동산으로부터 임금채권이 동시배당되는 경우보다** 불이익을 받은 경우에도 제368조 제2항 후문을 유추적용하여 위 저당권자로서는 임금채권자가 위 수개의 부동산으로부터 동시에 배당받았다면 다른 부동산의 경매대가에서 변제를 받을 수 있었던 금액의 한도 내에서 선순위자인 임금채권자를 대위하여 다른 부동산의 경매절차에서 우선하여 배당받을 수 있다.

이런 논리는 우선변제권있는 조세채권의 경우에도 유추적용될 수 있다. 왜냐하면 조세채무자의 전재산으로부터 우선변제를 받을 수 있기 때문이다. 주택임대차보호법상의 우선변제권있는 보증금채권의 경우도 마찬가지이다. 왜냐하면 대지와 건물에 대해 우선변제권을 행사할 수 있기 때문이다.

4.2. 유추적용을 부정한 사안

대판 2002.7.12, 2001다53264

동일한 채권의 담보로 부동산과 선박에 대하여 저당권이 설정된 경우에는 민법 제368조 제2항 후문의 규정이 적용 또는 유추적용되지 아니하므로 동일한 채권을 담보하기 위하여 부동산과 선박에 선순위 저당권이 설정된 후 선박에 대하여서만 후순위 저당권이 설정된 경우 먼저 선박에 대하여 담보권 실행절차가 진행되어 선순위 저당권자가 선박에 대한 경매대가에서 피담보채권 전액을 배당받음으로써 선박에 대한 후순위 저당권자가 부동산과 선박에 대한 담보권 실행절차가 함께 진행되어 동시에 배당을 하였더라면 받을 수 있었던 금액보다 적은 금액만을 배당받게 되었다고 하더라도 선박에 대한 후순위 저당권자는 민법 제368조 제2항 후문의 규정에 따라 부동산에 대한 선순위 저당권자의 저당권을 대위할 수 없다.

위 판결에서 보듯이 민법 제368조의 공동저당권에 관한 규정은 부동산에 설정된 저당권(입목에 관한 법률 제3조의 규정처럼 부동산으로 간주되는 물건에 설정된 저당권 포함)에만 적용된다.

제6절 가등기담보 등에 관한 법률상의 담보물권

가등기담보 등에 관한 법률(이하 가담법이라고 한다)의 적용을 받는 양도담보 또는 가등기담보 등도 그 권리의 성립 및 내용을 법률에서 정하고 있는데, 이것 역시 담보물권이라고 할 것이다. 여기서는 이 법의 적용을 받는 담보물권에 관하여 살펴본다.

1. 가담법상의 담보물권의 성립

1.1. 가담법의 적용을 받는 담보계약

(1) 소비대차 및 준소비대차계약상의 원리금반환채무를 담보하는 계약

가담법은 차용물의 반환에 관하여 차주가 차용물을 갈음하여 다른 재산권을 이전할 것을 예약할 때 그 재산의 예약 당시 가액이 차용액과 이에 붙인 이자를 합산한 액수를 초과하는 경우, 이에 따른 담보계약과 그 담보의 목적으로 마친 가등기 또는 소유권이전등기의 효력을 정하는 것을 목적으로 한다(제1조). 따라서 동법의 적용을 받는 것은 소비대차 및 준비소대차계약상의 채무를 담보하는 계약과 그에 따른 가등기 및 소유권이전등기에 적용된다. 따라서 다음과 같은 각 사안에는 가담법이 적용되지 않는다.

대판 1990.6.26, 88다카20392

토지매매대금 등의 지급의 담보와 그 불이행의 경우의 제재 내지 보상을 위하여 소유권이전등기청구권보전을 위한 가등기가 경료된 경우에 가담법이 적용되지 않는다.

대판 1995.4.21, 94다26080

토지매매대금의 반환채무담보에 대해 가등기를 경료한 사안에서도 가담법의 적용이 부정된다.

대판 1996.11.29, 96다31895

매매계약해제로 인한 대금반환채무의 담보를 위한 가등기에 대해 가담법의 적용이 부정된다.

대판 1998.6.26, 97다1495

부동산의 낙찰자로서의 권리를 포기하는 대신 대가로 지급하기로 한 금전의 담보를 위한 가등기에 대해 가담법의 적용이 부정된다.

원래 매매대금채권의 담보를 위한 양도담보계약에 기해 소유권이전등기가 경료되었는데, 그 후 대여금채권이 거기에 추가되었다 하더라도 가담법의 적용대상이 되지 않는다.

대판 2001.3.23, 2000다29356,29363

가등기담보법은 차용물의 반환에 관하여 다른 재산권을 이전할 것을 예약한 경우에 적용되므로 매매대금채권을 담보하기 위하여 경료된 양도담보에는 그 법은 적용되지 아니한다고 할 것인바, 이 사건 양도담보의 피담보채권은 매매대금채권에 해당하므로 이 사건 양도담보의 실행에 가등기담보법의 적용은 없다고 할 것이고, 매매대금채권을 피담보채권으로 한 양도담보권설정계약 후 대여금채권이 그 피담보채권에 포함되었다고 하더라도 원래의 매매대금채권을 위한 양도담보권의 실행에는 지장이 없다.

이에 반해 준소비대차계약에는 동법이 적용된다.

대판 1997.3.11, 96다50797

부동산 매수인이 매도인에게 잔대금 1억 원 중 금 5천만원만 지급하고 나머지 금원에 대하여는 매수인이 매도인으로부터 변제기를 정하여 월 2%의 이율로 차용하는 것으로 하되, 만일 매수인이 변제기까지 이를 갚지 못할 때에는 매수인이 매수한 부동산에 대한 소유권이전등기청구권으로 대물변제하기로 약정을 한 경우, 특별한 사정이 없는 한 금원을 차용하기로 한 부분은 준소비대차에 해당하고, 대물변제하기로 한 부분은 대물반환의 예약에 해당하며, 민법 제607조, 제608조는 이와 같은 준소비대차계약에 의하여 차주가 반환할 차용물에 관하여도 그 적용이 있다.

그런데 소비대차상의 원리금반환채무와 여타의 채무를 담보하기 위해 가등기가 경료된 경우 가담법이 적용되는지가 문제될 것이다. 대판 2002.12.24, 2002다50484의 사안에서는 매매대금채권 약 42억원과 대여금 채권 약 5억원을 담보하기 위해, 이 사건 부동산에 가등기가 경료되었는데, 원고가 채무불이행을 이유로 가등기에 기한 본등기를 청구하자, 피고는 가담법이 적용될 사안이라면서, 가담법상의 정산절차를 거쳐야만 본등기를 경료해 줄 수 있다고 항변하였다. 대법원은 가등기의 주된 목적이 매매대금채권의 확보에 있고, 대여금채권의 확보는 부수적 목적인 경우에는 가등기담보 등에 관한 법률이 적용되지 않는다고 하면서, 피고의 항변을 배척하였다. 이에 반하여 다음의 사건은 가담법이 적용된다고 보았다.

대판 2004.4.27, 2003다29968

[사안] 피고의 원고에 대한 총 채권 9,500여만원 중 대여금채권은 약 2,500여만원이고, 나머지는 구상금채권이었는데, 이를 담보하기 위해 이사건 부동산에 가등기를 경료하고, 그 후 본등기가 경료되었다. 그런데 그 후 원고는 구상금채무는 변제하였으나, 대여금채무는 일부 잔존하고 있었다. 원고가 피담보채무가 모두 변제되었음을 이유로 가등기 및 본등기의 말소를 청구하자, 피고는 가담법 제11조 단서의 제척기간이 지났기 때문에, 원고의 청구는 각하되어야 한다고 항변하였다. 원심은 가담법이 적용되지 않는다고 하면서, 피고의 항변을 배척하였으나, 대법원은 다음과 같은 이유로 원심판결을 파기, 환송하였다.

[대법원 판결] 가등기담보등에관한법률은 차용물의 반환에 관하여 다른 재산권을 이전할 것을 예약한 경우에 적용되므로 금전소비대차나 준소비대차에 기한 차용금반환채무 이외의 채무를 담보하기 위하여 경료된 가등기나 양도담보에는 위 법이 적용되지 아니하나, 금전소비대차나 준소비대차에 기한 차용금반환채무와 그 외의 원인으로 발생한 채무를 동시에 담보할 목적으로 경료된 가등기나 소유권이전등기라도 그 후 후자의 채무가 변제 기타의 사유로 소멸하고 금전소비대차나 준소비대차에 기한 차용금반환채무의 전부 또는 일부만이 남게 된 경우에는 그 가등기담보나 양도담보에 가등기담보등에관한법률이 적용된다.

이상의 판결에서 보면, 가담법의 적용여부가 문제된 시점에서 피담보채권의 주종이 어떻게 되는가에 따라 가담법의 적용여부를 판단하겠다는 것이 대법원의 입장인 것으로 보인다.

(2) 차용물을 갈음하여 다른 재산권을 이전할 것을 예약한 때 그 재산의 예약 당시 가액이 차용액과 이에 붙인 이자를 합산한 액수를 초과한 경우의 담보계약

이와 같은 계약은 대물변제예약이라고 할 것이다. 그런데 소비대차 및 준소비대차의 경우 이런 계약은 강행규정인 민법 제607조, 제608조에 의해 무효가 된다. 그러나 대법원 판례는 대물변제예약으로서는 무효이지만, 약한 의미의 양도담보계약으로서의 효력은 있다고 한다. 따라서 가담법상의 담보계약은 약한 의미의 양도담보계약에 적용될 것이고, 유효한 대물변제예약에는 적용이 없다고 할 것이다.

대판 1992.4.10, 93다27611

가등기담보등에관한법률은 재산권 이전의 예약에 의한 가등기담보에 있어서 그 재산의 예약 당시의 가액이 차용액 및 이에 붙인 이자의 합산액을 초과하는 경우에 한하여 그 적용이 있다 할 것이므로, 가등기담보부동산에 대한 예약 당시의 시가가 그 피담보채무액에 미치지 못하는 경우에 있어서는 같은 법 제3, 4조가 정하는 청산금평가액의 통지 및 청산금지급 등의 절차를 이행할 여지가 없다.

위 판결의 사안은 대물변제예약을 하였으나, 민법 제607조, 제608조를 위반하지 않았기 때문에 유효한 대물변제예약이 된다. 따라서 채무자가 채무를 변제하지 못하면, 채권자는 대물변제예약에 따라 예약완결권을 행사할 수 있다. 즉 대물변제하기로 약정한 재산권의 이전을 청구할 수 있고, 그 재산권이 이전되면 그것으로 대물변제의 효과가 발생할 것이다. 가령 대물변제예약 당시에는 이전하기로 한 재산권의 가액이 5억이었고, 원리금의 합계는 7억이었는데, 재산권의 가액이 8억으로 상승한 시점에서 예약완결권을 적법하게 행사하여 소유권이전등기가 경료되었다면,[31] 그 후 채무자가 원리금을 반환한다고 해서 이미 이전된 소유권이전등기의 효력을 다툴 수 없다(대판 91다30019, 89다카21125).

(3) 양도담보계약 등

담보목적으로 재산권을 이전하기로 하는 계약을 양도담보계약이라고 하는데, 이는 대물변제나 대물변제예약과는 구분된다. 양도담보의 경우 당사자 사이에 특단의 합의가 없으면 담보목적으로 이전한 재산을 처분하여 정산절차를 거치게 된다(약한 의미의 양도담보). 정산절차의 경과 원리금의 변제에 충당하고 남은 것이 있다면 이를 양도담보설정자에게 반환하여야 하고, 부족한 것이 있다면 채무자에게 그

---

31. 소유권이전등기를 하기로 하는 합의를 미리 하면서 제소전화해절차를 통해 확정판결과 같은 효력을 받아 놓았다면, 예약완결권을 행사하고 채권자가 단독으로 소유권이전등기를 신청할 수 있을 것이다(부동산등기법 제29조). 자신의 권리행사를 원활하게 하기 위해 채권자가 이런 조치를 취하는 것이 자연스러운 일이다.

부족액의 지급을 청구할 수 있다. 이 점에서 대물변제나 대물변제예약과 구분된다. 물론 당사자 간에 특단의 합의가 있으면 이전한 재산권을 양도담보권자에게 귀속시키고 채무변제에 갈음하기로 할 수도 있다. 이를 강한 의미의 양도담보라고 한다. 가담법은 약한 의미의 양도담보이든, 강한 의미의 양도담보이든, 그 계약 당시 이전하기로 한 재산권의 가액이 원리금의 합계를 초과하는 경우에, 그 담보계약에도 적용된다. 동법 제2조 제1호에서 "담보계약"이란 민법 제608조에 따라 그 효력이 상실되는 대물반환의 예약(환매, 양도담보 등 명목이 어떠하든 그 모두를 포함한다)에 포함되거나 병존하는 채권담보계약을 말한다고 하는데, 양도담보도 동법의 적용대상이라고 보기 때문이다.[32]

1.2. 담보계약에 기하여 담보목적으로 가등기 또는 소유권이전등기가 경료되어야 한다.

가담법은 부동산 또는 등기나 등록을 할 수 있는 재산에만 적용된다(동산 · 채권 등의 담보에 관한 법률에 따라 담보등기를 마친 경우에는 적용되지 않는다. 가담법 제18조 단서). 그런데 대물변제예약을 하든, 양도담보계약을 하든, 아직 소유권이전등기가 경료되지 않은 경우에는 아직 가담법상의 담보물권이 성립하지 않은 것이어서, 동법의 적용을 받지 않는다. 이 때에는 일반 계약법에 따라 당사자 사이의 법률관계가 규율될 뿐이다.

대판 1996.11.15, 96다31116(이 사안은 공사대금채무의 담보목적으로 양도담보하기로 약정한 사안인데, 아래 부분은 방론으로 설시한 것이다).

차용금채무의 담보를 위한 양도담보계약이 체결되었으나, 그에 따른 소유권이전등기가 경료되지 않은 경우, 양도담보는 그 담보계약에 따라 소유권이전등기를 경료함으로써 비로소 담보권이 발생하는 것이므로 채권자는 가등기담보법상의 정산절차를 밟기 전에 우선 담보계약에 따른 소유권이전등기절차의 이행을 구하여 소유권이전등기를 받은 다음 위 법에 따른 정산절차를 밟으면 되고, 채무자는 가담법 소정의 정산절차가 없다는 이유로 소유권이전등기절차의 이행을 거절할 수 없다.

---

32. 소비대차계약상의 채무를 담보하기 위해 재산권을 이전하기로 하는 계약(양도담보계약)을 하면서 정산하기로 합의하였다면 이는 약한 의미의 양도담보계약으로서 민법 제608조에 의해 무효가 되지 않는다. 유담보의 합의가 있는 강한 의미의 양도담보라면 제608조에 의해 무효가 되고, 약한 의미의 양도담보로 전환된다고 볼 여지는 있을 것이다. 어쨌든 당사자가 약한 의미의 양도담보약정을 하더라도, 이전하기로 한 재산권의 가액이 원리금의 합계를 초과하는 경우에는 가담법의 적용이 있다고 해석될 것이다.

양도담보계약을 체결하였으나 아직 소유권이전등기를 하지 않았다면, 당사자 사이의 법률관계는 양도담보계약의 내용에 따라 규율될 뿐이라는 것이다. 이 점은 대물변제예약을 한 경우에도 마찬가지이다.

대판 1999.2.9, 98다51220

민법 제607조, 제608조에 위반된 대물변제의 약정은 대물변제의 예약으로서는 무효가 되지만 약한 의미의 양도담보를 설정하기로 하는 약정으로서는 유효하다. 다만 그에 기한 소유권이전등기를 미처 경료하지 아니한 경우에는 아직 양도담보가 설정되기 이전의 단계이므로 가등기담보 등에 관한 법률 제3조 소정의 담보권 실행에 관한 규정이 적용될 여지가 없다. 채권자는 양도담보의 약정을 원인으로 하여 담보목적물에 관하여 소유권이전등기절차의 이행을 청구할 수 있다.

1.3. 담보물권에 공통되는 부종성에 따른 요건

채권과 담보권을 분리할 수 없음은 일반적인 담보물권의 경우와 다르지 않다(이에 대해서는 위 제5절 제1관 2.를 참조).

대판 2002.12.24, 2002다50484

채권담보를 목적으로 가등기를 하는 경우에는 원칙적으로 채권자와 가등기명의자가 동일인이 되어야 하지만, 채권자 아닌 제3자의 명의로 가등기를 하는 데 대하여 채권자와 채무자 및 제3자 사이에 합의가 있었고, 나아가 제3자에게 그 채권이 실질적으로 귀속되었다고 볼 수 있는 특별한 사정이 있거나, 거래경위에 비추어 제3자의 가등기가 한낱 명목에 그치는 것이 아니라 그 제3자도 채무자로부터 유효하게 채권을 변제받을 수 있고 채무자도 채권자나 가등기명의자인 제3자 중 누구에게든 채무를 유효하게 변제할 수 있는 관계 즉, 채권자와 제3자가 불가분적 채권자의 관계에 있다고 볼 수 있는 경우에는, 그 제3자 명의의 가등기도 유효하다고 볼 것이고, 이와 같이 제3자 명의의 가등기를 유효하게 볼 수 있는 경우에는 제3자 명의의 가등기를 부동산실권리자명의등기에 관한법률이 금지하고 있는 실권리자 아닌 자 명의의 등기라고 할 수는 없다.

2. 가담법상의 담보물권의 사적 실행

가담법상의 가등기담보권자에게는 저당권자와 마찬가지로 경매청구권(가담법 제12조), 경매에서의 우선변제청구권(가담법 제13조)이 인정된다. 동시에 귀속청산의 방법에 의한 사적 실행권을 부여하고 있다(同法 제4조). 양도담보권자에 대하여는 사적 실행권한을 준 것은 명백하나, 나머지 경매청구권 등에 관한 규정을 두지 않음으로써 사적실행만을 예정하였다고 볼 수 있다. 채권자가 담보계약에 따른 담보권을 실행하여 그 담보목적 부동산의 소유권을 취득함으로써 피담보채권을 실행하는 것을 사적실행이라고 한다. 양도담보에 인정되는 처분정산과 귀속정산 중 귀속정산의 사적 실행만을 인정하는 셈이다. 그 절차는 다음과 같다.

2.1. 청산기간

채권자는 채권의 변제기 후에 동법 제4조의 청산금의 평가액을 채무자등(채무자, 물상보증인으로 자기 부동산에 담보가등기를 설정해 준 자 또는 양도담보설정자, 담보가등기 후 소유권을 취득한 제3자)에게 통지하여야 한다. 그 통지가 채무자에게 도달한 날로부터 2개월(이를 청산기간이라고 한다)이 지나야 한다. 청산금이 없다고 인정되는 경우에는 그 뜻을 통지하여야 한다(가담법 제3조 제1항). 위 통지에는 통지 당시 담보목적부동산의 평가액과 민법 제360조에 규정된 채권액을 밝혀야 한다. 부동산이 둘 이상인 경우(공동담보) 각 부동산의 소유권이전에 의하여 소멸시키려는 채권과 그 비용을 밝혀야 한다(제2항).

2.2. 청산금

가담법 제3조의 통지를 할 시점에서의 담보목적부동산의 가액(이는 담보권자가 평가한다)에서 피담보채권액을 공제한 차액을 청산금이라고 한다. 청산금의 산정시기는 제3조 제1항의 실행의 통지를 할 당시를 기준으로 하는데, 이는 일단 사적 실행의 통지에 의하여 청산금이 시간적으로 확정되는 효과가 있다. 그 후 청산금지급시기에 이르러 목적물의 가액이 상승하였음을 주장하여 더 많은 청산금을 청구할 수 없다. 청산금 산정에서 공제할 피담보채권액은 원본, 이자, 지연이자, 손해배상액의 예정, 담보권실행비용 등을 포함하는 것이다. 민법 제360조에 규정된 채권액을 밝히도록 하고 있으므로, 지연이자는 원본의 이행기일이 도과한 후 1년분에 한정된다고 해석할 수 있을 것이다. 이와 같이 이해한다면, 담보권자는 변제기가 지난 후 늦어도 10개월이 지나기 이전에 청산금의 평가액을 통지하여야 불이익을 입지 않을 것이다. 그러나 담보계약을 하면서 담보되는 채권최고액을 정하였고, 그 최고액이 이행기를 도과한 후 1년분을 초과한 지연이자도 포함하는 경우에는 제3조 제2항은 의미가 없을 것이다. 설사 그런 약정이 없다고 하더라도, 후순위의 권리자가 없는 경우에는 이 규정을 엄격하게 해석할 것은 아니다.

한편 선순위담보권 등의 권리가 있을 때에는 그 채권액을 계산할 때에 선순위담보 등에 의하여 담보된 채권액을 포함한다(제4조 제1항). 사적실행으로 담보권자가 소유권을 취득하게 되면, 선순위담보권자에 대해 제3취득자로서 물상보증인과 유사한 책임을 지기 때문에 이를 공제하도록 하는 것이다. 이를 공제한다고 해서 채무자와의 관계에서 면책적 채무인수가 있거나 병존적 채무인수가 있다고 볼 수는 없을 것이다. 그러나 묵시의 이행인수약정을 인정할 수는 있을 것이다.

채권자가 동법 제3조 제1항에 따라 청산금을 통지하면 그 금액에 관하여 채권자는 구속을 받는다(동법 제9조). 그러나 채무자는 그 청산금이 부족하다고 다툴 수 있다. 가령 채권자가 소유권이전등기 또는 점유이전을 청구할 때 청산금의 지급청구권으로써 동시이행의 항변권을 행사할 수 있고, 이 때 청산금이 부족하다고 다투는 것도 한 방법이며, 적극적으로 적절하다고 판단하는 청산금의 지급을 청구하는 것도 가능하다.

대판 1996.7.30, 96다6974

담보권실행의 통지에 있어서 채권자가 통지할 청산금의 액은 주관적으로 평가된 것이면 족하고 객관적 평가액에 미달하더라도 청산절차의 진행에 영향이 없고, 채무자는 객관적 청산금이 제공될 때까지 본등기청구를 거절할 수 있을 뿐이다.

대판 2008.4.11, 2005다36618

채권자가 가등기담보 등에 관한 법률(이하 '가등기담보법'이라 한다)에 의한 가등기담보권을 실행하여 그 담보목적 부동산의 소유권을 취득하기 위하여 채무자 등에게 하는 담보권 실행의 통지에는 채권자가 주관적으로 평가한 통지 당시의 목적 부동산의 가액과 피담보채권액을 명시함으로써 청산금의 평가액을 채무자 등에게 통지하면 족하며, 채권자가 이와 같이 주관적으로 평가한 청산금의 액수가 정당하게 평가된 청산금의 액수에 미치지 못한다고 하더라도 담보권 실행의 통지로서의 효력이나 청산기간의 진행에는 아무런 영향이 없고 청산기간이 경과한 후에는 그 가등기에 기한 본등기를 청구할 수 있다. 이 경우에, 채무자 등은 채권자가 통지한 청산금액을 다투고 정당하게 평가된 청산금을 지급받을 때까지 목적부동산의 소유권이전등기 및 인도채무의 이행을 거절하거나 피담보채무 전액을 채권자에게 지급하고 채권담보의 목적으로 마쳐진 가등기의 말소를 구할 수 있을 뿐 아니라{대법원 1992.9.1. 선고 92다10043, 10050(반소) 판결 참조}, 채권자에게 정당하게 평가된 청산금을 청구할 수도 있다.

한편 청산금이 없는 경우에도 청산금이 없다는 통지를 하고, 청산기간이 도과한 후 비로소 목적물의 인도를 청구할 수 있으며, 소유권도 청산기간이 경과하여야 비로소 취득한다.

2.3. 청산기간 내 또는 청산금이 지급되지 않은 동안의 채무자의 권리

채무자는 청산기간 내에 채무원리금을 변제하고 목적물을 환수할 수 있다. 청산기간이 지나서도 청산금이 지급되지 않은 경우라면 청산금의 지급이 있을 때까지 채무원리금을 변제하고 목적물을 환수할 수 있다. 담보권자 명의로 소유권이전등기가 경료된 경우에는 그 말소를 청구하는 것도 가능하다.

청산금을 지급하였으나 이에 대해 채무자가 다투지 아니하고 이를 수령한 뒤에는 그 청산금이 부족하다는 것을 이유로 청산금을 변제받지 못하였다고 주장하면서 소유권이전등기의 말소를 청구하는 것은 허용될 수 없다고 할 것이다.

한편 청산금의 지급이 없다고 하더라도, 선의의 제3자가 소유권을 취득한 경우에는 소유권이전등기의 말소를 청구할 수 없다. 양도담보권자가 정산절차를 거치지 않은 상태에서 제3자에게 목적물을 양도하면 그 제3자가 소유권을 확정적으로 취득한다(대판 1992.12.8, 92다35066, 가담법 제11조). 이 경우 담보권자에 대해 청산금의 지급을 청구하거나 불법행위—담보설정자의 소유권을 상실하게 하는 행위가 불법행위가 될 것이다—에 기한 손해배상을 청구할 수 있을 뿐이다. 물론 이 때의 제3자는 선의의 제3자여야 한다. 그 선의는 가담법상의 담보물권일 뿐이고, 양도인이 아직 소유권을 취득한 것이 아니라는 사실을 알지 못한 것을 의미한다. 제3자가 악의인 경우, 그에 대해 소유물반환청구권을 행사할 수 있다. 나아가 피담보채무의 변제기가 지난 때부터 10년을 경과하면 소유권이전등기의 말소를 청구할 수 없다(同法 제11조). 이 기간은 제척기간이다.

2.4. 사적 실행

청산기간이 지나야만 사적 실행이 가능하다(同法 제4조). 사적 실행에는 채무자에게 청산금의 지급과 소유권이전등기, 목적물인도의무에 대하여 동시이행의 항변권을 인정한다. 담보가등기가 경료된 경우에는 담보권자는 청산금의 지급과 상환하여 본등기 및 점유의 이전을 청구할 수 있고, 양도담보권으로 이미 소유권이전등기가 경료된 경우에는 청산금의 지급과 상환하여 목적물의 인도를 청구할 수 있다. 본등기 및 목적물의 인도 또는 목적물의 인도가 있어야만 비로소 담보권자는 소유권을 취득한다.

2.5. 사적 실행 절차 위반의 효과

청산금을 통지한 후 청산기간이 경과한 후 청산금의 지급과 상환하여 본등기 및 점유이전을 청구하거나(담보가등기), 목적물의 인도를 청구(양도담보의 경우)하여야 하는데, 이 규정에 어긋나는 특약으로서 채무자등에게 불리한 것은 무효가 된다. 따라서 설령 본등기가 경료되었다 하더라도 그 본등기는 무효가 될 것이다. 그러나 청산기간이 지난 후에 행하여진 특약으로서 제3자의 권리를 침해하지 아니하는 것은 무효가 아니다(제4조 제4항).

대판 1994.1.25, 92다20132

가등기담보등에관한법률 제3조, 제4조의 각 규정에 비추어 볼 때 위 각 규정을 위반하여 담보가등기에 기한 본등기가 이루어진 경우에는 그 본등기는 무효라고 할 것이고, 설령 그와 같은 본등기가 가등기권리자와 채무자 사이에 이루어진 특약에 의하여 이루어졌다고 할지라도 만일 그 특약이 채무자에게 불리한 것으로서 무효라고 한다면 그 본등기는 여전히 무효일 뿐, 이른바 약한 의미의 양도담보로서 담보의 목적 내에서는 유효하다고 할 것이 아니다.

위 판결에서는 담보가등기에 기해 본등기가 경료된 사안인데, 채무자는 피고명의로 경료된 본등기의 말소를 청구하였는데, 그 본등기가 무효이기 때문이다. 이 때 본등기는 말소되지만, 가등기는 그대로 남아 있다. 소유권취득의 효과가 없는 것이지, 담보가등기마저 무효가 되는 것은 아니기 때문이다. 적법한 소유권 취득이 있기 위해서는 청산금의 통지가 채무자등에게 있어야 하고, 그 일부에게 해서는 적법한 통지로 인정되지 않는다.

대판 1995.4.28, 94다36162

가등기담보등에관한법률에 의하면 가등기담보권자가 담보권실행을 위하여 담보목적 부동산의 소유권을 취득하기 위하여는 그 채권의 변제기 후에 소정의 청산금 평가액 또는 청산금이 없다고 하는 뜻을 채무자 등에게 통지하여야 하고, 이 때의 채무자 등에는 채무자와 물상보증인뿐만 아니라 담보가등기 후 소유권을 취득한 제3취득자가 포함되는 것이므로, 위 통지는 이들 모두에게 하여야 하는 것으로서 채무자 등의 전부 또는 일부에 대하여 통지를 하지 않으면 청산기간이 진행할 수 없게 되고, 따라서 가등기담보권자는 그 후 적절한 청산금을 지급하였다 하더라도 가등기에 기한 본등기를 청구할 수 없으며, 양도담보의 경우에는 그 소유권을 취득할 수 없다.

위 판결에서 알 수 있듯이, 담보가등기인 경우 채무자는 본등기의 말소 및 점유의 반환을 구할 수 있고, 양도담보인 경우에는 점유의 반환을 청구할 수 있다. 또한 이 경우 담보물권이 여전히 존속하고 있기 때문에, 채무자는 피담보채무를 변제하고 소유권이전등기의 말소를 청구하는 것도 가능하다. 위 판결의 사안이 바로 그 예이다.

물론 이 때 "실체관계에 부합하는 등기" 이론에 따라 무효인 등기가 유효해지는 경우도 있을 것이다.

대판 2007.12.13, 2007다49595

가등기담보법 제3조, 제4조의 각 규정에 비추어 볼 때 위 각 규정을 위반하여 담보가등기에 기한 본등기가 이루어진 경우에는 그 본등기는 무효이고, 설령 그와 같은 본등기가 가등기권리자와 채무자 사이에 이루어진 특약에 의하여 이루어졌다 하더라도 만일 그 특약이 채무자에게 불리한 것으로서 무효라고 한다면 그 본등기는 여전히 무효이다. 다만 가등기권리자가 가등기담보법 제3조, 제4조에서 정한 절차에 따라 청산금의 평가액을 채무자 등에게 통지한 후 채무자에게 정당한 청산금을 지급하거나 지급할 청산금이 없는 경우에는 채무자가 그 청산의 통지를 받은 날로부터 2월의 청산기간이 경과하면 위 무효인 본등기는 실체적 법률관계에 부합하는 유효한 등기가 될 수 있을 뿐인바(대법원 2002.12.10. 선고 2002다42001 판결 등 참조), 이는 채권담보조로 소유권이전등기가 경료된 양도담보의 경우에도 마찬가지이다.

2.6. 사적 실행과 법정지상권

토지와 지상건물이 동일한 소유자에게 속하는 경우 그 토지나 건물에 대하여 사적실행에 따라 소유권을 취득하거나 담보가등기에 기해 본등기가 이루어진 경우 그 건물의 소유를 목적으로 그 토지위에 지상권이 설정된 것으로 본다(제10조 본문). 이 경우 그 존속기간과 지료는 당사자의청구에 의하여 법원이 정한다. 이 때의 법정지상권은 그 성립요건 및 효과에 있어서 저당권의 실행이라는 점을 제외하고는 민법 제366조의 법정지상권과 다르지 않다.

3. 후순위권리자 등의 보호

후순위권리자란 담보가등기 후에 등기된 저당권자, 전세권자 및 담보가등기권리자를 말한다(동법 제2조 제5호). 양도담보가 된 경우에는 담보권자 명의로 소유권이전등기가 경료되어 있기 때문에, 후순위권리자를 상정하기가 곤란한다. 가담법은 후순위권리자와의 이해관계를 조절하고 있는데, 후순위권리자도 청산금에 대한 권리를 행사할 수 있게 하는 것이 그것이다(同法 제5조, 제6조, 제7조). 나아가 후순위권리자에게 경매신청에 의하여 가등기담보권자의 사적 실행을 저지할 수 있는 권한도 부여하고 있다(同法 제12조 2항). 이를 개관한다.

3.1. 후순위권리자의 청산금에 대한 권리

채권자가 평가한 청산금은 담보부동산등의 소유자(채무자, 물상보증인, 또는 제3취득자)에게 귀속될 금액이다. 그런데 담보부동산등의 후순위권리자는 담보물권자이다. 이들의 법적 지위를 가담법 제5조에서 정하고 있다. 즉 이들은 채무자등에게 청산금이 현실적으로 지급될 때까지 채권자에게 자신에게 그 순위에 따라 지급할 것을 청구할 수 있다(동법 제5조 제1항). 이 때 후순위권리자는 피담보채권의 범위에서 그 채권의 명세와 증서를 채권자에게 교부하여야 한다(동조 제2항). 채권자가 그 명세와 증서를 받고 후순위권리자에게 청산금을 지급하면, 그 범위에서 채무자에 대한 청산금지급채무가 소멸되는 효과가 있다(동조 제3항).

담보물권자인 후순위권리자에게 이런 권리를 인정한 이유는 무엇인가? 전세권자의 경우 사적실행으로 소유권이 채권자에게 귀속되는 것과 동시에 전세권이 소멸하고, 담보물권인 전세권으로 전환되지만, 사적실행과 동시에 그 전세권도 소멸하는 위치에 있다. 담보가등기권리자 역시 가담법에 의해 담보물권자로서 인정되는 자이다. 이들에게 별도로 물상대위권을 인정하는 규정을 둘 수도 있겠지만(담보물권인 전세권에는 물상대위를 인정하는 규정이 없다), 이는 사실상 실효성이 없다. 왜냐하면 사적실행의 완성으로 비로소 이들 담보권이 소멸하는데, 그 시점에서는 이미 채무자등이 청산금을 지급받기 때문이다. 담보가등기를 경료한 담보물권자에게 물상대위권을 인정하는 규정이 없는데, 이들에게 물상대위권을 인정하는 규정을 두더라도 위와 동일한 이유로 실효성이 없다. 저당권자의 경우 물상대위권이 인정되지만, 마찬가지로 청산금의 지급과 동시에 저당권이 소멸하므로 마찬가지로 실효성이 없다. 달리 말하면, 사적실행에 있어서 이들에게는 물상대위는 무용한 제도이므로, 이에 갈음하는 별도의 권리를 인정할 필요가 있다. 그것이 바로 제5조의 규정이라고 할 것이다. 사적 실행의 절차이므로, 이들은 채권명세와 증서를 채권자에게 제시하여 순위에 따라 청산금을 지급받음으로써 담보권을 실현할 수 있게 된다. 그런데 후순위권리자의 이런 권리행사를 막으려는 자는 청산금을 압류하거나 가압류하여야 한다고 규정하고 있다(동조 제4항). 압류(가압류)할 것은 청산금이 아니라 청산금지급청구권일 것이고, 그것도 채무자등의 청산금지급청구권을 의미할 것이다. 채무자등의 채권자가 자신의 채무자등에 대한 채권을 피보전채권으로 하여 이를 압류(가압류)하는 것은 언제나 가능한 일일 것이므로, 이 규정이 이들을 염두에 둔 것은 아니다. 이런 권리행사를 막을 수 있는 자는 채무자등이거나 진정한 후순위권리자이다. 채무자등은 자신의 채권을 압류할 방법이 없으므로 압류, 가압류는 후순위권리자의 권리행사를 저지할 수단으로 부적절하고, 진정한 후순위권리자는 외형상의 후순위권리자와의 권리관계를 다투어야 하는데, 여기에는 처분금지가처분이 오히려 적절한 수단일 것이다. 이들이 압류나 가압류를 할 피보전채권이 무엇인지 매우 불분명하다. 제4항은 실체법에 무용한 규정을 둠으로써 절차법에 이르기까지 혼란을 불러일으킨 예라고 하지 않을 수 없다.

3.2. 담보가등기 후 대항력있는 임차권을 취득한 자의 동시이행의 항변권

담보가등기 후 대항력있는 임차권을 취득한 자는 민법 제536조를 준용하여 청산금의 범위에서 동시이행의 항변권을 원용할 수 있다(동법 제5조 제5항). 그러나 이 규정을 둔 취지는 매우 불분명하다.

대항력있는 임차권을 취득하더라도 담보가등기권자의 사적 실행이 있을 때, 담보권자는 청산금의 지급과 상환하여 본등기 및 점유의 이전을 청구할 것이다. 이때의 점유의 이전은 간접점유의 이전으로도 충분할 것이다. 이를 통해 담보가등기권리자가 소유권을 취득하게 되면, 임차인은 대항력을 취득하였다 하더라도 이로써 소유권을 취득한 담보가등기권자에게 대항할 수 없다. 즉 그의 직접점유는 권원없는 점유가 될 것이다.

그런데 동조 제5항은 이런 임차인에게 청산금의 범위 내에서 동시이행의 항변권을 인정하고 있다. 이 규정을 선해하면 다음과 같이 이해될 수 있다. 첫째, 채무자등에게 지급할 청산금이 있는 경우 그것이 자신의 임차보증금의 범위 내에 있을 때 채무자등이나 채권자가 이를 자신에게 지급할 때까지 채권자에게 목적물을 인도하지 않겠다는 취지의 동시이행의 항변권을 법률규정에 의해 인정한 것이라고 이해할 수 있다. 따라서 다른 후순위권리자가 없거나 그에게 지급하고 남은 청산금이 있을 때, 채권자는 이를 보증금을 한도로 임차인에게 지급하고 목적물을 반환받을 수 있다고 이해할 수 있을 것이다. 채권자가 청산금을 채무자등이 아닌 임차인에게 지급하면 그 한도에서 청산금지급채무가 소멸된다고 해석할 것이다. 둘째, 대항력있는 임차인이라는 이유로 청산금을 직접 자신에게 지급할 것을 청구할 권리를 부여한 것은 아니라고 해석할 수도 있을 것이다. 대항력을 갖춘 것만으로는 담보물권자에게 인정되는 순위에 따른 우선변제권이 인정되는 것은 아니기 때문이다.

한편 소액보증금 임차인이나 우선변제권있는 임차인의 경우에는 가담법 제5조의 후순위권리자와 동일한 권리가 있다고 해석해야 할 것이다. 즉 가담법 제5조 제1항 내지 제3항의 권리가 인정된다는 것이다.

3.3. 후순위권리자, 대항력있는 임차인의 보호를 위한 통지

채권자가 청산금을 통지한 후 그 통지가 채무자등에게 도달하면, 지체없이 후순위권리자에게 그 통지의 사실과 내용 및 도달일을 통지하여야 한다(제6조 제1항). 이는 후순위권리자 등에게 인정되는 권리를 실효성있게 보호해 주기 위한 절차적 조치이다. 그 밖에 담보가등기 후에 등기한 제3자(후순위권리자를 제외하고, 대항력있는 임차인을 포함)에게도 채권자는 지체없이 그 통지한 사실과 채권액을 통지하여야 한다(제2항). 위 각 통지는 통지를 받을 자의 등기부상의 주소로 발송하여야 효력이 있다. 그러나 대항력있는 임차인에게는 담보목적부동산의 소재지로 발송하여야 한다(제3항).

3.4. 채무자등의 청산금에 대한 처분의 제한

채무자가 청산기간이 지나기 전에 청산금에 대한 권리를 양도하거나 그 밖의 처분을 한 경우 이로써 후순위권리자에게 대항하지 못한다(제7조 제1항). 그러나 청산기간이 지난 후에는 채무자등이 언제라도 청산금을 지급받을 수 있으므로, 그 시점에서 한 처분은 후순위권리자에게 대항할 수 있다고 할 것이다.

청산기간이 지나기 이전에 한 양도나 처분의 경우 양수인 또는 처분의 상대방이 후순위권리자의 존재를 알지 못하였다고 하더라도 후순위권리자에게 대항할 수 없다. 후순위권리자는 채권자에게 자신에게 청산금을 지급할 것을 청구할 수 있다(제5조). 후순위권리자는 채권자가 채무자등에게 청산금을 지급될 때까지 제5조의 권리를 행사할 수 있는데(제5조 제1항), 청산기간의 도과 전에 자신의 권리를 주장함으로써 자신을 보호할 수 있을 것이다. 청산기간 내에 후순위권리자의 권리행사가 없을 때에는 채권자는 채무자등에게 청산금을 지급할 수 있고, 채무자등으로부터 양수한 자에게도 지급할 수 있다고 할 것이다. 물론 청산기간의 도과 후 아직 청산금이 지급되기 전에 후순위권리자는 권리행사를 할 수 있겠지만, 청산기간의 도과 후에 한 채무자등의 처분에 대해서는 대항할 수 없다고 할 것이다.

채권자가 청산기간이 지나기 전에 청산금을 지급한 경우 또는 제6조 제1항에 따른 통지를 하지 아니하고 청산금을 지급한 경우에도 후순위권리자에게 대항할 수 없다. 채권자는 이중변제의 위험이 있는 것이다.

3.5. 청산금의 공탁

청산금채권이 압류되거나 가압류된 경우 채권자는 청산기간이 지난 후 이에 해당되는 청산금을 청산금을 채무이행지를 관할하는 지방법원이나 지원에 공탁하여 그 범위에서 채무를 면할 수 있다(제8조 제1항). 변제공탁은 민법 제487조의 요건(채권자가 변제를 받지 않거나 받을 수 없는 경우, 과실없이 채권자를 알 수 없는 경우)이 충족되어야 하지만, 동조는 이런 요건과 무관하게 압류 또는 가압류되었다는 것만으로 공탁을 통해 채무를 면제받을 수 있게 된다는 점에서 채권자에게 유리하다. 제1항의 공탁이 있으면 채무자등의 공탁금출급청구권이 압류되거나 가압류된 것으로 간주된다(제2항). 나아가 채권자는 공탁금의 회수를 청구할 수 없다(제3항). 이는 민법 제489조의 예외이다. 채권자는 공탁을 한 경우 채무자등과 압류채권자 또는 가압류채권자에게 지체없이 공탁의 통지를 하여야 한다(제4항).

4. 공적실행

4.1. 경매청구권

이미 소유권을 이전받은 양도담보권자는 가담법 제3조, 제4조에 따른 사적실행을 할 수 있을 뿐이지만, 담보가등기권리자는 사적실행만이 아니라 공적 실행을 할 수도 있다. 즉 선택에 따라 담보부동산의 경매를 청구할 수 있다(제12조 제1항). 경매의 경우 담보가등기는 저당권으로 간주된다(제12조 제1항 제2문).

담보가등기설정 후의 저당권자, 전세권자, 담보가등기권리자는 청산기간 내에는 그 피담보채권의 변제기가 도래하기 이전이라도 담보목적부동산의 경매를 청구할 수 있다(제12조 제2항). 이는 전세금반환의무자의 이행지체를 요건으로 하는 전세권의 경매청구권(민법 제318조)이나 변제기의 도래를 요건으로 하는 기타 담보권자의 경매청구권에 대한 예외이다.

4.2. 우선변제청구권

담보가등기를 마친 부동산에 대하여 강제경매등이 개시된 경우 담보가등기권리자는 다른 채권자보다 자기채권을 우선변제받을 권리가 있다. 이 경우 그 순위에 관하여는 그 담보가등기권리를 저당권으로 보고, 그 담보가등기를 마친 때에 그 저당권의 설정등기가 행하여진 것으로 본다(제13조). 여기서 강제경매등이란 강제경매와 담보권실행등을 위한 경매를 포함하는 것이므로, 담보가등기권리의 실행으로서의 경매 또는 여타의 채권자가 하는 강제경매에서 담보가등기는 저당권으로 간주한다는 의미이다. 따라서 저당권과 마찬가지로 그 순위에 따라 우선변제권이 인정된다. 담보가등기의 성립의 시점은 가등기를 마친 때를 기준으로 한다.

4.3. 청산금 지급 전의 경매신청이 있을 때의 특칙

담보가등기를 마친 부동산에 대하여 강제경매등의 개시결정이 있는 경우, 그 경매 신청이 청산금을 지급하기 전에 행하여진 경우(청산금이 없는 경우에는 청산기간이 지나기 전)에는 담보가등기권리자는 그 가등기에 따른 본등기를 청구할 수 없다.

여기서 유의하여야 할 점은 담보가등기인지 여부가 등기부상으로는 드러나지 않는다는 점이다. 만약 가등기가 소유권이전등기청구권을 보전하기 위한 것이라면 본등기 전에 경료된 압류등기는 본등기가 경료되면, 등기공무원은 이를 직권말소하여야 한다. 등기공무원이 이를 직권으로 말소하지 않을 경우 압류채권자를 상대로 소송을 통해 말소를 청구할 수도 있다.

대판 1991.3.27, 90다8657

원고가 계쟁부동산에 대하여 담보권을 취득하고 그 방편으로 가등기를 한 것이 아니라 채권채무와 관계없이 부동산을 매수하고 순위보전의 목적으로 가등기를 경료하였다가 본등기를 한 것이므로 가등기 후에 한 피고들의 국세 또는 지방세 압류등기는 원고에게 대항할 수 없다는 이유로 그 말소를 청구한다는 것인바, 등기공무원의 처분이나 그 처분의 당부를 다투는 이의절차에서의 법원의 재판은 원.피고 사이의 실체적 권리관계에 대하여 확정력을 가지는 것이 아니므로 원고로서는 등기공무원의 처분에 대한 이의의 길이 있다고 하더라도 확정력을 가지는 판단으로 분쟁을 해결하기 위하여 피고들을 상대로 소송을 제기할 수 있다(이 판결은 직권말소를 할 수 있음을 전제한 것이다).

담보가등기인지 순위보전의 가등기인지 다툼이 있는 경우에는 등기공무원은 압류등기를 직권말소할 수는 없다.

대결 1992.3.18, 91마675

동일 부동산에 관하여 소유권이전청구권보전을 위한 가등기, 국세체납처분에 의한 압류등기, 위 가등기에 기한 소유권이전등기가 순차로 경료되었는데 위 가등기에 대하여 그것이 담보가등기라는 점에 관한 소명자료가 제출되어 담보가등기인지의 여부에 관하여 이해관계인 사이에 실질적으로 다투어지고 있는 경우에는 가등기에 기한 본등기권자의 태도 여하에 불구하고 형식적 심사권밖에 없는 등기공무원으로서는 위 가등기를 순위보전의 가등기로 인정하여 국세압류등기를 직권말소할 수 없다.

그러나 담보가등기의 경우에는 본등기가 경료되더라도 압류등기의 효력은 여전히 유효하다. 이 때의 본등기는 가담법 제14조를 위반하여 소유권취득의 효력이 없기 때문이다. 여전히 담보가등기로서의 효력밖에 없다는 것이다.

대판 1996.12.20, 95누15193

압류등기 이전에 소유권이전청구권 보전의 가등기가 경료되고 그 후 본등기가 이루어진 경우에, 그 가등기가 매매예약에 기한 순위보전의 가등기라면 그 이후에 경료된 압류등기는 효력을 상실하여 말소되어야 할 것이므로 압류해제 사유에 관한 국세징수법 제53조 제1항 제2호는 적용의 여지가 없게 되는 반면, 그 가등기가 채무담보를 위한 가등기 즉 담보가등기라면 그 후 본등기가 경료되더라도 가등기는 담보적 효력을 갖는 데 그치므로 압류등기는 여전히 유효하다.

가담법 제14조는 담보가등기의 경우 강제경매등의 신청이 청산금을 지급하기 이전이라면, 아예 본등기를 청구할 수 없도록 하는 점에 그 특징이 있다. 순위보전을 위한 가등기권리자가 강제경매를 위한 압류등기 후 본등기를 하고자 하였으나, 등기공무원이 본등기를 거부할 경우에는, 가등기권리자는 경매개시결정의 취소소송을 제기하여야 할 것이다.

4.4. 강제경매와 담보가등기권리의 소멸

담보가등기를 마친 부동산에 대하여 강제경매등이 행하여진 경우에는 담보가등기권리는 그 부동산의 매각에 의하여 소멸한다(제16조). 따라서 담보가등기권리자에 대해 집행법원은 적당한 기간을 정하여 해당등기가 담보가등기인지, 담보가등기가 아닌지를 신고하도록 최고하여야 한다(제16조 제1항). 압류등기 전에 이루어진 담보가등기권리가 매각에 의하여 소멸되면 제16조 제1항에 따른 채권신고를 한 채권자는 매각대금을 배당받거나 변제금을 받을 수 있다. 채권신고를 하지 않으면 배당받을 수 없다.

대판 2008.9.11, 2007다25278

가등기담보 등에 관한 법률 제16조는 소유권의 이전에 관한 가등기가 되어 있는 부동산에 대한 경매 등의 개시결정이 있는 경우 법원은 가등기권리자에 대하여 그 가등기가 담보가등기인 때에는 그 내용 및 채권의 존부 · 원인 및 수액을, 담보가등기가 아닌 경우에는 그 내용을 법원에 신고할 것을 상당한 기간을 정하여 최고하여야 하고(제1항), 압류등기 전에 경료된 담보가등기권리가 매각에 의하여 소멸되는 때에는 제1항의 채권신고를 한 경우에 한하여 그 채권자는 매각대금의 배당 또는 변제금의 교부를 받을 수 있다고 규정하고 있으므로(제2항), 위 제2항에 해당하는 담보가등기권리자가 집행법원이 정한 기간 안에 채권신고를 하지 아니하면 매각대금의 배당을 받을 권리를 상실한다.

소유권이전등기청구권 보전을 위한 가등기가 경료되어 있지만, 그것이 가등기담보등에 관한 법률상의 담보가등기로 판단되면, 가령 강제경매절차에서 그 부동산이 매도된 이후 담보가등기권리자는 가등기에 기한 본등기를 청구할 수 없을 뿐 아니라, 그 담보가등기는 매각으로 소멸된다.

대법원 2010.11.9.자 2010마1322

이 사건 가등기가 담보가등기이고 그 본등기가 이 사건 강제경매절차의 매각기일 후에 이루어진 것이라면, 이 사건 가등기에 기한 본등기는 이 사건 강제경매의 신청 전에 청산절차를 거친 것이 아닌 한 무효로 말소되어야 하고 이 사건 가등기는 이 사건 부동산의 매각으로 소멸된다. … 기록에 의하면 원심이 인정하는 바와 같이 경매법원이 이 사건 가등기의 공동명의자인 신청외인 등 4인에게 이 사건 가등기가 담보가등기인지 여부와 담보가등기인 경우에는 그 내용 및 채권의 존부, 원인 및 액수 등을 밝힐 것을 요구하는 최고서를 송부한 데 대하여 그 중 신청외인 등 3인이 채권계산서를 제출하여 그러한 청산절차를 거치지 않았음을 추단할 수 있으므로, 이 사건 가등기에 기한 본등기는 무효로 말소되어야 하고 이 사건 가등기는 이 사건 부동산의 매각에 의하여 소멸된다.

담보가등기임에도 불구하고 경매절차에서 배당요구의 기회를 놓쳐 배당받지 못하고, 또 그 담보가등기가 말소되어야 할 처지에 놓인 경우, 그 담보가등기권리자가 자기보다 후순위의 채권자로서 배당을 받아 간 자에게 부당이득반환청구를 할 수 있는지가 문제될 것이다. 그러나 가등기담보등에 관한 법률 제16조에서 배당을 요구하게 한 것은 이 경우의 담보가등기는 배당요구를 해야 하는 권리로 취급하고자 하였다고 볼 것이다. 즉 부당이득반환청구가 가능하지 않다는 것이다.

이에 반해 순위보전의 가등기의 경우에는 그 부동산에 설정된 저당권등기 또는 여타의 압류등기보다 앞설 경우 경매절차에서 매각되더라도 그 권리는 소멸하지 않는다. 그 후 본등기를 하면 앞서의 경매절차에서 소유권을 취득한 매수인 명의의 소유권등기가 직권으로 말소될 것이다.

5. 파산절차 등에서의 담보가등기

파산재단에 속한 부동산에 설정한 담보가등기권리에 대해서는 "채무자 회생 및 파산에 관한 법률" 중 저당권에 관한 규정을 적용하며(제17조 제1항), 파산재단에 속하지 아니한 파산자의 부동산에 대하여 설정되어 있는 담보가등권리자에 대해서는 "채무자회생 및 파산에 관한 법률" 제414조를 준용한다(제17조 제2항). 담보가등기권리는 국세기본법, 국세징수법, 지방세법, 채무자회생 및 파산에 관한 법률을 적용할 때에는 저당권으로 본다(제17조 제3항).

제6장 권리이전형의 담보

제1절 권리이전형 담보의 필요성과 문제점

제2절 소유권유보부 매매 / 제3절 부동산 양도담보

제4절 동산 양도담보 / 제5절 채권 양도담보

제1절 권리이전형 담보의 필요성과 문제점

법률 또는 관습법에 의해서만 창설될 수 있는 담보물권은 그 성립과 내용에 있어서 사적 자치가 인정되는 영역이 매우 협소하다. 후순위담보권자, 일반채권자, 나아가 채무자의 이익을 정형적으로 고려하여 입법자가 그 담보물권의 성립과 내용을 규율하기 때문이다. 따라서 개별 사안에서는 담보물권이 채권자의 이익을 제대로 반영하지 못하는 경우도 적지 않고, 채무자의 이익에도 부합하지 않는 경우도 있다. 가령 동산의 경우 채무자의 점유가 박탈되는 질권의 설정만을 인정하는 것이라든지, 경매를 통해서만 담보권을 실행할 수 있도록 하는 것 등은 채권자의 이익만이 아니라 채무자의 이익도 제대로 반영하지 못할 수 있다. 담보거래에 참여하는 당사자들이 입법자의 의도를 벗어나, 새로운 유형의 담보권을 창출하고자 하는 것은 자연스러운 현상이다.

물론 사적 자치에 맡겨진 담보거래에서는 채권자의 이익은 충실히 반영될지 몰라도 채무자의 이익이 불충분하게 반영될 수 있다. 또한 특정 담보거래에서의 채권자는 다른 채권자의 이익을 고려할 이유가 없을 것이다. 때로는 불필요하게 다른 채권자의 이익을 제한하는 것으로 나타날 수도 있다. 가령 채권자는 충분한 담보를 취득하고자 할 것인데, 그것은 잔여 담보가치를 활용하고자 하는 채무자의 이익과 충돌할 수 있다.

예컨대 채권자 A가 채무자 B에게 대출을 하면서 B가 가지고 있는 재산권을 이전받는 경우를 생각해 보자. A는 재산권의 가치가 원리금을 합산한 가액보다 충분히 높도록 담보거래를 조정하고 싶어할 것이다. 재산권의 가치가 시장에서 변동할 수 있고, 또 담보권 실행비용도 감안해야 하기 때문이다. 그러나 시장사정이 변동하여 그 재산권의 가치가 상승되었다면, 채무자는 잔여담보가치를 활용하고 싶어할 것이다. B가 이런 사정을 진술한 후 C에게 잔여담보가치에 해당되는 권리를 이전하고 대출을 받을 수도 있을 것이다. 경우에 따라서는 A에 대한 피담보채무를 변제한 후 회복할 재산권을 담보로 제공하고 대출을 받을 수도 있을 것이다. 이런 담보거래에서 C가 일정한 요건이 충족되면 우선변제을 받을 수 있도록 하는 것이 필요하다. 가령 B가 파산한 경우라도 C에게도 우선변제받을 권리를 보장할 필요가 있을 것이다. 이는 담보거래계약과 기존의 법제도의 해석론을 통해 실현되어야 할 것인데, 법원이 이에 적극적이지 않다면, C는 무담보의 일반채권자와 다를 바 없는 지위에 있게 될 것이다. 법원이 선순위의 담보거래 채권자와 후순위의 담보거래채권자의 이익을 적절하게 고려해 주지 않는다면, 권리이전형 담보거래는 먼저 거래에 참여한 자만이 안심을 할 수 있는 불안전한 제도로 전락해 버릴 것이다. 이런 문제점을 법원이 해결하지 못하면, 결국 권리이전형 담보거래에 대한 입법자의 개입이 요청될 것이다. 아래에서는 권리이전형 담보거래를 유형별로 살펴본다.

제2절 소유권유보부 매매

제1관 개관

1. 소유권유보부 매매의 기능

물품판매 상인의 입장에서는 매매대금의 수령과 상환하여 물건을 판매하는 것으로는 지속적으로 영업을 수행할 수 없을 것이다. 외상으로라도 많은 물품을 팔고, 그 대금을 지속적으로 회수하는 것이 계속적 사업의 안정적 운영에 더 유리할 수 있을 것이다. 외상거래에서는 매수인이 대금을 지급하지 않는 사태가 불가피하게 발생할 것이다. 이런 사태가 발생할 때 매수인의 관심사는 손실을 최소화하는 것에 모아질 수 밖에 없다. 그 손실을 최소화하기 위해서는 매수인으로부터 충분한 담보를 취득하는 것이 가장 손쉬운 방법임은 말할 것도 없다. 그러나 충분한 담보를 제공할 자력이 있는 매수인이라면 외상거래를 하지 않을 것이다. 충분한 담보를 제공할 수 없는 매수인을 상대로 의미있는 담보를 취득할 수 있는 방법은 자신이 판매한 물품에 대해 담보권을 취득하는 것이다. 즉 그 물품을 회수하여 그 환가대금으로부터 미지급 매매대금을 회수하는 것이 적절할 수 있을 것이다. 물론 이것이 담보적 기능을 충실히 수행하기 위해서는, 회수한 물품을 판매할 수 있는 시장 또는 중고시장이 발달되어 있어야 할 것이다. 판매한 물품이 매수인의 수중에서 원료로 이용되어 다른 물품으로 전환되었다면, 그 물품에 대해 담보권을 취득하는 것도 바람직할 것이다.

물품을 판매한 상인이 이와 같은 담보를 취득할 수 있는 방법은 매매대금이 완납될 때까지 판매한 물품의 소유권을 이전하지 않은 것이 가장 적절하다. 또한 판매한 물품이 원료로 사용되어 새로운 물품으로 전환된다면, 그 가공품의 소유권을 담보로 취득하는 것이 가장 적절할 것이다.

그러나 이런 담보가 채무자=매수인의 이익과 조화되기 위해서는 매수인이 그 물품을 취득한 목적과 양립될 수 있어야만 한다. 매수인이 그 물품을 사용수익하기 위해 취득한 것이라면, 매수인이 채무를 불이행하지 않는 한, 그 물품의 사용수익에 아무런 장애가 없어야만 할 것이다. 매수인이 판매를 위해 물품을 취득한 것이라면, 매수인이 채무를 불이행하지 않는 한, 그 물품을 다시 판매하는 데에 아무런 장애가 없어야만 할 것이다.

이렇게 하여 채권자와 채무자의 이익을 조절하는 것이 소유권유보부 매매이며, 이는 동산인 물품을 공급하는 상인을 보호하는 효율적인 담보수단으로 활용될 수 있다. 소유권유보부 매매는 우리 법 하에서는 부동산매매에서는 이용되지 않는다. 한편 소유권을 유보함으로써 담보기능을 수행하는 법리는 금융리스계약에서도 이를 활용하기도 한다.

2. 소유권유보부 매매의 법적 성질

소유권유보부 매매가 그 경제적 기능을 잘 수행할 수 있도록 하기 위해서 우리 법에서는 다음과 같은 법적 개념 또는 법이론이 필요하다.

2.1. 물권행위

(1) 물권행위 개념의 필요성

다수의 학설들은 채권행위와 별개인 물권행위가 물권변동의 요건이라는 점을 인정하여 왔다. 물론 이를 부정하는 견해도 있다. 부정설은 물권변동의 요건으로 유효한 원인행위와 등기(또는 동산의 경우 인도)가 있는 것으로 충분하며, 민법 제186조의 법률행위나 제188조의 양도를 채권행위를 지칭하는 것이라고 이해한다. 물론 일상의 물권거래는 물권행위를 관념하지 않은 상태에서 원인행위와 그에 상응한 등기(동산의 경우 인도)를 함으로써 이루어진다. 즉 적극적 의미에서 물권행위를 물권변동의 한 요건으로 이해하는 거래당사자는 거의 없다. 그러나 물권행위를 물권변동의 성립요건으로 볼 필요성이 있다. 유효한 원인행위와 그에 상응한 등기(또는 인도)가 있음에도 불구하고 물권변동의 효력을 부정하거나 아직 그 효력이 발생하지 않았다고 할 필요성이 있기 때문이다. 우리 법 하에서 이를 이론적으로 잘 설명할 수 있는 것이 바로 "유효한 물권행위의 존재"이다.

가령 처분권한 없는 무권리자가 타인 소유 부동산을 매매하고(우리 법 하에서는 이런 매매가 유효하다) 그에 상응한 등기를 경료하여 주었음에도 불구하고 매수인이 소유권을 취득하지 못하는 이유를 유효한 물권행위가 없기 때문이라고 설명하는 것, 소유권유보부 매매의 경우 계약의 내용에 좇아 동산을 인도하지만 매수인이 소유권을 즉시 취득하지 못하는 것을 설명하는 데에도 물권행위라는 개념이 필요하다는 것이다.

(2) 물권행위의 시점에 관한 논의의 실천성

물권행위는 언제 있다고 관념할 것인가의 문제를 논의하면서, 학설들은 대체로 동산의 경우에 "소유권의 이전을 목적으로 하는 인도의 합의"를 물권행위에 해당되는 것으로 보고, 부동산의 경우에는 등기에 필요한 서류의 교부시에 물권행위가 있는 것으로 보고 있다.[1] 물론 인도나 등기의 시점에 물권행위가 있다는 것을 대표적인 예로서 설명하는 것이라면 별 문제가 없을 것이다. 그러나 물권행위의 시점에 관한 논의를 이론적으로 해야 한다면, 이는 그 개념의 필요성과 관련지워 생

1. 윤진수, "물권행위개념에 대한 새로운 접근", 민사법학 제28호, 27면 이하는 등기신청시에 물권행위가 있는 것으로 볼 수 있다고 한다.

각하는 것이 더 합리적일 것이다. 왜냐하면 현실의 거래에서는 물권행위를 누구도 관념하지 않고, 이 개념은 논리적 매개체로서만 기능하기 때문이다.

이런 관점에서 보면, 물권행위는, 특별한 사정이 없는 한, 인도나 등기서류의 교부시가 아니라 원인행위를 할 시점에 그 당사자 사이에서 이루어진다고 보는 것이 더 나을 것이다. 가령 동일한 동산에 관하여 매매계약을 甲 · 乙, 乙 · 丙 간에 순차적으로 체결하고, 乙의 지시로 甲이 직접 丙에게 물건을 인도한 경우 물권행위가 甲, 丙 간에 있었다고 할 수 없을 것이다. 이 경우 甲의 丙에 대한 인도는 甲의 乙에 대한 변제이자, 동시에 乙의 丙에 대한 변제로 취급된다(대판 2003.12.26, 2001다46730 참조). 즉 丙은 乙로부터 인도받은 것이고, 丙에 대한 인도에 찰나적으로 앞서서 乙에 대한 인도가 있었던 것으로 법적으로 관념할 수 있다. 이렇게 보면 甲 · 乙, 乙 · 丙 간의 물권행위를 인정하여야 할 것인데, 그 시점을 굳이 인도의 시점이라고 할 필요가 있는지 의문이다.

한편 실체관계에 부합하는 등기라든지 중간생략등기 등으로써 물권변동이 이루어지는 것을 설명하기 위해서도, 원인행위의 시점에 물권행위도 한다고 관념하는 것이 더 적절할 것이다. 즉 동일한 부동산을 甲-乙, 乙-丙이 순차 매매하고, 등기는 직접 甲으로부터 丙에게로 이루어진 경우 丙의 소유권취득의 한 요건으로 乙-丙 간의 물권행위가 필요하다면, 이는 乙-丙 간의 원인행위의 시점에 있었다고 하는 것이 더 적절할 것이다. 달리 말하면 등기나 인도는 물권행위와 별도로 요구되는 요건이라고 이해하는 것이 타당할 것이다.

2.2. 정지조건부 물권행위와 소유권유보부 매매

(1) 조건부 매매계약이라고 해석할 경우의 문제점

소유권유보부 매매를 정지조건부 매매라고 하면, 조건성취 전, 즉 대금완불 전에는 매매계약의 효력이 아직 발생하지 않기 때문에 매도인은 물건인도의무가 발생하지 않는다고 해야 한다. 이를 감안하면 정지조건부 매매라고 할 수는 없다.

소유권유보부 매매를 해제조건부 매매라고 하면(물론 소유권유보부 매매계약에 해제조건을 부과할 수도 있다. 여기에 덧붙여 정지조건부 물권행위라는 개념을 개입시키지 않을 경우) 다음과 같이 처리될 것이다. 첫째, 매도인에 의한 물건의 인도로써 매수인이 즉시 소유권을 취득한다. 둘째, 해제조건이 성취되면 매수인은 소유권을 장래를 향해 상실하게 될 것이다(민법 제147조 제2항). 이 경우 가령 매수인의 채권자가 소유권유보부 매매로 인도된 물건을 압류하면, 해제조건이 성취되더라도 매도인은 압류채권자에게 대항할 수 없는 문제가 생기게 된다(민법 제548조 제1항의 유추).

이러한 이유 때문에 소유권유보부 매매는 조건부 매매가 아닌 통상의 매매라고 해야 할 것이다(대판 1996.6.28, 96다14807 참조).

(2) 매도인이 보유한 소유권을 담보물권으로 해석할 수 없는 이유

매도인이 보유한 소유권은 매매대금채권을 담보하는 기능을 하지만, 담보적 기능이 있다고 해서 이를 담보물권이라고 할 수는 없다. 담보물권의 인정은 물권법정주의와 관련된 것이기 때문이다. 매도인이 소유권유보부 매매에 기해 소유권을 유보하였음에도 불구하고, 입법자가 그 소유권을 담보물권이어야 한다고 규정하면, 담보물권이 될 것이다. 이 문제는 입법자의 재량에 속하는 사항이기 때문이다.

(3) 정지조건부 물권행위

소유권유보부 매매에서는 매도인과 매수인이 매매대금의 완불이 있을 때 비로소 소유권을 이전하기로 합의한다. 이런 합의는 정지조건부 물권계약(또는 물권행위)이라고 할 것이다.[2] 매수인이 매매대금을 완납할 때까지는 정지조건이 성취되지 않아 물권변동에 요구되는 물권적 합의의 효력이 아직 생기지 않은 것이고, 매매계약에 기하여 목적물을 인도받았음에도 불구하고 매수인은 소유권을 취득할 수 없다. 그러나 매수인이 매매대금을 완납하면 정지조건이 성취되어 동산물권변동에 요구되는 모든 요건이 갖추어져 매수인은 소유권을 취득하게 된다.

소유권유보부 매매가 동산에만 활용되는 이유는 부동산의 경우 권리취득에 등기를 요하기 때문에, 등기를 통한 담보적 수단을 찾는 것이 더 효율적이기 때문이다. 굳이 정지조건부 물권행위를 할 필요가 없다는 것이다. 가령 매도인이 소유권을 유보하고자 한다면 소유권이전등기를 해 주지 않으면 된다. 이 때 매수인의 지위가 불안전할 것이므로, 그의 지위를 강화하자면 매수인 명의로 소유권이전등기

---

2. 물권행위 역시 법률행위의 일종이므로 정지조건부 또는 해제조건부로 할 수 있음은 물론이다. 다만 부동산물권변동에서는 정지조건부 물권행위를 등기할 방법이 없다는 것에 유의할 필요가 있다. 즉 해제조건부 물권행위는 등기할 수 있지만(부동산등기법 43조의2), 정지조건부 물권행위를 등기하는 것에 관하여 부동산등기법에 규정이 없다.

청구권을 보전하기 위한 가등기를 하면 될 것이다. 만약 매수인 명의로 소유권이 전등기를 해 주면서, 매도인이 담보적 지위를 확보하려고 한다면, 장래의 소유권 이전등기청구권을 보전하기 위한 가등기를 해 두는 것도 방법일 것이다. 물론 환매특약의 등기(부동산등기법 제43조)도 활용할 수 있는 수단이 될 것이다.

3. 판매목적으로 물품을 취득한 매수인의 처분권한을 보장하는 법적 개념

매도인이 소유권을 유보하고 있기 때문에, 소유권유보부 매수인은 타인의 물건을 점유하는 셈이 된다. 매도인으로부터 취득한 물품을 그대로 또는 가공과정을 거쳐 판매하기 위해 이를 매수인이 취득하였다면, 매수인의 물품취득목적을 실현시키는 것과 담보목적으로 소유권을 취득한 것을 양립시킬 필요가 있다. 다음의 법제도가 이를 실현시킬 수 있다.

3.1. 처분수권

매도인은 담보목적으로 소유권을 취득한 물품을 매수인이 통상의 영업과정에서 판매할 수 있도록 매수인에게 처분권한을 부여할 수 있다. 이를 處分授權이라고 한다.[3] 대리권을 수여하는 것으로는 이를 실현할 수 없다. 왜냐하면 영업과정에서 그 물품을 매도할 자는 매수인이지, 매도인이 아니기 때문이다.

(1) 처분수권의 내용

처분수권이 있을 때, 매수인은 소유자가 아니지만 타인의 소유물을 처분할 권한을 가지게 된다. 즉 자신의 이름으로 처분할 수 있다.[4] 이런 처분수권은 대리권을 수여하는 것과 마찬가지로 단독행위이다.[5] 물론 이런 처분수권은 "소유권유보부 매매계약"에 부수하여 당사자 사이에 합의로 이루어질 것이기 때문에 계약에 의해 처분권한이 수여되지 않는가라는 의문이 있을 수 있다. 그런데 권한을 부여

3. 대판 1999.12.24, 98다14818, 14825도 이를 '채무자가 처분권을 취득하여 분양한 것'이라고 하고 있다.

4. 처분수권은 특히 동산의 경우 뚜렷하게 드러난다. 가령 양도담보로 소유권을 이전받은 채권자가 채무자에게 처분수권을 한 경우 채무자는 자기 이름으로 그 물건을 처분하더라도 그 처분은 채권자와의 관계에서 유효한 것이 된다.

5. 가령 Larenz/Wolf, Allgemeiner Teil des Bürgerlichen Rechts, 8. Aufl.(1997), S. 969, 972 참조)

하는 授權行爲에 있어서 그 상대방은 이를 거절할 수 있다.[6] 상대방이 처분수권을 수용하겠다는 의사표시를 하는 것은 마치 외관상 계약에서의 승낙과 유사한 것처럼 보이나, 거절하지 않겠다는 의사표시에 지나지 않는다. 즉 처분수권을 거절하지 않겠다는 의사표시가 처분수권의 단독행위적 성격에 영향을 미치는 것은 아니라고 할 것이다. 물론 매수인에게 처분권이 수여되었다고 해서 매도인(=채권자)의 처분권이 없어지는 것은 아니다. 소유권의 권능인 매도인의 처분권(민법 제211조)을 법률행위에 의해 대세적으로 배제하는 것은 가능하지 않기 때문이다(민법 제185조). 매도인=소유자의 처분권은 매수인과의 계약에 의해 채권적인 제한을 받을 뿐이다.

(2) 처분권자로부터 양수한 자의 지위

1) 소유권이전의 경로

소유권유보부 매매의 매수인이 처분권을 받는 예가 드물지 않다. 이 경우 매수인이 제3자와 매매계약을 체결한 후 인도하면 그 제3자는 무권리자로부터 소유권을 취득한 것이 아니므로 민법 제249조 이하의 선의취득법이 적용되지 않는다. 이 경우 소유권은 매도인(=소유자)으로부터 직접 제3자에게로 이전된다. 처분권을 받은 매수인의 처분이 적법하며, 그의 처분이 소유자의 처분을 갈음하기 때문이다.

2) 매수인(=처분권을 받은 자)과 계약한 양수인에 대한 매도인(=소유자)의 의무

매수인이 제3자와 매매계약을 체결하면, 매도인(=소유자)은 매수인과의 관계에서 제3자에게 목적물이 인도되는 것을 용인할 의무를 부담한다. 부동산의 처분권을 받은 자에 의한 처분이기는 하지만, 대법원 판결도 이와 동일한 입장이다(대판 1999.12.24, 98다14818, 14825). 즉 "채무자(=처분권을 받은 자)가 채권자(=소유자)와의 '담보권실행방법에 관한 특약'에 따라 그 건물을 점유자에게 분양한 이상 그 분양은 채권자(=소유자)의 의사에 따른 것이라고 볼 것이므로, 소유권보존등기 명의인인

---

6. 이것을 인정하지 않으면 상대방은 그 의사에 반하여서 대리권 또는 처분권을 가질 것이고, 이것은 자기결정의 원칙에 반할 것이다. 가령 Staudinger/Gursky, BGB, 13. Aufl. (1995), § 185 Rn. 24도 동일한 취지이다.

채권자로서는 자기가 직접 처분에 나아간 경우와 마찬가지로 이를 분양받은 점유자가 가지는 매수인으로서의 지위를 부인할 수 없고, 특별한 사정이 없는 한 그 계약내용에 따라 점유자에게 소유권이전등기절차를 이행할 의무가 있다"고 한다.

(3) 처분수권의 철회와 매수인의 지위

매수인이 매도인으로부터 처분권한을 수여받아 적법하게 이를 처분하더라도 그 매매대금으로써 채무를 변제하지 않는 경우가 있을 것이다.[7] 이 때 매도인(=소유자)은 소유권유보부 매매에 부수하여 부여한 처분수권을 철회할 수 있다. 처분수권을 철회했다고 하더라도 소유권유보부 매매에는 영향을 미치지 않을 수 있다.

1) 처분수권 소멸의 장래효

처분수권과 그 원인이 되는 담보계약 또는 소유권유보부 매매는 각기 별개의 법률행위이다. 그 원인관계가 무효 또는 취소될 경우, 무효, 취소의 사유가 수권행위에 있는 것이 아니라면, 그 수권행위도 당연히 무효, 취소된다고 할 수는 없다. 또한 원인관계는 해제, 해지될 수 있지만, 처분수권을 해제, 해지할 수는 없다. 처분수권은 계약이 아닌 단독행위이기 때문이다. 그러나 처분수권은 다른 합의가 없는 한 언제나 이를 철회할 수 있다.[8] 그러나 원인관계가 무효, 취소, 해제, 해지되면 그 授權은 장래를 향하여 효력을 상실한다고 할 것이다. 이 점에서는 민법 제128조가 유추적용될 수 있을 것이다. 대리권의 수권과 처분수권은 유사성이 있기 때문이다.[9]

2) 기왕에 한 처분행위의 효력

가령 매수인(=채무자)이 수령한 매매대금으로써 채권자(=소유자)에 대한 채무를 이행하지 않아 채권자가 매수인(=채무자)과의 "담보계약"을 해제하거나, 처분수권

---

7. 수분양자는 채무자와 분양계약을 체결하였으므로, 다른 특별한 사정이 없는 한, 그에게 매매대금을 지급하면 된다.

8. 물론 소유자의 처분수권의 철회권에 관하여 계약에서 합의하는 것도 가능하다. 특히 양도담보계약에서 처분수권이 이루어질 경우에 채권자와 채무자가 처분수권의 철회에 관하여 합의하는 것이 오히려 일반적일 것이다.

9. 대판 1999.12.24, 99다35393에서 대법원은 여기서 다루는 사안과 유사한 사안(즉 분양수권이 이루어진 것과 유사한 사안)에서 대리권이 수여된 것으로 의사해석한 것도 이런 사정을 보여준다.

을 철회하더라도, 처분권에 기하여 매도한 이상 이미 유효한 처분행위가 있었던 것이어서, 그 처분수권에 불가결하게 부수한 소유자(=채권자)의 의무인 인도를 용인할 의무 또는 등기를 해 주어야 할 의무는 여전히 존속한다고 할 것이다. 채무자에게 부동산의 처분권이 주어진 사안이기는 하지만, 대법원 판결도 동일한 취지이다(대판 1999.12.24, 98다14818, 14825 참조). 즉 "채무자가 처분권을 취득하여 분양한 신축건물을 매수하였는데, 그 매수인이 채무자에게 이미 지급한 매매대금이 채권자의 채권에 실제로 충당되지 않았다 하여도 그것은 채권자와 채무자 사이에 정산하여야 할 사항에 불과하다"고 한다.

4. 처분권한을 매수인에게 부여한 후의 처분으로 매수인이 취득한 매매대금채권 등과 매도인의 담보수단

처분권한을 부여받은 매수인이 소유권이 유보된 물품을 매도한 경우, 그 매매대금채권에 대해 물상대위를 할 수는 없다. 왜냐하면 소유권유보 매도인이 보유한 소유권은 담보물권이 아닐 뿐더러, 입법정책적으로 담보물권으로 구성하더라도 여기에 물상대위를 인정하기 위해서는 여러 가지 부대장치가 필요할 것이다. 매도인(=소유자)이 그 매매대금채권을 담보목적물로 삼기 위해서는 그 채권을 양도담보로 제공해야 할 것이다(채권양도담보는 후술함).

한편 매수인이 소유권유보부 매매로 취득한 물품을 원료로 삼아 가공하여 새로운 가공품을 만들 수도 있을 것이다. 이 가공품에 대해 매도인(=소유자)이 담보권을 취득하기 위해서는 점유개정의 방법으로 양도담보권을 취득해야 할 것이다(동산양도담보는 후술함). 이 가공품을 매수인이 판매할 수 있도록 보장하기 위해서는 위에서 다룬 처분수권을 해야 할 것이다.

제2관 소유권유보 매도인과 매수인의 물권법상의 법률관계

1. 통상의 소유권유보부 매매의 경우

1.1. 매수인의 물품이용권한

매매계약을 통해 물품을 취득한 매수인은 목적물을 사용·수익할 채권적 권리를 가진다. 그 사용·수익은 물건의 통상의 용법에 좇은 것이어야 할 것이다. 그렇지만 타인 물건을 일시적으로 점유하는 자와 달리 매수인은 선량한 관리자의 주의로써 목적물을 보관할 의무를 부담하지는 않는다고 할 것이다. 매수인은 매도인과의 관계에서 채권적인 자주점유를 할 권리가 있으므로, 그 목적물의 관리는 자신의 판단 하에 하더라도 이를 위법하다고 할 수 없을 뿐 아니라, 매수인의 매매대금 미지급으로 매도인이 계약을 해제하여 목적물을 되찾아 올 시점에서 목적물의 가치가 훼손된 부분에 대해서는 부당이득법의 특칙인 원상회복의 법리(민법 제548조)에 따라서도 정산할 수 있기 때문이다. 또한 매도인으로부터 처분권한을 부여받은 경우 목적물을 처분할 권한도 가진다. 매수인은 매매대금이 완불되면 소유권을 취득하기 때문에, 일종의 기대적 이익을 가진다. 그러나 우리 법에서는 이를 물권적 효력 있는 기대권으로 인정하지는 않는다.

1.2. 매도인의 해제권과 반환청구권

매수인이 매매대금을 지급하지 않으면, 매도인은 매매계약을 해제하고 유보된 소유권에 기하여 목적물의 반환을 청구할 수 있다. 매도인이 매매계약을 해제하기 전에는 매수인은 매매계약에 기하여 목적물을 점유하고 있기 때문에, 비록 매도인이 소유권을 보유하고 있다고 하더라도 그 반환을 청구할 수 없다(민법 제213조 단서).

1.3. 소유권유보부 매매의 목적물의 경매와 매도인 또는 매수인의 권리

매수인이 그 소유권을 취득하기 이전에, 매수인의 다른 채권자가 그의 수중에 있는 매매목적물을 압류한 경우, 매도인은 제3자 이의의 소를 제기하여 그 강제집행을 저지할 수 있다.

대판 1996.6.28, 96다14807

[사안] 원고가 A에게 소유권을 유보하여 이 사건 기계를 매도하였는데, A는 이 기계를 피고에게 점유개정의 방법으로 매도한 후 계속하여 이를 점유하면서 사용하고 있었다. 피고가 이 기계에 관하여 유체동산점유이전가처분 신청을 하여 집행력있는 정본을 받아 그 가처분을 집행하고자 하였는데, 원고가 제3자 이의의 소를 제기하여, 가처분집행의 취소를 청구하였다. 대법원은 다음과 같은 이유로 원고의 제3자 이의의 소를 인용한 원심판결을 긍정하였다.

[대법원 판결] 동산의 매매계약을 체결하면서, 매도인이 대금을 모두 지급받기 전에 목적물을 매수인에게 인도하지만 대금이 모두 지급될 때까지는 목적물의 소유권은 매도인에게 유보되며 대금이 모두 지급된 때에 그 소유권이 매수인에게 이전된다는 내용의 소위 소유권유보의 특약을 한 경우, 목적물의 소유권을 이전한다는 당사자 사이의 물권적 합의는 매매계약을 체결하고 목적물을 인도한 때 이미 성립하지만 대금이 모두 지급되는 것을 정지조건으로 하므로, 목적물이 매수인에게 인도되었다고 하더라도 특별한 사정이 없는 한 매도인은 대금이 모두 지급될 때까지 매수인뿐만 아니라 제3자에 대하여도 유보된 목적물의 소유권을 주장할 수 있고, 다만 대금이 모두 지급되었을 때에는 그 정지조건이 완성되어 별도의 의사표시 없이 목적물의 소유권이 매수인에게 이전된다.

그런데 매도인의 채권자가 매수인의 수중에 있는 목적물을 압류하고자 할 때, 매수인은 어떻게 그 권리행사를 저지할 수 있는지가 문제된다. 독일법에서는 매수인에게 제3자 이의의 소를 인정하기 때문에 매수인은 그 강제집행을 저지할 수 있다. 우리 법에서도 매수인이 매매대금을 지체하여 그 계약이 해제되지 않은 한, 매수인에게 제3자 이의의 소를 인정하여 그 집행을 취소할 수 있도록 해야 할 것이다.

대판 2009.4.9. 선고 2009다1894

[사안] 원고가 소외 A로부터 이 사건 기계를 소유권유보부 매매로 매수한 후, 대금 1억 3200만원 중 5,000만원을 지급한 상태이다. 원고는 이 기계를 B로 하여금 직접점유하게 한 후 일정한 대가를 지급받기로 계약하였다. B의 채권자인 피고가 이 사건 기계를 압류하여 경매하려고 하자, 원고가 제3자 이의의 소를 제기하였다.

[대법원 판결] 매수인이 소유권유보부 매매의 목적물을 타인의 직접점유를 통하여 간접점유 하던 중 그 타인의 채권자가 그 채권의 실행으로 그 목적물을 압류한 사안에서, 매수인은 그 강제집행을 용인하여야 할 별도의 사유가 있지 아니한 한 소유권유보매수인 또는 정당한 권원 있는 간접점유자의 지위에서 민사집행법 제48조 제1항에 정한 '목적물의 인도를 막을 수 있는 권리'를 가진다.

민사집행법 제48조의 제3자 이의의 소는 소유권에 기하여서만 행사할 수 있는 것이 아니라, "목적물의 양도나 인도를 막을 수 있는 권리"에 기하여도 할 수 있다. 이 권리 중의 대표적인 것의 하나가 바로 소유권유보부 매수인의 권리라고 할 것이다. 따라서 소유자(=매도인)의 채권자가 이를 압류한 경우에도 다른 특별한 사정이 없는 한 매수인은 제3자 이의의 소를 통해 그 강제집행을 저지할 수 있다고 해야 할 것이다.

2. 할부거래에 관한 법률의 적용을 받는 경우

2.1. 동법의 적용대상

소유권유보부 매매가 "동산의 매수인이 동산의 매도인에게 동산의 대금을 2월 이상의 기간에 걸쳐 3회 이상 분할하여 지급하고, 목적물의 대금의 완납 전에 동산의 인도를 받기로 하는 계약(할부거래에 관한 법률 제2조 제1호)"이거나 "매수인이 신용공여자에게 목적물의 대금을 2월 이상의 기간에 걸쳐 3회 이상 분할하여 지급하고, 그 대금의 완납전에 매도인으로부터 목적물의 인도 등을 받기로 하는 계약(동법 제2조 제2호)", 즉 할부계약에 해당되고, 매수인이 상행위를 목적으로 할부계약을 체결한 경우가 아니라면(동법 제2조 제2항), 소유권유보부 매매의 당사자 간의 법률관계는 할부거래에 관한 법률의 적용을 받는다.

2.2. 매도인 및 매수인의 물권법상의 권리

(1) 매도인의 해제권과 반환청구권

매도인은 매수인이 할부금 지급의무를 이행하지 아니한 경우 할부계약을 해제할 수 있다. 이 때 매도인은 그 계약을 해제하기 이전에 14일 이상의 기간을 정하여 매수인에게 그 이행을 서면으로 최고하여야 한다(동법 제8조 제1항). 매도인은 계약해제 후 목적물의 반환을 청구할 수 있으며, 매수인이 수취한 사용이익 및 목적물의 가치의 훼손에 대해 가액상환을 받을 수 있다. 물론 이 때 취득한 매매대금에 이자를 가산하여 이를 반환하여야 하고, 이 양 채무는 동시이행관계에 있다(동법 제8조 제2항). 목적물의 소유권이 매도인에게 유보된 경우 매도인인 그 계약을 해제하지 아니하고는 그 반환을 청구할 수 없다(동조 제3항). 동법 제8조 제2항, 제3항의 규정은 통상의 소유권유보부 매매에서와 다를 바 없다.

(2) 매수인의 수중에 있는 목적물의 압류

이에 관하여 할부거래에 관한 법률은 별도의 규정을 두지 않고 있다. 따라서 일반적인 소유권유보부 매매에서와 마찬가지로 처리하면 될 것이다.

제3관 소유권유보부 매매와 양도담보의 충돌

소유권유보부 매매 후 매도인이 매수인에게 물품을 인도한 경우, 매수인이 그 목적물을 담보로 제3자로부터 금융을 조달하고 싶을 것이다. 이 때 그 대여금채권을 담보하기 위해 매수인은 제3자에게 그 목적물의 소유권을 이전할 것이다. 이에 제3자는 그 목적물에 대해 양도담보권을 취득하였다고 판단할 것이다. 이 경우 소유권유보부 매매의 매도인과 소유권을 양도담보로 취득하고자 한 채권자 간에는 이익의 충돌이 발생한다.

1. 매수인이 양도담보한 경우의 소유권의 귀속

소유권유보부 매매의 경우 다른 별도의 합의가 없는 한, 매수인은 매매대금의 완불이 있을 때까지 매매목적물을 처분하지 못한다. 이 때의 매수인이 제3자에게 담보의 목적으로 그 목적물의 소유권을 이전할 경우, 통상 동산양도에 필요한 공시방법으로 인도대용으로서의 점유개정을 택한다. 이렇게 함으로써 매수인은 계속하여 그 물품을 사용·수익하여 그로 인하여 얻은 이익으로 매도인 및 제3자에 대한 채무를 변제하고자 하였을 것이다. 그러나 소유자 아닌 매수인으로부터 동산소유권을 양도받은 제3자는 점유개정의 방법으로 양수하였기 때문에, 확고한 대법원 판례에 따르면 그 목적물을 선의취득할 수 없다(대판 1997.6.27, 96다51332; 대판 1996.6.28, 96다14807; 대판 1989.10.24, 88다카26802; 대판 1978.1.17, 77다1872 등 다수의 판결 참조). 여기서 제3자는 담보의 목적으로 소유권을 취득한 것이 아니라 양도담보권이란 물권을 취득한 것이라고 주장하는 견해도 있으나, 대법원은 담보목적으로 동산소유권을 양도한 경우에 담보물권을 취득하는 것이 아니라 소유권을 취득한다고 본다(양도담보를 담보물권으로 볼 것인가 아니면 신탁적 소유권이전으로 볼 것인가 등에 관하여는 아래 양도담보 부분을 참조).[10] 이러한 사정을 감안한다면 제3자는 매수인으로부터 양도받은 물품에 대하여 어떠한 물권도 취득하지 못하였다고 할 것이다(대판 1996.6.28, 96다14807도 참조). 그러므로 소유권유보부 매매의 매도인은 매수인이 그 목적물을 양도담보하는 것으로부터 보호받을 수 있다.

2. 양도담보권자의 소유권취득 가능성

점유개정의 방법으로 타인(매도인) 소유의 물품을 양도받은 제3자는 그것만으로는 소유권을 선의취득하지 못하지만 사후적으로 그 물품을 인도받거나(민법 제188조), 매도인 또는 매수인 아닌 다른 사람이 점유하는 기계에 대한 목적물반환청구권을 매수인으로부터 양도받는 경우(민법 제190조) 그 물품의 소유권을 선의취득할 수 있다.[11] 현실인도나 민법 제190조의 인도대용방법은 점유개정과 달리 원칙적으로 선의취득을 가능하게 하는 동산양도방법이기 때문이다. 물론 이 경우 제3자는 민법 제188조의 인도나 제190조의 인도대용방법을 갖출 시점에 여전히 선의·무과실이어야 한다(대판 1962.3.22, 4294민상1174, 1175 참조).

한편 양도담보계약을 체결한 제3자가 매수인이 점유하는 물품을 압류함으로써 위의 인도요건을 갖춘 것은 아닌가를 검토할 필요가 있다.[12] 그러나 이는 부정할 것이다. 압류가 있을 경우, 점유관계에 관하여 어떠한 이론을 취하든,[13] 집행채무자의 점유 하에 있는 물건을 압류하였다면 집행채권자(제3자)는 직접점유를 취득하지 못한다고 할 것이다. 즉 경매절차가 개시되는 것만으로는 제3자는 그 물품의 소유권을 선의취득하였다고 할 수 없다.

---

10. 양도담보권자가 제3자 이의의 소를 제기할 수 있다는 것 역시 양도담보를 통하여 소유권을 취득하였음을 전제하고 있다. 가령 대판 1994.8.26, 93다44739 참조.

11. 대판 1999.1.26, 97다48906은 소유권유보부 매수인이 제3자에게 목적물을 보관한 후, 제3자에 대한 목적물반환청구권을 양도하고, 양도의 대항요건을 갖춘 경우 그 양수인은 그 목적물을 선의취득할 수 있다고 한다.

12. 양도담보권자(제3자)는 양도담보계약을 하면서, 가령 대여금채무의 지연이 있으면 즉시 강제집행할 수 있다는 취지의 공정증서를 작성하여 둠으로써 집행권원을 확보하기도 한다. 양도담보권자는 이에 기해 양도담보설정자가 점유하는 물품을 압류할 수 있다. 여기서 다음과 같은 것이 문제된다. 즉 양도담보권자가 만약 유효하게 그 물품의 소유권을 선의취득하였다면, 자기 소유 물건을 채권자로서 강제집행할 수 있는가? 이와 같은 것도 허용된다고 할 것이다. 법원실무제요, 강제집행(하), 85면 참조. 유효하게 양도담보권을 취득한 소유자도 그 목적물인 동산을 강제집행절차를 통하여 환가하는 것도 가능하다.

13. 이에 관하여 개괄적인 것은 민법주해 IV, 314면 이하 (최병조 집필부분) 참조

3. 경매에서의 선의취득과 소유권유보부 매도인의 보호

3.1. 선의취득의 가능성

집행채권자인 양도담보권자(제3자)가 경매절차에서 경매목적물을 매수할 수 있다. 또한 경매절차에서 목적물을 양수한 자도, 그 경매목적물이 채무자 소유가 아니더라도, 민법 제249조 이하의 요건을 갖추면 선의취득할 수 있다(가령 대판 1997.6.27, 96다51332는 매수인의 선의취득을 전제한 판결이다). 제3자가 매수인이 점유하는 물품이 매도인의 소유임을 알지 못하였고 거기에 過失이 없다면, 그 물품을 선의취득할 수 있다. 이 때 소유권유보부 매도인은 그 소유권을 종국적으로 상실할 것이다. 만약 제3자의 선의취득이 인정되지 않는다면, 매도인은 민법 제213조의 소유물반환청구권을 행사하여 제3자로부터 그 물품을 반환받을 수 있을 것이다.

3.2. 경매에서의 매수인이 선의취득한 경우 소유권유보부 매도인의 보호

가령 양도담보권자 또는 그 밖의 자가 경매절차에서 목적물을 선의취득한 경우에 소유권유보부 매도인은 매수인에게 책임을 추궁할 수 있다. 첫째, 매도인은 매매계약을 유지한 채 매수인에게 미지급 매매대금 및 지연이자의 지급을 구할 수 있다. 둘째, 매도인은 매수인과의 매매계약을 해제하고 이미 지급받은 매매대금의 반환과 상환하여 목적물의 반환을 구할 수 있다. 물론 매수인은 매매목적물을 반환할 수 없으므로 그 목적물의 가액을 반환하여야 할 것이다. 나아가 매수인은 그 목적물을 양도담보로 제공함으로써 양도담보권자가 그 목적물을 경매할 수 있도록 하였으므로 손해배상도 해야 할 것이다(민법 제748조 제2항). 물론 매도인은 매수인에게 불법행위에 기한 손해배상청구권도 행사할 수 있다. 이 양자의 권리는 경합한다고 할 것이다.

한편 매도인은 양도담보권자에게도 책임을 추궁할 수 있을 것이다. 물론 그 경매절차가 진행 중이라면 매도인은 양도담보권자를 상대로 제3자 이의의 소를 제기하여 목적물을 반환받을 수 있다. 이미 경매절차가 종료되었다면 그 목적물의 경매대가가 목적물을 대신하는 것이 된다. 따라서 경매대가는 매수인이 아니라 매도인에게 귀속되어야 할 것이다. 즉 매도인은 제3자 이의의 소를 통하여 경매대가를 반환받을 수 있다. 이미 배당절차가 종료되었다면 매도인은 배당절차에서 배당받은 채권자인 양도담보권자에게 부당이득반환청구권을 행사할 수 있다. 즉 경매대가는 매도인에게 지급되어야 하는 것임에도 불구하고 집행채권자(제3자)가 배당받았기 때문에, 그것은 제3자가 매도인의 권리를 침해한 것으로 평가된다(침해부당이득). 따라서 매도인은 제3자(=양도담보권자)에게 배당받은 금액 전부의 반환을 구할 수 있다(대판 1997.6.27, 96다51332 참조). 그러나 경매비용은 적법한 민사집행절차가 집행되어 집행관에게 지급되었으므로 그 반환을 구할 수 없다.

4. 양도담보에 대한 소유권유보부 매매의 우위

이상에서 검토한 바와 같이, 동일한 목적물이 소유권유보부 매매와 양도담보의 목적물이 된 경우, 소유권유보부 매매의 매도인이 우월적 지위에 서 있다고 할 것이다. 양도담보권자가 그 목적물을 환가하여 자기 채권의 변제에 충당하였다고 하더라도, 이를 소유권유보부 매도인에게 부당이득으로 반환해야 하기 때문이다. 물론 예외적으로 양도담보권자가 양도담보계약에 기하여 그 목적물을 선의취득하는 경우도 있을 것이다. 이런 예외적인 사안에서는 소유권유보부 매도인은 매수인에 대해서만 책임을 추궁할 수 있을 뿐이다.

제3절 부동산 양도담보

제1관 양도담보 일반

채권자와 채무자가 담보목적으로 재산권을 이전하는 것을 내용으로 하는 계약은 여러 유형이 있을 수 있다. 여기서는 이들 각 계약을 구분하여 살펴 본다.

1. 매도담보

어떤 자가 목적물을 자금을 제공할 자에게 매도하여, 그 매매대금으로 필요한 자금을 조달하지만, 별도의 채무를 부담하지 않고, 다만 일정한 기간 내에 매매대금과 이자를 덧붙여 이를 채권자에게 반환하면 그 소유권을 되찾아 오기로 하는 내용의 계약을 체결할 때, 금융조달의 목적에 초점을 맞추어 이를 매도담보라 칭하기도 한다. 담보목적물을 매도하면서 이를 환매하기로 합의한다면, 그 법적 형식은 환매계약이 될 것이다. 담보목적물을 매도한 이후에 이를 다시 취득하기로 계약하였다면, 이는 재매매의 예약이 될 것이다. 각각의 경우 매도인은 예약완결권(환매권)을 행사하여 목적물을 되찾아 올 수 있을 것이다. 그러나 그 제척기간의 경과로 소멸하면 목적물은 금융제공자에게 종국적으로 귀속된다.

매매목적물의 교환가치가 클수록, 매매대금과 환매대금 간의 차액이 클수록 매도담보를 통한 자금조달의 가능성이 높을 것이다. 그러나 이런 목적물은 부동산 등에 한정되어 있다는 점, 양도담보의 경우에도 매매를 등기원인으로 기재하는 것이 빈번하기 때문에, 양도담보와 잘 구분되지 않는다. 이런 이유 때문에, 매도담보는 양도담보계약에 흡수되어 처리되는 것이 오히려 일반적이라고 할 것이다.

2. 대물변제예약

2.1. 대물변제계약

채권자와 채무자 간의 계약으로 본래의 채무이행에 갈음하여 다른 급여를 한 때 이를 대물변제계약이라고 한다. 대물변제계약은 현실적으로 다른 급여가 채권자에게 실현된 때 비로소 성립되기 때문에 이를 요물계약이라고 한다. 부동산이 대물변제계약상의 급여인 경우, 그 소유권이전등기가 채권자 앞으로 경료되어 소유권이 이전되어야 하며, 동산의 경우 인도를 통해 소유권이 채권자에게 이전되어야 한다. 채권인 경우 제3채무자에게 통지하거나 그의 승낙을 통해 대항요건을 갖추어야 한다. 이 시점에서 비로소 대물변제계약이 성립된다. 이런 대물변제계약상의 급여가 원래의 채무(가령 원리금)를 초과한다고 하더라도 그것을 이유로 대물변제계약이 무효가 되지는 않는다. 대물변제계약이 무효가 되기 위해서는 그것이 강행규정을 위반하여 무효가 되거나 반사회적 법률행위(민법 제103조) 또는 불공정법률행위(민법 제104조)에 해당되어야 한다.

2.2. 대물변제예약

(1) 일반적인 대물변제예약

채무의 변제기에 채무자가 그 채무를 이행하지 않을 경우 원래의 채무이행에 갈음하여 다른 급여를 하기로 하는 계약을 말한다. 이는 대물변제계약을 체결하기로 하는 계약이라는 의미에서 대물변제의 예약이라고 한다.

통상의 유상계약을 예약한 경우(매매의 예약), 당사자간에 다른 약정이 없으면 일방예약으로 추정된다(민법 제567조, 제564조). 이 경우 그 예약의 일방당사자가 상대방에게 본계약을 완결할 의사를 표시하는 것으로 본계약이 성립된다. 그러나 대물변제예약에서의 예약완결권 일방예약의 그것과 다르다는 점에 유의해야 한다. 대물변제계약도 유상계약이라는 통설에 따르면, 일방예약의 규정이 준용된다고 볼 여지도 있다(민법 제567조). 그러나 대물변제계약은 본래의 채무이행에 갈음하여 다른 급여를 하고 다른 급여상의 권리가 채권자에게 이전됨으로써 비로소 성립하고 또 소멸하게 된다. 즉 대물변제계약은 요물계약이라는 것이다. 이런 대물변제계약을 예약한 경우 일방당사자가 계약을 완결할 의사를 표시하더라도 대물변제계약은 체결될 수가 없다. 즉 성질상 대물변제예약은 일방예약이 될 수 없다는 것이다. 대물변제예약에서의 예약완결권을 행사하는 것은 채무자로 하여금 대물변제계약을 체결할 의사표시를 할 것을 청구하는 것으로 나타난다. 가령 채무자는 소유권이전등기절차에서 등기신청의 의사표시를 할 의무, 즉 소유권이전등기를 경료함으로써 대물변제계약의 의사표시를 할 의무를 부담하게 된다. 그 점에서 이 때의 예약완결권은 일방예약이나 쌍방예약이 아니라, 편무예약이거나 쌍무예약이다.

대물변제예약을 한 채권자는 대물변제하기로 한 재산이 부동산인 경우, 채무자에게 소유권이전등기를 할 것을 청구하는 것으로 예약완결권을 행사하게 된다. 예약완결권을 행사하면 채무자는 소유권이전등기를 할 의무를 부담하게 된다.

이와 같은 대물변제예약 역시 대물변제계약과 마찬가지로 이전하기로 한 다른 재산권이 원래의 채무액을 초과한다는 이유로 무효가 되지는 않는다. 대물변제예약이 무효가 되기 위해서는 강행규정을 위반하거나, 그 예약이 반사회적 법률행위 또는 불공정법률행위여야 할 것이다.

(2) 소비대차계약상의 채무를 담보하기 위한 대물변제예약

민법 제607조는 "차용물의 반환에 관하여 차주가 차용물에 갈음하여 다른 재산권을 이전할 것을 예약한 경우에는 그 재산의 예약 당시의 가액이 차용액 및 이에 붙인 이자의 합산액을 넘지 못한다"고 한다. 가령 대물변제예약 당시 재산의 가액이 1억원인데, 차용액 및 이에 붙인 이자의 합산액은 9,000만원이라면, 위 규정에 위반된다. 그러나 예약 당시 재산의 가액이 가령 9,000만원이라면 민법 제607조에 위반되지 않는다. 설령 변제기에 이르러 그 부동산의 가액이 1억 2,000만원으로 상승하여 원리금의 합산액을 초과하더라도 마찬가지이다. 한편 민법 제608조는 위 규정에 위반한 당사자의 약정으로서 차주에게 불리한 것은 환매 기타 여하한 명목이라도 그 효력이 없다고 한다. 즉 무효이다.[14]

(3) 민법 제607조에 위반하여 제608조에 의해 무효가 된 대물변제예약의 처리

무효인 법률행위가 다른 법률행위의 요건을 구비하고 당사자가 그 무효를 알았더라면 다른 법률행위를 하는 것을 의욕하였으리라고 인정될 때에는 다른 법률행위로서 효력이 있다(민법 제138조). 변제기 전에 하는 대물변제의 예약은 채무이행을 담보하기 위한 목적을 가지고 있다는 점에서 양도담보와 유사하고, 대물변제예약은 장차 소유권을 이전하기로 한다는 점에 관하여 합의하기 때문에, 아직 소유권을 이전하지 않은 양도담보계약의 요건을 갖추고 있다. 그렇기 때문에 민법 제607조에 위반되는 대물변제예약은 아직 소유권을 이전하지 않은 양도담보계약으로 전환하게 하는 것이 채권자에게 불리하지 않고 또한 채무자에게도 불리하지 않다. 채무자 역시 채무이행을 담보하기 위해 재산을 이전하기로 하였기 때문이다. 대법원도 민법 제607조에 위반하는 대물변제예약은 양도담보로서의 효력은 있다고 한다(대판 1999.2.9, 98다51220 등 다수의 판결 참조).

---

14. 대물변제예약시 목적물의 시가가 채무원리금을 넘어야 하고, 그렇지 않을 경우 가담법의 적용을 부정한다. 즉 이 경우 그 약정에 기한 대물변제(유담보)도 유효한 것이 되고, 채무자는 채무원리금을 지급하여도 목적물을 환수할 수 없게 된다. 대판 1991.11.22, 91다30019; 대결 1990.1.23, 89다카21125, 21132도 同旨.

(4) 부동산이 대물변제예약상의 목적물인 경우 장래의 소유권이전등기청구권을 보전하기 위한 가등기

담보목적으로 대물변제예약을 한 경우, 예약완결권을 행사할 수 있는 요건이 충족된 시점에서 채권자는 채무자에게 합의한 다른 급여를 현실적으로 할 것을 청구할 수 있다. 채무자가 그 급여를 현실적으로 실현하면 그것으로 대물변제계약이 체결된다. 가령 원래의 급부에 갈음하여 부동산의 소유권을 이전하기로 한 경우, 채권자는 소유권이전등기를 할 것을 청구할 것이다. 채권자의 입장에서는 장래의 예약완결권을 보전하기 위해, 채무자가 대물변제하기로 한 목적물을 달리 처분하지 못하도록 할 필요성이 있다. 대물변제하기로 한 것이 동산, 채권인 경우 마땅한 수단이 없지만, 그 목적물이 부동산(기타 등기나 등록을 할 수 있는 물건도 동일)인 경우 장래의 소유권이전등기청구권을 보전하기 위한 가등기를 해 두면, 그 목적을 충분히 실현할 수 있게 된다. 따라서 대물변제예약의 목적물이 부동산인 경우에는 소유권이전등기청구권을 보전하기 위한 가등기가 수반되는 때가 빈번하다. 이 때의 가등기는 채권담보목적으로 체결된 대물변제예약상의 소유권이전등기청구권을 보전하기 위한 가등기이므로, 담보가등기라고 한다. 이 담보가등기는 순위보전의 가등기와 달리, 피담보채무가 변제, 소멸시효의 완성 등으로 소멸하면 등기말소 여부와 무관하게 소멸한다.

대판 2007.3.15, 2006다12701

담보가등기를 경료한 토지를 인도받아 점유할 경우 담보가등기의 피담보채권의 소멸시효가 중단되는 것은 아니고, 담보가등기에 기한 소유권이전등기청구권의 소멸시효가 완성되기 전에 그 대상 토지를 인도받아 점유함으로써 소유권이전등기청구권의 소멸시효가 중단된다 하더라도 위 담보가등기의 피담보채권이 시효로 소멸한 이상 위 담보가등기 및 그에 기한 소유권이전등기는 결국 말소되어야 할 운명의 것이다.

한편 소비대차계약상의 채권을 담보하기 위해 부동산을 목적물로 한 대물변제예약을 하고, 부동산에 가등기를 한 경우도 이와 다르지 않다. 다만 그 대물변제예약이 민법 제607조를 위반한 것이어서 제608조에 따라 무효가 되고, 양도담보계약으로 전환된 경우, 그 가등기는 양도담보계약상의 소유권이전등기청구권을 보전하기 위한 가등기가 될 것이다. 이 때의 가등기도 담보가등기라고 한다. 그러나 이 때의 담보가등기는 앞의 담보가등기와 달리, 가등기담보 등에 관한 법률상의 담보물권으로 취급되기 때문에, 그 부동산이 강제경매되면 소멸되는 것이 원칙이다(가등기담보 등에 관한 법률 제15조).

일단 부동산에 가등기가 경료되어 있는 경우, 그 부동산이 강제경매에 회부되면, 집행법원은 가등기담보등에 관한 법률 제16조에 따라 그 가등기가 담보가등기인지, 순위보전의 가등기인지를 신고할 것을 최고하는데, 아무런 회답이 없을 경우 순위보전의 가등기로 보고, 경매에서의 매수인이 이를 인수할 수 있음을 전제로 하여 경매를 진행할 것이다(대결 2003.10.6, 2003마1438 참조). 만약 그 가등기가 가등기담보 등에 관한 법률상의 담보가등기라면, 그 가등기가 말소되지 않고 남아 있다고 하더라도 소유권을 취득한 경매에서의 매수인은 방해배제청구권을 행사하여 그 가등기의 말소를 청구할 수 있다(민법 제214조).

3. 양도담보

3.1. 양도담보계약 일반

채권담보의 목적으로 채권자에게 목적물의 소유권을 이전하면서, 채무자가 피담보채무를 변제하면 그 목적물의 소유권을 채무자에게 반환할 것을 약정하는 것을 양도담보계약이라고 한다. 피담보채권은 통상 소비대차에 기한 원리금반환채권이겠지만, 거기에 한정되지 않는다. 매매대금채권, 공사대금채권, 보수채권 등은 그 발생원인 여하와 무관하게 양도담보계약에 의해 담보될 수 있다. 양도담보계약의 목적물 역시 동산, 부동산, 채권, 지적재산권 등으로 다양하다. 한편 양도담보계약으로 재산권을 이전하기로 하는 자가 채무자가 아닌 제3자여도 무방하다. 이 때의 제3자는 물상보증인과 유사한 지위에 있게 된다.

양도담보계약을 체결하면, 통상 양도담보설정자는 채권자인 양도담보권자에게 재산권을 이전하게 되고, 양도담보권자는 이 계약에 기해 취득한 재산권을 담보목적으로만 활용할 것을 합의한다. 그 합의에는 채무자의 채무불이행이 있을 경우 담보물의 환가방법, 환가대금으로 피담보채무의 변제에 충당하는 방법, 변제충당 후 잔여금 또는 부족액의 처리 등의 내용이 포함될 것이다. 이 합의는 특정의 방식을 요구하지도 않고, 그 내용을 별도로 규율하는 법률이 없으므로, 전적으로 사적 자치에 맡겨져 있다. 그러나 담보목적으로 재산권을 취득하기 때문에 정형적인 담보실행방법의 합의가 관행으로 자리잡기 마련이며, 당사자의 의사가 불명료한 경우 이 관행을 기준으로 하여 양도담보계약의 내용을 해석하게 될 것이다(민법 제106조).

정형적인 양도담보계약은 담보물로써 피담보채권을 만족시키는 방법에 따라 채권자가 정산의무를 부담하는 것과 정산의무를 부담하지 않는 유담보형으로 구분할 수 있다. 前者를 약한 의미의 양도담보, 後者를 강한 의미의 양도담보라 한다. 약한 의미의 양도담보인지, 아니면 강한 의미의 양도담보인지는 일차적으로 담보계약당사자의 의사해석에 달려있다. 대법원은 특별한 사정이 없는 한 약한 의미의 양도담보계약이 체결되었다고 본다.

대판 1998.4.10, 97다4005

기존의 채무를 정리하는 방법으로 다른 재산권을 이전하기로 하면서 일정 기간 내에 채무 원리금을 변제할 때에는 그 재산을 반환받기로 하는 약정이 이루어졌다면, 다른 특별한 사정이 없는 한 당사자 간에는 그 재산을 담보의 목적으로 이전하고 변제기 내에 변제가 이루어지지 않으면 담보권 행사에 의한 정산절차를 거쳐 원리금을 변제받기로 하는 약정이 이루어진 것으로 해석하여야 한다. 부동산에 관하여 정산절차를 예정한 약한 의미의 양도담보 약정이 이루어졌다면 채권자는 채무의 변제기 후 반드시 담보권 실행을 위한 정산절차를 거쳐야만 하는 것이고, 채무자로서는 채권자가 담보권을 실행하여 정산절차를 마치기 전에는 채무를 변제하고 부동산에 대한 채권자 명의의 소유권이전등기의 말소를 구할 수 있다고 할 것인바, 이는 양도담보 약정 당시 당해 부동산의 시가가 채권 원리금에 미달한다 하더라도 마찬가지이다.

3.2. 양도담보계약과 민법 제607조, 제608조

초창기 대법원은 대물변제예약에 기해 담보가등기를 경료한 경우 목적물의 가액이 채무의 원리금을 초과하는 한 그 가등기에 기한 본등기 역시 무효라는 입장이었다.[15] 반면 양도담보에서는 대물변제예약이 없기 때문에 민법 제607조, 제608조가 적용될 여지가 없어 위 조항이 양도담보계약의 유효성에 영향을 주지 않는다고 보았다.

대판 1962.2.22, 4294민상943

민법 제607조는 소비대차 계약에 있어서 빌린 물건의 반환에 관하여 빌린 사람이 빌린 물건에 가름하여 다른 재산권을 이전할 것을 예약하는 경우에만 적용이 되는 것이고 양도담보 계약에 있

15. 대판 1962.5.24, 62다67 참조.

어서와 같이 빌린 사람이 빌린 물건을 반환하는 채무를 담보하기 위하여 담보 목적물의 소유권을 빌려준 사람에게 이전하는 경우에는 그 적용이 없다.

그러나 그 후 대법원은 대물변제예약 전체가 무효가 아니라, 초과부분에 한하여 무효가 되고, 그 계약은 약한 의미의 양도담보계약으로 전환된다는 입장을 전개하였다.

대판 1967.3.28, 67다61

대물변제예약이 민법 제607, 608조에 의하여 소론과 같이 무효라하여도 이는 본건 목적물에 대한 위 대물변제예약당시의 가격이 위의 채무원리금 합산액을 초과한 경우에 그 초과 부분에 대하여는 민법 제607, 608조에 의하여 무효라 할 것이나 위의 원리금 채무를 담보하는 범위 내에서만은 그 담보의 효력이 있다 할 것이며, 위의 "담보"는 A(담보권자)의 명의로 이전등기가 된 소유권은 대내, 대외적으로 이전된 소위 강한 의미의 양도담보가 아니고, 다만 대외적으로만 소유권이 이전될 뿐 대내적으로는 채무담보의 효력만이 이는 소위 약한 의미의 양도담보에 해당된다 할 것이므로(대법원 1966.4.6. 선고 66다218 사건판결 참조) 대외적 관계에 있어서 완전히 소유권을 취득한 A로부터 본건 부동산을 매수하여 그 명의로 소유권이전등기를 한 B는 정당한 소유자라 아니할 수 없다. 따라서 B는 원고에게 대하여 그 소유권이전등기를 말소하여야 할 의무가 없다.

이어서 대법원은 제608조의 "제607조의 규정에 위반한 당사자의 약정으로서 차주에 불리한 것은 환매 기타 여하한 명목"이라도 무효라는 부분에 초점을 맞추어 환매이든, 양도담보이든, 차용물의 반환에 갈음하여 소유권을 이전하기로 한 경우에는 제607조의 적용이 있다는 입장을 전개하였다.

대판 1968.1.31, 67다2227

민법 제607조, 제608조의 규정은 차용물의 반환에 관하여 차용자가 그 차용물에 갈음하여 다른 재산권을 이전할 것을 예약한 경우에 그 재산의 예약당시의 가격이 차용액과 그에 관한 이자를 합산한 액을 초과할 때는 위와 같은 계약이 환매 기타 어떠한 명목으로 하였던 간에 차용자에게 불리한 것은 효력이 없다라고 규정하였고, 위와 같은 무효는 위의 대물반환 예약 전체가 무효인 것이 아니고, 그 채무액과 이자를 합산한 액을 초과한 부분에 한하여 무효라고 함이 종래 본원의 판례이다. 위와 같은 규정은 당사자 간에 대차관계가 있고, 그 채무이행의 담보의 의미로 차용물에 갈음된 다른 재산권의 이전을 예약한다거나, (후일 변제하지 못함으로써 그 예약에 따라 대물변제가 되었다 하여도 이는 역시 위의 규정에 따라 그 초과액에 대하여는 무효) 그 차용물의 반환에 관한 의무이행을 담보하는 의무로 상대방에게 형식상 다른 재산권을 이전하고 후일 위 채무를 이행한 때에는 그 사실상 담보로 제공된 권리를 다시 찾아온다는 의미의 환매특약을 한다거나 그 외에 형식상 어떠한 명목으로 든지 상대방에게 권리를 이전하였다 하여도 그것이 사실상 당사자 간의 채무이행을 담보하는 의미에서 이루어진 것이라면, 그것이 환매 기타 여하한 명목으로 되어 있다 하여도 그 이전된 권리의 예약 당시의 싯가가 그 차용금의 원리금을 초과하는 한도에서는 무효라는 취지로 해석해야 한다.

따라서 양도담보계약의 효력이 강한 의미의 양도담보을 약정한 것이고, 피담보채무가 (준)소비대차계약상의 채무인 경우 민법 제607조에 위반되면, 이는 그 한도에서 무효가 되어 약한 의미의 양도담보로 전환된다는 것이 대법원의 입장이라고 할 것이다. 대법원은 정산이 필요없는 유담보형의 강한 의미의 양도담보라는 개념을 인정하고 있지만, 강한 의미의 양도담보를 인정한 사안은 거의 찾아 볼 수 없다.

대판 2001.8.24, 2000다15661

[사안] 소외인의 피고에 대한 채무를 담보하기 위해 원고 소유의 이 사건 부동산의 소유권이전등기를 경료하였는데, 담보목적으로 가등기를 하지 아니하고 소비대차와 동시에 매매를 원인으로 한 소유권이전등기를 마쳤다. 그 후 원고는 피고를 상대로 정산금이 지급되지 않았다는 이유로 정산금의 지급을 구하는 소송을 제기하였다. 피고는 그 항변으로 강한 의미의 양도담보계약이라는 점, 청산금이 없어서 정산절차를 거친 후 자기에게 소유권을 귀속시킴으로써 정산을 마쳤음을 항변하였다. 대법원은 후자의 항변은 타당하다고 보았으나, 전자의 항변은 다음과 같은 이유로 배척하였다.

[대법원 판결] 담보 목적으로 소비대차와 동시에 매매를 원인으로 한 소유권이전등기를 마쳤더라도 특별한 사정이 없는 이상 이는 정산절차를 요하는 이른바 약한 의미의 양도담보에 해당한다. 채권의 담보 목적으로 재산권을 채권자에게 이전한 경우 그것이 어떠한 형태의 담보계약인지는 개개의 사건마다 구체적으로 당사자의 의사에 의하여 확정되어야 할 문제이나 다른 특약이 인정되지 아니하는 경우에는 당사자 사이에 정산절차를 요하는 약한 의미의 양도담보로 추정된다(대법원 1999.12.10. 선고 99다14433 판결 참조). 관련 증거를 기록과 대조하여 살펴보면 피고 주장의 대물변제의 합의 또는 정산배제특약이 있었음을 인정할 수 없다고 본 원심의 조치는 수긍할 수 있다.

여기서도 알 수 있듯이 당사자의 의사가 명확하지 않을 경우, 계약의 내용, 계약체결 전후의 제반사정을 감안하여 판단하되, 강한 의미의 양도담보는 대물변제계약을 체결한 것과 유사한 사정이 있을 때에야 인정될 수 있다.

3.3. 학설상의 양도담보 이론구성

(1) 담보물권설

양도담보계약에 의하여 저당권이 설정되고 그 저당권의 실체는 현행법의 법정절차에 의하지 않고 환가할 수 있는, 즉 사적실행이 보장된 저당권이라는 것이다. 따라서 담보권자가 취득하는 것은 저당권뿐이고 소유권이전은 처음부터 일어나지 않는다고 한다. 다만 외관상은 소유권이전등기를 하므로 그 등기가 실체에 부합하지 않는 무효의 등기가 된다는 문제가 있으나, 저당권을 초과하는 부분만이 무효라고 해석하면 해결될 수 있다고 한다. 이 입장은 담보권자는 저당권자일 뿐이므로 당사자 간의 내부관계에서는 목적물의 사용, 수익권은 당연히 설정자에게 있고 양도담보권자는 변제기에 있어 우선변제기능의 실행을 위하여 목적물의 인도를 구할 수는 있으나, 이는 청산금지급과 동시이행관계에 있다고 한다. 설정자는 대외적으로도 소유자이므로 제3자에 대해서도 소유권을 행사할 수 있고, 담보권자가 파산하면 환취권도 행사가능하고 담보권자가 목적물을 담보권행사의 범위를 넘어 제3자에게 처분하였을 때에는 그 반환을 구할 수도 있고, 담보권자의 일반채권자가 목적물을 강제집행하더라도 그 외관상 소유권이 저당권에 지나지 않음을 주장할 수 있다고 한다.

(2) 신탁적 양도설

양도담보계약에 의해 가령 부동산 소유권이전등기가 경료되었음에도 불구하고 양도담보권자가 담보물권을 취득하였다고 하는 것은 민법 제185조의 물권법정주의에 반하는 것이라고 주장한다. 물권은 그 성립요건과 효력에 관하여 법률의 규정이 있어야 하고, 특히 담보물권의 한 내용인 담보권실행방법 역시 물권법정주의에 따라 법률에 그 규정이 있어야만 한다. 그런데 가등기담보등에 관한 법률을 제외하면 담보권실행을 당사자간의 합의에 맡기는 담보물권은 우리 법에 없다. 물론 소유권이전등기를 경료하더라도 담보물권이 설정된다는 관습법, 담보권실행방법은 당사자의 약정에 맡겨진다는 관습법이 있으면 모르겠으나 그와 같은 관습법을 인정하기도 어렵다. 그렇다면 양도담보계약에 따라 소유권 등 재산권을 이전하기로 한 당사자의 합의대로 양도담보권자는 소유권 등의 재산권을 취득하는 것이라고 하는 것이 적절하다는 것이다. 판례도 가등기담보 등에 관한 법률의 적용대상이 아닌 사안에서는 가등기담보 등에 관한 법률을 적용하거나 유추적용하지 않는다 (가령 대판 1998.6.26, 97다1495 등 다수 판결 참조).

3.4. 대법원의 양도담보 이론구성의 특징

(1) 소유권의 관계적 분열

대법원은 양도담보는 외부적 권리이전형과 대내외부적 권리이전형 두가지가 있고, 일반적으로는 외부적 권리이전이라고 한다(대판 1967.3.28, 67다61). 前者를 약한 의미의 양도담보, 後者를 강한 의미의 양도담보라고 칭하기도 한다. 대법원은 사실상 약한 의미의 양도담보만을 인정하는 태도를 취하는데, 이 경우 소유권이 대외적, 대내적으로 분열되어 외부적 소유권만이 양도담보권자에게 이전된다는 이론을 견지하고 있다. 그 결과 대외적으로 양도담보권자가 제3자에 대한 관계에서는 완전한 소유권을 취득한다. 소유물반환청구권도 외부적 소유권자에게 있다고 한다. 양도담보권자로부터 소유권을 양수한 제3자는 약한 의미의 양도담보 설정의 사실(대내외적 소유권분열의 사실)에 관하여 선의인지 악의인지를 불문하고 소유권을 취득한다고 한다.

(2) 내부적 소유권

다음과 같은 양도담보설정자의 지위는 내부적 관계에서는 소유권은 여전히 양도담보설정자에게 남아 있다고 보는 것에서 비롯되기도 한다. ① 목적물의 사용, 수익권은 여전히 양도담보설정자에게 있으며, 양도담보권자는 사용수익권이 없고, 따라서 채권자가 채무자로부터 임대보증금 및 월세조로 금원을 받았다면 그것은 채무원금 중의 일부와 이자조로 지급된 것으로 보아야 한다고 판단한다.

대판 1977.5.24, 77다430

부동산의 등기이전이 약한 의미의 양도담보라면 채권자에게는 담보권이 있을 뿐 그 사용수익권이 있을 수는 없으므로 위 피고가 받았다고 자인하는 임대보증금 및 원금 중의 일부변제와 이자조로 지급된 것으로 보아야 한다.

② 채권자는 양도담보설정자에게 담보권실행을 위한 인도청구만이 가능하고, 소유물반환청구권을 행사할 수 없다.

대판 1991.11.8, 91다21770

채권담보를 위하여 소유권이전등기를 경료한 양도담보권자는 채무자가 변제기를 도과하여 피담보채무의 이행지체에 빠졌을 때에는 담보계약에 의하여 취득한 목적부동산의 처분권을 행사하기 위한 환가절차의 일환으로서 즉, 담보권의 실행으로서 채무자에 대하여 그 목적부동산의 인도를 구할 수 있고, 제3자가 채무자로부터 적법하게 목적부동산의 점유를 이전받은 경우에는 그 목적부동산의 인도청구를 할 수도 있다 할 것이나 직접 소유권에 기하여 그 인도를 구할 수는 없다.

대판 1996.6.28, 96다9218도 마찬가지로, 담보목적으로 소유권보존등기를 경료한 채권자는 채무자인 건물의 원시취득자로부터 건물을 임차하여 입주한 피고들에게 소유자임을 내세워 반환청구할 수 없다고 한다.[16] 이런 법률론은 그 이후에도 계속되고 있다(가령 대판 2001.1.5, 2000다47682 참조). 대법원의 이런 이론은 양도담보설정자가 내부적 소유권을 가지고 있기 때문에, 그에 대해서는 소유물반환청구권을 행사할 수 없다는 논리로 이해될 수 있을 것이다. 만약 관계적 소유권 이론을 부정한다면(소유권의 관계적 분열은 물권변동에서 등기나 인도를 성립요건으로 삼는 주의로 전환한 우리 법제에서는 쉽게 인정하기 곤란함은 분명하다), 대법원의 법률론은 다음과 같이 善解할 수 있을 것이다. 첫째, 담보목적으로 소유권을 취득한 채권자가 소유물반환청구권을 행사하더라도, 담보설정자가 채권자에 대해 자주점유할 권리를 가지고 있는 한, 그로부터 적법하게 인도받아 점유하는 자는 민법 제213조의 점유할 권리로써 항변할 수 있다. 둘째, 담보계약상의 "담보권실행의 요건"이 충족되어 채권자가 그 합의에 따른 정산절차를 개시할 때 비로소 양도담보제공자의 자주점유할 권리가 없어지고, 따라서 그로부터 점유를 승계받은 점유자의 점유할 권리도 없어진다. 이 때 채권자는 담보제공자로부터 적법하게 인도받은 점유자에 대해 소유물반환청구권을 행사할 수 있다. 위 91다21770 판결에서 말하는 "소유권에 기하여는 반환청구를 하지 못하지만 담보권실행을 위해서는 반환청구할 수 있다는 것"은 바로 이런 "담보권실행의 요건"이 충족되어 양도담보설정자가 더 이상 자주점유할 권리가 없어질 때 비로소 반환청구할 수 있다는 의미로 이해할 것이다.

③ 양도담보설정자는 부동산의 불법점유자를 상대로 하여 자신이 실질적 소유자임을 주장하여 방해배제청구권을 행사할 수 있다.

---

16. 임호영, "甲이 乙의 垈地를 매수하여 住宅을 建築하되 그 垈地代金의 擔保를 위하여 建築許可 및 登記를 乙 名義로 한 경우, 甲으로부터 건물을 임차한 丙에 대한 乙의 明渡請求의 可否", 대법원판례해설 통권 제27호, 77면 이하, 특히 84면은 이 판결을 평석하면서 원고가 소유권이 아니라, 담보권실행을 이유로 하여 부지반환을 요구하였더라면 그 청구가 인용되었을 것이라고 한다.

대판 1988.4.25, 87다카2696,2697

[사안] 반소원고가 이 사건 대지를 A에게 담보목적으로 소유권이전등기를 경료하였다. 그런데 반소피고가 이 사건 대지에 건물을 지어 점유하고 있는데, 반소원고가 반소피고를 상대로 대지에 대해 방해배제청구권을 행사하였다. 대법원은 다음과 같은 이유로 반소원고의 청구가 인용될 수 있다고 보았다.

[대법원 판결] 부동산의 양도담보권설정자는 그 부동산의 등기명의가 양도담보권자 앞으로 되어있다 할지라도 그 부동산의 불법점유자인 제3자에 대하여는 그 실질적 소유자임을 주장하여 불법점유의 상태의 배제권을 행사할 수 있다.

대판 1976.2.24, 75다1608에서는 대법원은 양도담보목적물인 부동산을 제3자가 불법적으로 점유하는 경우, 양도담보설정자는 실질적 소유자임을 내세워 목적물반환청구권을 행사할 수 있다고 보았다. 소유권의 관계적 분열을 전제한 후 내부적 소유권이 양도담보설정자에게 있다는 것이다. 그러나 유효한 명의신탁계약에 기해 소유권이전등기를 한 경우, 수탁자만이 제3자에 대해 물권적 청구권을 행사할 수 있다는 대법원 전원합의체 판결 1979.9.25. 선고 77다1079로 대판 75다1608에서처럼 실질적 소유권에 기초하여 목적물반환청구권을 행사할 수 있다는 논리는 사실상 사라졌다고 할 수 있다. 그럼에도 불구하고 위 87다카2696, 2697 판결은 실질적 소유자임을 내세워 방해배제청구를 할 수 있다고 한 것은 일응 의외인 것처럼 보인다. 즉 명의신탁의 경우 다른 특별한 사정이 없으면 목적물의 사용·수익권한이 명의신탁자에게 있고, 양도담보의 경우에도 다른 특별한 사정이 없으면 목적물의 사용·수익권한이 양도담보설정자에게 있는데, 왜 前者와 달리 後者의 경우에 방해배제청구권이 인정되는가라는 의문이 제기될 수 있다는 것이다. 그러나 어떤 물건을 사용·수익할 권한이 있는 자는 이를 불법으로 점유하는 자에게 부당이득반환청구권을 행사할 수 있는데,[17] 이 때 침해자가 누리는 부당이득은 점유 및 점유로 인한 사용이익이 될 것이다. 따라서 부당이득반환청구권자는 점유의 반환(이를 통해 장래의 부당이득이 제어될 수 있다) 및 기왕의 사용이익에 대한 부당이득반환을 청구할 수 있음은 말할 것도 없다. 위 판결의 사안에서 양도담보권자는 반소피고가 점유하는 대지의 반환을 구할 수 있을 것이고, 그 반환은 원물의

17. 지상권의 침해로 인해 이득을 얻은 자에 대해 부당이득반환청구를 할 수 있는 것은 지상권자라는 판결로는 대판 1974.11.12, 74다1150 참조. 양도담보의 목적물을 불법점유하는 자의 사용이익에 대해 부당이득반환청구권을 행사할 수 있는 자는 양도담보설정자라는 판결로는 대판 1991.10.8, 90다9780 참조.

반환이므로 반소피고가 소유하는 건물을 제거한 상태에서의 대지반환이 될 것이다. 위 대법원 판결은 내부적 소유권이 양도담보설정자에게 귀속되어 있다는 것에 근거하여 이런 결론을 도출하였지만, 관계적 소유권을 부정하는 입장에서도 동일한 결론에 도달할 수 있을 것이다.

3.5. 가등기담보등에 관한 법률과 부동산 양도담보의 관계

(1) 가담법의 적용을 받는 부동산 양도담보

앞서 살펴 본 것처럼 대법원은 유저당형의 양도담보계약을 체결하고 소유권이전등기를 하거나, 대물변제예약에 기초하여 담보가등기를 경료한 후 본등기를 경료한 경우, 이전하기로 한 재산권의 계약 당시의 가액이 (준)소비대차계약상의 원리금의 합계를 초과하는 경우에는 민법 제607, 제608조에 의하여 무효가 된다고 한다. 그러나 동시에 그에 기한 소유권이전등기는 약한 의미의 양도담보로서의 효력을 갖게 되고, 그 점에서 유효하다는 해석을 하고 있다.

대판(전) 1984.12.26, 83누661

채권담보의 목적으로 가등기를 경료한 후 일정시기까지 원리금을 변제하면 위 가등기를 말소하고, 그 원리금을 변제하지 않으면 위 가등기에 기한 본등기를 담보의 목적으로 이행한다는 내용의 제소전 화해를 하였다가 채무자가 위 원리금을 변제하지 않아 그 제소 전 화해에 따라 가등기에 기한 본등기를 마친 경우라면 위 소유권이전등기는 위 채권에 대한 담보권의 실행을 위한 방편으로 경료된 이른바 정산절차를 예정하고 있는 약한 의미의 양도담보라 할 것이어서, 정산절차를 완료하였다는 등 다른 특별한 사정이 없는 한 위 부동산은 국세기본법 제42조 소정의 이른바 양도담보 재산에 해당된다.

따라서 (준)소비대차계약상의 채무를 담보하기 위해 대물변제예약을 하거나 강한 의미의 양도담보계약을 체결한 경우에는 민법 제607조, 제608조에 의해 모두 약한 의미의 양도담보로 전환되고, 그 계약에 기초하여 담보가등기 또는 소유권이전등기를 경료하게 되면 가등기담보등에 관한 법률의 적용을 받게 된다. 약한 의미의 양도담보계약을 체결한 경우에는 민법 제607조에 저촉되지는 않지만, 가등기담보 등에 관한 법률의 적용을 받는다.

(2) 가담법의 적용을 받지 않는 부동산의 양도담보

위에서 열거한 요건을 갖추지 않은 경우, 가령 소비대차계약상의 채권을 담보하기 위하여 부동산소유권을 양도하였으나 양도 당시 그 부동산의 가액이 차용액 및 이자의 합산액을 초과하지 않는 경우, 담보목적으로 부동산소유권을 이전하였고 양도 당시의 부동산의 가액이 피담보채권액을 초과하더라도 피담보채권이 매매대금채권이거나 도급계약상의 보수채권 등인 경우, 소비대차계약상의 채권을 담보하기 위한 것이고 이전하기로 한 재산의 가액이 원리금의 합계를 상회하더라도 그 재산이 등록할 수 없는 동산인 경우 등에는 가담법이 적용되지 않는다. 이러한 양도담보는 대법원의 판례에 따르면 당사자 간에 합의한 담보권실행방법에 따라 담보물을 처분하여 채권을 만족시킬 수 있게 된다.

제2관 부동산양도담보권의 내용

1. 양도담보계약의 내용

양도담보설정자(채무자 또는 물상보증인)가 채권자(양도담보권자)에게 소유권을 이전해 주기로 한 약정, 즉 물권변동에서의 원인행위는 양 당사자 사이의 "담보계약"(Sicherungsvertrag) 또는 "양도담보계약"이다. 그 계약의 내용은 당사자의 합의에 따라 달라지겠지만, 그 전형적인 내용에는, 담보목적물의 유지, 채무불이행시의 채권만족방법(청산 또는 유담보), 채무이행시의 목적물환수 등에 관한 합의가 포함될 것이다.[18] 양도담보의 경우 대법원이 종래부터 인정하여 오던 바의 내용은 다음과 같다. 채권담보의 목적으로 채권자에게 소유권을 이전하지만, 목적물의 사용·수익권은 여전히 담보제공자인 채무자에게 있다는 것,[19] 채무불이행시 비로소 담보목적으로 소유권등기를 한 채권자가 담보권실행을 위한 명도청구를 할 수 있다는 것,[20] 목적물을 인도받은 후 채권자는 그 목적물을 처분하거나 자신에게 귀

18. 양창수, "부동산실명법 제4조에 의한 명의신탁의 효력", 법학(서울대) 38권 1호, 55면 참조

19. 가령 대판 1988.11.22, 87다카2555; 대판 1977.5.24, 77다430 등 다수의 판결 참조.

20. 대판 1979.10.30, 79다1545 참조. 양도담보계약을 체결하였으나 아직 소유권이전등기를 경료하지 않은 경우라면 담보권실행을 위하여 소유권이전등기를 경료해 줄 것을 청구하는 것과 목적물을 인도하는 것을 같이 청구할 수 있는 것이 양도담보계약의 내용이다. 양도담보계약을 체결한 후 소유권이전등기를 하지 않은 채 그 이전등기청구권을 보전하기 위해 가등기를 한 경우, 가등기담보라고 하

속시킴으로써 그 가액으로 채무변제에 충당하고 그 잔액은 채무자에게 반환하여야 한다는 것[21] 등이 그것이다.

2. 담보권실행 전의 양 당사자 사이의 법적 지위

2.1. 양도담보설정자 및 양도담보권자의 지위

양도담보계약에 기초하여 채권자에게 소유권이 이전되더라도 그의 소유권의 권능(민법 제211조)은 채무자와의 관계에서 제약된다.[22] 물론 이런 제약은 채권적 효력 이상을 가지지 않는다. 법률규정에 의하지 않은, 당사자 사이의 합의에 따른 이런 제약에 대세적 효력을 인정하는 것은 물권법정주의에 반하기 때문이다. 즉 담보계약에는 담보목적으로 소유권을 이전한다는 것뿐 아니라 담보목적으로 소유권을 취득한 채권자의 소유권행사의 제약에 관한 합의도 포함된다. 따라서 채무변제기일의 도과 등 채권자가 담보계약에서 정한 청산절차를 개시하기 전까지, 별도의 합의가 없는 한, 그 부동산은 적법하게 채무자의 자주점유 하에 있고, 그 기간 동안 채무자는 소유자가 아니더라도 매매 또는 임대차계약을 통하여 그 부동산을 제3자로 하여금 점유하게 할 수 있다. 채무자로부터 점유를 이전받은 제3자는 적법한 점유자인 것이다. 만약 채권자가 민법 제213조의 소유물반환청구권을 행사하면, 제3자는 동조 단서의 점유할 권리(여기서는 채권적 권리)로써 항변할 수 있다. 그러므로 채권자가 채무자로부터 적법하게 인도받은 점유자에게 소유물반환청구권을 행사하기 위해서는 담보계약의 한 내용인 "담보권실행의 요건"(보다 엄밀하게 말하면 "채권만족방법으로서의 귀속 또는 처분정산을 개시할 요건)이 충족되어야 한다.

는데, 이 때에는 본등기의 청구와 목적물의 인도를 청구하는 것이 가등기담보계약의 내용이 된다. 그 후 담보권을 실행하는 것이 남게 된다.

21. 대법원은 청산절차 이후 반환할 청산금을 부당이득으로 본다. 가령 대판 1984.2.14, 83다카1645 참조. 그러나 가령 대판 1973.6.5, 73다38은 정당한 가격으로 매각할 주의의무가 있다고 하고, 대판 1981.5.26, 80다2688은 그 환가나 평가가 언제나 객관적으로 공정한 가격으로 산출하여야 하며, 따라서 적정한 가격보다 저렴한 가격으로 환가한 때는 채무불이행책임을 부담한다고 한다. 그렇다면 적정가격으로 평가하여 남은 것을 반환할 의무도 담보계약상의 의무라고 할 것이다.

22. 신탁행위의 일종인 명의신탁에서 신탁자와 수탁자 간의 법률관계에 관한 양창수, 앞의 글, 67면 이하는 이 점에서 많은 시사점을 제공한다.

2.2. 양도담보권자 및 양도담보설정자의 물권적 청구권 또는 부당이득반환 청구권

양도담보권자는 담보권실행을 위해 양도담보설정자에게 소유물반환청구권을 행사할 수 없다. 앞서 언급한 대판 1991.11.8, 91다21770; 대판 2001.1.5, 2000다47682 등 다수의 판결은 양도담보권자는 양도담보설정자 및 그로부터 적법하게 목적 부동산의 점유를 이전받은 자에 대해서는 소유물반환청구권을 행사할 수 없고, 채무자가 변제기를 도과하여 피담보채무의 이행지체에 빠졌을 때에는 담보계약에 의하여 취득한 목적부동산의 처분권을 행사하기 위한 환가절차의 일환으로서 즉, 담보권의 실행으로서 채무자에 대하여 그 목적부동산의 인도를 구할 수 있다고 한다. 물론 양도담보목적물을 불법적으로 점유하는 자에 대해서는 양도담보권자는 소유권에 기한 목적물반환청구권을 행사할 수 있다. 앞서 언급한 대법원 판결에 따르면 불법점유자에 대해 양도담보설정자는 방해배제청구권을 행사할 수 있다고 한다(이는 부당이득반환청구권의 한 내용으로서 점유반환 및 점유반환에 부수한 권리로 선해해야 할 것이다. 이 점은 위 3.4의 (2) 참조).

3. 담보권의 실행방법

양도담보권자는 다음과 같은 방법에 따라 담보권을 실행할 수 있다.

3.1. 목적물의 인도청구(소유권이전등기가 경료된 경우)

먼저 양도담보권자는 목적물을 점유하고 있는 양도담보설정자에게 목적물의 인도를 청구할 수 있다.[23] 양도담보권자에게 소유권이 이전된 후 양도담보설정자가 제3자에게 그 목적물을 임대하거나 사용대차한 경우, 양도담보권자는 임차인 또는 사용차주에게 직접 자기에게 목적물을 인도할 것을 청구할 수 있다. 그러나 양도담보권자에게 소유권이 이전되기 전에 양도담보설정자가 유효하게 제3자에게 임대하고 그 제3자가 대항력을 갖춘 경우, 양도담보권자는 양도담보설정자의 간접점유의 인도를 청구할 수 있을지언정, 담보권실행을 위한 목적으로 그 제3자에게

23. 가등기담보권의 경우 본등기의 청구와 아울러 목적물의 인도를 청구할 수 있다.

목적물의 인도를 청구할 수 없다. 양도담보권자는 대항력 있는 임차권의 부담 있는 부동산을 처분하여 피담보채권의 변제에 충당할 수밖에 없다.

만약 양도담보계약이 체결된 이후 아직 소유권이전등기가 경료되기 전이지만, 그 계약에서 정한 바에 따라 담보권을 실행할 수 있는 시점(변제기의 도래)이라면, 소유권이전등기와 목적물의 인도를 청구할 수 있을 것이다. 만약 이 경우 양도담보설정자로부터 적법하게 점유를 취득하였으나, 물권 또는 대세적 효력있는 대항력을 갖추지 못한 제3자가 그 목적물을 여전히 점유하고 있다면, 소유권이전등기가 경료된 이후에야 그에게 목적물의 반환을 청구할 수 있을 것이다.

3.2. 본등기 및 인도 청구(담보가등기가 경료된 경우)

양도담보계약을 체결하고 그 계약에 기한 소유권이전등기청구권을 보전하기 위한 가등기(담보가등기)를 설정하는 경우도 적지 않다. 이런 경우 양도담보권자는 담보권 실행을 위해 본등기 및 점유의 이전을 청구할 수 있을 것이다. 한편 위와 같은 담보가등기를 설정하는 경우, 양도담보계약의 당사자들은 형식적으로는 매매예약을 하고, 그 예약상의 소유권이전등기청구권을 보전하기 위한 가등기를 해 둘 것이다. 또한 채무불이행시 소유권이전의 본등기를 곧바로 할 수 있도록 제소전화해조서를 받아 둘 것이다. 채무불이행이 있으면 채권자가 단독으로 소유권이전의 본등기를 경료할 수 있도록 하기 위한 것이다. 이런 사안에서 본등기가 되었다거나, 목적물을 인도받았다거나 하는 경우, 그것은 양도담보계약에 기한 담보권 실행을 위한 준비작업에 불과하다.

대판 1985.10.22, 84다카2472

채권의 담보로서 부동산에 관하여 매매예약의 형식을 빌어 가등기를 하고 또 제소전화해에 기하여 이에 관한 소유권이전본등기를 한 경우에 있어서 그것이 어떤 형태의 담보계약인지는 개개의 사건마다 구체적으로 당사자의 의사를 탐구하여 확정하여야 할 것이나, 별단의 특약이 인정되지 아니하는 경우 이는 채권자가 변제기 도과 후 위 부동산의 소유권을 확정적으로 자기에게 귀속시키거나 또는 이를 타에 처분하여 그 대금으로써 채권원리금에 충당하고 잔여가 있으면 이를 채무자에게 반환하고 부족이 있으면 이를 채무자에게 청구할 수 있는 이른바 정산절차를 요하는 약한 의미의 양도담보라고 추정함이 타당하고 이는 담보목적물의 매매예약 당시 싯가가 채권원리금에 미달한다 하여 달리 볼 것은 아니다.

위와 같은 사안에서 본등기를 경료하였다거나 점유를 이전받았다거나 해서, 그것으로 담보권이 실행되었다고 볼 수 없음을 유의하여야 한다. 그 절차만 이루어진 경우에는 여전히 담보권의 실행으로서의 환가절차가 마무리 되지 않았다는 것이다.

대판 1981.4.14, 80다714

[사안] 원고가 채무담보의 목적으로 자기 소유의 부동산의 소유권이전등기를 경료해 주기로 하고, 피고 명의로 가등기를 경료한 후, 제소전화해조서를 통해 채무불이행시 피고가 곧바로 단독으로 소유권이전등기를 할 수 있도록 해 주었다. 원고의 채무불이행이 있자, 피고가 본등기를 경료하였다. 원고는 피고가 정산금을 지급하지 않았다고 하면서, 정산금의 지급을 청구하고 있다. 원심은 위 약정을 양도담보계약에 기한 담보가등기가 경료된 것으로서, 민법 제607조에 위반되는 것은 아니라고 하면서, 본등기가 있는 시점에서의 목적물의 가액을 평가하여 채무원리금의 변제에 충당하고 그 잔여금을 정산금으로 지급하라고 판단하였다. 대법원은 다음과 같은 이유로 원심을 파기환송하였다.

[대법원 판결] 소위 가등기담보권자가 담보부동산에 대한 시가를 평가하여 자기 소유로 귀속시키려면 그 담보물에 대한 시가를 적정가격으로 평가한 후 그 대금으로써 피담보채권의 원리금과 채무자가 부담할 비용 등을 충당하고 나머지 금원이 있으면 이를 채무자에게 반환 또는 변제공탁하는 등 정산하는 절차를 거쳐야 할 것이고, 정산을 마치지 않은 상태에서는 아직 그 피담보채권이 소멸되었다고 볼 수 없으므로 가등기담보권자가 담보부동산에 대한 소유권이전의 본등기를 경료한 것만으로 담보부동산의 환가처분이라고 단정할 수 없고, 따라서 동 소유권이전의 본등기시를 기준으로 하여 가등기담보권자에게 정산금의 지급을 명한 원판결은 위법하다.

위 대법원 판결은 양도담보계약에 기해 담보가등기가 경료되었을 때, 그 가등기에 기해 본등기를 하였다는 것으로 귀속정산이 있다고 볼 수 없다는 취지이다. 정산에 관하여 아무런 의사표시가 없었던 경우라면, 여전히 귀속정산이 없는 상태가 지속되고 있다고 볼 수 있다(대판 1977.11.22, 77다1513 참조). 따라서 채무자로서는 채무원리금을 변제하여 피담보채무를 소멸시킨 후 소유권이전등기를 말소할 것을 청구할 수 있다는 취지이다.

3.3. 처분정산 또는 귀속정산과 양도담보권자의 권리, 의무

양도담보계약에 기해 소유권이전등기가 이미 경료된 경우 목적물을 인도받은 양도담보권자, 또는 양도담보계약에 기해 담보가등기가 경료된 경우 본등기와 목적물을 인도받은 양도담보권자는 이를 타에 처분하거나(처분정산) 자기에게 귀속시키는 방법(귀속정산)으로 담보권을 실행할 수 있다. 처분정산의 경우, 적정한 가격에 매도될 수 있도록 주의할 의무를 부담한다. 이를 위반하면 양도담보계약상의 채무불이행이 될 것이고, 이로 인한 손해를 배상하여야 한다.

대판 1983.2.8, 81다547
채권담보의 목적으로 부동산의 소유권을 채권자에게 이전하는 이른바 양도담보에 있어 채권자(양도담보권자)가 피담보채권의 만족을 얻기 위하여 담보목적물을 환가 내지 평가처분한 경우에 채권자는 정산의무가 있다 할 것이며 그 환가나 평가는 언제나 객관적으로 공정한 가격으로 산출하여야 할 것이며 따라서 적정한 가격보다 저렴한 가격으로 환 .평가한 때는 채무불이행이라고 할 것이다.

자기에게 귀속시킨 경우(귀속정산)에 적정한 가액으로 평가하여 피담보채권의 변제에 충당하고 남은 금액이 있으면 이를 반환하고, 부족할 때에는 잔여채무의 이행을 청구할 수 있다. 채권변제에 충당하고 남은 금액이 있음에도 불구하고 이를 정산하지 않은 경우에 양도담보계약은 여전히 존속하고, 따라서 채무자는 원리금의 변제와 상환하여 소유권을 다시 이전해 줄 것을 청구할 수 있다. 양도담보권자가 그 변제기 후에 담보권 실행을 위하여 그 담보물을 인도받아 사용하고 있다 하더라도 양도담보권자가 그 담보물을 정당한 가격으로 타에 처분하거나 자기가 그 소유권을 인수하려면 그 대금으로서 피담보채권의 원리금을 충당하고 잔액이 있으면 이를 채무자에게 반환하는 등의 정산을 마치지 않은 상태에서는 아직 그 피담보채권이 소멸되었다고는 볼 수 없다.

제4절 동산 양도담보

제1관 동산양도담보의 개관

1. 등기나 등록이 물권변동의 요건인 동산

등기나 등록을 함으로써 물권변동이 가능한 동산의 양도담보는 부동산양도담보와 다를 바 없이 처리할 수 있다. 즉 가등기담보등에 관한 법률이 적용되는 양도담보와 동법의 적용을 받지 않는 양도담보로 구분하여, 양도담보설정자 및 양도담보권자의 법적 지위, 양도담보권의 실행방법 등이 각각 달라진다. 前者의 경우 담보물권으로 구성되기 때문에, 양도담보권자의 법적 지위는 담보물권자의 그것과 유사하게 처리해야 할 것이지만, 後者의 경우 대외적으로는 소유권이 양도담보권자에게 귀속되어 있기 때문에, 그 법적 지위가 前者와 구분될 수 있다. 또한 양도담보권의 실행에서도 前者의 경우 가담법에 따른 사적실행(양도담보로 소유권이전등기가 경료되거나 담보가등기가 경료된 경우)과 공적실행(담보가등기가 경료된 경우)이 가능하겠지만, 後者의 경우 사적 실행만이 가능하다. 그리고 사적 실행에서도 가담법상의 사적실행과 구분된다. 이 점에서 부동산 양도담보와 다르지 않다.

2. 등기나 등록이 물권변동의 요건이 아닌 동산의 양도담보

이 경우 양도담보계약을 체결한 당사자는 통상 점유개정의 방법으로 양도담보권자에게 소유권을 이전한다. 물론 현실인도를 하는 경우도 있겠지만, 이 경우 질권과 구분이 어려울 뿐 아니라, 질권의 유질계약금지 규정을 위반한 약정이 있다고 볼 여지가 더 많을 것이다. 그러므로 현실의 동산양도담보는 양도담보계약 체결과 동시에 점유개정의 합의를 통해 양도담보권자에게 목적물의 소유권을 이전시키는 것이 일반적이다.

이러한 동산양도담보의 경우 (준)소비대차계약상의 원리금반환채무를 담보하기 위한 목적인 때, 이전하고자 하는 재산권의 가액이 그 계약의 시점에서 원리금의 합산액을 초과하는 경우에는 민법 제607조, 제608조에 의해 그 초과부분은 무효가 되고, 약한 의미의 양도담보로 전환하게 될 것이다. 그 계약이 대물변제의 예약이든 강한 의미의 양도담보이든, 이런 사안에서는 모두 약한 의미의 양도담보로 전환된다. (준)소비대차계약상의 원리금채무를 담보하기 위한 목적이 아닌 경우에는 민법 제607조, 제608조가 적용될 여지가 없으므로 강한 의미의 양도담보도 가능하겠지만, 당사자의 의사가 명백하지 않은 경우 그 합의를 강한 의미의 양도담보로 해석할 이유가 없다.

따라서 동산 양도담보계약은 피담보채권의 발생원인이 어떠하든, 특별한 사정이 없는 한, 모두 약한 의미의 양도담보계약이라고 해석할 수 있다. 또한 여기서의 동산 양도담보계약은 피담보채권이 설령 (준)소비대차계약상의 원리금반환채무를 담보하기 위한 것이라 하더라도, 가등기담보 등에 관한 법률이 적용될 여지가 없다. 이 때의 동산 양도담보계약상의 당사자의 법적 지위에 대해서는 위 제2절에서 언급한 부동산 양도담보계약상의 당사자의 법적 지위와 다를 바 없다. 또한 그 담보권의 사적 실행에서도 등기와 관련된 부분을 제외한다면 모두 부동산 양도담보계약에서의 사적 실행과 다르지 않다. 즉 변제기가 도래하면 양도담보권자는 양도담보권자 또는 그로부터 적법하게 목적물을 인도받아 점유하는 제3자(타주점유자)에 대해 담보권 실행을 위해 목적물을 반환할 것을 청구할 수 있다. 목적물을 인도받은 양도담보권자는 귀속정산 또는 처분정산을 통해 담보목적물을 환가하여 피담보채무의 변제에 충당하고, 잔여액은 양도담보설정자에게 반환하고, 부족액이 있으면 이를 청구할 수 있다. 이 점은 부동산 양도담보와 전적으로 동일하다.

3. 동산 양도담보에 고유한 특징

그러나 동산 양도담보의 경우, 그 목적물이 동산이어서 선의취득의 대상이 될 수 있다는 점, 증감변동하는 동산의 집합물을 하나의 단위로 하여 양도담보를 설정하는 것이 빈번하다는 점, 동산의 경우 그 소유권의 공시가 매우 불완전하기 때문에 양도담보권자가 담보목적물을 강제경매절차를 통해 환가하는 경우도 적지 않다는 점, 또한 강제경매절차에서의 우선변제권을 인정할 필요가 있다는 점 등으로 인해 부동산 양도담보에는 인정되지 않는 고유한 법리가 있게 된다.

제2관 유동집합동산의 양도담보

증감변동하는 집합동산이 양도담보의 목적물인 경우 일응 장래의 물건이 양도담보의 목적물이 되는 듯한 인상을 주기도 한다. 그러나 물권은 현재의 물건에 대해 성립하는 것임을 유의해야 한다. 즉 증감·변동하는 장래의 물건을 대상으로 한 양도담보계약을 체결하는 것일 뿐, 그 장래의 물건에 담보물권이나 소유권으로서의 양도담보권이 설정되는 것은 아니다. 문제는 과거의 시점에 체결한, 증감·변동하는 물건을 대상으로 한 양도담보계약에 의해 현재의 시점에서 비로소 양도담보설정자가 점유하게 된 물건에도 양도담보권이 성립할 수 있는가? 있다면 그 근거는 무엇인지가 문제된다.

1. 집합물이라는 개념을 부정하는 견해

현재 존재하는 집합동산의 소유권을 양도담보로 취득한 양도담보권자는 양도담보설정자에게 처분권한을 수여하는 것이 일반적이다. 그 대신 그 처분대가로 장차 취득할 동종의 물건도 양도담보권의 목적물로 삼기로 합의할 것이다. 이런 합의를 유동집합동산의 양도담보계약이라고 한다. 이런 계약을 체결한 양도담보설정자가 기존 집합물의 일부를 처분하고 종래의 집합물과 동종의 새로운 물건을 조달한 경우 그것도 양도담보의 대상이 될 수 있기 위해서는 양도담보설정자와 양도담보권자 사이에 "선행된 양도담보계약"과 "선행된 점유개정의 합의"가 있어야 하고, 그 합의가 그대로 유지되고 있어야 한다. 앞의 두 개의 합의는 유동집합동산 양도계약에 포함되어 있을 것이므로 문제가 없다. 그 합의가 유지되는 것은 채무자의 채무불이행 등으로 담보권이 실행되는 등의 일이 발생하지 않는 한 그대로 유지될 것이다. 종래의 학설들은 이런 이론구성 하에 증감변동하는 집합동산에 대한 양도담보를 허용하여 왔다.

2. 집합물이라는 개념을 긍정하는 판례

대법원은 집합물을 1개의 물건처럼 인정하여 1개의 양도담보권이 있다는 것을 긍정한다.

대판 2003.3.14, 2002다72385

일단의 증감 변동하는 동산을 하나의 물건으로 보아 이를 채권담보의 목적으로 삼는 이른바 유동집합물에 대한 양도담보설정계약의 경우에, 양도담보의 효력이 미치는 범위를 명시하여 제3자에게 불측의 손해를 입지 않도록 하고 권리관계를 미리 명확히 하여 집행절차가 부당히 지연되지 않도록 하기 위하여 그 목적물을 특정할 필요가 있으므로, 담보목적물은 담보설정자의 다른 물건과 구별될 수 있도록 그 종류, 소재하는 장소 또는 수량의 지정 등의 방법에 의하여 외부적 · 객관적으로 특정되어 있어야 하고, 목적물의 특정 여부 및 목적물의 범위는 목적물의 종류, 장소, 수량 등에 관한 계약의 전체적 내용, 계약 당사자의 의사, 목적물 자체가 가지는 유기적 결합의 정도, 목적물의 성질, 담보물 관리와 이용방법 등 여러 가지 사정을 종합하여 구체적으로 판단하여야 한다.

증감변동하는 유동집합동산을 집합물로서 1개의 물건이라고 인정하는 것의 실천적 의미는 무엇인가? 다음 판결의 사안이 이를 잘 보여준다.

대판 2004.11.12, 2004다22858

[사안] 원고는 농장에서 돼지를 사육하던 A와 이미 공급한 사료대금 및 앞으로 공급할 사료대금 합계 3억원을 담보하기 위하여, 당시 A가 사육하던 농장 내의 전체 돼지 3,000두의 소유권을 매매대금 3억원으로 정하여 원고에게 양도하되 점유개정의 방법으로 인도하고 A가 돼지를 계속 점유·관리하면서 원고의 승낙을 얻어 처분하여 그 대금으로 사료대금을 변제하며, 항상 3,000두를 유지하기로 하는 내용의 양도담보계약을 체결하였다. A는 자금사정이 악화되자 그 후 B에게 농장에서 사육하고 있던 돼지 전체인 3,000두를 대금 3억원에 매도하였고, B는 같은 농장의 돈사를 임차하여 여전히 같은 장소에서 돼지를 사육하다가 일부를 처분하고 남아있던 돼지 770두를 피고에게 대금 9,150만원에 매도하였다. 피고는 같은 농장의 돈사를 임차하여 매수한 돼지를 사육하기 시작하였는데, 2001.1.8. C로부터 그가 사육하고 있던 돼지 840두를 1억 1,500만원에 매수하여 위 770두와 함께 사육하였고, 그 후 위 돼지들의 자돈을 키우고 일부를 처분하기도 하고 새로운 돼지를 구입하기도 하는 일을 반복하여 현재 그 농장에서는 3,000두 이상의 돼지가 사육되고 있다. 원고는 피고에게 위 돼지 3,000두의 인도를 청구하였다.

[대법원 판결] "일반적으로 일단의 증감 변동하는 동산을 하나의 물건으로 보아 이를 채권담보의 목적으로 삼으려는 이른바 집합물에 대한 양도담보설정계약체결도 가능하며 이 경우 그 목적 동산이 담보설정자의 다른 물건과 구별될 수 있도록 그 종류, 장소 또는 수량지정 등의 방법에 의하여 특정되어 있으면 그 전부를 하나의 재산권으로 보아 이에 대해 유효한 담보권의 설정이 된 것으로 볼 수 있다고 하면서, 돈사에서 대량으로 사육되는 돼지를 집합물에 대한 양도담보의 목적물로 삼은 경우, 그 돼지는 번식, 사망, 판매, 구입 등의 요인에 의하여 증감변동하기 마련이므로 양도담보권자가 그 때마다 별도의 양도담보권설정계약을 맺거나 점유개정의 표시를 하지 않더라도 하나의 집합물로서 동일성을 잃지 아니한 채 양도담보권의 효력은 항상 현재의 집합물 위에 미치게 된다고 한다.

위 판결은 이어서 집합동산(돼지)을 이미 양도담보로 소유권을 이전한 양도담보설정자(A)로부터 그 집합동산을 다시 양수한 자(B, 또는 피고)가 있을 때, 그가 이를 직접점유하더라도 선의취득하지 못하였다면 위 양도담보권의 부담을 그대로 인수하게 된다. 다만 돈사에서 대량으로 사육되는 돼지를 집합물에 대한 양도담보의 목적물로 삼은 경우, 위 양도담보권의 효력은 양도담보설정자로부터 이를 양수한 양수인이 당초 "양수한 돈사 내에 있던 돼지들 및 통상적인 양돈방식에 따라 그 돼지들을 사육·관리하면서 돼지를 출하하여 얻은 수익으로 새로 구입하거나 그 돼지와 교환한 돼지 또는 그 돼지로부터 출산시켜 얻은 새끼돼지에 한하여 미치는 것"이라고 한다. 이 부분이 1개의 물건으로서의 집합물에 해당된다는 것이다. 양수인이 별도의 자금을 투입하여 반입한 돼지는 1개의 물건으로서의 집합물에 해당되지는 않는다고 한다. 따라서 거기에는 양도담보권의 효력이 미치지 않는다는 것이다.

제3관 점유개정의 방법으로 동산을 이중 양도담보한 경우의 법률관계

1. 대법원 판례

양도담보설정자가 동일한 동산(집합동산)에 대해 수차에 걸쳐 양도담보계약을 체결하는 경우가 있다. 이 때 제일 먼저 양도담보계약을 체결하여 점유개정의 방법으로 소유권을 이전받은 양도담보권자만이 담보목적으로 소유권을 취득하고, 그 이후에 양도담보계약을 한 자는 동산(집합동산)을 선의취득하지 않는 한 양도담보권을 취득하지 못한다. 그런데 대부분의 양도담보계약은 점유개정의 방법으로 동산 소유권을 이전하는 것을 예정하기 때문에, 추후 양도담보계약을 체결한 자가 이를 선의취득하는 것은 불가능하다.

대판 2005.2.18, 2004다37430

금전채무를 담보하기 위하여 채무자가 그 소유의 동산을 채권자에게 양도하되 점유개정의 방법으로 인도하고 채무자가 이를 계속 점유하기로 약정한 경우 특별한 사정이 없는 한 그 동산의 소유권은 신탁적으로 이전되는 것에 불과하여, 채권자와 채무자 사이의 대내적 관계에서는 채무자가 소유권을 보유하나 대외적인 관계에서의 채무자는 동산의 소유권을 이미 채권자에게 양도한 무권리자가 되는 것이어서 다시 다른 채권자와 사이에 양도담보설정계약을 체결하고 점유개정의 방법으로 인도하더라도 선의취득이 인정되지 않는 한 나중에 설정계약을 체결한 채권자로서는 양도담보권을 취득할 수 없는데, 현실의 인도가 아닌 점유개정의 방법으로는 선의취득이 인정되지 아니하므로 결국 뒤의 채권자는 적법하게 양도담보권을 취득할 수 없다.

이중의 양도담보계약이 체결된 경우, 나중에 양도담보계약을 체결하고 점유개정의 방법으로 동산의 점유를 이전받은 채권자는 그 동산에 대해 어떤 물권도 취득하지 못하기 때문에 경매절차에서도 순위에 따른 우선변제를 주장할 수 없다. 가령 후순위의 양도담보계약자 등이 집행권원으로써 담보물인 동산의 강제경매를 신청한 경우, 진정한 양도담보권자는 그 채권자 또는 기타의 일반채권자가 신청한 강제집행의 배제를 구할 수 있고, 이중압류의 방법으로 배당에 참가하여 우선변제를 받을 수 있다. 이때 후순위의 양도담보계약자는 일반 채권자들과 마찬가지로 평등배당을 받아갈 수 있을 뿐이다. 다음의 대법원 판결은 동일한 동산에 대해 수차례의 양도담보가 설정될 수 있음을 잘 보여준다.

2. 이중 양도담보계약과 선행 양도담보권자의 권리가 소멸한 경우

대판 2004.10.28, 2003다30463

[사안] 아도농산은 돼지를 사육하는 회사인데, 자신의 채권자들의 채권을 담보하기 위해 사육하는 돼지를 양도담보하였다. 위 농장에서 사육되는 모돈은 1,800마리를 넘지 않았다. A는 1976. 7.25. 모돈 1,000마리를 포함한 3,087마리의 돼지를 1996.7.31.까지 담보로 매수하여 소유권을 이전한다는 내용의 계약서를 작성하였고, 그 후 1996.8.23. 매매계약서에 공정증서를 작성하였다. 그 후 1997.11.26. 서울지방법원 동부지원 97카단20319호 유체동산가압류결정정본에 기하여 이 사건 돼지들을 가압류하였다. B는 1996.7.27. 사료대금 5천만원의 채권담보를 위하여 위 농장에 있는 아도농산 소유의 돼지들 중 모돈 800마리에 관하여 목적물이 증감·변경되어도 동종의 목적물이 당연히 담보목적물이 되는 것으로 약정하여 이를 점유개정의 방법으로 양도받고, 이에 부가하여 아도농산이 위 금전채무의 불이행시에는 즉시 강제집행을 하여도 이의가 없음을 인낙하는 취지의 양도담보부 채무변제계약을 체결하고 이에 관한 공정증서를 작성하였고, 또한 1997.9.19. 사료대금 5천만원의 채권담보를 위하여 같은 돼지들 중 비육돈 5,000마리를 집합물로 양도받고, 같은 취지의 양도담보부 채무변제계약을 체결하고 이에 관한 공정증서를 작성하였다. B는 원고의 이 사건 강제집행에 앞서 1997.11.13. 위 각 집행력 있는 공정증서 정본에 기하여 위 각 채권합계금 1억 원을 청구금액으로 하여 이 사건 돼지들을 압류하였다. 원고는 1997.4.2. 대여금 10억원의 채권담보를 위해 사육중인 아도농산 소유 돼지 10,000마리를 점유개정의 방법으로 양도받고, 이에 부가하여 아도농산이 위 금전채무를 이행하지 않을 경우에는 즉시 강제집행을 하여도 이의가 없음을 인낙하는 취지의 양도담보부 금전소비대차계약을 체결하고 이에 관한 이 사건 공정증서를 작성하였다. 피고는 1997.11.4. 위 동업계약을 해제한 후 투자금 5억 원 반환채권의 담보를 위하여, 11.6. 아도농산 소유의 전체 돼지 약 8,000 내지 9,000마리 중 구체적으로 특정하지 아니한 5,000마리에 관하여 매매일자를 1997.10.11.로 소급하여 5억 원에 매수한다는 내용의 매매계약을 체결하고, 매매계약에 관한 인증서를 작성하고, 11.14. 피고가 위 농장에 있는 돼지 전부를 사육하여 그 수익으로 피고에 대한 채무를 정산하기로 합의한 후 11.16. 피고에게 담보로 제공한 돼지 5,000마리를 포함하여 위 농장에 있는 돼지 전부를 피고에게 인도하였다. 피고는 아도농산의 축사를 임차하여 돼지를 사육하고 있다. 원고는 1997.11.26. 집행력있는 이 사건 공정증서 정본에 기하여 금 650,000,000원을 청구금액으로 하여 위 농장에서 당시 사육되고 있던 돼지들 합계 7,219마리(웅돈 17마리, 모돈 872마리, 자돈 2,944마리, 비육돈 및 육성돈 3,386마리) 중 2,721마리(모돈 847마리와 생후 110 내지 145일된 육성돈 1,874마리, 이하 '이 사건 돼지들'이라 한다)에 관하여 압류하였다. 피고가 원고를 상대로 제3자 이의의 소를 제기한 소송의 항소심에서, '이 사건 돼지들 중 육성돈 1,874마리는 이 사건 공정증서가 작성된 1997.4.2. 이후에 출생한 돼지들임이 명백하여 이 사건 공정증서에 의하여 원고에 양도담보로 제공된 돼지가 아니므로 이에 관하여는 피고가 양도담보권자로서 대외적으로 소유권을 행사할 수 있다.'는 취지로 피고 일부 승소의 판결이 내려졌고, 또한 확정되었다. 원심법원은 이 사건 돼지들 중 위 압류 당시 생후 110 내지 145일로서 그 출생일을 압류집행일인 1997.11.26.로부터 역수로 계산하여 이 사건 공정증서가 작성된 1997.4.2. 이후에 출생한 돼지임이 명백한 육성돈은 이 사건 공정증서에 의해 원고에게 양도담보로 제공된 돼지가 아니므로 이를 제외한 나머지 모돈 847마리에 관하여는 원고의 위 대여금 중 미변제 금액의 반환채권을 담보하기 위한 양도담보의 효력이 미친다고 판단하였다. 대법원은 원심판결을 파기 환송하였다.

[대법원 판결] 위 농장에서 사육되는 모돈은 1,800 마리를 넘지 않는데, A 또는 B가 적어도 이 사건 돼지들 중 모돈 847마리 전부 또는 각 일부씩에 관한 양도담보권을 취득하였을 개연성이

충분한데, 기록상 원고가 위 모돈 847마리에 관한 양도담보권을 선의취득하였음을 인정할 아무런 자료도 없으므로, 원고가 이 사건 공정증서 작성 당시에 위 모돈 847마리에 관한 양도담보권을 취득하였다고 보기 어렵고, 나아가 그 후 A 또는 B의 위 모돈 847마리에 관한 양도담보권이 소멸하였다고 하여 그로써 양도담보권을 취득하지 못하였던 원고가 위 모돈 847마리에 관한 양도담보권을 당연히 새로 취득한다고 볼 수도 없다. 그럼에도 원심이 이와 견해를 달리하여 원고가 위 모돈 847마리에 관한 양도담보권을 취득하였다고 단정하여 이를 전제로 피고가 원고의 위 양도담보권을 침해하였다고 판단하였으니, 이는 필요한 심리를 다하지 아니하고, 동산의 이중양도담보에 있어서 후순위 양도담보약정자의 지위에 관한 법리를 오해한 것이다.

위 판결의 사안에서, A가 매매계약으로서 돼지의 소유권을 취득하는 형식을 취했지만, 이는 양도담보임에 분명하다. 위 판결의 사안에서 A, B는 각각 다른 모돈에 대해 양도담보권을 취득하였을 개연성이 높을 것이다. 원고 또는 피고 역시 위 각 돼지에 양도담보권을 취득하기 위해 양도담보설정계약을 체결한 자이다. 양도담보계약이 있었던 순서가 A 또는 B(A가 1996.7.31.까지 소유권을 취득하기로 한 합의의 성격에 따라 같은 해 7.25. 양도담보권을 취득했을 수도 있고, 7.31. 취득했을 수도 있다), 원고, 피고의 순서이다. 사실관계를 이렇게 구성하면, 원고나 피고가 현재 피고가 점유하는 모돈 847마리에 관한 소유권을 취득하지 못하였을 개연성이 높을 것이다. 왜냐하면 A, B의 양도담보권이 이들에게 미칠 수 있기 때문이다. 그런데 위 판결에서 방론이기는 하지만, 대법원이 '모돈 847에 대한 A 또는 B의 양도담보권이 소멸하였다고 하더라도 원고가 847마리에 관한 양도담보권을 당연히 취득한다고 볼 수 없다'고 한다.

동산양도담보계약을 체결하고 점유개정의 방법으로 점유를 취득한 자(A 또는 B)가 그 소유권을 취득하고, 동산양도담보설정자는 무권리자이기 때문에 원고가 같은 동산에 대해 양도담보권을 취득할 수 없고, 원고와의 양도담보계약 후 A 또는 B의 양도담보권이 소멸하더라도 마찬가지라고 본 것이다. 이런 대법원의 논리를 지지하기 어렵다. 양도담보설정자는 피담보채무를 변제하면 곧바로 소유권을 취득할 위치에 있는, 기대적 이익을 가진 자이므로 통상의 무권리자와 완전히 동일시하기는 어렵기 때문이다. 위 예에서 아도농산이 직접 점유하는 동산을 목적물로 양도담보계약을 체결하고 점유개정의 방법으로 점유를 원고에게 이전한 경우를 보자. 원고가 그 동산을 선의취득할 수 없음은 분명하다. 그러나 아도농산과 원고 간의 양도담보계약은 이행불능이라고 볼 수는 없다. 왜냐하면 아도농산에게 소유권이 복귀될 여지가 있기 때문이다. 그렇다면 아도농산과 원고 간의 양도담보계약과 점유개정의 합의는 여전히 유효한 상태이다. 아도농산에 소유권이 복귀되면 다른 별도의 조치가 없더라도 원고가 소유권을 취득할 수 있다는 것이다. 즉 A 또는 B의 양도담보권이 소멸하면, 그 다음 순서로 양도담보계약을 체결한 자가 소유권을 취득할 수 있다고 보아야 할 것이다.

3. 이중양도담보계약이 있는 사안에서 담보목적물이 적법하게 환가된 경우

양도담보목적물을 환가하면, 그 대금으로 소유권을 취득한 양도담보권자의 피담보채권의 변제에 충당할 것이다. 그런데 그 잔여액이 있을 때 나중에 양도담보계약을 체결한 자들이 그 잔여액에 어떤 물권적 권리를 행사할 수 있는지가 문제된다. 가령 목적물이 경매절차에서 환가된 경우 후순위로 양도담보계약을 체결한 자는 일반 채권자로서 평등하게 배당받아 갈 수 밖에 없다. 양도담보권자가 사적 실행을 하고 잔여금을 양도담보설정자에게 반환하여야 할 경우에도, 후순위로 양도담보계약을 체결한 자는 어떤 물권적 권리를 행사할 수 없다. 양도담보계약을 체결하여 물권적 지위를 가짐으로써 채권을 담보하고자 하였지만, 현행법 하에서는 아무런 보호도 받을 수 없게 된다. 바로 이러한 이유 때문에 동산 양도담보권에 관한 입법적 개선작업이 필요한 것이다.

제4관 경매절차에서의 동산양도담보

1. 양도담보권자가 양도담보목적물을 경매신청할 수 있는지의 문제

동산 양도담보권자는 양도담보설정자와의 양도담보계약에 따라 담보물을 환가하여 그 환가대금으로 피담보채권의 변제에 충당할 수 있다. 즉 사적 실행이 가능하다는 것이다. 그러나 담보물이 집합동산이고, 담보물의 매각시장 사정을 잘 알지 못하는 경우, 이런 사적 실행이 양도담보권자에게 불편을 가져다 줄 수도 있다. 따라서 양도담보권자는 이를 경매절차를 이용하여 환가하고자 할 수 있다. 그런데 양도담보권자는 소유자이지, 담보물권자가 아니기 때문에, 담보권의 실행 등을 위한 경매절차(민사집행법 제3편)를 활용할 수 없다. 그는 동산 강제집행절차를 이용하여야 한다. 다음 대법원 판결이 이를 잘 보여준다.

대판 2005.2.18, 2004다37430

동산을 목적으로 하는 유동 집합물 양도담보설정계약을 체결함과 동시에 채무불이행시 강제집행을 수락하는 공정증서를 작성한 경우, 양도담보권자로서는 그 집행증서에 기하지 아니하고 양도담보계약내용에 따라 이를 사적으로 타에 처분하거나 스스로 취득한 후 정산하는 방법으로 현금화할 수도 있지만, 집행증서에 기하여 담보목적물을 압류하고 강제경매를 실시하는 방법으로 현금화할 수도 있는데, 만약 후자의 방식에 의하여 강제경매를 실시하는 경우, 이러한 방법에 의한 경매절차는 형식상은 강제집행이지만, 그 실질은 일반 강제집행절차가 아니라 동산양도담보권의 실행을 위한 환가절차로서 그 압류절차에 압류를 경합한 양도담보설정자의 다른 채권자는 양도담보권자에 대한 관계에서 압류경합권자나 배당요구권자로 인정될 수 없고, 따라서 환가로 인한 매득금에서 환가비용을 공제한 잔액은 양도담보권자의 채권변제에 우선적으로 충당하여야 한다.

대법원은 양도담보권자가 담보물의 소유자임을 인정하면서도, 강제집행절차를 통한 환가절차를 이용할 수 있도록 허용하고 있다. 따라서 양도담보권자는 채무불이행시 즉시 강제집행할 수 있다는 취지의 공정증서를 작성함으로써, 집행권원을 확보해 두고자 한다. 환가의 형식은 강제경매임에도 불구하고, 그 실질은 양도담보권자를 위한 환가절차이기 때문에, 통상의 강제집행과 달리 채무자의 다른 일반채권자에게 동등한 배당요구권리가 인정되는 것은 아니다.

대판 1994.5.13, 93다21910

양도담보권자는 양도담보목적물을 공정증서에 기하여 압류하고 강제경매를 실시하는 방법으로 환가할 수도 있다. 실질적으로는 양도담보권자의 담보목적물에 대한 환가를 위한 강제경매는 자기 소유물에 대한 강제집행이라고 볼 수 없는 것이므로 위와 같은 방법의 양도담보권실행을 위한 환가를 허용하여도 동산양도담보의 법리와 모순된다고 할 수도 없다. 이 때의 경매절차는 제3자가 그 목적물이 양도담보물임을 인식할 수 있었는지에 관계없이 형식상은 강제경매절차에 따르지만 그 실질은 일반 채권자의 강제집행절차가 아니라 동산양도담보권 실행을 위한 환가절차라고 할 것이므로 위 환가를 위한 압류절차에 압류를 경합한 양도담보설정자의 다른 채권자는 양도담보권자에 대한 관계에서는 압류경합권자나 배당요구권자로 인정될 수 없고, 따라서 위 환가로 인한 매득금에서 환가비용을 공제한 잔액은 양도담보권자의 채권변제에 전액 충당함이 당연하고 양도담보권자와 압류경합자 사이에 각 채권액에 따라 안분비례로 배당할 것이 아니다.

2. 다른 채권자가 양도담보목적물을 경매신청한 경우 양도담보권자의 권리

양도담보설정자의 일반 채권자가 양도담보권자가 소유하는 담보물을 압류하여 강제경매하는 경우도 있다. 이중양도담보가 있는 경우, 후순위로 양도담보계약을 한 자로서 담보물을 선의취득하지 못한 자가 즉시 강제집행할 수 있다는 취지의 공정증서에 기해 강제집행을 하는 경우에도, 일반채권자에 의해 진행된 경매와 다르지 않다. 이 때 양도담보권자는 제3자 이의의 소를 제기할 수도 있고, 만약 집행권원을 가지고 있다면 거기에 기초하여 압류를 하거나 배당을 요구하는 방법으로 그 경매절차에 참여하는 것도 가능하다. 이 때 매각대금은 양도담보권자의 피담보채권에 우선하여 충당하여야 한다.

대판 2004.12.24, 2004다45943

집행증서를 소지한 동산양도담보권자는 특별한 사정이 없는 한 양도담보권자인 지위에 기초하여 제3자이의의 소에 의하여 목적물건에 대한 양도담보권설정자의 일반채권자가 한 강제집행의 배제를 구할 수 있으나, 그와 같은 방법에 의하지 아니하고 집행증서에 의한 담보목적물에 대한 이중압류의 방법으로 배당절차에 참가하여 선행한 동산압류에 의하여 압류가 경합된 양도담보권설정자의 일반채권자에 우선하여 배당을 받을 수도 있다.

3. 양도담보목적물을 제3자가 선의취득한 경우 양도담보권자의 보호

양도담보목적물을 제3자가 선의취득하는 경우가 있을 수 있다. 이 때 양도담보권자는 소유권을 상실하게 된다. 양도담보설정자의 처분으로 제3자가 선의취득한 경우에는, 양도담보권자는 기한의 이익을 상실시켜 피담보채무의 즉시 이행을 청구할 수 있을 것이다. 양도담보설정자가 채무자가 아닌 경우에는 부당이득반환청구나 손해배상청구를 할 수도 있다. 제3자의 선의취득이 경매절차를 통해 이루어진 경우에는 배당받은 채권자를 상대로 부당이득반환청구를 할 수 있다.

대판 1997.6.27, 96다51332

집행채무자의 소유가 아닌 경우에도 강제집행절차에서 그 유체동산을 경락받아 경락대금을 납부하고 이를 인도받은 경락인은 특별한 사정이 없는 한 그 소유권을 선의취득한다 할 것인바, 이 사건 기계는 양도담보권자인 대구은행 또는 국민은행의 소유로 있던 중 위와 같이 그에 대한 강제집행절차에서 경락됨으로 인하여 경락대금을 납부하고 인도받은 경락인이 그 소유권을 선의취득의 방법으로 취득하고, 이에 따라 양도담보권자인 두 은행은 그 소유권을 상실하게 되었다. 그 결과 피고는 채무자 아닌 제3자 소유의 이 사건 기계에 대한 경락대금을 배당받음으로써 법률상 원인 없이 이득을 얻고 그로 인하여 두 은행은 손해를 입었다고 할 것이므로, 피고는 그 은행들에 대하여 이를 부당이득으로서 반환할 의무가 있다.

이중양도담보계약이 체결된 경우, 나중에 양도담보계약을 체결하고 점유개정의 방법으로 점유를 이전받았으나 선의취득하지 못한 양도담보권자가 사적 실행의 방법으로 이를 제3자에게 처분하여, 제3자로 하여금 선의취득하게 한 경우라면, 그에게 불법행위를 이유로 한 손해배상을 청구하거나 부당이득의 반환을 청구할 수 있다.

대판 2000.6.23, 99다65066

[사안] 원고가 A 소유의 이 사건 컨테이너에 대한 양도담보권을 이미 취득하였다는 사실을 피고가 알았거나 적어도 조금만 주의를 기울였다면 이를 알 수 있었을 것임에도 불구하고 이를 게을리한 채 위 A와의 사이에 이 사건 컨테이너에 대한 이중의 양도담보약정을 체결하고 나아가 이 사건 컨테이너를 넘겨받아 제3자에게 처분하여 제3자로 하여금 선의취득하게 하였다. 원고가 그 처분이 양도담보권을 침해한 불법행위에 해당한다고 하면서, 피고에게 손해배상을 청구하였다.

[대법원 판결] 동산에 대하여 점유개정의 방법으로 양도담보를 일단 설정한 후에는 양도담보권자나 양도담보설정자가 그 동산에 대한 점유를 상실하였다고 하더라도 그 양도담보의 효력에는 아무런 영향이 없다 할 것이고, 양도담보권 실행을 위한 환가절차에 있어서는 환가로 인한 매득금에서 환가비용을 공제한 잔액 전부를 양도담보권자의 채권변제에 우선 충당하여야 하고 양도담보설정자의 다른 채권자들은 양도담보권자에 대한 관계에 있어서 안분배당을 요구할 수 없으며, 동산에 대하여 점유개정의 방법으로 이중양도담보를 설정한 경우 원래의 양도담보권자는 뒤의 양도담보권자에 대하여 배타적으로 자기의 담보권을 주장할 수 있으므로, 뒤의 양도담보권자가 양도담보의 목적물을 처분함으로써 원래의 양도담보권자로 하여금 양도담보권을 실행할 수 없도록 하는 행위는, 이중양도담보 설정행위가 횡령죄나 배임죄를 구성하는지 여부나 뒤의 양도담보권자가 이중양도담보 설정행위에 적극적으로 가담하였는지 여부와 관계없이, 원래의 양도담보권자의 양도담보권을 침해하는 불법행위가 된다.

제5절 채권 양도담보

제1관 개관

전통적으로 채권은 질권을 설정함으로써 담보로 활용되어 왔다. 그러나 담보목적으로 채권을 양도하는 것 역시 많이 활용되고 있다. 채권 역시 양도담보의 목적이 될 수 있는 것에는 의문이 없다.

채권을 담보목적으로 양도하는 경우, 그 피담보채권이 (준)소비대차계약상의 원리금반환채무를 담보하기 위한 것이면 민법 제607조, 제608조가 적용된다. 그 계약 당시 이전하기로 하는 채권의 가액이 원리금의 합산액을 초과하는 경우 그 담보계약(대물변제예약 또는 양도담보)은 그 초과부분에 한하여 무효가 되고, 약한 의미의 양도담보가 될 것이다. (준)소비대차계약상의 채무 이외의 채무를 담보하기 위해 채권을 양도담보하는 경우, 당사자 간에 다른 특별한 합의가 없으면 약한 의미의 양도담보가 될 것이다.

그런데 담보목적으로 채권을 양도받은 경우, 양도담보권자의 대외적 지위는 채권을 양수한 자의 지위와 다를 바 없다. 즉 양도담보의 객체인 채권의 변제기가 도래하면 제3채무자에게 그 변제를 청구할 수 있다. 그 청구에는 재판상 청구와 재판외 청구가 모두 포함된다. 제3채무자는 양도담보설정자에 대한 항변사유로써 양도담보권자에 대항할 수 있어야 할 것이다. 이렇게 보면 진정한 채권양도와 담보목적의 채권양도는 외관상 구분되지 않는다고 해도 과언이 아니다. 그렇기 때문에 가령 UN 국제거래에서의 채권양도협약(UN Convention on the Assignment of Receivables of International Trade=CARIT)에서도 진정양도와 담보목적의 양도를 모두 포함하여 채권양도에 관한 사항을 규율하고 있다.

양도담보권자와 양도담보설정자 사이의 관계는 오로지 내부적인 정산관계에 지나지 않는다. 즉 피담보채무를 초과하여 추심한 제3채무자에 대한 채권액을 정산하거나 피담보채권의 변제에 충당기에 부족한 액수를 더 청구할 수 있는 것은 내부적 관계에 불과하다. 다음의 판결도 이런 특성을 잘 보여준다.

대판 1999.11.26, 99다23093

채권양도가 다른 채무의 담보조로 이루어졌으며 또한 그 채무가 변제되었다고 하더라도, 이는 채권 양도인과 양수인 간의 문제일 뿐이고, 양도채권의 채무자는 채권 양도 · 양수인 간의 채무 소멸 여하에 관계없이 양도된 채무를 양수인에게 변제하여야 하는 것이므로, 설령 그 피담보채무가 변제로 소멸되었다고 하더라도 양도채권의 채무자로서는 이를 이유로 채권양수인의 양수금 청구를 거절할 수 없다.

담보목적의 채권양도를 제대로 이해하기 위해서도 진정채권양도에 관한 부분을 살펴보지 않을 수 없다.

제2관 채권양도

1. 채권양도의 요건

1.1. 채권 양도인과 양수인 간의 양도의 합의

채권을 양도하기 위해서는 양도인과 양수인 사이에 채권을 양도하기로 하는 계약이 체결되어야 한다. 이 때의 계약은 특별한 방식이 요구되지 않는 낙성계약이다.

1.2. 양도대상인 채권

양도대상인 채권은 성질상 양도가능한 것이어야 할 것이다. 성질상 양도할 수 없는 채권을 양도하기로 합의하였다고 하더라도 이는 효력이 없다. 대법원은 성질상 양도가 제한되는 채권을 인정하기도 하는데, 소유권이전등기청구권이 그 예이다.

대판 2001.10.9, 2000다51216

부동산의 매매로 인한 소유권이전등기청구권은 물권의 이전을 목적으로 하는 매매의 효과로서 매도인이 부담하는 재산권이전의무의 한 내용을 이루는 것이고, 매도인이 물권행위의 성립요건을 갖추도록 의무를 부담하는 경우에 발생하는 채권적 청구권으로 그 이행과정에 신뢰관계가 따르므로, 소유권이전등기청구권을 매수인으로부터 양도받은 양수인은 매도인이 그 양도에 대하여 동의하지 않고 있다면 매도인에 대하여 채권양도를 원인으로 하여 소유권이전등기절차의 이행을 청구할 수 없고, 따라서 매매로 인한 소유권이전등기청구권은 특별한 사정이 없는 이상 그 권리의 성질상 양도가 제한되고 그 양도에 채무자의 승낙이나 동의를 요한다고 할 것이므로 통상의 채권양도와 달리 양도인의 채무자에 대한 통지만으로는 채무자에 대한 대항력이 생기지 않으며 반드시 채무자의 동의나 승낙을 받아야 대항력이 생긴다.

채권자와 채무자 간의 합의에 의해 양도가 금지된 채권이라도 채권양수인이 선의, 무중과실인 경우에는 그 합의로써 채권 양수인에게 대항할 수 없다.

대판 2000.4.25, 99다67482

당사자의 의사표시에 의한 채권의 양도금지는 채권 양수인인 제3자가 악의인 경우이거나 악의가 아니라도 그 제3자에게 채권양도 금지를 알지 못한 데에 중대한 과실이 있는 경우 채무자가 위 채권양도 금지로써 그 제3자에 대하여 대항할 수 있음은 물론이다(대법원 1999.2.12. 선고 98다49937 판결 등 참조).

장래의 채권도 이를 양도하는 것이 가능하지만, 대법원은 특정성 원칙의 범위 내에 있는 채권만이 양도대상이 된다고 한다.[24] 다음의 판결이 이를 잘 보여준다.

대판 1997.7.25, 95다21624

채권양도에 있어 사회통념상 양도 목적 채권을 다른 채권과 구별하여 그 동일성을 인식할 수 있을 정도이면 그 채권은 특정된 것으로 보아야 할 것이고, 채권양도 당시 양도 목적 채권의 채권액이 확정되어 있지 아니하였다 하더라도 채무의 이행기까지 이를 확정할 수 있는 기준이 설정되어 있다면 그 채권의 양도는 유효한 것으로 보아야 한다. 장래 매매계약의 해제시 발생할 원상회복채권을 채권양도 당시 특정할 수 있거나 가까운 장래에 발생할 가능성을 상당 정도 기대할 수 있었다.

장래의 채권이 특정이 된 채권인지를 판단하는 기준에 대해 대법원은 다음과 같이 판단하고 있다.

대판 1996.7.30, 95다7932

장래의 채권도 양도 당시 기본적 채권관계가 어느 정도 확정되어 있어 그 권리의 특정이 가능하고 가까운 장래에 발생할 것임이 상당 정도 기대되는 경우에는 이를 양도할 수 있다.

이 점에서 볼 때 채무자가 확정되지 않은 장래채권의 경우에는 이를 양도할 수 없다. 반면 이런 채권도 양도할 수 있다는 입장을 취할 때, 채권양도에서의 특정가능성원칙을 채택하고 있다고 할 수 있다.[25]

---

24. 장래채권 양도의 대법원 판결의 요건 중 '발생개연성' 요건에 대한 타당한 비판으로는, 양창수, 장래채권의 양도, 저스티스 제73호(2003년 6월), 26면 이하 참조. 그러나 그 글을 특정가능성 원칙으로의 전환을 의미하는 것으로 이해해서는 안될 것이다.

25. 채권양도담보에서 특정성원칙이냐 특정가능성원칙이냐의 판단기준 중 가장 핵심적인 부분이 바로 채무자불특정의 장래채권도 양도담보의 대상이 되는가 여부에 있다. 프랑스도 장래채권의 양도에 관하여 우리 대법원과 유사한 입장을 취하는데, 이를 특정성의 원칙을 유지하는 것으로 평가하지만, 채무자불특정의 장래채권의 양도를 인정하는 독일의 경우에는 특정가능성 원칙에 입각한 것으로 평가한다. 이 점은 E. Schütze, Zession und Einheitsrecht (Diss.), 2005, S. 145 f, 149 참조. 유동집합동산의 예에서 보듯이 특정된 대상에 대해 물권이 성립한다는 관념은 확장될 수 있지만, 그 한계선은 있기 마련이다. 채권양도에 있어서는 채무자 불특정의 장래채권의 양도도 특정가능하면(가령 소비자에 대한 판매대금채권 일체 등) 특정성의 원칙이 아닌, 특정가능성의 원칙에 입각한 양도를 인정한다고 볼 것이다.

1.3. 민법 제450조 제1항, 제2항의 "대항요건"의 구비

(1) 대항요건에 관한 학설

종래의 통설에 따르면 채권양도는 양도인과 양수인 간의 합의만으로 이루어지고, 채권양도인에 의한 통지나 채무자의 승낙이 있어야 양수인이 채무자에 대해 채권자임을 주장할 수 있다고 한다(민법 제450조 제1항). 동일한 채권을 이중으로 양도하거나 채권양도와 채권압류가 경합하는 경우 등이 있어서 채권의 귀속에 관하여 우열관계를 정할 때에는 동조 제2항에 의한 확정일자 있는 통지 또는 승낙을 기준으로 한다. 특히 채권의 귀속에 관하여 양립불가능한 사람이 둘 이상 있을 때에는 채무자에게 확정일자 있는 통지가 도달된 날짜 또는 채무자의 확정일자 있는 승낙이 있는 날짜를 기준으로 그 우열을 정한다. 이런 입장에 따르면, 민법 제450조 제1항은 임의규정이고, 제2항은 제3자에 대한 것이므로 사회질서와 관련이 있고 따라서 강행규정이라고 한다. 통설은 민법 제450조 제1항, 제2항은 각각 그 규율영역을 구분한다는 입장인 것이다.

이에 반하여 일부학설(양창수, 민법연구1, 375면 이하)은 동조 제1항, 제2항 모두 채권의 귀속에 관한 공시방법이며, 제2항이 원칙규정으로서 확정일자 있는 통지 등을 갖추지 못한 자는 원칙적으로 채무자에 대해서도 채권양도를 대항할 수 없고, 단지 채권의 귀속에 관하여 양립할 수 없는 이해관계를 가진 자가 없을 경우에만 제1항의 통지나 승낙으로 채무자에게 대항할 수 있는 것으로 이해하여야 한다고 한다. 따라서 동조 제1항, 제2항은 모두 강행규정이고, 채권양수인은 양도인에 대해 확정일자 있는 통지를 할 것을 청구할 수 있다고 해석한다. 즉 동조는 "권리귀속의 판단기준"을 제시하는 규정이라는 것이다.

(2) 학설 차이의 실천적 의미

통설에 따르면 첫째, 채권양도 후 단순통지 또는 단순승낙이 있으면 채권양도로써 채무자에게 대항할 수 있다. 그런데 제2의 채권양도 후 확정일자 있는 통지가 있더라도 그 통지가 채무자에게 도달하기 前에 채무자가 제1양수인에게 변제하면 제2양도는 그 효력이 없다고 한다. 반면 제2의 채권양도 후 확정일자 있는 통지가 있고, 그 통지의 도달일까지 제1양수인에게 채무를 이행하지 않았다면, 제2의 채권양도에 대해 채무자 또는 제1양수인은 대항할 수 없다고 한다. 둘째, 통설은 민법 제450조 제1항을 임의규정이라고 보기 때문에 채무자와 채권자 사이에 채권양도의 통지 또는 승낙이 없이도 채무자에게 대항할 수 있도록 합의하였다면 그것은 유효하다고 본다.

반면 소수설은 첫째, 채권양도 후 단순통지나 승낙이 있더라도, 제2의 채권양도가 확정일자 있는 통지로써 이루어지면 제2의 양도만이 채무자 및 제3자와의 관계에서 유효한 양도라고 한다. 따라서 채무자가 제1양수인에게 변제하면 그는 민법 제470조에 의해 면책될 수 있지만, 진정한 채권양수인은 제2양수인이므로 제1양수인은 변제로써 수령한 것을 제2양수인에게 부당이득으로서 반환하여야 한다. 둘째, 민법 제450조 제1항을 강행규정이라고 보므로, 채권양도의 통지나 승낙 없이도 채권양도로써 채무자에게 대항할 수 있게 합의하더라도 그 합의는 무효가 될 것이다.

(3) 대법원 판례

대법원은 확정일자 있는 통지가 도달하기 전 단순통지 또는 승낙에 의해 이루어진 채권양수인에게 변제하면 채권이 이미 소멸하였으므로 객체의 부존재로 제2양도는 성립될 수 없다고 한다(대판 2003.10.24, 2003다37426). 또한 채무자와 채권자와의 합의로써 채권양도의 통지 또는 승낙이 없이도 채무자에게 대항할 수 있도록 합의하였다면 그 합의는 유효하다고 보고 있다.

대판 1987.3.24, 86다카908

[사안] 피고가 A에게 택지분양권을 양도하면서 A가 이 택지분양권을 전전양도하더라도 그 양수인에게 직접 택지를 분양해 줄 것이라고 합의하였는데, 그 후 A가 택지분양권을 B에게 양도하고, B는 다시 C에게, C는 원고에게 양도하였다. 원고가 피고에게 택지를 분양해 줄 것을 청구하자, 피고는 택지분양권양도의 통지가 없었고 자신이 승낙한 것도 아니어서 원고에게 택지를 분양해 줄 수 없다고 항변하였다.

[대법원 판결] 대법원은 "택지개발사업지구내의 택지를 분양받은 자(수분양자)가 그 택지분양권은 타에 양도하면서 장래 택지가 분양되면 위 분양권을 전전양수한 자에게 직접 그 분양자명의 변경에 필요한 모든 절차를 이행하여 주기로 특약하였다면 이는 위 택지수분양자가 택지분양권이 전전양도되는 경우를 위하여 그에 대한 채권양도의 통지를 받거나 그 승낙을 할 이익을 미리 포기하여 그 통지나 승낙 없이 그 채권양도를 위 택지수분양자에게 대항할 수 있게 하는 특약을 한 것으로 볼 것이다"고 하여, 원고의 청구를 인용한 원심판결을 정당하다고 판단하였다.

채무자에 대한 통지나 승낙이 없더라도 채권은 이미 채권양수인에게 이전되었기 때문에, 이로 인해 여러 가지 법률효과가 발생할 수 있다. 다음 두 대법원판결이 대항요건주의의 특징을 보여주는 좋은 예라고 할 수 있다.

대판 2005.11.10, 2005다41818

채권양도는 구 채권자인 양도인과 신 채권자인 양수인 사이에 채권을 그 동일성을 유지하면서 전자로부터 후자에게로 이전시킬 것을 목적으로 하는 계약을 말한다 할 것이고, 채권양도에 의하여 채권은 그 동일성을 잃지 않고 양도인으로부터 양수인에게 이전되며, 이러한 법리는 채권양도의 대항요건을 갖추지 못하였다고 하더라도 마찬가지인 점, 민법 제149조의 "조건의 성취가 미정한 권리의무는 일반규정에 의하여 처분, 상속, 보존 또는 담보로 할 수 있다."는 규정은 대항요건을 갖추지 못하여 채무자에게 대항하지 못한다고 하더라도 채권양도에 의하여 채권을 이전받은 양수인의 경우에도 그대로 준용될 수 있는 점, 채무자를 상대로 재판상의 청구를 한 채권의 양수인을 '권리 위에 잠자는 자'라고 할 수 없는 점 등에 비추어 보면, 비록 대항요건을 갖추지 못하여 채무자에게 대항하지 못한다고 하더라도 채권의 양수인이 채무자를 상대로 재판상의 청구를 하였다면 이는 소멸시효 중단사유인 재판상의 청구에 해당한다고 보아야 한다.

대판 2005.6.23, 2004다29279

피담보채권을 저당권과 함께 양수한 자는 저당권이전의 부기등기를 마치고 저당권실행의 요건을 갖추고 있는 한 채권양도의 대항요건을 갖추고 있지 아니하더라도 경매신청을 할 수 있으며, 채무자는 경매절차의 이해관계인으로서 채권양도의 대항요건을 갖추지 못하였다는 사유를 들어 경매개시결정에 대한 이의나 즉시항고절차에서 다툴 수 있고, 이 경우는 신청채권자가 대항요건을 갖추었다는 사실을 증명하여야 할 것이나, 이러한 절차를 통하여 채권 및 근저당권의 양수인의 신청에 의하여 개시된 경매절차가 실효되지 아니한 이상 그 경매절차는 적법한 것이고, 또한 그 경매신청인은 양수채권의 변제를 받을 수도 있다. 이 때 채권양도의 대항요건의 흠결의 경우 채권을 주장할 수 없는 채무자 이외의 제3자는 양도된 채권 자체에 관하여 양수인의 지위와 양립할 수 없는 법률상 지위를 취득한 자에 한하므로, 선순위의 근저당권부채권을 양수한 채권자보다 후순위의 근저당권자는 채권양도의 대항요건을 갖추지 아니한 경우 대항할 수 없는 제3자에 포함되지 않는다.

2. 채권양도 통지의 방식

민법 제450조 제1항 소정의 채권양도의 통지는 양도인이 채무자에 대하여 당해 채권을 양수인에게 양도하였다는 사실을 통지하는 이른바 관념의 통지로서, 채권양도가 있기 전에 미리 하는 사전 통지는 채무자로 하여금 양도의 시기를 확정할 수 없는 불안한 상태에 있게 하는 결과가 되어 원칙적으로 허용되지 않는다(대판 2000.4.11, 2000다2627). 채무자에 대한 채권양도의 통지는 양도인에 의해 이루어져야 한다. 물론 이 "통지" 역시 양도의 사실을 알리는 행위로서 준법률행위(보다 정확하게는 관념의 통지)에 해당하므로 의사표시에 관한 일반원칙이 여기에 유추적용될 수 있다. 즉 이 통지는 채권자가 직접 할 수도 있고, 채권자의 대리인이 이를 할 수도 있다. 채권양수인도 그 대리인이 될 수 있음은 물론이다. 다만 양수인이 대리인으로서 "통지"를 함에는 본인을 현명하여야 하지만(민법 제114조), 본인을 현명하지 않더라도 대리인으로서 한 것임을 알았거나 알 수 있었다면 본인에 대해서도 그 효력이 있다(민법 제115조 단서). 만약 양수인이 통지를 하였는데, 그 통지를 대리인으로서 한 것이 아니라고 하면 민법 제450조의 "통지"의 효력은 발생하지 않는다(대판 1997.6.27, 95다40977 참조).

3. 채권양도 사실의 승낙

채무자가 채권양도의 사실이 있음을 승낙하는 것에도 대항력을 인정한다. 채무자에 대한 통지가 대항요건인 것은 채무를 이행할 자가 채무자이므로, 그로 하여금 채권양도의 사실을 알도록 하기 위한 것이다. 따라서 채권양도의 통지가 없더라도 채무자가 그 사실이 있음을 승낙한 경우에도 대항력을 인정하는 것이다. 채무자는 승낙의 의사표시를 양도인에게 할 수도 있고, 양수인에게도 할 수 있다.

4. 채권양도의 사실을 담은 문서에 기재된 확정일자가 각각 다른 경우 채권양수인 간의 우열관계

채권양도의 사실을 제3자에게 대항하기 위해서는 그 통지나 승낙이 확정일자 있는 증서로 하지 않으면 안 된다. 그런데 확정일자 있는 증서가 수개인 경우 그 우열관계에 관하여 민법은 침묵하고 있다. 이에 대해 여러 가지 견해가 있을 수 있다.

4.1. 민법 제450조 제2항의 해석론과 판례

확정일자의 선후를 기준으로 2중양수인 사이의 우열을 결정하여야 한다고 하는 견해(확정일자설)와 확정일자에 의한 통지나 승낙이 도달한 때를 기준으로 그들 사이의 우열을 결정하여야 한다는 견해(도달시점설)이 각각 대립한다.

이에 대해 판례는 "채권이 이중으로 양도된 경우의 양수인 상호간의 우열은 통지 또는 승낙에 붙여진 확정일자의 선후에 의하여 결정할 것이 아니라, 채권양도에 대한 채무자의 인식, 즉 확정일자 있는 양도통지가 채무자에게 도달한 일시 또는 확정일자 있는 승낙의 일시의 선후에 의하여 결정"된다고 한다(대판(전) 1994.4.26, 93다24223).

그 권리를 표상할 다른 수단이 없는 지명채권의 양도에는 채무자의 인식을 한 요소로 할 필요가 높고, 이러한 이유 때문에 민법 제450조와 같은 규정을 두고 있다면, 수개의 확정일자 있는 통지나 승낙이 경합할 경우에도 채무자의 인식에 있어서 어느 것이 앞서는가를 기준으로 하는 것이 합리적이다. 여기서의 채무자의 인식은 확정일자 있는 통지가 채무자에게 도달한 시점,[26] 채무자에 의한 확정일자 있는 승낙이 있는 시점을 기준으로 한다. 이 점에서 판례의 태도가 타당하다고 할 것이다.

4.2. 확정일자 있는 채권양도의 통지와 압류 및 전부명령의 정본이 같은 날 도달한 경우

채권양수인과 동일채권에 대해 압류 및 전부명령을 받은 채권자 사이 또는 채권양수인과 동일채권에 대하여 (가)압류명령을 집행한 채권자 사이, 동일 채권에 관하여 수개의 채권양도가 있을 때 그들 양수인 사이의 우열도 확정일자의 선후가 아니라 확정일자 있는 통지의 도달일의 선후에 의해 결정되어야 한다. 왜냐하면 압류 및 전부명령에 의해서도 채권이 이전되고, 따라서 채권양수인과 전부채권자 중 누가 우선하느냐의 문제는 채권의 2중양도의 경우와 다르지 않기 때문이다. 위 판례의 법률론에 따르면 채권양도사실을 담은 문서의 확정일자와 압류 및 전부명령의 정본상의 일자의 선후가 아니라 그 증서의 도달일을 기준으로 하여 우열을 결정하여야 한다. 한편 판례는 채권양도통지와 채권(가)압류결정 정본이 같은 날 도달되었는데 그 선후관계에 대하여 달리 입증이 없으면 동시에 도달된 것으로 추정된다고 한다(대판(전) 1994.4.26, 93다24223).

---

26. "여기서 도달이라 함은 사회관념상 채무자가 통지의 내용을 알 수 있는 객관적 상태에 놓여졌다고 인정되는 상태를 지칭한다고 해석되므로, 채무자가 이를 현실적으로 수령하였다거나 그 통지의 내용을 알았을 것까지는 필요로 하지 않는다"(대판 1997.11.25, 97다31281).

4.3. 동일 순위의 대항력을 갖추었다고 판단될 경우 관련당사자 간의 법률관계

(1) 채무자의 법적 지위

채권양도통지, 가압류 또는 압류명령 등이 제3채무자에 동시에 도달하여 그들 상호간에 우열이 없는 경우에도 그 채권양수인, 가압류 또는 압류채권자는 모두 제3채무자에 대하여 완전한 대항력을 갖추었다고 할 것이므로, 그 전액에 대하여 채권양수금, 전부금 또는 추심금의 이행청구를 하고 적법하게 이를 변제받을 수 있고, 제3채무자로서는 이들 중 누구에게라도 그 채무 전액을 변제하면 다른 채권자에 대한 관계에서도 유효하게 면책된다고 한다(대판(전) 1994.4.26, 93다24223). 한편 채무자는 채권자의 상대적 불확지를 이유로 이를 공탁하는 것도 가능하다(위 93다24223; 대판 2004.9.3, 2003다22561). 왜냐하면 채권양수인, 전부채권자 또는 추심채권자가 각각 소송을 제기할 경우, 어느 한 판결의 기판력이 다른 판결에는 미치지 않기 때문에, 어느 한 판결에서 동시도달을 인정받았다 하더라도 다른 소송에서는 패소할 수도 있기 때문이다.

이런 판례에 대해 채권이 이중양도된 경우 그 우열을 판단하는 기준으로 도달시설을 취하더라도 이 경우 대항요건을 갖춘 자들은 각자 전액의 지급을 청구할 수 있다고 하는 견해도 있고, 채권이 분할되어 각 양수인에게 귀속한다는 견해도 있다(상세한 것은 민법주해 X, 589면(이상훈 집필부분) 참조).

(2) 수인의 채권양수인들(또는 압류채권자와 양수인등) 사이의 법률관계

대법원은 양수채권액과 가압류 또는 압류된 채권액의 합계액이 제3채무자에 대한 채권액을 초과한다면 그들 상호간에는 법률상의 지위가 대등하므로 공평의 원칙상 각 채권액에 안분하여 이를 내부적으로 다시 정산할 의무가 있다고 한다(대판(전) 1994.4.26, 93다24223).

이와 달리 위의 분할설에 따를 경우, 채권액의 비율로 양수한 채권이 분할귀속된다고 하므로, 채무자가 가령 채권양수인에게 전부지급하여 민법 제470조에 의해 면책된 경우 변제받지 못한 자는 변제받은 자에게 부당이득반환청구권을 행사할 수 있다고 해석될 것이다.

이론적인 설득력은 분할설이 더 나을 수 있다. 그러나 분할설에 따르면 채무자는 민법 제470조의 적용이 있어야 비로소 면책이 되기 때문에, 경우에 따라서는 동조의 선의, 무과실요건을 입증하지 못할 수도 있고, 그렇게 되면 이중변제의 위험에 노출될 것이다. 이 경우 채무자는 자기의 몫을 초과하여 지급받은 채권자에게 부당이득반환청구권을 행사하여야 하고, 그 반환의무자의 무자력위험을 부담하게 될 것이다. 완전한 대항력을 갖춘 자가 2인 이상 존재하는 것은 채무자의 용태와는 무관한 것인데, 채무자로 하여금 채권의 분할귀속에 대한 판단과 그것에서 파생되는 위험을 부담하게 할 이유는 없을 것이다. 이런 점을 감안하면 판례의 입장이 타당하다고 할 것이다.

5. 채권양도와 채무자의 보호

채권양도가 있더라도 채무자의 지위에 변함이 있어서는 안될 것이므로, 채무자의 보호를 위한 별도의 규정이 필요하다.

5.1. 양도인에게 대항할 수 있는 사유

채권이 양도되더라도 채무자는 양도통지가 있는 시점까지 채권양도인에게 대항할 수 있는 사유로 채권양수인에게 대항할 수 있다. 채권양도가 있고 난 이후의 시점에 생긴 사유에 의해서는 대항할 수 없는 것이 원칙이다. 채무소멸의 항변사유, 변제기유예의 항변사유 등이 여기에 해당될 것이다. 한편 채권양도가 있기 전에 채권양도인에 대해 상계할 반대채권이 있는 경우에는 그 반대채권으로써 채권양수인에 대해서도 상계를 할 수 있다. 그러나 채권양도 후 취득한 채권양도인에 대한 반대채권으로써 채권양수인에게 상계할 수 없다. 이 점은 지급을 금지하는 명령을 받은 제3채무자는 그 후에 취득한 채권에 의한 상계로 그 명령을 신청한 채권자에게 대항하지 못한다는 민법 제498조와 유사한 점이 있다. 즉 민법 제498조의 해석에 있어서 학설과 판례는 그 문언을 더 좁게 해석하여 압류명령 전에 취득한 것이더라도, 수동채권이 압류 또는 가압류될 당시 자동채권과 수동채권이 상계적상에 있거나 자동채권의 변제기가 수동채권의 그것과 동시에 또는 그보다 먼저 도래하는 경우여야 제3채무자는 자동채권에 의한 상계로 압류채권자에게 대항할 수 있다고 한다(대판 1989.9.12, 88다카25120 참조). 즉 압류명령 전에 취득한 것이라

하더라도 수동채권의 변제기가 먼저 도래하면 상계할 수 없다는 것이다. 이와 마찬가지로 채권양도의 경우에도 양도 전에 취득한 반대채권이라고 하더라도 수동채권의 변제기가 먼저 도래하면 상계할 수 없을 것이다.

그러나 수동채권이 양도된 후 그것과 동시이행관계에 있는 반대채권이 성립한 경우에는 이에 대한 예외가 인정되어야 할 것이다. 동시이행관계에 있는 반대채권의 성립이 양도 후라고 해서 채무자의 지위를 불이익하게 해서는 안될 것이기 때문이다. 여기에는 민법 제451조가 그대로 적용된다.

5.2. 이의를 유보하지 않은 승낙과 대항사유

그러나 채무자가 이의를 유보하지 않고 채권양도의 사실을 승낙한 경우(민법 제450조의 대항요건으로서 채무자의 승낙이 있는 사안), 채권양도인에게 대항할 수 있는 사유로써 채권양수인에게 대항할 수 없다. 이는 신의칙에 기한 것이다.

대판 1997.5.30, 96다22648

[사안] A가 자신의 피고 은행에 대한 허위의 정기예금통장을 만든 후 원고에게 이에 질권을 설정하고 돈을 빌리면서, A는 피고 은행에 질권설정승낙의뢰서를 보냈다. 피고 은행 지점의 대리가 가공의 정기예금에 대한 질권설정승낙의뢰서에 질권 설정에 대하여 아무런 이의를 유보하지 아니하고 승낙한다는 뜻을 기재하고 은행의 대리 약인을 찍은 질권설정승낙서를 교부하였다. 원고가 예금질권을 근거로 정기예금을 자신에게 지급하라고 청구하였다(민법 제357조). 피고 은행은 그 질권자에게 그 정기예금채권이 부존재하다는 이유로 질권자인 원고의 청구를 다투고 있다.

[대법원 판결] 민법 제451조 제1항은 채무자의 승낙이라는 사실에 공신력을 주어 양수인을 보호하고 거래의 안전을 꾀하기 위한 규정으로서, 이 경우 양도인에게 대항할 수 있는 사유로서 양수인에게 대항하지 못하는 사유는 협의의 항변권에 한하지 아니하고 넓게 채권의 성립, 존속, 행사를 저지하거나 배척하는 사유를 포함하고, 이는 지명채권에 대한 질권 설정의 경우에도 같다.

민법 제451조에서는 채무자가 이의유보 없는 승낙만을 언급할 뿐, 채권양도인에게 대항할 수 있는 사유 있음을 채권양수인이 안 경우 또는 중과실로 모른 경우에도 제451조 제1항 본문이 그대로 적용되는지에 대해 언급이 없지만, 대법원 판례는 이에 대해 채권양수인이 악의 또는 중과실 있는 선의일 때에는 채무자는 채권양수인에게 대항할 수 있다고 한다.

대판 2002.3.29, 2000다13887

민법 제451조 제1항이 이의를 보류하지 않은 승낙에 대하여 항변사유를 제한한 취지는 이의를 보류하지 않은 승낙이 이루어진 경우 양수인은 양수한 채권에 아무런 항변권도 부착되지 아니한 것으로 신뢰하는 것이 보통이므로 채무자의 '승낙'이라는 사실에 공신력을 주어 양수인의 신뢰를 보호하고 채권양도나 질권설정과 같은 거래의 안전을 꾀하기 위한 규정이라 할 것이므로, 채권의 양도나 질권의 설정에 대하여 이의를 보류하지 아니하고 승낙을 하였더라도 양수인 또는 질권자가 악의 또는 중과실의 경우에 해당하는 한 채무자의 승낙 당시까지 양도인 또는 질권설정자에 대하여 생긴 사유로써도 양수인 또는 질권자에게 대항할 수 있다.

5.3. 채권양도의 무효와 채무자의 보호

(1) 부존재 또는 무효인 양도와 양도통지

채권을 양도한 사실이 없음에도 불구하고 양도사실을 통지하거나 양도가 무효임에도 불구하고 채권양도의 통지를 한 경우 선의의 채무자는 채권양수인에게 대한 대항사유로써 채권양도인에게 대항할 수 있다(민법 제452조 제1항). 채권양도가 있었음을 통지받은 채무자는 이를 신뢰하기 마련이므로, 채권양도인과 양수인 사이의 사유, 특히 그 양도가 부존재하거나 무효라는 사유에 영향을 받아서는 안 될 것이다. 물론 악의의 채무자를 보호할 필요가 없을 것이다. 이 규정을 통해 채무자는 채권양수인에게 한 변제로써 진정한 채권자인 양도인에게 대항할 수 있다.

(2) 양도통지 후의 양도계약의 취소, 해제 등

채권양도인이 한 통지는 채권 양수인의 동의가 없으면 이를 철회할 수 없다(동조 제2항). 그런데 채권양도의 사실이 통지된 후 그 양도계약이 취소되거나 해제되면, 채권이 채권양도인에게 복귀된다.

대판 2011.3.24, 2010다100711

지명채권의 양도라 함은 채권의 귀속주체가 법률행위에 의하여 변경되는 것, 즉 법률행위에 의한 이전을 의미한다. 여기서 '법률행위'란 유언 외에는 통상 채권이 양도인에게서 양수인으로 이전하는 것 자체를 내용으로 하는 그들 사이의 합의(채권양도계약)를 가리키고, 이는 이른바 준물권행위 또는 처분행위로서의 성질을 가진다. 그와 달리 채권양도의 의무를 발생시키는 것을 내용으로 하는 계약(양도의무계약)은 채권행위 또는 의무부담행위의 일종으로서, 이는 구체적으로는 채권의 매매(민법 제579조 참조)나 증여, 채권을 대물변제로 제공하기로 하는 약정, 담보를 위하여 채권을 양도하기로 하는 합의(즉 채권양도담보계약), 채권의 추심을 위임하는 계약(지명채권이 아닌 증권적 채권에 관하여서이기는 하나, 어음법 제18조, 수표법 제23조는 어음상 또는 수표상 권리가 추심을 위하여 양도되는 방식으로서의 추심위임배서에 대하여 정한다), 신탁(다만 신탁법 제7조 참조) 등 다양한 형태를 가질 수 있다. 비록 채권양도계약과 양도의무계약은 실제의 거래에서는 한꺼번에 일체로 행하여지는 경우가 적지 않으나, 그 법적 파악에 있어서는 역시 구별되어야 하는 별개의 독립한 행위이다. 그리하여 채권양도계약에 대하여는 그 원인이 되는 개별적 채권계약의 효과에 관한 민법상의 임의규정은 다른 특별한 사정이 없는 한 적용되지 아니한다.

종전의 채권자가 채권의 추심 기타 행사를 위임하여 채권을 양도하였으나 양도의 '원인'이 되는 그 위임이 해지 등으로 효력이 소멸한 경우에 이로써 채권은 양도인에게 복귀하게 되고, 나아가 양수인은 그 양도의무계약의 해지로 인하여 양도인에 대하여 부담하는 원상회복의무(이는 계약의 효력불발생에서의 원상회복의무 일반과 마찬가지로 부당이득반환의무의 성질을 가진다)의 한 내용으로 채무자에게 이를 통지할 의무를 부담한다.

이 때 채권양수인이 부당이득반환의무(또는 원상회복의무)의 이행으로써 채권이 양도인에게 복귀되었다는 사실을 채무자에게 통지하지 않는 한, 채무자와의 관계에서는 여전히 채권양수인이 채권자의 지위를 향유할 수 있다. 즉 채무자는 채권양수인에게 채무를 이행함으로써 채권양도인에게 대항할 수 있다. 채무자가 채권양도가 취소, 해제되었다는 사실을 알았는지 여부는 문제되지 않는다.

대판 1993.8.27, 93다17379

[사안] 피고는 공사대금의 변제조로 원고에게 이 사건 토지에 관한 소유권이전등기를 경료해주기로 약정하였다. 그런데 원고와 소외 B에게 원고의 A에 대한 소유권이전등기청구권을 양도해주기로 약정하였다. 원고는 피고에게 이 사건 토지에 관한 위 권리의 양도사실을 통지함으로써 위 B에게 적법하게 양도되었다. 그런데 B가 양도약정에서 정한 공사대금의 지급을 지체하자 원고는 소유권이전등기청구권의 양도계약을 해제하였다. 그리고 원고는 피고에게 소유권이전등기청구를 하고 있다.

[대법원 판결] 지명채권의 양도통지를 한 후 그 양도계약이 해제된 경우에, 양도인이 그 해제를 이유로 다시 원래의 채무자에 대하여 양도채권으로 대항하려면 양수인이 채무자에게 위와 같은 해제사실을 통지하여야 할 것이다. 그런데 원고가 B에게 위 양도약정을 해제한다는 취지의 통지를 한 사실이 있다고 하더라도 양수인인 B가 피고에게 그와 같은 양도약정의 해제사실을 통지한 사실이 인정되지 않는 이상 위 피고에게 대항할 수 없다.

대법원은 부동산 소유권이전등기청구권을 양도하더라도 채무자가 이를 승낙 내지 동의하지 않으면 양수인이 채무자에게 직접 자기 앞으로 소유권이전등기를 할 것을 청구할 수 없다고 한다(대판 2001.10.9, 2000다51216 참조). 위 사안의 경우 원고의 양도통지에 대해 피고의 승낙 내지 동의가 있었다는 것이 전제되어 있을 것이다. 그런데 흔히 해제(또는 취소도 마찬가지이다)의 물권적 효력으로 인해 소유권이전등기청구권이 원고에게 복귀되지 않는가라는 의문이 있을 수 있다. 그러나 민법 제452조

제2항으로 인해 원고에게 복귀되었음을 채무자에게는 대항할 수 없게 된다는 것이다. 이런 법리가 어떻게 형성되었는가는 다음 대법원 판결이 잘 보여준다.

대판 1978.6.13, 78다468

[사안] 소외 A는 1975.7.30. 피고에 대한 임대차보증금반환채권을 원고에게 양도하고 그 날 피고에게 그 양도통지를 하였다. 그런데 A가 같은 해 8.5. 원고의 위약을 이유로 위 양도계약을 해제하고 피고에게 그 양도계약 해제의 통지를 하였다. 그럼에도 불구하고 원고가 피고를 상대로 임대차보증금반환청구를 하였다. 1차 파기환송전 원심법원은 원고의 청구를 기각하였다. 대법원은 1977.5.24. 76다2325 환송판결에서 '민법 제452조 제2항에 채권양도의 통지는 양수인의 동의없이는 철회하지 못한다고 규정하고 있는 바, 이는 채권양도인이 채무자에게 채권양도 통지를 한 이상 그 통지는 채권양수인의 동의도 없이 채권양도인이 자의로 이를 철회하지 못한다는 것으로 풀이되므로 비록 채권양도인인 소외 A와 원고와의 간의 이 사건 채권양도계약이 해제되었고 A가 피고에게 양도철회통지를 하였다 할지라도 이것을 채권양수인인 원고에게는 대항할 수 없다'고 하여 파기환송하였다. 환송 후 원심법원은 위 대판 76다2325 판결의 취지에 어긋난 판결을 하면서, 다음과 같은 이유로 다시 원고의 청구를 기각하였다. '채권양도의 통지가 채권양도에 있어 채무자에 대한 대항요건인 것과 같이 채권양도 통지 철회도 어디까지나 채권양도 계약이 무효 또는 해제된 경우에 있어 채무자에 대한 대항요건에 불과하다 할 것이고 채권양도 계약이 있고 그 대항요건이 구비된후에 채권양도계약이 해제된 경우에는 당사자 사이에는 채권은 당연히 양도인에게 복귀하고 원상으로 회복되는 것으로 다만 양도인이 양수인의 동의를 얻어 채무자에 그 해제의 사실을 통지하지 않으면 양도인은 이를 채무자에 대항할 수 없음에 그치고 위 민법 제452조 제2항은 채권양도인으로부터 채무자에게 일단 채권양도 통지가 된 후에는 그 채권양도 계약이 처음부터 무효이거나 사후에 해제가 되더라도 양도인이 양수인과 합의하여 적법한 채권양도 통지의 철회를 하기까지는 채무자로 하여금 채권양수인을 진정한 채권자로 인정하여 그에게 채무의 지급을 강요하는 취지를 규정한 것은 아니라고 할 것이다'라고 하면서, '위 채권양도의 철회에 있어 비록 양도인이 양수인인 원고의 동의를 받지 아니하였다 하더라도 위 채권양도계약이 적법히 해제된 이상 원고는 위 양수채권에 대하여 아무런 권원이 없게 된 것인즉 채무자인 피고는 채권양수인이었던 원고에 대한 채무의 지급을 거절할 수 있다'고 하였다. 대법원은 이 원심판결을 다시 파기 환송하였다.

[대법원 판결] 대법원은 이 사건에 관한 파기환송판결인 대판 1977.5.24, 76다2325의 법률론을 다시 반복하면서, "민법 제452조 제2항은 구민법하에서 '채권양도계약의 (양도의대항요건 구비이후의) 해제는 양도인이 일방적으로 할 수 있는 것이 아니고 양수인으로부터의 채무자에 대한 통지가 없으면 그 효력이 발생하지 아니한다'는 판례가 있었던 것을 성문화한 조항인만큼 위 환송판결의 견해는 옳다."는 것이다.

제3관 담보목적의 채권양도의 특질

1. 개관

담보목적으로 채권을 양도하는 경우에도 진정채권양도와 동일한 방식으로 하여야 한다. 또한 채무자와의 관계에서는 진정채권양수인이나 양도담보권자나 차이가 없다. 동일한 채권을 담보목적으로 수인에게 양도한 경우에도 동산 양도담보와 마찬가지로 후순위의 양도담보권자는 어떤 우선권도 가지지 않는다. 즉 제1순위의 양도담보권자에게만 채권이 귀속되어, 제3채무자에게 채권을 추심하여 피담보채무의 변제에 충당하고, 잔여액은 채무자에게 반환하여야 할 것이다. 이 잔여액에 대해 후순위의 양도담보권자가 어떤 물권적 권리를 주장할 수 없다는 것이다.

유동집합동산을 양도담보의 목적물로 삼아 계약한 경우, 장래에 취득하는 동산에 대해서도 양도담보권의 효력이 미치지만, 증감변동하는 집합채권을 객체로 하여 양도담보계약을 체결하는 경우 장래에 취득하는 채권에 대해서는 양도담보권의 효력이 미치지 않는다. 왜냐하면 장래채권을 양도하는 것에는 중대한 장애가 있기 때문이다. 즉 장래채권의 양도에 있어서 채무자에 대한 대항요건을 구비할 수 없기 때문이다. 이런 장애를 극복하기 위해 실무에서는 다양한 방법이 동원되기도 한다. 그 중의 하나가 예약형 집합채권의 양도담보이다.

2. 예약형 집합채권의 양도담보의 사례

다음 판결은 예약형 집합채권의 양도담보계약의 내용 및 효력이 어떠한지를 잘 보여준다.

대판 2002.7.9, 2001다46761

[사실관계] 1997.8.경 이 사건 주식회사(이하 A)가 피고로부터 담보제공 없이 신용거래의 형태로 수십억 원 규모의 여신을 제공받고 있던 중 피고에게 단기대출금의 만기를 연장해 달라고 요청하자, 피고는 A의 매출채권을 담보로 제공하면 만기를 연장해 주겠다고 하여 A와 피고 사이에는 다음과 같은 약정(이하 '이 사건 기본약정'이라 한다)이 체결되었다. ① A가 피고에게 A의 매출채권을 양도함에 있어 제3채무자와 제3채무자별 채권금액 및 지급기일 등의 명세를 피고에게 제출하고 변동이 있을 때 수시로 보고하며, ② A가 피고에 대한 채무에 관한 기한의 이익을 상실하는 경우 피고가 A를 대리하여 채권양도의 통지를 할 수 있고, ③ A는 채권양도계약서 및 채권양도통지

서의 일부 또는 전부를 백지로 피고에게 제출하고, 피고는 위 채권명세에 따라 양도받을 채권을 확정하고 백지의 채권양도계약서와 채권양도통지서에 제3채무자 및 채권금액을 기재할 수 있는 권한을 갖는다. 위 약정에 따라, A는 피고에게 ① 채무자란에만 A의 명판과 대표이사의 인감을 날인하고 연월일란이 백지인 상태로 위 약정내용이 인쇄된 '각서'를 제출함과 동시에, ② 양도인란에 A의 명판과 대표이사의 인감만 날인하고 채무자 및 제3채무자, 채권의 종류, 그 금액, 연월일란이 모두 백지인 '채권양도계약서'와 ③ 역시 통지인란에만 A의 명판과 대표이사의 인감을 날인하고 채권의 종류 및 그 금액, 통지서를 수령할 제3채무자란을 모두 공란으로 둔 '채권양도통지서', ④ 그리고 A가 제3채무자들에게 가지는 외상매출금이 기재된 '매출채권명세서'를 각 교부하였다.

그런데 A가 피고에게 교부한 매출채권명세서에는 B 주식회사(이하 B) 대한 채권은 기재되어 있지 않았고, 피고에게 변동된 매출채권명세를 보고한 사실도 없었다. A는 1999.11.30. 인천지방법원 99회 15호로 회사정리절차개시신청을 하였다. 피고는 A와 B 사이의 거래 사실을 우연히 알게 되어 1999.12.2. 이미 백지상태로 교부받은 위 채권양도계약서 및 채권양도통지서의 제3채무자란에는 A를, 채권의 종류란에는 물품대금을, 금액란에는 이십억 원을, 채권양도계약서의 연월일란에는 1998.2.18. 및 채권양도통지서의 연월일란에는 1999.12.2.을 각 기재하고, 양수인란의 피고의 명칭 옆에는 피고의 대표이사 인장을 날인하여 같은 날 위 통지서를 B에 발송하였으며, 위 통지서는 그 무렵 B에게 도달되었다.

[위 사실관계에 관한 원심법원의 법적 구성] 원심법원은 이 사건 기본약정을 다음과 같이 이해하였다. 위 약정은 'A와 피고가 그 만기연장에 즈음하여 종래의 신용대출을 일종의 담보대출로 전환하면서 그 담보로서 자신의 특정 매출채권을 장차 양수·양도하기로 하는 추상적, 방침적인 약정을 한 것으로서 장차 A가 매출채권명세서를 피고에게 제출하면 그에 기재된 채권에 관하여 피고의 자유로운 판단에 따라 피고가 임의로 이를 특정, 양수하는 권한을 행사할 수 있도록 피고에게 위임하기로 하는 포괄적, 기본적인 채권양도계약 혹은 담보제공계약의 성질을 띤 무명계약이다. A가 피고에게 이 사건 기본약정에 기하여 양도인란과 통지인란에 A의 명판과 인감만 날인된 채 백지로 된 채권양도계약서 및 채권양도통지서를 교부한 것은 장차 피고가 구체적, 현실적으로 담보를 제공받거나 또는 채무변제를 위하여 매출채권을 양수하고자 할 경우 그때 그때 A의 협력 없이도 원활하게 개개의 매출채권에 관한 양도계약이 체결되도록 피고에게 미리 A의 대리권 내지 처분권한을 부여하여 자기대리의 형식으로 채권양도계약이 체결되도록 한 것이다. 원심법원은 이 사건 기본약정의 성질에 관한 위 판단에 기초하여, 이 사건 기본약정만으로는 양도대상 채권, 채권액, 제3채무자, 양도시기, 그 피담보채권 혹은 변제대상채권 등이 확정되지 아니한 상태이어서 구체적인 개개의 채권에 관하여는 채권양도계약이 체결되었다고 볼 수 없고, 이 사건 기본약정에 터잡아 피고가 위임받은 대리권을 행사하여 백지상태로 교부받은 위 채권양도계약서와 채권양도통지서에 그 공란을 보충한 1999.12.2.에 이르러서야 비로소 피고와 A 사이에 B에 대한 매출채권에 관한 양도계약이 성립됨과 동시에 그 효력이 발생하였고, 그 대항요건도 피고가 A를 대행 내지 대리하여 위 채권양도통지서를 발송하여 그것이 B 전자에 도달됨으로써 그 효력이 발생되었다.

[대법원의 판단] 대법원은 기본약정의 성질에 관하여 원심과 달리 판단하고 있다. 즉 위 약정은 A와 피고가 대출금에 대한 담보로서 A의 특정 매출채권을 장차 양도·양수하기로 하는 추상적, 방침적인 약정을 하면서 장차 피고가 A를 대리하는 자기대리의 형식으로 A의 매출채권을 특정하여 양도계약을 체결할 수 있는 대리권 내지 처분권한을 부여한 계약이 아니라, A와 피고가 A의 대출채무를 담보하기 위하여 A의 매출채권에 관한 채권양도를 목적으로 한 대물변제의 예약을 체결

한 계약 이른바 예약형 집합채권의 양도담보에 해당하는 것으로서, 그 예약을 일방적으로 완결할 수 있는 예약완결권을 피고에게 부여함과 동시에 A가 매출채권명세서에 기재한 매출채권 중에서 대물변제로 양도·양수할 매출채권을 선택할 수 있는 선택권을 피고에게 부여하기로 하는 한편 피고가 위 선택권과 예약완결권을 행사할 경우 그 실효성과 편의를 위하여 피고가 A를 대리하여 제3채무자에게 채권양도사실을 통지할 수 있도록 A가 피고에게 그 대리권을 부여한 계약이라고 할 것이다. 따라서 이 사건 기본약정에 의하여, 피고는 대물로 할 A의 매출채권을 선택하는 선택권, 대물변제 예약을 완결하여 채권양도계약을 성립시키는 예약완결권을 취득함과 더불어 A를 대리하여 제3채무자에게 채권양도사실을 통지할 수 있는 대리권을 수여받았다고 보아야 한다. 그러므로 피고가 1999.12.2.에 한 행위는 이 사건 기본약정에서 주어진 위 매출채권 선택권과 예약완결권을 행사한 것으로서 피고의 행위이고, 원고가 부인권의 대상으로 삼고자 하는 A의 채권양도행위가 있었던 것은 아니라고 보았다.

A가 취득하는 매출채권 전부를 양도담보하기로 하는 위와 같은 기본약정이 있으면, 그 기본약정은 일응 장래의 채권(A가 새롭게 취득하는 채권)도 양도담보의 목적으로 삼기로 합의한 것이라고 볼 수 있다. 그러나 대법원 판결에 따르면 채무자가 누구인지 알 수 없는 장래의 매출채권은 양도대상이 될 수 없다. 따라서 장래의 채권을 취득하기로 하는 위와 같은 약정이 있고, 그 후 통지 또는 승낙의 대항요건을 갖추었다고 해서 장래채권이 피고에게 양도되지 않는다. 양도 통지나 승낙은 '사실'에 대한 통지 또는 승낙인데, 채무자불확정의 장래채권은 양도할 수 없으므로 양도된 바가 없고, 따라서 그 통지나 승낙도 효력이 없기 때문이다. 그러므로 채무자불확정의 장래채권을 유효하게 양수하기 위해서는 장차 채권양도계약을 체결하기로 미리 예약을 해 두고(특히 일방예약), 예약완결권을 행사하면 그것으로 곧바로 양도가 되도록 조치할 필요가 있다. 이 때 예약완결권의 행사로서 채권양도인에 대한 의사표시를 하지 않고, 위 각 서류에 기재하는 것으로 갈음할 수 있도록 합의해 두는 것도 방법일 것이다. 이렇게 양도계약이 체결된 후에는 채권양도인이 이를 통지하여야 하는데, 미리 채권양도인으로부터 피고가 양도통지를 대리할 수 있도록 대리권을 부여받아 둘 것이다. 따라서 피고가 각 채무자에게 통지를 하면 그것으로 대항요건도 갖추게 될 것이다. 이런 방식을 취하면 장래의 채권에 대해서 다른 채권자보다 앞서서 채권에 대한 양도담보권을 취득할 수 있을 것이다.

한편 위의 피고의 행위가 회사정리법(그 후 채무자 회생 및 파산에 관한 법률로 통합) 상의 위기부인의 대상이 되는 A의 행위인지, 아니면 피고의 행위인지 등에 관하여도 원심법원과 대법원은 달리 판단하고 있다.

[원심법원의 판단] 회사정리법 제78조 제1항 제2호 소정의 이른바 위기부인(위기부인)의 대상이 되는 '회사의 행위'라 함은 회사가 제3자의 행위에 협력하거나 제3자가 회사의 행위를 대행하는 경우, 또는 제3자의 행위의 효과가 실질적으로 회사가 한 것과 동일시할 수 있을 정도에 이르러야 한다고 새겨야 할 것인데, 위 사실관계와 이 사건 기본약정, 채권양도계약서 등 서식의 교부행위, 피고의 보충행위의 법적 성질 등에 비추어 보면, 위 1997.8.경의 이 사건 기본약정과 그에 터잡아 백지를 보충함으로써 1999.12.2.자 채권양도계약이 체결되게 한 **피고의 행위는 전체적으로 '회사'인 A에 의한 채권양도계약의 체결로서의 실질**을 가진다 할 것이고, 대항요건을 갖추기 위한 피고의 통지행위 역시 A를 대리 내지 대행한 것이므로, 결국 '회사'인 A의 행위로 볼 수 있다고 판단하였다.

[대법원의 판단] 회사정리법 제78조 제1항 각 호의 규정에 의하면, 회사정리법상의 부인의 대상은 원칙적으로 정리 전 회사의 행위라고 할 것이고, 다만 회사의 행위가 없었다고 하더라도 정리 전 회사와의 통모 등 특별한 사정이 있어서 채권자 또는 제3자의 행위를 회사의 행위와 동일시할 수 있는 경우에는 예외적으로 그 채권자 또는 제3자의 행위도 부인의 대상으로 할 수 있다 고 할 것이다. 이 사건의 경우에는 기록을 살펴보아도 피고가 정리 전 회사인 A와 통모하여 위 예약완결권을 행사하였다고 볼 수 없고, 달리 피고의 예약완결권 행사행위를 A의 행위와 동일시 할 만한 특별한 사정을 찾아볼 수 없다. 따라서 1999.12.2. A가 피고에게 B에 대한 매출채권을 양도하는 행위가 있었음을 전제로 그 행위가 회사정리법 제78조 제1항 제2호에 정한 위기부인의 대상에 해당한다는 원고의 주장은 받아들일 수 없다.

또한 피고의 1999.12.2.자 예약완결권 행사행위를 부인할 수 없는 이상, 같은 날 피고가 A를 대리하여 B에 매출채권양도사실을 통지한 행위는 위 예약완결권의 행사로 효력이 발생한 매출채권의 양도사실을 통지하여 그 채권양도의 대항력을 갖추는 행위이므로 회사정리법 제78조 제1항 제2호가 부인의 요건으로 정한 "정리채권자 등을 해하는 행위와 담보의 제공 또는 채무의 소멸에 관한 행위"에 해당한다고 할 수 없다.

한편, 원고는 예비적으로 회사정리법 제80조 제1항을 매출채권양도행위에 대한 부인의 근거로 주장하지만(원심은 원고의 주위적 주장을 받아들였으므로 예비적 주장에 나아가 판단하지 않았다), 회사정리법 제80조 제1항은 "지급의 정지 또는 파산, 화의개시, 정리절차개시의 신청이 있은 후 권리의 설정, 이전 또는 변경으로써 제3자에 대항하기 위하여 필요한 행위를 한 경우에 그 행위가 권리의 설정, 이전 또는 변경이 있은 날로부터 15일을 경과한 후 악의로 한 것인 때에는 이를 부인할 수 있다."라고 규정하고 있는바, 피고가 A를 대리하여 B에게 채권양도사실을 통지한 행위는 예약완결일로부터 15일 이내의 행위임이 명백하므로 원고가 이에 대하여 위 규정상의 부인권을 행사할 수도 없다고 할 것이다.

제7장 동산 및 채권 담보권

제1절 입법의 배경

제2절 동산담보권

제3절 채권담보권

제1절 입법의 배경

제1관 입법의 필요성과 입법정책상의 쟁점

1. 입법의 필요성

동산과 채권을 담보의 객체로 삼을 경우 이에 대한 담보권이 성립되었음을 공시할 수단이 마땅하지 않다는 문제점이 있다. 그렇기 때문에 담보설정자가 동일한 객체를 수회에 걸쳐 양도담보하는 일이 발생하기도 한다. 점유개정의 방법으로는 선의취득할 수 없다고 하지만, 이처럼 동일한 물건을 수회에 걸쳐 양도담보할 수 있으므로 제3자가 선의취득할 개연성도 그 만큼 높아지는 것이다. 이것이 채권자가 직면하는 문제점이다. 이에 반해 채무자는 현행의 동산 및 채권 양도담보 제도로는 담보물이 가치는 담보가치를 제대로 활용할 수 없다는 문제점을 안고 있다. 일관된 판례에 따르면 동산 또는 채권을 양도담보할 경우, 그 담보물에 잔여가치가 있더라도 이를 적법하게 후순위의 담보권의 객체로 삼을 수 없기 때문이다. 즉 이미 양도담보에 제공된 목적물(동산 또는 채권)을 다시 양도담보한 경우, 그 때의 양도담보계약자는 양도담보권을 취득할 수 없고 무담보의 일반채권자와 동일한 위치에 있게 된다.

이런 문제점들을 개선하기 위해, 동산, 채권을 담보로 제공한 경우 이를 등록하게 함으로써 채권자의 이익을 충족시켜주고, 또한 담보물권을 취득하게 함으로써 채무자로 하여금 후순위의 담보물권을 취득하게 한다면, 합리적인 입법안이 마련될 수도 있다.

2. 입법정책상의 주요 쟁점

동산 및 채권의 담보를 등록하게 함으로써 채무자, 담보물권을 보유한 채권자, 기타 채권자 간의 이익을 합리적으로 조정하게 된다면, 채무자의 책임재산인 재화를 더 효과적으로 활용할 수 있을 것이기 때문에 사회적으로도 바람직한 효과를 가져올 수 있다. 입법정책을 위와 같이 설정한다고 하더라도 그것은 매우 추상적인 것이어서 결국 세부적인 부분에 있어서 이런 입법정책을 어떻게 실현할 수 있는지를 둘러싸고는 많은 논란이 있을 수 있다.

외국의 입법례를 살펴보면, 우리나라의 현행 담보물권법처럼 담보물의 특정성 원칙을 그대로 유지하면서 위와 같은 입법정책을 실현할 것인지(특정성 원칙), 아니면 담보물이 특정되지 않더라도 특정가능하기만 하면 담보물권의 성립을 인정함으로써 위와 같은 입법정책을 실현할 것인지(특정가능성 원칙) 등이 가장 주요한 쟁점이 된다. 그 중 어떤 원칙을 선택하는가에 따라 이해관계의 조정을 위해 필요한 다양한 법적 처리가 수반되어야 할 것이다.

제2관 외국의 입법동향

1. UCC

1.1. 기본특징

담보물의 특정성 원칙을 유지하는 대륙법과 달리 UCC(통일상법전) 제9조는 채무자의 현재, 장래의 인적 재산(personal property)에 대해 담보권을 설정할 수 있도록 한다.[1] 이런 법발전의 배경에는 Zartman v. First Bank of Waterloo(1907) 189 NY 267 사건이 있었다. 이 사건의 당사자는 담보계약을 체결하면서, 추후취득재산(after-acquired property)도 담보물에 포함시켰는데, 법원은 아직 소유하지 않는 재산에 대한 담보를 창설할 수 없을 뿐 아니라, 담보에 의해 借主의 처분의 자유가 제한받는 것은 다른 채권자에 대해 기망적(fraudulent)이라고 하여 그 담보계약의

1. UCC 제9조에 관한 상세한 설명은 김재형, 동산담보제도의 개선방안, 민사법학 제30호(2005년 12월), 7면 이하를 참조.

효력을 부정하였다. 이런 견해가 연방대법원에서도 인정되었다(Benedict v. Ratner (1925) 268 US 353). 그러나 실무에서는 이런 대법원의 법리를 회피하는 다양한 기법을 개발하였다. 다른 한편 이해집단의 입법노력으로 이런 실무는 개별 州의 입법으로도 뒷받침되었다. 입법작업은 주로 모든 담보를 등록(registration)함으로써 제3자에 대한 효과를 실현하도록 하는 것이었다. 그 결과 개개의 담보권을 등록하도록 하는 수많은 개별적 등록제도를 갖게 되면서, 등록제도의 공시기능이 사실상 상실되었다고 한다. 동산저당(chattel mortgage), 조건부매매(conditional sales), 신탁적 보관 증서(T/R:trust receipts), 팩토링질권(factor's liens), 금전채권의 양도(consignment of accounts receivable)에 대해 각각의 등록제도를 갖게 되었다고 한다.

UCC 제9조는 이런 법상태를 정비하여 체계화하고자 한 것이다. 즉 수많은 개별 담보제도를 없애고, 채무자의 모든 재산에 대해 성립할 수 있는 단일한 담보권(security interest)개념으로 대체한 것이었다.[2]

1.2 담보권의 성립 : 특정가능성 원칙의 선택

UCC 제9조의 담보권의 대상=담보물(collateral)이 될 수 있는 것에는, 금전채권(accounts)[3], 동산담보증권(chattel paper),[4] 기타의 금전채권(payment intangibles),[5] 약속어음, 대위물(proceeds)[6]로서 제9-315조에 의해 담보권에 부착(attachment)되는 것,[7] 양도의 대상이 되는 물품[8] 등이 있다(제9-102조 (12)). 그런데 그 밖의 증권 등

---

2. 이에 대해서는 McCormack, The CFR and Credit Securities, in : A. Vaquer ed., European Private Law Beyond Common Frame of Reference, 2007, pp.111 et seq. 참조.

3. 노무제공계약, 리스계약, 유체동산의 매매계약에 기한 금전채권을 accounts라고 하였으나, 1999년 개정으로 소유권 관련 거래로부터 유래하는 금전채권 일체도 accounts에 포함되었다. 그 상세한 개념정의는 UCC 제9-102조 (2)를 참조.

4. 채권지급의무 그리고 그 채무담보를 위해 설정된 특정 물품에 대한 담보권 또는 특정물건의 임대가 기재되어 있는 증권이다. 제9-102조 (a) (11) 참조.

5. 제9조에 독자의 범주를 갖지 않는 여타의 금전채권을 지칭하는 것임. 즉 주된 급부의무가 금전지급을 내용으로 하는 채권이지만, accounts 개념에 포섭되지 않는 금전채권을 의미한다.

6. 대위물은 제9-102조 (64)에 규정하고 있다. 담보물의 매매, 리스, 라이센스, 교환 또는 여타의 처분으로 취득한 것, 담보물에 기하여 추심된 것 또는 담보물에 의하여 배분된 것, 담보물에서부터 비롯된 권리, 담보물의 멸실, 불합치, 그 사용의 방해, 담보물의 결함 또는 담보물에 대한 권리의 침해로부터 비롯되는 채권으로서 담보물의 가액의 범위까지, 담보물의 멸실, 불합치, 결함, 담보물에 가해진 손해를 이유로 지급될 수 있는 보험금으로, 담보물의 가액의 범위까지, 그리고 채무자 또는 담보권자에게 지급될 수 있는 범위까지 등을 대위물이라고 한다.

의 투자재산, 상거래상의 유가증권, 신용장 등에 대한 담보권의 성립 및 효력에 대해서도 일괄하여 UCC 제9조에서 규율한다.[9] UCC 제9조는 부동산 등 별도의 등록부를 갖추고 있는 재산을 제외한 모든 인적 재산의 담보권을 규율하는 셈이다. UCC 제9조의 담보권은 당사자 간의 합의로 설정되고, 그것으로써 담보물의 매수인, 여타의 채권자에게도 효력이 있다(제9-201조 (1), 제9-203조 (b) 참조).

담보물에 대한 권원이 담보권자에게 유보 또는 이전되더라도 UCC 제9조의 담보권으로 취급된다(제9-202조). 즉 권원담보(권리이전형의 담보)와 비권원담보 간의 구별을 없애고 단일한 담보권으로 처리한다. 이 점은 비점유담보권을 제한없이 인정하는 제9-205조에서 재차 확인되고 있다. 그러나 담보설정자가 담보물의 소유권을 보유하지 않거나 담보권을 설정할 권한이 없다면, 담보권 합의가 있더라도 담보권을 취득할 수 없다(제9-203조 제b항). 즉 담보권의 선의취득은 배제된다. UCC 제9조의 중요한 특징은 同法의 적용대상인 모든 재산에 단일한 담보권을 설정할 수 있으며(제9-203조 (d) 참조), 현재의 재산만이 아니라 담보설정자의 추후취득재산(afer-acquired assets)에도 담보권의 효력이 미치도록 정할 수 있다는 점이다(제9-204조 (a) 참조).[10] 또한 피담보채권도 제한없이 현재, 장래의 모든 채권을 담보할 수 있다(제9-204조 (c) 참조).

---

7. 담보설정자에게 처분할 권한을 준 경우가 아니라면, 담보권은 원칙적으로 담보물을 매각(또는 임대)하더라도 소멸하지 않고, 담보물의 대위물(proceeds)에도 미친다. 혼화된 경우에도 특정가능하면 담보권이 미친다(제9-315조). 여기서 부착(attachment)은 '성립'으로도 번역할 수 있다. 담보물에 담보권이 부착되더라도 제 3-315조에서는 그 부착 후 21일째가 되면 더 이상 완성(perfection)되지 않은 것으로 취급된다. 거기에 대한 예외를 또 별도로 규정해 두고 있다. 한편 'perfection'을 대항요건의 구비로 번역할 수도 있다. 가령 김재형(위의 논문), 16면에서처럼 '우리나라의 대항력과 동일한 의미는 아니지만', '대항력의 취득'으로 번역할 수도 있다. 여기서는 'perfection' 요건을 갖추지 않더라도 담보권으로서 유효하게 성립하고, 또한 무담보채권자보다 우선하며(제9-203조 (b) 참조), 동일 담보물에 대해 담보권을 가지지만 마찬가지로 'perfection' 요건을 갖추지 않은 다른 담보권자 사이에는 담보권 성립의 순서에 따라 우열이 결정되기 때문에 오해를 피하기 위해 '완성'이라고 번역하기로 한다.

8. 제9-102조 (44)는 물품을 담보권이 부착된(attach) 모든 동산이라고 하면서, 그 내용을 상세히 열거한다.

9. 다만 이 경우의 담보권의 성립에는 차이가 있다. 가령 증권에 대해 점유를 취득하거나 유가증권 및 은행예금에 대해서는 유효한 관리(control)를 하는 것이 그 요건이 된다. 이 점은 제9-203 (b) (3) (A) 내지 (D) 및 (c), 그리고 제9-206조에서 상세하게 규율하고 있다.

10. 다만 추가로 신용이 제공될 때 첨부된 것이 아닌 소비재(다만 신용제공 후 10일 이내에 취득한 소비재는 예외) 또는 상행위상의 불법행위채권은 추후취득담보의 적용을 받지 않는다. 제9-204조 (b) 참조.

1.3. 담보권의 완성요건

인적재산 거의 전부를 망라하므로 담보물의 범위가 넓고 또한 폭넓게 인정된 대위물에도 담보권이 미치기 때문에(제9-315조), 동일 담보물에 대해 수인의 담보권자가 생기는 것은 피할 수 없을 것이다.

가령 담보권자 A가 담보설정자의 현재의 재고품, 설비, 고객에 대한 채권, 은행예금채권, 동산담보증권, 금전채권, 기타 금전채권과 장래의 동일한 항목의 재산에 담보권의 효력이 미친다고 합의하였다고 하자.[11] UCC 제9조는 등록제도를 마련하지만, 담보계약서 내용이 아니라, 담보설정자가 A를 위해 담보권을 설정하였다는 단순한 금융진술조서(finance statement)만이 등록되기 때문에(제9-310조), 다른 담보권자는 담보권자 또는 담보설정자에게 문의하지 않는 한 어떤 재산에 담보권이 설정되었는지 알 수 없다. 더구나 담보권 설정 전의 사전등록을 인정하기 때문에, 담보권이 설정되었는지도 불확실할 수 있다. 이런 사정 때문에 동일한 담보물에 중복적으로 담보권이 설정될 여지가 있다. 따라서 UCC 제9조에서는 동일 담보물에 대한 수인의 담보권자 사이의 우열문제를 상세하게 규율하지 않을 수 없다. 그 우열은 원칙적으로 완성(perfection) 요건을 갖추었는지에 따라 판단한다.

그러나 UCC 제9조에 포섭되는 담보물의 범위가 매우 넓기 때문에 3가지 유형의 완성(perfection) 방식을 인정한다.

첫째, 금융진술서(financing statement)를 등록(제9-310조)하는 것이 원칙적 요건이다. 둘째, 자동완성(automatic perfection)도 인정된다. 소비자물품의 취득담보(purchase money security)는 담보권 성립과 동시에 자동적으로 완성(perfection)된다(제9-309조 (1) 참조). 또한 금전채권(accounts or payment intangible)이 양도된 경우, 그 양도 자체 또는 동일 양수인에 대한 다른 양도와 결합하면 양도인의 전체 금전채권 중 상당한 부분을 차지하지 않는 경우에는, 그 양도로써 자동적으로 완성된다(제9-309조 (2) 참조). 기타 금전채권(payment intangible) 또는 약속어음, 의료서비스제공자에게 지급할 건강보험 급여채권의 매도(제9-309조 (3), (4), (5) 참조) 역시 담보권성립과 동시에

11. UCC 제9-108조는 담보물을 구체적으로 기술하지 않더라도 합리적으로 특정할 수 있으면 그것으로 충분하다고 한다. 즉 채무자의 모든 재산이라고 기술하는 것으로는 충분하지 않지만(제9-108조 (c) 참조), 구체적 목록(specific listing), 범주(category), 담보물의 유형(type), 수량(quantity), 또는 기타의 방법 중 어느 하나를 취하면 특정가능한 것이다(제9-108조 (b) 참조).

자동적으로 완성된다. 그 밖에 자동 완성되는 것으로, 리스계약상의 일정한 담보권, 수표 등에 대한 담보권, 금융자산의 인도로부터 비롯되는 담보권, 투자재산에 대한 담보권, 운송과 관련된 담보권 등(제9-309조 (6)-(13) 참조) 다수의 특별한 담보권은 그 성립과 동시에 완성된다.

셋째, 점유(possession)를 통해 완성되는 것이 있다. 유체물 또는 증권에 기재된 권리는 점유(possession)를 통해 완성(perfection)될 수도 있다(제9-313조 (a), 제9-312조 참조). 금전은 점유가 완성(perfection)의 유일한 방식이다(제9-312조 (b) (3) 참조). 또한 1999년 개정으로 관리(control)를 통한 완성(perfection) 제도가 도입되었다(제9-314조). 이는 무체의 재산에 대한 것으로 점유취득에 상응한 것인데, 관리의 방식은 담보물에 따라 그 요건이 달라진다. 은행예금(deposit account)의 관리는 제9-104조, 전자적 동산담보증권(electronic chattel paper)의 관리는 제9-105조, 투자재산(investment property)의 관리는 제9-106조, 신용장에 대한 권리에 관한 관리는 제9-107조에서 각각 규정하고 있다.

이상에서 언급한 것처럼 동일한 담보물에 대해 완성 요건을 구비한 담보권자와 그렇지 않은 담보권자가 경합할 때에는 완성요건을 갖춘 자가 우선한다(제9-322조 (a) (2) 참조). 대립하는 담보권이 모두 완성하지 않은 경우에는 먼저 부착된 담보권이 우선한다(제9-322조 (a) (3) 참조).

1.4. 완성된 담보권자 사이의 우선권 : 원칙과 예외

완성 요건을 구비한 자가 수인인 경우에는 다시 그들 사이에서의 우열을 결정할 필요가 있다.[12] UCC는 여기에 대해 매우 상세한 규정을 두고 있다. 완성된 담

12. 담보물이 설정된 물품을 취득한 자와 담보권자의 관계도 문제되는데, 이는 제9.-317조 내지 제9-321조에서 정하고 있다. 즉 담보권자 아닌 매수인으로 동산담보증서, 무기명증권(document), 물품, 유가증권 또는 권원증권(security certificates: 8-102)을 취득한 자는, 반대급부를 제공하고 담보권 등이 설정되어 있는 사실을 알지 못하고, 또한 그 담보권이 완성되기 전에 교부받은 경우에는, 담보권 또는 농업담보(agricultural lien) 없는 권리를 취득한다. 물품의 임차인은 반대급부를 제공하고, 담보권 등이 설정되어 있는 사실을 알지 못하고 그 담보권의 완성되기 전에 교부받은 경우 담보권의 부담없는 권리를 취득한다. 무체재산의 라이센스를 받은 자 또는 매수인으로 담보권자 아닌 자는 반대급부를 제공하고, 담보권 취득의 사실을 모르고, 그 담보권의 완성 전에 교부받으면 담보권의 부담없는 권리를 취득한다. 취득담보권의 경우 채무자가 담보물을 교부받은 후 20일 이내, 또 그 교부받기 전에 금융진술서를 등록한 경우에는, 담보권성립과 등록 사이에 성립한 매수인, 임차인, lien 채권자 보다 담보권자가 우선한다. 한편 제9-320조는 물품을 매도인의 통상의 영업과정에

보권이 각각 대립할 경우에는 등록 또는 완성의 시점이 앞선 것이 우선한다(제9-322조 (a) (1) 참조). 사전등록이 있고, 그 후에 담보권이 성립되면 등록이 앞선 경우 우선한다. 대위물에 대해서도 원칙적으로 등록 또는 완성의 시점에서 완성된 것으로 간주된다(제9-322조 (b) (1) 참조). 그러나 여기에는 많은 예외가 있다.

첫째, 취득담보(가령 소유권유보부매도인, 금융리스제공자의 권원담보권)는 다른 완성된 담보권보다 우선한다. ① 재고자산에 대한 취득담보는 대립하는 동일한 재고자산에 대한 완성된 담보권, 동일한 재고자산에 대한 동산담보증서, 재고자산의 대위물을 구성하는 유가증권, 동산담보증서의 대위물, 재고자산의 특정가능한 현금대위물보다 우선한다(제9-324조 (a) 참조). 그러나 이 특별우선권은 다음의 조건 하에서만 성립한다. 즉 재고자산의 점유를 채무자가 취득한 때 취득담보권이 완성되는데, 취득담보의 당사자가 대립하는 담보권자에게 인증한 통지를 보내고, 대립하는 담보권자가 그 통지를 재고자산의 점유를 채무자가 취득하기 5년 이내에 이를 수취하고, 그 통지서에 통지서를 보내는 자가 채무자의 재고자산에 취득담보권을 취득하였거나 취득하고자 한다는 것과 재고자산을 표시하며(제9-324 (a) 참조), 또한 완성 후 20일 이내에 동일한 유형의 재고자산을 포함하는 금융진술서를 등록할 때에만 그러하다(제9-324조 (b) 참조). ②, 가축에 대한 취득담보 역시 동일한 가축에 대해 대립하는 담보권에 우선한다(여기에도 위 재고자산과 유사한 요건이 부가된다. 이는 제9-324조 (c), (d) 참조). ③, 가축 또는 재고자산이 아닌 물품, 즉 설비에 대한 취득담보는 동일한 물건(9-327의 예외 있음)에 대한 대립하는 담보권에 우선한다(제9-324조 (e) 참조). ④, 소프트웨어에 대한 취득담보권은 동일 담보물에 대한 대립하는 담보권에 우선하고, 특정가능한 대위물에 대한 완성된 담보권도 사용을 위해 소프트웨어가 구입된 물품에 대한 취득담보권이 이 조문의 적용으로 물품의 대위물 또는 물품에 우선권을 가진 범위에서 우선권을 가진다(제9-324조 (f) 참조). ⑤ 가령 소유권유보무 매도인의 담보권과 금융리스 담보권자처럼 취득담보권이 서로 경합할 경우에는 담보물의 대금의 전부 또는 일부에 기한 채권을 담보하는 담보권, 즉 담보물을 취득할 수 있는 대가를 제공하고 취득한 담보권인 前者가 우선한다(제9-324조 (g) 참조).

둘째, 관리(control)를 통해 완성되는 경우에도 특별한 우선권이 인정된다. ①

서 취득한 자는 담보권이 완성된 경우라도 부담없는 권리를 취득한다고 한다.

예금채권에 대한 담보권이 경합할 때에는 그 예금채권에 대한 관리를 통해 완성된 채권자가 우선한다(제9-327조 참조). ② 투자재산에 대한 담보권이 경합하는 경우 제9-106조에 의해 투자재산의 관리를 하는 담보권자 관리 이외의 방식으로 완성된 담보권보다 우선한다(제9-328조). ③ 신용장에 대한 권리를 담보물로 해서 담보권을 취득한 자는 제9-107조의 관리를 통해 완성한 담보권자가 그 밖의 방식으로 완성된 담보권에 우선한다(제9-329조). ④ 동산담보증권 또는 기타 유가증권(instruments)에 대해 관리를 통해 담보권을 완성한 자는 여타의 방식으로 완성한 자보다 우선하는 규정을 제9-330조에서 자세히 언급하고 있다. 그 밖에도 제9-331조 내지 제9-339조에 이르기까지 상세한 특별우선권 규정을 두고 있다.

1.5. 시사점

특정가능성의 원칙을 선택하고, 그 기준을 완화하면, 또한 단일한 담보권의 범위 내에 포섭되는 담보목적물의 유형이 많으면 많을수록 담보권의 우선순위에 대한 일반 원칙 이외에도 많은 예외를 두어야만 구체적 타당성을 실현할 수 있음을 알 수 있다.

2. UNCITRAL의 입법지침

2.1. 기본적 특징

UNCITRAL의 입법지침은 UCC 제9조와 마찬가지로 담보가치가 있는 것을 최대한 망라하여 단일한 포괄적 담보권을 창설하도록 권고한다(Recommendation(이하 R로 표시) 1 참조). 담보법은 자연인, 법인을 가리지 않고 적용하되, 소비자보호입법의 영역에는 영향을 주지 않도록 권고한다(R. 2 (b) 참조). 담보권이 설정될 수 있는 대상은 담보설정자의 모든 유형의 동산, 채권, 은행예금채권 등 설정자가 현재 보유하고 있거나 장래 취득할 모든 재산이다(R. 2 (a), (c) 참조). 금전채권의 진정양도에도 담보법이 적용되도록 권고하고 있다(R. 3 참조). 그러나 비행기, 철도, 우주시설물, 선박 등이나, 증권(R. 4 참조), 부동산(R. 5 참조) 등에는 적용되지 않아도 된다고 권고하고 있다.

또한 당사자 간에 반대의 합의가 없으면 대위물(proceeds)에 대해서도 담보권의 효력이 미치도록 하는데(R. 6, R. 19), 그 범위 역시 매우 넓다.[13] 나아가 지침은 양도이든, 권원을 유보한 것이든, 담보권이든, 담보적 기능을 수행하는 모든 권리들을 담보권으로 취급하는 기능적 접근방법을 선택하도록 권고하고 있다(R. 7 참조). 이 때 취득담보 등의 경우 일원적(unitary) 접근방식이나 비일원적(non-unitary) 접근방식 중 하나를 선택할 수 있도록 하되, 결과적으로 유사한 기능을 수행할 수 있도록 하는 장치를 마련할 것을 권고하고 있다(R. 9 참조). 즉 비일원적 접근방식을 취한다 하더라도 UCC 제9조처럼 취득담보도 일정기간 내에 등록하지 않으면 우선순위를 취득할 수 없도록 해야 한다고 권고한다(R. 183 참조).

입법지침의 가장 중요한 특징의 하나는 기업의 모든 영업활동에 대해 담보를 설정할 수 있다는 점이다. 즉 모든 자산에 대한 담보(all-assets security)의 유효성을 인정한다(R. 17). 이 점도 UCC 제9조와 동일하다.

2.2. 담보권의 성립 : 특정가능성 원칙의 권고

담보권은 담보설정자와 담보권자 사이의 합의로 성립되는데,[14] 담보설정자가 권리를 보유하거나 담보권을 설정할 권한을 가진 유·무형의 인적 재산에 대해서는 즉시 담보권이 성립하고, 장차 담보설정자가 그 권리를 취득하거나 담보설정권한을 취득할 인적 재산(장래 재산)에 대해 담보권을 설정할 때에는 담보설정자가 권리 또는 권한을 취득한 시점에서 담보권이 성립하도록 권고한다(R. 13 참조). 입법지침 역시 담보권의 선의취득을 배제하는 것이다. 피담보채권은 현재, 장래의 모든 채권이 그 적격을 가지고 있되(R. 16 참조), 그 최고액은 그렇게 하는 것이 금융조달에 더 유리하다고 판단하면 이를 기재하도록 해도 무방하다고 권고하는 점(R. 14 (e) 참조)에서는 UCC 제9조와 부분적으로 차이가 있다. 합리적으로 특정가능할 수

---

13. 대위물(proceeds)에 포함되는 것으로는 담보물의 매각대금, 추심대금, 임대료, 대위물의 대위물, 천연과실, 법정과실, 배당금, 보험금, 담보물의 멸실, 훼손 등으로 인해 취득하게 되는 보험금, 손해배상청구권 등 매우 넓은 범위에서 인정한다.

14. 담보물의 점유를 이전하는 경우에는 구두합의로 할 수도 있지만(R. 13), 그 밖의 경우에는 서면으로 하고, 담보설정자가 서명해야 한다(R. 10, 11). 그러나 전자교신(거기에 포함된 정보가 이후의 참조로 이용될 수 있을 정도로 접근가능하면)으로도 충분하다(R. 10). 담보합의에서는 담보채권자, 담보설정자, 피담보채권과 담보목적의 재산이 합리적으로 표시되어야 한다(R. 12).

있으면 되도록 담보물로 인정하여야 한다고 권고하면서(R. 14 (d) 참조), 모든 자산에 대한 담보권을 설정하는 것을 완전히 허용한다. 이는 기업의 영업과정의 전체에 대해 포괄적인 영업담보(universal business security) 또는 일종의 부동담보(浮動擔保 floating security)의 설정을 허용하는 것이다(R. 17). 나아가 금전채권을 담보물로 할 경우 구체적으로 특정되지 않은 장래채권이라도 장차 그 채권이 성립하였을 때 담보권에 관련된 채권임을 알 수 있도록 하면 거기에 대해서도 당사자 간의 합의만으로 담보권이 설정되도록 하고, 장래채권의 포괄양도, 금전채권의 일부양도, 분할불가의 채권의 일부의 양도를 모두 허용할 것을 권고한다(R. 23).

나아가 채권양도금지의 특약이 있더라도 또한 담보권자가 이를 알고 있더라도 담보권을 설정할 수 있도록 하고 있다(R. 24). 이 점은 은행예금채권을 담보하는 경우에도 마찬가지이다(R. 26). 이렇게 함으로써 UNCITRAL 입법지침은 UCC 제9조와 다를 바 없이 담보권의 목적물에 있어서 매우 완화된 형태의 특정가능성 원칙을 취하고 있다.

2.3. 담보권의 제3자에 대한 효력

UCC 제9조와 마찬가지로, UNCITRAL의 입법지침은 당사자 간의 합의만으로 담보권이 성립되도록 하기 때문에, 담보권을 가진 자와 무담보채권자, 동일한 물건에 대해 담보권을 가진 자 간의 우열을 결정하는 별도의 기준을 마련해야만 한다.

첫째, 담보권이 성립하면 별도로 제3자에 대한 효력요건을 갖추지 않더라도 채무자만이 아니라 무담보채권자, 기타 제3자에 대해서도 담보권의 효력을 인정하도록 권고한다(R. 30, 31).

둘째, 입법지침은 통지등록부에의 통지등록(notice-filing)을 통해 제3자에 대한 효력을 가지는 것을 원칙으로 하되(R. 32), 이 요건이 담보권 성립요건으로 되지 않도록 할 것을 권고한다(R. 33).[15] 이 점에서도 UCC 제9조와 동일한 입장을 취하고 있다.

---

15. 통지등록의 원칙은 담보계약서를 요구하지 않고 가장 단순한 형태의 정보를 제출하는 것으로 등록할 수 있도록 하는 것이다(R. 54). 통지등록에 있어서는 담보물을 합리적으로 특정 가능하게끔 기술하면 되고(R. 66, R. 14 (d)), 존속기간을 표시하고(R. 69), 피담보채권액의 기재는 각국의 선택사항으로 돌리고 있다(R. 57 (d)). 나아가 통지등록은 담보계약의 체결 이전, 즉 담보권 성립 이전에도 할 수 있도록 권고하고 있다(R. 67).

셋째, 등록 이외의 대체적 수단으로, 입법지침은 유체동산의 경우 점유 또는 등록을 통해 제3자에 대한 효력을 갖도록 할 것을 권고한다(R. 34 (a) (i), R. 37). 지시채권(negotiable documents)으로 표상하는 유체동산의 경우 그 지시채권을 점유 또는 등록으로써(R. 34 (a) (ii), R. 51-53), 특별한 등록부에 등록하거나 권원증서에 표시하도록 되어 있는 인적 재산의 경우 그 특별등록부에 등록하거나 권원증서에 표시함으로써(R 34 (a) (iii), R. 38), 은행예금에 기반을 둔 자금지급채권에 대해서는 등록을 하거나 관리(control)를 함으로써(R. 34 (a) (iv), R. 49) 제3자에게 효력이 생긴다.

넷째, 담보권 성립과 동시에 자동적으로 제3자에게 효력이 있는 경우도 있다. 제3자에게 효력이 생긴 담보권의 경우 그 담보물의 대위물에 대해(R. 34 (b) (i), R. 39, 40), 제3자에게 효력이 생긴 담보권의 경우 그 담보물에 부합된 물건에 대해(R. 34 (b) (ii), R. 41), 유체동산의 가공, 혼화 등으로 다른 물건으로 생산되거나 집합물이 된 경우(R. 34 (b) (iii), R. 44) 등이 그 예이다.

2.4. 경합하는 담보권자 간의 우선순위 원칙과 예외

담보설정자의 특정가능한 모든 인적 재산에 대해 담보권을 설정할 수 있기 때문에 동일한 담보물에 대해 제3자적 효력(the third-party effectiveness) 있는 담보권을 취득한 자가 수인일 수 있다. 이 때의 우선순위를 결정하는 원칙은 제3자적 효력을 취득한 시점을 기준으로 한다. 즉 통지등록을 통해 제3자에 대한 효력을 갖춘 수인의 담보권자의 경우, 등록의 우선순위에 따라(R. 76 (a)), 등록 이외의 방식으로 제3자에 대한 효력을 갖춘 자가 수인인 경우 그 순서에 따라(R. 76 (b)), 등록과 등록 이외의 방식으로 제3자적 효력있는 담보권을 취득한 자가 수인인 경우 그 순서에 따라(R. 76 (c)) 우선순위가 결정되도록 권고한다. 그러나 다음과 같은 예외를 인정한다.

첫째, 통지등록부 아닌 특별등록부에 등록하거나 권원증서(title certificate)에 기재함으로써 제3자적 효력있는 담보권을 취득한 경우에는 그 효력의 취득시점과 무관하게 언제나 통지등록부 또는 여타의 방법에 의해 제3자적 효력있는 담보권을 취득한 자보다 우선하도록 권고한다(R. 77 (a)). 특별등록부 또는 권원증서에 기재한 자가 여러 명인 경우, 그 순서에 따라 우선순위를 결정한다(R. 77 (b)).

둘째, 담보물이 양도되거나(transferred), 리스되거나, 라이센스가 부여되고, 그 시점에서 특별등록부 또는 권원증서에의 기재를 통해 제3자적 효력있는 담보권이 있는 경우 양수인(transferee), 리스권자(lessee), 라이센스취득자(licencee)는 담보권의 부담있는 담보물에 대한 권리를 취득하지만, 그 밖의 방법으로 제3자적 효력있는 담보권을 취득한 자가 있을 때에는 담보권의 부담없는 권리를 취득한다(R. 78).

셋째, 어음, 수표 등의 유가증권(negotiable instruments)의 점유를 통해 제3자적 효력있는 담보권을 취득한 경우 다른 방법으로 제3자적 효력있는 담보권을 취득한 자보다 우선한다(R. 102). 이들 유가증권에 대해 점유 이외의 방법으로 제3자적 효력있는 담보권을 취득한 자는 국내법에 의해 보호받는 소지인의 자격을 갖추고 있는 담보권자, 매수인, 계약에 의한 양수인, 또는 그 담보권 있음을 알지 못하고 유상으로 점유를 취득한 자보다 열후한 지위에 있다(R. 103).

넷째, 은행계좌에 기입되는 기금(funds)의 지급채권에 대해 관리(control)를 통해 담보권을 취득한 자는 다른 방법에 의해 제3자적 효력있는 담보권을 취득한 자보다 우선한다. 은행이 여러 명의 담보권자와 관리(control) 합의를 한 경우에는, 그 합의의 순서에 따라 효력을 정한다. 은행이 담보권자인 경우에는 다른 방식으로 제3자적 효력있는 담보권자보다 우선한다. 다만 그 예금계좌에 대해 관리권 있는 담보권자가 별도로 있는 경우는 예외이다(R. 103).

다섯째, 담보물인 금전의 점유를 취득한 자는 다른 담보권자의 권리를 침해한다는 것을 알고서 점유한 것이 아닌 한 담보권의 부담없는 금전을 취득하도록 권고한다(R. 106).

여섯째, 독립담보(independent undertaking)에 기한 대위물(proceeds)을 받을 권리에 대해 관리를 통해 제3자적 효력있는 담보권을 취득한 자가 R. 48에 의해 제3자적 효력있는 담보권을 취득한 자[16]보다 우선한다.

일곱째, 지시채권(negotiable documents)과 유체동산에 대한 담보권자는 그 지시채권의 양수인보다 열위한 지위에 있도록 권고한다(R. 108). 또한 양도성지시채권의 점유를 통해 유체동산에 대한 제3자적 효력있는 담보권을 취득한 자가 그 밖의

16. 금전채권, 어음, 수표등의 유가증권, 기타 무형의 채권에 대한 담보권이 제3자적 효력있는 담보권인 경우, 그 금전채권, 유가증권, 기타 무형의 채권의 지급을 담보하는 인적 또는 물적 담보에도 제3자적 효력있는 담보권의 효력이 미치며, 인적, 물적 담보가 독립담보(independent undertaking)인 경우에는 제3자 있는 담보권의 효력은 그 독립담보에 기한 대위물(proceeds)을 받을 권리에도 미친다는 것이 R. 48의 내용이다.

방법으로 그 유체동산에 대해 제3자적 효력있는 담보권을 취득한 자보다 우선하도록 권고하고 있다(R. 109).

여덟째, 취득담보에 관하여는 담보권으로 취급하여 일원적 접근방식을 취하거나, 권원유보형을 별도로 인정하는 비일원적 접근방식을 취하는 것 중 선택할 수 있게 한다. 그 각각의 방식에 따라 상세한 규정을 두고 있다. 일원적 접근방식에 따르면, 소유권유보부 매도인의 권리나 금융리스 등의 취득담보도 다른 담보권과 마찬가지로 동일한 성립요건, 제3자적 효력의 취득, 등록, 집행방법, 우선순위의 결정 등의 원칙이 적용될 수 있도록 권고한다(R. 178). 그 중 소비자물품에 대한 취득담보권은 성립과 동시에 제3자적 효력있는 담보권을 취득하도록 하고, 동일한 물건에 대해 그 밖의 방법으로 제3자적 효력있는 담보권자보다 우선하도록 규정할 것을 권고한다(R. 179). 소비자물품 또는 재고자산 아닌 유체동산에 대한 취득담보권을 취득한 자는 다른 방법으로 제3자적 효력있는 비점유담보권을 취득한 자, 설령 취득담보권자보다 먼저 통지등록부에 등록한 자라고 하더라도 그보다 우선한 담보권을 취득하게 하되, 일정기간 내에 통지등록부에 등록을 해야만 우선권을 인정하도록 권고한다(R. 180 (a)). 취득담보권의 목적물이 재고자산인 경우에는 먼저 담보권으로 등록된 자에게 통지한 후 등록을 해야만 우선권을 인정하도록 권고한다(R. 180 (b), (c)). 이 점은 UCC 제9조를 거의 모방하다시피 한다.[17] UNCITRAL 입법지침은 비일원적 접근방식을 선택할 경우, 경제적 기능에 있어서는 취득담보권과 다를 바 없이 규율하도록 권고하고 있다(R. 188). 이 경우에도 일정 기간 내에 등록을 하여야 우선권을 가질 수 있도록 하고(R. 192). 명칭은 권원유보형이지만, 실질적으로는 담보권과 다를 바 없이 처리하도록 권고하고 있다.

2.5. 시사점

'입법지침'은 많은 부분에서 UCC 제9조를 거울처럼 반영하고 있다. UCC 제9조의 경우와 마찬가지로 담보물의 범위가 넓고 또한 매우 완화된 형태의 특정가능성 원칙을 선택하기 때문에, 법 기술적으로 보면, 담보권 간의 우열을 결정하는 원칙과 다양한 예외를 두지 않으면 안된다. 그런데 무엇을 예외로 인정할지에 관

---

17. UNCITRAL 입법지침은 취득담보권을 소비자물품, 재고자산, 그 밖의 자산(특히 설비)으로 구분하는 대신, 소비자물품과 그 밖의 자산으로 구분하여 취급할 수도 있다고 한다(R. 180 대안 B).

한 보편적 기준을 찾기 어렵다. 가령 UCC 제9조처럼 취득담보가 일반담보권보다 우선하도록 하고, 다시 취득담보 중에서 매도인의 소유권유보형의 취득담보가 금융리스에 우선하도록 할 수 있겠지만, 독일, 영국처럼 취득담보 상호간에 아무런 차이를 두지 않을 수도 있다. 또한 취득담보에 우선권을 인정하더라도 매각대금채권을 대위물(proceeds)로 인정할 것인지에 대해서도 가령 영국과 독일은 다른 입장을 취한다. 결국 우선권의 원칙과 예외 설정은 당해 담보거래의 특성 또는 보호가치에 대한 가치평가에 기초할 것이고, 이 점은 담보제도에 관한 철학, 정책, 금융시장의 사정, 기타 역사적 특성에 따라 나라마다 다르게 나타나게 될 것이다.

3. 채권담보와 UN 채권양도협약(CARIT)

3.1. 채권담보에서의 특정성원칙 또는 특정가능성 원칙

담보목적의 채권양도의 중요성은 자산으로서의 채권의 유동화의 필요성과 유동화시장의 확대와 더불어 더욱 주목을 받고 있다. 그런데 자산유동화 대상이 되는 채권이 특정된 채권이어야 하는지, 특정가능한 채권으로 충분한지는 별개의 문제이다. 이에 대해 각 나라마다 서로 상이한 태도를 취하고 있다. UN의 국제거래에서의 채권양도협약을 다루기 이전에 주요한 몇 나라의 채권양도에 관한 입법례를 간단히 살펴보는 것이 필요할 것이다.

(1) 독일

독일법은 채권양도를 채권법에서 규율하고 있는데,[18] 채권양도의 계약적 성격이 가장 두드러진 나라 중의 하나라고 할 수 있다. 양도될 채권이 특정되거나 최소한 특정가능성이 있으면 그 양도합의로 채권은 제3자와의 관계에서도 유효하게 양도되기 때문이다.[19] 따라서 장래채권의 경우도 특정가능성만 있으면 유효하게 양도될 수 있다.[20] 그렇지만 양도할 채권을 금액으로만 범위를 정한다든지, 양도

18. 이에 대해 Wieacker, Die Forderung als Mittel und Gegenstand der Vermögenszuordnung, in: Kleine juristische Schriften, Göttingen 1988, s. 243-260은 입법자의 잘못된 선택이라고 비판한다.

19. MünchKomm/Roth, BGB, 5 Aufl., § 398 Rn. 67 참조.

20. 채권이 전연 성립되지 않았거나 양도인에게 속하지 않는 경우에는 양도의 시점에서는 효력이 없지만, 나중에 채권이 성립하면 그 성립의 시점에서 양도가 유효해진다고 한다. BGH NJW 1995, 1671

인의 모든 채권이라고 해서는 특정가능성을 인정할 수 없다고 한다. 채무자, 채권액수 등을 알 수 없고, 현재 성립하지 않은 장래채권이라 하더라도 특정 종류의 물품공급에 기한 모든 채권의 양도, 특정상품의 공급에 기한 모든 채 권의 양도, 특정 물건의 임대차에 기한 모든 채권, 특정 고객에 대한 모든 채권, 성명이 A로 시작하는 고객에서부터 K로 시작하는 고객에 대한 모든 채권, 특정 영업소가 보유하는 모든 채권의 양도는 특정가능성이 있다고 한다.[21]

이처럼 장래채권의 포괄양도를 인정하기 때문에 다음과 같은 문제가 생기게 된다. 첫째, 일반채권자가 채무자의 장래채권을 압류할 때에는 채권의 기초가 되는 법률관계가 이미 성립되어 있거나 특정가능할 정도로 명백하게 기술될 것을 요건으로 하기 때문에,[22] 장래채권을 양수받은 담보채권자와 일반채권자 간의 불평등이 심화된다. 前者에 비해 後者 역시 채무자의 영업활동에 기여한 바가 적지 않은 채권자일 것인데, 前者와 비교해서 애초부터 불평등한 조건에 서게 된다. 즉 철학적, 정치적인 관점에서 문제가 없다고 할 수는 없을 것이다.

둘째, 장래채권의 포괄적 양도가 있으면 장래채권을 담보목적으로 양도받은 채권자(양도담보권자)와 연장된 소유권유보채권자(verlängerter EigentumsvorbehaltsGläubiger) 간의 충돌 문제를 해결할 필요가 생긴다. 둘 다 장래채권을 담보목적으로 포괄양도를 받는데, 통상 前者가 後者보다 선순위일 가능성이 높다. 독일 연방대법원은 이 문제를 우선권의 문제로 보지 않고, 계약위반이론(Vertragsbruchlehre)을 통해 해결한다.[23] 즉 그 분야에 통례적인(branchenüblichen) 연장된 소유권유보(verlängerter Eigentumsvorbehalt)에 복속되는 채권을 대상으로 한 포괄적 채권양도담보합의는 BGB 제138조 제1항 및 제307조에 의해 무효라는 것이다.[24] 결과적으로 상품신용제공자가 장래채권을 취득하게 된다.[25] 그러나 이런 판결에 대한 비판도 적지 않

참조. 그 사이에 양도인이 동일한 장래채권을 달리 처분하게 되면 처분권의 흠결로 효력이 없다고 한다. 동일한 장래채권을 여러 번 양도한 경우 우선권의 문제는 결국 각 처분의 시점을 기준으로 해서 판단하면 된다고 한다. 양도인은 장래채권이 성립될 때까지 자신의 의사표시를 철회할 수 없고, 양수인은 장래채권을 미리 처분할 수 있다고 한다. MünchKomm/Roth, § 398 Rn. 79 참조.

21. MünchKomm/Roth, § 398 Rn. 70 참조

22. BGHZ 53, 29, 32; BAG NJW 1993, 2699; MünchKomm/Roth, § 398 Rn. 82 참조.

23. Bülow, Recht der Kreditsicherheiten, 2003, S. 533 f. 참조.

24. BGHZ 98, 303, 314; BGHZ 55, 34, 36 등 참조.

25. 다수의 학설은 이런 법률효과를 회피하기 위해서는 물권적인 일부표기(dingliche Teilverzichtsklausel)의 합의를 통해서만 실현될 수 있다고 한다. 이런 합의를 통해 소유권유보의 채권을 변제할

다.[26]

셋째, 고객에 대한 장래의 대금채권을 포괄양도받은 연장된 소유권유보부매도인과 팩토링계약에 기해 고객에 대한 장래의 대금채권을 포괄양도받은 Factor(채권추심자) 간의 우열관계도 문제가 된다. 시간적으로 前者가 우선할 수도 있고, 後者가 우선할 수도 있다. 독일 대법원은 팩터링계약이 진정팩터링인지 부진정팩터링으로 금융적 성격이 있는 것인지에 따라 시간적 순서와 관계없이 위 둘째의 법리를 적용시킨다고 한다. 즉 부진정 팩터링일 경우 설령 팩터링계약이 선행한다고 하더라도 연장된 소유권유보부 매도인의 권리를 침해하는 경우에는 반사회적 법률행위여서 무효가 된다는 것이다.[27] 넷째, 과잉담보의 문제가 발생할 수도 있다. 1997년 연방대법원 대법정재판부(der Große Senat)의 판결이 있기 전까지는 BGB 제307조 위반[28] 또는 138조의 양속위반으로 판단하여 그 담보계약 전부를 무효로 보았지만, 위 연방대법원 판결로 상황이 많이 달라졌다고 한다. 즉 1997년 BGH 대법정판결은 종전과 달리, 약관으로 작성된 반복적인 포괄적 양도의 경우에는, 수자로 특정된 변제받을 금액이나 명문의 담보해소규정 또는 환가규정은 담보약정의 효력요건이 아니라고 판단하였다. 오히려 담보약정의 신탁적 성격으로부터 묵시의 재량없는 담보해소청구권이 도출된다고 한 것이다.[29] BGH는 담보해소청구권의 산정에 있어서 채권의 실현가능한 가치의 110%의 변제받을 금액을 기준으로 하였다. 환가위험이 포괄적으로 산출된 것이고, 그 결과 양도된 채권의 액면금액이 피담보채권의 50%를 초과하더라도 이런 초과담보는 용인하여야 한다는 것이다. 물론 반증가능한 추정이 있는 것이다. 담보해소청구권을 기재하지 않거나 부적절하게 기재한 양도계약이라도 이제는 AGB의 통제의 결과로서 제138조의 적용

금액은 양도에서 제외될 수 있다. 금전신용제공자가 제3자를 위한 계약의 방법을 통해 양도된 채권을 다시 물품제공자에게 양도할 의무를 부담하거나 채권추심금액으로부터 그 채권(물품대금)의 변제에 충당할 의무를 부담하는 채권계약을 체결함으로써, 양속위반 및 AGB의 통제로부터 벗어날 수 있는지는 의문이다. Bülow, S. 552 참조. BGH NJW 1974,942, 943; BGH NJW 2002, 2316, 2317 참조.

26. 이에 대해서는 MünchKomm/Roth, § 398 Rn. 147 ff. 참조

27. 이에 대해서는 MünchKomm/Roth, § 398 Rn. 168 ff. 참조.

28. 즉 BGH는 포괄적 채권양도를 근거지우는 약관상의 양도계약에는 실현될 채권의 가치를 관련하여 수자로써 특정된 변제받을 채권액, 재량의 여지없는 채권법적인 담보해소규정(Freigabeklausel), 담보물의 실현을 위한 구매액 등이 기재되어야 한다고 보고, 이런 요건이 충족되지 않으면, 전체 담보약정은 무효가 된다(BGH ZIP 1990, 25 ff; BGH ZIP 1991, 997).

29. BGH NJW 1998, 671 참조. 동일한 입장을 이미 그 이전에 BGH ZIP 1997, 1185에서도 설시하였다.

결과로서 무효가 되지는 않는다.[30] 물론 여전히 양속위반으로 무효가 될 가능성은 남아 있지만, 그 가능성은 매우 희박하다고 한다.[31]

어쨌든 연장된 소유권유보부매도인의 권리를 침해하는 양속위반적 계약이라든지, 과잉담보에서의 묵시적 재량없는 담보해소청구권이라든지, 전제조건 자체에서 양도담보권자와 압류채권자의 불평등이라든지 하는 것은 모두 장래채의 포괄양도에 의해 빚어진 문제점을 치유하고자 하는 이론으로, 장래채권의 포괄양도를 허용하지 않는 나라에서는 개발될 여지가 희박한 이론인 셈이다.

(2) 프랑스

프랑스는 매매의 장에 채권양도를 규율하고 있는데(Art. 1689 내지 Art 1695 CC), 이는 권리이전의 관점에서 채권양도를 관찰하고 있음을 보여준다. 즉 채권은 그 기초에 있어서 이미 성립되어 있어야만 하고, 아직 체결되지 않은 계약에서 비롯된 채권을 미리 양도할 수 없다고 한다. 또한 채권양도를 채무자 및 제3자에게 대항(Opposabilité)하기 위해서는 법원집행관(huissier)에 의해 송달되는 통지(signification) 또는 인증서류로 작성된 채무자의 승인(acte authentique acceptance)이 있어야 한다(Art. 1690 CC.). 그렇기 때문에 확정된 채무가 존재하지 않는 장래채무의 양도는 사실상 불가능하며, 위 제1690조의 규정이 채권양도의 사실상의 효력요건과 다를 바 없다고 한다.[32]

2006년 민법개정 전까지는 채권질권(nantissement de créance)의 경우에도 통지 또는 승낙을 요구하기 때문에 양도와 다를 바 없었다. 다만 Loi Dailly[33]상의 채권담보는 담보목적으로 채권을 활용할 가능성을 열어 주기 위한 것이므로, 양도통지 및 승낙을 간이화시키고 있었다. 1984년 개정된 이 법 제1조는 장래채권 및 다수의 채권도 간이하게 양도할 수 있게끔 하고 있다. 그런데 이 때 양도되는 채권의

---

30. MünchKomm/Roth, Bd 2a, 4. Aufl., § 398 Rn. 131.

31. MünchKomm/Roth, § 398 Rn. 119, 129 f. 참조.

32. N. Grau, Rechtsgeschäftliche Forderungsabtretung im internationalen Rechtsverkehr (Diss.), 2004, S. 65 참조. 다만 프랑스의 판례는 양수인과 채무자와의 관계에 있어서는 양도에 관한 모든 사항이 기재되어 있는 다른 서면의 송달, 가령 지급청구의 소장의 송달이나 채무자에 의한 사서증서로 된 승낙(acte sous seing privé) 또는 묵시적 승낙으로도 충분하다고 한다. 그러나 채무자 이외의 다른 양수인과의 관계에서는 제1690조의 요건이 충족되어야 한다.

33. 이는 금융법(Code Monétaire et Finance) 제3권 제3장 제3절 제1관의 L.313-23 ff. 이하에 규정되어 있는데, 제안자의 이름을 따서 통상 다이이법이라고 칭한다.

채무자는 직업상의 채무를 부담하는 자이거나 사법인 또는 공법인으로서 채무를 부담하는 자여야 하기 때문에, 소비자채권은 해당되지 않는다. 또한 이 법에 의한 표시(bordereau)로 민법상의 통지를 가름하게 되고, 채권양도인이 채무자의 표시, 지급장소, 금액, 만기일 등을 통해 개개의 채권을 특정하여 bordereau에 기재하여 이를 채권양수인에게 교부하면, 채권양수인이 거기에 날짜를 기재하면 그 때 제3자에 대해 대항력을 가지게 된다(제4조 제1항). 즉 장래채권을 대량으로 양도하는 Loi Dailly에서도 특정성의 원칙을 유지하고 있다.

그러나 2006년 민법 개정으로 채권질권에 관한 규정이 대폭 변경되었다. 장래의 집합채권에 대해서도 민법상의 질권을 설정할 수 있게 되었다(제2355조). 질권설정은 서면으로 작성하여야 유효하며, 장래채권일 경우에는 개별적으로 특정하거나, 채무자, 지급장소, 채권액 또는 평가액, 가능한 경우 변제일 등을 상세히 기재하여 특정할 수 있어야 한다(제2356조). 장래채권에 대한 질권은 제3채무자에 대한 채권이 성립할 때 성립하지만(제2357조), 질권설정서면 작성일에 제3자에게 대항할 수 있다(제2361조). 그러나 채무자에 대해서는 통지를 한 때를 기준으로 한다(제2362조). 여기서도 특정성의 원칙은 그대로 유지되고 있음을 알 수 있다.

(3) 영국

영국은 채권자가 그 채권을 중복하여 양도하였을 경우 우선권의 판단에 있어서 Daerle v. Hall 원칙에 따라 판단한다고 한다. 이에 따르면 양도인이 한 양도통지를 제3채무자가 먼저 수령하였다면 그 양수인이 우선하는 것을 원칙으로 하되(제1원칙), 제2양수인이 선행의 양도사실을 알았거나 알았다고 간주되는 경우에는 우선권이 없다고 한다(제2원칙).[34] 형평법상의 이 원칙은 그 후 The Law of Property Act 1925의 제136조, 제137조에 자리잡게 되었다. 제136조는 채권양도를 위해서는 서면의 양도표시와 제3채무자에 대한 서면통지가 있어야 그 효력이 발생한다고 규정한다. 담보목적의 채권양도(mortgage)에서도 마찬가지로 서면의 반환약정(provision of redemtion)이 포함되어야 하고, 채무자 및 금액이 특정되어야 한다. 또한 채무자에게 통지되어야만 그 효력이 발생한다.[35] 그런데 법정의 양도방식으로

---

34. [1828] 3 Russ, 38 ER 475. 이 원칙은 형평상의 이익만이 아니라 법상의 권리가 양도(assignment)된 경우에도 적용되므로, 채권양도에도 적용된다. M. Smith, The Law of Assignment, 2007, p. 432-451을 참조.

양도될 수 있는데 그 요건을 결여한 경우에는 형평법(equity)에 의해 그 흠결이 치유될 수도 있고, 적법한 양도대상이 될 수 없는 경우에는 애초부터 형평법상의 채권양도만이 가능하다고 한다. 後者의 예가 바로 채무자 또는 채무액이 확정되어 있지 않은 장래채권의 양도이다. 그러나 이 합의는 장차 성립될 채권에 대한 귀속을 갖는 것도 아니며, 단지 장래채권의 성립 후 이를 양도하기로 하는 합의로 인정받는다. 또한 그 후에 채권을 법정한 방식대로 양도담보(mortgage) 받고 채무자에게 통지된 자에게는 우선순위를 주장할 수 없다고 한다.

한편 양도담보가 아니라 채권에 담보권(charge)을 설정하는 것도 가능하다. 그 채권이 이미 성립되어 있는 경우에는 고정담보권(fixed charge)을, 그렇지 않은 경우에는 부동담보권을 설정할 수 있다.[36] 채무자 또는 채무액이 아직 확정되지 않은 장래채권에는 부동담보(floating charge)만을 설정할 수 있는데, 이 부동담보는 유한회사 및 회사만이 설정할 수 있고, 등록하여야 한다. 그러나 부동담보의 경우 고정(crystallization)이 이루어지기 전까지는 통상의 영업과정에서 담보설정자는 담보설정을 비롯하여 이를 자유롭게 처분할 수 있다.

3.2. UN 국제거래상의 채권양도협약(CARIT)[37]상의 채권담보

(1) 특정가능성 원칙의 선택

UCC 제9조의 채권양도 및 채권담보와 마찬가지로 CARIT은 특정가능성원칙을 선택하며, 이 때의 특정가능성도 아주 완화된 형태의 특정가능성을 기준으로 삼는다. 즉 1개 또는 수개의 금전채권의 양도, 장래채권의 양도, 불가분적 금전채권의 일부양도 등을 망라하여 양도대상인 금전채권을 개별적으로 특정하거나, 양도의 시점 또는 양도채권을 성립시키는 원계약의 체결 시점(장래채권의 양도인 경우)에 양도와 관련된 채권임을 특정할 수 있기만 하면 양도인과 양수인 간의 합의로 유효하

35. 이에 관한 설명은 C. Hofmann, Mortgage und Charge (Diss.), 2002, S. 48을 참조.

36. 원래 Charge는 형평법상으로 인정된 담보권이어서 별도의 방식을 요하지 않는다. 따라서 채무자에게 통지할 필요는 없다. 그러나 고정담보권은 등록하기 때문에, Dearle v Hall 규칙의 제2원칙을 원용할 수 없다.

37. 이 협약은 국제적 금전채권의 양도, 금전채권의 국제적 양도에 적용되는 것으로 양도계약체결의 시점에서 양도인이 협약가입국에 소재하고 있으면 적용되는데(제1조), 계약상의 금전지급채권에 적용된다(제2조). 채무담보로 금전채권에 권리를 창설하는 것도 양도(transfer)로 간주되기 때문(제2조 (a) 참조), 이 협약은 금전채권의 양도담보에도 적용된다.

게 채권이 양도된다고 한다(제8조 제1항). 즉 별도의 조치없이도 양도인과 양수인 간, 양수인과 제3채무자 간, 양수인과 이해충돌하는 제3자 간에 그 효력이 있다는 것이다. 또한 장래채권의 양도에는 별도의 추가적인 조치를 취할 필요가 없다고 한다(제8조 제2항). 장래 채권의 양도의 범위를 어디까지 볼 것인가가 문제되는데, 독일의 장래채권 양도와 유사하게 양도의 시점에서 "예견될 수 있는" 것이면 충분하다는 넓은 입장을 취하였다고 한다.

(2) 수인의 담보권자 사이의 우선권의 결정

CARIT는 수인의 채권담보권자 간의 우선권에 관하여 통일된 입장을 정하지 않고 있다. 위 1.에서 살펴 본 것처럼, 그 우선권의 결정에 관하여 각국 간에는 상이한 규율태도를 취하기 때문에 통일되거나 유사한 입장을 찾는다는 것이 매우 어려울 것이기 때문이다. CARIT는 이를 대신하여 우선권 결정의 준거법 결정기준을 정하고 있다. 즉 양도인이 소재하는 나라의 법에 의해 양도된 금전채권에 대한 양수인의 권리와 이와 대립하는 자와의 우선권을 결정한다는 것이다(제22조, 제30조). 양도인 소재지 국의 법이 우선권 결정의 준거법이 된다는 것은 채권양도의 계약적 성격을 강조한 것이라기보다는 권리이전적 성격을 강조한 것인데, 이 점은 이론적으로 보면 장래채권의 포괄적 양도와 사실상 조화되기 어려운 점도 있다.[38] 어쨌든 우선권 결정에서 통일된 입장을 선택하지 못하고, 협약국이 언제든지 부속서(Annex)에서 정한 우선권 원칙에 구속될 것임을 선언할 수 있게 한다(제42조). 여기에는 3가지 방식이 제안되는데, 첫째는 채권양도 등록부에 등록한 우선순위에 따라 우열을 결정하는 것(Annex section I, II), 둘째, 채권양도계약의 체결시점(section III), 셋째, 제3채무자에 대한 통지를 기준으로 하는 것이 있다.

---

38. 유럽연합은 계약상의 채권양도에 적용될 준거법 결정기준에 관하여 종래의 Rome-I 협약을 대체할 새로운 Rome-I Regulation을 2008년 제정하였다. 유럽연합 집행위원회는 채권양도에서의 우선권을 결정하는 준거법을 양도인의 상거소지 국가의 법으로 개정하는 안을 제안하였었다. 이는 채권양도의 재산법적 측면을 강조하는 것이다. 이에 대해 채권양도의 계약적 성격을 강조하는 이들의 비판이 있었다. 그 후 제정된 Rome-I Regulation 제14조는 Rome-I 협약 제12조의 내용과 기본적으로 동일한 것이다. 당사자가 준거법을 선택할 수 있는 것이다. 이에 대해서는 Flessner/Verhagen, Assignment in European Private International Law, 2006, p.7 et seq. 참조.

(3) 시사점

프랑스나 영국은 채권양도의 통지를 기준으로 하여 대립하는 양수인 간의 우열관계를 결정하고 있지만, 제3채무자에 대한 통지가 공시의 목적으로는 부적절함을 부정할 수 없다. 제3채무자를 사실상의 공적 채권양도등록부로 인정하는 것과 다를 바 없기 때문이다. 공시라는 점에서는 통지가 불확실하기 때문에, 등록을 통해 불확실한 공시를 대신하는 것이 바람직할 것이다.

그러나 등록을 한다고 해서, 장래채권의 양도를 UCC 제9조나 독일법처럼 포괄적으로 인정하는 것에는 유의할 필요가 있다. 장래채권의 양도에서 특정성 원칙을 유지하는 프랑스에서는 독일법에서와 같은 복잡한 법이론(위 3..1.(1) 참조)을 전개할 필요가 없는데 반해, 독일법이나 UCC 제9조처럼 특정가능성의 원칙을 선택하여 포괄적인 장래채권의 양도를 인정하게 되면 대립하는 이해당사자와의 우열관계를 조정하기 위한 다양한 부수장치를 마련해야 한다. 즉 소유권유보부매매의 매도인 등 취득담보권자도 담보물의 매각대금채권을 담보로 양도받고자 할 것이고, 양도담보권자도 장래채권을 양도받고자 할 것이다. 담보설정자가 팩터링계약에 의해 장래채권을 양도하는 경우도 있을 것이다. 담보물의 매각대금(채권)을 대위물(proceeds)로 인정하여 담보권이 미치게 할 경우도 있을 것이다. 이 경우 동일한 객체에 대해 수인의 담보권자가 있기 마련이고, 그 우선권을 단순히 담보권성립의 우선순위에 맡겨 둘 수 없다. CARIT 부속서에서 보듯이, 이런 이해관계의 충돌을 해결하는 방법이 결코 단일하지 않다.

제3관 동산 및 채권담보권에 관한 새로운 입법의 시도

1. 일본의 "동산 및 채권의 양도의 대항요건에 관한 민법의 특례 등에 관한 법률"

일본은 2005년 위 법률을 통해 동산 및 채권에 관하여 전자등록을 시행하였다.[39] 이에 자극을 받아 2007년 대법원 특수등기연구반은 각국의 입법자료를 검토한 후 "동산 및 채권의 양도등기에 관한 법률안"을 제안하였다.[40] 법무부도

39. 일본에서의 개혁논의와 그 한계에 관한 상세한 것은 양창수, 일본에서의 동산담보제도 개혁논의, 서울대 법학(2005년 9월), 1면 이하를 참조.

2008년부터 '동산 및 채권 담보 도입을 위한 특별분과위원회'를 설치하여 동산 및 채권 담보등기에 관한 법률 제정을 검토하였다. 학계와 실무계에서도 동산 및 채권 담보제도의 개선에 관한 관심 역시 높아졌다.[41]

2. 대법원의 "동산 및 채권의 양도등기에 관한 법률안"(이하 '법원안'이라고 약칭한다)

위 법률안의 핵심은 동산 및 채권에 관한 기존의 담보제도(양도담보를 포함)를 존속시키면서, 등기를 통해서도 동산 및 채권을 양도할 수 있도록 한다는 것이다. 즉 동산양도의 경우 등기를 하면 민법 제188조의 인도로 간주되고('법원안' 제4조 제1항), 채권양도의 경우 등기를 하면 민법 제450조 제2항의 확정일자 있는 통지로 간주된다는 것이다('법원안' 제6조 제1항). 동산 및 채권을 담보목적으로 양수하고자 하는 자는 기존의 민법상의 제도(동산의 경우 점유개정을 통한 양도, 채권의 경우 통상 민법 제450조 제2항의 확정일자 있는 통지를 통한 대항요건의 구비)를 이용할 수도 있고, 위 '법원안'과 같은 동산 및 채권양도 등기를 하는 것도 가능하도록 구상한 것이다.

그런데 '법원안'에는 몇 가지의 문제가 있었다. 특히 그것은 일본의 "동산 및 채권 양도의 대항요건에 관한 민법의 특례 등에 관한 법률"을 모범으로 하였기 때문에 발생하는 것이었다. 일본은 양도담보를 포함한 기존의 담보제도를 그대로 둔 상태에서 등기를 통한 대항방법을 추가적으로 인정하였다. 가령 동산 양도를 등록함으로써 일본 민법 제178조의 대항요건인 인도에 갈음하게 하는 것이 그 예이다('특례법' 제3조). 이를 모범으로 해서, 동산양도 등기로써 민법 제188조의 인도에 갈음하도록 하는 것('법원안' 제4조 제1항)은 문제가 있었다. 일본 민법 제178조의 인도는

---

40. 대법원특수등기연구반, 동산 및 채권의 양도등기제도의 도입을 위한 입법자료, 법원행정처 2007년 11월 참조.

41. 국제거래법학회는 2007년 UNCITRAL 담보거래법 입법지침에 관하여 학문적 논의를 활발하게 하였으며, 우리나라에서의 동산 및 채권 담보법 입법방안을 논의한 바 있다. 국제거래법연구 2007년 제2호 참조. 2008년 건국 60주년을 기념한 한국법률가대회에서도 동산 및 채권을 중심으로 담보법개선방향을 논의한 바 있다. 김재형; 담보제도의 개선방향, 저스티스 2008년 9월호, 655-684면 참조. 한편 담보등기제도가 도입되면 이 일을 실무적으로 맡을 법무사를 위해, 법무사저널에서는 동산 및 채권양도담보제도의 개선을 2008년 11·12월호 특집으로 다루었다. 남성민, 「동산 및 채권양도등기에 관한 특례법안」의 개요와 향후전망, 법무사저널 2008년 11·12월호, 20면 이하에서는 대법원특수등기연구반의 활동과 대법원의 위 특례법안의 핵심을 간략히 소개하고 있다.

점유개정도 포함하는 넓은 개념이지만, 우리 민법 제188조의 인도는 현실인도와 간이인도만을 의미하기 때문이다. 그 결과 무권리자로부터 양도를 받고 등록을 하면 현실인도를 받은 것으로 간주되므로 민법 제249조의 선의취득이 인정될 수 있다는 주장이 성립할 수 있을 것이다. '법원안'은 이를 의도하였는지는 명확하지는 않다.[42]

'법원안' 제9조 제2항, 제3항의 구등기존속기간의 연장도 일본의 '특례법' 제7조 제4항, 제5항과 동일한 내용이다. 가령 A가 B에게 동산 X를 양도하고 B 명의로 등기한 후(구등기), B가 다시 이를 C에게 양도하고, C 명의로 신등기를 한 경우를 보자. 구등기 및 신등기 사이에 X를 점유개정을 통해 양도를 받은 자(D)가 있을 수 있다. 이 때 구등기가 말소되면, 일본법에서는 C의 대항요건이 D보다 후순위가 되는지가 문제될 것이다. 따라서 신등기가 연유하는 구등기를 존속시킬 필요가 있을 것이다('특례법' 제4항). 일본 민법 제178조의 인도로써 C가 대항요건을 갖춘 경우도 동일한 문제가 발생하기 때문에, C의 대항력이 D의 대항력보다 후순위로 되는 것을 막기 위해서 별도의 규정이 필요할 것이다('특례법' 제5항). 그러나 성립요건주의를 취하는 우리 법제에서는 위와 같은 문제가 발생하지 않는다. 위의 예에서 B의 구등기와 C의 신등기 사이에 D가 점유개정으로 소유권을 양수하고자 했다고 하자. 그는 B의 권리 존속기간 중 양수한 자이므로 소유권을 취득할 수 없다. C가 B로부터 권리를 양수하고, B의 구등기가 말소된다고 해서 달라질 것이 없다. C가 B로부터 현실인도 또는 점유개정을 통해 소유권을 양수하고, B의 구등기가 말소되더라도 실체법적으로 D는 C에게 권리를 주장할 수 없다. 즉 등기를 통해 동산을 양도한다는 것과 등기가 대항요건이라는 것과는 큰 차이가 있다. 채권양도도 이와 다르지 않다. 우리 법제 하에서는 채권양도의 유효한 대항요건을 누가 먼저 갖추는지가 중요한 것이지, 그것이 존속되는지 여부는 중요하지 않기 때문이다. 즉 우리 법제 하에서는 '법원안' 제9조 제2항, 제3항은 무용하다는 것이다.

한편 '법원안'은 담보제도(양도담보를 포함)의 형성에 있어서 물권법의 가장 기본적인 특징인 특정성 원칙을 유지할 것인지, 아니면 특정가능성원칙으로 전환할 것인지의 문제에서 절충적인 입장을 취한 것처럼 보인다. 대법원 2005.5.12. 선고 2004다18439 판결 등 장래채권의 양도에 관한 기존의 대법원 판결은 특정성 원칙의 범

42. 일본에서도 법개정 작업을 위한 논의과정에서 등록을 함으로써 선의취득의 요건을 충족한 것으로 처리해야 한다는 주장도 있었다고 한다.

위 내에 있다.[43] 그러나 채무자 불특정의 장래채권도 양도할 수 있다는 입장을 취한다면 이는 특정가능성 원칙이라고 일응 말할 수 있다.[44]

'법원안'은 채권양도에서 채무자가 특정되지 않은 장래채권의 양도도 포함시키려고 하였다.[45] 또한 담보목적으로 동산을 양수한 자와의 관계에서는, 그 동산의 매각대금 및 임대료도 대위물(proceeds)[46]로 파악하여 물상대위를 인정하는 데에서도 잘 드러난다('법원안' 제5조). 이 兩者가 결합하게 되면 어떤 문제가 발생하는지를 살펴 보자. 첫째, A가 양도담보로 X(유동집합동산)를 B에게 인도하고, B는 이를 C(불특정 구매자 전체라고 하자)에게 매도함으로써 대금채권을 가진다고 하자. 현행법에 따르면 A가 B의 C에 대한 대금채권에 물상대위 할 수 없고, B의 C에 대한 장래채권을 A가 미리 양도받기도 어렵다. C가 특정되어 있지 않으므로, 채권양도의 대항요건을 구비할 수 없기 때문이다. B가 무자력이 되면, C에 대한 채권은 모든 채권자를 위한 공동담보가 될 것이다(A가 X의 소유자 B로부터 X를 양도담보 받은 경우도 마찬가지이다). 그러나 '법원안' 제5조처럼 매각대금에 대해서 A가 물상대위를 할 수 있다고 하면—물상대위권을 행사할 시점은 B가 무자력 상태일 것이다—, 법률로써 A의 손을 들어줌으로써 무담보채권자[47]를 차별하게 될 것이다. 이것이 과연 정당한지 의문스럽다.

---

43. 장래채권 양도의 대법원 판결의 요건 중 '발생개연성' 요건에 대한 타당한 비판으로는, 양창수, 장래채권의 양도, 저스티스 제73호(2003년 6월), 26면 이하 참조. 그러나 그 글을 특정가능성 원칙으로의 전환을 의미하는 것으로 이해해서는 안될 것이다.

44. 채권양도담보에서 특정성원칙이냐 특정가능성원칙이냐의 판단기준 중 가장 핵심적인 부분이 바로 채무자불특정의 장래채권도 양도담보의 대상이 되는가 여부에 있다. 프랑스도 장래채권의 양도에 관하여 우리 대법원과 유사한 입장을 취하는데, 이를 특정성의 원칙을 유지하는 것으로 평가하지만, 채무자불특정의 장래채권의 양도를 인정하는 독일의 경우에는 특정가능성 원칙에 입각한 것으로 평가한다. 이 점은 E. Schütze, Zession und Einheitsrecht (Diss.), 2005, S. 145 f, 149 참조. 유동집합동산의 예에서 보듯이 특정된 대상에 대해 물권이 성립한다는 관념은 확장될 수 있지만, 그 한계선은 있기 마련이다. 채권양도에 있어서는 채무자 불특정의 장래채권의 양도도 특정가능하면(가령 소비자에 대한 판매대금채권 일체 등) 특정성의 원칙이 아닌, 특정가능성의 원칙에 입각한 양도를 인정한다고 볼 것이다.

45. '법원안' 제6조 제1항은 채권의 종류 · 발생원인 · 발생연월일 · 채권의 시기 및 종기 등의 기준에 의해 특정할 수 있으면, 채무자불특정의 채권이라도 양도대상이 된다는 것이다.

46. 담보물로부터 비롯된 어떤 물건 또는 권리—이를 대위물(proceeds)이라고 칭할 수 있다—에 대해서도 담보권의 효력을 미치도록 할 것인가, 그 범위를 어디까지 할 것인가에 대해서 나라마다 다양한 입장을 취하고 있다. proceeds의 번역에는 여러 입장이 있겠지만, 물상대위의 목적물이라는 의미로 '대위물'이라고 한다.

47. 무담보채권자는 통상 경제적 약자일 수밖에 없다. 그들은 비록 채무자가 필요로 하는 금융조달을 해준 것은 아니라고 하더라도, 필요한 물품과 서비스를 신용으로 조달해 준 자이자, 노무를 제공한 자

둘째, 채무자 불특정의 장래채권의 양도와 결합되면, 더 복잡한 문제가 발생한다. 위의 예에서 B는 C에 대한 채권을 D에게 양도하고 운영자금을 조달받는다고 하자. B의 무자력 상태에서 누구를 더 우선시킬 것인가?[48] 성립순서에 따라 우선순위를 결정할 것인가? 그렇다면, A가 우선할 수도 있고, 그 경우 재고품에 대해 담보등기가 된 경우에는 고객에 대한 매각대금을 담보로 해서 신용을 조달할 수는 없을 것이다. 셋째, 위의 예에서 A가 소유권유보부 매매로 물건을 공급한 자라면 어떻게 될 것인가? A는 '법원안'에 따르면 등기할 수 없으므로, 언제나 D가 우선권을 행사할 것이다. 넷째, A가 B의 장래의 모든 은행예금채권에 담보권을 취득하고 등기했다고 하자. B가 그 후 D 은행에 예치된 예금에 질권을 설정하고 D로부터 대출을 받았다면 어떻게 될 것인가? 성립순서로 우선권을 인정한다면, D가 후순위일 것이다. 이 경우 B는 A 아닌 다른 자로부터는 금융을 조달받을 수 없을 것이다.

3. 새로운 동산 및 채권 담보제도와 특정성 원칙 간의 관계

3.1. 특정성의 원칙 또는 특정가능성의 원칙 간의 선택 또는 절충

담보제도의 형성에 있어서는 충분한 담보를 제공받음으로써 원리금반환채권의 안정성을 도모하고자 하는 금융제공채권자의 이익, 자산의 담보가치를 최대한으로 활용하여 금융을 조달받고자 하는 채무자의 이익, 인적, 물적으로 신용을 제공함으로써 채무자의 영업활동에 기여하는 일반채권자의 이익 등에 어떤 가치를 부여할 것인가를 고려해야 할 것이다. 금융채권자는 충분한 담보를 취득하면 금융비용을 낮출 수 있다고 할 것이다. 특정가능성의 원칙은 금융채권자의 이런 이익에 잘 부합할 수 있다. 그러나 이는 무담보채권자들의 희생 하에서 실현될 수 있는 것이

들일 것이다. 채무자에게는 금융도 중요하였겠지만, 이들 없이는 채무자의 기업활동은 사실상 불가능할 것이다.

48. 이와 유사한 내용의 사건이 영국과 독일에서 각각 문제가 되었다. E.Pfeiffer.Weinkellerei_Weineinkauf GmbH & Co. v. Arbuthnot Factors Ltd. [1988] 1 WLR 150(QBD)에서는 양도의 우선순위를 기준으로 D가 우선한다고 판단한 반면, 독일에서는 D가 진정 Factoring 계약을 체결한 자가 아닌 한, 양속위반을 들어 A의 손을 들어 준다. 프랑스 법에서도 영국과 마찬가지로 D가 우선한다. UNCITRAL 입법지침은 이와 또 다른 입장이다.

다. 즉 이들은 대상물이 특정되지 않았기 때문에 가압류 등을 통해 책임재산을 고정시킬 가능성조차 없지만, 금융채권자는 채무자의 특정가능한 장래의 책임재산으로부터 우선변제권을 확보할 수 있기 때문이다.

한편 자산의 담보가치를 충분히 활용하지 못하는 채무자의 불이익을 해소해 줄 적절한 방법을 찾기가 쉽지 않다. 이러한 이유 때문에 특정가능성 원칙을 선택하게 되면, UCC 제9조, UNCITRAL 입법지침에서 보듯이, 많은 예외규정을 두어야만 한다. 첫째, 취득담보권(소유권유보부매도인, 금융리스제공자의 권원담보권)을 별도로 취급할지, 동일하게 취급한다면 우선권을 어떤 요건 하에, 어떤 범위까지 인정할지, 취득담보권은 어떻게 정의할지를 해결해야 한다. 둘째, 선순위의 금융채권자가 있고 난 이후에 개별 재산에 대해 담보권을 취득한 자를 특별우선권자로 인정할지, 누구를 특별우선권자로 할지를 결정해야 한다. 셋째, 파산절차에서 무담보채권자를 보호하기 위한 별도의 할당제도(carving out)를 둘지 여부도 결정해야 할 것이다. 또한 취득담보권을 다룸에 있어서 미국, 독일, 영국이 각기 매우 다른 입장과 결론을 취하고 있는데, 여기서도 알 수 있듯이 성립의 우선순위와 별개로 인정할 특별우선권의 정당성에 관하여 매우 다양한 입장이 있을 것이다.

물상대위권을 거래로 취득한 채권에까지 확대할 때에도 위와 유사한 문제가 발생한다. 물상대위의 범위에 대해 UCC 제9조나 UNCITRAL 입법지침이 보편적이라고 보기는 어렵다. 물상대위의 범위를 넓힐수록, 취득담보권자, 양도담보권자, 무담보채권자 간의 이해관계의 충돌을 조정하기가 쉽지 않기 때문에, 이에 관한 입장의 정리가 각 나라마다 다양할 수 있다.

3.2. 특정성 원칙과 무담보채권자와의 관계

특정성 원칙이 유지되는 범위 내에서 유동집합동산 및 장래채권에 대한 담보를 인정하게 되면 많은 문제가 손쉽게 해결될 수 있다. 책임재산의 확보라는 관점에서 볼 때 무담보채권자와 금융채권자가 적어도 동일한 조건에 있기 때문에 평등성 침해라는 부담이 없다. 또한 UCC 제9조나 UNCITRAL 입법지침에서와 같은 복잡한 예외규정을 둘 필요도 없다. 나아가 특정성의 원칙이 유지되면, 담보권 실행의 방법을 제외한다면 취득담보와 비취득담보를 구별하지 않고 통일적으로 규율할 수 있다. 이 점은 유동집합동산이나 장래채권의 담보에 대해서도 동일하게 관철될 수 있다. 가령 재고자산에 대해 선순위의 담보권을 가지고 있는 자가 있을 때, 동일한 종류의 재고자산을 소유권을 유보하여 매도하려는 자는 자신이 공급하는 물건을 기존의 선순위담보권이 미치지 않도록 별도로 특정하여(가령 창고를 달리한다든지, 별도의 칸막이를 설치한다든지 함으로써) 거기에 선순위의 담보권을 설정할 수 있다. 뿐만 아니라 특정성의 원칙을 유지하면, 채무자는 다양한 금융채권자로부터 금융을 조달받을 수 있기 때문에, 즉 경쟁이 가능하기 때문에 채무자의 금융취득비용이 낮아질 수도 있을 것이다.

3.3. 권원유보형 담보에 어떤 법적 지위를 부여할 것인가?

(1) 대법원은 이미 특정 채권자에게 양도담보가 설정된 집합동산을 다른 채권자가 다시 양도담보받은 경우, 後者는 그 집합동산에 대해 어떤 담보권도 가지지 못한다고 한다.[49] 이는 양도담보가 설정된 재산의 잔여담보가치를 활용할 수 없게 하는 것으로써, 채무자에게 불이익함은 말할 것도 없다. 그런데 특정성의 원칙을 유지한다면 위와 같은 권원유보형 담보도 동일하게 담보권으로 취급하여 등록하게 할 수 있다. 이는 선순위의 담보권자에게 불이익하지 않을 뿐 아니라, 채무자 역시 잔여담보가치를 충분히 활용할 수 있다. 동산 담보제도에서는 권원유보형 담보도 담보권으로 구성하여야 할 것이다.

(2) 그러나 권원유보형 담보는 그 환가방법을 비권원유보형 담보와 차별해야 할 것이다. 권원유보형 담보의 경우, 담보제공계약을 해제하고 원물을 되돌려 받도록 계약하는 경우도 적지 않다(소유권유보부매매, 할부매매, 금융리스). 이 경우에는 당사자가 계약한 대로 담보권을 실현할 수 있는 가능성을 보장해야 할 것이다. 또한 그렇게 하는 것이 할부거래에 관한 법률 제8조와 충돌하지 않으면서, 이를 담보권으로 규율할 수 있을 것이다. 또한 양도담보의 경우에는 당사자가 계약한 대로 담보권자의 귀속정산 또는 처분정산을 보장해 주어야 할 것이다. 다만 담보권자의 담보권 실행의 공정성 및 담보설정자, 후순위담보권자, 무담보채권자의 이익을 적절하게 보장해 주기 위해 집행법원에서 관여할 수 있는 장치는 마련해 두어야 할

---

49. 대법원 2004.10.28. 선고 2003다30463 판결 참조.

것이다.

4. 동산 · 채권 등의 담보에 관한 법률의 제정

동산 · 채권 등의 담보에 관한 법률은 2010.5.19. 국회 본회의에서 의결되어 2012.6.11.부터 시행되었다. 이 법은 일본의 "동산 및 채권의 양도의 대항요건에 관한 민법의 특례 등에 관한 법률"과 그것을 모델로 한 대법원의 "동산 및 채권의 양도등기에 관한 법률안"과는 근본적으로 다르다는 점에서 주목할만 하다. 즉 동산 및 채권의 담보등기가 동산 양도의 인도나 채권양도의 통지를 가름하는 소극적인 효력을 가지는 것이 아니라, 그 등기를 통해 새로운 담보권을 성립시키도록 하였다는 점에서 획기적인 것이라고 할 수 있다. 달리 말하면 새로운 유형의 동산 및 채권 담보권의 성립이 가능하게 된 것이다. 다른 한편 동법상의 담보권은 종래의 담보물권과는 많은 점에서 다른 특성을 지니고 있다. 이는 위 담보권의 성립과 효력에 관한 이해가 쉽지 않다는 것을 의미한다. 실무에서 이 담보권이 확산되어 동산 및 채권 양도담보를 대체할 수 있을지는 좀더 지켜 볼 일이다.

제2절 동산담보권

제1관 성립요건

1. 동산담보권의 목적물

동산담보권은 동산을 목적물로 한다. 동산담보권은 1개의 동산에도 설정될 수 있지만 수개의 동산에도 설정될 수 있다. 또한 장래에 취득할 동산이라도 목적물의 종류, 보관장소, 수량을 정하거나 그 밖의 유사한 방법으로 특정할 수 있는 경우에는 동산담보권의 목적물이 될 수 있다(동산 · 채권담보법 제3조 제2항). 장래에 취득할 동산에 대한 담보권은 유동집합동산에 대한 양도담보권의 성립을 인정하던 대법원의 판례(가령 대판 2004.11.12, 2004다22858)를 반영한 것으로, 이를 담보권으로 전환한 것이다.

그러나 선박등기법에 따라 등기된 선박, 자동차 등 특정동산 저당법에 따라 등록된 건설기계 · 자동차 · 항공기 · 소형선박, 공장 및 광업재단 저당법에 따라 등기되거나 등록된 동산(동산 · 채권담보법 제3조 제3항 제1호), 화물상환증, 선하증권, 창고증권이 작성된 동산(동항 제2호), 무기명채권증서 등 대통령령으로 정하는 증권(동항 제3호)은 동산담보권의 목적물이 될 수 없다. 그런데 여기에 몇 가지 주의할 점이 있다.

첫째, "자동차 등 특정동산 저당법"은 건설기계 · 자동차 · 항공기 · 소형선박의 소유권의 득실변경을 등록 또는 등기하는 것이 아니라, 이들 동산에 대한 저당권에 관한 사항을 동법에 따라 등록 또는 등기하여야 한다는 것을 규정한 것이다. 동법에 따라 등록 또는 등기함으로써 저당권이 설정된 동산에 대해서는 '동산 · 채권담보법'에 따른 담보권을 다시 설정할 수 없다고 정하지만(제3조 제3항 제1호), 위 특정동산저당법에 아직 등록되지 않은 이들 동산에 대해서는 당사자가 동산 · 채권담보법에 따른 담보등기를 함으로써 동산담보권을 취득할 수 있다. 그러나 "자동차 등 특정동산 저당법"은 다른 법에 의해 담보권 등기가 되어 있는 건설기계 등에 대해 저당권설정등기를 하지 못하게 하는 규정이 없기 때문에, 동법에 따른 저당권등기도 유효하다고 할 것이다. 만약 "자동차 등 특정동산 저당법"에 따른 저당권 등기가 된 경우, '동산 · 채권담보법'에 따른 담보권이 선순위 담보권이 될 것이다.

둘째, 화물상환증, 선하증권, 창고증권이 작성된 동산은 동산담보권의 목적물이 될 수 없는데, 이미 동산담보권의 목적물인 동산에 대해 화물상환증, 선하증권, 창고증권이 작성된 경우 그 담보권의 효력이 문제될 수 있다. 이미 성립한 동산담보권을 소멸시킬 이유가 없다는 점을 감안한다면, 화물상환증 등의 작성으로 인해 곧바로 동산담보권이 소멸되지는 않지만, 그 후 동산담보권의 운명은 선의취득의 법리에 맡길 수밖에 없을 것이다.

2. 동산담보계약의 당사자

동산담보설정자는 법인(상사법인, 민법법인, 특별법에 따른 법인, 외국법인) 또는 "상업등기법"에 따라 상호등기를 한 자여야 한다(동산 · 채권담보법 제2조 제5호). 동산담보권설정 당시에 위 요건이 갖추어지면 그 후 그 자격이 상실된다고 해서 이미 취득한 담보권의 효력에 영향을 미치지는 않는다고 할 것이다. 동산 · 채권담보법 제4조는 담보설정 후 담보설정자의 상호등기가 말소된 경우 이미 성립된 담보권의 효력에 영향을 미치지 않는다고 규정하고 있다. 법인에 대해서는 별도의 규정을 두지 않은 이유는 청산사무가 종료될 때까지 법인은 존속하기 때문이다.

이에 반해 동산담보권자의 자격에는 어떤 제한도 없다. 자연인이든, 법인이든 동산담보권을 취득하는 데에는 아무런 장애가 없다.

3. 동산담보계약

동산 · 채권담보법에 따른 담보약정은 이 법에 따라 동산 · 채권 · 지적재산권을 담보로 제공하기로 하는 약정이면 된다. 그 명칭이 양도담보, 소유권유보부매매, 금융리스 등등이어도 무방하다(동법 제2조 제1호). 그런데 양도담보, 소유권유보부매매, 금융리스의 경우 통상 채권자에게 소유권이 유보되는데, 이런 명칭을 사용한 담보약정이 동산 · 채권담보약정으로 볼 수 있는가라는 데에 의문이 있을 수 있다. 이는 결국 담보약정을 한 당사자 간의 의사해석의 문제로 귀결될 것이다. 그런데 동산 · 채권담보법 제2호 제1호는 "양도담보 등 명목을 묻지 아니하고"라고 규정하기 때문에, 동산 · 채권담보약정이 있을 때의 의사해석의 기준을 이 법에서 정하였다고 해석할 것이다. 따라서 담보계약의 당사자가 양도담보계약을 한 후 이 법에 따라 등기하였다면 그 계약은 이 법에서 말하는 담보약정이라고 해석해야 할 것이다.

한편 양도담보계약 또는 소유권유보부매매, 금융리스계약을 한 후 채권자가 채무자 또는 담보제공자와의 계약을 통해 동산 · 채권담보법에 따른 등기를 한 경우 채권자에게 귀속되어 있던 소유권은 어떻게 처리될 것인지가 문제될 수 있다. 민법의 일반원칙을 적용할 경우 소유권과 담보물권은 양립하지 않는다는 점을 감안한다면 채권자에게 소유권과 담보권을 동시에 귀속시킬 수는 없을 것이다. 그러나 소유권과 담보물권이 동일인에게 귀속될 경우 담보물권이 소멸한다는 민법 제189조의 일반원칙을 여기에 적용시킬 수는 없을 것이다. 이 경우 담보설정당사자 간에 담보권자에게 귀속된 소유권을 담보설정자를 위해 포기하고 대신 동산담보권 등기를 함으로써 그 권리를 취득하기로 약정한 것으로 해석하여야 할 것이다.[50] 그러므로 양도담보계약 또는 소유권유보부매매, 금융리스계약을 체결함으로써 소유권을 확보한 채권자는 소유권을 포기하는 대신 동산·채권담보법에 따른 담보권을 취득할지 여부에 대해 신중하게 판단하여야 할 것이다.

한편 동산·채권담보법 시행 이전에 이미 양도담보권 등을 취득한 자는 종래의 담보계약에 기해 담보등기를 신청할 수는 없다. 이미 취득한 소유권을 포기하는 대신 동산담보권을 취득하고자 한다면, 담보제공자와의 사이에 새로운 담보계약을 체결한 후 동산·채권담보법에 따른 담보등기를 하여야 할 것이다.

4. 피담보채권

동산담보권의 피담보채권은 통상의 담보물권의 그것과 다름이 없다. 담보할 채무의 최고액만을 정하고 채무의 확정을 장래에 유보하여 동산담보권을 설정하는 것도 가능하다(동법 제5조).

5. 등기

동산·채권담보법에 따른 담보권의 득실변경은 담보등기부에 등기하여야 그 효력이 생긴다(동법 제7조). 동산·채권담보법은 동산담보등기부와 채권담보등기부로 구분되는데(제2조 제9호), 각각 거기에 등기하여야 한다(제7조). 그런데 지적재산권에 대해서도 담보등기가 가능하기 때문에 지적재산권담보등기부도 별도로 두어야 할 것이다. 담보등기부에는 담보등기만이 등기된다(제38조). 등기는 담보권설정자가 법인인 경우 본점 또는 주된 사무소 소재지를 관할하는 지방법원, 그 지원 또는 등기소가 관할 등기소가 되고, 담보설정자가 "상업등기법" 제31조에 따라 상호등기를 한 사람인 경우 그 영업소의 소재지를 관할하는 지방법원, 그 지원 또는 등기소가 관할 등기소이다(제39조 제2항). 등기의 신청은 등기권리자와 궁기의무자가 공동으로 신청하는 것을 원칙으로 한다(제41조 제1항). 판결에 의한 등기는 승소한 등기권리자 또는 등기의무자 단독으로 신청할 수 있고, 상속이나 그 밖의 포괄승계로 인한 등기는 등기권리자 단독으로 신청할 수 있다(제41조 제2항). 등기신청은 방문신청 또는 전자신청으로 한다(제42조). 등기신청은 등기의 목적, 신청인의 성명

---

50. 법무부, 동산·채권 등의 담보에 관한 법률 조문별해설, 25면도 동일한 취지이다.

또는 명칭, 그 밖에 대법원규칙으로 정하는 등기신청정보가 전산정보처리조직에 전자적으로 기록된 때에 접수된 것으로 보는데, 등기관이 등기를 마치면 그 등기는 접수한 때로부터 효력이 생긴다(제45조).

6. 타인 소유물에 관한 담보등기와 그 효력

타인 소유 동산에 대해 담보등기를 한 경우, 동산담보권을 취득하는지에 관하여는 동산 · 채권담보법은 침묵하고 있다. 그러나 동일한 동산에 대해 종래의 양도담보계약을 한 후 점유개정의 방법으로 인도하고, 동산 · 채권담보법에 따른 담보설정계약을 체결한 후 담보등기를 하였을 때, 동산 · 채권담보법 제7조 제3항은 그 권리 사이의 순위는 그 선후에 따르도록 규정하고 있다. 이 규정은, 가령 양도담보계약에 따른 점유개정이 앞서고, 담보등기부의 등기가 나중인 경우 양도담보권이 선순위이지만, 동산담보권 역시 후순위로 담보권의 효력을 갖는다는 것을 전제한 것이다. 동산 양도담보계약으로 동산의 소유권이 담보권자에게 신탁적으로 이전된다는 것을 감안한다면, 일응 담보설정자 소유에 속하지 않는 동산에 동산담보권이 성립할 수 있고, 따라서 선의취득과 유사한 효과가 인정되는 것은 아닌가라는 의문이 있을 수 있다. 그러나 동산 양도담보권 역시 소유권이 신탁적으로 이전되지만, 담보적 기능이 있다는 것, "채무자회생 및 파산에 관한 법률"에서는 양도담보권 역시 담보권으로 인정된다는 것 등을 감안한다면, 동산 · 채권담보법에서 기왕에 양도담보의 목적이 된 동산에 동산담보권을 설정하는 계약을 체결한 경우 양도담보권에 뒤지지만 담보물권의 성립을 인정한 것이 민법의 체계에 반하는 것도 아니며, 선의취득을 인정한 것도 아니라고 할 것이다. 따라서 양도담보권이 소멸하거나, 양도담보권자의 피담보채권이 모두 소멸된 경우 동산담보권자가 담보물권에 기해 우선변제를 받을 수 있는 길이 보장되었다고 할 것이다.

소유권유보부매매의 경우에도 동일한 논리가 적용될 수 있는지는 의문이다. 동산 · 채권담보법 제7조 제3항은 "동일한 동산에 관하여 담보등기부의 등기와 인도가 행해진 경우" 그에 따른 권리 사이의 순위는 법률에 다른 규정이 없으면 그 선후에 따르도록 되어 있는데, 소유권유보부매매의 경우에는 소유권이 유보된 채 직접점유가 채무자에게 이전되기 때문에 동조의 적용대상에 직접 포섭되지 않는 것처럼 보이기 때문이다. 그러나 소유권유보부매매 계약을 체결한 채권자가 채무자와의 합의로 동산담보권등기를 경료하기로 하였다면, 당사자 사이의 그 계약이 동산·채권담보법상의 담보약정으로 해석될 수 있다는 점(따라서 동산담보권을 취득하게 된다는 점), 소유권유보부매매 역시 담보적 기능에 그 중심이 있다면 채무자로서는 채권자의 피담보채권을 초과하는 잔여가치를 담보의 대상으로 삼을 필요가 있다는 점 등을 감안하면 거기에 대해서도 동산담보권이 설정될 수 있다고 해석해야 할 것이다.

이에 반해 담보설정자가 위와 같은 지위에 있지 않고, 단순히 타인 소유의 동산을 점유하면서 담보권을 설정할 권한없이 동산담보권을 설정하였다면 동산담보권자는 담보등기만으로는 동산담보권을 선의취득하지 못한다고 할 것이다. 동산·채권담보법에는 동산담보권을 선의취득할 수 있는 규정이 없다는 것, 동산담보권에는 점유취득의 요소가 내재되어 있지 않기 때문에 점유취득을 매개로 한 선의취득 규정이 적용 또는 준용되기 어렵다는 것 등을 감안한다면, 소유자 보호를 위한 별도의 입법적 조치가 마련되지 않는 한, 선의취득 자체를 배제하는 것이 타당할 것이다. 즉 동산담보권의 실행 방법으로써 담보권자가 점유를 이전받았다는 것만으로는 선의취득을 인정해서는 안된다는 것이다.

제2관 동산담보권의 내용

1. 동산담보권의 우선순위

동일한 동산에 대해 수개의 동산담보권이 설정될 수 있다. 이 때 동산담보권의 우선순위는 등기의 순서에 따른다(동산·채권담보법 제7조 제2항). 동산담보권과 양도담보권 간에 우열이 문제될 경우에는 담보등기 및 인도가 앞서는 것이 우선하게 된다(동산·채권담보법 제7조 제3항). 동산담보권과 소유권유보부매매 간에 그 성립의 우열이 다투어지는 경우에는 성질상 소유권유보부매매가 동산담보권에 앞선다고 해야 할 것이다. 그러나 이런 문제의 판단은 그렇게 간단하지 않다.

가령 2012.9.30. 채권자 A와 채무자 B는 B가 운영하는 공장 창고 Y에 현재 소재하는 동산 X 및 장래 B가 취득하여 Y 창고에 입고시킬 X 동산에 대해 동산담보권을 설정하기로 합의하고 담보등기를 경료하였다고 하자. 2012.1.10. 채권자 C

와 채무자 B간에는 B가 운영하는 공장 창고 Y에 현재 소재하는 동산 X 및 장래 B가 취득하여 Y 창고에 입고시킬 X 동산에 대해 양도담보계약을 체결하고, 점유개정 및 선행된 점유개정의 합의를 각각 체결하였다고 하자. 2012.10.10. 채권자 D는 채무자 B에게 동산 X의 소유권을 유보하고 X를 B에게 인도하였다고 하자. 이때 2012.10.10. 인도된 동산 X의 소유권이 D에게 귀속되었다고 이해하는 데에는 무리가 없을 것이다. C와 D 사이에서는 D가 2012.10.10. 인도된 X 동산에 대해 C가 어떠한 권리도 취득하지 못한다는 것에 대해서는 별다른 이의가 없을 것이다. 그러나 채권자 A는 2012.10.10. 인도된 동산 X에 대해 D와의 관계에서는 후순위이지만 D의 채권을 만족시키고 남은 잔여 담보가치에 대해서는 동산담보권을 취득한다고 이해하는 것에도 무리가 없을 것이다.

그러나 위의 예에서 D가 없다고 가정하면, 2012.10.10. B에게 인도된 X 동산에 대해 양도담보권자 C가 우선하는지, 동산담보권자 A가 우선하는지는 분명하지 않다. 동산·채권담보법 제7조 제3항에 따르면, 동일한 동산에 대해 담보등기부의 등기와 인도가 있는 경우 그 권리사이의 순위는 등기 또는 인도의 선후에 따르도록 되어 있음은 앞서 확인한 바와 같다. 애초에 Y 창고에 입고되어 있던 동산 X에 대해서는 C가 A에 우선하여 양도담보권을 취득한다. 왜냐하면 C의 양도담보권이 먼저 설정되었기 때문이다. 그러나 2012.9.30. 이후 새롭게 인도된 X에 대해서는 C는 선행된 점유개정의 합의는 있지만 B가 현실점유를 취득하는 시점과 동시에 선행된 점유개정의 합의에 기해 C가 간접점유를 취득하게 된다. 이렇게 보면 장래 취득할 동산에 대해서는 A의 담보등기가 시간적으로 앞선다고 해석할 가능성이 있다. 이렇게 해석한다면, 유동집합동산에 대해 양도담보를 설정한 자는 동산·채권담보법이 시행되자마자 곧바로 기왕의 소유권을 포기하고 동산담보권을 취득하기 위해 담보등기를 하거나, 기왕의 담보거래관계를 종료시키기 않을 수 없을 것이다. 동산·채권담보법이 이런 사실상의 효과를 강제하기 위해 동법 제7조 제3항과 같은 규정을 두었다고 해석할 수는 없을 것이다. 동산·채권담보법상의 담보권이 시장에서의 평가에 의해 기왕의 양도담보권 등을 대체하여야 하지, 기왕의 양도담보권에 의도적인 불이익을 가함으로써 그 제도를 시장에서 구축시켜야 할 이유가 없을 것이기 때문이다. 이런 점을 감안한다면 이런 사안에서는 C의 양도담보권이 A의 동산담보권에 우선한다고 해석해야 할 것이다. 달리 말하면 동산·채권담보법 제7조 제3항은 등기와 인도의 선후를 기준으로 해서 동산담보권과 양도담보권의 우열을 판가름하고 있지만, 이는 이 요건이 양자의 성립순서를 판단하는 핵심기준이기 때문에 그렇게 규정한 것이지, 기왕에 먼저 성립된 양도담보권을 후순위로 돌리는 효과를 만든 것은 아니라고 해석해야 할 것이기 때문이다.

2. 동산담보권의 내용

2.1. 민법상의 담보물권에 인정되는 것과 동일한 효력

동산담보권에는 민법상의 저당권에 인정되는 것과 동일한 효력이 인정되는 것이 적지 않다. 우선변제권(동산 · 채권담보법 제8조), 동산담보권의 불가분성(동법 제9조), 부합된 물건과 종물에 대한 동산담보권의 효력(동법 제10조), 과실에 대한 효력(동법 제11조), 피담보채권의 범위(동법 제12조), 동산담보권의 부수성(동법 제13조), 담보물보충청구권(동법 제17조)[51], 제3취득자의 비용상환청구권(제18조), 담보목적물의 방해제거 및 방해예방청구권(동법 제20조), 공동담보권(제29조) 등이 그것이다. 이처럼 저당권에 관한 규정이 동산담보권이 거의 그대로 적용되는 것은 둘다 비점유담보권이라는 점에서 유사성이 있기 때문이다.

2.2. 저당권과 다른 내용

(1) 물상대위

한편 저당권과 다른 내용의 효력도 인정된다. 첫째, 물상대위에 있어서 그 범위가 훨씬 넓다는 점에 유의할 필요가 있다. 동산 · 채권담보법 제14조는 "동산담보권은 담보목적물의 매각, 임대, 멸실, 훼손 또는 공용징수 등으로 인하여 담보설정자가 받을 금전이나 그 밖의 물건에 대하여도 행사할 수 있다. 이 경우 그 지급 또는 인도 전에 압류하여야 한다."고 한다. 동산담보물의 멸실, 훼손 또는 공용징수로 담보권이 소멸하는 경우 물상대위가 인정되는 것은 저당권에서도 동일하다. 담보목적물의 매각으로 동산담보권이 소멸한다면 거기에 대해서도 물상대위가 인정될 수 있다. 저당권의 경우 저당권설정자가 취득할 매각대금에 물상대위를 인정

---

51. 이를 현실화하기 위해 담보목적물에 대한 현황조사권을 인정하였다. 동법 제17조 제1항.

하지 않는 것은 그 매각으로 담보물권이 소멸하지 않기 때문이다. 그러나 질권의 경우 질물의 매각으로 제3자가 그 질물을 선의취득함으로써 질권이 소멸한다면, 질권설정자의 매각대금채권에 대해 질권자가 물상대위를 할 수 있다는 점에는 의문이 없다. 동산담보권의 경우에도 담보물의 매각으로 동산담보권이 소멸한 경우 담보설정자가 취득할 담보물매각대금채권에 대해서도 동산담보권자가 물상대위를 할 수 있다는 것도 동일한 논리의 연장선상에 있을 것이다.

문제는 유동집합동산을 목적물로 한 담보약정에서 담보설정자가 담보물을 매각할 권한을 가지고 그 대가로 피담보채무를 변제하기로 약정한 경우에도 그 대금채권에 대해서도 물상대위를 인정할 수 있을 것인가? 이는 부정해야 할 것이다. 이와 같은 약정은 당사자 간에 물상대위권을 행사하지 않기로 합의하였다고 해석해야 할 것이고, 당사자 사이의 이런 약정은 동산담보권에 관한 법률규정에 우선한다고 해석할 수 있을 것이기 때문이다. 가령 동산·채권담보법 제31조에서는 이 법에서 정한 것과 다른 동산담보권실행에 관한 약정이 있으면 원칙적으로 그것이 우선하도록 규정하고 있는데, 이 규정은 좁은 의미의 담보권실행만이 아니라 넓게 피담보채무의 변제와 관련된 담보물의 매각 등의 합의도 포함된다고 해석해야 할 것이다.

또 다른 문제는 임대에 대해서도 물상대위를 하도록 한 규정이다. 동산담보권은 담보물의 사용을 담보설정자에게 맡겨 두고 그 가치권을 파악하는 담보권인데, 임대료에 대해서도 물상대위를 할 수 있도록 하는 것은 쉽게 납득하기 어렵다. 가령 과실에 관하여는 압류 후에 비로소 동산담보권의 효력이 미치도록 하면서(동법 제11조), 임대료에 대해서는 그런 제한 없이 물상대위를 하도록 한 것이 바로 그것이다. 아무튼 동산담보권자는 담보설정자가 그 동산을 임대하여 임대료채권을 가지면 담보설정자에게 지급되기 이전에 언제라도 압류 및 전부명령을 얻어 그 채권으로부터 피담보채권의 변제에 충당할 수 있을 것이다.

물상대위와 연관하여 좀더 복잡한 문제가 발생할 수 있다. 가령 채권자 A와 채무자 B는 소유권유보부매매계약을 체결한 후 그 계약에 기해 담보등기를 경료하였고, 채권자 C는 담보설정자 B가 취득할 장래의 대금채권에 대해 채권담보권을 설정하였다고 하자. 이 때 B가 A로부터 취득한 X 동산을 매각한 대금채권에 대해 A의 물상대위권이 우선하는지, C의 채권담보권이 우선하는지가 문제될 수 있다는 것이다. 이 경우 A와 B 사이에 X의 매각방법 등에 관하여 별도의 합의가 있다면 이는 넓은 의미의 담보권실행의 합의여서 A는 그 합의에 기초한 B의 매각에 대해서는 물상대위를 할 수 없다고 해석해야 할 것이다. 이 경우 매각대금에 대해서는 C가 우선한다고 해석할 수 있을 것이다. 만약 B의 매각이 여기에 포섭되지 않는다면, A의 담보권과 C의 담보권 중 성립이 앞서는 것이 물상대위권에서도 앞선다고 해석할 수 밖에 없을 것이다. 다만 물상대위는 지급 전에 압류하여야 하기 때문에, 먼저 압류 및 전부명령을 얻었다면 후순위담보권자라 하더라도 그가 사실상 우선변제받는 효과를 얻을 수 있을 것이다.

(2) 반환청구권

저당권에 기한 목적물반환청구권은 인정되지 않는데, 동산담보권에 기한 목적물반환청구권이 인정된다는 점도 저당권과 다른 점이다. 동산·채권담보법 제19조 제1항은 담보목적물을 점유하는 자에게 담보설정자에게 반환할 것을 청구할 수 있도록 한다. 그러나 가령 담보설정자로부터 목적물을 임차한 자에게 이와 같은 권리를 행사할 수는 없다고 해석해야 할 것이다. 따라서 동조의 점유자는 권원없는 점유자를 의미한다고 해석해야 할 것이다. 동조 제3항은 점유자가 그 물건을 점유할 권리가 있는 경우에는 그 반환을 거부할 수 있도록 한 것도 이런 이유 때문이다. 한편 담보권자가 담보목적물을 점유할 권원이 있거나 담보설정자가 담보목적물을 반환받을 수 없는 사정이 있을 때에는 권원없는 점유자를 상대로 자신에게 반환할 것을 청구할 수 있다(동조 제2항).

3. 동산담보권의 실행

동산담보권의 실행방법은 다양하다. 첫째, 경매청구권의 행사를 통해 담보물을 환가하여 피담보채권을 변제받는 방법이 있다(동법 제21조 제1항). 둘째, 귀속정산(담보물로써 직접 피담보채무의 변제에 충당하는 방법) 또는 처분정산(담보권자가 직접 담보물을 매각하여 그 대금으로 피담보채무의 변제에 충당하는 방법)을 통해 환가하는 방법이 있다(동조 제2항). 후자의 경우 담보권자는 채무자 등에게 담보물의 인도를 청구할 수 있다(제25조). 셋째, 당사자 간의 약정을 통한 담보권의 실행도 가능하다(제31조).

제3절 채권담보권

제1관 성립요건

1. 채권담보권의 목적물

금전지급을 목적으로 하는 지명채권만이 담보목적물이 될 수 있다. 1개의 채권만이 아니라 여러 개의 채권도 1개의 채권담보권의 목적물이 될 수 있다. 또한 현재의 채권만이 아니라 장래채권도 채권담보권의 목적물이 될 수 있다. 그런데 채권담보권은 현행 대법원 판결에서는 장래채권도 양도가 가능하지만, 특정성의 원칙의 범위를 벗어나지 않는다. 그렇기 때문에 가령 채무자가 특정되지 않은 경우에는 장래채권으로서 양도할 수 없다. 무엇보다도 채무자에게 통지할 수 없기 때문이다. 가령 기업이 장래 소비자에게 물품을 매각하고 취득할 매출채권의 경우 채무자가 특정될 수 없기 때문에, 현행법 하에서는 이러한 채권을 양도담보할 때에는 예약형의 집합채권양도계약을 체결하고 있었다. 그러나 동산 · 채권담보법은 이와 같은 채권도 채권의 종류 · 발생원인 · 발생연월일을 정하거나 그 밖에 유사한 방법으로 특정할 수 있다면(특정가능성의 원칙), 채권담보권을 설정할 수 있다고 규정한다(동법 제34조). 따라서 장래채권을 폭넓게 담보로 제공받고자 하는 금융계의 입장에서는 매우 환영할만한 일이라 할 수 있다.

2. 여타의 요건

채권담보계약의 당사자는 동산담보권과 다르지 않다. 즉 담보설정자는 법인 또는 상업등기법에 따라 상호등기를 한 자만이 그 자격이 있다. 담보권자는 누구라도 될 수 있다. 채권담보계약 역시 그 명칭 여하를 불문하고 이 법에 따라 채권을 담보로 제공하기로 약정하였다면 그것으로 담보약정이 있었던 것으로 해석할 수 있다.

피담보채권에 대해서도 현재 및 장래의 채권 또는 증감변동하는 채권을 피담보채권으로 할 수 있다(채권근담보권).

채권담보권은 등기함으로써 성립하는 주의를 채택하지 않고, 등기함으로써 채무자 이외의 제3자에게 대항할 수 있도록 한 점은 동산담보권과 다르다. 채권담보권은 당사자 사이에 담보약정을 체결할 시점에서 이미 성립된다고 해석해야 할 것이다. 그러나 이처럼 성립요건과 대항요건을 구별한 이유가 무엇인지, 그 실질적 차이가 어디에 있는지 등은 불투명하다.

3. 담보설정자에게 귀속되지 않은 채권을 담보목적물로 한 경우

채권담보권의 선의취득이 인정되지 않는 것은 채권질권의 선의취득이 인정되지 않는 것과 마찬가지로 의문의 여지가 없다. 그러나 이미 양도담보된 채권에 대해 채권담보권이 설정되는 경우에는 잔여담보가치에 대해 동산담보권이 성립될 수 있다고 해석해야 할 것이다. 성질에 반하지 않는 한 동산담보권에 관한 규정이 준용되기 때문이다(동법 제37조).

제2관 채권담보권의 효력

1. 채권담보권의 우선순위

채권담보권을 채권담보등기부에 등기하면 이로써 채무자 이외의 제3자에게 대항할 수 있는 효력을 가진다. 동일한 채권에 관하여 채권담보권을 설정하거나 채권을 양도하는 일이 있을 때 있는데, 이들 간의 우선순위가 문제된다. 동산·채권담보법 제35조 제3항은 이 때 담보등기부의 등기와 민법 제349조 또는 제450조 제2항에 따른 통지 또는 승낙이 있는 경우 담보권자 또는 담보의 목적인 채권의 양수인은 법률에 다른 규정이 없으면 제3채무자 외의 제3자에게 등기와 그 통지의 도달 또는 승낙의 선후에 따라 그 권리를 주장할 수 있도록 하고 있다. 그러므로 채권양도합의에 따른 확정일자 있는 통지가 제3채무자에게 먼저 도달하고, 담보등기부에 따른 등기가 나중에 있었다면 채권양수인의 권리가 우선하게 될 것이다. 그 채권양수인이 담보목적으로 채권을 양수한 것이라면, 잔여가치에 대해 채권담보권이 성립한다고 해석해야 할 것이다.

2. 채권담보권의 내용

2.1. 제3채무자에 대한 대항

채권담보권으로써 제3채무자에게 대항하기 위해서는 담보권자 또는 담보설정자가 제3채무자에게 동산·채권담보법 제52조의 등기사항증명서를 건네주는 방법으로 그 사실을 통지하거나 제3채무자가 이를 승낙하지 아니하면 제3채무자에게 대항하지 못한다. 이 요건이 갖추어지지 않은 경우 제3채무자는 채권담보권등기에도 불구하고 원래의 채권자=채권담보권설정자에게 채무를 변제할 수 있다. 그 밖에 통지나 승낙에 관해서는 민법 제451조 및 제452조가 준용된다(동법 제35조 제4항).

2.2. 기타의 채권담보권의 내용

채권담보권은 동산담보권 및 채권질권과 유사하기 때문에 동산담보권에 관한 규정 및 채권질권에 관한 민법 제348조 및 제352조를 준용한다.

3. 채권담보권의 실행

채권담보권의 실행방법은 채권질권과 마찬가지로 제3채무자에게 직접 채권을 청구하는 것, 민사집행법에 따른 집행방법으로 실행하는 것 두 가지가 인정된다(동산·채권담보법 제36조).

| 판례색인 |

대결 1968.4.14, 68마301 366
대결 1968.11.13, 68마1237 365
대결 1969.1.9, 68마982 366
대결 1971.5.15, 71마251 387
대결 1990.1.23, 89다카21125 467
대결 1990.1.23, 89다카21132 467
대결 1992.3.10, 91마256 296
대결 1992.3.10, 91마257 296
대결 1992.3.18, 91마675 444
대결 2001.6.13, 2001마1632 409
대결 2002.5.10, 2002마1156 113
대결 2002.11.27, 2002마3516 336
대결 2003.10.6, 2003마1438 469
대결 2004.3.29, 2003마1753 381
대결 2010.7.2, 2010그24 331

대법원 1963.11.28. 선고 63다493 129
대법원 1966.4.6. 선고 66다218 471
대법원 1972.1.31. 선고 71다2414 335
대법원 1979.9.25. 선고 77다1079 476
대법원 1984.7.24. 선고 84다카68 130
대법원 1990.4.27. 선고 88다카25274 71
대법원 1992.5.26. 선고 92다1896 304
대법원 1992.9.1. 선고 92다10043 435
대법원 1992.9.1. 선고 92다10050 435
대법원 1997.9.9. 선고 97다10864 108
대법원 1998.2.27. 선고 97다50985 130
대법원 1999.2.12. 선고 98다49937 496
대법원 1999.10.22. 선고 98다22451 234
대법원 1999.12.10. 선고 99다14433 472
대법원 2000.4.11. 선고 99다12123 134
대법원 2001.9.18. 선고 2001다36962 411
대법원 2001.10.12. 선고 2000다59081 304
대법원 2002.3.15. 선고 2001다59071 134
대법원 2002.9.27. 선고 2002다15917 234
대법원 2002.11.26. 선고 2001다833 168
대법원 2002.12.10. 선고 2002다42001 438
대법원 2003.3.14. 선고 2003다2109 134
대법원 2003.4.22. 선고 2003다7685 29
대법원 2004.3.29.자 2003마1753 381
대법원 2004.10.28. 선고 2003다30463 540
대법원 2005.10.13. 선고 2004다26799 317

대법원 2006.2.10. 선고 2004다2564 98
대법원 2006.7.4. 선고 2004다61280 122
대법원 2008.6.12. 선고 2008다8690 91
대법원 2009.2.26. 선고 2008다76556 70
대법원 2009.3.26. 선고 2007다63102 99
대법원 2009.5.14. 선고 2007다64310 126
대법원 2009.12.10. 선고 2007다13992 9
대법원 2010.6.24. 선고 2009다40790 40
대법원 2010.11.9.자 2010마1322 446
대법원 2012.5.17. 선고 2011다87235 83
대법원 2012.8.17. 선고 2010다87672 121
대법원 2012.12.26. 선고 2011다60421 126
대법원 2013.11.14. 선고 2011다29987 134
대법원 2013.11.14. 선고 2013다46023 228
대법원 2013.11.28. 선고 2013다50367 33
대법원 2014.6.12. 선고 2012다47548 92
대법원 2015.10.15. 선고 2012다57699 125
대법원 2015.11.17. 선고 2012다2743 92
대법원 2015.11.17. 선고 2013다84995 93
대법원 2015.12.23. 선고 2012다202932 109

대판 1957.6.29, 4290민상18 273
대판 1959.5.14, 58다302 391
대판 1962.2.22, 4294민상943 470
대판 1962.3.22, 4294민상1174 462
대판 1962.3.22, 4294민상1175 462
대판 1962.5.24, 62다67 470
대판 1963.7.11, 63다235 335
대판 1963.9.5, 63다370 198
대판 1964.11.10, 64다775 384
대판 1965.3.9, 64다1797 336
대판 1965.3.30, 64다1977 329, 338
대판 1965.6.22, 65다669 167
대판 1967.1.31, 66다782 198
대판 1967.3.28, 67다61 471, 474
대판 1967.11.28, 66다2111 327
대판 1968.1.31, 67다2227 471
대판 1969.1.28, 68다2113 330
대판 1969.11.25, 69다1592 332
대판 1971.2.9, 70다2508 250
대판 1971.4.6, 71다26 303
대판 1972.1.31, 71다2414 327, 337
대판 1972.1.31, 71다2415 155
대판 1972.5.30, 72다548 338
대판 1972.12.26, 72다1941 354
대판 1973.6.5, 73다38 479
대판 1974.12.10, 74다176 287
대판 1974.12.10, 74다183 375
대판 1974.12.10, 74다998 387
대판 1975.3.25, 74다296 7
대판 1975.4.8, 73다29 315
대판 1975.10.7, 75다1513 250
대판 1976.2.24, 75다1608 476
대판 1976.4.13, 75다1100 141
대판 1976.5.11, 75다1305 327
대판 1976.9.28, 76다582 326, 327
대판 1976.10.26, 76다2079 326
대판 1976.12.14, 76다957 373
대판 1977.1.11, 76다1166 155

대판 1977.3.22, 77다118 82
대판 1977.5.24, 76다2325 508
대판 1977.5.24, 77다430 474, 478
대판 1977.11.8, 77다1558 206
대판 1977.11.22, 76다2731 326
대판 1977.11.22, 77다1513 482
대판 1978.1.17, 77다1872 461
대판 1978.6.13, 78다468 508
대판 1979.2.13, 78다2412 375
대판 1979.8.21, 79다783 386, 388
대판 1979.9.11, 79다1270 8
대판 1979.10.30, 79다1545 478
대판 1980.1.15, 79다1946 145
대판 1980.4.22, 79다1822 364, 365
대판 1980.6.24, 80다638 145
대판 1980.7.22, 79다11007 260
대판 1980.7.22, 79다1107 250
대판 1981.4.14, 80다714 482
대판 1981.5.26, 80다2109 306
대판 1981.5.26, 80다2688 479
대판 1981.6.23, 80다1351 73
대판 1981.6.23, 80다1796 250
대판 1981.9.8, 80다1468 363
대판 1982.7.13, 80다2318 287
대판 1982.12.14, 82다카413 410
대판 1983.2.8, 81다547 483
대판 1984.2.14, 83다카1645 479
대판 1984.6.26, 84다카88 206
대판 1984.6.26, 84다카89 206
대판 1984.9.11, 83다카1623 374
대판 1985.3.12, 84다카1261 204
대판 1985.3.12, 84다카2093 204
대판 1985.4.23, 84다카2159 198
대판 1985.10.22, 84다카2472 481
대판 1986.11.25, 86다카1569 165
대판 1987.1.20, 86다카1547 301, 423
대판 1987.3.24, 86다카908 499
대판 1987.4.28, 86다카2023 144
대판 1987.5.12, 86다카1340 163
대판 1987.5.26, 86다카1146 198
대판 1987.6.23, 86다카633 199
대판 1987.7.21, 87도546 4
대판 1988.4.12, 87다카2404 394, 399, 405
대판 1988.4.25, 87다카2696 476
대판 1988.4.25, 87다카2697 476
대판 1988.9.27, 87다카1618 71
대판 1988.9.27, 88다카1797 301, 388, 423
대판 1988.10.25, 86다카1729 182
대판 1988.11.22, 87다카2555 478
대판 1989.1.17, 87다카2931 49
대판 1989.2.14, 87다카3073 333
대판 1989.3.14, 88다카112 81
대판 1989.4.25, 88다카4253 79
대판 1989.4.25, 88다카4260 79
대판 1989.5.9, 88다카6488 66
대판 1989.9.12, 88다카25120 504
대판 1989.10.10, 88다카2560 9
대판 1989.10.24, 88다카26802 461
대판 1990.1.25, 88다카29467 273
대판 1990.3.27, 89다카19337 187
대판 1990.4.27, 88다카25274 71
대판 1990.6.26, 88다카20392 429
대판 1990.10.30, 89다카35421 91
대판 1990.11.13, 90다카26065 143

대판 1990.12.26, 90다카24816 310
대판 1991.1.11, 90다8053 7
대판 1991.1.29, 89다카1114 162
대판 1991.3.27, 90다8657 444
대판 1991.4.12, 90다9047 84
대판 1991.4.12, 90다9407 84, 86
대판 1991.9.24, 88다카8385 318
대판 1991.10.22, 90다20244 269
대판 1991.11.8, 91다21770 474, 480
대판 1991.11.22, 91다30019 467
대판 1992.2.25, 91다38419 146
대판 1992.3.27, 91다44407 321
대판 1992.4.10, 93다27611 431
대판 1992.5.12, 90다8855 373
대판 1992.6.12, 92다7221 398
대판 1992.7.24, 91다38341 273
대판 1992.9.25, 91다37553 170
대판 1992.10.9, 92다25656 323
대판 1992.10.27, 92다21784 383
대판 1992.11.10, 92다35899 85
대판 1992.12.8, 92다35066 436
대판 1993.2.12, 92다23193 273
대판 1993.3.23, 92다46905 10
대판 1993.3.26, 91다14116 324
대판 1993.3.26, 92다25472 69
대판 1993.3.26, 92다52733 319
대판 1993.4.9, 92다25946 323
대판 1993.4.13, 92다24950 369
대판 1993.4.23, 93다289 73, 78
대판 1993.4.27, 92다44350 82, 84
대판 1993.5.27, 93다6560 250, 261
대판 1993.8.13, 92다43142 370
대판 1993.8.27, 93다17379 507
대판 1994.1.11, 93다21477 165
대판 1994.1.11, 93다30938 318
대판 1994.1.14, 93다47431 165
대판 1994.1.25, 92다20132 437
대판 1994.2.22, 93다44104 283
대판 1994.2.22, 93다53696 255
대판 1994.5.13, 93다21910 492
대판 1994.5.24, 93다47738 362
대판 1994.8.26, 93다44739 462
대판 1994.10.14, 93다62119 327
대판 1994.11.11, 94다22446 248
대판 1994.12.27, 94다4806 79
대판 1995.2.10, 94다18508 362
대판 1995.4.21, 94다26080 429
대판 1995.4.28, 94다36162 437
대판 1995.5.23, 93다47318 397
대판 1995.6.29, 94다6345 370
대판 1995.7.14, 94다19600 255
대판 1995.7.28, 95다9075 405
대판 1995.7.28, 95다9082 405
대판 1995.8.22, 95다15575 362
대판 1995.9.26, 94다33583 363
대판 1995.11.28, 95다27905 97
대판 1996.1.23, 95다39175 320
대판 1996.2.9, 95다27998 80
대판 1996.3.8, 95다36596 423
대판 1996.3.22, 95다55184 380
대판 1996.4.12, 95다54167 85
대판 1996.4.26, 95다52864 368, 406
대판 1996.5.31, 94다35985 74
대판 1996.6.28, 96다14807 461, 453, 459
대판 1996.7.12, 96다21058 308

대판 1996.7.30, 95다7932 497
대판 1996.7.30, 96다6974 435
대판 1996.8.23, 95다8713 332
대판 1996.10.11, 96다27476 280
대판 1996.11.15, 96다31116 432
대판 1996.11.29, 96다31895 429
대판 1996.12.20, 95누15193 444
대판 1996.12.23, 95다25770 339
대판 1996.12.23, 96다43348 410
대판 1997.1.21, 96다40080 403
대판 1997.2.14, 96다51585 288
대판 1997.2.25, 96다10263 319
대판 1997.2.28, 96다495 414
대판 1997.3.11, 96다50797 429
대판 1997.4.8, 96다52915 368
대판 1997.4.11, 96다40264 320
대판 1997.4.22, 96다56443 277, 278
대판 1997.5.30, 96다22648 505
대판 1997.5.30, 97다1556 426
대판 1997.6.27, 95다40977 501
대판 1997.6.27, 96다51332 461, 463, 464, 493
대판 1997.6.27, 97다3828 323
대판 1997.7.25, 95다21624 497
대판 1997.8.26, 94다37844 250
대판 1997.8.29, 96다37879 158
대판 1997.9.9, 96다15183 151
대판 1997.9.9, 97다10864 111
대판 1997.9.12, 95다42027 250
대판 1997.10.10, 95다46265 176, 239
대판 1997.10.10, 97다7264 136
대판 1997.10.10, 97다7271 136
대판 1997.10.10, 97다7288 136
대판 1997.10.10, 97다7295 136
대판 1997.10.10, 97다7301 136
대판 1997.10.10, 97다8687 125
대판 1997.10.24, 97다28698 270, 271, 276
대판 1997.11.11, 97다35375 353
대판 1997.11.14, 97다32055 364
대판 1997.11.25, 97다29790 298
대판 1997.11.25, 97다31281 502
대판 1997.12.23, 97다39780 418
대판 1997.12.23, 97다42830 250
대판 1997.12.26, 96다34665 406
대판 1998.4.10, 97다4005 470
대판 1998.4.14, 97다54420 101
대판 1998.6.26, 97다1495 291, 429, 473
대판 1998.7.24, 97다55706 255
대판 1998.9.8, 98다17022 256
대판 1998.9.22, 98다12812 309, 313
대판 1998.10.13, 98다12379 319
대판 1998.10.27, 98다25184 271
대판 1998.11.10, 98다34126 316
대판 1998.11.24, 98다33765 270
대판 1998.12.8, 98다43137 133
대판 1998.12.22, 97다9352 427
대판 1999.1.26, 97다48906 462
대판 1999.2.5, 97다33997 298
대판 1999.2.9, 98다51220 433, 467
대판 1999.2.12, 98다55154 255
대판 1999.3.23, 98다46938 320
대판 1999.3.26, 98다33260 9
대판 1999.3.26, 98다64189 396
대판 1999.4.9, 98다58016 74
대판 1999.4.27, 98다56690 95, 98

대판 1999.7.9, 98다55543 204, 229
대판 1999.7.9, 99다12376 279
대판 1999.8.24, 99다26481 158
대판 1999.9.17, 98다31301 306
대판 1999.9.21, 99다26085 415
대판 1999.10.22, 98다22451 234
대판 1999.11.12, 99다29916 101, 102
대판 1999.11.23, 99다52602 400
대판 1999.11.26, 99다23093 495
대판 1999.12.10, 98다4200 137
대판 1999.12.10, 98다58467 392
대판 1999.12.24, 98다14818 454, 455, 457
대판 1999.12.24, 98다14825 454, 455, 457
대판 1999.12.24, 99다35393 456
대판 2000.1.14, 99다51265 363
대판 2000.1.14, 99다51272 363
대판 2000.2.11, 98다35327 88
대판 2000.3.10, 99다61750 161
대판 2000.3.14, 99다67376 257
대판 2000.4.11, 2000다2627 500
대판 2000.4.11, 99다12123 159
대판 2000.4.11, 99다23888 49
대판 2000.4.25, 99다67482 496
대판 2000.5.12, 2000다4272 309
대판 2000.5.12, 99다38293 234
대판 2000.6.9, 99다15122 356
대판 2000.6.23, 98다31899 314
대판 2000.6.23, 99다65066 494
대판 2000.7.6, 99다51258 139
대판 2000.9.29, 2000다3262 100, 101, 103
대판 2000.10.10, 2000다28506 13
대판 2000.10.10, 2000다28513 13
대판 2000.10.27, 2000다36118 323
대판 2000.12.8, 2000다35771 8
대판 2000.12.8, 2000다51339 374
대판 2000.12.12, 2000다49879 363
대판 2000.12.26, 2000다54451 299, 416
대판 2000.12.26, 2000다56204 280
대판 2001.1.5, 2000다47682 475, 480
대판 2001.2.9, 2000다57139 116
대판 2001.2.13, 99다13737 154
대판 2001.2.23, 2000다48135 149
대판 2001.2.27, 2000다44348 116, 125
대판 2001.3.13, 2000다48517 402
대판 2001.3.13, 2000다48524 402
대판 2001.3.13, 2000다48531 402
대판 2001.3.23, 2000다29356 429
대판 2001.3.23, 2000다29363 429
대판 2001.3.23, 2000다37821 97
대판 2001.3.27, 2000다43819 49
대판 2001.4.10, 2000다66034 100, 102
대판 2001.4.27, 2000다69026 271, 384
대판 2001.5.8, 99다38699 77
대판 2001.5.29, 99다9011 113
대판 2001.6.1, 2001다21854 307, 425
대판 2001.6.1, 99다63183 128
대판 2001.6.12, 2000다70989 12
대판 2001.6.12, 99다51197 117
대판 2001.7.10, 2001다3764 6
대판 2001.8.24, 2000다15661 472
대판 2001.9.4, 2000다66416 116
대판 2001.9.4, 2001다14108 114
대판 2001.9.4, 2001다22604 368

대판 2001.10.9, 2000다51216 496, 507
대판 2001.10.12, 2000다59081 412
대판 2001.11.13, 2001다12362 255
대판 2001.11.27, 99다8353 161
대판 2001.12.11, 2001다59866 338
대판 2001.12.11, 2001다64547 108
대판 2001.12.27, 2000다1976 393, 395
대판 2001.12.27, 2000다73049 73
대판 2001.12.27, 2001다32236 95
대판 2002.1.22, 2001다70702 318
대판 2002.3.29, 2000다13887 506
대판 2002.3.29, 2001다84824 284
대판 2002.5.14, 2000다62476 157, 163
대판 2002.6.14, 2002다11441 256
대판 2002.6.14, 2002다14853 157
대판 2002.7.9, 2001다46761 509
대판 2002.7.12, 2001다53264 427
대판 2002.7.12, 99다68652 203, 229
대판 2002.7.26, 2001다53929 416
대판 2002.8.27, 2000다9734 136
대판 2002.9.10, 2002다21509 141, 142, 275
대판 2002.10.11, 2002다33137 315
대판 2002.10.25, 2000다16251 163
대판 2002.10.25, 2000다63110 367
대판 2002.10.25, 2002다34017 158
대판 2002.10.25, 2002다39371 66, 87
대판 2002.11.26, 2001다833 171
대판 2002.12.24, 2002다50484 430, 433
대판 2002.12.26, 2000다56952 254
대판 2003.1.10, 2000다27343 83
대판 2003.3.14, 2002다72385 486
대판 2003.3.25, 2002다62036 102
대판 2003.3.28, 2002다13539 312
대판 2003.4.11, 2003다3850 408
대판 2003.6.24, 2003다1205 100, 102
대판 2003.6.27, 2003다15907 100, 107, 124
대판 2003.7.11, 2003다19558 113, 119
대판 2003.8.22, 2001다64073 107, 113
대판 2003.9.5, 2001다66291 419
대판 2003.9.5, 2003다26051 399, 407
대판 2003.10.10, 2001다77888 376
대판 2003.10.10, 2003다19206 261
대판 2003.10.24, 2003다37426 499
대판 2003.12.11, 2003다49771 274
대판 2003.12.12, 2003다40286 115, 116
대판 2003.12.26, 2001다46730 452
대판 2004.2.13, 2002다43882 411
대판 2004.2.13, 2003다29043 397, 398
대판 2004.3.26, 2003다34045 255
대판 2004.4.27, 2003다29968 430
대판 2004.4.28, 2003다61542 375, 376
대판 2004.5.28, 2001다81245 170
대판 2004.5.28, 2003다60822 100, 102
대판 2004.6.11, 2004다13533 398
대판 2004.7.22, 2002다51586 383
대판 2004.8.30, 2004다21923 106
대판 2004.9.3, 2003다22561 503
대판 2004.10.15, 2004다36604 390
대판 2004.10.28, 2003다30463 489
대판 2004.11.12, 2004다22858 487, 541
대판 2004.12.24, 2004다20265 138
대판 2004.12.24, 2004다45943 493
대판 2005.1.14, 2003다38573 252

대판 2005.1.14, 2003다38580 252
대판 2005.2.18, 2004다37430 488, 492
대판 2005.4.29, 2005다3243 380, 407
대판 2005.5.27, 2004다43824 151
대판 2005.6.9, 2004다17535 105
대판 2005.6.10, 2002다15412 376
대판 2005.6.10, 2002다15429 376
대판 2005.6.23, 2004다29279 500
대판 2005.6.24, 2005다19859 104
대판 2005.7.22, 2005다7566 152, 275
대판 2005.7.22, 2005다7573 152, 275
대판 2005.9.9, 2003다7319 12
대판 2005.9.9, 2004마696 409
대판 2005.9.29, 2005다3439 287
대판 2005.10.13, 2003다24147 234, 269
대판 2005.10.13, 2004다26799 317
대판 2005.10.13, 2005다33176 147
대판 2005.10.13, 2005다37208 405
대판 2005.10.27, 2005다35554 160, 165
대판 2005.10.27, 2005다35561 160, 165
대판 2005.11.10, 2005다41818 500
대판 2005.11.25, 2004다66834 170, 171
대판 2005.11.25, 2004다66841 170, 171
대판 2006.1.26, 2005다54999 276
대판 2006.1.27, 2003다58454 380, 407
대판 2006.1.27, 2005다19378 260, 261
대판 2006.2.10. 선고 2005다21166 296
대판 2006.3.10, 2002다1321 140
대판 2006.4.28, 2005다74108 413
대판 2006.6.29, 2004다5822 111
대판 2006.6.29, 2005다73105 106
대판 2006.7.4, 2004다30675 156, 157, 162
대판 2006.7.4, 2004다61280 106
대판 2006.8.24, 2004다23110 113
대판 2006.8.26, 2006다22050 40
대판 2006.10.27, 2005다14502 419, 422
대판 2006.12.7, 2004다54978 116
대판 2006.12.7, 2006다43620 107
대판 2006.12.21, 2004다34134 159
대판 2007.1.11, 2006다59182 99
대판 2007.1.25, 2006다25257 162
대판 2007.3.15, 2004다64272 261
대판 2007.3.15, 2006다12701 468
대판 2007.4.12, 2005다1407 51, 91
대판 2007.4.26, 2005다38300 412
대판 2007.5.31, 2007다248 145
대판 2007.7.12, 2007다18218 115
대판 2007.8.23, 2006다15755 7
대판 2007.8.23, 2006다52815 150
대판 2007.9.7, 2005다16942 302, 325, 333
대판 2007.9.12, 2006다69479 274
대판 2007.9.12, 2006다69486 274
대판 2007.9.21, 2005다41740 329
대판 2007.9.21, 2005다44886 87
대판 2007.12.13, 2007다49595 438
대판 2007.12.27, 2006다9408 7
대판 2008.2.15, 2005다47205 381
대판 2008.3.27, 2006다40515 276
대판 2008.4.11, 2005다36618 435
대판 2008.4.11, 2007다27236 329
대판 2008.4.24, 2007다84352 117, 118
대판 2008.5.15, 2005다60338 99
대판 2008.5.15, 2006다74693 48, 64
대판 2008.6.12, 2007다37837 118

대판 2008.6.26, 2008다22481 258
대판 2008.8.21, 2007다8464 274
대판 2008.8.21, 2007다8471 274
대판 2008.9.11, 2007다25278 445
대판 2008.9.25, 2007다60417 49
대판 2008.11.13, 2006다1442 103, 115, 117, 119
대판 2008.12.24, 2008다65396 308, 311
대판 2009.1.15, 2007다61618 108, 112, 117
대판 2009.1.15, 2008다70763 330
대판 2009.2.26, 2007다15448 159, 168
대판 2009.2.26, 2008다4001 304, 412
대판 2009.3.26, 2007다63102 101, 114
대판 2009.3.26, 2008다34828 325, 327
대판 2009.4.9. 선고 2009다1894 459
대판 2009.5.14, 2008다17656 315
대판 2009.5.14, 2009다5193 274
대판 2009.5.28, 2009다4787 73
대판 2009.6.11, 2008다75072 272
대판 2009.6.25, 2007다70155 183
대판 2009.11.26, 2009다59671 145, 146
대판 2009.12.24, 2009다60169 8
대판 2009.12.24, 2009다60176 8
대판 2010.2.11, 2009다68408 258
대판 2010.2.25, 2009다22778 64
대판 2010.2.25, 2009다83797 7
대판 2010.4.15, 2009다81623 140
대판 2010.4.29, 2007다18911 13
대판 2010.6.10, 2009다101275 284
대판 2010.6.10, 2010다1791 161
대판 2010.8.19, 2010다31860 275
대판 2010.8.19, 2010다31877 275
대판 2010.10.14, 2010다47438 6
대판 2010.10.14, 2010다48561 259
대판 2011.1.13, 2010다88019 61
대판 2011.3.24, 2010다100711 506
대판 2011.4.14, 2010다96072 110
대판 2011.7.14, 2009다49469 110
대판 2011.8.18, 2011다35593 334
대판 2013.4.26, 2011다37001 125
대판 2013.9.13, 2013다34945 125
대판 2015.4.23, 2011다63383 110
대판 2015.6.11, 2014다237192 121

대판(전) 1984.12.26, 83누661 477
대판(전) 1992.11.10, 92다4680 61, 88
대판(전) 1994.4.26, 93다24223 502, 503
대판(전) 1996.2.15, 95다38677 263
대판(전) 2001.2.15, 96다42420 264
대판(전) 2001.3.15, 99다48948 110, 363, 365
대판(전) 2002.6.20, 2002다9660 395
대판(전) 2003.12.18, 98다43601 402
대판(전) 2010.9.16, 2008다97218 250

서울지법 2003.12.19. 선고 2003가합6410 275

헌법재판소 1994.12.29. 선고 93헌바21 266

| 사항색인 |

| ㄱ |

가등기 468
가분급부 189
가압류 58, 321
가압류의 신청 60
가압류의 집행 60
가압류의 효력 61
가압류채권자 88
가액반환 115
가처분 63
가처분의 요건 64
가처분의 효과 64
간이변제충당 344
간이변제충당권 334
간접강제 31
강제경매개시결정 37
강한 의미의 양도담보 432
건물경매청구권 407
견련성 325
경개 211
경매절차 41
경매청구권 292, 333, 343, 357, 365, 443
계속적 거래관계 413
계쟁물에 관한 가처분 63
공동면책 231
공동명의예금 12
공동보증 142
공동불법행위 174, 258
공동연대보증 182
공동저당권 402, 417
과실 334
과실비율설 255, 259
과실수취권 335
관습상의 법정지상권 392
구분소유건물 368
구상관계 267
구상권 172, 231
구상권 상실 174, 237
구상보증 144
권리질권 350
귀속정산 482
귀속청산 433
근보증 159
근저당권 377, 409
근저당권이전등기 299
금융리스 450
금전채권의 강제집행 46

금전채무의 강제집행 34
기한의 이익의 상실 377
기한이익의 상실 347

| ㄴ, ㄷ |

내부관계 237
내부적 소유권 474
내측설 203, 259
단축된 급부 152
담보가등기 437, 445, 446, 481
담보권실행의 요건 479
담보권 침해 316, 347
담보책임 129, 382
대물변제계약 465
대물변제예약 430, 466
대물변제의 예약 290
대체집행 29
대항력있는 임차인 441
대항요건 498
동산강제집행 45
동산담보계약 542
동산담보권 541
동산양도담보 483
동시배당 419
동시이행의 항변권 4, 322, 382, 440
동일단계성 또는 동일순위성이론 245

| ㅁ |

매각대금의 배당 42
매도담보 464
면제 214, 260
면책적 채무인수 279
무자력위험의 배분 188
물권행위 451
물상대위 305, 344, 548
물상대위권 378
물상보증 185
물상보증인 425
미등기건물 394
민법 제407조의 채권자 123

| ㅂ |

반환청구권 550
방해배제청구권 379, 475, 480
배당 54
배당요구 50
배당요구의 종기 42, 54, 312
법정과실 372
법정담보물권 288
법정변제충당 203
법정저당권 283
법정지상권 392, 438
변제권 303, 385
변제자대위 180, 423
변제충당 203, 373
변제행위 83
병존적 채무인수 270, 274
보존행위 72
보증계약 148
보증계약의 형식 135
보증채무의 내용 136
보증채무의 부종성 157
보증채무의 수반성 141

보증채무의 제한 160
보험자대위 268
보험청구권 346
본래형의 채권자대위권의 요건 69
부담부분 227
부당이득반환청구권 128
부동담보 523
부동산강제집행 36
부동산 압류명령 39
副保證 143
부부공유재산 45
부분구상 233, 269
부분적 절대효 214, 242
부수성 297
부작위를 명하는 가처분 65
부작위채무 33
부제소의 합의 220
부종성 136
부진정연대채무의 개념 249
부탁없는 보증인 172
분별의 이익 166
불가분성 302, 333
비용상환청구권 325, 336, 389

| ㅅ |

사용인의 우선변제권 288
사적 실행 436
사전구상권 168
사전적 면제 263, 266
사전통지 237
事前通知 175
사해행위 98
사회보험자대위 268
사후통지 238
事後通知 175
상가건물임대차보호법 285
상계 163, 213
상대적 면제 216
상대적 무효설 90
상대적 연대면제 218
상대효 226, 250
상사유치권 331
상호대리관계 245
상호위임관계 191
상환무자력자 241
선박우선특권 285
선의취득 341, 463, 487, 493
소액보증금 284
소유권유보부 매매 290, 449
손해담보계약 155
손해배상액의 예정 6
수반성 136
수용보상금채권 313
수익자의 악의 102
수탁보증인 168
수표보증 147
순위상승 301
승낙전질 350
시효 222
시효의 항변 164
시효중단 209, 222, 337
신원보증 144
신축건물 401
신탁적 양도설 473
쌍무예약 466

쌍방예약 466

| ㅇ |

안분비례설 203, 259
압류의 경합 48
약한 의미의 양도담보 432
양도계약의 취소 506
양도담보 431, 461, 469
양도담보계약 478
양도담보의 부종성 374
어음보증 147
연대보증 142
연대채무 189
예약형 집합채권의 양도담보 509
외측설 203, 259
우선권 519
우선변제권 358, 372
우선변제청구권 297, 443
우선특권 317
원물반환 114
원상회복청구권 112
위약금 7
위약벌 6
위험분담형 금융 16
유동집합동산 485
유질계약 344
유치권 322
의사표시의무의 강제집행 27
이시배당 418
이의유보 없는 승낙 505
이중경매신청 39
이중양도 503
이중의 양도담보계약 488
이행인수 270, 384
이행청구 202, 208
인도청구권의 강제집행 24
일방예약 466
일부대위변제 301, 415, 416
일부변제 167, 183, 205, 254, 257
일부보증 143, 204
임금우선특권 287

| ㅈ |

자동차손해배상법 252
자산유동화에 관한 법률 17
장래의 채권 497
장래채권 양도 533
장래채권의 양도 536
저당권등기신청 361
저당권설정계약 360
저당권의 부종성 374
저당권침해 379
저당물 367
저당물보충청구권 377
저당채권 353
전득자의 악의 102
전부구상 233, 269
전부급부의무 197, 249
전부명령 51, 307
전세권저당권 306
전세금 354
전세금반환청구권 306, 356
전용형의 채권자대위권의 요건 76
전질권 349

절대적 연대면제 217
절대효 192
정지조건부 물권행위 453
제3자를 위한 계약 152, 277
제3자를 위한 보증계약 153
제3자 이의의 소 458, 463, 493
제3취득자 382, 385, 426
제척기간 103, 105
종물 370
주관적 목적공동관계 191
주채무소멸의 항변 162
주채무의 연기적 항변 163
주택임대차보호법 284
준합유 12
중복제소 71
증채무의 부종성 139
증축건물 367
지료 405
지체상금 9
직접강제 22
질권설정계약 339
질권설정계약의 요물성 340
집합물 486
집행공탁 47
집행권원 25

| ㅊ |

차순위저당권자 420
차순위저당권자의 대위 422
채권담보권 551
채권양도 207, 496
채권 양도담보 494
채권양도의 무효 506
채권양도 통지 500
채권자대위권 66
채권자대위권의 요건 69
채권자대위권의 의의 68
채권자대위권 행사 80
채권자대위권 행사의 효과 81
채권자지체 224
채권자취소권 89
채권자취소권의 성립요건 95
채권자취소권의 전용 95
채권자취소권의 존속기간 103
채권증서 352
채권질권 351
채권최고액 411
채무인수 270
채무자의 사해의사 101
채무자의 처분권의 제한 81
책임공동체관계 174
책임전질 349
처분금지가처분 65
처분금지효력 61
처분수권 454
처분수권의 철회 456
처분정산 482
천연과실 371
청산금 434
청산기간 434
최고 · 검색의 항변권 166
최우선변제권 285
추심명령 49, 307
출재액 235
취득담보권 539

| ㅌ, ㅍ, ㅎ |

특정가능성 516
특정성원칙 527
특정채권 63
특정채권의 보전 76
편무예약 466
포괄근저당 410
포괄적인 영업담보 523
피담보채권 291, 342
피담보채권의 확정 413
피보전채권 59, 69, 96, 106
피보증채권 133
한정근보증 159
할부거래 460
혼동 221, 253

| U |

UCC 제9조 515
UN 채권양도협약 527
UNCITRAL 담보거래 입법지침 521

저자_제철웅(諸哲雄)

약력

서울대학교 법과대학 졸업

법학박사(서울대학교 대학원)

한림대, 중앙대 조교수 · 부교수 역임

현재 한양대학교 법학전문대학원 교수

주요 저서

「손해산정을 통한 채무불이행에서의 이해관계의 합리적 조정」

「'수인의 채무자 있는 채권관계'의 이해에 대한 비판적 검토」

「보증채무 및 연대채무에서의 구상권상실」

「부진정연대추 및 일부보증에서 채무자의 일부변제와 변제충당」

「구상관계와 변제자대위」

「부분구상과 전부구상의 구별기준」

「보증보험에 적용될 보증의 법리」

「민법 제368조의 유추적용과 후순위담보권자의 보호」

「권리의 객체로서의 물건에 관한 판례연구」

「전세권과 전세금반환청구권」 등 다수의 논문

『민법연습』(공저)

改訂增補版 擔保法

초　　판 1쇄 발행 2009년 9월 7일
개 정 판 1쇄 발행 2011년 9월 7일
개정증보판 1쇄 발행 2017년 3월 7일

지은이 제철웅
펴낸이 박기남
펴낸곳 **율곡출판사**

주소 08590 서울시 금천구 가산디지털1로 84, 803호
전화 02) 718-9872～3
팩스 02) 718-9874
홈페이지 http://www.yulgokbooks.co.kr
e-mail yulgokbook@naver.com
등록 1989.11.10. 제2014-000031호
ISBN 979-11-87897-05-7 93360

정가 33,000원